Arthur von Kirchenheim

Zentralblatt der Rechtswissenschaft

Arthur von Kirchenheim

Zentralblatt der Rechtswissenschaft

ISBN/EAN: 9783744632942

Hergestellt in Europa, USA, Kanada, Australien, Japan

Cover: Foto ©Suzi / pixelio.de

Weitere Bücher finden Sie auf **www.hansebooks.com**

CENTRALBLATT

FÜR

RECHTSWISSENSCHAFT.

Unter Mitwirkung

von

Oberlandesgerichtsrat Achilles in Berlin, Prof. Afzelius in Upsala, Prof. D. Bierling in Greifswald, Prof. Brie in Breslau, Landrichter Bünger in Schneidemühl, Geh.-Rat A. Bulmerincq in Heidelberg, Prof. Burckhard in Würzburg, Prof. Costi in Athen, Geh.-Rat Prof. v. Cuny in Berlin, Prof. Dargun in Krakau, Regierungsrat Dr. Eger in Breslau, Prof. Engelmann in Dorpat, Prof. Ferri in Siena, Oberlandesgerichtsrat Prof. Fuchs in Jena, Hof- und Gerichtsadvokat Dr. W. Fuchs in Wien, Prof. Gareis in Giessen, Landgerichtsrat a. D. Dr. Gaupp in Tübingen, Geh.-Rat Geffcken in Hamburg, Divisionsauditeur Hecker in Berlin, Oberlandesgerichtsrat Heinsheimer in Karlsruhe, Prof. v. Holtzendorff in München, Geh.-Rat Hübler in Berlin, Wirkl. Legationsrat Kayser in Berlin, Kammergerichtsrat Keyssner in Berlin, Dozent Dr. Kleinfeller in München, Prof. König in Bern, Bergamtsdirektor Dr. Leuthold in Freiburg i. S., Prof. Lyon-Caën in Paris, Advokat Prof. Melli in Zürich, Reichsgerichtsrat Meves in Leipzig, Regierungs- u. Polizeidirektor Dr. v. Müller in München, Prof. Oloriz in Valencia, Kammergerichtsrat Dr. Olshausen in Berlin, Prof. Pescatore in Greifswald, Reichsgerichtsrat Petersen in Leipzig, Gerichtsrat Platou in Christiania, Prof. Prazak in Prag, Prof. Rivier in Brüssel, Amtsrichter Dr. Roedenbeck in Harzburg, Prof. Rümelin in Freiburg i. B., Dozent Dr. v. Salis in Basel, Staatsminister v. Sarwey in Stuttgart, Ministerialrat Schenkel in Karlsruhe, Geh.-Rat Ritter v. Schulte in Bonn, Reichsgerichtsbibliothekar Prof. Schulz in Leipzig, Prof. Schuster in Wien, Prof. Serafini in Pisa, Prof. Frhr. v. Stengel in Breslau, Prof. F. Stoerk in Greifswald, Strafanstalts-Direktor Streng in Hamburg, Gerichtsrat v. Swinderen in Groningen, Geh.-Rat Sydow in Berlin, Regierungsrat Prof. Ullmann in Wien, Geh.-Rat Wach in Leipzig, Prof. Zitelmann in Bonn und anderen Rechtsgelehrten

herausgegeben von

Dr. von KIRCHENHEIM,

ao. Professor der Rechte in Heidelberg.

Siebenter Band. Viertes Heft.

Januar 1888.

STUTTGART.

VERLAG VON FERDINAND ENKE.

1888.

CENTRALBLATT

FÜR

RECHTSWISSENSCHAFT.

Unter Mitwirkung

von

Oberlandesgerichtsrat Achilles in Berlin, Prof. Afzelius in Upsala, Prof. D. Bierling in Greifswald, Prof. Brie in Breslau, Landrichter Bünger in Schneidemühl, Geh.-Rat v. Bulmerincq in Heidelberg, Prof. Burckhard in Würzburg, Prof. Coeti in Athen, Geh.-Rat Prof. v. Cuny in Berlin, Prof. Dargun in Krakau, Regierungsrat Dr. Eger in Breslau, Prof. Engelmann in Dorpat, Prof. Ferri in Siena, Oberlandesgerichtsrat Prof. Fuchs in Jena, Hof- und Gerichtsadvokat Dr. W. Fuchs in Wien, Prof. Gareis in Königsberg, Landgerichtsrat a. D. Dr. Gaupp in Tübingen, Geh.-Rat Geffcken in Hamburg, Divisionsauditeur Hecker in Berlin, Oberlandesgerichtsrat Heinsheimer in Karlsruhe, Prof. v. Holtzendorff in München, Geh.-Rat Häbler in Berlin, Geh. Legationsrat Kayser in Berlin, Kammergerichtsrat Keyssner in Berlin, Dozent Dr. Kleinfeller in München, Prof. König in Bern, Prof. Leonhard in Marburg, Bergamtsdirektor Dr. Leuthold in Freiberg i. S., Prof. Lyon-Caën in Paris, Advokat Prof. Meili in Zürich, Reichsgerichtsrat Meves in Leipzig, Regierungs- u. Polizeidirektor Dr. v. Müller in München, Prof. Oloriz in Valencia, Prof. Pescatore in Greifswald, Reichsgerichtsrat Petersen in Leipzig, Gerichtsrat Plateu in Christiania, Prof. Prazak in Prag, Prof. Rivier in Brüssel, Amtsrichter Dr. Reedenbeck in Havelberg, Prof. Rümelin in Freiburg i. B., Prof. v. Salis in Basel, Staatsminister v. Sarwey in Stuttgart, Ministerialrat Schenkel in Karlsruhe, Reichsgerichtsbibliothekar Prof. Schulz in Leipzig, Prof. Schuster in Wien, Prof. Serafini in Pisa, Prof. Frhr. v. Stengel in Breslau, Prof. F. Stoerk in Greifswald, Strafanstalts-Direktor Streng in Hamburg, Gerichtsrat van Swinderen in Groningen, Geh.-Rat Sydow in Berlin, Regierungsrat Prof. Ullmann in Wien, Geh.-Rat Wach in Leipzig, Prof. Zitelmann in Bonn und anderen Rechtsgelehrten

herausgegeben von

DR. VON KIRCHENHEIM,

ao. Professor der Rechte in Heidelberg.

Siebenter Band.

STUTTGART.

VERLAG VON FERDINAND ENKE.

1888.

Centralblatt

für

RECHTSWISSENSCHAFT

herausgegeben von

Dr. v. Kirchenheim,

Professor in Heidelberg.

| VII. Bd. | Oktober 1887. | Nr. 1. |

Monatlich ein Heft von 2½ Bogen. — Preis des Jahrgangs 12 Mark. — Zu beziehen
durch alle Buchhandlungen und Postanstalten.

A. Besprechungen.

I. Allgemeines.

Gierke, O. Die Genossenschaftstheorie und die deutsche
Rechtsprechung. Berlin, Weidmann. 1887. LVI u.
1024 S. 20 M.

In dem vorliegenden bedeutenden Werke gibt G. gewissermassen den letzten Band seines Genossenschafts-R. (C.Bl. I, S. 8)
vorweg. Die Aufgabe der (Beseler zu seinem 50jährigen Doktorjubiläum gewidmeten) Arbeit ist, die Genossenschaftstheorie für
das heutige R., unter Hinblick auf die Rechtsprechung und die
Gesetzgebung, zu entwickeln. Der vornehmste Wert des Buches
liegt in seinen drei ersten Abschnitten über Entstehung der Körperschaften (Kap. I), Rechtsverhältnisse der Körperschaften (Kap. II)
und Rechtsgemeinschaften zur gesamten Hand (Kap. III).

An der Frage nach der Entstehung der Körperschaften
(Kap. I), an der Frage nämlich, inwieferne staatliche Mitwirkung für die Entstehung von juristischen Personen notwendig sei, ist die Genossenschaftstheorie gewissermassen gross
geworden. Der bis dahin herrschenden, im Anschluss an die
röm. Quellen aufgebauten Theorie, dass eine juristische Person
prinzipiell zu ihrer Entstehung eines staatlichen Privilegs (der
Verleihung der juristischen Persönlichkeit) bedürfe, traten die
Verfechter der Genossenschaftstheorie mit der entgegengesetzten
Lehre gegenüber, dass nach gemeinem deutschem R. die juristische Persönlichkeit eines Vereins von staatlicher Verleihung un-

abhängig sei. In gewissem Mass hat bereits eine Verständigung stattgefunden. Es ist allgemein anerkannt worden, dass keine begriffliche Notwendigkeit für die Erzeugung der juristischen Person direkt durch Staatsakt vorliegt, dass vielmehr die juristische Persönlichkeit einem Verein (oder einer Anstalt), ebenso wie dem Menschen (der physischen Person), kraft allgemeinen Rechtssatzes zufallen kann, und dass ferner dieser allgemeine Rechtssatz nicht direkt die Zuständigkeit juristischer Persönlichkeit auszusprechen braucht: es genügt vielmehr, wenn den korporativen Verbänden das wesentliche Merkmal der juristischen Person, nämlich die selbständige Rechtsfähigkeit, durch Rechtssatz beigelegt worden ist. In diesem Sinne ist die moderne Gesetzgebung mehrfach vorgegangen. Die Reichsgesetzgebung hat zahlreichen Verbänden durch allgemeinen Rechtssatz die juristische Persönlichkeit gegeben, regelmässig in der Form, dass dem betreffenden Verband (sobald bestimmte Bedingungen erfüllt sind) die Fähigkeit beigelegt wird, unter seinem Namen R., insbesondere Eigentum und andere dingliche R. an Grundstücken zu erwerben, Verbindlichkeiten einzugehen u. s. f. In solcher Weise ist den Innungen, den eingeschriebenen Hilfskassen, den Ortskrankenkassen u. s. w., auch den Aktiengesellschaften und den eingetragenen Erwerbs- und Wirtschaftsgenossenschaften durch reichsrechtlichen Rechtssatz die juristische Persönlichkeit zugesprochen worden (S. 31 ff., 37 ff.). Noch weiter sind einzelne Landesgesetze gegangen, so die bayer. und die sächs. Gesetzgebung mit ihren bekannten Bestimmungen (S. 35). So gibt es also zweifellos eine Reihe von allgemeinen Rechtssätzen, welche gewissen Verbänden ohne weiteres die Rechtsfähigkeit als juristische Person gewähren. Die Frage, welche offen bleibt, ist nur die, allerdings praktisch sehr wichtige, ob die grosse Zahl der übrigen Vereine, für welche die neuere Gesetzgebung noch keine besondere Fürsorge getroffen, der staatlichen Spezialverleihung für den Erwerb der juristischen Persönlichkeit bedarf oder nicht. Mit anderen Worten, die Frage ist die, ob (zunächst für das gemeine R.) ein allgemeiner Rechtssatz existiert, welcher jedem erlaubten Verein die Rechtsfähigkeit (Vermögensfähigkeit, juristische Persönlichkeit) beilegt, oder nicht. Mit dieser Frage sind wir in den Kernpunkt des Streites eingetreten.

Von dem grössten Interesse ist die Schilderung, welche der Verf. auf S. 57 ff. von dem Stande der Praxis gibt. Es erhellt aufs deutlichste, dass die Praxis (an ihrer Spitze das Reichsgericht) in der Theorie an dem älteren Standpunkt festhält, dass nämlich grundsätzlich staatliche Spezialverleihung zum Erwerb der juristischen Persönlichkeit gehöre, dass jeder Verein in Ermangelung gesetzlicher Regelung oder staatlicher Verleihung unter den Sozietätsbegriff zu bringen sei; die korporativen Elemente (Vereinsverfassung u. s. w.) werden auf eine „durch eine moderne Rechtsentwicklung zugelassene Modifikation der Sozietät" zurückgeführt. Zahlreiche Gerichte haben es direkt ausgesprochen, dass ein Verein nur durch staatliche Verleihung die R. einer juristischen Person erlange (S. 59 Note 2). Nur das oberste Landesgericht für Bayern hat sich entschlossen, einem freien Verein wegen seiner körperschaftlichen Verfassung die Eigenschaft einer juristischen Person zuzusprechen, und hat auch das Reichsoberhandelsgericht einmal einen solchen Verein „für ein selbständiges Rechtssubjekt" erklärt (S. 71, 73), während das Reichsgericht wieder zu der Theorie von der modifizierten societas zurückgekehrt ist. Andererseits aber erhellt ebenso klar, dass (wenn der Ausdruck gestattet ist) die Praxis der Praxis mit dieser ihrer Theorie in Widerspruch sich befindet. Das Reichsgericht hat solchen Vereinen nicht bloss die Prozessfähigkeit und Vertragsfähigkeit, sondern geradezu die Fähigkeit, „unter dem Namen des Vereins R. zu erwerben und Verpflichtungen zu übernehmen", d. h. die Rechtsfähigkeit, zugesprochen, und ist es auch dem Reichsgericht zweifellos, dass die Vereinsverfassung für die Mitglieder wie für das Vereinsvermögen verbindlich und das „dem Vereine als solchem erworbene R." von den R. der Mitglieder zu unterscheiden seien (S. 58). Es kann gar nicht bezweifelt werden, dass das Reichsgericht damit die „modifizierten Sozietäten" dennoch als juristische Personen behandelt hat. Ganz gerade so steht es mit den übrigen Gerichten: die Geltung des Statuts, das Dasein eines Vereinsvermögens, der Ausschluss der Teilungsklage, der Ausschluss der einzelnen von jeder selbständigen Disposition über einen ideellen Anteil werden gegenwärtig von den deutschen Gerichten durchaus auch für die Vereine ohne Spezialverleihung als zu Recht bestehend behandelt. Man pflegt sich damit zu helfen, dass man diese „modifizierten Sozietäten" als „Genossenschaften" oder als „Mittelstufe zwischen der eigentlichen Sozietät und der Gemeinheit" bezeichnet (S. 67), aber der Verf. hat sicher recht, wenn er behauptet, dass damit solchen Vereinen nur der Name der juristischen Person versagt ist. In Wirklichkeit behandelt die deutsche gemeinrechtliche Praxis trotz ihres Protestes den erlaubten Verein, auch ohne Spezialverleihung, als eine juristische Person.

Der Verf. ist auch darin im Recht, dass er (S. 79 ff.) den Zusammenhang unserer Frage mit dem öffentlichen R. betont. Das röm. jus publicum hatte die freie Vereinsbildung untersagt: daher die Notwendigkeit eines staatlichen Zeugungsaktes zugleich für das Dasein und die Rechtsfähigkeit des Vereins. Ebenso war seit der Mitte des 17. Jahrhunderts vor der Allgewalt des Polizeistaates in Deutschland das R. der freien Vereinsbildung untergegangen: daher auch hier der Rechtssatz einer Notwendigkeit staatlicher Autorisation (S. 80 Note 3). Heute ist unser öffentliches R. ein anderes geworden. Die Vereinsbildung ist (von gewissen Ausnahmen abgesehen) wieder freigegeben worden. In der Vereinsbildung liegt aber notwendig die Erzeugung einer Verfassung, auch eines nur gemäss dieser Verfassung zu verwaltenden Vermögens, d. h. eines Vereinsvermögens. Ist die Bildung des Vereins gestattet, so ist notwendig auch die Entstehung von R. des Vereins (Vermögen des Vereins) gestattet. Diese praktische Notwendigkeit kommt in jener Gerichtspraxis, welche der eigenen Theorie der Gerichte widerstreitet, zum greifbaren Ausdruck. Der Verf. hat seine These bewiesen, und man könnte den vom Verf. verteidigten Rechtssatz so formulieren: der Rechtssatz des öffentlichen R. zu Gunsten der freien Vereinsbildung schliesst einen Rechtssatz des Privat-R. zu Gunsten der freien Bildung von Vereinsvermögen in sich. Mit anderen Worten: der (kraft öffentlichen R.) erlaubte Verein (mit korporativer Verfassung) ist zugleich kraft Privat-R. juristische Person.

Dieser Rechtssatz des heutigen gemeinen Vereins-R. ist nun allerdings, wie der Verf. auf S. 86 ff. zeigt, durch die partikuläre Landesgesetzgebung mannigfach modifiziert worden. Namentlich hat das preuss. Land-R. jedem nicht privilegierten Verein „die R. der Korporationen und Gemeinden" abgesprochen, und ist auch das französ. R. zu dem gleichen Resultat gelangt (S. 89). Das preuss. Land-R. ruht, gleich der französ. Gesetzgebung, insoferne auf dem Standpunkt des Polizeistaats vom vorigen Jahrhundert. Dennoch ist, wie Verf. (S. 101 ff.) ausführt, nach preuss. Land-R. die Bildung von Vereinen („erlaubten Privatgesellschaften") mit körperschaftlicher Organisation, und zwar auch für wirtschaftliche Zwecke (also mit Vereinsvermögen) gestattet: auch diese sind in Wahrheit juristische Personen (es bestehen keine Anteile der Mitglieder am Vereinsvermögen), und hat die Praxis ihnen auch die Fähigkeit zuerkannt, unter ihrem Namen R. zu erwerben und Verbindlichkeiten einzugehen; nur dass ihnen kraft positiver Bestimmung des Gesetzes gewisse R. der juristischen Personen (welche allein den „privilegierten Korporationen" vorbehalten sind), nämlich die Fähigkeit, Grundstücke und Kapitalien auf ihren Namen zu erwerben, abgeben: sie sind juristische Personen minderen R. (was man unpassend durch ihre Bezeichnung als „halbe juristische Personen" ausgedrückt hat). Aus ihren Schulden gibt die Praxis eine Klage gegen den Verein als solchen; daneben wird Haftung der gegenwärtigen Mitglieder pro rata angenommen (S. 107—108).

In dem II. Kapitel über die Rechtsverhältnisse der Körperschaften, welches zunächst (S. 141—174) den „Umfang der körperschaftlichen Rechtsfähigkeit" behandelt, ist das vornehmste Gewicht auf den 2. Abschnitt (S. 174—338) zu legen, welcher „Einheit und Vielheit in der Gesamtheit" überschrieben worden ist. Hier wird das schwierigste Problem der Genossenschaftstheorie behandelt. Die herrschende, vom r. R. ausgehende Lehre stellt die Körperschaft einerseits, die Mitglieder andererseits als durchaus voneinander getrennte Individuen. Es wird in Bezug auf die beiderseitigen Rechtssphären ein vollkommenes Trennungsverhältnis wie zwischen unverbundenen Personen angenommen. Dieser Anschauung „gilt in erster Linie der Angriff der Genossenschaftstheorie" (S. 175). Nach G. sind vielmehr drei Fälle zu unterscheiden. 1. In gewissen Beziehungen stehen allerdings die Mitglieder als verbandsfreie Individuen der Körperschaft selbständig gegenüber, und sind daher insoweit gegenseitige R. und Verbindlichkeiten nur nach Massgabe des gemeinen Privat-R. möglich, z. B. soferne der Staat als Fiskus den einzelnen gegenübertritt. 2. In anderen Beziehungen haben die Mitglieder umgekehrt nur als verbandsangehörige Personen, also kraft der Organisation des Verbandes, R. und Pflichten (Mitglieds-R. und Mitgliedspflichten), z. B. das StimmR. in der Vereinsversammlung, Anteilnahme an Vorteilen, Genüssen, welche der Verein darbietet, andererseits Beitragspflichten: diese Beziehungen entbehren in öffentlichrechtlichen Körperschaften (d. h. nach S. 168 in solchen Verbänden, deren Gewalt „obrigkeitlichen Charakter" hat) des zivilprozessualischen Rechtsschutzes; in privatrechtlichen Körperschaften können sie im Wege des Zivilprozesses geltend gemacht werden, auch wenn kein Vermögensinteresse obwaltet, sobald nur nicht die Vereinsverfassung im Wege steht (S. 184—187). 3. In einer letzten Reihe von Beziehungen endlich (und hier beginnt die Schwierigkeit) findet „eine Verflechtung von Individual-R. und Sozial-R." statt,

d. h. die Mitglieder erscheinen hier zugleich als verbandsfreie (der Gewalt des Vereins und seiner Beschlüsse entzogene)
und als verbandsangehörige (nur kraft ihrer Mitgliedschaft
berechtigte und verpflichtete) Personen, d. h. es gibt Mitglieds-
R. und Mitgliedspflichten, welche dennoch zugleich Privat-R. und
Privatpflichten, und darum den Vereinsbeschlüssen nicht oder
nur in gewissem Masse unterworfen sind: Mitglieds-R., welche
dennoch als jura singulorum erscheinen. Unter diesen Gesichtspunkt fallen die bundesstaatlichen Sonder-R. von Einzelstaaten im Deutschen Reich (S. 190), ferner die vermögensrechtlichen Ansprüche der Beamten gegen den Staat (S. 195), Kirchen-
stuhls-R., Erbbegräbnis-R. (S. 197), namentlich auf dem Gebiete
des Privat-R. die Nutzungs-R. von Gemeindegliedern an der
Allmende (S. 198 ff.). In Bezug auf den letzteren, wichtigen
Fall geht die Praxis von der Behandlung solcher R. als blosser
Mitglieds-R. aus, und statuiert daher eine freie Verfügungs-
gewalt der Gemeinden über dieselben, während umgekehrt, sobald ausnahmsweise ein besonderer Privatrechtstitel auffindbar
ist, dieselben als vollfreie Privat-R. der einzelnen behandelt
zu werden pflegen (S. 199—202); doch findet sich auch der vom
Verf. gebilligte Standpunkt vertreten (namentlich durch das
Reichsgericht, welches hier eine „Verflechtung von publizistischem
Gemeinde-R. und wirtschaftsgenossenschaftlichem Individual-R."
annimmt (S. 205). Zum praktischen Ausdruck kommen diese
Verhältnisse in der gleichzeitigen Zulassung der zivilprozessualischen Geltendmachung solcher R. sowohl durch die einzelnen,
wie durch die Gesamtheit (die Gemeinde oder die Agrargenossen-
schaft), welche denn auch in der Praxis sich durchgesetzt hat
(S. 212 ff.): der Prozess, welchen die Gemeinde führt, bewirkt
zugleich auch den einzelnen gegenüber rechtskräftiges Urteil,
und umgekehrt; das Rechtsgeschäft der Gemeinde verbindet die
einzelnen und umgekehrt hat auch der einzelne eine beschränkte
Disposition (S. 221). Es konkurriert eine Herrschaft der Gemeinde über diese R. mit einer Herrschaft der einzelnen: nach
Ansicht des Reichsgerichts sind solche Sonder-R. (welche regelmässig zugleich kraft Mitgliedschaft und kraft eines Sonder-
titels besessen zu werden pflegen) in Bezug auf ihre Ausübung
der Verbandsgewalt unterworfen, in Bezug auf ihre Substanz
aber derselben entrückt (S. 226). Der Verf., welcher auf S. 240
bis 305 unter diesem Gesichtspunkt eine Besprechung der Mitglieds-R., bezw. Mitgliedspflichten in der Aktiengesellschaft und
der Gewerkschaft gibt, gelangt sodann auf S. 306 zu dem Er-

gebnis, dass also der Satz der Genossenschaftstheorie bestätigt
werde, nach welchem unser Körperschaftsbegriff für eine „organische Verbindung von Einheits-R. und Vielheits-R." Raum hat,
denn das Körperschafts-R. selbst äussere sich hier zugleich in
„Sphären selbständiger Einzelwillen". Daher die „Elastizität"
des modernen Körperschaftsbegriffes. Diese „verfassungsmässige
Verknüpfung von vielheitlichem Sonder-R. der Glieder mit dem
einheitlichen Gesamt-R. einer Verbandsperson" könne als „genossenschaftliches Prinzip" bezeichnet werden (S. 309).

Diese Ausführung, durch welche der Verf. den Begriff der
„körperschaftlichen Individual-R." (der jura singulorum in uni-
versitate) klar zu stellen sucht, gipfelt in der juristischen
Begriffsbestimmung einzelner solcher Sonderrechtsverhältnisse
(S. 315 ff.), welche namentlich zu dem Ergebnis führt, dass bei
einer „vermögensgenossenschaftlichen Struktur der Körperschaft",
d. h. bei einem Aufgehen des Gesamt-R. (z. B. des Eigentums
an der Allmende) in die Sonder-R. der einzelnen, weder Alleineigen-
tum der Gesamtheit, noch Miteigentum der einzelnen, sondern vielmehr „korporatives Gesamteigentum" (oder „genossenschaftliches
Gesamteigentum") anzunehmen sei, d. h. es liegt ein Verhältnis
vor, welches unter die Kategorie des Individual-R. (Privat-R.)
überall nicht passt: die Eigentumsbefugnisse („Eigentumssplitter")
sind nicht nach Privat-R., sondern nach Körperschafts-R. (nach
„genossenschaftlichem Prinzip") zwischen Einheit und Vielheit)
verteilt: es liegt ein Eigentum vor, welches doch nicht lediglich
den Rechtssätzen des Sachen-R., sondern zugleich denen des
Körperschafts-R. unterliegt (S. 317—320). Unter diesen Ge-
punkt bringt der Verf. wie das Eigentum an der Allmende, so
auch das Eigentum der Aktiengesellschaft und der Gewerkschaft
(S. 321—333): der Aktionär hat nach dem Verf. nicht bloss ein
Forderungs-R., sondern wirklich einen „Anteil", anteilmässige R.
„dinglicher Art" an dem Gesellschaftsvermögen (S. 328, 329),
und ist dieser „Anteil" einer besonderen Besteuerung (neben der
Besteuerung der Aktiengesellschaft) allerdings unterworfen (S.333).
Ueberall handelt es sich hier um „eigenartige sachenrechtliche
Begriffe von sozialrechtlicher (nicht individualistisch-privat-
rechtlicher) Färbung" (S. 330).

Es ist klar, dass der Verf. hier ein zweifellos vorhandenes,
weittragendes Problem erfasst und zur Sprache gebracht hat,
ein Problem, welches von der romanistisch (individualistisch)
gerichteten Theorie mit Unrecht zu leugnen versucht wird. Es
handelt sich genau um dieselbe Schwierigkeit, welche uns bei

der Begriffsbestimmung der Rechtsverhältnisse an res publicae
begegnet. Das „publizistische Eigentum“ Eiseles entspricht
genau dem, was G. als „genossenschaftliches Gesamteigentum“
bezeichnet. Für das r. R. liegt alles, was nicht Rechtszuständig-
keit einer einzelnen Person ist, ausserhalb des Privat-R. (so die
res publicae, die res divini juris), und die Rechtsfähigkeit von
Verbandspersönlichkeiten wird lediglich durch fiktive Gleichstellung derselben mit Einzelpersönlichkeiten vermittelt. So hat
der röm. Eigentumsbegriff die entschieden individualistische Färbung bekommen, welche er noch heute in unserer Theorie an
sich trägt, und ist die Schwierigkeit, welche G. behandelt, diese,
den Eigentumsbegriff auf eine höhere Stufe zu erheben, auf
welcher er nicht bloss das Allein-R. einer Einzelperson, sondern
auch das Gesamt-R. mehrerer verfassungsmässig verbundener
Personen auszudrücken imstande ist. In diesem Sinne erscheint
das körperschaftliche Eigentum G.s als der höhere Begriff, unter
welchen das publizistische Eigentum unterzuordnen wäre. Die
Schwierigkeit ist damit deutlich bezeichnet, wenngleich über die
Art der Lösung derselben wie über das Anwendungsgebiet des
neuen Begriffs verschiedene Ansichten möglich sind. G. hat die
Formel gewählt: organische Verknüpfung von Vielheits-R. und
Einheits-R. Es würde auch die andere Begriffsbestimmung möglich sein: ein Eigentum, über dessen Ausübung jedoch nicht
das Privat-R., sondern das öffentliche R. bezw. das Körperschafts-R. entscheidet.

Das III. Kapitel handelt von den „Rechtsgemeinschaften
zur gesamten Hand“. In demselben werden „Gemeinschafts-
verhältnisse des Individual-R.“ erkannt, deren Prinzip nicht im
Körperschafts-R. (wenngleich „Annäherungen an das Körperschafts-R. unbestreitbar sind“), sondern im Individual-R. zu
suchen ist (S. 339, 340). Das Wesen der Berechtigung bezw.
Verpflichtung zur gesamten Hand setzt G. darin, dass hier eine
„verbundene Personenmehrheit“ als Träger einer „Willensgemein-
schaft.“ Subjekt des Verhältnisses ist (S. 343): durch das die
Teilnehmer verknüpfende Band ist das Quotenprinzip ausgeschlossen oder doch in seiner Entfaltung eingeschränkt (S. 346).
Dabei können „Gemeinschaftsordnungen“ entstehen, welche sich
„mehr oder minder einer Körperschaftsverfassung nähern“ (S. 351):
es ist eine Repräsentation der gesamten Hand möglich. Gedanken des Personen-R. (nicht aber des Körperschafts-R.) durch-
dringen insoweit die sachenrechtlichen oder obligationenrecht-
lichen Verhältnisse (S. 354). Hervorgegangen ist die Gesamt-

band aus der Gemeinschaft der Hausgenossen; sie ist dann aber
auch auf vertragsmässig erzeugte Verhältnisse übertragen (S. 356,
357). Als vornehmste Anwendungsfälle der Rechtsgemeinschaft
zur gesamten Hand werden sodann die eheliche Gütergemeinschaft (S. 367—435: das Vermögen ist den beiden Ehegatten
in ihrer personenrechtlichen Verbindung gemeinsam; Quoten
können während der Dauer der Gemeinschaft nicht unterschieden
werden, wenngleich sonderrechtliche Anwartschaften auf einen
Eigentumsanteil für den Fall der Auflösung der Gemeinschaft
begründet sind) und die offene Handelsgesellschaft (S. 435
bis 603) einer eingehenden Besprechung unterzogen. Das letztere Thema gibt Anlass zu einer interessanten Polemik gegen
den bekannten geistvollen Aufsatz von Laband (S. 438—449).
Die Hauptsätze dieser Polemik sind, dass die von Laband angenommene Trennung von „Handelsgesellschaft im Sinne des
Handelsgesetzbuchs", welche nichts als eine „Haftungsart" bedeute, und von einer unter den Gesellschaftern (jedoch nicht notwendig) bestehenden zivilrechtlichen „Sozietät" unmöglich sei,
und zwar vor allem deshalb, weil die Vereinigung zu dieser
gemeinsamen „Haftungsart" an sich schon einen Gesellschafts-
vertrag bedeute, als dessen integrierender Bestandteil lediglich
die unter den Gesellschaftern vereinbarte „Sozietät" erscheine
(diese Sozietät mit den ihr eigentümlichen rechtlichen Bestimmungen kann, wie G. mit Recht hervorhebt, nicht für sich allein,
sondern nur in Gemeinschaft mit dem auf Firmengemeinschaft
gerichteten Gesellschaftsvertrage hervorgebracht werden), und
weil ferner die durch den Vertrag über die gemeinsame Firma
erzeugte Kollektivhaftung an sich schon eine sozietätsmässige
Vermögensgemeinschaft (durch Einwerfen des eigenen Personal-
kredits), also ein wahres Gesellschaftsverhältnis, nicht bloss eine
Haftungsart bewirke. Nach G. ist allein der Begriff der gesamten Hand für die Konstruktion der offenen Handelsgesellschaft und der ihr verwandten Kommandit- und Aktienkommanditgesellschaft genügend und ausreichend: die Handelsgesellschaft stellt „eine personenrechtliche Gesellschaft dar, deren
obligationenrechtliche und sachenrechtliche Elemente durch die
Verbundenheit der Subjekte als solcher eigentümlich bestimmt
und gebunden werden" (S. 450): die Firma bringt die personenrechtliche Verbundenheit zum Ausdruck, deren praktische Bedeutung in der Vertretung der Gesellschaft durch den Gesellschafter hervortritt, so dass die Gesellschaft dem einzelnen Gesellschafter als Trägerin einer ungesonderten gemeinschaftlichen

Willens- und Rechtssphäre gegenüberzutreten imstande ist
(S. 453). Die objektive Einheit des Handelsgesellschaftsvermö-
gens ist Niederschlag und Abbild der subjektiven Einheit der
Handelsgesellschaft (S. 456), kraft deren es als ein „für sich bestehender Vermögensinbegriff", als ein „deutschrechtliches Sondervermögen" erscheint (S. 463). Als Subjekt dieses Vermögens
(der Aktiva und der Passiva) sind die in dieser bestimmten Art
verbundenen Gesellschafter zu denken (S. 464). Auch an der
Kommanditgesellschaft und der Aktienkommanditgesellschaft
werden diese Gesichtspunkte vom Verf. entwickelt. Auf S. 593 ff.
wird in Polemik gegen Wach von der materiellen Prozess-
parteifähigkeit der Gesellschaft als solcher gehandelt.

Das IV. Kapitel (S. 603—808) führt den Satz aus: die
Körperschaft ist willens- und handlungsfähig durch ihre
Organe, jedoch nur innerhalb der ihr vom R. gesetzten verfassungsmässig abgesteckten Lebenssphäre und nur innerhalb der
Schranken, welche aus ihrer gliedmässigen Einordnung in den
Staat sich ergeben (Ausführung über die staatliche Körperschafts-
hoheit S. 648 ff.). Eine eingehende Darstellung ist den körperschaftlichen Prozesshandlungen (S. 729 ff.) sowie der Deliktsfähigkeit der Körperschaften (S. 748 ff.) gewidmet.

Das V. Kapitel handelt von Veränderung und Beendigung der Körperschaften. Nicht bloss der Austritt sämtlicher Mitglieder, sondern auch die Reduktion des Verbandkörpers auf eine einzige Person (S. 835), sowie unter Umständen
schon „übermässiges Zusammenschrumpfen des Verbandkörpers"
(S. 840) führt nach dem Verf. die Aufhebung der Körperschaft
herbei. Das Vermögen der aufgelösten Körperschaft wird nicht
bonum vacans, vielmehr vollzieht sich in dasselbe eine „eigenartige sozialrechtliche Sukzession" (S. 859), sei es zu Gunsten
einer neu gebildeten Verbandsperson (S. 866), sei es zu Gunsten
eines höheren Verbandes (Heimfall an die Kirche, die Gemeinde,
den Staat S. 868 ff.), sei es (was bei Privatkörperschaften die
Regel bildet) zu Gunsten der einzelnen Glieder (S. 873 ff.). Die
sozialrechtlichen Begriffe, welche sich noch im Auflösungsstadium
der Körperschaften als wirksam erweisen, werden in der Schluss-
ausführung (S. 884- 905) dargelegt.

Mehrfach wird von dem Verf. neben dem R. der Körperschaften auch das R. der Stiftungen (der organisierten Anstalten) gestreift (namentlich S. 11, 12, 84, 169 ff., 629, 871).
Ueberall sind die Ausführungen des Verf. bedeutend, anregend
und von Ideen erfüllt, welche, wenngleich zum Teil vielleicht

noch weiterer Prüfung bedürftig, einen kraftvollen Fortschritt
gegenüber dem Herkömmlichen in sich tragen. Sohm (Leipzig).

II. Rechtsgeschichte.

Poiret, J. Essai sur l'éloquence judiciaire à Rome pendant la République. Paris, Thorin. 1887. 209 S. 5 fr.

Der Verfasser, Professor in Douai, beginnt mit einer Schilderung der Bedeutung und der Wichtigkeit der gerichtlichen
Beredsamkeit im Altertum und namentlich in Rom. Auf dem
Forum schafft sich der namen- und vermögenslose Römer seinen
Namen und dort erwirbt er sich seinen Ruhm. Der Beschreibung
des Forums ist daher das ganze 2. Kapitel gewidmet. Seine Form
und seine Einrichtung werden kritisch untersucht und festgestellt,
den öffentlichen Gebäuden, Tempeln und Triumphbogen ihre
sichere Stelle angewiesen, und alle mit grosser Sachkenntnis
nach Form, Lage und Bedeutung beschrieben und geschildert.
Sodann kommt die Reihe an die Personen, welche dort ihre
Thätigkeit entfalten; vor allen der Praetor, dessen Funktionen
vor und während der Gerichtsverhandlungen geschildert werden,
und die ihn umgebenden Gerichtsbeamten, lictores, praecones,
viatores und scribae. Nach dem Praetor werden die judices
eingeführt, die Rivalitäten zwischen Senat und Ritterstand geschildert, ihre Anzahl im allgemeinen und die für die Beurteilung
des einzelnen Falles erforderliche Zahl nachgewiesen und die
Einwirkungen geschildert, denen sie ausgesetzt waren, endlich
die herrschende Bestechlichkeit und Korruption. Nachdem der
Leser hinlänglich mit dem Gericht bekannt gemacht ist, wird
im 5. Kap. der Angeklagte selbst eingeführt und sein Auftreten geschildert, seine affektierte Bescheidenheit und Zer-
knirschung, seine Begleitung, Familie, Anhänger, Berater und
Zeugen, endlich die Zuhörer und Zuschauer mit der unvermeid-
lichen Claque. Nun tritt im folgenden Kapitel der Verteidiger
auf. P. schildert dessen Erziehung im allgemeinen und diejenige
des Cicero im besonderen; seine Schule bei Scaevola und den
griechischen Rhetoren sowie seine Reise nach Athen, Kleinasien
und Rhodus. Auf anziehende Weise bespricht er die vorbereitenden Studien eines Redners, seine Art zu sprechen im Ver-

gleich mit den griechischen Vorbildern, sein ganzes äusseres
Auftreten und die Honorarverhältnisse. Weniger beliebt ist der
Ankläger, welchem das 7. Kapitel gewidmet ist. Ihm zur Seite
stunden die subscriptores, und wie um den Verteidiger, so
bildeten sich auch um den Ankläger Gruppen, welche einander
mit nichts weniger als freundlichen Augen ansahen. Im folgenden 8. Kapitel beginnen die Verhandlungen. Dieselben werden
in ihrer Reihenfolge lebendig und anschaulich geschildert und
von den Advokatenkünsten der damaligen Zeit ein sehr natur-
getreues Bild entworfen. Das „dixerunt" des Ausrufers kündigte
den Schluss der Verhandlungen an und die Judices gehen über
zur Abstimmung, deren Resultat der Praetor oder Vorsitzende
verkündigt. Die gewöhnliche Strafe ist die Verbannung. Nach
diesen bewegten und mit lebhaften Farben geschilderten Szenen
geht der Verf. zur Beurteilung der röm. Redner selber über,
welcher das 9. Kapitel gewidmet ist (S. 235—273). Er charakterisiert darin, meist mit den Worten der röm. Schriftsteller
selbst, die einzelnen, während der Republik hervorragenden
Redner. Cicero selbst lässt er, wie Ihne (röm. Geschichte), diejenige Gerechtigkeit widerfahren, welche Mommsen ihm unbillig
verweigert. Im letzten Kapitel endlich sucht er diejenigen Merkmale auf, welche die röm. Beredsamkeit vor anderen auszeichnen,
und findet dieselben, weder in der Heftigkeit noch in dem Pathos,
welche beide sich bei den griech. Rednern in gleichem oder höherem
Masse vorfinden, als vielmehr in der urbanitas, dem französischen
ésprit und der gravitas. Das Wesen dieser beiden Eigenschaften
wird von P. einlässlich und geistreich geschildert und nachgewiesen, dass sie das Wesen des röm. Redners ausmachen, dem
Charakter des röm. Volkes entsprechen und bei Cicero ihre
höchste Ausbildung gefunden haben. Auf den Verf. aber kann
angewendet werden, was Scaliger von einem französischen Juristen
sagt: c'est un gentil personnage qui valde juvit litteras et
litterarum studiosos.   König.

Bruns, C. G. Fontes iuris Romani antiqui Editio quinta
    Cura Theodori Mommseni. Freiburg i. Br., Mohr.
    1887. 422 S. 8 M.

    Die der 1. Auflage dieses Buchs, über dessen Wert eine
Bemerkung überflüssig ist, folgenden Auflagen sind mit Recht
stets als vermehrte und verbesserte bezeichnet. Gegen die 150 S.
der 1. Auflage (1860) umfasste die 2. (1871) 253 S., die 3. (1876)
317 S., die 4. (1870) 341 S., während die vorliegende auf 422 S.

gestiegen ist. Schon bei der 2. u. 3. Auflage hat Mommsen
dem Verf. seine Unterstützung zu Teil werden lassen, der 4.
hatte er 1881 nach des Verf. Tod ein Supplementum (insbesondere das 1880 gefundene zweite Bruchstück der Lex Rubria enthaltend) zugefügt, jetzt erklärt er es, wie bereits im Vorwort
zu dieser Ergänzung, für Freundespflicht, die cum auctore vivo
tanquam communis cura und die futura recognitio et continuatio
der Fontes allein zu übernehmen. Von dem Gesichtspunkt ge-
leitet, im Sinne des Verf. zu verfahren, hat er alles, was B.
aus Denkmälern und Büchern aufgenommen, gelassen, das Auf-
genommene aber nach den besten Ausgaben rekognosziert, so
dass der das Buch Benutzende certo fundamento insistat neque
erroribus conjecturisve tacitis fallatur.

Ausser den bereits in dem Supplementum enthaltenen finden
sich in der neuen Auflage folgende Vermehrungen. I. Pars im
4. Kapitel (Leges coloniarum et municipiorum) eine epistula de
Tymandenis, wozu in den Additamenta zwei epistola de jure
civitatis Orcistenorum kommen; im 5. Kapitel (S. Cons) S. C.
de Thisbaeis, de Oropiis, de Aphrodiviensibus sowie ein edictum
praetoris (de senatus sententia) de campo Esquilino; im 6. Kapitel (Edicta et decreta magistratuum et sacerdotum) — in
welchem das edictum perpetuum praetoris von Lenel ist —
eine epistola praefectorum praetorio, in decreta XV virum sacris
faciendis und ein decreta proconsulis Sardiniae; im 7. Kapitel
(Constit. imper.) ein decreta Commodi de saltu Burunitano;
ausserdem sind zwei neue Kapitel (8 und 9) zugefügt: Juris
jurandi in principem formulae und Ordo salutationis sportu-
larumque provinciae Numidiae. Dass die 5. Auflage in der
I. Pars 9 Kapitel aufweist statt der 6 Kapitel der 4. Auflage,
erklärt sich aus der Aenderung der Einteilung: während bei B.
das 3. Kapitel alle Leges post XII tabulas latae, geschieden
nach Jahrhunderten, umfasst, zerlegt Mommsen den Stoff in
2 Kapitel, ohne diese zeitliche Scheidung: Kapitel 3. Leges
publicae populi Romani post XII tabulas latae und Kapitel 4.
Leges coloniarum et municipiorum.

II. Pars. In dieser ist der Rubrik nach neu das 1. Kapitel:
Leges dictae rebus communi sacrove usui destinatis, sachlich neu
sind 4 Nummern (bezüglich 5: denn ausser den mit † bezeichneten ist, soviel ich sehe, auch Nr. 9: ex legibus incertis de
aquaeductibus urbis Romae neu), während die übrigen in der
4. Auflage der I. Pars zugewiesen waren (I. 1 und 2 = S. 44
der 4. Auflage; I. 3 = S. 87; I. 8 = S. 128; I. 10 = S. 141).

Das 14. Kapitel (Testamenta) enthält 3 Nummern mehr, nämlich 2 Abschnitte aus Testamenten (Fideikommisse an Stadt-
gemeinden mit Modus) und einem Kodizill. Ganz neu hinzugekommen ist das 13. Kapitel: Nominum transscriptio, ein kleines
Bruchstück von 5 Zeilen, enthaltend die vom Schuldner selbst
gemachte und auf seinem Grundstück eingemeisselte Angabe,
dass er die aus einem Kauf stammende in Litteralobligation
verwandelte Schuld von 70000 HS. in zwei Posten an zwei
Personen zum Zweck der Auszahlung an den abwesenden Gläubiger gezahlt habe gegen Verpfändung von Grundstücken.

Die III. Pars hat eine inhaltliche Erweiterung nicht erfahren,
Mehrung der Seitenzahlen (88 gegen 75) kommt auf Rechnung
der etwas erweiterten Anmerkungen.   Burckhard.

Carle, G. Le origini della proprietà Quiritaria. Turin,
H. Löscher. 1887. 30 S.

Eine zwischen Mommsen und Padeletti vermittelnde Ableitung des Eigentums in Latium vom „domus" (S. 10) und
ringsum gelegenen heredium (S. 4), welche in Ermangelung von
Blutserben der in mehrere „vici" zerfallenden gens (Familien-
oder Markgenossenschaft, S. 22, mit compascu) heimfielen;
mehrere solche Genossenschaften bildeten einen Gau (tribus,
pagus, S. 4, 12 u. 25), welcher gleichfalls besonderes Vermögen
besitzen konnte. C., ord. Rechtsprofessor zu Turin, ist Verf.
der „Appellazione", des „Fallimento nel dir. intern. priv.", der
„Filosofia soc.", der „Convivenza civ. e pol.", sowie insbesondere
auch der „Vita del diritto" (bei Bocca in Turin, 664 S.,
12. 1880), worin der allenthalben bleibend und übereinstimmend verwirklichte Rechtsgedanke geschichtlich und psycho-
logisch zergliedert, sowie mit dem Geiste und der Richtung
selbst der allerneuesten europäischen Gesetzgebungen in bedeutungsvollen Vergleich gezogen wird.

Obiger Sonderabzug aus den Verhandlungen der Academia
delle Scienze von Turin, Vol. XXII. 27./III. 1887, bildet die
Einleitung zu C.s soeben zu erscheinen beginnendem Werke „Le
origini del diritto pubbl. e priv. di Roma".   F. Geigel.

Ofner, J. Der Urentwurf und die Beratungsprotokolle
des österr. allgemeinen bürgerlichen Gesetzbuches.
Wien, Hölder. 1887. 2. u. 3 Lfg. CXLVIII. und 32 S.

Während in Frankreich sofort, in Preussen schon lange,
die Protokolle über die Beratung des Code Napoleon bezw. des

allgemeinen preuss. L.R. zu wissenschaftlichen Arbeiten verwendet werden konnten, waren die Protokolle über die Beratung des österr. Gesetzbuches bis zu dem Zeitpunkte, als Glaser die Leitung des Justizministeriums übernahm, unzugänglich. Die ersten, welche, von einzelnen Arbeiten Harrasowskys abgesehen, die Protokolle in umfangreicher Weise zu benützen gedachten und teilweise auch benützten, waren Pfaff und Hofmann, in deren bekannten Kommentare zum österr. allgemeinen bürgerlichen Gesetzbuche eben die Protokolle, soweit ihr Inhalt interessant war, verwertet werden sollten. Nachdem nun die Fortsetzung dieses Kommentars, der nach dem ursprünglichen Plane der Verf. schon längst vollendet sein sollte, aufgegeben zu sein scheint, so lag die Gefahr nahe, dass die Beratungsprotokolle zum bürgerlichen Gesetzbuche wieder gänzlich der Vergessenheit anheimfielen. Der Wiener Advokat Dr. Julius Ofner hat sich deshalb entschlossen, die fraglichen Protokolle dadurch vor diesem Schicksale zu bewahren, dass er sie veröffentlichte. Die 1. und 2. Lfg. enthalten zunächst den Urentwurf des bürgerlichen Gesetzbuches, der schon die bekannte Einteilung des allgemeinen bürgerlichen Gesetzbuches in drei Teile, jedoch nicht mit fortlaufender Paragraphennumerierung aufweist, ferner die Beratungsprotokolle zu der einen Hälfte des ersten Teiles; die 3. Lfg. enthält dann den Schluss der Beratungsprotokolle zum ersten Teile und die zum zweiten Teile. Die Beratungsprotokolle umfassen die Sitzungen vom 21./XII. 1801 und 5./XII. 1803 und sind vollständig wiedergegeben. Von den Teilnehmern der Beratung, welche unter dem Präsidium des Staatsministers Grafen Rottenhann stattfand, waren die hervorragendsten der niederösterr. Oberstlandrichter v. Haan und der Appellationsrat v. Zeiller (der Verf. des bekannten Kommentars zum bürgerlichen Gesetzbuch), welcher als Referent fungierte. Derselbe eröffnete die Sitzung mit einem längeren einleitenden Vortrage (S. 1—12), worin er einerseits eine kurze Geschichte des Entwurfes gab und andererseits die leitenden Grundsätze desselben entwickelte.

Es ist selbstverständlich, dass diese Ideen der damals herrschenden naturphilosophischen Richtung entsprachen und kommt eben deshalb diesem Vortrage die grösste Bedeutung für das Verständnis des Gesetzbuches zu. Er ist gleichsam als Vorwort für dasselbe zu betrachten.   W. Fuchs (Wien).

III. Privatrecht.

Engelmann, Th. Die custodiae praestatio nach r. R.
Nördlingen, Beck. 1887. 190 S. 3 M.

Die technische Custodiahaftung ist die jedem zur Prästation
der culpa levis Obligierten gesetzlich obliegende Verpflichtung,
mit der Sorgsamkeit eines diligens pater familias eine körperliche Sache vor schädigenden äusseren Einwirkungen zu bewahren.
Die custodia ist nichts anderes als diligentia in custodiendo;
die Haftung für custodia tritt bei Verpflichtung zu omnis diligentia ein, sobald eine zu bewahrende körperliche Sache vorhanden ist. Die custodia hat sich nicht allein gegen damnum
und furtum, sondern gegen alle äusseren Einwirkungen zu wenden, welche die Sache irgendwie in ihrem Wert herabsetzen oder
dem Berechtigten entziehen. Es ist aber bei der custodia nie
eine über die diligentia hinausgehende Haftung, eine Verpflichtung, für Zufall einzustehen, vorhanden.

Das Custodiaversprechen erzeugt die normale technische
Custodiahaftung, wenn Promittent noch nicht zur custodiae
praestatio verpflichtet war. War dies aber schon der Fall, so
muss den Regeln über die Auslegung von Verträgen zufolge
eine Erhöhung der Haftpflicht eintreten, und zwar eine Erhöhung
bis zu dem Punkt, dass alle Zufälle ohne jede Ausnahme als
mitübernommen und daher als vertretbar betrachtet werden.

Bei dem receptum findet eine Steigerung der Haftung über
diligentia und über custodia hinaus statt. Die damna fatalia,
für die hier nicht einzustehen ist, sind die in abstracto unver-
schuldeten, d. h. bis zum Beweis des Gegenteils als unverschuldet
betrachteten Unfälle.   Rümelin.

Ryck, R. Die Lehre von den Schuldverhältnissen nach
gemeinem deutschen R. Mit Rücksicht auf partikulare
und fremdländische Gesetzgebung systematisch dargestellt
2. Heft. Berlin, Decker. 1887. S. 129—336.

Das vorliegende 2. Heft des Werkes (dessen 1. Heft im
C.Bl. II, 280 angezeigt wurde) behandelt im 5. Abschn. die
„alternativen", im 6. die „gegenseitigen" Schuldverhältnisse.
Der erstgedachte Abschnitt beginnt mit einer Einleitung, welche
eine Uebersicht über die bisherigen Theorien der alternativen
Obligationen gibt. Dass sich hierbei „sehr erhebliche, scheinbar

unversöhnliche Gegensätze" geltend machen, hat nach Ansicht des Verf. seinen Grund darin, „dass man unter dem Begriff der alternativen Obligation verschiedenartige Verhältnisse zusammenfasste und, je nachdem man von der einen oder anderen Art ausging und die dabei gefundenen Grundsätze auf alle Arten ausdehnen wollte, zu verschiedenen Resultaten kommen musste". Es sei zu unterscheiden zwischen alternativer Pendenz und alternativer Obligation. Der Verf. behandelt demnach die „Pendenz der Rechtsverhältnisse" überhaupt (S. 132—186), schliesst dann die „alternative Pendenz" (S. 186—197) und erörtert schliesslich auf S. 197—269 die „alternative Obligation", deren Begriff er durch die vorhergegangene Ausscheidung der Pendenzfälle gewonnen haben will. Der folgende, von den „gegenseitigen Schuldverhältnissen" handelnde 5. Abschn. des Werkes zerfällt in zwei, dem Umfange nach fast gleiche Abteilungen: „A. Die geschichtlichen Ausgangspunkte" auf 27 Seiten, „B. Wesen der synallagmatischen Verpflichtung," auf 30 Seiten; daran schliesst sich auf drei Seiten: „C. Neuere Gesetzgebung." Auch bei der „alternativen Obligation" ist die „neuere Gesetzgebung" mit drei Seiten abgefertigt. Gänzlich mit Stillschweigen übergangen ist z. B. die Streitfrage, ob bei alternativen Obligationen, bei welchen der Gläubiger das Wahlrecht hat, derselbe, wenn er klagt, durch das in S. 230 der Z.Pr.O. aufgestellte Erforderniss der „Bestimmtheit" zur Ausübung des Wahlrechts gezwungen sei, oder ob er sich in der Klage das Wahlrecht noch vorbehalten dürfe; nur für die Fälle, in welchen der Schuldner wahlberechtigt ist, wird der Einfluss der Z.Pr.O. behandelt (S. 261). Der Verf. will die Lehre von den Schuldverhältnissen nach „gemeinem deutschen" R. darstellen. Er hat mit unendlichem Fleisse und Scharfsinn gearbeitet; allein er hat in der Wahl des Titels, welchen er an die Spitze seines Werkes gestellt hat, sich vergriffen. Das R., welches er darstellt, ist nicht unser „gemeines deutsches R.", sondern das r. R.

v. Cuny.

Nowak, R. Entscheidungen des k. k. obersten österr. Gerichtshofes in Zivilsachen. II. Bd. Wien, Manz. 1887. 300 S.

Der vorliegende Band dieser Sammlung enthält drei Gruppen Entscheidungen. Zunächst nämlich die Entscheidungen, welche in das Judikatenbuch des obersten Gerichtshofes, dann jene, welche in das Spruchrepertorium aufgenommen sind, und endlich

jene, welche vom obersten Gerichtshofe, ohne einer dieser beiden
Kategorien anzugehören, amtlich veröffentlicht wurden.   Seit
Beginn des Jahres 1885 lässt nämlich der oberste Gerichtshof
auch Entscheidungen veröffentlichen, welche weder dem Judikatenbuche noch dem Spruchrepertorium angehören; von welchem
Prinzipe sich hierbei der oberste Gerichtshof leiten lässt, ist uns
nicht bekannt und ist auch der vorliegenden Sammlung nicht
zu entnehmen.   Der zweite Band dieser Sammlung enthält
nun zunächst 16 Entscheidungen aus dem Judikatenbuche,
34 dem Spruchrepertorium angehörige und endlich 24 andere,
amtlich veröffentlichte Entscheidungen.   Die ersteren beiden
Gruppen enthalten Entscheidungen vom Jahre 1879 an, die
letzte, wie schon oben bemerkt, vom Jahre 1885 an.

W. Fuchs (Wien).

Beach, Ch. F. A Treatise on the Law of Contributory
  Negligence. NewYork, Baker, Voorhis & Co. 1885.
  XLVIII und 512 S.

Nach englischem und amerikanischem Common Law wird
angenommen, der durch einen Dritten Beschädigte sei zu keiner
Klage auf Schadenersatz berechtigt, wenn er durch eigene Nachlässigkeit die letzte Ursache der Beschädigung gewesen ist, d. h.
wenn er durch Anwendung gewöhnlicher Aufmerksamkeit den
Schaden hätte vermeiden können, und dies zu thun unterlassen
hat. In diesem Falle kommt die grössere oder geringere Nachlässigkeit des Beklagten nicht in Betracht, sondern die Verantwortlichkeit fällt ausschliesslich auf denjenigen, welcher den
Unfall hätte abwenden können und es nicht gethan hat.   Dieser
Grundsatz ist in einer Reihe von Fällen von engl. und amerik.
Gerichten festgehalten worden, und auch von Lord Abinger in
dem von B. mit Unrecht hart angegriffenen Fall Davis v. Mann.
An die allgemeine Erörterung des Begriffes der contributory
negligence, wie diese eigene, die letzte Ursache des Schadens
bildende Nachlässigkeit des Klägers genannt wird, schliessen sich
eingehende und auf eine Reihe von Entscheidungen gestützte
Untersuchungen und Erörterungen über die Begriffe von ordi-
nary care und proximate cause; ferner über die Frage, in
welchen Fällen von einer Nachlässigkeit nicht die Rede sein
könne, z. B. wenn der Beschädigte von der zu vermeidenden
oder abzuwendenden Gefahr keine Kenntnis hatte, oder die
Möglichkeit der Nachlässigkeit eines anderen nicht vorhersehen
konnte, oder die eigene oder fremde Rettung in der Verwirrung

auf eine ungeeignete Weise suchte. Dass die Beschädigung
während der Begehung einer ungesetzlichen Handlung erfolgte,
ist an sich kein Befreiungsgrund für den Beklagten, wenn nicht
gerade die ungesetzliche Handlung die Ursache der Verletzung
war. Ist die Nachlässigkeit des Klägers eine nachfolgende gewesen, die nicht zur Entstehung des Schadens, sondern nur zur
Vergrösserung desselben beitrug, so ist sie nicht contributory
negligence, sondern wird als eine solche betrachtet, welche selbst-
ständige Folgen erzeugte, und er kann daher für denjenigen
Schaden, welchen er selbst verschuldet hat, keinen Ersatz verlangen. Die mitgeteilten Fälle würden nicht überall die nämliche Entscheidung gefunden haben, allein sie zeigen, wie schwierig
es ist, immer die richtige Grenze zu finden. Das folgende Kapitel
ist der sogen. comparative negligence gewidmet, d. h. denjenigen
Fällen, wo den Beschädiger und den Beschädigten ein Verschulden trifft, auf welches die Entstehung des Schadens zurückzuführen ist. Es wird hier nicht etwa der Schaden geteilt,
sondern im Gegensatz zum common Law, welches bei dem Vorhandensein von eigener contributory negligence des Beschädigten,
jede Ersatzklage ausschliesst, der Grundsatz zur Anwendung
gebracht, dass ein im Verhältnisse zu demjenigen des Beklagten
geringeres Verschulden das Klagrecht nicht ausschliesse. Es
wird somit der Grad des Verschuldens abgewogen und demjenigen die Folgen auferlegt, welchen das grössere Mass trifft.
Es kann somit in diesen Fällen der Kläger Schadenensatz erhalten, obgleich er denselben mitverschuldet hat, nur weil sein
Verschulden ein geringeres ist als dasjenige der anderen Partei.
Diese Ansicht wurde angenommen in Illinois und einigen anderen
Staaten Amerikas, in den übrigen dagegen und in England
ausdrücklich verworfen.

Der folgende 4. Abschnitt handelt von dem mitwirkenden
Verschulden dritter Personen. In der Regel kann nur dasjenige
des Beschädigten selbst seiner Klage entgegengestellt werden,
und dasjenige Dritter nur dann, wenn der Kläger rechtlich die
Handlungen desselben vertreten muss oder für dieselben ver-
antwortlich ist. Dies ist dann der Fall, wenn der Dritte als
Dienstbote in seinem Auftrage oder als Agent gehandelt hat.
Auch hier besteht mit Bezug auf einzelne Fälle eine wesentliche
Verschiedenheit zwischen den Urteilen engl. und amerik. Gerichte.
Einem Reisenden z. B., welcher von einem Dritten verletzt wird,
kann nach engl. R. die Nachlässigkeit seines eigenen Kutschers
oder Omnibusführers entgegengehalten werden, nach amerik.

nicht. Wenn ferner der Kläger ein Kind oder Bevormundeter etc. ist, so fragt es sich, ob der Klage desselben die contributory negligence seiner Eltern, Vormünder etc. entgegengehalten werden könne oder nicht. Auch hierüber besteht keine Uebereinstimmung in der Rechtsprechung, sondern es liegen ganz abweichende Entscheidungen vor, und es erscheinen dieselben überhaupt, wie in Amerika so auch in England, nicht vollkommen befriedigend.

Die folgenden Kapitel behandeln die cont. negligence mit Rücksicht auf den Eisenbahntransport, mangelhaft unterhaltene Strassen, auf das Verschulden von Dienstboten und Arbeitern, und endlich mit Rücksicht auf Trunkenheit, Blindheit, Taubheit u. s. w., endlich die Beweislast des Klägers und des Beklagten, und die Unterscheidung der Thatfrage von der Rechtsfrage.

Der Verf. hat alle neueren amerik. Bearbeitungen der culpa benützt, und die Werke von Wharton, Thompson und Shearman und Redfield wiederholt angerufen; daneben aber stützt sich seine Untersuchung auf mehr als 3000 Entscheidungen, welche verarbeitet und teilweise ausführlich und eingehend diskutiert werden. In dieser vollständigen Sammlung und Verarbeitung des Stoffes liegt für uns der Hauptwert des Buches.

König.

Smith, W. A Compendium of the Law of Real and Personal Property. I. II. 6th ed. Stevens & Sons. 1884.

Die erste Ausgabe dieses Handbuches erschien 1835 in einem Bande, und erst seit der vierten, 1870 erschienenen Ausgabe erfolgte die Zerlegung in zwei Bände. Wenn es nicht möglich war, den Stoff etwas mehr zusammenzudrängen und namentlich Antiquiertes etwas kürzer zu fassen, so war eine Vermehrung der Bände gewiss ratsamer, als diejenige der Seitenzahl eines einzigen Bandes zu oft unförmlichem Umfang. Die neue Auflage berücksichtigt nicht nur alle seither erschienenen Gesetze, namentlich die Bills of Sale Acts, die Conveyancing Acts, die Married Womens Property Act and Settled Land Act, die Bankruptcy Act und Agricultural Holdings Act, sondern teilt dieselben auch in extenso mit, was für den englischen Juristen vielleicht überflüssig sein mag, für den kontinentalen dagegen sehr angenehm ist. Betreffend die Anführung der richterlichen Entscheidungen legt sich der Verf., welchem sich bei dieser Ausgabe noch J. Trustram beigesellt hat, eine weise Beschrän-

kung auf, indem er nur ausgewählte und wichtige Entscheidungen
zitiert und diese bis März 1884 heruntergeführt. Für vorgerücktere
Studenten und Praktiker hat sich das Buch längst als ein vor-
züglicher Ratgeber bewährt.   König.

IV. Handelsrecht.

Riesser, J.   Zur Revision des Handelsgesetzbuches.
1. Abteilung.   Beilagenheft zu Bd. XXXIII der Zeitschr.
für das gesamte Handels-R.   Stuttgart, F. Enke.   1887.
116 S.   3 M.

Im richtigen Zeitpunkt hat der in unserer handelsrechtlichen
Litteratur wohl bekannte Verf. die Frage der Revision des
deutschen Handelsgesetzbuches nicht bloss angeregt, sondern in
vielen Details mit eingehender sachkundiger Erörterung auch
beantwortet. Die Arbeit stellt sich nach vorgängiger Skizzierung
der bereits ausgesprochenen Revisionspläne des Handelsgesetzbuches zunächst die Aufgabe, im einzelnen zu untersuchen,
welche b e r e i t s gesetzlich geregelten Rechtsinstitute einer
vollständigen oder teilweisen Umarbeitung bedürfen. (Späteren
Heften behält der Verf. die Untersuchung darüber vor, welche
neuen Rechtsinstitute und etwa auch ausser den bereits von
der Kommission für Abfassung des Handelsgesetzbuches genannten
Stoffen: Verlags-, Binnenschiffahrts- und Binnenversicherungs-R.,
in das revidierte Handelsgesetzbuch aufzunehmen sein möchten,
welche Streichungen am Handelsgesetzbuch und welche Uebernahme von Spezialgesetzen in dasselbe sich empfehlen dürften.)
Der Verf. findet den von ihm eingeschlagenen Weg vorgezeichnet
durch die Legalordnung des Handelsgesetzbuches und das Material seiner Reformvorschläge in einer nahezu unübersehbaren
Litteratur; die Bezeichnung dieser Litteratur wird nicht über-
trieben erscheinen, wenn man bedenkt, dass Verf. die seit Einführung des Handelsgesetzbuches erschienenen Jahresberichte von
etwa 50 Handelskammern, sowie die Vereinsschriften und Verhandlungen aller in dem erwähnten Zeitabschnitte sich über das
Gesetzbuch äussernden volkswirtschaftlichen Kongresse und Vereine Deutschlands perlustriert hat. Da gibt es denn freilich
begreiflicherweise keinen Abschnitt des Handelsgesetzbuches, zu

welchem nicht eine Fülle von Reformvorschlägen herangewachsen
wäre; aber des Verf. Arbeit ist nicht bloss ein wohlverstehender
Eklektizismus, sondern auch eigenes Revidieren.

Einige Punkte, in Bezug auf welche man Widerspruch erheben kann, seien hier kurz hervorgehoben, um dadurch sachlich
anregend zu wirken. Verf. wendet sich (S. 17) gegen die Unterscheidung, welche
nach dem Schlusssatze des Art. 272 zwischen Geschäften eines
Kaufmanns und Nichtkaufmanns zu machen ist, und nimmt an,
es sei kein stichhaltiger Grund dafür einzusehen, weshalb z. B.
ein einmaliges Verlagsgeschäft oder Geldwechslergeschäft eines
Nichtkaufmanns anderen Regeln unterworfen werden sollte, als
das Verlagsgeschäft eines Buchhändlers oder das Geldwechslergeschäft eines Bankiers. Aber gerade, das Bankiergeschäft
enthält den praktischesten Hinweis darauf, dass denn doch ein
Unterschied besteht; in den kleinen Städten, in welchen kein
berufsmässiger Bankier sich befindet, besorgt in der Regel der
bedeutendste Schnitt- oder Kolonialwarenhändler zugleich einzelne Geschäfte des Geld- und Kreditverkehrs seines kleinstädti-
schen Publikums; dies geschieht ganz in den Formen seines ge-
werbsmässigen Geschäfts, in dem Schnitt- oder Kolonialwaren-
geschäftslokale, unter Verwendung des Hilfspersonals u. s. w.,
und ist somit doch jedenfalls ganz anders gestaltet und ganz
anders zu beurteilen, als wenn ein akademischer Lehrer oder
Hörer ein mutuum, also auch ein Geschäft des Geld- oder
Kreditverkehrs vereinzelt abschliesst; dies ist z. B. wegen Art. 288
von grosser Bedeutung.

In Erweiterung des Kreises der objektiven Handelsgeschäfte
(Art. 271) will Verf. die Veräusserungsanträge der Handwerker
(unter Streichung des letzten Satzes in Art. 273), in Vermehrung des
Bereiches der subjektiven Handelsgeschäfte (Art. 272) die Ver-
äusserungsgeschäfte der Produzenten als Handelsgeschäft aufnehmen. Trotz der hervorragenden Autoritäten, welche für
jeden dieser Vorschläge sprachen, erscheinen beide doch sehr bedenklich. (Vgl. Gareis in Buschs Archiv Bd. XXIX S. 1 ff.,
Aphorismen über die Zukunft des Handels-R.)

Auch vor einer Revision der Aktiennovelle vom Juli 1884
schrickt Verf. nicht zurück; hierbei konstatiert Verf., dass
22 Handelskammern die Unterscheidung zwischen Simultan- und
Successivgründung verwerfen.

Der Dissens in diesen und manchen anderen Punkten ist
von weit geringerer Bedeutung, als die Anerkennung sein muss,

elche des Verf. überaus fleissiges und durchaus sachverständiges Unternehmen verdient. Gareis.

Boistel, A. Manuel de droit commercial à l'usage des étudiants des facultés de droit et des écoles de commerce. Paris, Thorin. 1887. 774 S. 10 fr.

An den Précis oder Cours de droit commercial, welcher im Bd. III. 447 angezeigt ist, schliesst sich nun das Manuel an. Das grössere Werk war für den Anfänger zu stoffreich geworden, als dass es mit Leichtigkeit hätte bewältigt werden können. Nach dem Vorgang von Bravard-Veyrières erachtete es daher B. für zweckmässig und notwendig, denselben ein kürzeres Lehrbuch zur Verfügung zu stellen. In demselben werden die nämlichen Materien behandelt wie in dem Précis, jedoch unter Weglassung von allem auf dieser Stufe entbehrlichen. Es sind daher nicht aufgenommen die Anführungen von Autoren und der gerichtlichen Urteile, die Einleitungen und Uebersichten, welche in dem grösseren Werke jeder Abteilung vorausgesandt sind, und diejenigen Ausführungen, welche vorzugsweise auf die Praxis berechnet sind und zum Verständnis der Grundsätze entbehrt werden können, wie die Lehre vom Kontokorrent, die Praxis der Börsengeschäfte, Berechnung der Wechselkurse etc. Trotzdem werden in dem Manuel die Nummern des Précis beibehalten, so dass der Leser ohne Schwierigkeit die ergänzenden und weiter gehenden Nachweise zu finden imstande ist. Diese Beibehaltung der Nummer findet selbst dann statt, wenn die Materie im Manuel weggelassen ist, und hat alsdann die Bedeutung einer Verweisung. Das Buch ist daher vorzüglich geeignet, den Studierenden mit den Grundsätzen des Handelsrechtes vertraut zu machen und ihn in die Wissenschaft desselben einzuführen, während er für eingehendere Studien und das spätere praktische Bedürfnis auf das grössere Werk verwiesen bleibt, wo ihm in reicher Fülle ein wohlverarbeitetes Material geboten ist. König.

V. Gerichtsverfassung und Zivilprozess.

Kleinfeller, G.   Die Oeffentlichkeit des Gerichtsver-
fahrens. (Gerichtssaal XXXIX. S. 417—470.)
Friedmann, F.   Die Oeffentlichkeit der Gerichtsverhandlungen, ihre Vorzüge und Schäden.   Berlin, Heymann. 1887. 67 S. 1 M. 50 Pf.

Beide Aufsätze sind durch den im Mai v. Js. dem Reichstage seitens der Bundesregierungen vorgelegten Entwurf eines
Gesetzes betr. die unter Ausschluss der Oeffentlichkeit stattfindenden Gerichtsverhandlungen hervorgerufen worden; dieser Entwurf will im wesentlichen 1. die nichtöffentliche Verkündung
der Urteilsgründe ermöglichen, 2. dem Gericht die Befugnis gewähren, eine durch Strafsanktion gesicherte Pflicht zur Geheim-
haltung des nichtöffentlichen Verhandelten zu statuieren, 3. bei
nichtöffentlichen Verhandlungen, abgesehen von den Justizauf-
sichtsbeamten, jeden Unbeteiligten ausschliessen, und 4. ein,
gleichfalls durch Strafsanktion gesichertes, Verbot der Bericht-
erstattung durch die Presse über eine nichtöffentliche Verhandlung aufstellen.

K. nimmt hieraus Veranlassung zu einer „wissenschaftlichen
Betrachtung" über das Rechtsinstitut der Oeffentlichkeit der
Gerichtsverhandlungen, F. erachtet dafür, dass, abgesehen von
einem Aufsatze Munckels in der „Nation", bei Erörterung des
Entwurfs die „praktischen Gesichtspunkte" nicht hinreichend
gewürdigt worden seien und glaubt auf Grund 7jähriger Praxis
als Verteidiger in der Reichshauptstadt in dieser Beziehung die
nötige Ergänzung bringen zu können.

Aus den Erörterungen K.s in Abschnitt I über den „Begriff
der Oeffentlichkeit" (Parteiöffentlichkeit und Oeffentlichkeit im
weiteren Sinne oder sogen. Volksöffentlichkeit) mag besonders
der Nachweis hervorgehoben werden, dass die „Beziehungen zur
Wahrheitserforschung" es seien, welche der Oeffentlichkeit im
weiteren Sinne den „Charakter einer Garantie des Verfahrens
und eines prozessual notwendigen Rechtsinstitutes" verliehen,
während die Darlegung des engen Zusammenhanges der Mündlichkeit und der Oeffentlichkeit der Verhandlung vor dem er-
kennenden Gerichte bei F. (S. 9 ff.) weniger scharf ist. Nach
einer eingehenden Schilderung des gegenwärtigen Rechtszustandes
(Abschnitt II) wendet K. im Abschnitt III den „Unvollkommen-

heiten" desselben sich zu; von anderem abgesehen gelangt er
namentlich zu dem Ergebnisse, dass, wenn auch die Oeffentlichkeit im weiteren Sinne für die Voruntersuchung wenig zu empfehlen, so doch „die Ausdehnung der Parteiöffentlichkeit auf
die ganze Voruntersuchung unbedingt zu verlangen" sei. In
der entgegengesetzten Richtung macht er den Vorschlag, in den
Fällen, wo an sich Privatklage statthaft sei, dem Privatkläger,
der sonst leicht auf den ihm zustehenden Rechtsschutz zu verzichten sich in der Lage sehen würde, ein „R. auf Nichtöffent-
lichkeit" zu geben, bezw. im Falle der öffentlichen Klage dem
Gerichte die Befugnis zuzusprechen, auf Antrag des Verletzten
die Oeffentlichkeit auszuschliessen.

Im Vergleiche mit diesen Vorschlägen verraten die Erörterungen von F. den erfahrenen Praktiker. Zunächst findet F.
aus seiner „fortgesetzten Beschäftigung in Strafsachen" keine
Veranlassung, eine wenn auch nur beschränkte Oeffentlichkeit
für die Voruntersuchung zu fordern; bei der Einführung der
Oeffentlichkeit im weiteren Sinne würden die Schäden, die dadurch angerichtet werden könnten, ausser jedem Verhältnisse zu
den davon etwa zu erwartenden Vorteilen stehen. Auch im
übrigen zeigt F. von einseitiger Auffassung sich frei; er findet
z. B., dass in der Praxis mit dem Ausschlusse der Oeffentlichkeit aus dem Gesichtspunkte der „Gefährdung der Sittlichkeit"
nicht streng genug vorgegangen werde. Bedenklich ist ihm dagegen die Ausdrucksweise des Gesetzes (G.V.G. §. 173), wonach
die Oeffentlichkeit wegen einer möglichen „Gefährdung der öffentlichen Ordnung" ausgeschlossen werden kann, sowie die Anwendung dieser Gesetzesbestimmung in concreto; F. würde eine
Fassung des Gesetzes bevorzugen, wonach aus diesem Grunde
die Oeffentlichkeit nur bei bestimmten Verbrechenskategorien
(Münzdelikte, Majestätsbeleidigungen etc.) ausgeschlossen werden
dürfte. Dennoch erklärt F. sich dagegen, hier schon jetzt zu
reformieren, wie überhaupt gegen jedes Flickwerk; von den
Abänderungsvorschlägen des Entwurfs findet keiner seinen Beifall; unrichtig erachtet er namentlich den Ausgangspunkt in
der Begründung desselben, als ob die §§. 171—173 G.V.G. einen
Schutz gegen das Bekanntwerden des Inhalts einer nichtöffentlichen Gerichtsverhandlung beabsichtigt hätten. F. sucht ferner
insbesondere zu widerlegen, was die Motive hinsichtlich der
öffentlichen Verkündung der Urteilsgründe ausführen.

K. vertritt in dieser Frage den entgegengesetzten Standpunkt unter Verteidigung des Entwurfs; durch Aufstellung

eines, an §. 92 Nr. 1 des Str.G.B. sich anlehnenden Vergehens-
thatbestandes akzeptiert er auch den Grundgedanken, den der
Entwurf durch Möglichkeit der Begründung der Schweigepflicht
verfolgt, während er sowohl den gänzlichen Ausschluss Unbe-
teiligter verwirft (in dieser Beziehung erscheinen auch die Ausführungen von F. besonders beachtenswert), als auch das Verbot der Pressberichte, weil ein derartiges Gesetz „einerseits Un-
erreichbares anstrebe, andererseits ins Unermessliche ausgedehnt
werden könne“.   Olshausen.

**Koffka, E. Mündlichkeit und Unmittelbarkeit im Zivil-
prozesse.** (Rassow und Küntzel, Beiträge zur Erläuterung des deutschen R., Bd. XXXI, S. 145—221, auch als
Separatabdruck.)

Im Gegensatz zur herrschenden Lehre und zu der Praxis des
Reichsgerichts wird die zuerst von Wach, dann von Kries und
Rocholl verteidigte Ansicht, nach welcher das Ergebnis einer
kommissarischen Beweisaufnahme und das im Thatbestand des
Urteils einer vorderen Instanz niedergelegte Sachverhältnis auch
ohne Vortrag der Parteien dem Gericht als offenkundig gelten
und bei der Entscheidung von Amts wegen berücksichtigt werden soll, im Anschluss an einen früheren Aufsatz desselben Verf.,
Bd. XXV, ib. S. 274 f., von neuem zu begründen versucht. Aus
den, nur auf das Verfahren in Rechnungs- und Entmündigungs-
sachen bezüglichen §§. 318 und 610 wird zunächst gefolgert,
dass auch solche Verhandlungen, durch welche ein bereits exi-
stenter Prozessstoff dem Gericht vorgelegt wird, als mündliche
Parteiverhandlungen im Sinne der Z.Pr.O. zu gelten haben. Für
den Satz, dass das Gericht, ohne Vortrag der Partei, keine Kunde
von dem Inhalt der Akten erhalte, fehle es, abgesehen von den
Motiven, an jeder Begründung im Gesetz, er beruhe vielmehr
auf einer Konfundierung mit den Prinzipien des franz.-rhein.
Prozesses, welchem die Gerichtsakten unbekannt seien. Da dem
Gericht die Kenntnisnahme von den Akten nirgends verboten
sei, müsse es auch zu einer solchen berechtigt und verpflichtet
sein. Der naheliegende Einwand, dass die Z.Pr.O. auch keinen
Modus bestimmt, wie ohne Vortrag der Parteien ein Kollegium
Kenntnis von dem Akteninhalt erlangen soll, insbesondere keinen
Vortrag durch einen Referenten vorschreibt, wird nicht weiter
gewürdigt, indem der Verf. in dieser Beziehung den Vorsitzenden,
welcher die Vollständigkeit des Parteivortrags zu kontrollieren
hat, mit dem Gericht identifiziert und damit von der Sup-

position ausgeht, dass der in den Akten niedergelegte Sachverhalt, welcher nur dem Vorsitzenden bekannt ist, auch ohne Vortrag der Parteien bereits Prozessstoff für das mit demselben unbekannte Gericht geworden sei.

Aus §. 488, welcher die Parteien zum Vortrag des vorinstanzlichen Prozessstoffes verpflichtet, wird dann — gegen Planck — gefolgert, dass derselbe den Dispositionen der Parteien nicht unterliege, dass vielmehr derjenige Prozessstoff, welcher zum Gegenstand der m. V. gemacht werden muss, „vom Berufungsgericht von Amts wegen zu berücksichtigen, und zwar (S. 183) auch dann, wenn infolge mangelhafter Kontrolle des Vorsitzenden das bezügliche Material nicht Gegenstand der Verhandlung der Parteien geworden ist". Die Annahme, dass eine Partei auf ein in erster Instanz vorgebrachtes, aber vom Richter nicht gewürdigtes Angriffs- oder Verteidigungsmittel verzichte, wenn sie trotz jener Nichtberücksichtigung in der höheren Instanz nicht auf dasselbe zurückkäme, will K. gegen R.G. IV S. 368 ff. und Planck I S. 285 nur zulassen, wenn der Vorsitzende durch ausdrückliche Fragestellung an den Anwalt die Absicht zu verzichten festgestellt habe. Im übrigen wird gegen Wach und H. Meyer ausgeführt, dass nach Gesetz und Motiven nur diejenige Verhandlung, welche der Urteilsfällung voranging, sich prinzipiell als die entscheidende darstelle, welche den Prozessstoff für das Urteil enthalte, und dass insbesondere eine formelle Unterscheidung zwischen Fortsetzung und Erneuerung der Verhandlung angesichts der Grundsätze der Z.Pr.O. über das Versäumnisverfahren sich nicht rechtfertigen lasse. Schliesslich folgen legislative Vorschläge. Im Beweisverfahren soll das Prinzip der Unmittelbarkeit eine Korrektur erhalten durch eine der Voruntersuchung im Strafprozess analoge kommissarische Vernehmung der Auskunftspersonen; bei der Feststellung des Thatbestandes soll der einseitigen Behauptung der Anwälte — auf Grund ihrer amtlichen Vertrauensstellung — ein massgebender Einfluss auf die Ergänzung bezw. Berichtigung desselben gewährt werden. Gaupp.

Rassow und **Küntzel.** Beiträge zur Erläuterung des deutschen R. Bd. XXX. Schluss.

Pfizer sucht nachzuweisen, dass der Gerichtsstand des Vertrags an dem aufgegebenen Wohnort des Beklagten nur dann begründet sei, wenn der Kläger beweise, dass die streitige Verpflichtung nach dem ausdrücklich oder stillschweigend erklärten,

übereinstimmenden Willen der Kontrahenten an dem Ort, wo der
Schuldner zur Zeit des Vertragsabschlusses seinen Wohnsitz hatte,
erfüllt werden sollte.

Hahn führt (gegen Schultzenstein, ib. XXVII S. 287) den
Nachweis, dass das R. der nachträglichen Beschränkung des
Klagantrags nach §. 240 Nr. 2 der Z.Pr.O. nur insoweit Platz
greife, als nicht der §. 243 entgegenstehe, dass also eine Beschränkung der Quantität des Klaganspruchs nach dem Beginn
der M.V. des Beklagten nur statthaft sei, wenn der Kläger einen
Teilverzicht über das geforderte Plus ausspreche, auf welchen
dann §. 277 Anwendung finde — wogegen eine blosse Klage-
zurücknahme bezüglich des Mehr ohne Einwilligung des Beklagten nur bis zum Beginn der M.V. zulässig sei.

Brettner gibt einen kurzen Bericht über Veranlassung,
Inhalt und Wirkungen der „ersten Novelle zur Z.Pr.O." (§. 809),
während Jäckel, „Auch ein Wort zum deutschen Zivilprozess",
nochmals das Mündlichkeitsprinzip der Z.Pr.O. gegen die Angriffe Bährs, namentlich auch gegen dessen zweite Abhandlung
in v. Jherings Jahrb. N. F. Bd. XII im Anschluss an einen
Vortrag in der Berliner jur. Gesellschaft verteidigt. Dieser mit
ebensoviel Unbefangenheit als Sachkenntnis geschriebene Aufsatz
gipfelt in den beiden Wahrheiten: dass es zwischen den beiden
Extremen „das mündliche Wort soll gelten" und „das schriftliche
Wort soll gelten" einen Vermittelungsmodus nicht gibt, der
nicht entweder das mündliche Wort überflüssig macht oder zum
System der Z.Pr.O. zurückführt, sowie dass, wie auch schon
v. Henrici bemerkt hat, wenn überhaupt Deutschland der Wohl-
that eines einheitlich geordneten Prozessverfahrens teilhaftig werden sollte, wie die Verhältnisse seiner Zeit lagen, nur das Mündlichkeitsprinzip die Grundlage des Verfahrens bilden konnte.

Kössler sucht den Nachweis zu führen, dass der §. 623
Abs. 2 der Z.Pr.O. den Beginn der zivilrechtlichen Wirkungen
der Entmündigung nicht nur dem Verschwender, sondern auch
jedem Dritten gegenüber bestimmt und damit den §. 15 des
preuss. A. L.R. I 5 ausser Kraft gesetzt habe. Letztere Norm
sei zwar materiell rechtlicher Natur, allein dasselbe sei, wie
näher ausgeführt wird, auch bei der mit der landrechtlichen
nicht vereinbaren Vorschrift des §. 623 der Fall.

Im 6. Heft beschäftigt sich Wach zunächst mit einer in der
gerichtlichen Praxis täglich wiederkehrenden Frage, indem er („Zur
Lehre von der Klagänderung") die auf der eigenen Sachdarstellung
des Beklagten ruhende Klagänderung für zulässig erklärt. Denn

das Wesen der Einlassung, welche nach §. 241 als Einwilligung
in die Klagänderung gelte, bestehe nicht in dem Erklären des
Streitwillens über eine als neu erkannte Klage, sondern lediglich
in dem Behandeln der neuen Thatsache als Streit- und Ent-
scheidungsstoff; gleichgültig sei aber, von welcher Seite der neue
Streitstoff zuerst in den Prozess eingeführt werde. Indem Be-
klagter zum Zwecke seiner Verteidigung Behauptungen aufstelle,
müsse er, wenn er nicht gegen den Grundsatz der Redlichkeit
verstossen wolle, sich gefallen lassen, dass diese Behauptungen
auch zu seinen Ungunsten ausgebeutet und wie die Beweismittel
als gemeinschaftlich behandelt werden. Doch gilt diese Regel
nur, wenn der Beklagte dem Kläger durch seine Geschichts-
erzählung den neuen Klaggrund ganz darbietet, nicht bloss einzelne Thatsachen, welche erst eine Vervollständigung, bezw.
einen neuen Antrag des Klägers und damit eine neue Einlassung
durch den Beklagten erfordern. Auf die Frage von der Zulässigkeit einer prozessualischen exc. bezw. replica doli, welche
das Reichsgericht in einer Gerichtsstandsfrage verneint hat, geht
Verf. hierbei nicht weiter ein. In einer zweiten Abhandlung,
„Ueber die Abtretung rechtshängiger Ansprüche in ihrem Einfluss
auf den Prozess", sucht Wach zwischen den beiden sich diame-
tral entgegenstehenden Auffassungen des §. 236 Abs. 1 und 2,
nämlich zwischen der von dem Referenten verteidigten sogen.
Irrelevanztheorie und der Ansicht von Eccius eine Mittelmeinung
zu begründen, indem er zwar im Prinzip gegen Eccius an der
Fortdauer des dominium litis in der Person des Zedenten (als
Prozesssubjekts), ferner an der Verurteilung des Schuldners zur
Leistung an den Zedenten und an der Gültigkeit der prozessualischen Dispositionsakte des letzteren festhält, dagegen
andererseits aus §. 236 Abs. 1 ableiten will, dass der Zedent
Einreden des Schuldners aus aussergerichtlichen Dispositionen
des Zessionars, insbesondere den Einwand der Zahlung an letzteren sich gefallen lassen müsse, wogegen der Beklagte nicht berechtigt sein soll, Widerklagen oder Kompensationseinreden aus
der Person des Zessionars dem Zedenten entgegenzusetzen, da
dies mit der aus §. 236· Abs. 2 hervorgehenden Stellung des
Zedenten als Prozesssubjekt unvereinbar wäre. Wie wir schon
hier beifügen, hat Behrend jetzt im XXXI. Bd. S. 458 ff. der
Beiträge unter Bekämpfung dieser letzteren Ausführungen Wachs
die Irrelevanztheorie in ihrem vollen Umfang neuestens verteidigt. Gaupp.

VI. Strafrechtswissenschaft.

Frank, R. Die Wolffsche Strafrechtsphilosophie und
ihr Verhältnis zur kriminalpolitischen Aufklärung
des 18. Jahrhunderts. Göttingen, Vandenhoeck & Ruprecht. 1887. 86 S. 2 M.

Es liegt zweifellos im Bereich rechtsgeschichtlicher Forschung
auch die Untersuchung jener philosophischen Anschauungen,
welche auf die Umgestaltung des R. einen bestimmenden Einfluss geübt haben. Diesem Gedanken folgend widmet Verf.
seine Arbeit dem dem Erfolge nach bedeutendsten Vertreter
jener Richtung der naturrechtlichen Schule, die durch methodische Unabhängigkeit von dem das Natur-R. bis auf Grotius beherrschenden Offenbarungsglauben sich unterscheidend
als die theoretisch-naturalistische bezeichnet wird. Nach einer
allgemeinen Charakteristik der Wolffschen Philosophie, namentlich ihrer Methode, entwickelt Verf. die strafrechtlichen Anschauungen Wolffs an der Hand der Bearbeitung derselben
durch Wolffs Schüler Regnerus Engelhard („Versuch eines allgemeinen peinlichen R. aus den Grundsätzen der Weltweisheit
und besonders des R. der Natur." Frankfurt und Leipzig 1756),
dessen Verdienst es ist, die Wolffschen Lehren zu einem System
des Straf-R. verarbeitet zu haben; der das Ganze beherrschende
Geist ist jedoch durchaus Wolffschen Ursprungs. Um zu einer
historischen Würdigung der Wolffschen Strafrechtsphilosophie
zu gelangen, gibt Verf. einen Exkurs über das positive Straf-R.
zu Anfang des 17. Jahrhunderts und die praktischen Bestrebungen der Hauptvertreter der Aufklärungsepoche. Der Geist
dieser Bestrebungen bei Montesquieu, Voltaire und Beccaria ist
aber grundverschieden von jenem der Wolffschen Philosophie.
Den Schlüssel zum Verständnis der letzteren findet Verf. (S. 82)
in der einseitigen, durchaus im Sinne der staatlichen Allgewalt
erfolgenden Formulierung der Gemeindeinteressen: daher der
Mangel jeder Beschränkung des Straf-R. durch die Schwere des
Verbrechens. Die einseitige Betonung der Abschreckung erscheint als eine Folge der mathematischen Methode, die das R.
als ein künstliches Gebäude darstellt, losgelöst von jeder Berührung mit dem wirklichen Leben. Originell ist die Antwort,
die uns Verf. am Schlusse bezüglich der beiden Fragen gibt:
wie ist die Anfeindung zu erklären, welche die Wolffsche Philo-

sophie bei ihrem konservativen Charakter ursprünglich fand?
und wie erklärt sich ihre nachmalige ausserordentliche Verbreitung? Die erste Frage beantwortet Verf. vornehmlich aus
der formellen Seite der Methode Wolffs; dagegen erklärt die
Selbständigkeit der Methode Wolffs wenigstens teilweise die Anerkennung namentlich seiner Rechtsphilosophie; daneben kommt
die scharfe Formulierung gewisser freiheitlicher Sätze und die
Ueberleitung dieser Sätze in ein durchaus konservatives Rechtssystem in Betracht. Ullmann.

Fuld. Der Realismus und das Straf-R. (Heft 16 von
v. Holtzendorffs deutsche Zeit- u. Streitfragen.) Hamburg.
1886. 32 S. 1 M.

Die Leser der „deutschen Zeit- und Streitfragen" wurden
durch F. schon in Heft 204 mit der realistischen Richtung des
neueren Straf-R. in Italien (Lombroso u. a.) bekannt gemacht.
In vorliegender Schrift vermittelt Verf. das Verständnis des
Gegensatzes idealistischer Konstruktion des Straf-R. und rea-
listischer Bearbeitung des strafrechtlichen Stoffs innerhalb der
deutschen Rechtswissenschaft. Den Ausgangspunkt für die neuere
realistische Richtung findet Verf. in der Betonung der Zweck-
idee im R. durch v. Ihering. Mit grosser Klarheit wird die
durch die realistische Betrachtungsweise des Strafrechtsproblems
gegebene Erweiterung des Stoffgebiets strafrechtlicher Forschung
(Kriminalstatistik, Kriminalanthropologie, Kriminalsoziologie
u. s. w.) nachgewiesen und das Ziel der Richtung: Abstreifung
des absoluten, metaphysischen Charakters des Straf-R. und Fixierung des empirisch-konkreten Charakters dieser Disziplin dargethan. Die Orientierung über diese interessante geistige Bewegung ist durch vorliegende Schrift weiteren Kreisen wesentlich erleichtert. E. Ullmann.

VII. Kirchenrecht.

Riecker, K. Die evangelische Kirche Württembergs in
ihrem Verhältniss zum Staate. Ludwigburg, Ad.
Neubert. 1887. 151 S. 3 M.

Während der §. 71 der württ. Verfassungsurkunde von 1819
die verfassungsmässige Autonomie der drei christlichen Kirchen

in betreff ihrer inneren Angelegenheiten ausdrücklich anerkennt,
soll nach §. 75 das Kirchenregiment der evangelisch-lutherischen
Kirche „durch das kgl. Konsistorium und den Synodus" nach
den bestehenden oder künftig zu erlassenden „verfassungsmässigen
Gesetzen verwaltet werden". Als nun neuerdings durch kgl.
Verordnung eine von dem Kirchenregiment abgesonderte Landessynode geschaffen wurde, entstand sofort die Frage, ob das
landesherrliche Kirchenregiment nach der Verfassungsurkunde
einen wesentlichen Bestandteil der Staatsgewalt oder nur ein
unwesentliches Annexum derselben bilde und ob hiernach der
König berechtigt sei, ohne Zustimmung der Stände sein bisher
unbeschränktes Kirchenregiment dahin zu beschränken, dass die
Ausübung desselben, namentlich auf dem Gebiete der kirchlichen
Gesetzgebung, fernerhin an den Konsens der Landessynode gebunden sein soll. Dies gibt dem Verf. den Anlass, in dem die
erste Hälfte der vorliegenden Schrift bildenden Aufsatz „Ueber
das landesherrliche Kirchenregiment in Württemberg"
die rechtliche Natur und den Inhalt dieses Regiments sowie das
Verhältnis der evangelischen Kirchengewalt zur Staatsgewalt
zunächst nach dem geltenden Verfassungs-R. zu untersuchen.
Verf. gelangt hierbei zu dem Resultat, dass der Landesherr in
Württemberg analog der Stellung des Königs im konstitutionellen
Staat ausschliesslicher Inhaber des gesamten Kirchenregiments,
die Oberkirchenbehörde (Konsistorium und Synodus) aber nicht
Teilhaber, sondern nur Organ desselben ist. Auch die Landessynode beschränkt den Landesherrn nicht in der Substanz, sondern nur in der Ausübung des Kirchenregiments. Letzteres
umfasst nach §. 75 der Verfassungsurkunde ungeachtet des Aus-
drucks „verwaltet" auch die Gesetzgebung. Die gesamte Kirchengewalt des Landesherrn ist aber nicht ein Teil der Staatsgewalt,
weder nach dem evangelischen Kirchen-R. (insbesondere August.
Art. XXVIII), noch nach württemb. Land-R. Letzteres folgt
sowohl aus der in §. 71 garantierten Autonomie, als aus dem
der Vorschrift des §. 78 für die katholische Kirche entsprechenden §. 75 der Verfassungsurkunde, in welchen (s. o.) unter den
„verfassungsmässigen Gesetzen" die innerhalb der Schranken der
Landesverfassung erlassenen kirchlichen Gesetze zu verstehen
sind. Die Einführung der Landessynode enthält hiernach keinen
Verzicht auf ein wesentliches Staatshoheitsrecht. In einer Kritik
dieses Rechtszustandes erklärt dann aber Verf. diese württ., der
konstitutionellen Doktrin nachgebildete Auffassung des Kirchenregiments als unevangelisch, da nach der richtigen evangelischen

Lehre Subjekt der Kirchengewalt nur die Kirche selbst sei. Verf. verlangt hiernach im Gegensatz zu der (2.) kgl. Verordnung vom 20./XII. 1867 die Herstellung des rein kirchlichen Charakters der Oberkirchenbehörde (abgesehen von ihrer besonderen Funktion als Oberschulbehörde), ihre unmittelbare Unterordnung unter den evangelischen Landesherrn mit Beschränkung des Kultministers auf die Ausübung der Staatshoheitsrechte und unter Beseitigung seiner Funktion als Mittelsperson zwischen dem Landesherrn und der Oberkirchenbehörde, sowie als Dienstaufsichtsbehörde über letztere, endlich die Auffassung der Funktion der Landessynode nicht als Gegensatz zum Kirchenregiment, sondern als Mitwirkung bei demselben nach dem Vorgang der bad., preuss. und anderer Kirchenverfassungen.

In einem zweiten Aufsatz behandelt dann der Verf. die staatsrechtliche Stellung der evangelischen Kirche und ihrer Diener in Württemberg, wie sich dieselbe seit dem Religionsedikt von 1806, der Verfassungsurkunde und der Gesetzgebung von 1848 entwickelt hat, wobei die evangelische Kirche als eine privilegierte öffentliche Korporation, welche zwar nicht einen integrierenden Bestandteil des Staates selbst bildet, aber doch öffentlichen Interessen dient, die Diener der Kirche aber zwar nicht als Beamte, aber doch als „öffentliche Diener" mit Rücksicht auf die ihnen nach der Reichs- und Landesgesetzgebung zukommenden besonderen Rechte und Pflichten qualifiziert und hierbei letztere sowohl bezüglich der Kirche als ihrer Diener im einzelnen genau festgestellt werden. — Das ganze Buch, dessen Verf. nach dem Titelblatt ein evangelischer Theologe ist, zeichnet sich aus durch die — sonst bei der Bearbeitung des württ. evangelischen Kirchenrechts vielfach zu vermissende — Kritik der neueren Quellen, durch Schärfe und sichere Handhabung der juristischen Begriffe und Objektivität der Darstellung.   Gaupp.

VIII. Staats- und Verwaltungsrecht.

Die Vorbereitung zum höheren Verwaltungsdienst in den deutschen Staaten, Oesterreich und Frankreich. Berichte und Gutachten veröffentlicht vom Verein für Sozialpolitik. Leipzig, Duncker & Humblot. 1887. VI u. 200 S. 4 M. 40 Pf.

Die Frage der Reform des juristischen Studiums hat in den letzten Jahren wieder eine Reihe von litterarischen Erzeugnissen veranlasst. Eine Ergänzung der desfallsigen Schriften und Abhandlungen (C.Bl. VI, 486) bietet in gewissem Sinne die in der Ueberschrift genannte Sammlung von Berichten und Gutachten. Dieselbe enthält, was zunächst die bezüglichen Verhältnisse in Preussen anlangt, drei Abhandlungen: 1. Ueber die akademische Vorbildung für den höheren Verwaltungsdienst in Preussen von G. Cohn in Göttingen (S. 55—79). 2. Zur Frage der Vorbildung zum Verwaltungsdienst von R. Bosse (S. 149—159). 3. Die Universitätsstudien der preuss. Verwaltungsbeamten und die Gesetze vom 9./V. 1869 und 11./III. 1879 von E. Nasse in Bonn. Dazu kommt noch eine Abhandlung von Merkel in Göttingen (S. 79 bis 91) über die Ausbildung der früheren hannover. Verwaltungsbeamten. Die Ausbildung zum höheren Verwaltungsdienst in Bayern, Württemberg, Sachsen und Baden haben G. Schanz in Würzburg (S. 91—115), L. Jolly in Tübingen (S. 115—129), O. Fischer in Freiberg i. S. (S. 1—23) und G. Schönberg in Tübingen (S. 129—149) besprochen.

Die Ausbildung für den höheren Verwaltungsdienst in Oesterreich ist in einem Gutachten von K. v. Lemayr in Wien behandelt (S. 23—55) und endlich findet sich in der Sammlung ein Aufsatz von M. Leclerc „über die Rekrutierung der öffentlichen Beamten in Frankreich" (S. 185—200).

Hervorzuheben ist, dass in Frankreich keine Einheitlichkeit in der Vorbildung der Beamten besteht, für jeden Verwaltungszweig und selbst für einzelne Behörden (Staatsrat, Oberrechnungshof) sind vielmehr besondere Vorbedingungen und Prüfungen vorgeschrieben. Anders liegt die Sache in Oesterreich und in den deutschen Staaten. Hier besteht das Bestreben den Beamten der verschiedenen Verwaltungszweige eine möglichst einheitliche Vorbildung zu geben. Das macht sich zunächst in der Weise geltend, dass in der Regel von dem künftigen Verwaltungsbeamten und Richter dasselbe Universitätsstudium und das Bestehen derselben ersten Prüfung verlangt wird. Auch in Württemberg ist, wenn auch an der Verschiedenheit des Universitätsstudiums der künftigen Richter einerseits und der Verwaltungsbeamten andererseits noch festgehalten wird, doch durch die jüngsten Vorschriften auf diesem Gebiete dieses Studium für beide Berufszweige im wesentlichen gleich gemacht worden.

Die Gleichartigkeit der Vorbildung für den Richterdienst und den höheren Verwaltungsdienst geht in einzelnen Staaten

(Bayern, Baden) soweit, dass auch das zweite oder Staatsexamen für beide Kategorien von Beamten dasselbe ist und ebenso dieselbe diesem Examen vorausgehende praktische Ausbildung von den Kandidaten beider Dienstzweige verlangt wird. In anderen Staaten dagegen haben sich die Bewerber zum höheren Verwaltungsdienst einer besonderen Prüfung und dementsprechend auch einer besonderen praktischen Ausbildung zu unterziehen. Trotzdem ist jedoch auch in diesen Staaten die Vorbildung der Verwaltungsbeamten eine ziemlich gleichartige mit der der Justizbeamten schon um deswillen, weil auch von den ersteren mit Recht ein ziemlich erhebliches Mass juristischer Kenntnisse gefordert wird.

Dass diese Gleichartigkeit der Vorbildung, welche selbstverständlich dadurch, dass für einzelne Verwaltungszweige (Finanzverwaltung, diplomatischer Dienst u. dgl.) noch besondere Kenntnisse verlangt werden, nicht aufgehoben wird, ihre grosse Vorteile hat, bedarf wohl keines besonderen Beweises. Im übrigen freilich sind die bezüglich der Vorbildung zum höheren Verwaltungsdienste in den verschiedenen deutschen Staaten geltenden Vorschriften vielfach mangelhaft und der Verbesserung bedürftig. Die Verf. der vorliegenden Gutachten beschränken sich daher auch nicht darauf, lediglich eine Analyse der bestehenden Vorschriften zu geben, sondern sie knüpfen an eine kritische Besprechung derselben verschiedene Reformvorschläge, welche sämtlich auf eine Erweiterung und Vertiefung der staatswissenschaftlichen Kenntnisse der angehenden Verwaltungsbeamten abzielen. Bemerkenswert ist in dieser Beziehung insbesondere der schon wiederholt gemachte, jetzt von G. Cohn betonte Vorschlag der Errichtung staatswissenschaftlicher Seminare, welche sich an das Universitätsstudium der künftigen Verwaltungsbeamten unmittelbar oder erst nach einigen Jahren der praktischen Einübung anzuschliessen hätten. v. Stengel.

Rosenthal, Ed. Die Behördenorganisation Kaiser Ferdinands I. Nach archivalischen Quellen. (Separatabdruck aus dem Archiv für österr. Geschichte Bd. LXIX.) Wien, Gerold. 1887. 266 S. 6 M.

Die Geschichte des deutschen Verwaltungs-R. und der Verwaltungsorganisation der deutschen Territorien, bisher unbeachtet oder doch zum mindesten nicht mit der ihrer fachlichen Bedeutung angemessenen Sorgfalt betrachtet, hat in jüngster Zeit das Interesse weiterer Kreise und die Stütze ernster Bearbeiter

gewonnen. Wie so häufig gerade vereinsamte Materien mit
einemmal Parallelarbeiten aufweisen, so dürfte wahrscheinlich
auch diese junge Disziplin bald einige „Doubletten" besitzen,
die bei allem materiellen Verlust an Arbeitskraft doch den
Nachweis bieten, dass der von verschiedenen Seiten eingeschlagene Weg der richtig zum Ziel führende gewesen. — R.s auf
archivalischen Grundlagen ruhende Untersuchung sollte die Verwaltungsorganisation Maximilians I. und Ferdinands I. in ihrer
Einheit und geschichtlichen Entwickelung umfassen, da jedoch
inzwischen J. Adler mit seinem Buche über die Organisation
der Zentralverwaltung unter Maximilian I. (s. C.Bl. f. R. Bd. V,
S. 246) vor das fachliche Publikum getreten, hielt es Verf. nicht
für angezeigt, „noch eine auf dem gleichen Material" sich auf-
bauende Arbeit über dasselbe Thema zu publizieren, sondern
beschränkte sich darauf, die Behördenorganisation Ferdinands I.
in ein knappes Bild zu bringen. Dasselbe entbehrt natürlich
auch der Uebergänge und Verweisungen auf die frühere Epoche
nicht, soweit solche zur schärferen Beleuchtung des Gebotenen
dienen. Ausgehend von dem Zentralbehördenapparat der öster-
reichischen Erblande zeigt Verf. an erster Stelle die Ausgestaltung
und Befestigung des Hofrats und die frühesten, freilich resultat-
losen Versuche im Interesse der Zentralisationspolitik auch Böhmen und Ungarn in jurisdiktioneller Beziehung dem Hofrat zu
unterwerfen. Der „Geheime Rat", den R. als zweite Zentralbehörde vorführt, entzieht sich in den einzelnen Stadien des
Entwickelungsprozesses einer archivalisch sicheren Beobachtung,
als wahrscheinlich gilt, dass der Geheime Rat als „Ausbruch"
zum Hofrat in einem ähnlichen Verhältnise stand wie etwa das
„secretius consilium" sich aus dem weiteren „conseil du roi" Frankreichs absonderte. In allen Details bleibt die Klage R.s begründet, dass wir gerade bei der wichtigsten aller Behörden
von den Quellen im Stiche gelassen werden. Die Hofkanzlei,
die steigende Bedeutung des Kanzleramtes, die ängstliche Trennung der Geschäfte der Reichskanzlei von der österr. Hofkanzlei;
die Hofkammer mit ihren finanzrechtlichen Kompetenzen und
die fünfte Zentralbehörde, der Hofkriegsrat: alle Elemente des
mächtig aufsteigenden Amtsapparates der deutschen Monarchie,
sie werden uns hier in ihren rechtlichen Grundlagen vorgeführt,
in ihrem Zusammenhange aufs neue verständlich gemacht.

Verf. hält sich streng sachlich von allen kühnen vaticinia
post eventum fern, so verlockend nahe auch solche namentlich bei
seiner eingehenden Darstellung der Mittelbehörden gelegen hätten.

Den Abschluss des lehrreichen Werkes bilden archivalische
Publikationen, die die Ausführungen des Verf. gut fundiert
erscheinen lassen.   Stoerk.

IX. Hilfswissenschaften.

Umpfenbach, Karl. Lehrbuch der Finanzwissenschaft.
2. Aufl. Stuttgart, Enke. 1887. XII und 517 S. 10 M.

Die 1. Auflage dieses Werkes ist in den Jahren 1859 u. 1860
in zwei Bänden erschienen. Die vorliegende neue Bearbeitung
bildet zwar nur einen Band, ist aber doch im ganzen um mehr
als 50 Seiten stärker als die erste, abgesehen von der Vergrösserung des Formats. Litteraturangaben und statistische Notizen
sind dem Standpunkt der Gegenwart entsprechend ergänzt und
überhaupt in grösserem Umfange beigebracht als früher. Ausserdem aber hat der Verf. mehrere Abschnitte des Werkes neu
bearbeitet und dabei manche ihm eigentümliche Auffassungen
zu Grunde gelegt. So beginnt er mit einer Unterscheidung
zwischen der Finanzwirtschaft und den Sozialwirtschaften, zu
denen er nicht nur die Wirtschaften der Gemeinden, sondern
auch diejenigen aller ethisch bedeutsamen, den vergänglichen
Einzelmenschen überdauernden sozialen Verbindungen zählt, also
auch die wirtschaftliche Organisation der Kirchengesellschaften,
der ständischen Körperschaften, der etwaigen verschiedenen Na-
tionalitäten innerhalb des Staats u. s. w. Die Bezeichnung
„Finanzwirtschaft" soll ausschliesslich für die Wirtschaft des
Staats als des Herrschaftsverbandes vorbehalten werden; die
Staatswirtschaft aber setzt sich zusammen aus der Finanzwirtschaft und der Sozialwirtschaft, soweit diese ihrem Wesen
nach mit jener gleichartig ist. Ihrer Organisation nach teilt
der Verf. die wirtschaftenden „Staatssozialpersönlichkeiten" in
„Staatskörperschaften" und „Staatsstifte" ein. In den letzteren
hat sich eine Sozialidee zu bleibender Selbständigkeit gestaltet,
so dass sie objektiv, ohne die Vermittelung beteiligter Genossen,
die Wirkung ausübt. An den Grundgedanken seiner sehr ab-
strakt gehaltenen Steuerlehre hat der Verf. nichts geändert, wohl
aber manches in der Darstellungsweise und den Begriffsbezeich-
nungen. So unterscheidet er zwischen Prinzipien und „Trag-

werken" der Finanzeinkünfte; die Praxis kennt anfangs nur
Tragwerke, die Wissenschaft hat diese mit richtigen Prinzipien
zu erfüllen und solange dieses nicht geschehen ist, die utilitarisch-
technische Zusammenheftung von innerlich ganz verschiedenen
Elementen als das hinzustellen, was sie eben ist. Vieles, was
als Steuer bezeichnet zu werden pflegt, ist für den Verf. in
Wirklichkeit nur „Tragwerk"; aber er gibt zu, dass solche
Einkünfte, wenn sie auch vor dem Steuerprinzip nicht bestehen
könnten, sich doch vielleicht nach dem Prinzip der Fiskalbevor-
rechtung haltbar erweisen liessen. Der Begriff der Fiskalvor-
rechte bleibt in demselben weiten Umfange aufrecht erhalten,
wie in der ersten Auflage. So werden also in diesem Abschnitte
Tabak- und Spiritusmonopol behandelt, nachdem vorher Tabak-
steuer und Branntweinsteuer schon einen Platz unter den „Maut-
anschlägen" gefunden haben. — Bei der Lehre von dem Finanz-
gleichgewicht hat der Verf. den Begriff der Hauptperiode neben
dem der Jahresperiode eingeführt, was für die Behandlung des
Staatsschuldenwesens unzweifelhaft zweckmässig ist.

W. L e x i s.

Losch, Hermann. Volksvermögen, Volkseinkommen und
  ihre Verteilung. (Staats- und sozialwissenschaftliche
  Forschungen. Herausg. von Gustav Schmoller. Bd. VII.
  Heft 1.) Leipzig 1887. 110 S. 2 M. 50 Pf.

Nach einigen einleitenden Bemerkungen über die geschichtliche Entstehung und Tragweite der Frage nach Volksvermögen
und Volkseinkommen und nach kurzer Erörterung der bezw.
Begriffe, gibt der Verf. einen instruktiven Ueberblick der Versuche zur Lösung des Problems (S. 10—45). Er unterscheidet
in der bisherigen Litteratur vier Gruppen:

1. Berechnung des Verbrauchs unter Vorwiegen der Schätzung
(Krug, Dieterici);

2. Berechnung des Wertes und Ertrags der Objekte nach
Preisen, „objektive Methode" (Schmidlin, Rümelin, Schall);

3. Berechnung des Geldbetrages der Einzeleinkommen, „subjektive Methode" (Soetbeer);

4. Berechnungsversuche für die wirtschaftlichen Verteilungs-
verhältnisse (Michaelis, Geyer, Philippi).

L. wendet sich darauf zu den unausgeführten Vorschlägen zur Messung von Volkseinkommen etc. (S. 56—76),
indem er die bezw. Verhandlungen der statistischen Kongresse
und Kommissionen, die Forderungen wissenschaftlicher Vertreter

(Neumann, Wagner) und den dem Kongress deutscher Landwirte unterbreiteten Antrag von R. Meyer, Rodbertus und Wagner
bespricht.

Das Ergebnis all dieser Untersuchungen ist ein wesentlich
negatives, insofern sich herausstellt, dass „Volksvermögen" und
„Volkseinkommen" als glatte Werteinheiten sich nie und nimmer
darstellen lassen, weil ihre Bestandteile ungleichartiger Natur
sind (cf. S. 102). Allein hieraus folgt für den Verf. keineswegs
ein Verzicht auf die Sache, welche jenen beiden Begriffen zu
Grunde liegt, sondern nur auf die bisherige Form, jene Sache
aufzufassen. Er empfiehlt, das Volkseinkommen in der Weise
darzustellen, dass zuerst die Bevölkerungsstatistik alle hierher
gehörigen Data angäbe; darauf käme die — wenn exakt durchgeführt — mit obiger Bevölkerungsziffer identische Berufsziffer
und endlich die durch die Multiplikation jener Berufsziffern mit
dem aus Lohn und Preis berechneten Reallohn sich endgültig
ergebenden Einkommensverhältnisse (S. 98). Die Vergleichung
der Ergebnisse dieser drei Untersuchungen werde einen Einblick
gewähren in das, was man im „Volksvermögen", „Volkseinkommen" nebst ihrer „Verteilung" darzustellen und aufzufassen
versucht, nämlich in die wirtschaftliche Gesamtmacht, in die
Rechtsgliederung der Bevölkerung. Die Erkenntnis dieser Gestaltung des Bevölkerungsganzen erfordere indes ein so umfassendes
Beobachtungsmaterial, dass eine besondere, konstante Organisation behufs Erhebung derselben absolut notwendig sei. Die
Initiative dazu liege dem Organe der Gesamtheit ob, d. h. dem
Staate.

Die interessanten und auch in allen Einzelheiten gut begründeten Ausführungen des Verf. verdienen allseitige Beachtung.

Elster.

B. Zeitschriftenüberschau.

Nouvelle Revue historique de droit français et étranger. XI. 4.
Girard, les actions noxales. Beaudouin, la participation des
hommes libres au jugement dans le droit franç. Delachenal,
la bibliothèque d'un avocat du XIVe siècle.
Jahrbücher f. Dogmatik etc. XXVI. 1. u. 2. Kohler, z. Lehre
v. d. Pertinenzen. Hinschius, über d. Schutzberechtigung v.
Pantomimen u. Balletts gegen unbefugte öffentliche Aufführung.
Hess, schriftliche oder freie Vertragsform. Bähr, d. Beweislast
in betreff d. Wahrheit bei Verantwortlichmachung wegen übler
Nachrede.

nisse u. d. zukünftige Gesetzbuch. Ssczeglowitow, d. Chantage
nach d. Projekt d. Str.G.B. 3. Smirlow, d. erbliche Nutzniessung
d. Bauerlandes. Werblowski, d. öffentliche Verkauf verpfän-
deter Immobilien. Neczajew, d. älteste deutsche u. französ. R.
nach d. neueren Forschungen. 4. Dahansziew, Fragen d. Advokatendisziplin. A., z. Frage über die Entstehung d. Privat-
eigentums am Don. 5. Cesar Lombroso, Epilepsie u. Verbrechensfähigkeit (Uebersetzung). Chorisomenow, d. Formen
d. Grundbesitzes bei d. Krimschen Tataren. Victorski, d. Entwendung fremden Eigentums nach d. Projekt d. Str.G.B. Lo-
ganow, d. Unrichtigkeit d. Erhebung d. Stempelsteuer von d.
Vollmachten d. Beamten z. Empfang der Gage. 6. u. 7. W. D.,
d. erste Kammer in Frankreich. Blagaweszczenski, z. Frage
über den Gesamtbesitz. 8. Smirlow, d. Ladung des Klägers.
Morosow, d. Bankrott nach d. Projekt d. Str.G.B. Wassiljew,
d. russ. Projekt d. organischen Statuts d. Fürstentums Bulgarien
u. dessen Abänderungen. Obninski, d. Reden vor Gericht, ihr
Einfluss auf das Verdikt d. Geschworenen u. ihre Form. Tar-
nowski, d. Verbrechen gegen d. Leben u. d. gesellschaftlichen
Zustände. Daszkewicz, d. gewohnheitsrechtliche Adoption bei
d. Bauern d. Kiewschen Gouvernements.

Europäischer Bote (Westnik Jewropy). 1887. 1. Guerrier, die
politischen Theorien d. Abbé Mably. 2. Arssenjew, z. Frage
über d. Vereinigung d. Gewalten (d. administrativen u. richterlichen). 3. Sz., d. Adel in Russland. 4. Arssenjew, d. stän-
dische Prinzip bei d. örtlichen Verwaltung u. d. Selbstverwaltung.

C. Neue Erscheinungen.

Vom 1. August bis 15. September 1887 erschienen oder bei der
Redaktion eingegangen (letztere mit * bezeichnet).

1. Deutsche Bücher und Broschüren.

*Anders, J. v., d. österr. Familien-R. Systematisch dargestellt.
Berlin, Heymann. XVI u. 346 S. 7 M.
*Baron, J., d. Denunziationsprozess. Berlin, Simion. 6 M.
Bauer, O., d. Dareingabe beim Kauf nach r. R. München, Schweitzer.
90 S. 1 M. 50 Pf.
Bezecny, A., d. R. d. ausschliesslich priv. Kaiser Ferdinands-Nord-
bahn. Eine eisenbahnrechtliche Studie. Wien, Manz. VIII u.
174 S. 3 M.
*Brink, L., Bestellung d. dinglichen R. an fremden Immobilien im
Mittelalter. Breslau, Koebner. VIII u. 98 S. 2 M.
Daude, P., d. bürgerlichen Rechtsverhältnisse d. Militärpersonen d.
deutschen Heeres u. d. kaiserl. Marine. Zum Handgebrauch f.
Militär- u. Zivilbehörden, insbes. f. Auditeure u. untersuchungs-
führende Offiziere, sowie f. Gerichte, Staatsanwälte u. Rechtsanwälte bearb. 2. verm. Aufl. Berlin, Müller. XIV u. 479 S.
kart. 6 M.
*Frantz, Th., d. gesetzlichen Eigentumsbeschränkungen nach (franz.-)
bad. u. Reichs-R. 2. u. 3. (Schluss-)Lfg. VIII u. S. 81—228.
à 2 M.

Frensdorff, F., d. ersten Jahrzehnte d. staatsrechtlichen Studiums in Göttingen. Festschrift z. 150jähr. Jubelfeier d. Georg-Augusts-Universität, im Namen u. Auftrag d. Senats verf. Göttingen, Vandenhoeck & Ruprecht. 42 S. 2 M.

Fuchsberger, O., d. Entscheidungen d. deutschen Reichsoberhandels- u. Reichsgerichts in 1 Bde. Suppl. zum III. Tl. mit Generalregister. Straf-R. Enth. anschliessend an d. Hauptband sämtl. Entscheidungen d. Reichsgerichts v. J. 1881—1886. Giessen, Roth. 1223 u. Reg. 86 S. 20 M. 50 Pf.

Gegen d. Assessorexamen. Von e. prakt. Juristen. 5. Aufl. Spandau, Oesterwitz. 15 S. 60 Pf.

Hälschner, H., d. gemeine deutsche Straf-R., systematisch dargestellt. 2. Bd. Der besondere Teil d. Systems. 2. Abt. Bonn, Marcus. VIII u. S. 457—1111. 10 M.

Hruza, E., über d. lege agere pro tutela. Rechtsgeschichtliche Untersuchung. Erlangen, Deichert. III u. 79 S. 2 M.

Karminski, Fr., z. Kodifikation d. österr. Staatsbürgerschafts-R. Eine staatsrechtl. Studie. (Aus „Oesterr. Ztschr. f. Verwaltg.") Wien, Manz. 129 S. 2 M. 40 Pf.

Kühnast, L., Kritik moderner Rechtsphilosophie. Berlin, Bahr. III u. 96 S. 2 M.

Levy, M., d. Kompagnon u. Aktionär. Enth.: d. Rechtsverhältnisse der Associés u. stillen Gesellschafter einer Handelsgesellschaft (Societät), der Kommanditisten u. Aktionäre einer Aktiengesellschaft unter sich u. zu dritten nach d. allg. deutschen H.G.B. etc. Köln, Simons. VI u. 168 S. 3 M. 50 Pf.

Lovisoni, H., d. Gesandten-R. Wien, Manz. VIII u. 66 S. 1 M. 20 Pf.

Morris, G., Geschichte u. System d. „mildernden Umstände" im deutschen Straf-R. u. Prozess. Berlin, Lazarus. 30 S. 60 Pf.

Muheim, F., d. Prinzipien d. internationalen Privat-R. im schweizer. Privat-R. (Diss. Bern). Altdorf 1887.

Ortloff, H., d. gerichtliche Redekunst. II. Besonderer oder prakt. Teil. Die Parteireden vor Gericht. Neuwied, Heuser. S. 177 bis 606. 9 M.

— d. Wechselverkehr nach deutschem u. österr. R. Handbuch für Rechtsanwälte, Notare, Gerichtsschreiber etc., sowie in Handels-, Gewerbe- u. auf Rechtsschulen. 2. verm. u. verb. Aufl. Ebd. XI u. 246 S. 3 M. 20 Pf.

Seng, A., d. Sachmiete nach d. Code civil. Habilitationsschrift. Lahr, Schauenburg. VIII u. 128 S. 3 M.

Stross, E., d. österr. Genossenschafts-R. Erwerbs- u. Wirtschaftsgenossenschaften mit unbeschränkter u. beschränkter Haftung. Systemat. Darstellung d. in Oesterreich gelt. Genossenschafts-R. unter Berücksicht d. ausländ. Gesetzgebung. Wien, Perles. X u. 267 S. 5 M. 60.

Taborsky, F., kurz gefasstes Lehrbuch über d. k. k. österr. Staatsrechnungs- u. Kontrollsdienst auf Grund d. kaiserl. Verordnung v. 21/XI. 1866, enth. d. allgem. kameralist. Grundsätze u. d. neuen Verrechnungs- u. Kontrollsvorschriften d. Staatsgeldgebarung, ferner d. kaufmänn. Buchführung d. k. k. Montanämter u. eine besondere Abhandlung über d. Verrechnung der — den Militärintendanzen untersteh. — k. k. Militärkassen u. Truppenkörperämter. Mit zahlreichen Formularien. Brünn, Winiker. V u. 487 S. 6 M.

Tesch, J., Katechismus für d. Prüfungen zum Stationsassistenten, Stationsvorsteher u. Güterexpedienten d. Staatseisenbahnen. Unter Berücksicht. d. neuesten bezügl. Bestimmungen bearb. 2. vollständig umgearb. Aufl. (In 5 Lfgn.) 1. Lfg. Berlin, Siemenroth. 80 S. 1 M.

Terminologie, deutsch-böhm. juridische, zusammengestellt v. einigen Mitgliedern d. k. k. böhm. Oberlandesgerichtes. Prag, Kytka. 379 S. 2 M.

Weipert, H., Beitrag zur Lehre v. d. stillschweigenden Servitutsbestellung. Inaug.-Diss. Kassel, Wigand. 36 S. 1 M. 20 Pf.

Weisl, E., Frankreichs M.Str.Pr.O. Studie z. Reform d. M.Str.Pr.O. d. Deutschen Reiches u. d. österr.-ungar. Monarchie. Wien, Seidel & Sohn. 54 S. 80 Pf.

Witte, E. Ch., Erörterungen über d. §. 49a d. Str.G.B. f. d. Deutsche Reich. Inaug.-Diss. Breslau, Köhler. 1886. 44 S. mit 3 Tab. 1 M.

Ziebarth, K., d. Forst-R. 1. Teil: Zivil-R. Berlin, Parey. IX u. 129 S. 2 M. 50 Pf.

Zucker, A., aprise and local enquête. Wien, Manz. 1887.

Geschichtsquellen, hans. Hrsg. v. Verein f. hans. Geschichte. 4. u. 5. Bd. Halle, Buchhandlung d. Waisenhauses. 10 M. 80 Pf.
Inhalt. 4. Schäfer, d. Buch d. lübeck. Vogts auf Schonen, nebst 5 Beilagen. Mit 3 Taf. u. 2 Karten. XIV, CLIII u. 165 S. 6 M. 5. Stieda, Revaler Zollbücher u. -Quittungen d. 14. Jahrh. XII, CXXXVIII u. 107 S. 4 M. 80 Pf.

Kawerau, über Berechtigung u. Bedeutung d. landesherrl. Kirchenregimentes. Kiel, Homann. 38 S. 80 Pf.

*Sommer, H., Individualismus oder Evolutionismus? Zugleich eine Entgegnung auf d. Streitschrift des Hrn. Prof. Wundt. Berlin, Reimer. 131 S. 3 M.

2. Ausgaben von Gesetzen, Entscheidungen etc.

Aktenmaterial betr. d. Bauverpflichtungen d. Nordostbahn. Zürich, Orell, Füssli & Co. 44 S. 1 M.

Entscheidungen d. kgl. Oberverwaltungsgerichts. Hrsg. v. Jebens, v. Meyeren u. Jacobi. 14. Bd. Berlin, Heymann. XIX u. 466 S. 7 M., geb. 8 M.

— d. vormal. preuss. Obertribunals auf d. Gebiete d. Zivil-R. Für d. Studium u. d. Praxis bearb. u. hrsg. v. Rehbein. 8. Lfg. Berlin, Müller. 3. Bd. S. 1.—240. 4 M. 50 Pf.

Flusser, A., Handbuch f. österr. Geschworene. Wien, Perles. VIII u. 240 S. 3 M. 60 Pf.

Grotefend, G. A., d. Organisation d. staatlichen u. kommunalen Verwaltung in d. Rheinprovinz. Handbuch f. d. prakt. Gebrauch. Düsseldorf, Schwann. XIX u. 494 S. 6 M., geb. 6 M. 80 Pf.

Hausbesitzer, der. Seine R. u. Pflichten gegenüber seinem Vorbesitzer, Gläubiger, Nachbar, Mieter u. d. Behörden, mit einer Menge v. Formularen z. Anträgen u. Verträgen. Hrsg. v. d. Verf. d. neuen preuss. Rechtsanwalts. Mülheim, Bagel. III u. 132 S. 1 M. 20 Pf.

*Hilse, B., Formulare f. Rechtshandlungen d. freiwilligen u. streitigen Gerichtsbarkeit. Zum Gebrauche für Richter, Anwälte, Auditeure, Konsularbeamte, Anwärter zum Richteramte, Gerichtsschreiber u. Privatpersonen entworfen u. aus d. Gesetzen, d. Rechtsprechung u. Rechtswissenschaft erläutert. 1. Teil.: Freiwillige Gerichtsbarkeit. 6. umgearb. Aufl. Hrsg. v. H. Krecke. Berlin, Heymann. XIX u. 439 S. geb. 8 M.

Schweiz. Hotz, O., Verzeichnis d. am 14./X. 1886 ganz oder teilweise in Kraft stehenden, in d. kantonal-zürch. offiziellen Sammlungen aufgenommenen Gesetze. Beschlüsse u. Verordnungen d. Kantons Zürich, mit alphabet. Register hiezu, sowie zum Supplement u. zu d. wichtigern gült. Erlassen im Amtsblatt u. in d. Bundesgesetzsammlung. Oberrieden 1886. Zürich, Rudolphi u. Klemm. 189 S. 2 M. 60 Pf.

Oesterreich. Gewerbeordnung, die durch d. Gesetze v. 15./III. 1883 u. 8./III. 1885 abgeänderte u. ergänzte, v. 20./XII. 1859. Mit allen einschlägig. Gesetzen u. Verordnungen, d. Erkenntnissen d. Verwaltungsgerichtshofes u. mit alphabet. u. chronolog. Register. 4. verm. u. ergänzte Aufl. Wien, Manz. IV u. 400 S. 2 M. 20 Pf.

Gesetzartikel, XXII., v. J. 1887 betr. d. Abänderung d. XIII. Abschn. d. G.-A. XIV. 1876 über Regelung d. Sanitätswesens. (Impfgesetz.) Mit Erläuterungen, Anmerkungen u. Parallelstellen. Budapest, Ráth. 8 S. 40 Pf.

Dasselbe n. XIV. Gesetzartikel v. J. 1876. Regelung d. Sanitätswesens. Ebd. VIII u. 55 S. 1 M. 60 Pf.

Gesetze n. Verordnungen, österr. Offizielle Handausg. Heft 71a, 86 u. 87. Wien, Hof- u. Staatsdruckerei. 1 M. 80 Pf.

Inhalt. 71a. Instruktionen über d. zollamtliche Behandlung d. Baumwollgarne, Wollengarne u. d. nicht besonders benannten Weberwaren. (Verordnung d. Ministerien d. Finanzen u. d Handels v. 21. V. 1887, R.G.Bl. Nr. 57.) 49 S. 60 Pf. 86. Gesetz v. 6. VI. 1886, betr. d. Landsturm f. d. im Reichsrate vertretenen Königreiche u. Länder mit Ausnahme v. Tirol u. Vorarlberg. Verordnung d. Ministeriums f. Landesverteidigung v. 17. VIII. 1886, betr. d. Verzeichnung u. Evidenthaltung d. Landsturmpflichtigen. Gesetz v. 23./I. 1887, betr. d. Institut d. Landesverteidigung f. d. gefürstete Grafschaft Tirol u. das Land Vorarlberg. 2 Tle. in 1 Bd. 43 u. IX, 155 S. 80 Pf. 87. Das Gesetz v. 10. VI. 1887, R.G.Bl. Nr 74, betr. d. Abänderung bezw. Ergänzung einiger Bestimmungen d. Exekutionsverfahrens z. Hereinbringung v. Geldforderungen (Exekutionsnovelle). Mit Erläuterungen aus d. Materialien d. Verhandlungen im Reichsrate. 34 S. 40 S. 56, S. Der allgemeine Zolltarif d. österr.-ungar. Zollgebietes in seiner derzeitigen Gestalt auf Grund d. Gesetzes v. 25. V. 1882 u. d. neuesten Gesetzes v. 21. V. 1887, mit d. vertragsmässigen Zollsätzen, u. mit sämtlichen seit 1882 ergangenen, insbes. d. neuesten Durchführungsvorschriften. VIII u. 330 S. 2 M. 90 Pf.

Gesetz v. 10./VI. 1887, R.G.Bl. Nr. 74, betr. d. Abänderung bezw. Ergänzung einiger Bestimmungen d. Exekutionsverfahrens zur Hereinbringung v. Geldforderungen, nebst Durchführungsverordnung v. 21./VI. Wien, Manz. 16 S. 20 Pf. Desgl. (Steinbach). 1. u. 2. Aufl. Ebd. VIII u. 102 S. 1 M. 20 Pf.

Hussak, J., Zusammenstellung aus d. Erwerb- u. Einkommensteuervorschriften. 3. Aufl. Linz, Mareis. 1886. VII u. 83 S. 50 Pf.

— Zusammenstellung aus d. Gebäudevorschriften für Hausbesitzer. 3. Aufl. Ebd. 1886. VI u. 74 S. 50 Pf.

— Zusammenstellung d. Grundsteuervorschriften. 3. Aufl. Ebd. 1886. VII u. 57 S. 50 Pf.

Zolltarif, allg., f. d. österr.-ungar. Zollgebiet v. 25./V. 1882 mit den aus d. Gesetze v. 21./V. 1887 sich ergebenden Aenderungen. (Aus „Deutsches Handelsarchiv".) Berlin, Mittler & Sohn. 36 S.

— v. 18. (30.) IV. 1887, nebst d. dermals gelt. griech. Konventionaltarife. Anwendbar auf d. österr.-ungar. Waren zufolge Handelskonvention v. 11./IV. (30./III.) 1887. (Vom k. k. Handelsministerium veranstaltete Ausg.) Wien, Hof- u. Staatsdruckerei. 36 S. 80 Pf.

8. Wichtige ausländische Werke.

Annuaire de la législation étrangère publié par la Société de législation comparée, contenant la traduction des principales lois votées dans les pays étrangers en 1885. Quinzième année. Pichon. 18 fr.

*Annuaire de la législation française publié par la Société de législation comparée, contenant le texte des principales lois votées en France en 1886. Sixième année. Pichon. 3 fr.

Cagnat, R., étude historique sur les impôts indirects chez les Romains jusquaux invasions des barbares, d'après les documents littéraires et épigraphiques. Thorin. 10 fr.

Guillouard, L., traité du contrat de louage, livre III, titre VIII, du Code civil. 2e édition. 2 vol. Pedone-Lauriel. 16 fr.

Holtzendorff, Fr. de, principes de la politique. Introduction à l'étude du droit public contemporain. Ouvrage traduit sur la 2e éd. allemande avec l'autorisation et le concours de l'auteur par E. Lehr. IX u. 202 S. Hamburg, Richter. 8 M.

Humbert, G., essai sur les finances et la comptabilité publique chez les Romains. 2 vol. Thorin. 18 fr.

Lautour, L., Code usuel d'audience. Code pénal, Code forestier. Lois pénales spéciales avec l'indication sommaire de la doctrine et de jurisprudence. 2e édition. Première partie: Code pénal et Code forestier. Pedone-Lauriel. 10 fr.

Marchant, H., la Liberté du mariage des officiers. Ch. Lavauzelle. 1 fr.

Tanquerey, H., traité théorique et pratique de l'impôt sur le revenu des valeurs mobilières (doctrine, jurisprudence, législation comparée). Rousseau. 7 fr.

Alberti, G., le corporazioni d'arti e mestieri e la libertà del commercio interno negli antichi economisti italiani. 448 S. Milano. 6 l.

Blanchetti, C., il duello. 139 S. Torino. 2 l.

Ceneri, G., nuovi ricordi di foro, con appendice. 442 S. Bologna. 6 l.

Cogliolo, P., manuale delle fonti del diritto romano. Parte II. 693 S. Torino. 8 l.

Danieli, G., della forma delle sottoscrizioni cambiarie. 21 S. Venezia. 1 l.

Framarino dei Malatesta, N., studio sulla comunicazione delle circostanze nel delitto. 2a tiratura. 103 S. Napoli. 1 l. 50 ct.

Hölder, E., istituzioni di diritto romano, tradotte in italiano da D. Caporali. 407 S. Torino. 7 l.

Norsa, C., sul progetto di legge uniforme in materia cambiaria al congresso internazionale di diritto commerciale in Anversa, 1885. 165 S. Torino. 3 l.

Scotti, C., manuale di diritto civile italiano. Vol. I. 556 S. Torino. 6 l.

Spencer, H., introduzione allo studio della sociologia, con prefazione del prof. G. Sergi. 2a ediz. 630 S. Milano. 7 l.

Stroppa, L., dizionario notarile. Puntata I. S. 1—28. Vercelli. La puntata 1 l.

Tschecho-slawische Litteratur*).

Mitgeteilt von Prof. Dr. Pražak in Prag.

A. Selbständige Werke resp. Abhandlungen.

Bělohradský, W., příspevek k statistice soudniho lekařství (Beitrag zur Statistik der gerichtl. Medizin). Prag 1885.

— statistika zdravotnictvi (Statistik der Gesundheitspflege der im Reichsrate vertretenen Königreiche und Länder). Prag 1886.

— souborny referát o soudnim lekarstvi (system. Referat über gerichtliche Medizin). Prag 1885.

Bernat, J., příspěvky k statistice lesú v Cechách (Beiträge zur Statistik der Wälder in Böhmen, mit Mappen). Prag 1885.

Bráf, A., almužna a mzda (Almosen und Lohn). Prag 1883.

— dve nutné opravy (zwei dringende Reformen: Heimats-R., Zwangsarbeitshäuser). Prag 1884.

— náprava měny (zur Währungsreform). Prag 1885.

— o statistice samosprávy (Statistik der Selbstverwaltung). Prag 1884.

— pocàtkové nauky o dani progressivni (Anfänge der Lehre von den Progressivsteuern). Prag 1884.

— Schulze-Delitzsch a založny ceské (Schulze-Delitzsch u. die böhm. Vorschusskassen). Prag 1885.

Celakovsky, J., privilegia měst pražských (die Privilegien der Prager Städte). Prag 1886. Abdruck sämtlicher Privilegien der kgl. Hauptstadt Prag im Originaltexte mit einer rechtshistorischen Einleitung.

Chleborad, Fr., boj o majetek (der Kampf um das Eigentum). Brünn 1884.

Hanel, J., říaské a právní dějiny německé (deutsche Reichs- und Rechtsgeschichte). 1. Heft 1886, 2. Heft 1887.

Heyrovský, L., instituce římského práva (Institutionen des r. R.). Abt. 1 u. 2. Prag 1886.

Kaizl, J., vyrovnáni s Uhry r. 1867 a 1877 (der ungar. Ausgleich im J. 1867 u. 1877). Prag 1886.

Laurin, F., o moci zákonodárné a soudni u věcech manželských (die gesetzgebende u. richterl. Gewalt in Ehesachen). Prag 1883.

Ott, E., o osudech právních studií při universiti Karlo-Ferdinanské (die Schicksale des Rechtsstudiums an der Prager Karl-Ferdinands-Universität). Rede gehalten anlässlich der Rektorsinstallation am 13./XI. 1886.

Pavlicek, A., směnka a chek v evropském zákonodárstvi (Wechsel u. Check in der europ. Gesetzgebung). Prag 1884.

Pravodatný, právo patronátní (Darstellung der geschichtl. Entwicklung des Patronats-R. in den böhm. Ländern). Prag 1887.

Pražák, G., spory o příslušnost mezi sondy a úřady správnimi (Kompetenzkonflikte zwischen Gerichten u. Verwaltungsbehörden). 2. (Schluss-)Bd. Prag 1886.

Randa, A., o závazcích k náhradě škody z cinu nedovolených, pak o úrocích (über Verbindlichkeiten zum Schadenersatze aus unerlaubten Handlungen, dann über Zinsen). 4. Aufl. Prag 1885.

— soukromé obehodni pràvo rakouské (österr. Handels-R.). 2. Heft. Prag 1885.

---

*) Vgl. C.Bl. II. Bd S. 457 ff.

Reinsberg, J., nauka o soudním lékařství (gerichtl. Medizin).
    1. Heft 1883, 2. Heft 1885. Prag.
Schreyer, J., statistika záložen ceských (Statistik der böhm. Vorschusskassen). Prag 1886.
Srb, A., sněm ceský (der böhm. Landtag). Prag 1883.
Storch, F., rizeni trestni rakouské (österreich. Strafverfahren).
    2. Lfg. Prag 1887.
Stratil, Fr., Jak je Slezsko na ř. radě zastoupeno (wie ist Schlesien
    im Reichsrate vertreten?). Troppau 1886.
Trakal, J., hlavní směry novejší právní a stàtni filosofie (die wesentlichen Richtungen der neueren Rechts- und Staatsphilosophie).
    Prag 1885.
— k osnově zákona o socialistech (zum Entwurf eines Sozialistengesetzes). Prag 1886.
Vasatý, J., zákonná rovnost jazyka ceského a německého v Cechách
    (die gesetzl. Gleichstellung der böhm. u. deutschen Sprache in
    Böhmen). Rede gehalten in der Sitzung des österr. Abgeordnetenhauses am 26./III. 1884. Prag 1884.
Višek, A., obcanský sňatek (die Zivilehe). Prag 1883.
Zucker, A., aprise a loial enquête (Aprise und loial enquête).
    Prag 1886. Wien, Manz. 1887.

B. Zeitschriften.

Ceskomoravsky národní hospodář a samosprávný vestnik (Böhm.-mähr.
    Nationalökonom). Red. Sovadina. 7. Jahrg. Brünn 1887.
Listy veřejné správy (Blätter der öffentl. Verwaltung.). Red. Popelka.
    2. Jahrg. Policka 1887.
Právnik (der Jurist). Red. Pražak u. Stupecky. 26. Jahrg. Prag 1887.
Samosprávný obzor (Autonomietische Rundschau). Red. Cižek. 9. Jahrg.
    Prag 1887.

Verantwortlicher Redakteur: Dr. v. Kirchenheim in Heidelberg.

Centralblatt

für

RECHTSWISSENSCHAFT

herausgegeben von

Dr. v. Kirchenheim,

Professor in Heidelberg.

| VII. Bd. | November 1887. | Nr. 2. |

Monatlich ein Heft von 2½ Bogen. — Preis des Jahrgangs 12 Mark. — Zu beziehen
durch alle Buchhandlungen und Postanstalten.

A. Besprechungen.

I. Allgemeines.

Kühnast, L. Kritik moderner Rechtsphilosophie. Berlin,
Bahr. 1887. 96 S. 2 M.

Leitfaden der Untersuchung ist „der Zusammenhang der
Rechtsphilosophie und der Metaphysik". Die Rechtsphilosophie
ist die Wissenschaft der Rechtswahrheiten. Wahrheit ist die
Uebereinstimmung der Vorstellung mit dem Wesen des Vorge-
stellten; wahr ist das Vorgestellte, wie es seinem Wesen nach
sein muss. Richtig ist die Rechtsfindung, wenn der Fund mit der
Wirklichkeit übereinstimmt; die positive Wissenschaft sucht das
richtige, die Philosophie das wahre, von Gesetz und Wirklichkeit unabhängige Recht. Wesen ist Einheit bleibender Bestimmungen (Hegel).

Diese Sätze der Einleitung sollen den Standpunkt der Kritik
des Verf. präzisieren, welche sich in folgende Abschnitte gliedert:
Die Orthodoxie. (Die geschichtliche Schule. Stahl. Schelling.) Der Materialismus. (Knapp. Post.) Die Physio-
logie des Rechts. (Kuntze. Dankwardt. Stricker.) Die natur-
wissenschaftliche Auffassung der sittlichen Welt. (Jhering.) Zwei weitere Abschnitte enthalten eine kritische Darlegung
der Grundbegriffe der sozialistischen Rechtsphilosophie
(Kapital und Arbeit).

Der Verf. vermisst sowohl in den juristischen Lehrbüchern
(welche sich auf eine Erörterung der Relation zum Zins be-

schränken), als in der ökonomischen Wissenschaft eine endgültige
Fixierung des Inhalts und der Konsequenzen des Grundbegriffs
vom Kapital. Er sucht solche in der Beziehung des Kapitals
zur Produktion und in dem Zusammenhang des Kapitalbegriffs
mit dem Wertbegriff. Das Ergebnis wird in die Definition zusammengefasst: „Das Kapital ist der Wert der in den Sachgütern
enthaltenen produktiven Kraft, als der Sachwert, der als Quelle
von Werten gesetzt ist", oder kürzer: „Der produktive Sachwert oder ein Komplex produktiver Sachwerte." In der
Unmittelbarkeit der Beziehung des kapitalistischen Produktions-
mittels zur Produktion liegt die potentielle Verselbständigung
desselben gegenüber dem Arbeiter. Es folgt daraus der Gegensatz des Kapitalbegriffs zur Arbeit, deren Beziehung zur Produktion nicht notwendig ist. Gegenstand des Arbeitsvertrages,
dessen privatrechtliche Gestaltung die brennendste ökonomische
Frage der Gegenwart ist, können nur die Leistungen bilden.

Die beiden letzten Abschnitte enthalten eine Darstellung
und Kritik des Systems Marx'. Angehängt ist der erste Druck
eines Briefes von Savigny an Puchta vom 3./VI. 1833, welcher
interessante Bemerkungen über die Oeffentlichkeit städtischer
Verhandlungen und das Universitätswesen, sowie beachtenswerte
Aeusserungen über einige juristische Kontroversen enthält.

H. Sommer.

Weigel, T. O. Systematisches Verzeichnis der Haupt-
werke der Deutschen Litteratur aus dem Gebiete
der Rechts- und Staatswissenschaften. Bearbeitet
von C. Mollat unter Mitwirkung von O. Wetzel. Leipzig,
Weigel. 1886. 106 S. 3 M.

Das vorliegende Werk will nicht sämtliche, sondern nur die
wichtigsten Erscheinungen der 62 Jahre von 1820—82 zusammen-
stellen. Es enthält in der That, was Verf. und Herausgeber er-
streben, ein verhältnismässig vollständiges Verzeichnis dessen,
„was in einer den vereinigten wissenschaftlichen Zwecken dienen-
den wohlversorgten Bibliothek nicht fehlen dürfe". Das System
zerfällt in 2 Hauptteile, der erste derselben, Rechtswissenschaft, in 18 Abschnitte: 1. Einleitung (Bibliographie, Enzyklopädie, Hermeneutik, Lexika, Litteraturgeschichte, R. und Kultur,
allgemeine und vergleichende Rechtswissenschaft); 2. Zeitschriften;
2a. Abhandlungen und Verhandlungen vermischten Inhalts;
3. Rechtsphilosophie; 4. Röm. R.; 5. Pandekten-R.; 6. Deutsches
R. (Quellen und Geschichte); 7. Gemeines und partikulares deut-

sches Privat-R.; 8. Handels-R.; 9. Wechsel-R.; 10. See-R.;
11. Lehn-R.; 12. Straf-R.; 13. Zivilprozess-R.; 14. Strafprozess-R.;
15. Gerichtsverfassung, Gerichtskosten, Notariat; 16. Kirchen-R.;
17. Spruchsammlungen deutscher Gerichte; 18. Ausländisches R.
(einschl. Staats-R.). — Die staatswissenschaftliche Litteratur
wird in folgenden Abschnitten aufgeführt: 1. Einleitung; 2. Allgemeine Staatslehre; 3. Deutsches Reichs- und Landesstaats-R.;
4. Verwaltungs-R. und Verwaltungslehre; 5. Internationales R.;
6. Volkswirtschaft; 7. Sozialwissenschaft, Litteratur, Geschichte,
Lehrbücher, Vermischtes; Stände und Bevölkerungsklassen:
Bauern, Bürger, Handwerker etc.; Arbeiterstand, Arbeiterfrage;
Parteien, geheime Gesellschaften, soziale Frage, sozialpolitische
Vereine; Armenwesen; 8. Finanzwissenschaft; 9. Polizeiwissen-
schaft; 10. Statistik, Bevölkerungswesen; S. 95—106 kurzes alphabetisches Register. Für Bibliotheken u. s. w. ist das Verzeichnis auch in einer durchschossenen Ausgabe zu haben.

Redaktion.

Annuaire de législation étrangère publiée par la Soc.
de législation comparée contenant le texte des
principales lois votées dans les pays étrangers en
1885. XV. année. Paris, Cotillon. 1886. 800 S. 18 fr.

Der vorliegende Band bringt einige Neuerungen. Weggelassen sind einige Schweizerkantone, die Türkei und Haiti, niemand wird sie vermissen. Dagegen finden zum erstenmale Berücksichtigung der Kanton Neuenburg, Costa-Rica und Japan,
der erste orientalische Staat, welchem neben den zivilisierten
Staaten von Europa und Amerika ein Platz eingeräumt wird.
Den Abteilungen, welche den einzelnen Staaten gewidmet sind,
wird wie bisher eine Notice générale über den Gang der Gesetzgebung in denselben vorausgesandt, und sodann die Uebersetzung der mitgeteilten Gesetze mit einigen Bemerkungen begleitet. Keine hervorragende Stellung nimmt die Kodifikation
ein, welche ausser einem Strafgesetzbuch des Kantons St. Gallen
und einem Militärstrafgesetzbuch für Serbien nur das neue span.
Handelsgesetzbuch aufzuweisen hat. Auf dem Gebiete des
öffentlichen R.'s finden wir namentlich die engl. Wahl-
gesetze, welche diejenigen von 1884 ergänzen; das ungar. Gesetz
über die Reorganisation der Magnatentafel, und das japan. über
die politische und administrative Organisation des Landes vom
Dezember 1885. Das Verwaltungsrecht ist durch eine Anzahl
bedeutender Gesetze vertreten, von welchen wir nur hervorheben:

das von der öffentlichen Meinung in England verlangte über
den Schutz der Mädchen und Frauen, das württ. über den Erwerb und Verlust des Gemeindebürgerrechts, das ungar. Wasser-
Gesetz und die Gesetze verschiedener Staaten gegen den Alko-
holismus und die Folgen der Trunksucht. Das Zivil-R. ist nur
spärlich bedacht, ausser dem preuss. Gesetz über Veräusserung
und Verpfändung von Immobilien in den Rheinprovinzen, dem
ungar. betreffend Modifikationen der Vormundschaftsordnung,
dem Genfer betreffend Erwerb und Aufgabe des Staatsbürger-
rechts, und demjenigen von Uruguay über Einführung der Zivilehe. Aus dem Gebiete des Handelsrechtes sind bemerklich die
Gesetze von Norwegen und Uruguay über die Erfindungspatente
und von Massachusetts über Lebens- und Unfallversicherung. Die
Tendenz das Los der Arbeiter zu verbessern findet Ausdruck in
einer Anzahl engl., deutsch., österr. und norweg. Gesetze. Die
Gesetzgebung über den öffentlichen Unterricht ist durch ein ital.
Gesetz über die Primarschullehrer vertreten. Dem internationalen
R. angehörig sind zwei Gesetze des Staates Massachusetts über
die Zulassung fremder Versicherungsgesellschaften und der argent.
Republik über die Auslieferung von Verbrechern.   König.

II. Rechtsgeschichte.

Baron. Abhandlungen aus dem röm. Zivilprozess III.
Der Denunziationsprozess. Berlin, Simion. 1887. 243 S.
6 M.

Den Ausgangspunkt der ganzen Schrift bildet der Denunziationsprozess zur Zeit Mark Aurels, welch letzteren der Verf.
als den bedeutendsten Prozessreformator unter den röm. Kaisern
preist.

Zu unterscheiden ist zwischen kontradiktorischem Denunziationsprozess und Kontumazialprozess.

Auf den ersteren sind die in den vatikanischen Fragmenten
(§. 156, 161—167) erhaltenen Nachrichten über den Exkusations-
und Nominationsprozess der Vormünder, denen eine allgemeine
Bedeutung zukommt, zu beziehen. Derselbe beginnt mit einer
denuntiatio suo nomine, d. h. einer formlosen Ladung des Beklagten vor Zeugen unter allgemein gehaltener Bezeichnung der

Streitsache. Gleichzeitig mit dieser Denunziation hat eine entsprechende Mitteilung an den Magistrat zu erfolgen. Erscheint der Beklagte auf die erste Denunziation nicht, so muss der Kläger einen libellus mit genauer Konzipierung des Antrags und unter Substantiierung der Klage beim Prätor einreichen und sodann (bei Abwesenheit des Beklagten unter Erbittung eines Requisitionsschreibens an den Munizipalmagistrat) eine denuntiatio ex auctoritate vornehmen. Diese zweite Denunziation begründet für den Beklagten die Pflicht, zunächst an einem vom Verf. des näheren bezeichneten, von der erhaltenen denuntiatio ex auctoritate ab zu berechnenden Termin und von da ab während einer vom Tag der ersten Denunziation ab für beide Parteien laufenden viermonatlichen Beweisfrist (bezüglich deren jedoch Reparation und Dilation möglich ist) bei allen sessiones pro tribunali zugegen zu sein. Dieselbe Pflicht trifft den Kläger. Erscheint der letztere nach der denuntiatio suo nomine in irgend einer Sitzung, in der die Parteien anwesend zu sein haben, nicht, so kann der anwesende Beklagte Abweisung beantragen. Erscheint der Beklagte nach erfolgter denuntiatio ex auctoritate nicht, so geht die Sache, sofern nicht auf die Zwangsmittel des Magistrats rekurriert wird, in das Kontumazialverfahren über.

Das Kontumazialurteil hat zu Mark Aurels Zeit zur notwendigen Voraussetzung ein sogen. peremptorium, d. h. eine Ladung, in welcher der Magistrat androht, dass er an einem bestimmten Tag auch in Abwesenheit des Beklagten erkennen werde. Dem peremptorium pflegten, sofern nicht der Magistrat aus besonderen Gründen früher dazu griff, drei je durch zehntägige Fristen getrennte Ladungen, von welchen die beiden letzten denuntiationes ex auctoritate sein mussten, voranzugehen. In späterer Zeit konnte das peremptorium selbst durch eine dreimalige Ladung ersetzt werden.

In allen Fällen, im kontradiktorischen Verfahren sowohl, wie im Kontumazialprozess wurde der gesamte Rechtsstreit von dem Magistrat allein ohne Zuziehung von Geschworenen erledigt. Es konnte daher der Kläger nach Belieben eine Sache entweder durch in jus vocatio zur Aburteilung seitens eines Geschworenen oder durch denuntiatio zur Erledigung von seiten des Magistrats selbst bringen.

Das gesamte Verfahren, wie es im Bisherigen geschildert wurde, ist wesentlich eine Schöpfung Mark Aurels gewesen. Vor ihm waren allerdings, und zwar schon zu republikanischer Zeit, beide Arten von Denunziationen üblich, allein es war keine be-

sondere prozessuale Wirkung an dieselben geknüpft. Führte die
denuntiatio suo nomine nicht zum Ziel, so musste zur in jus
vocatio gegriffen werden. Gegen Missachtung einer denuntiatio
ex auctoritate schützten nur die allgemein zur Erzwingung des
schuldigen Gehorsams verwandten magistratischen Zwangsmittel.
Ein Kontumazialurteil scheint vor Mark Aurel nur beim Prozess
über die fideicommissaria libertas vorgekommen zu sein.

Während das geschilderte, von der missio in bona absentis
scharf zu scheidende, Kontumazialverfahren bis auf Justinian
im wesentlichen dasselbe blieb, hat der kontradiktorische Denunziationsprozess verschiedene Aenderungen erlitten. Derselbe ist
zur Zeit Justinians in seinen wesentlichen Bestandteilen beseitigt.
Die viermonatliche Beweisfrist, deren Bedeutung als solche sich
aus dem Codex Theodosianus und dem vom Verf. in die vierziger
Jahre des fünften Jahrhunderts verlegten röm.-syr. Rechtsbuch
mit Sicherheit ergibt, zog nach einer Novelle Valentinians III.
vom Jahr 452 nicht mehr Prozessverlust für den Kläger nach
sich, sondern dieser trat erst nach Ablauf einer zweiten viermonatlichen Frist ein. Zugleich wurde die Reparation beseitigt
und der Kläger von der Verpflichtung, jeder Gerichtssitzung
innerhalb dieser Frist beizuwohnen, entbunden. Schon nach dem
Codex Theodosianus waren vom Denunziationsprozess, welcher
damals schon das ordentliche Verfahren darstellte, gewisse Sachen,
die aus irgend welchem Grund beschleunigt werden sollten (z. B.
Prozesse auf Grund liquiden Schuldscheins, Interdikte, Fideikom-
misssachen, actio tutelae und negotiorum gestorum, sowie alle
Sachen, bei denen das Streitobjekt unter 100 solidi betrug) ausgenommen. Die Denunziation wurde hier durch eine gerichtliche
Ladung ersetzt, der Fristenlauf fiel weg.

Bald nach Publikation des Codex Theodosianus muss die
Einleitung des Prozesses mittels Denunziation durch ein Gesetz
vollständig beseitigt worden sein. Es trat eine Ladung durch
besondere Zustellungsbeamte (executores) an ihre Stelle. Dagegen dürfte erst Justinian die Beweisfrist gänzlich beseitigt
haben, so dass nur die Gewährung besonderer Fristen (dila-
tiones) im einzelnen Fall übrig blieb. Diese Aenderung musste,
da ein besonderes Gesetz nicht überliefert, mittels Interpolation
vollzogen worden sein. Dagegen findet sich eine wesentliche Einrichtung des Denunziationsprozesses auch noch im justinianischen
R.; die Art und Weise der Ladung blieb nämlich insofern dieselbe, als nicht auf einen bestimmten Termin geladen, sondern
die Erscheinungspflicht des Beklagten ein für allemal auf einen

vom Zeitpunkt der erhaltenen Ladung ab zu berechnenden Tag festgesetzt wurde. **M. Rümelin (Bonn).**

Kipp, Th. Die Litisdenunziation als Prozesseinleitungsform im röm. Zivilprozess. Leipzig, Breitkopf & Härtel. 1887. 310 S. 7 M. 50 Pf.

Der trotz vielfacher Bearbeitung noch immer dunklen Lehre widmet der Verf. eine eingebende Untersuchung, die sich nicht auf die Darstellung der positiven Ergebnisse und deren Begründung beschränkt, sondern eine grosse Zahl verschiedenartiger Dinge, aus welchen man für die Prozesseinleitung durch L.D. Folgerungen abgeleitet, oder welche man für deren Wurzel oder für identisch mit ihr gehalten hat, in den Kreis der Besprechung zieht, um für die Ablehnung solcher Folgerungen und Annahmen nicht die erforderlichen Gründe schuldig zu bleiben. Das 1. Kap. orientiert über den Stand der Lehre. Die herrschende Meinung, neben der es eine bunte Verschiedenheit der Ansichten, nicht nur über Einzelheiten, sondern über Wesen und Bedeutung der L.D. im ganzen gibt, versteht unter L.D. die Eröffnung des Prozesses durch eine ursprünglich rein private, seit Konstantin behördliche Mitwirkung erfordernde Ankündigung des Klaganspruchs seitens des Klägers an den Beklagten mit der Wirkung, dass der Beklagte verpflichtet ist, sei es an einem bestimmten Tage, sei es binnen bestimmter Frist zur Eröffnung der Verhandlungen vor dem Jurisdiktionsmagistrat zu erscheinen; die Anfänge des Instituts verlegt sie, während sie den historischen Zusammenhang mit der Denunziation der legis actio per condictionem in Abrede stellt, in ziemlich frühe Zeit, jedenfalls vor Mark Aurel. In dem einen Punkt, Nichtzusammenhang mit der l. a. p. cond. stimmt der Verf. mit der comm. opinio überein, im übrigen weicht er von ihr ebenso wie von der besonders scharf bekämpften Ansicht von Wieding ab. Nach ihm ist weder die Existenz der L.D. vor Mark Aurel, noch ihre Einführung durch diesen bewiesen: wenn auch Mark Aurel in irgend einer Weise den Grund gelegt haben möge, so habe sie doch erst nach der klassischen Jurisprudenz, aber vor Konstantin, also gegen Ende des dritten Jahrhunderts ihre Ausbildung erfahren. Sie war eine Prozesseinleitung durch aussergerichtliche private Anspruchsansage, sei es verbunden mit ausdrücklicher Ladung, sei es mit Ladungswirkung; seit Konstantin erforderte sie die Mitwirkung öffentlicher Behörden, wenn auch nicht gerade die des Prozessgerichts. Der Schwerpunkt des seit Konstantin hinsichtlich seines Anwendungs-

gebietes wie des Charakters der mit ihm verbundenen Frist und
der Versäumnisfolgen in klareren Umrissen als früher hervor-
tretenden Instituts liegt darin, dass der Verhandlung des Rechtsstreits eine mehrmonatige, durch die L.D. normierte Frist zur Vorbereitung des Beklagten voraufgehen muss, an deren Endtag die
Verhandlung eröffnet wird. Nach Abschluss des Codex Theodosianus ist die L.D. in beiden Reichsteilen beseitigt und eine
Prozesseinleitung mit richterlicher Ladung und kürzerer Frist
zur Regel geworden: bei dieser Wandlung ist der wichtigste
Punkt die in steigendem Mass zu Unzuträglichkeiten führende
und zur Aufstellung von Ausnahmen von dem Erfordernis der
L.D. zwingende Denunziationsfrist, der Uebergang in der Form
ist wahrscheinlich schon seit Konstantin allmählich vorbereitet
und vermittelt. — Der Ausführung und Begründung dieser Sätze
sind die Kapitel 2—5 gewidmet (die Denunziationen im r. R. —
hat die Denunziation als Prozesseinleitung im klassischen R. bestanden? — die Litisdenunziation und die Edition des Reskriptes
in der späteren Kaiserzeit — der Untergang der Litisdenunziation).

Burckhard.

III. Privatrecht.

Eisele. Ueber Nichtigkeit obligatorischer Verträge
wegen Mangels an Willensübereinstimmung der
Kontrahenten. Jahrbücher für Dogmatik, Bd. 25, S. 414
bis 508 (auch als Sep.-Abdr. 95 S. 2 M.).

Die Untersuchungen des Verf. beschäftigen sich nur mit dem
für die Praxis wichtigsten und in der Theorie am meisten besprochenen Fall der Irrtumslehre, dass bei einem obligatorischen
Vertrag übereinstimmende Vertragserklärungen vorliegen, während es an Willensübereinstimmung fehlt und dieser Konsens-
mangel zunächst unbemerkt bleibt (verborgener Dissens).

Verf. bespricht zunächst in eingehender Widerlegung die
Ausführungen Hartmanns; er stimmt jedoch mit demselben darin
überein, dass es unzulässig sei, die voluntatis quaestio zu stellen,
wenn dies der guten Treue zuwiderläuft. Aber Hartmann beschränkt sich nicht auf diesen Satz, sondern erklärt das Stellen
der voluntatis quaestio an sich für unzulässig, wenn dies nicht
nach den besonderen Umständen durch die gute Treue positiv

als gerechtfertigt erscheint. Damit ist die Erklärung als etwas an und für sich Rechtes, Wirksames hingestellt, und es wird auf Grund der bona fides das Zustandekommen eines Vertrags trotz des Fehlens der Willensübereinstimmung angenommen. Dies ist jedoch nicht zulässig. Der Vertrag ist ein Produkt des menschlichen Verkehrs und nicht erst vom R. erzeugt. Zu dem vom R. unabhängigen Wesen des Vertrags gehört aber die Willensübereinstimmung, und es darf deshalb bei Fehlen derselben das Zustandekommen eines Vertrags nicht angenommen werden, auch nicht da, wo die bona fides das Stellen der voluntatis quaestio ausschliesst, wie z. B. bei der Mentalreservation. Dies ist auch von praktischer Bedeutung, insofern durch diese Auffassung dem Betrogenen bei der Mentalreservation die Möglichkeit eröffnet wird, nicht die voluntatis quaestio zu stellen, sondern Nichtigkeit des Vertrags zu behaupten und statt der Erfüllung Ersatz des negativen Vertragsinteresses zu fordern.

Die bona fides kann nicht, wie Hartmann will, darüber entscheiden, ob ein Vertrag zustande gekommen ist oder nicht, wohl aber über die andere Frage, ob trotz der Ungültigkeit des Vertrags der eine dem anderen etwas zu leisten verpflichtet sein soll. In bezug auf die letztere Frage ist das klassische r. R. wohl nicht darüber hinausgekommen, die Entscheidung für jeden einzelnen Fall dem judex zu überlassen. Bei den bonae fidei judicia wurde einfach die Kontraktsklage verwendet, um die Ansprüche geltend zu machen, die infolge der äusseren Thatsache der Abschliessung des Kontrakts entstanden, wobei sich der judex über die formelle Gültigkeit des in der demonstratio genannten Vertrags den Kopf nicht zu zerbrechen brauchte. Bei den actiones stricti juris verhielt sich dies allerdings anders, da hier der judex nur auf das Erfüllungsinteresse kondemnieren oder absolvieren konnte.

Bei der von dem r. R. nicht beantworteten, aber der Wissenschaft obliegenden Frage nach dem Grund und dem Umfang der Verpflichtungen, die trotz des Nichtzustandekommens eines Vertrags eintreten, ist zunächst davon auszugehen, dass Verträge überhaupt nur möglich sind, sofern ein rechtsgeschäftlicher Wille einem anderen in zuverlässiger Weise mitgeteilt werden kann. Sofern die Rechtsordnung überhaupt Verkehr will, muss in ihr der Satz enthalten und anerkannt sein, dass jeder, an den ein anderer mit Vertragserklärung herantritt, sich darauf verlassen dürfe, dass der ihm gewordenen Vertragserklärung ein entsprechender Wille zu Grund liegt. Die Rechtsordnung übernimmt

mithin jedem Empfänger einer Erklärung gegenüber eine gewisse
Garantie, und auf diese, nicht auf einen stillschweigenden Ga-
rantievertrag der Parteien, sind die Wirkungen der Vertrags-
verhandlungen, welche nicht zu einem Vertrag geführt haben,
zu stützen.

Die Garantie setzt voraus, dass der Empfänger der Erklärung bei Beurteilung derselben tadelfrei zu Werk gegangen sei;
der Erklärungsempfänger muss in bezug auf die Frage nach
Dasein und Inhalt der rechtsgeschäftlichen Erklärung die diligentia des bonus pater familias prästiert, sich als Musterkontra-
hent bewährt haben.

Die Garantie hat die Wirkung, dass der Empfänger der Erklärung sich auf das Zustandekommen des Vertrags verlassen
darf, dass ihm kein Schaden erwachsen soll, wenn er demgemäss
gehandelt hat. Der Sinn der Garantie führt zur Leistung des
negativen Vertragsinteresses.

Eine culpa des Erklärenden ist nicht erforderlich, sondern
nur, dass er die Erklärung und dann den Schaden verursacht hat.

Rümelin.

Borchardt, S. Das Institut der Vormerkung im Geltungsbereiche der preuss. Grundbuchgesetze vom
5./V. 1872. Berlin und Leipzig, Guttentag. 1887. VIII.
und 144 S. 3 M.

Verf. behandelt nach einer Einleitung, in welcher die theoretische Grundlage und der Begriff der Vormerkung untersucht
und festgestellt werden, die einzelnen Vormerkungen, nämlich
die Pfandrechtsvormerkung (S. 10—47), die Vormerkung zum
Schutze des R. auf Eintragung sonstiger dinglicher R. an fremder Sache (S. 48—50), die Eigentumsvormerkung (S. 50—137),
die Einredevormerkung (S. 137—142) und die Vormerkung zum
Schutze gegen Löschung (S. 142—144). Wie es scheint, ist das
Institut der Vormerkung nach preuss. R. bisher noch nie so erschöpfend erörtert worden, wie in diesem Buche. Die Untersuchungen des Verf. erstrecken sich auf alle hier einschlagenden
Fragen, so dass schwerlich jemand, der sich über die preuss.
Vormerkung unterrichten will, die gesuchte Auskunft nicht finden
wird. Die Wissenschaft des Grundbuch-R. erhält durch die Arbeit eine erhebliche Förderung, die Praxis eine sichere Grundlage.

Achilles.

Frantz, Th. Die gesetzlichen Eigentumsbeschränkungen
nach (franz.-)bad. und Reichs-R. 1. Lieferung. Freiburg i. B., Mohr (Paul Siebeck). 1887. 80 S. 2 Mk.

Eine gemeinverständliche Zusammenstellung der im Gross-
herzogtum Baden geltenden gesetzlichen Vorschriften über
Zwangsabtretung und gesetzliche Eigentumsbeschränkungen, sowie der Kasuistik. Das erste Kapitel behandelt die Zwangsabtretung: 1. auf S. 9—55 die Zwangsabtretung nach dem bad.
Gesetze vom 28./VIII. 1835; 2. auf S. 55—61 die Zwangsab-
tretungen im Wasser-R. nach der bad. Gesetzgebung von 1876
und den Novellen; 3. auf S. 61—68 die Zwangsabtretung behufs
Feldbereinigung, nach dem bad. Gesetze vom 5./V. 1856; 4. auf
S. 68 ff. die Enteignungen infolge der Massregeln gegen Viehseuchen. Die gesetzlichen Eigentumsbeschränkungen sollen in
den beiden nächsten Lieferungen folgen. Der Inhalt der vorliegenden Lieferung geht über das hinaus, was der Titel verspricht; die Verpflichtung des Eigentümers, sein Eigentum ab-
zutreten, ist keine Beschränkung des Eigentums.   v. Cuny.

Hahn, Otto. Das deutsche Markenschutzgesetz sowie
Vorschläge zur Aenderung desselben. Stuttgart,
Kohlhammer. 1887. 48 S. 75 Pf.

Die Reformbedürftigkeit unseres Markenschutzgesetzes ist
allseitig anerkannt. Vorliegende Schrift, im Auftrage mehrerer
Industrieller verfasst, ist an das Reichskanzleramt mit dem Ersuchen um geneigte Aufmerksamkeit gerichtet. Sie betont hauptsächlich den Schutz des Publikums gegen Täuschungen und wirft
der Praxis vor, diesen Gesichtspunkt verkannt und einen gegen
die Vorrechte und den Gewinn der Fabrikanten gerichteten
Standpunkt eingenommen zu haben. Schwer wiegt der Vorwurf
gegen das Gesetz, die ausländischen Gesetze schützten die Deutschen in England, Frankreich, weit wirksamer, als Franzosen
und Engländer für ihre Zeichen bei uns geschützt seien; es sei
beinahe eine Forderung des internationalen Anstandes, hier noch
nachträglich einzugreifen. Im Anschlusse an die Beschlüsse des
Vereins zur Wahrung der Interessen der chemischen Industrie
vom September 1886 und der Denkschrift des Vereins der Ta-
baksfabrikanten wird eine Gleichstellung mit dem Patentschutze
angeregt; an Stelle des Anmeldesystems wird ein Aufgebots-
verfahren mit amtlicher Prüfung der angemeldeten Marken, ein
eigenes amtliches Organ zur Veröffentlichung und die Bestimmung vorgeschlagen, dass die Marke nur in figürlichen Zeichen

bestehen dürfe. Jedenfalls sei durch Aenderung des §. 18 der „Aehnlichkeit" eine weitere Ausdehnung zu geben, da die jetzige Fassung zu den schlimmsten Ergebnissen geführt habe.

Heinsheimer.

**Ontwerp tot herziening van het Burgerlijk Wetboek. Eerste Boek. Met Toelichting. 1886.
Ontwerp eener Wet op het Faillissement en de Sur- séance van betaling. Met Toelichting. 1887.**

Im November 1879 wurde vom König eine ursprünglich aus 6 (jetzt noch 5) Mitgliedern bestehende Kommission eingesetzt zur Vorbereitung einer Revision des niederländ. Handesgesetz-buchs. Bald nacher folgte die Ernennung einer Kommission von 16 (jetzt noch 11) Juristen zur Revision des bürgerlichen Gesetz-buchs. Während bis jetzt nur ein Entwurf des Wechsel-R., von der erstgenannten Kommission ausgearbeitet, veröffentlicht wor-den war, erschienen vor kurzem fast zugleich zwei Entwürfe, die auch im Ausland Beachtung verdienen dürften.

Vorerst liegt ein Entwurf des I. Buches des bürgerlichen Gesetzbuches vor. Derselbe behandelt in 21 Titeln und 572 Ar-tikeln das Personen- und Familien-R., mit Einschluss des ehe-lichen Güter-R., des gesamten Vormundschafts-R. und der juristi-schen Personen. Obgleich die Kommission die wissenschaftlichen Vorzüge der neueren deutschen Systeme nicht verkennt, beschloss sie im allgemeinen die Anordnung des jetzigen Gesetzbuchs — welche sich auf die klassische Dreiteilung in personae, res, ac-tiones stützt — zu behalten. Dadurch wurde das I. Buch ein ziemlich selbständiges Ganzes, geeignet dem König unterbreitet und veröffentlicht zu werden. Der Text wurde durchaus neu bearbeitet. Zur durchgreifenden Erneuerung des Inhalts des Gesetzbuchs lag keine Veranlassung vor. „Im grossen und ganzen entspricht das Civilgesetzbuch der herrschenden Rechtsüberzeugung, wenn sich auch, nach ungefähr 50 Jahren, die Notwendigkeit die allmähliche Entwickelung dieser Ueberzeugung zu berück-sichtigen und das Gesetz mit den neuen Bedürfnissen des Ver-kehrs in Einklang zu bringen, hie und da nachdrücklich geltend macht." Ausführliche Motive begleiten den Entwurf. Auslän-dische Gesetze und Entwürfe sind in ausgiebiger Weise benützt.

Der etwas später erschienene Entwurf der handelsrechtlichen Kommission behandelt Konkurs (faillissement) und Moratorium (surséance van betaling). Auch dieses will kein neues R. schaffen; es bezweckt vielmehr bloss eine „Purifizierung des

geltenden R., durch Verarbeitung der Ergebnisse einer nahezu
50jährigen Erfahrung". Der Konkurs wird nicht auf Kaufleute
beschränkt, sondern (ähnlich dem deutschen und engl. R., und
den niederländ. R. des vorigen Jahrhunderts) auf jeden Schuldner
anwendbar gemacht. Daher ist der Entwurf auch nicht mehr
als Teil des Handelsgesetzbuchs, sondern als selbständiges Gesetz
gedacht. Als leitendes Prinzip wird vorangestellt, dass der
Konkurs ein gerichtlicher Arrest des ganzen Vermögens des
Schuldners zu Gunsten seiner sämtlichen Gläubiger ist. Ein
besonderes Verfahren für kleine Konkurse findet sich im Entwurf nicht. Auch hat man sich nicht entschliessen können, die
Behandlung der Konkurse von den Landgerichten auf die Amtsrichter zu übertragen. Der Entwurf besteht aus 247 Artikeln
und ist mit gründlichen Motiven versehen. Sämtliche neuere
Konkursordnungen sind sorgfältig berücksichtigt. Drucker.

IV. Gerichtsverfassung und Zivilprozess.

Die zivilprozessualische Enquête. Ein Bericht von Prof.
Dr. Wach in Leipzig. (Ergänzungsheft zu Bd. XI der
Zeitschrift für den Zivilprozess von H. Busch und F. Vier-
haus.) Berlin, Heymann. 168 S.

Seit im Bd. X der obigen Zeitschrift (S. 181 ff.) der von
Prof. Weismann zusammengestellte Fragebogen mit einem Vorwort von Wach veröffentlicht uud damit die Absicht kundgegeben worden ist, eine „Enquête über die Entwickelung unserer
Zivilprozesspraxis" zu veranstalten, wurde dem Ergebnis dieses
Schrittes von allen denjenigen mit grosser Spannung entgegen-
gesehen, welche sich für die Gestaltung und Weiterentwickelung
unseres Zivilprozessverfahrens interessieren. In obigem Bericht
wird nun der Inhalt der Antworten, welche auf den an alle
deutschen Landgerichte versandten Fragebogen eingingen, in
systematischer sehr übersichtlicher und eingehender Bearbeitung
mitgeteilt und an der Hand der eingegangenen Berichte thunlichst festgestellt, in welcher Weise sich in den von den Veran-
staltern der Enquête ins Auge gefassten Richtungen die Praxis
in den einzelnen deutschen Ländern bezw. Rechtsgebieten entwickelt hat. Bei einzelnen Uebelständen hat W. auch Vor-

schläge zur Abhilfe gemacht. Die Erwartung, dass das Ergebnis der Enquête grosses Interesse erregen werde, wurde durch den Bericht vollständig erfüllt und der Zweck des Unternehmens, darüber Licht zu verbreiten, wie sich seit dem 1./X. 1879 bei den Kollegialgerichten 1. Instanz, also unter dem Einfluss des Anwaltszwangs die „Mündlichkeit des Verfahrens" ausgebildet hat, ist jedenfalls in erheblichem Umfange erreicht worden. Was zunächst das äusserliche Ergebnis anbelangt, so haben im ganzen von 172 deutschen Landgerichten 101 Gerichte Berichte eingesandt, und zwar liegen, da bei vielen Gerichten über die Thätigkeit der einzelnen Kammern besonders berichtet wurde, 194 Berichte vor, welche im ganzen 2400 Folioseiten ausfüllen. Das Verhalten gegenüber der Enquête war zwar in den einzelnen Staaten und Provinzen sehr verschieden. Während in mehreren Oberlandesgerichtsbezirken (Darmstadt, München und Zweibrücken) alle Gerichte sich ablehnend verhielten, gingen aus anderen Oberlandesgerichtsbezirken (Braunschweig, Kassel, Dresden und Oldenburg) von sämtlichen Landgerichten Berichte ein. Das reiche Material ist übrigens, wie M. betont, vollkommen ausreichend, um sichere Schlüsse auf die gesamte Entwickelung der Praxis zu ziehen, da kein prozessual wichtiges Gebiet fehlt, vielmehr aus den Gebieten des früheren schriftlichen (gemeinen, preuss. und sächs.) Prozesses, wie aus denjenigen Teilen Deutschlands, in welchen vor dem 1./X. 1879 der Code de procédure civil oder eine auf dem Grundsatz der Mündlichkeit des Verfahrens beruhende deutsche Prozessordnung galt, genügendes Material vorliegt. Die an die Landgerichte gestellten Fragen sind in zehn Gruppen zusammengefasst worden. Von diesen betrifft die 1. die Vorbereitung der mündlichen Verhandlung durch Schriftsätze, insbesondere deren Rechtzeitigkeit und Vollständigkeit, sowie die Art und Weise der Benützung derselben durch das Gericht, die 2. die Festsetzung der Termine, sowie deren Vertagung und Umgehung, die 3. den mündlichen Vortrag und die damit zusammenhängende Frage der Erneuerung der Verhandlung, insbesondere die bezüglich des Begriffes der Mündlichkeit bestehende Auffassung (Grundsatz der Einheit und Unteilbarkeit der mündlichen Verhandlung u. s. w.); zur 4. und 5. Gruppe gehörige Fragen beschäftigen sich mit den Zwangsmitteln gegen den Missbrauch der Parteirechte im Gebrauch der Angriffs- und Verteidigungsmittel (§§. 251, 252 Z.Pr.O., §. 48 G.K.G.) und mit den Massregeln, durch welche die mündliche Verhandlung beseitigt oder vereinfacht werden kann (Anordnung des vorbereitenden Verfahrens, Trennung der Verhandlungen, Beschränkung der Verhandlung auf bestimmte Angriffs- und Verteidigungsmittel). Die 6. Gruppe hat die Unmittelbarkeit der Beweisaufnahme, insbesondere die Anwendung des §. 340, Z. 2 der Z.Pr.O. zum Gegenstand. Die 7. Gruppe betrifft den Vortrag von Protokollen und Beweisurkunden; die 8. Gruppe die urkundliche Feststellung des Prozessinhaltes, insbesondere den Thatbestand; die 9. Gruppe die Wiedereröffnung der Verhandlung wegen ungenügender Instruktion. In der 10. Gruppe finden sich sodann Fragen über den Zeitpunkt der Entscheidung, nämlich darüber, ob das Urteil in der Regel sofort verkündet oder die Verkündung ausgesetzt wird, und ob die in den §§. 281 und 286 Z.Pr.O. vorgesehenen Fristen streng eingehalten werden und ausreichend sind.

Dass die Praxis bezüglich der Handhabung der Z.Pr.O. in den verschiedenen Theilen Deutschlands eine sehr verschiedene ist und nicht bloss in einzelnen Gebieten, in denen früher schriftliches Verfahren bestand, sondern vorzugsweise in den Gebieten des rhein. R. sehr durch die frühere Gewöhnung beeinflusst wird, war schon vor dem Bericht von W. bekannt. Immerhin ist es von grossem Interesse, zu sehen, wie durchaus verschieden sich die Praxis in vielen Punkten, insbesondere in Beziehung auf die Auffassung und Handhabung des Prinzips der Mündlichkeit, die Benützung der vorbereitenden Schriftsätze, die Ansetzung und Einhaltung der Termine u. s. w. gestaltet hat. Soweit es sich um die in Beziehung auf unseren Zivilprozess hervorgetretenen oder behaupteten Uebelstände handelt, bemerkt W., dass über die in den §§. 251 Abs. 1 und 266 der Z.Pr.O. eingeräumten Befugnisse nur selten geklagt werde, sich also die (an die Beseitigung der Eventualmaxime geknüpfte) Hoffnung erfüllt habe, dass die Mündlichkeit und Oeffentlichkeit des Verfahrens die Schikane oder auch nur eine an sie angrenzende Ausbeutung der Prozessvorteile nicht aufkommen lassen werde. Auch sagt er, die Enquête habe ihm überzeugend nachgewiesen, dass die bezüglich der Sicherheit der thatsächlichen Urteilsgrundlage verbreiteten Befürchtungen grundlos („Schreckgespenster") seien. Dagegen stellt er fest, dass, soweit es sich um die Unmittelbarkeit der Beweisaufnahme handele, die Z.Pr.O. zum Teil infolge allzugrosser Geschäftslast der Gerichte in grossem Umfang zum Schaden der Rechtspflege nicht richtig gehandhabt werde und findet, dass hinsichtlich der Auffassung und Hand-

habung des Mündlichkeitsprinzips kein Einverständnis und viel
fach keine rechte Klarheit bestehe. Endlich bemerkt er, eir
wunder Punkt in unserer Rechtspflege sei der, dass namentlicl
bei rheinischen Gerichten — zu viel vertagt und dadurch, ab
gesehen von der Verschleppung der Entscheidung, eine unge
nügende Vorbereitung auf die Verhandlung herbeigeführt werde
Ungeachtet dieser Mängel und der festgestellten Zwiespältigkei
befindet sich nach der Meinung von W. unser Verfahren auf den
Wege gedeihlicher Entwickelung und ist die Hoffnung berech
tigt, dass die Beobachtung der Mannigfaltigkeit der Praxis viel
fach zur Erkenntnis der vorhandenen Uebelstände und zu einen
anderen Verhalten führen werde. Möge sich diese Hoffnun
recht bald verwirklichen!   P e t e r s e n.

Hellmann, Fr. K o m m e n t a r z u r S u b b a s t a t i o n s o r d n u n
    für das Königreich Bayern. I. Gesetz, die Zwangs
    vollstreckung wegen Geldforderung betr., vom 23./II 1879
    II. Gesetz, Aenderungen der Bestimmungen über die Zwangs
    vollstr. etc. betr., vom 29./V. 1886. (Separatabdruck au
    der „Gesetzgebung des Königreichs Bayern".) Erlangen
    Palm & Enke. 1887. XXXII u. 328 S. 6 Mk. 80 Pf.

Die Lücke, welche die Z.Pr.O. bei der Verschiedenheit de
in den deutschen Staaten geltenden Immobilienrechts für di
Zwangsvollstreckung in das unbewegliche Vermögen lasse
musste, wurde in Bayern durch das unter I bezeichnete Geset
ausgefüllt. Dieses Gesetz, welches den offiziellen Nebentite
„Subhastationsordnung" führt, löste die schwierige Aufgabe, di
Zwangsversteigerung und die Zwangsverwaltung der Grund
stücke für die rechtsrhein. und die linksrhein. (französischrecht
lichen) Gebiete der Monarchie gemeinsam zu regeln. Eine solch
Regelung erschien im Hinblick auf das unvollkommene Hypc
theken-R. in der Pfalz nur dadurch ausführbar, dass die damal
(nicht bloss in Bayern, sondern auch in dem grössten Teil
Deutschlands) geltenden Grundsätze, nach welchen die Zwang
versteigerung ohne Rücksicht auf die Höhe des Meistgebote
erfolgen und der Ersteher den ganzen Betrag desselben ba
entrichten musste, mit einer Ausnahme wegen des Münchene
Ewiggeldes, beibehalten wurden. Inzwischen trat auch in Bayer
aus landwirtschaftlichen Interessenkreisen immer schärfer an di
Gesetzgebung die Aufforderung heran, jene Grundsätze aufzu
geben und die Zwangsversteigerung so zu ordnen, dass der Zu
schlag nur für ein Gebot, welches die dem betreibenden Gläu

biger vorgehenden Gläubiger vollständig deckte, erteilt werden dürfe und die letzteren nicht die Barzahlung, sondern nur die Uebernahme ihrer Hypothekenforderungen verlangen können. Diesen Bestrebungen wird, da sie der Billigkeit und den Satzungen des röm. R. entsprechen, durch das unter I bezeichnete Gesetz (nach dem Vorgange Preussens und Sachsens) Rechnung getragen. Die Novellenform wurde hauptsächlich um deswillen gewählt, weil die neuen Grundsätze nur für ein Rechtssystem mit ordentlichen Hypothekenbüchern passen und folglich zur Uebertragung auf das Gebiet des franz. R. sich nicht eignen.

Trotz der grossen Sorgfalt, mit welcher die Novelle zur Subhastationsordnung ausgearbeitet ist, hat sie doch der Rechtsanwendung erhebliche Schwierigkeiten geschaffen. Die Schwierigkeiten liegen nicht bloss in der Novellenform an sich, sondern vornehmlich in der Neuheit der Prinzipien und dem Gegensatze, in welchem dieselben zu dem bisherigen R. stehen. Ein Kommentar zu der Subhastationsordnung in deren gegenwärtiger Gestalt war daher ein dringendes Bedürfnis. Das vorliegende Buch befriedigt dasselbe in vollem Masse. Es ist so angelegt, dass die Erläuterungen des Verfassers sich an die einzelnen Artikel der beiden in korrektem Abdrucke mitgeteilten Gesetze anschliessen. Sie sollen, wie im Vorworte bemerkt wird, keine gelehrte Arbeit sein, sondern nur möglichst kurzgefasste Fingerzeige für die Auslegung der Gesetze bei deren Handhabung geben. Nichsdestoweniger bewahrt das Buch seinen wissenschaftlichen Charakter, so dass sein Studium auch für den Theoretiker von Interesse sein wird. Das Verständnis der beiden Gesetze wird wesentlich erleichtert durch eine Einleitung, in welcher der Verf. das Verhältnis der Landesgesetzgebung zur Reichsgesetzgebung auf dem Gebiete der Zwangsvollstreckung in das unbewegliche Vermögen darlegt, die Prinzipien der Subhastationsordnung und ihre Umgestaltung durch die Novelle erörtert und eine systematische Skizze gibt. Achilles.

Halle. Die Schiedsmannsordnung vom 29./III. 1879. Darstellung des schiedsamtlichen Verfahrens mit Berücksichtigung der ergangenen Ausführungsbestimmungen und Ministerialreskripte, nebst Mustern zu Verhandlungen und Sachregister zum praktischen Gebrauch. Berlin, Vahlen. 1887. IV u. 68 S. 1 M.

Verf. bringt in dem genannten Werkchen zunächst eine sich dem Texte der Schiedsmannsordnung anschliessende systematische

Darstellung der für das gesamte Verfahren vor den Schiedsmännern geltenden Vorschriften. Er hat dabei in richtiger Erkenntnis des Bedürfnisses erklärende Zusätze und Bemerkungen in den Text des Gesetzes hinein verarbeitet. Gerade durch diese Art der Bearbeitung des Stoffes unterscheidet sich dieses Werk von der Florschützschen Ausgabe der Schiedsmannsordnung. An die systematische Darstellung schliesst sich der Text der Schiedsmannsordnung, ferner der allgemeinen Verfügung über die Stempelverwendung bei schiedsamtlichen Verhandlungen, sodann eine Reihe von Musterbeispielen zu schiedsamtlichen Verhandlungen und endlich ein Verzeichnis aller zur Ausführung der Schiedsmannsordnung ergangenen Verfügungen und Verordnungen an. Ein alphabetisch geordnetes Sachregister macht den Schluss.

Roedenbeck.

Enderlein, K. Fr. Materialien zur Auslegung und Anwendung des Gesetzes vom 10./XI. 1861 das Notariat betr. Erlangen, Palm & Enke. 1887. VIII u. 462 S. 8 M. 60 Pf.

Seit dem Erscheinen des Zinkschen Kommentars zum bayr. Notariatsgesetze sind 25 Jahre und seit dem Erscheinen der „Weiteren Erläuterungen" hierzu beinahe 20 Jahre verflossen. E. kommt daher einem wirklichen Bedürfnisse entgegen, indem er „im Anschlusse an die v. Zinkschen Erläuterungen dieses Gesetzes und als Ergänzung derselben" die inzwischen ergangenen mehrfachen Aenderungen sowohl des Gesetzes selbst als der Ausführungsbestimmungen, ferner den Inhalt der umfangreichen Litteratur und Rechtsprechung als Auslegungsmaterialien gesammelt veröffentlicht. Und zwar ist zu jedem Artikel auf die einschlägigen Gesetze, Verordnungen, Entscheidungen, Abhandlungen und sonstigen Erläuterungen regelmässig durch einfaches Zitat, bei autographierten Ministerialentschliessungen und Entscheidungen, teilweise auch bei Abhandlungen mit näherer Inhaltsangabe verwiesen; einzelne Entschliessungen und Stellen aus den amtlichen Motiven sind wörtlich abgedruckt. Der Gesetzestext dagegen ist als bekannt vorausgesetzt. Hinsichtlich der Rechtsprechung hat E. seine Sammlung auch ausgedehnt auf Entscheidungen der Gerichte 1. Instanz. Obwohl das Buch nur ein Repertorium sein will, leistet es doch an manchen Stellen, besonders wo Gesetzesveränderungen vorliegen, die Dienste eines selbständigen Kommentars. Die Benutzung ist erleichtert durch ein sehr eingehendes alphabetisches Register und eine besondere

Uebersicht derjenigen Stellen, welche den aufgehobenen bezw. abgeänderten Bestimmungen des Gesetzes sowie der Vollzugs-instruktion gewidmet sind. Kleinfeller.

Schuster, E. Die bürgerliche Rechtspflege in England. Mit einem Vorworte von Dr. R. Gneist. Berlin, Vahlen. 1887. XXXII u. 331 S. 7 M.

Sich aus engl. Darstellungen eine genaue und vollständige Uebersicht über die engl. Gerichtsorganisation und das engl. Gerichtsverfahren zu verschaffen, wird jedem als eine schwierige Aufgabe erscheinen. Ohne längeren Aufenthalt in England und an Ort und Stelle gesammelte Erfahrungen ist es kaum möglich, sie zu lösen. Das Werk von Sch. ermöglicht dies jedem, der aus Interesse oder Beruf sich in diesen etwas ferne liegenden Gebieten zu bewegen pflegt. Vor 36 Jahren erschien das Buch von Rüttimann über den engl. Z.Pr.; seither hat sich vieles geändert, die Gerichtsorganisation wurde umgestaltet durch die Judicature Acts und das Verfahren selbst durch die Verschmelzung der Com.Law-Gerichte und der Billigkeitsgerichte, die Com. Law Procedure Acts und die Rules der oberen Gerichtshöfe und ihrer Kommissionen in sehr erheblichem Masse umgebildet. Einzelne Teile des Verfahrens sind noch in der Umbildung begriffen und beinahe will es scheinen, als sei der Faden der Ariadne noch nicht gefunden, welcher aus diesem Labyrinthe zu führen im stande ist. Für den Ausländer bieten auch die technischen Ausdrücke und die gerichtlichen Formeln erhebliche Schwierigkeiten, welche nur überwunden werden können, wenn man tief eintaucht in die Geschichte des engl. Prozess-R.; dass sie auch engl. Juristen oft verwirren, beweist das armselige Buch Selims.

Sch. hat, mit einer soliden deutschen Bildung ausgestattet, sich durch längeren wohlbenutzten Aufenthalt in England, den Umgang mit den tüchtigsten Juristen und den Besuch der engl. Gerichtshöfe eine umfassende Kenntnis des dortigen R. erworben, und eine glückliche Vereinigung von Theorie und Praxis befähigte ihn zur Lösung der vorgesetzten Aufgabe. R. Gneist hat bei dem Buche Pathenstelle vertreten und damit demselben auch bei denjenigen Lesern, welche den Autor nicht aus anderweitigen Arbeiten kennen, einen sympathischen Empfang gesichert. Die Einleitung schildert genau und anschaulich die charakteristischen Grundzüge des Verfahrens und dient als Leitfaden für das Folgende. Die Darstellung selbst zerfällt in 5 Bücher, von denen das 1. der Gerichtsverfassung gewidmet ist. Dasselbe behandelt die Organisation der Grafschaftsgerichte, das High Court of Justice mit seinen Abteilungen, Chancery Division, Queen's Bench Division; Probate, Divorce und Admiralty-Division; Konkursgerichte und Assisengerichte in Zivilsachen; ferner den Appellhof, die Revisionsgerichtshöfe, die Gerichtsschreibereien, die Zusammensetzung und das Personal des obersten Gerichtshofes und der Revisionshöfe, endlich die Vollstreckungsbeamten und die Anwälte. Bei jedem der verschiedenen Gerichte werden Organisation und sachliche Kompetenzen genau angegeben.

Das 2. Buch (S. 51—230) hat den Z.Pr. in der Queen's BenchDiv., der ChanceryDiv. und den Oberinstanzen zum Gegenstande, während auf eine Schilderung des Verfahrens in den CountyCourts als zu weit führend verzichtet und dasjenige der ProbateDiv. und Adm.Div. einem besonderen Abschnitt zugewiesen wird. Für die Grafschaftsgerichte kann auf Archbolds CountyCourtPractice und namentlich auf das bei Stevens & Sons erschienene Werk von Pitt-Lewis, CountyCourtPractice verwiesen werden. Ausführlich und mit voller Sachkenntnis wird das Verfahren des SupremeCourt dargestellt, welcher den Mittelpunkt des engl. Gerichtswesens bildet. Die Judicature Acts geben nur die allgemeinen Grundsätze des Verfahrens und enthalten keineswegs eine vollständige Z.Pr.O.; vielmehr wird es den Richtern und den Kommissionen der höchsten Gerichte überlassen, die Cadres durch sogen. Rules auszufüllen, welche dehnbar sind und nach Bedürfnis abgeändert werden können. Die Darstellung des Verfahrens schliesst sich zu Erzielung eines besseren Verständnisses möglichst der Ordnung des deutschen Z.Pr. an, wodurch es dem Leser auch leicht wird, die unterscheidenden Merkmale herauszufinden.

Das 3. Buch schildert das Verfahren in den Probate, Divorce und Adm.Div., wobei namentlich die Einweisung in den Nachlass Verstorbener, die Verwaltung und Bereinigung desselben gebührende Beachtung finden.

Im 4. Buch (S. 271—286) wird die verwaltende und freiwillige Gerichtsbarkeit der ChanceryDiv. behandelt, namentlich Vormundschaftssachen und Fideikommisse (trusts). Mit dem 5. Buch, welches dem Konkursverfahren gewidmet ist, schliesst der Verf. sein Werk ab.   König.

V. Strafrechtswissenschaft.

Lilienthal. Der Hypnotismus und das Straf-R.
Zeitschr. f. d. ges. Str. VII. Bd., 3. H. 1887. 113 S.
(auch als Sep.-Abdr. Berlin, Guttentag. 2 M.).

Die Erscheinungen des Hypnotismus sind erst in jüngster
Zeit zu streng wissenschaftlicher Untersuchung gelangt; z. T.
werden sie indes immer ebenso unerklärlich bleiben, wie die
Mehrzahl der geistigen Störungen. Auf Grund namentlich der
franz. und ital. Arbeiten stellt L. zunächst die gegenwärtigen
ärztlichen Anschauungen über den Hypnotismus übersichtlich
und kurz zusammen.

Nicht alle Personen, wenigstens nicht zu jeder Zeit, ganz
vorzugsweise aber eine Reihe hysterischer, sind künstlich einzu-
schläfern und den verschiedenen Erscheinungen des Hypnotismus
zu unterwerfen. Dieselben sind: Schlaftrunkenheit, Fascination,
(Bann), Katalepsie, Lethargie, Somnambulismus und gemischte Zustände. Während der verschiedenen Stadien kann der Einge-
schläferte einerseits unfähig werden, sich gegen verbrecherische
Angriffe zur Wehr zu setzen, anderseits durch Einwirkung auf
sein Vorstellungsleben (Suggestionen) in seinem Willen vollständig durch den Einschläferer beeinflusst werden, so dass er als
ein vollständiges Werkzeug desselben erscheint. Die Erinnerung
ist dabei bald erhalten, bald (bei tiefen H.) erloschen, bald
erst wieder durch Hypnotismus hervorzurufen. Infolge von Suggestionen können körperliche Zustände hervorgerufen werden, z. B.
Blutschwitzen, ferner Sinnes- und Gedächtnistäuschungen (positiver
und negativer Natur) und endlich Handlungen, u. a. auch Verbrechen, die in zweckentsprechender ev. listiger Weise ausgeführt
und ebenso gerechtfertigt worden sind, bezw. vermeintlich (bei
den Versuchen) ausgeführt wurden. Der Widerstand gegen suggerierte, verbrecherische Handlungen zeigt sich übrigens mehrfach bei den Versuchen unüberwindlich. Suggerierte Befehle
sind auf Sicht gegeben und befolgt worden, einmal selbst nach
einem Jahre.

Die bisherige kleine Anzahl der gerichtlichen Verhandlungen,
bei denen Hypnotismus in Frage kam, deren Zunahme aber zu
befürchten steht, betraf meist geschlechtliche Vergewaltigungen,
wobei ausschliesslich Str.G.B. §. 176 Z. 2 in Frage kommt. Verbrechen von Hypnotisierten während der Dauer des Hypnotismus
sind höchst selten; die Feststellung des Hypnotismus hat einige-

mal ungerechte Verurteilungen verhindert. Die Herbeiführung
des Hypnotismus, deren Gefahr für den Hypnotisierten sehr erheblich sein kann und wohl nie gleichgültig ist, würde hauptsächlich nach §. 230, bei mangelnder Einwirkung nach §. 289,
bei etwaiger beabsichtigter Schädigung durch das angewendete
Verfahren nach §. 223, allenfalls auch nach §§. 224 und 225 zu
bestrafen sein.

Zur Feststellung, ob ein Verbrechen unter Benutzung des
Hypnotismus begangen worden ist, ist vorgeschlagen worden,
das von Ochorowicz angegebene „Hypnoskop" zu benutzen.
Sicherer wäre eine neue Hypnotisierung. Bei Zeugen wäre dieselbe mit Einwilligung des Betreffenden zulässig, ohne Einwilligung unzulässig (eine Vereidigung auf die während des Hypnotismus gemachte Aussage natürlich unstatthaft); bei dem Angeklagten in jedem Falle unzulässig, bei einem Verdächtigen nach
Str.Pr.O. §. 202 jedenfalls nicht ganz unzulässig (so Entsch. in
Str.S. 14. Bd. S. 189, wogegen jedoch Kornfeld Lehrb. d. ger.
Med. S. 339*). 　　　　　　　　　　　　　Kornfeld (Grottkau).

VI. Kirchenrecht.

**Hinschius, P. Das preuss. Kirchengesetz, betr. Abän-
derungen der kirchenpolitischen Gesetze, vom
29./IV. 1887. Nachtragsheft zu der Ausgabe der preuss.
Kirchengesetze vom 21./V. 1886. Berlin, Guttentag. 1887.
VII u. 37 S.**

---

*) Die Abhandlung zitiert gewisse von denen des Verf. ab-
weichende Ansichten, denen zustimmend und sie zum Teil erweiternd
Ref. sich dahin aussprechen möchte: 1. Die Anwendung des Hypnotismus ist mindestens ebenso zu beschränken, wie (in England) die
Vivisektionen. 2. Kranke, welche erfahrungsgemäss missbräuchlich
hypnotisiert werden können, sind wie gemeingefährliche Geisteskranke
zu behandeln. 3. Eine Einwilligung zur Hypnotisierung ohne zu-
lässige Gründe ist als rechtlich ungültig zu betrachten. 4. Hypnoti-
sierungen zu anderen als Heilzwecken sind, wenn sie öffentlich geschehen, wegen der Gefahr der Nachahmung und als öffentliches
Aergernis strafbar. 5. Personen, die sich ohne zwingende Gründe
hypnotisieren lassen, sind für strafbare Handlungen, die sie in diesem
Zustande oder infolge von Suggestionen begehen, verantwortlich.

Wendt, G. Darstellung der Kulturkampfgesetze in ihrer Giltigkeit nach dem Friedensschluss. Berlin, Brachvogel & Ranft. 1887. 52 S. 75 Pf.

Kleinsorgen, C. v. Die kirchenpolitischen Gesetze Preussens und des Deutschen Reiches etc. 2. Aufl. Berlin, Heymann. VI u. 144 S. Kart. 1 M. 50 Pf.

Das Nachtragsheft von H. ist in der gleichen Weise, wie das oben V S. 66 angezeigte Werk bearbeitet. Es enthält S. 5—24 ausführliche Erläuterungen und S. 25 ff. die Uebersicht über die durch nunmehr fünf Novellen erfolgten Abänderungen der Gesetze vom 11./V. 1873, 21./V. 1874, 31./V. 1875.

W. gibt einen Abdruck der neuen sogen. Kampfgesetze unter Hervorhebung der Aenderungen und Aufhebungen durch die fünf Novellen: in einem chronologischen Verzeichnis sind die durch letztere bewirkten Aenderungen klar ersichtlich gemacht. Ein Anhang bietet das Schulaufsichtsgesetz und einige das Staatskirchen-R. betr. Reichsgesetze.

Die Ausgabe von K. gibt den Abdruck aller wichtigen kirchenpolitischen Gesetze und Verordnungen Preussens und des Reiches (26 Nr.) und durch geschickte Verwendung gewöhnlicher, fetter und kleiner Schrift einen klaren Ueberblick über den gegenwärtigen Zustand sowohl, wie über dessen Werden und die durch ihn beseitigten Bestimmungen. Ein alphabetisches wie sehr eingehendes chronologisches Register ist auch dieser Schrift beigefügt, welche überdies in einem Anhang (S. 117—34) eine kurze zusammenhängende Uebersicht des „Einspruchrechtes und der Anzeigepflicht" nach dem gegenwärtigen Stande der Gesetzgebung unter wörtlicher Aufnahme der diesbezüglichen päpstlichen Noten, diplomatischen Schreiben, Aeusserungen im Herrenhause u. s. w. enthält. Redaktion.

Brie, S. Gutachten betr. die Rechte der unter städtischem Patronat stehenden evangelischen Kirchen zu Breslau hinsichtlich des Begräbniswesens, insbesondere über das Verhältnis dieser R. zur Gew.O. (Zeitschrift für Kirchen-R. XX S. 269—296.)

Friedberg, G. Das kirchliche Bestattungs-R. und die Reichs-Gew.O. Leipzig, Edelmann. 1887. 41 S.

B. erachtet, in dem von ihm als Mitglied des Gemeindekirchenrats gegebenen Gutachten, durch die R.Gew.O. das kirchliche Exklusiv-R. des Leichentransports nicht für ausgeschlossen, weil durch die, wenn auch entgeltliche Leichenbeför-

derung die Kirchengemeinde weniger eine „gewerbliche"
oder auf Erwerb gerichtete Handlung, als vielmehr nur eine
religiöse Pflicht bethätige und hiermit nur einen Teil des „einheitlichen religiösen Begräbnisaktes vollziehe"; ein „kirchliches
Exklusiv-R." sei durch die im Jahre 1860 mit ministerieller
Genehmigung vom Magistrat Breslau erlassene Stolä-Taxordnung
(§. 44) begründet, welche die Stellung des Leichenwagens von
seiten anderer Personen, als der Kirche gar nicht zulasse.

F. erstattet sein Gutachten dem Kläger und bekämpft eingehend diese Ausführungen; ein Gewerbsbetrieb sei (S. 27) namentlich auch bei Korporationen möglich und werde nicht dadurch
ausgeschlossen, dass die den Erwerb begründende Thätigkeit eine
kirchliche Handlung sei; übrigens sei die Kirchlichkeit des Be-
gräbnisses keineswegs durch einen, seitens der kirchlichen
Organe besorgten Leichentransport bedingt (S. 14 ff.); sie
bestehe lediglich darin, dass (S. 17) hierbei der Geistliche die
ihm durch seine Kirche vorgeschriebenen Funktionen vollführt.

F. Geigel.

VII. Staats- und Verwaltungsrecht.

Jellinek, G. Gesetz und Verordnung. Freiburg, Mohr.
1887. X u. 412 S. 10 Mk.

Seit mehr als zwanzig Jahren sind aus verschiedenen, teils
äusseren, teils inneren Gründen Untersuchungen über den Begriff des Gesetzes und der Verordnung über die Einteilung der
Gesetze in formelle und materielle, der Verordnungen in Rechts-
und Verwaltungsordnungen, über den rechtlichen Charakter des
sogen. Budgetgesetzes, über die Bedeutung der Mitwirkung der
Volksvertretung beim Abschlusse von Staatsverträgen u. s. w.
teils in Monographien, teils in verschiedenen Hand- und Lehrbüchern des Staats-R. mit Vorliebe und in eingehender Weise
gepflogen worden. In dem vorliegenden Werke versucht J. die
Ergebnisse dieser Untersuchungen zusammenzufassen und zu
einem gewissen Abschlusse zu bringen, indem er diese Untersuchungen auf rechtsgeschichtlicher und rechtsvergleichender Grundlage zu vertiefen bestrebt ist. Diesem Plane
entsprechend behandelt J. zuerst in ausführlicher Weise die
„Geschichte des Gesetzes und der Verordnung" (S. 1—188).

In diesem geschichtlichen Teile sind die Geschichte des engl. Gesetzesbegriffs, des engl. Verordnungs-R., des konstitutionellen Gesetzes in Frankreich, des franz. Verordnungs-R., seit 1789, des Gesetzesbegriffs im deutschen und österr. Staats-R. und des deutschen und österr. Verordnungs-R. in besonderen Kapiteln ausführlich besprochen. Ausserdem behandeln zwei besondere Kapitel den Gesetzesbegriff in der Geschichte der Rechtsphilosophie und der konstitutionellen Theorie und die Geschichte der konstitutionellen Theorie der Verordnung. J. geht bei diesen Untersuchungen bis auf Aristoteles und Plato zurück und bemüht sich die Entwickelung der Begriffe Gesetz und Verordnung bis zur Gegenwart, wenn auch nur mit kurzen Strichen zu verfolgen. Endlich sind auch in dem ersten Teile die Geschichte des konstitutionellen Budget-R. und die Geschichte des R. zum Abschluss der Staatsverträge in ihren Hauptgrundzügen dargestellt.

Der zweite, die „Theorie des Gesetzes und der Verordnung" behandelnde Teil enthält zunächst einleitende Untersuchungen über den Staatsbegriff und seine Grenzen, die Staatsorgane und die Funktionen des Staates. Sodann folgen in sieben Kapiteln dogmatische Untersuchungen über Gesetz und Verordnung.

Zunächst geht J., welcher gegenüber dem Widerspruche mancher Rechtslehrer an dem Gegensatze zwischen materiellem und formellem Gesetze entschieden festhält, auf diesen Gegensatz genauer und unter Anführung zahlreicher Beispiele ein und bespricht hierauf unter der Ueberschrift: „Freie und gebundene Gesetzgebung", die durch Verfassung, Staatenvertrag u. s. w. gegebenen Schranken der Gesetzgebung. Im 3. Kapitel wird die rechtliche Natur des Budgets untersucht und dargethan, dass im Falle des nicht rechtzeitig oder gar nicht zustande gekommenen Etats ein Konflikt vorliege, der nicht juristisch, sondern nur politisch gelöst werden könne. Das 4. Kapitel „der Weg der Gesetzgebung" enthält eine Darstellung der beim Zustandekommen eines Gesetzes zu beobachtenden Förmlichkeiten, der Endigungsgründe der Gesetze, der Dispensation, Suspension und Begnadigung. Im 5. Kapitel „Staatenvertrag und Gesetz" untersucht J. das R. zum Abschlusse der Staatenverträge und die völkerrechtliche und staatsrechtliche Wirkung derselben und gibt die Lösung der bekannten Streitfrage über den notwendigen Zusammenhang zwischen völkerrechtlicher Giltigkeit und staatsrechtlicher Vollziehbarkeit dieser Verträge dahin, dass eine Trennung der völkerrechtlichen Giltigkeit und

der staatsrichterlichen Vollziehbarkeit nicht möglich sei. D
6. Kapitel ist Untersuchungen über den Begriff und die Kai
gorien der Verordnung, das Subjekt des Verordnungs-R., d
Zustandekommen der Verordnungen u. s. w. gewidmet. Endli
werden in Kapitel 7 die Garantien der Rechtmässigkeit d
Gesetze und Verordnungen (Ministerverantwortlichkeit, richt
liches Prüfungs-R. u. s. w.) erörtert. Die kurze Inhaltsanga
lässt ersehen, dass das Buch alle in das Kapitel: Gesetz u
Verordnung einschlagenden Einzelfragen erörtert. Die Sel
ständigkeit in der Behandlung derselben wird aber gerade, w
der Verf. häufig gegen die herrschenden Ansichten Widerspru
erhebt, Anlass geben, dieselben neuerlich auf ihre Richtigk
zu prüfen und es ist nicht zu leugnen, dass der von J. ein
schlagene Weg historischer und rechtsvergleichender Betrachtu
manche Streitfrage wieder in Fluss zu bringen geeignet ist.

                                          v. Stengel.

Kirchenheim, A. v. Lehrbuch des deutschen Staats-
    (von Kirchenheim's Handbibliothek des öffentlichen]
    Bd. I) vgl. C.Bl. VI, 31. Stuttgart, Enke. 1887. XVI
    440 S. 8 Mk., geb. 9 Mk.

    Von der Sammlung der kurzen Lehrbücher des öffentlich
R., deren Herausgabe A. v. K. unternommen hat, liegt n
mehr — nachdem im vorigen Jahre, als Bd. II die Bearbeitu
des Verwaltungs-R. von K. v. Stengel erschienen war — (
I. Bd. vor, welcher die von dem Herausgeber selbst verfas
Darstellung des deutschen Staats-R. enthält. Wenn die Ha
bibliothek nach der „Vorbemerkung" des Herausgebers die e
zelnen öffentlichrechtlichen Disziplinen klar und übersichtli
und insofern vollständig behandeln soll, „als kein wesentlicl
Punkt des Systems unberücksichtigt gelassen und für Erfassu
von mehr ins einzelne gehenden Fragen durch kurze Hinwe
der Weg gezeigt ist," so entspricht das K.'sche Lehrbuch dies
Programm.

    In der Einleitung haben allerdings die Vorbegriffe des
gemeinen Staats-R. nur eine sehr kurze Erörterung erhalt
jedoch bietet insbesondere der Abschnitt über die Entwickelu
der konstitutionellen Ideen (S. 78 ff.) in dieser Beziehung ein
Ergänzung. Eingehender sind die geschichtlichen Grundlag
unseres heutigen deutschen Staats-R., und zwar sowohl
Reichsstaats-R. als des Landesstaats-R., behandelt. Die sy
matische Darstellung hat der Verf. in 3 Bücher gegliedert: (

Buch gibt die Grundlagen (allgemeinen Lehren) unseres öffentlichen R.; das 2. Buch bringt die Darstellung des Verfassungs-R.; das dritte Buch die des Regierungs-R. In dem grundlegenden Teil werden nacheinander erörtert: die Quellen des Staats-R.; der Herrschaftsbereich der Staatsgewalt; die Rechtsstellung der Unterthanen im Verhältnis zur Staatsgewalt; der Schutz des öffentlichen R. Bemerkenswert ist, dass der Verf. in das Kapitel von den Rechtsquellen die gesamte Lehre von den Gesetzen aufgenommen hat, während diese sonst erst im „Regierungsrecht" eine ausführlichere Darstellung zu erhalten pflegt. In dem Kapitel über den Herrschaftsbereich der Staatsgewalt sind auch die Rechtsverhältnisse der deutschen Kolonien und Schutzgebiete behandelt. — In der Darstellung des Verfassungs-R. hat die Organisation der Einzelstaaten und die des Reiches eine getrennte Darstellung erhalten, und zwar mit Voranstellung des Landesstaats-R.; dagegen in der Erörterung der staatsrechtlichen Funktionen hat der Verf. eine Sonderung von Reichs- und Landesstaats-R. für unangemessen erachtet. Der Darstellung der Organisation des Reiches ist eine orientierende Betrachtung über das Wesen des neuen Reiches vorausgeschickt. In dem Regierungs-R. ist das Heerwesen mit besonderer Sorgfalt behandelt, auch dem Finanzwesen ist eine ziemlich ausführliche Darstellung zu teil geworden; über das Recht der inneren Verwaltung sind, im Hinblick auf die abgesonderte Bearbeitung des Verwaltungs-R. in dem Stengelschen Lehrbuch, nur wenige kurze Andeutungen geboten.

Der enge Zusammenhang zwischen Staats-R. und Politik ist von dem Verf. mehrfach hervorgehoben; einige Tagesfragen (wie das Diätenverbot S. 309 Nr. 1, das Septennat S. 351—52) haben eine etwas eingehendere Erörterung erhalten. Mit Vorliebe sind Aeusserungen Bismarcks zitiert. Die zu den einzelnen Lehren gegebenen Litteraturnachweise sind verhältnismässig reichhaltig.   Brie.

Riecke, C. v. Verfassung, Verwaltung und Staatshaushalt des Königreichs Württemberg. Zweite stark vermehrte Auflage. Stuttgart, Kohlhammer. 1887. XVI u. 430 S. 6 M.

Während die erste, bereits in Bd. II S. 113 des C.Bl. besprochene Auflage einen Teil der vom statistisch-topographischen Bureau herausgegebenen Beschreibung des Königreichs Württemberg bildete, ist die neue, um ein Drittel des Umfangs der frü-

heren vermehrte Auflage als ein selbständiges Werk im einzelne
vielfach ergänzt und erweitert worden, namentlich in solche
Beziehungen, wo früher die von anderen Verf. bearbeiteten Tei:
des Gesamtwerkes in die Lücke getreten waren. Dem Staat
haushalt im weiteren Sinne, dessen Darstellung den Hauptwe:
der ganzen Arbeit bildet, ist jetzt der dreifache Raum gegei
über der ersten Auflage gewidmet. Im übrigen hat das Buc
seinen früheren Charakter und die früher hervorgehobenen Vo
züge durchaus bewahrt. Die rein historisch-statistische Behan(
lung tritt jetzt infolge des vermehrten Hereinziehens des top
graphischen und persönlichen Elementes wenn möglich noc
stärker hervor als früher.   Gaupp.

Eger, G. Das Gesetz über die Enteignung von Grun(
    eigentum vom 11./VI. 1874. Erläutert mit Benutzun
    der Akten des königl. preuss. Ministeriums der öffentliche
    Arbeiten. I. Bd. Berlin, Kern. 1887. XX u. 492 S. 12)

Seinen Anträgen auf Revision des preuss. Enteignungsg
setzes vom 11./VI. 1874 (C.Bl. I S. 140) und den im Archiv fi
zivilist. Pr. Bd. 70 und 71 veröffentlichten „Beiträgen zur Leh:
von der Enteignung" lässt Verf. nunmehr einen breit angele|
ten Kommentar des preuss. Expropriationsgesetzes vom Jah:
1874 folgen, dessen I. Bd. vorliegt und auf mehr als 30 Druc:
bogen die Erläuterung der ersten 14 Paragraphen des eben e
wähnten Gesetzes enthält. Der bedeutende Umfang des Werk(
ermöglichte nicht nur erschöpfende Berücksichtigung der Materi
lien des Gesetzes, der gesamten bisherigen Rechtssprechung d(
obersten Gerichts- und Verwaltungsinstanzen, sowie des Gericht
hofes zur Entscheidung der Kompetenzkonflikte, sondern auc
eine grösstenteils eingehende theoretische Begründung der vo:
Verf. vertretenen Ansichten unter Heranziehung der einschl
gigen deutschen Litteratur. Mit ganz besonderem Fleisse wi:
die Lehre von der Entschädigung behandelt; es dürfte hi(
kaum eine Detailfrage geben, über die man sich nicht in vo
liegendem Werke erschöpfende Belehrung erholen könnte. Nicl
minder sorgsam ist die Lösung der schwierigen, im Gebie
des Enteignungs-R. auftauchenden Kompetenzfragen, insb
sondere jener, die durch §. 14 des Enteignungsgesetzes angere|
werden. Die bisher mit Unrecht wenig beachteten Frage:
welche durch die Kollision mehrerer Enteignung
rechte hervorgerufen werden, finden auf S. 14 ff. vollkomm(
entsprechende Behandlung. In bezug auf die dem Werke :

Grunde gelegte juristische Konstruktion des durch die Enteignung geschaffenen Rechtverhältnisses steht Verf. auf dem Standpunkte der älteren Theorie, welche die Expropriation als Zwangskauf definiert; er verkennt zwar nicht den öffentlich-rechtlichen Charakter der Institution, glaubt jedoch, durch Hervorhebung des Unterschiedes zwischen dem ausschliesslich dem Staat zustehenden, inzessiblen Enteignungshoheits-R. und dem auf Grund dieses Hoheits-R. dem Unternehmer verliehenen Enteignungs-R. den Schwierigkeiten zu begegnen, welche der Annahme eines Zwangskaufes entgegenstehen. Ob das gelungen, ist fraglich, insbesondere erscheint die Konstruktion eines aus der Verleihung angeblich für den Unternehmer resultierenden Privat-R., die entgeltliche Abtretung der erforderlichen Grundstücke zu verlangen, aus dem Grunde unmöglich, weil aus einer dem öffentlichen R. angehörenden Norm Privat-R. im subjektiven Sinne des Wortes direkt niemals abgeleitete werden können. Andererseits hat die Hervorhebung des staatlichen Enteignungshoheits-R. keinen grösseren Wert, als die nunmehr nahezu aufgegebene Spezialisierung der einzelnen Hoheits-R., welche in der That lediglich als Formen der einen unteilbaren Staatsgewalt erscheinen. Richtig wird hingegen der Unternehmer als der originär zur Stellung des Enteignungsantrages Berechtigte, sowie als Subjekt der Entschädigungspflicht hingestellt und nachdem auch die Kompetenzfrage richtig gelöst wurde, Verf. überdies zugibt, dass sich keinesfalls alle bezüglich des Kaufes geltenden Bestimmungen im Falle der Expropriation anwenden lassen, so erscheint gedachte theoretische Konstruktion von minderem praktischen Belange. In einer Richtung äussert sich jedoch ihre Mangelhaftigkeit immerhin: Verf. ist nicht im stande, auf Grund derselben den Unterschied der Enteignung von den gesetzlichen Eigentumsbeschränkungen (vgl. auch oben S. 63) zu präzisieren, gibt vielmehr zu, dass die Grenze dieser beiden Institute als eine „fliessende" erscheine (S. 352). Dies wäre ihm erspart geblieben, wenn er den konstitutiven Charakter des Enteignungserkenntnisses (nicht des lediglich die Legitimation des Unternehmers betr. Verleihungsdekretes) als eines öffentlich rechtlichen Aktes gegenüber der bloss deklaratorischen Natur der gesetzliche Eigentumsbeschränkungen betr. Decernate der Polizeibehörden entsprechend hervorgehoben hätte.

Pražák.

VIII. Kolonialrecht.

Ring, V. Deutsche Kolonialgesellschaften. Berlin, He
    mann. 1888. 144 S. 3 M.

Sobald sich aus Anlass der vor einigen Jahren im Deutsch«
Reiche entstandenen kolonialen Bewegung deutsche Koloni«
gesellschaften bildeten, zeigte sich, dass die Frage, welche V«
fassungsform solche Gesellschaften annehmen sollten, keineswe
einfach zu beantworten sei. Auf den ersten Blick hätte m«
meinen sollen, dass die Form der Aktiengesellschaft die ric
tige Verfassungsform für Kolonialgesellschaften wäre, eine g
nauere Betrachtung ergab jedoch sofort, dass die reichsgeset
lichen Vorschriften über die Aktiengesellschaften, wie sich di
selben nach Massgabe der Novelle vom 18./VII. 1884 gestalte
namentlich die Bestimmungen über die Gründung der Aktie
gesellschaft und die Haftung und Verantwortlichkeit der M«
glieder des Vorstandes und des Aufsichtsrates der Verwendur
der Form der Aktiengesellschaft für Kolonialgesellschaften, b
denen es sich um im Erfolge zweifelhafte und schwer zu übe
sehende Unternehmungen handelt, sehr hinderlich sind.   D
schlagendste Beweis für diese Behauptung liegt darin, dass d
bedeutendsten Kolonialgesellschaften, die Deutsche Kolonialgesel
schaft für Südwestafrika, die Deutsch-ostafrikanische Gesellscha«
die Neu-Guinea-Kompanie und die Witugesellschaft es vorg
zogen haben, sich als Korporationen nach den Vorschriften d
preuss. Land-R. zu konstituieren, obwohl dies begreiflicherwei
nur ein Notbehelf war.

Der Ansicht, dass die nach deutschem R. zulässigen Gese
schaftsformen den Bedürfnissen der Kolonialgesellschaften nicl
genügen, hat auch der Deutsche Kolonialverein in seiner dritt«
ordentlichen Generalversammlung zu Karlsruhe am 30./IV. 18«
in einer Resolution Ausdruck gegeben. Ausserdem sind in d
letzten Zeit zwei auf den Gegenstand bezügliche Schriften «
schienen, nämlich ausser der in der Ueberschrift genannt«
von R. eine Schrift von R. Esser II in Köln: Die Gesellscha
mit beschränkter Haftbarkeit (vgl. C.Bl. VI S. 21). Letzte
verfolgt insofern eine weitergehende Tendenz, als sie den au«
auf anderen wirtschaftlichen Gebieten vielfach laut geworden«
Wünschen Rechnung zu tragen und eine Gesellschaftsform :
bilden sucht, welche auch für andere als koloniale Zwecke die

ch erscheint. Nach den Vorschlägen Essers soll eine Gesellschaft mit beschränkter Haftbarkeit geschaffen werden, bei welcher die für die Gewerkschaft und die Aktiengesellschaft geltenden Grundsätze mit der Verfassung der offenen Handelsgesellschaft zu verschmelzen wären. Die Schrift von R. beschäftigt sich dagegen nur mit den Kolonialgesellschaften. In der Einleitung (S. 5—38) ist zunächst erörtert, dass keine der nach deutschem R. zulässigen Gesellschaftsformen für die Zwecke der Kolonialgesellschaft völlig ausreicht. Sodann macht der Verf. sehr interessante Mitteilungen über ältere preuss. Aktiengesellschaften, welche bereits im vorigen Jahrhundert für koloniale Unternehmungen gegründet worden sind. Im 2. Teile der Schrift (S. 38—156) versucht der Verf. eine neue Rechtsform für Kolonialgesellschaften zu schaffen. Er glaubt, dass zu diesem Zwecke am besten ein Mittelding zwischen Gewerkschaft und Aktiengesellschaft passe, eine Gesellschaft mit beschränkter Haftbarkeit, bei welcher zwar an und für sich die Gesellschafter unbegrenzt zu den Gesellschaftszwecken beitragen müssen, sich aber nach Leistung einer Mindesteinlage durch Aufgabe ihrer R. aus dem Gesellschaftsvertrage von weiterer Zubusse befreien können.

In bezug auf die Organe der Gesellschaft soll die neue Rechtsform nach R.s Vorschlägen im wesentlichen der Aktiengesellschaft sich anschliessen, ebenso was die Haftung der Gründer und der Gesellschaftsorgane anlangt. Im übrigen sucht der Verf. einer Verflüchtigung des Gesellschaftsvermögens dadurch vorzubeugen, dass er eingehende Bestimmungen über die Bilanz vorschlägt, welche es ermöglichen sollen, dass die Gläubiger der Gesellschaft jederzeit genauen Einblick in den Stand des Unternehmens erhalten können.

Der Verf., welcher wünscht, dass seine Vorschläge in einem Reichsgesetze über Kolonialgesellschaften Anerkennung finden mögen, hofft, dass wenn eine passende Rechtsform für Kolonialgesellschaften geschaffen sei, auch das deutsche Kapital seine Abneigung, sich an kolonialen Unternehmungen zu beteiligen, ablegen werde.

Als Anhang ist der Schrift ein Abdruck der Statuten der Deutschen Kolonialgesellschaft für Südwestafrika, der Neu-Guinea-Kompanie und der Deutsch-ostafrikanischen Gesellschaft beigegeben.

v. Stengel.

B. Zeitschriftenüberschau.

Neue Zeitschriften:

Revue d'Economie politique. Jährlich 6 Hefte. Paris, Larose Forcel. 1887. 16 fr. I. Nr. 1 u. 2.
Seit bald 10 Jahren ist die Nationalökonomie unter die Fäcl aufgenommen, welche regelmässig an den Rechtsfakultäten lehrt u. gelernt werden sollen. Das neu begründete Organ t nicht eine bestimmte Schule vertreten, sondern den versch densten Ansichten Raum gewähren, insofern sie in wissenschi licher Form und ohne persönliche Polemik vorgetragen werd Hauptredaktoren: Ch. Gide, Alf. Jourdan, Ed. Villey u. Li Duguit; Mitarbeiter u. a.: Laveleye, Macleod, Olózaga, Co: Sécretan, Walras u. Max Wirth. Die einleitende Abhandli von Jourdan bespricht die Stellung der Nationalökonomie Unterrichtsplan und es folgen darauf in den bisher erschiene: beiden Nummern folgende Abhandlungen: Beauregard, hausse des Salaires au XIX siècle en France et à l'étran(Fournier de Flaix, des théories sur l'impôt en Australie XIX siècle. Rougier, des moyens de développer nos expo: tions. Gronlund, le Socialisme aux Etats Unis. Villey, droit naturel et l'économie politique. Mongin, des changeme de la valeur de la monnaie. Beauregard, de la part relat attribuée aux Salaires dans le produit net de l'industrie. Ra baud, la marque municipale des soieries lyonnaises. Je Heft enthält überdies eine Chronik der wichtigsten natior ökonomischen Vorgänge in u. ausserhalb Frankreichs aus gewandten Feder Ch. Gide's.   (König.

Political science quarterly (a review devoted to the histori statistical and comparative study of politics, economics (public law). Hrsg. f. d. staatswissenschaftl. Fakultät v. Colum College v. M. Smith. New York, Gin & Comp. 3 doll. I (März 1886.) M. Smith, introduction. Burgess, the Ameri Commonwealth. Goodnow, collection of duties. R.Smith, A rican labor statistics. Whitridge, legislative inquests. Le the Berlin Conference. Reviews. II. 2. Wilson, study Administration. Seligmann, the interstate commerce law. B gess, the Kulturkonflikt i. Preussen.

Revista forense Chilena. Erscheint seit 1886 monatlich in £ tiago. Hervorzuheben aus Bd. II Nr. 12: Alonso y Col nares, über d. Pflicht d. Richters u. Beamten im Privatle!

Archiv f. Litteratur u. Kirchengeschichte d. M.A. III. S. bis 398. Denifle, über d. Statuten d. Juristenfakultät Bolo S. 317—347 etc. mit Beilagen.

Philosophische Monatshefte. XXIV. 1. u. 2. S. 74—88. A. M kel, über Schuppe, Begriff d. subjektiven R. (vgl. C.Bl. VI 3

Magazin f. d. deutsche R. (Hannover). VII. 2. Hergenha d. Eheschliessungs- u. Ehescheidungs-R., dargestellt n. d. Re sprechung d. R.G. v. Kräwel, Geltendmachung d. neben e Grundschuld bestehenden persönl. Verpflichtung nach §. 5: preuss. Ges. v. Mai 1872. Koffka, Z.Pr.O. §. 685. Schneir d. Kosten d. Kostenfestsetzungsverfahrens. Westrum, blinde : sagiere. Stegemann, Veräusserung der Allmendeberechtigi

Oesterr. Gerichtszeitung. XXXVIII. 34. Mehrheit d. Anklage-befugnisse bei Einheit d. That. Plenarbeschluss d. Kassations-hofes v. 14./VI. 1887 (Zeitpunkt d. Beginns einer an Stelle er-lassener Todesstrafe tretenden Freiheitsstrafe: Tag d. Allerh. Ent-scheidung). 35.—41. Schoberlechner, d. Zufall im Straf-R.

Jurist. Blätter. XVI. 36. 37. Meissels, d. Ueberbot nach d. Ges. v. 10./VI. 1887. 36.—41. 8. Mayer, Beiträge z. Verteidigung d. Jury. 38.—41. Pfaff, d. Codex Theresianus u. seine Um-arbeitungen. 39. Der 8. österr. Advokatentag.

Oesterr. Centralbl. f. d. jurist. Praxis. V. 1. Geller, z. Ex-ekutionsnovelle. (Beiheft: C.Bl. f. Verw.-Praxis. III. 9. Die freien Verbände d. gewerbl. Genossenschaften.)

Law Quarterly Review. III. 12. Scrutton, the origin of rights of common. Gray and Challis, determinable fees. Box, the division of property into real and personal estate. Bigelow, definition of fraud. Beach jun., receivers certificates. Mayne, Hindu law in Madras (erörtert d. Streitfrage über Existenz u. Bedeutung d. Hindu law unter Prüfung d. Schriften v. Nelson, a view of the H. l. Madras, Higginbotham 1877, a prospectus of the scientific study of H. l., London, Kegan 1887, a letter to Mr. Innes, Madras 1882, Innes, examination of Mr. Nelsons views, Madras 1882. Barth in Revue critique v. 29./VI. 1878 u. 28./VIII. 1882.)

Scottish Law Review. III. 31. The New Law agents bill. 33. The law of trespass.

Canada Law Journal. XXIII. 11. The provincial legisl. of 1887.

Cap Law Journal. IV. 3. The Reform bill. The Incorporated Law Society Amendment bill.

Revue Judiciaire. IV. 18. Ueber d. schweizer. Juristentag v. 25. bis 27./IX. 1887.

Tidskrift of juridiska etc. (Finland). 1887. 2. Hermanson, till frågau om begreppet rättighet. II. Verhandlungen d. finnländ. Juristenvereins 1886.

Archiv f. zivilist. Praxis. LXXI. 3. Kohler, Verpflichtung d. Pächters e. Geschäftsetablissements. Die Aufgabe d. Jurisprudenz im Industrie-R.

Zeitschr. f. Strafrechtswissenschaft. VII. 5. u. 6. Kries, z. d. Vorschriften d. R.Str.G.B. u. M.Str.G.B. betr. Landesverrat. Ga-reis, d. strafprozessuale Privilegierung v. Mitgliedern e. gesetz-gebenden Versammlung. Gernerth, ein nachträglich gefälltes Todesurteil.

Gerichtssaal. XXXIX. 8. Buccellati, d. Entwurf d. Str.G.B. f. d. Königr. Italien. Naville, d. Hypnotismus u. d. menschliche Willensfreiheit. Scherer, d. Code pénal u. d. Reichs-R. Wes-nitsch, über d. Schwurgerichte im alten serb. R. Jean-Servais-Guillaume Nypels †. XL. 1. Schneidler, d. Delikte gegen d. öffentl. Wahl u. Stimm-R. 8. Mayer, Stimmen aus Italien üb. d. Schwurgericht. C. Thümmel, d. Unterbringung Strafunmün-diger etc.

Archiv f. Post u. Telegraphie. 1887. 17. Bestrafung d. mittels Postkarten u. Telegrammen verübten Beleidigungen in Frankreich.

Archiv f. kathol. Kirchen-R. 1887. 5. Porsch, Mutter- u. Tochter-kirche (Rechtsfälle, A.L.R.). Preuss. Bestimmungen über Er-ziehung d. Kinder aus gemischten Ehen. Preuss. kirchenpolit. Aktenstücke, hess. Ges. v. 5./VII. 1887 etc.

Annalen d. Deutschen Reichs. 1887. 9. Müller, d. Ausgelieferte vor Gericht.

Archiv f. öffentl. R. II. 3. 4. Prazak, Beiträge z. Budget-R. u. z. Lehre v. formellen Gesetz. Grenander, d. konstit. Stellung d. schwed. Staatsrates.

Deutsche Revue. Oktober 1887. Fuld, d. Anfänge d. deutschen Kolonial-R.

Nation. IV. 49. Junius, Gratian, Thom. v. Aquino, Th. Morus u. d. Spiritusring. 50. 51. Ein beabsichtigtes Attentat auf d. Gewerbe- u. Handelsfreiheit d. deutschen Buchhandels (über d. Versammlung in Frankfurt am 25./IX. 1887). 51. Barth, ein Verfassungsjubiläum. Munckel, v. deutschen Anwaltstag in München. 52. Th. v. Bunsen, Abrüstung (in Anknüpfung an d. Antrag v. Rolin-Jacquemyns beim Institut de droit international).

Revue de droit international. XIX. 3. 1887. Communications relatives à l'Institut de droit international. Session de 1887. Bar, conflit des lois du droit civil. Mariage et divorce. Perels, droit de blocus en temps de paix. Engelhardt, navigation des fleuves internationaux. Asser, droit commercial uniforme. Martin, la prescription libératoire en droit international privé. Rolin-Jacquemyns, le droit international dans ses rapports avec les événements contemporains. L'Arménie, les Arméniens et les traités.

C. Neue Erscheinungen.

Vom 16. September bis 15. Oktober 1887 erschienen oder bei der Redaktion eingegangen (letztere mit * bezeichnet).

1. Deutsche Bücher und Broschüren.

Bender, J., d. uneheliche Kind u. seine Eltern in ihren rechtl. Beziehungen zu einander. Eine kurzgefasste systemat. Darstellung d. gesetzl. Bestimmungen in d. einzelnen Rechtsgebieten Deutschlands, in Oesterreich, Frankreich, Belgien u. Holland. Kassel, Wigand. 38 S. 75 Pf.
— Rechtsbuch d. deutschen Staatsbürgers. 4. Aufl. Ebd. VIII u. 276 S. 2 M.

Blumer, J. J., Handbuch d. schweizer. Bundesstaats-R. 2. Bd. 2. Abt. oder 3. (Schluss-)Bd. 2. auf Grundlage d. Bundesverfassung v. 1874 durchaus umgearb. Aufl. Nach d. Tode d. Verf. vollendet u. hrsg. v. J. Morel. Basel, Schwabe. XII u. 648 S. 10 M.

Eisele, F., d. actio utilis d. Cessionars. Festschrift z. 50jährigen Doktorjubiläum v. J. W. v. Planck. Freiburg, Mohr. IV u. 56 S. 1 M. 60 Pf.

Eisele, über d. Nichtigkeit obligator. Verträge wegen Mangels an Willensübereinstimmung d. Kontrahenten. (Aus „Jherings Jahrbüchern f. d. Dogmatik d. heutigen röm. u. deutschen Privat-R."; Jena, Fischer. 95 S. 2 M.

Engelmann, A., d. preuss. Privat-R. in Anknüpfung an d. gemeine R. systemat. dargestellt. 3. Aufl. Breslau, Koebner. XVI u. 527 S. 6 M. 80 Pf.

Ermisch, H., d. sächs. Berg-R. d. M.A. Mit 1 Taf. Leipzig, Giesecke & Devrient. CLXIV u. 249 S. 9 M. 60 Pf.

Gareis, C., Institutionen d. Völker-R. Giessen, Roth. 1888. VII
u. 256 S. 4 M. 80 Pf.

*Gareis, strafprozessuale Privilegierung etc. Sep.-Abdr. aus Zeitschr.
f. Strafrechtswissenschaft (s. oben S. 85).

Glaser, G., Zurechnungsfähigkeit, Willensfreiheit, Gewissen u. Strafe.
Theoretisches u. Praktisches. Wien, Toeplitz & Deuticke. 94 S.
2 M. 50 Pf.

Goldschmidt, L., System d. Handels-R. mit Einschluss d. Wechsel-,
See- u. Versicherungs-R. im Grundriss. Stuttgart, Enke. 62 S.
2 M.

*Handbuch d. Gefängnisswesens. Hrsg. v. Holtzendorff u. Jagemann.
Bd. I. Hamburg. Richter. 25 M. (Bd. II erscheint Ende d. J.)
Mitarbeiter: Bär, Böhmert, Ekert, Führing, Fuchs, Goos, Guillaume,
Gutsch, Kirn, Krauss, Krohne. v. Liszt, Mischler, Ribstein, Sichart, Streng,
v. Voit, Wahlberg, Wirth. Bd. I enthält: 1. Wissenschaftliche Grundlagen
d. Gefängniskunde, 2. Geschichte, 3. Rechtliche Prinzipien d. Strafvollzugs,
4. Gefängnisbau. Bd. II wird enthalten: 5. Organismus d. Gef.-Verwaltung,
6. Disziplin, 7. Seelsorge u. Bildungswesen, 8. Hygiene u. Krankenpflege,
9. Gefängnisarbeit, 10. Spezialanstalten, 11. Unterstützung d. Staats durch
d. Gesellschaft, 12. Wirkl. Ergebnisse über Staats- u. Gesellschaftsthätigkeit.

Hinschius, P., d. Kirchen-R. d. Katholiken u. Protestanten in
Deutschland. 4. Bd. 2. Abt. 1. Hft. A. u. d. T.: System d.
kathol. Kirchen-R., mit besonderer Rücksicht auf Deutschland.
Berlin, Guttentag. S. 491—690. 6 M. 50 Pf.

*Kempin, F. W., d. Haftung d. Verkäufers einer fremden Sache.
(Diss. Zürich). Zürich, Zürcher & Furcher. 97 S.

*Kohler, über exekutorische Urkunden. Festgabe Würzburgs z.
50jährigen Doktorjubiläum W. v. Plancks. Würzburg, Stahel.
60 S.

— Autor-, Patent- u. Industrie-R. (Aus Archiv f. Handels-R. Bd. 48
S. 132—168.)

Miklosich, F., d. Blutrache bei d. Slaven. (Aus „Denkschr. d. k.
Akad. d. Wissensch.") Wien, Gerolds Sohn in Komm. 86 S.
4 M. 30 Pf.

Oechs, A., über Zweck u. Tragweite des non bis in idem. Eine
strafrechtl. Monographie. Berlin, Bahr. 51 S. 1 M. 20 Pf.

Parey, K., Handb. d. preuss. Verwaltungs-R. I. Bd. Verwaltungs-
prozess. 3. Abt. Berlin, Heine. I. Bd. vollst. 6 M. 50 Pf.

*Petition d. deutschen Tierschutzvereine an d. Reichstag, d. Tier-
quälereien beim Schlachten betr. u. eine Reihe anderer diesbezügl. Flugblätter. (Vertreter d. Verbandes etc.: H. Beringer,
Berlin W., Königgrätzerstr. 108.)

Post, A. H., Entwurf eines gemeinen deutschen u. hansestadtbrem.
Privat-R. auf Grundlage d. modernen Volkswirtschaft. 4. Bd.
Ergänzung zu d. früheren Bänden. Halle, Gesenius. XII u.
180 S. 5 M.

*Reuss, H., d. Rechtsschutz d. Geisteskranken auf Grundlage d. Irren-
gesetzgebung in Europa u. Nordamerika. Mit d. inländ. Gesetzen, dann d. ausländ. im Originaltexte wie in Uebersetzungen.
Leipzig, Rossberg. X u. 352 S. 9 M.

*Rieks, J., altkathol. Kirchenregiment. Eine Verteidigungsschrift.
Mit einer Vorrede d. freiresign. Pfarrers Strucksberg zu Giessen.
Heidelberg, Weiss. 1888. XVI u. 224 S. 2 M.
Diese infolge mannigfacher dem Verf. vom Bonner Kirchenregiment
zugefügter Unbilden veröffentlichte Verteidigungsschrift hat folgenden
Inhalt: Disziplin d. Bischofs zufolge d. altkathol. Synodal- u. Gemeindeord-
nung gegenüber Pfarrer u. Laien. Bad. Landes- u. Bezirksvorsammlungen
für Priesterehe. Deutsche Liturgie u. Kirchenbücher. Selbstverwaltung d.
Pfründen durch d. Pfarrer, durch d. Kirchenvorstand nur bei Erledigung.
Dienstwohnung oder Mietsentschädigung. Lebenslängliche Anstellung der
Pfarrer, deren Widerspruch gegen Teilung d. Pfarrei. Bischof Dr. Reinkens
beurteilt, ob d. „altkathol. Bote" d. altkathol. Sache nützt oder schadet. Mit-

tels bad. Ministerialerlass v. 15./II. 1886 genehmigte Landesstiftung zur He
anbildung althathol. Geistlicher in Deutschland. Bleibende Entfernung de
d. althathol. Chorteil v. protestant. Schiffstelle d. Heiliggeistkirche trenne
den Mauer in Heidelberg, August 1886. Der bepfründete Pfarrer leitet a
Vorsitzender d. Kirchenvorstandes d. Wahlen. Nichtbefolgung d. Lande
gesetze durch d. Kirchenbehörde. Anerkennung d. Laienvorsitzes, 14.1
1886. Absetzung, nur Synode zuständig. Synodalrepräsentanz 13.X. 188
Staatszuschuss, Zurücknahme u. s. w. Bischofsgewalt; d. Verf. Schrifte
Bad. Landesversammlung zu Offenburg, 25.III. 1887. Rückgang d. Althath
lizismus. Gerichtsschutz gegen im Krankheitszustande abgenötigte Ve
zichte auf Pfründenbezüge. Verteidigung gegenüber Prof. Dr. Nippold
Beyschlag.

*Ring, V., deutsche Kolonialgesellschaften. Betrachtungen u. Vo
    schläge, nebst e. Anh., enth. d. Statuten d. deutschen Kolonia
    gesellschaft f. Südwestafrika, d. Neu-Guinea-Kompanie u. d. deutscl
    afrikan. Gesellschaft. Berlin, Heymann. 144 S. 3 M.
Rocholl, C., Rechtsfälle aus d. Praxis d. Reichsgerichts. Besproche
    2. Bd. 2. Hft. (Der ganzen Reihe 5. Hft.) Breslau, Morgenster
    S. 221—378. 2 M. 40 Pf.
*Sartorius, C., d. religiöse Erziehung d. Kinder aus gemischte
    Ehen n. bayer. R. Nördlingen, Beck. V u. 92 S. 1 M. 50 F
Steffenhagen, E., d. Entwicklung d. Landrechtsglosse d. Sachsei
    spiegels. VIII. Verzeichnis d. Handschriften u. Drucke. (At
    „Sitzungsber. d. k. Akad. d. Wissensch.") Wien, Gerolds Soh
    in Komm. 64 S. 1 M.
*Wand, H., d. Rechtsverhältnisse d. öffentlichen Wege in d. Pfal
    2. durchgeseh. u. verm. Aufl. Kirchheimbolanden. Grünstad
    Schäffer. VII u. 475 S. geb. 8 M. 50 Pf.

Drobisch, M. W., neue Darstellung d. Logik nach ihren einfachste
    Verhältnissen mit Rücksicht auf Mathematik u. Naturwisse
    schaft. 5. Aufl. Hamburg, Voss. XXVIII u. 247 S. 4 M.
Herbart, J. F., Lehrb. z. Psychologie. 3. Aufl. Hrsg. v. G. Harte
    stein. 3. Abdr. Hamburg, Voss. VIII u. 187 S. 2 M.
*Lange, L., kleine Schriften aus d. Gebiete d. klass. Altertum
    wissenschaft. Göttingen, Vanderhoeck & Ruprecht. I. Bd. X
    u. 429 S. 10 M. II. Bd. 641 S. 15 M.
*Mauro, M., Paskal Stanislaus Mancini. Eine biograph. Skizze. A
    d. Ital. übers. v. F. Mezzanotte. Auszug aus d. Geschichte
    italien. Parlaments. 3. Bd. 2. Tl. Mit Mancinis Portr. Leipzi
    Rossberg. 29 S. 60 Pf.

2. Ausgaben von Gesetzen, Entscheidungen etc.

*Henle, W., d. Gerichtsgefängniswesen in Bayern. Ein Hand-
    Hilfsbuch f. alle mit d. Gefängniswesen befassten Stellen, B
    hörden u. Personen. Nördlingen, Beck. XV u. 302 S. 3 1
    60 Pf.
*Kalender f. Justizbeamte. 50. Jahrg. Berlin, Heymann. 3·1
*— f. Rechtsanwälte. Ebd. 3 M. 60 Pf.
*— f. Schiedsmänner. Ebd. 2 M. 25 Pf.
*— f. Beamte. Ebd. 2 M. 50 Pf.
— f. preuss. Justizsubalternbeamte v. Wollenzien. Breslau, Ker
    2 M. 50 Pf.
— österr. Wien, Fromme. 3 M. 20 Pf.
Beamtenkalender, allgem. (Schmitt). Hanau, Grote. 2 M. 50 Pf.
Termin- u. Notizkalender f. d. Beamten d. allg. Verwaltung. Berli
    Schulze. 2 M. 50 Pf.
— f. bayr. Juristen (Stahl). München, Stahl. 2 M. 50 Pf.

Sächs. Amtskalender. Leipzig, Rossberg. 1 M. 50 Pf.

Koslik, P., d. Bürger-R. in d. preuss. Prov. Preussen, Brandenburg, Pommern, Schlesien, Posen, Sachsen, Westfalen u. Rheinprovinz. Darstellung d. R. u. Pflichten, welche mit dessen Erwerb u. Verlust verbunden sind. Berlin, Puttkammer & Mühlbrecht. 54 S. 1. M. 50 Pf.

*Liebau, G., d. Zivilversorgung d. Militäranwärter. Grundsätze f. d. Besetzung d. Subaltern- u. Unterbeamtenstellen bei d. Reichs- u. Staatsbehörden mit Militäranwärtern. Berlin, Heymann. VI u. 204 S. 6 M.

Schliack, F., juristisches Hausbuch. Handb. d. wichtigsten Rechts- u. Verwaltungsbestimmungen f. jedermann. Für d. Geltungs- bereich d. A. L.R. f. d. preuss. Staaten zusammengestellt. Mit Formularen u. Sachregister. 2. verb. Aufl. Breslau, Koebner. VI u. 314 S. 2 M.

Schönfeld, d. Verteilungsverfahren innerhalb d. Zwangsvollstreckg. in d. bewegl. Vermögen wegen Geldforderungen. Berlin, Siemenroth. 54 S. kart. 1 M. 20 Pf.

Statistik d. Deutschen Reichs. Hrsg. v. kaiserl. statist. Amt. N. F. 23. Bd. Berlin, Puttkammer & Mühlbrecht. 10 M.
    Inhalt. Kriminalstatistik f. d. J. 1885. Bearbeitet im Reichsjustizamt u. im kaiserl. statist. Amt. 40. 22 u. 331 S. mit 2 chromolith. Karten.

Deutsches Reich. *Gareis, Reichsverfg. Giessen, Roth. 40 S. 60 Pf.

*Petersen u. Pechmann, Aktiengesetz. 1. Lfg. Leipzig, Rossberg. 1 M. 60 Pf.

Gewerbeordnung. Nachträge v. 1./VII. 1883. Ebd. 10 Pf.

Krankenversicherungsgesetz. 3. Aufl. Ebd. III u. 48 S. 40 Pf.

Schmidt, F., deutsche Reichsgesetze, betr. 1. d. Verkehr mit Kunstbutter (Margarine), 2. d. Verwendung gesundheitsschädlicher Farben, 3. d. Verkehr mit Nahrungsmitteln, Genussmitteln u. Gebrauchsgegenständen (Schmidt). Bielefeld, Helmich. 43 S. 1 M.

Bestimmungen z. Ausführg. d. Gesetzes betr. Fürsorge f. Witwen etc. v. Angehörigen d. Heeres u. d. Marine. Berlin, Mittler. 6 S. 20 Pf.

*Gesetz betr. Unfallversicherung d. bei Bauten beschäftigten Personen. Berlin, Heymann. 49 S.

Eger, d. deutsche Fracht-R. Kommentar zu Bd. IV Tit. 5 d. H.G.B. 1. Halbbd. 2. Aufl. Berlin, Heymann. X u. 204 S. 4 M.

Entwurf zu Bestimmungen z. Ausführung d. Gesetzes betr. d. Besteuerung d. Branntweins v. 24./VI. 1887. Berlin, Heymann. 44 S. 1 M. 20 Pf.

Elsass-Lothringen. *Franz, F., d. allerh. Verordnung, betr. d. Disziplin d. Notariats, v. 17./III. 1886 nebst d. dazu erlassenen Ausführungsverfügungen. Im Auftrage d. kaiserl. Oberstaatsanwaltschaft hrsg. Strassburg, Schultz & Co. 55 S. 1 M.

Preussen. Cahn, W., Vorschriften betr. d. im Auslande zu erledigenden Ersuchungsschreiben d. Justizbehörden. Abdruck d. allgem. Verfügungen d. kgl. preuss. Justizministers v. 20./V. 1887 u. d. sämtl. darin erwähnten gesetzl. Bestimmungen, Verordnungen u. Verfügungen, zusammengestellt v. W. C. Berlin, Müller. VII u. 82 S. 2 M.

Gerichtskosten, die, f. Akte d. freiwilligen Gerichtsbarkeit, dargest. nach d. gegenwärtig gelt. Bestimmungen unter Berücksicht. d. ergangenen Instruktionen u. Entscheidungen, mit Tabellen, sowie über Führung d. Handels- u. Schiffsregisters, nebst einem Anh. über verschiedene kosten- u. stempelgesetzl. Bestimmungen. Beilage z. „Bureaubl. f. gerichtl. Beamte v. 1886 u. 1887". Berlin, Nauck & Co. IV u. 76 S. 1 M.

Turnau, W., d. Grundbuchordnung v. 5./V. 1872 mit Ergänzunge
u. Erläuterungen. 4. verb. u. verm. Aufl. 2. Bd. Hilfsbuc
Die Kosten- u. Stempelgesetze. Ergänzungen. Paderborn, Sch
ningh. 1888. VII u. 528 S. 8 M.

Pensionsansprüche, d. gesetzlichen, d. preuss. Staatsbeamten u. ihr
Familienangehörigen. Elberfeld, Bädeker. 47 S. 50 Pf.

Gesetze u. Verordnungen f. d. Polizeiverwaltung u. Strafrechtspfle{
mit bes. Berücksichtigung Brandenburgs. XXXIX u. 738
Mit bes. Berücksichtigung Ostpreussens. XXXII u. 679
Berlin, Habel. 10 M.

Sammlung d. Gesetze etc. f. Polizeiwesen mit bes. Berücksichtigun
Breslaus. Nachtrag (Kotze). Breslau, Woywod. VIII
312 S. 6 M.

Allgemeine kommunale Verwaltung in d. Rheinprovinz (Maassen
Merklinghaus). Köln, Dumont-Schauberg. IX u. 270 S. 4
50 Pf.

Kirchengesetz v. 14/VI. 1887 (Mennel). Leutkirch, Roth. 72 S. 75 1

*Prüfungsvorschriften f. d. Unterricht an höheren u. nied. Schule
7. Aufl. Berlin, Heymann. 119 S. 1 M. 60 Pf.

Deichgesetzgebung am Niederrhein (Harnisch). Düsseldorf, Schm
u. Abertz. 1886. XIV u. 213 S. 3 M. 25 Pf.

Prüfungsordnung f. d. mittleren u. unteren Beamten d. Staatseise
bahnverwaltung etc. v. 26./III. 1887. Berlin, Siemenroth. IV
64 S. Desgl. Berlin, Mittler. 75 Pf.

Bayern. *Gesetz betr. Flurbereinigung (v. Müller). 2. Lfg. I
langen, Palm & Enke. 2 M. 12 Pf.

Württemberg. Gesetz betr. d. Vertretung d. evangel. Kirche
gemeinden u. d. Verwaltung ihrer Vermögensangelegenheiten
14./VI. 1887 (Göz). 1. Lfg. Ellwangen, Hess. 176 S. 2 M.

Sachsen. Wahlgesetz v. 3./XII. 1868. Dresden, Schönfeld. 40
15 Pf.

Baden. Handbibliothek bad. Gesetze. In Verbindung mit Gelehrt
u. Männern d. Praxis hrsg. v. H. Rosin. 1. Bd. Bad. Verfassun
gesetze. Freiburg, Mohr. VIII u. 248 S. kart. 2 M.

Anhalt. Bau- u. Wegeordnung etc. (Arté). Dessau, Arté. III
188 S. 1 M. 50 Pf.

Oesterreich. Exekutionsnovelle v. 10. Juni 1887 (Nejedly). Pr
Mercy. 123 S. 1 M. 68 Pf.

Dienstbotenordnung für Schlesien etc. Freiwaldau, Blazek. 32
50 Pf.

Jagdnormen, d. in Kärnten gültigen. (Beilage d. kärntner. Gemein
blattes.) Klagenfurt, v. Kleinmayr. 10 S. 30 Pf.

Gesetze u. Verordnungen, österr. Handausg. Hft. 74a. Wien, H
u. Staatsdruckerei. 30 Pf.
　　　Inhalt. Die neuesten Gesetze u. Verordnungen über die Verzollun{
　　Besteuerung der Mineralöle. (Als Suppl. zum 74. Hft. der Handausg.)
　　u. 24 S.

Bernatzky, E., Verfassungs- u. Dienstvorschriften f. d. k. k. Fina
wache, systemat. dargestellt. Wien, Manz. IV u. 343 S. 4

8. Wichtige ausländische Werke.

°**Raphael, A.**, om ansvarighet för skada i fjöld af jernväys d1
50 S. Stockholm, Norstedt.

Berg, L. W. C. v. d., de inlandsche rangen en titels op Java
Madoera. 's Gravenhage, Nyhoff.

Farncombe, A. J. W., grondwets herziening, kiesrecht en onderwys. 'sGravenhage, Cleef.

Geerling, F. L., de provincie Suriname. 'sGravenhage, Stokum.

Hompesch, de, le catholicisme et le protestantisme par rapport au libéralisme. La Haye, Belinfante.

Baillie, B. E., a Digest of Moohummudan Law. Part. 2. 2nd ed. 448 S. Smith, Elder and Co. 16 sh.

Browne, J. C., Management of Crown Forests at the Cape of Good Hope under the Old Régime and under the New. 350 S. Edinburgh, Oliver and Boyd. Simpkin. 12 sh.

Cavanagh, C., the Law and Procedure of Summary Judgment in Specially Writ under Order XIV. 254 S. Waterlow. 5 sh.

Cuthbertson, F., Test of Domicil. Conflict between Dicta of Sir John Leach and Lords Hatherley, Westbury and Chelmsford decided by means of Story. Stevens and S. 2 sh.

Deane, C. P., Manual of the Law of Retailing Intoxicating Drinks. With Notes on Incidental Laws, and an Appendix of Unrepealed Statutes. Clowes. 7 sh. 6 p.

Griffith, Wm., Rating Gas and Water Undertakings and the Practice of Parochial Assessments. With which is incorporated a Chapter upon the Practical Application of the Law, by William Carr. 126 S. Scientific Publishing Co. 10 sh.

Kinnear, J. B., Principles of Civil Government. 240 S. Smith and Elder. 7 sh. 6 p.

Lloyd, A. P., a Treatise on the Law of Divorce, with Causes for which Divorces will be granted in all the States and Territories; the Time of Residence required in each; and a Brief Digest of the Leading Decisions by the Appellate Courts. Boston. 10 sh. 6 p.

Moore, Th., Church Manuals. (Church and Chapel Series.) No. 1, State Control over Church and Chapel. No. 2, Church and Chapel Property. No. 3, Parliamentary Grants to Church and Chapel. Walter Smith. 1 sh. 6 p.

My Lawyer. A Concise Abridgment of and Popular Guide to the Laws of England. By a Barrister-at-Law. 552 S. Paul, Trench and Co. 6 sh. 6 p.

Smith, J. W., the Law of Private Trading Partnership. (Wilson's Legal Handy Books.) 22rd thousand. 112 S. E. Wilson. 1 sh.

Walker, T., Introduction to American Law. Designed as a First Book for Students. 9th ed., revised by Clement Bates. XXVI u. 841 S. Boston. 30 sh.

Wernse, W. F., the American Law Digest and Legal Directory, 1887. Part 1st contains a Summary of the most Important Branches of the Commercial Law of the several States of this Union and its Territories, Revised to Date of Issue; with Reference, Side Notes, and Forms. Part 2nd: Legal Directory, a List of Reliable Business Attorneys etc., in the States and Territories. St. Louis (Mo.). 30 sh.

Barberot, E., du Monopole des agents de change. A. Rousseau. 4 fr.

*Bemmelen, P. v., le système de la propriété mobilière. Leiden, Brill. Paris, Larose et Forcel. 3 fr. 75 ct.

Code des comptes de gestion. Répertoire des règles relatives à la présentation, aux justifications, au jugement etc. Berger-Levrault. 4 fr. 50 ct.

Crouzel, A., étude historique, économique et juridique sur les coalitions et les grèves dans l'industrie. A. Rousseau. 10 fr.

Dicey, A. V., le Statut personnel anglais, ou la loi du domicile e
    visagée comme branche du droit anglais. Ouvrage traduit
    complété par E. Stocquart. Tome I. Chevalier-Marescq. Pı
    de l'ouvrage complet en 2 vol. cart. 20 fr.
*Moynier, G., la fondation de l'état indépendant du Congo
    point de vue juridique. (Abdr. aus d. Berichte d. Institut
    France.) 50 S. Paris 1887.
Moreau, F., le Code civil et le Théâtre contemporain. M. Alexand
    Dumas fils. Larose et Forcel. 3 fr. 50 ct.
Saint-Julien, A. de et Bienaymé, G., histoire des droits d'entr
    et d'octroi à Paris. Avec 145 tableaux. Dupont. 12 fr. 50
Schmit, H., l'organisation de l'enseignement primaire. Commentai
    de la loi du 30 octobre 1886, suivi de la législation en vigueı
    Berger-Levrault. 4 fr.

Codice di procedura penale italiano, commentato da G. Borsani
    L. Casorati, indi dall' avv. L. Majno. Vol. VII. Milano. 7
    50 ct.
D. F., il papato e la conciliazione col regno d'Italia. 2a ediz. 290
    Milano. 3 l. 50 ct.
Gasca, C. L., il codice ferroviario. Vol. I. Diritto pubblico. 868
    Milano. 14 l.
Gatteschi, C., la legge toscana sulla caccia, 3 luglio 1887. 436
    Firenze. 3 l.
Marquardt, J., l'amministrazione pubblica romana, tradotta sul
    2a ediz. tedesca dell' avv. F. Solaini. Vol. I (Organizzazioı
    dei dominii romani). 653 S. Firenze. 12 l.
Miglio, Z., Guida pel servizio delle Corti di assise, ad uso dei m
    gistrati, avvocati, cancellieri, ecc. Bologna. 136 S. 2 l.
Santangelo Spoto, L, le assicurazioni sulla vita e il loro moı
    mento in Italia. Parte I (Le assicurazioni sotto l'aspetto econ
    mico). 231 S. Palermo. 4 l.
Savigny, F. C. de, sistema del diritto romano attuale. Trad. d
    tedesco di V. Scialoja. Disp. 1—18 (vol. I, II e IV). 1065
    Torino. La dispensa 1 l.
Scalvanti, O., introduzione al diritto comunale. 407 S. Pisa. 5

Centralblatt

für

RECHTSWISSENSCHAFT

herausgegeben von

Dr. v. Kirchenheim,

Professor in Heidelberg.

| VII. Bd. | Dezember 1887. | Nr. 3. |

Monatlich ein Heft von 2½ Bogen. — Preis des Jahrgangs 12 Mark. — Zu beziehen
durch alle Buchhandlungen und Postanstalten.

A. Besprechungen.

I. Allgemeines.

Garels, C. Enzyklopädie und Methodologie der Rechtswissenschaft. Giessen, Roth. 1887. VII u. 187 S.
3 M. 60 Pf.

Mehr und mehr gelangt in neuester Zeit die tiefgreifende
Bedeutung der juristischen Enzyklopädie und insbesondere einer,
das den verschiedenen Rechtsteilen Gemeinsame zusammenfassen-
den, allgemeinen Rechtslehre zur Anerkennung. In musterhafter
Weise hat A. Merkels kleines Werk (C.Bl. IV, 130) die Aufgabe erfüllt, die „durch das Ganze des R. hindurchgehenden
und dessen geistige Einheit begründenden Gedanken" hervorzuheben. Das Eigentümliche der vorliegenden Bearbeitung der
juristischen Enzyklopädie von G. ist in dem Bestreben zu erblicken, einen Begriff als Grundlage des Rechtsganzen nachzuweisen und zu verwerten. Der von dem Autor schon in seiner
Darstellung des allgemeinen Staats-R. (Marquardsens Handbuch
des öffentl. R. I, 1) zum Fundament gemachte Rechtsbegriff
besteht in einer Kombinierung des Begriffes der Norm (Binding)
und des Begriffes des Interesse (Ihering). Von der allgemeinen
Rechtslehre hat G. aber nur eine Theorie des objektiven R.
und seiner Quellen (1. Abschnitt, S. 14—50) gegeben; dagegen
vermisst man — abgesehen von einer kurzen Erörterung über
Begriff und Wesen des subjektiven R. — eine zusammenfassende
Behandlung der Rechtsverhältnisse und ihrer Entstehung. Der

zweite Abschnitt des G.schen Buches enthält eine wesentlic
formelle Enzyklopädie mit mannigfachen Andeutungen über de
Inhalt der verschiedenenen Rechtsteile und mit einzelnen Au
führungen. Der Haupteinteilung in Privat-R. und öffentliches l
sind Kirchen-R. und Handels-R. nicht eingefügt, sondern a
Spezial-R. in einen Anhang verwiesen. In der den Schlu:
des Buches (S. 170 ff.) bildenden Methodologie der Recht
wissenschaft gibt der Verf. nicht nur eine Uebersicht über di
mit den Gliedern des objektiven R. nicht durchaus zusammet
fallenden Disziplinen der Rechtswissenschaft, sondern auc
kritische Betrachtungen über unseren bisherigen akademische
Unterricht und Vorschläge. für die künftige Gestaltung d
Rechtsstudiums. Insbesondere erklärt er sich gegen die bisherig
Methode, die rechtshistorischen Vorlesungen allgemein den dog
matischen vorausgehen zu lassen, und verlangt als Einleitun
in das juristische Studium eine Vorlesung (juristische Prop:
deutik), welche „juristischen Anschauungsunterricht" mit de
elementaren Grundzügen der Systematik der Rechtswissenscha
und mit einer Skizzierung der geschichtlichen Entstehung unser
Rechtes verbinden soll.   Brie.

Heymanns Kalender 1888. 1. Terminkalender für die Justi
    beamten in Preussen, Mecklenburg, Thüringen, Braui
    schweig, Waldeck, Lippe, Hansestädten. 276 S. Beilage!
    3 M. 2. Desgl. für Rechtsanwälte und Notare. 248 :
    3 M. 60 Pf. 3. Taschenkalender für Beamte. 231 !
    2 M. 50 Pf. 4. Taschenkalender für die Schiedsmänne
    und deren Stellvertreter in Preussen. 113 S. 2 M. 25 P
    Berlin, Heymann.

Die Heymannschen Kalender sind in gewohnter Weise ei
schienen (vgl. II, 39; VI, 92). Nr. 1 feiert sein Jubiläum, al
50. Jahrgang; fortgeblieben ist hierin die Beilage über di
Fristen. Nr. 2 ist unverändert. Nr. 3 gibt 31 statt 24 Be
lagen, insbesondere Pensions- und Fürsorgegesetze und eine
Normalbesoldungsetat anstatt der Zuständigkeitstabelle. Nr.
bringt 24 statt 23 Beilagen (113 S. statt 121 S.), an Stelle de
„Organisation des Deutschen Reiches" eine Uebersicht der kürzere
Verjährungsfristen enthaltend.   Redaktion.

II. Rechtsgeschichte.

Hafter, E. Die Erbtochter nach attischem R. Leipzig, Focke. 1887. 91 S. 1 M. 50 Pf.

Der Verf. beabsichtigt das Erbtöchterrecht bei den übrigen Griechen in einer besonderen Arbeit zu behandeln. In der vorliegenden beschränkt er sich auf das attische R., welches, abgesehen von dem jetzt bekannt gewordenen, aber doch gegenüber der hervorragenden Stellung Athens zurücktretenden Gortynschen R., allein in einer ein vollständiges Bild ermöglichenden Weise überliefert ist. Er schickt eine kurze Darstellung der Entwickelung des griech. Erbtöchter-R. voraus. Während die bei den Römern und Germanen in historischer Zeit allein noch vorkommende Adoption nicht imstande ist, einen Sohn des Leibes zu verschaffen, geschieht dies durch die Tochterbeauftragung, eine der drei im ind. R. sich findenden Formen der subsidiären Sohneszeugung. Diese Tochterbeauftragung bildet eine schlagende Analogie zu dem griech. Rechtsinstitut der Erbtochter, wenn auch letzteres manche Wandlung mehr als das ind. durchgemacht hat. Es ist den Griechen eine ihrer heiligsten Familieninstitutionen, da die ἐρημία οἴκου wie das Nichtteilhaftigwerden der νομιζόμενα für das grösste Unglück galt, nur einem männlichen Nachkommen aber die Fortpflanzung des Geschlechts, wie die Darbringung der Totenopfer und die Besorgung der Familiensakra zustand. Stirbt jemand ohne ehelichen Sohn, mit Hinterlassung einer ehelichen Tochter, so ist der nächste Blutsverwandte verpflichtet, diese Erbtochter zu heiraten, um mit ihr einen Sohn zu erzeugen, der rechtmässiger Nachkomme und Erbe des Vaters der Erbtochter und Fortsetzer des οἴκος ist. Aus dem indischen Sakral-R. ist aber im Lauf der Zeit ein griech. Interessen-R. geworden: dem ἀγχιστεύς, dessen der älteren Zeit unbekanntes Gegenrecht in der Nutzniessung des Vermögens besteht, liegt da, wo dieses Gegenrecht hinfällig ist, bei der armen Erbtochter (θῆσσα), die Pflicht zu heiraten nicht ob, und während bei der ind. Tochterbeauftragung der erzeugte Sohn eo ipso als Sohn des Grossvaters gilt, bedarf es im griech. R. zur Zeit des Demosthenes der Adoption, des εἰσαγαγεῖν υἱὸν ἑαυτῷ. Ist so das Erbtöchter-R. der Griechen ein Ueberkommnis aus uralter Zeit, an dem sie, trotz der Immoralität und Schädlichkeit der Verwandtenehe, einerseits wegen der Heiligkeit dieser Familieninstitution, andererseits wegen der Begünstigung der Seiten-

verwandten durch gesicherten Anteil an der Erbschaft lange
festgehalten haben, so begann dasselbe doch von innen heraus
zu zerbröckeln und abzusterben, indem man die Verwirklichung
der ursprünglich zu Grund liegenden Rechtsidee den veränderten
Zeitverhältnissen angepasst durchzuführen sucht.

Nach dieser Skizze der historischen Entwickelung handelt
der Verf. in 5 Abschnitten von der attischen Erbtochter.   1. Name
und Begriff der Erbtochter (Definition S. 24); 2. die Rechts
stellung der Erbtochter und zwar das Erbtochterverhältnis un
mittelbar bei seinem Eintritt, aber vor der Frbtochterehe, und
das Erbtochterverhältnis während der Erbtochterehe; 3. der Erb
tochtersohn als rechtsfähige Person (Mündigkeitserklärung, Ueber
nahme des Vermögens); 4. Klagen betreffend das Erbtochter
verhältnis (εἰσαγγελία κακώσεως ἐπικλήρου und δίκη σίτου); 5. Zu
sammenstellung aller auf das Erbtochterrecht bezüglichen als
wirkliche νόμοι überlieferten Gesetze sowie derjenigen, die nur in
Paraphrase erhalten sind.   Burckhard.

Hruza, E. Ueber das lege agere pro tutela. Rechtsgeschicht
liche Untersuchung. Erlangen, Deichert. 1887. 79 S. 2 M

Zu unterscheiden sind die beiden Begriffe alieno nomine agere
und agere pro alio.   Die Bezeichnung alieno nomine agere um
fasst für gewöhnlich die verschiedensten Arten von Prozessieren
auf Grund fremder Rechtsbeziehung.   Dabei kann die
Rechtsbeziehung auf Grund deren prozessiert, eine materiel
fremde sein, wie beim cognitor, procurator etc., oder eine nur
formell fremde, wie z. B. beim Prozessieren des Erben aus Rechts
verhältnissen des Erblassers.   An zwei für die folgende Unter
suchung wesentlichen Stellen bei Gaius IV, 82 u. Inst. 4, 10
wird der Ausdruck jedoch in einer engeren Bedeutung, nämlich
von dem Prozessieren von Stellvertretern gebraucht.   Pro alio
agere ist Prozessieren mit Wirkung für einen anderen
und zwar entweder in der Weise, dass der ganze Prozess mit
Wirkung für einen anderen geführt wird, oder nur einzelne für
jenen wirksame Prozesshandlungen vorgenommen werden.

Im Legisaktionenprozess war das alieno nomine agere nicht
nur bezüglich der Vornahme der solennen Legisaktionshandlungen
sondern für alle Stadien des Prozesses ausgeschlossen. Dagegen
konnte eine pro alio agere nur bei Vornahme der legis acti
selbst nicht Platz greifen. In judicio dagegen konnte ein Anwalt
der nicht alieno nomine, sondern nur pro alio prozessierte, ebenso
wie später im Formularverfahren auftreten.

Als Grund des prinzipiellen Ausschlusses des alieno nomine agere wird neben dem Mangel eines dringenden Bedürfnisses die nationale Anschauung von der Unzulässigkeit der Stellvertretung und für die Zeit der Zwölftafelgesetzgebung die Unabänderlichkeit der in dieser Richtung der interpretatio entzogenen Sprachformeln genannt.

Die Ausnahmen von dem Prinzip alieno nomine lege agere non licet treten, wie das agere pro libertate, pro populo und ex lege hostilia beweist, da nie, wo eine Unmöglichkeit eigenen Prozessierens des Interessenten mit einem öffentlichen Interesse am Schutz desselben zusammentrifft. Alle diese Fälle sind ausserdem Fälle eines popularen Klage-R. Dasselbe ist für das agere pro tutela zu vermuten.

Ein bestimmter Anhaltpunkt in den Quellen für die Bezeichnung des pro tutela agere ist nicht vorhanden, auch nicht in der vielbesprochenen Stelle der Theophilusparaphrase.

Die Beziehung auf eine Vertretung des Mündels durch den Vormund, von der die herrschende Lehre ausgeht, hält der Verf. für unmöglich aus verschiedenen Gründen. Weder das praktische Bedürfnis nach einer solchen Vertretung genügen, das Prinzip zu durchbrechen, noch darf der Ausdruck agere pro tutela auf ein agere pro pupillo gedeutet werden, noch liesse sich die Gestaltung der späteren tutorischen Vertretung bei Annahme eines solchen lege agere des tutor erklären. Auch das Eintreten des Tutors für den Mündel bei der Inofficiositätsquerel beweist nichts für die herrschende Ansicht.

So bleibt denn nichts anderes übrig, als das pro tutela agere auf die postulatio suspecti tutoris zu beziehen. Für die Zeit des Legisaktionsverfahrens ist dieser Prozess zu denken als legis actio sacramento eines Popularklägers, bei welcher das sacramentum auf das suspectum esse des Tutors abgestellt war. Das Urteil über das sacramentum, an das sich möglicherweise ein exekutives Einschreiten der Beamten anschliessen konnte, wurde von einem Gerichtshofe, den Centumvirn oder Decemvirn gefällt.

Der accusator suspecti prozessiert wie alle Vertreter des Legisaktionenprozesses kraft eigenen R. auf Grund fremder Rechtsbeziehung und mit unmittelbarer Wirkung für den Vertretenen. M. Rümelin (Bonn).

Brunner, H. Deutsche Rechtsgeschichte. I. Bd. (Binding, Systematisches Handbuch der deutschen Rechtswissenschaft.

Abt. 2, Tl. 1, Bd. I.).   Leipzig, Duncker & Humblot. 1887.
XII und 412 S.   9 M. 60 Pf.

Während die wissenschaftliche Thätigkeit auf dem Gebiete
der deutschen Rechtsgeschichte seit Eichborns bahnbrechendem
Werke eine überaus rege und ergiebige war, fehlte doch bisher
eine neue, ausführliche, die Ergebnisse der Einzeluntersuchungen
sichtende und zusammenfassende Gesamtdarstellung. Zur Lösung
dieser Aufgabe konnte nach seinen bisherigen Leistungen kein
anderer so geeignet erscheinen, wie B. Der vorliegende erste
Band, welcher die germanische Zeit und die allgemeine Rechtsgeschichte der fränk. Zeit zur Darstellung bringt, entpricht
durchaus den gehegten Erwartungen. In gleicher Weise vollendet wird Bs. Werk auch unter den zahlreichen für die Rechtswissenschaft bedeutenden Arbeiten, welche die Bindingsche Sammlung teils schon enthält, teils verspricht, eine hervorragende
Stelle einnehmen.

Die Möglichkeit einer zugleich übersichtlichen und erschöpfenden Bearbeitung hat sich der Verf. vor allem durch umsichtige
Begrenzung des Stoffes gesichert. Sowohl die dem deutschen R.
vermöge ursprünglicher Gemeinsamkeit der Grundlagen verwandten skandinav. und got.-vandal. R. als die im Laufe der
Entwickelung von dem deutschen R. abgezweigten R. (das angel-
sächs. und engl., das longobard.-italien., das französ. R., die
niederländ. R.) sind von der Darstellung prinzipiell ausgeschlossen.
Scharf aber unterscheidet der Verf. zwischen der Darstellung
und der Erforschung der deutschen Rechtsgeschichte; den hohen
Wert, welchen die Schwester- und die Tochter-R. des deutschen
R. als Hilfsmittel für die Geschichte desselben besitzen, erkennt
er in vollstem Masse an und in diesem ersten Bande hat er
insbesondere die skandinav. R. vielfach zur Erklärung und Ergänzung der Quellen unseres heimischen R. verwertet. Aus
geschieden aus B.s Darstellung ist ferner die Geschichte der
fremden, in Deutschland rezipierten R., soweit dieselben eine vor
dem deutschen R. unabhängige war; dagegen zeigt schon der
vorliegende Band eingehende Berücksichtigung der gegenseitigen
Einwirkungen, welche zwischen dem röm. und dem deutschen R
seit früher Zeit stattgefunden haben. Endlich hat der Verf., in
Uebereinstimmung mit den neueren Lehrbüchern der deutschen
Rechtsgeschichte, die frühere Verbindung derselben mit der
politischen Geschichte des deutschen Volkes aufgegeben; er hat
aber deshalb nicht darauf verzichtet, die für das Verständnis der
Rechtspflege wesentlichen politischen Ereignisse hervorzuheben

Neben den hauptsächlichen Momenten der politischen Geschichte
sind die wirtschaftlichen und sozialen Zustände der verschiedenen
Perioden, als für die Gestaltung des R. vorzugsweise bestimmend,
in den Kreis der Erörterungen gezogen.

Ebenso umfassende Berücksichtigung wie den sachlichen
Hilfsmitteln der deutschen Rechtsgeschichte ist auch den sprachlichen zugewendet. Auf diesem Gebiete hat sich der Verf.
freundlicher Unterstützung seiner beiden, jetzt leider schon verstorbenen, Kollegen Müllenhoff und Scherer erfreut.

Aus allen Teilen der vorliegenden Arbeit empfängt der
Leser die sichere Ueberzeugung, dass der Verf. nicht nur den
ganzen Quellenbestand und die gesamte einschlägige Litteratur
sorgfältig durchgearbeitet, sondern auch alle Fragen eingehend
durchdacht hat. In einzelnen Beziehungen (wie der Aufdeckung
und Erklärung vielfach wörtlicher Uebereinstimmung zwischen
der lex Salica einerseits, der lex Burgundionum und lex Wisi-
gothorum andererseits S. 300—302) hat der Verf. die Ergebnisse
eigener, bisher unveröffentlichter Einzeluntersuchungen mitgeteilt.

Mit der vollen Beherrschung des Stoffes verbindet B. klare
Besonnenheit des Urteils und vorsichtige Zurückhaltung in der
Kombination. Die Ergebnisse, zu denen er in den zahlreichen
schwierigen Streitfragen der älteren deutschen Rechtsgeschichte
gelangt, sind meist mit grosser Vorsicht formuliert, und insbesondere zeigt sich durchgängig das ernste Bestreben des Verf.,
„nicht mehr wissen zu wollen, als wir bei dem heutigen Stande
der Forschung wissen können."   B r i e.

Bonvalot, Ed. Le Tiers Etat d'après la Charte de Beaumont et ses filiales. Paris, Picard. 1884. 557 u. 88 S.

Zu den Freibriefen, welche im 12. Jahrhundert einzelnen
Städten erteilt wurden, und namentlich zur Auflösung der lehens-
rechtlichen Institutionen und zu Bildung von freien Gemeinde-
wesen beitrugen, gehört derjenige, welchen der Erzbischof von
Reims, Wilhelm Graf von Champagne, dem Dorfe Beaumont in
der Nähe der belgischen Grenze verliehen hat. Diese Charte
wurde für eine weite Umgebung und mehr als 500 Dörfer und
neue Städte eine Musterverfassung und das angestrebte Ziel der
kommunalen Bewegungen. Trotz ihrer unbestreitbaren Wichtigkeit und ihres weitgreifenden Einflusses wurde diese Urkunde,
deren Original leider verloren gegangen ist, von den Historikern
und Rechtsgelehrten Frankreichs in kaum begreiflicher Weise
vernachlässigt; der Verf. benutzt daher eine ihm unfreiwillig

gewordene Musse dazu, ihr eine ausführliche und lehrreich
Monographie zu widmen. Da der Verf. der Charte de Beaumon
einen sehr bedeutenden Einfluss auf die neuere kommunale Ent
wickelung in Frankreich zuschreibt, so beginnt seine Abhandlun
mit einer Uebersicht der geographischen, politischen und soziale
Verhältnisse des an Belgien streifenden französ. Gebietes in
12. Jahrhundert. Die Schilderung derselben bezieht sich auf di
Zustände des Landes und der Personen, die Verwaltung de
Justiz, die Lasten, welche auf Personen und Sachen hafteten
die Bedrückungen der Bevölkerung und gleichzeitig auf di
Mittel zur Abhilfe. In die Bestrebungen, grössere Freiheit
wenn nicht gänzliche Befreiung zu erringen, griff die Chart
von Beaumont mächtig ein. Der Erzbischof von Reims kar
denselben auf die liberalste Weise entgegen und gewährte de
Bürgern von Beaumont, was anderswo nur nach heftigen Kämpfe
zwischen Dorf und Schloss errungen werden konnte. Die bis
herigen Leibeigenen wurden nicht nur frei, sondern auch Grund
eigentümer; Wälder und Felder, an welchen ihnen bisher nu
Nutzungs-R. zustanden, wurden ihr Eigentum, Jagd und Fischere
anerkannte R., denn auch die Bäche wurden ihnen zum Eigentur
überlassen. Sie wurden ferner mit politischen R. ausgestattet
die Wahl ihrer Gemeindebeamten und die Rechtspflege wurd
ihnen überlassen, und dadurch neue freie Gemeinwesen gegründet
Diese Charte von Beaumont wurde bald das Ziel aller Wünsch
derjenigen Ortschaften, welche eine solche Freiheit noch nich
erlangt hatten, und das Muster für diejenigen Grundherrer
welche dem Beispiele des Erzbischofs von Reims folgen wollter
Von ihrer Seite geschah dies im eigenen Interesse, weil sie sic
immerhin gewisse R., Abgaben und Leistungen vorbehielter
welche ihnen reiche und sichere Einkünfte brachten. Das 2. Ka
pitel enthält den berichtigten latein. Text der Charte und ein
alte bisher ungedruckte französ. Uebersetzung derselben. Da
3. Kapitel handelt von der Ausbreitung derselben durch Ver
leihungen an bereits bestehende Ortschaften oder Gründung neue
und aus den beigefügten Tabellen ergibt sich, dass über 500 Ort
schaften mit diesem R. bewidmet worden sind. Die Charte d
Beaumont erhielt die Bedeutung eines Gesetzes, eines Mutter-B
gegenüber den Filialen und wurde die Grundlage der unter der
Namen La Loy de Beaumont oder Arche bekannten Kompilatio
von Gewohnheits-R., deren Umfang die ursprüngliche Charte b
weitem übersteigt. Im 4. Kapitel handelt der Verf. sehr au
führlich von den neuen Verleihungen, der Gründung von ville

neuves. Viele erhielten einfach das Stadt-R. von Beaumont,
andere dagegen beschränktere Freiheiten mit ausgedehnteren
Vorbehalten ihrer bisherigen Herren. B. weist die Gründe nach,
welche solche Verleihungen veranlassen, und die Formen, in
welchen sie zu geschehen pflegten, endlich die Abweichungen,
welche sie unter sich und gegenüber dem Mutter-R. aufweisen,
und die Garantieen, welche zu ihrem Schutze gegeben zu werden
pflegten. Die vier folgenden Kapitel, 5, 6, 7 und 8, haben den
Inhalt der Charte zum Gegenstand und bilden gleichsam einen
Kommentar zu derselben, wobei namentlich das 5. Kapitel von
grossem Interesse ist. Dasselbe handelt von der Gründung der
Bürgerschaften, dem Erwerb und Verlust des Bürger-R., von
den persönlichen Verhältnissen der Bürger, ihr R. der freien
Niederlassung, des Wegzuges, der Verheiratung; von ihren rechtlichen Beziehungen zu Grund und Boden, von ihren Berechtigungen, Nutzungen etc. Nicht unter dem R. der Charte stehen
Adel und Geistlichkeit. „Tout ce qui précéde,“ sagt B. mit Recht,
„montre quels changements l'affranchissement a apporté dans l'état
des personnes. Au lieu du servage et de la mainmorte, la liberté; au lieu de la forfuyance et du formariage, le droit de
se marier à son gré, de se mouvoir selon ses convenances, de
quitter et de reprendre la bourgeoisie, sauf quelques restrictions
toutes locales; au lieu de la tenure servile et précaire, la propriété individuelle franche, définitive, transmissible, et enrichie
de larges aisances en pâturages, en bois et en eaux.“ Die nämliche Verbesserung der Lage des tiers état zeigt sich auch in
der Verwaltung der Gemeindeangelegenheiten und der Justiz,
welche im 6. Kapitel dargestellt wird. Im 7. Kapitel werden
die ordentlichen und ausserordentlichen Leistungen und Abgaben
besprochen, welche den Angehörigen solcher Gemeinwesen ob-
lagen. Diejenigen, welche die Charte de Beaumont festsetzte,
waren im allgemeinen nicht drückend, wohl aber die sogen.
prestations additionneles et supplémentaires, welche schwer em-
pfunden wurden und oft an die früheren Zustände erinnerten.
Dem Gerichtsverfahren in Straf- und Zivilsachen ist das 8. Kapitel gewidmet. Im 9. Kapitel schildert B. die segensreichen
Folgen der Charte auf die Entwickelung des tiers état; den Aufschwung in Landwirtschaft, Industrie und Handel und die Fortschritte auf geistigem Gebiete, seine Anerkennung und sein Auftreten als Stand. Das 9. Kapitel ist seinem Untergang gewidmet
und der Darlegung der Ursachen desselben. In einem Anhange
werden 87 bisher ungedruckte Chartes und andere Urkunden

abgedruckt, darunter auch L'Arche alias La Loix de Beaulmont
Die ganze Monographie ist nach Anlage und Ausführung ein
mustergültige Leistung. König.

III. Privatrecht und Handelsrecht.

Bemmelen, P. v. Le système de la propriété mobilière
Leiden, Brill. Paris, Larose et Forcel. 1887. XVI
458 S.

Mit der Anerkennung des Eigentums-R. an Mobilien i
irgend einem Rechtssysteme ist als natürliche und wesentlich
Folge die Verfolgbarkeit des Eigentums mittels einer dingliche
Klage (rei vindicatio, Revendikation) gegeben. Jede Beschrän
kung oder Ausschliessung der Eigentumsklage ist demnach a
positive, durch Rechtssatz sanktionierte Ausnahme des ane
kannten Prinzipes zu betrachten. Dies ist die Grundanschauun
des Verf.; auf diese Grundanschauung hin prüft er die geschich
liche Entwickelung des Mobiliareigentums im r. R., im germai
R. und in den Rechtsquellen von Deutschland, Frankreich un
der Niederlande (die nordischen R. und das engl. R. werden nu
anhangsweise berührt). Das geltende partikulare R. in Deutsch
land skizziert er kurz, während an die geschichtliche Entwick
lung in Frankreich eine eingehende Entstehungsgeschichte de
im heutigen französ. Zivil-R. vertretenen Standpunktes ang
schlossen und das System des Code Napoléon in seinen Kor
sequenzen dargestellt wird. Ein Schlusskapitel erörtert die Frag
de lege ferenda. Als wünschenswerter Rechtszustand der Zu
kunft (droit futur) ergibt sich aber für den Verf. derjenig
welcher das Prinzip seiner Grundanschauung am meisten ve
wirklicht; vorbildlich ist für ihn das (justinianische) r. R., als
namentlich die bloss durch Usukapion und Klagverjährung b
schränkte Verfolgbarkeit des Mobiliareigentums. Usukapion un
Klagverjährung sind zugleich Eigentumsverlusttbatsachen.

Seine Grundanschauung beeinflusst seine Interpretation de
Quellen. Für die german. Zeit behauptet er unbedingte Ve
folgbarkeit; die Anefangsklage habe vorab einen petitorische
Charakter, das Klagfundament sei das Eigentum. Nur wenig
in den Quellen namentlich aufgeführte Fälle durchbrechen di
Prinzip. Im Lauf des M.A. haben sich diese Ausnahmen ve

mehrt; ein bestimmtes Prinzip bestehe nicht; Verf. bekämpft
durchgehends die Anschauung, welche ein german. Prinzip der
Beschränkung der Mobiliarvindikation verteidigt. Rücksichten
der Billigkeit und Nützlichkeit haben vielmehr in mehr oder
weniger willkürlicher Weise eine solche Beschränkung ja Ausschliessung hervorgerufen. Es ist nicht zu verkennen, dass wenn
der Verf. seinerseits sich dagegen wehrt, in einem solchen Aus-
nahmesatz den Ausdruck eines allgemeinen Prinzips zu erblicken,
er anderseits von seinem Standpunkte aus in den Quellen Rechtssätze als selbstverständlich voraussetzt, welche ausdrücklich in
denselben nicht ausgesprochen sind. Eigentümlich ist die Interpretation der für die Gegner des Verf. wichtigsten Stelle: Sachsen-
spiegel II, 60 §. 1 (S. 127 ff.); in sehr einschränkendem Sinne
interpretiert er das Rechtsprichwort: Hand muss Hand wahren
und ähnliche (vgl. S. 115, 141, 148, 207). Ein reiches Material
liefert er zur Geschichte der franzÖs. Rechtssprichwörter: meuble
n'a point de suite, possession vaut titre. Das letztere komme
vor Bourjon nicht vor; der Besitz (possession) sei namentlich
noch von Pothier und Denisart als Präsumtionsthatsache des
Eigentums, nicht aber als selbständige Erwerbsthatsache des Eigentums angesehen worden. Das erstere Sprichwort sei nur selten
und missbräuchlich (S. 360), anders als mit Beziehung der Gläubiger hinsichtlich des Vermögens ihres Schuldners verstanden
worden.   v. Salis.

Kempin, Emilie, W. Die Haftung des Verkäufers einer
    fremden Sache. Züricher Inaug.-Diss. Zürich, Zürcher u.
    Furrer. 1887. 97 S.

Nach Zwölftafel-R. schloss sich an die Manzipation eine actio
auctoritatis, gerichtet ursprünglich auf Gewährung von Rechtsbeistand im Eviktionsprozess, später in erster Linie auf Schadensersatz (bezw. duplum pretii) nach erfolgter Eviktion. Existenz-
bedingung der Klage ist die Manzipation, Grund das Delikt,
das im Verkauf einer fremden Sache liegt. Nach Pandekten-R.
wird die Haftung formell begründet durch Manzipation, Stipulation (satisdatio und repromissio secundum mancipium, stipulatio duplae, stipulatio habere licere, wovon letztere nur gegen
Angriffe des Verkäufers selbst oder seiner Erben gerichtet ist)
oder Konsensualkontrakt. Aus dem letzteren konnte ursprünglich nur auf Vornahme der Manzipation oder Eingehung der
Stipulation geklagt werden, später wurde die Fiktion eines
Garantieversprechens in den Konsensualkauf aufgenommen. Ma-

terieller Grund der Haftung ist das Delikt des Verkäufer
welcher den Käufer in seinem Glauben, die Sache zu Eigentu
zu bekommen, täuscht. Deshalb wird die Haftung bei ma
fides des Käufers ausgeschlossen, sofern sie nicht ausdrückli
verabredet ist. Deshalb haftet ferner der gutgläubige Verkäuf
nicht für die Prästation der mangelnden Diebstahlsklagen, wer
er zur Tradition bereit gewesen, folglich das periculum auf de
Käufer übergegangen war. Voraussetzung eines Anspruchs d
Käufers ist, dass der Rechtsmangel in irgend welcher Weise a
den Tag tritt, sei es infolge eines dem Käufer entgangenen G
winns (derselbe erwirbt das Eigentum der Sache durch Erbschaf
oder infolge eingetretenen Verlusts (Eviktion), sofern der Verlu
mit dem Rechtsmangel des Verkäufers in Kausalzusammenhai
steht. Gegenstand des Anspruchs ist regelmässig pekuniär
Ersatz, wobei jedoch in nachklassischer Zeit der gutgläubi
Verkäufer auf das volle Interesse nur im Fall wirklich erfolgt
Eviktion haftet, andernfalls nur auf Rückgabe des Kaufpreis
und Ersatz des unmittelbaren Schadens.   M. Rümelin (Bonn).

Landé, P. Das A. L. R. für die preuss. Staaten in sein
    jetzigen Gestalt. 2. Aufl. Berlin, Heymann. 188
    476 S. geb. 10 M.

    Das vorliegende Werk ist ausführlich in Bd. II S. 57 d
C. Bl. gekennzeichnet. Das dort im allgemeinen Gesagte tri
auch für die 2. Auflage zu. Dieselbe ist sorgfältig verbesse
und hat auch alle in obiger Anzeige (S. 58) hervorgehoben
Punkte geprüft und berücksichtigt.   Redaktion.

Seng, A. Die Sachmiete nach dem Code civil. Habi
    tationsschrift. Lahr, M. Schauenburg. 1887. VIII
    128 S. 3 M.

    Wie aus der Vorbemerkung des Verf. hervorgeht, hat
nicht eine erschöpfende Darstellung dieser Lehre beabsichtig
sondern nur einen Beitrag zur Lösung der zahlreichen bestehe
den Streitfragen liefern wollen. Durch diese Beschränkung d
Aufgabe, die er sich in seiner Schrift gestellt hatte, erklärt
auch die ungleiche Ausdehnung ihrer einzelnen Teile. Eine l
sonders auffallende Lücke ist es, dass das R. des Vermieters a
den eingebrachten Sachen gar nicht behandelt ist, obwohl g
rade diese Materie unter der Einwirkung der Konkurs- und Ziv
Prozessordnung zur schwierigsten und streitigsten des Miet-

geworden ist. Der Verf. will auf S. 74, wo er das fragliche
Vorzugs-R. erwähnt, diese Unterlassung dadurch rechtfertigen,
dass die nähere Darstellung dem Konkurs-, bezw. Pfand-R. an-
heimfalle. In einem Buche, welches den Titel „Die Sachmiete"
trägt, wird dieser Grund wohl nicht als stichhaltig angesehen
werden können.   v. Cuny.

Jones, Dwight Arven. A Treatise on the Construction or
    Interpretation of Commercial and Trade Contracts. New
    York, Baker, Voorhis & Co. 1886. XL u. 554 S. 5 doll.
    50 ct.

Konstruktion und Interpretation sind synonyme Begriffe
und beide haben zum Zweck, aus den Worten, deren sich die
Kontrahenten bedient haben, den Willen und die Absicht derselben genau und sicher festzustellen. Es werden daher an der
Hand einer reichen Sammlung von Entscheidungen amerikan.
und engl. Gerichte die Regeln und Grundsätze entwickelt, welche
bei dieser juristischen Thätigkeit zur Anwendung kommen, und
wenn auch der Verf. in erster Linie Handelsgeschäfte im Auge
hat, so sind seine Ausführungen doch der Art, dass sie auf
Rechtsgeschäfte jeder Art Anwendung finden. Dieselben beziehen sich auf folgende Gegenstände: 1. Wem liegt die Auslegung eines Rechtsgeschäftes ob? Diese Frage ist von Wichtigkeit in allen Fällen, wo bei Beurteilung einer Streitsache die
Jury mitzuwirken hat, und es untersucht daher der Verf. genau,
welche Punkte von ihr festzustellen, und welche dagegen von
dem Richter zu beurteilen seien. 2. Welches R. ist zur Anwendung zu bringen, wenn die Absicht der Parteien selbst, auf
welche in erster Linie Rücksicht zu nehmen ist, nicht klar und
deutlich vorliegt? In Betracht kommen das R. des Ortes des
Vertragsabschlusses oder der Erfüllung und in gewisser Beziehung auch dasjenige des Gerichtes, bei welchem die Streitsache anhängig gemacht wird. Bei diesem Anlass werden einige
wichtige Fragen des internationalen Privat-R. einlässlich besprochen, namentlich die Rechtsverhältnisse, welche aus der Be-
gebung und der Zirkulation von Handelspapieren entstehen.
3. Die Kapitel 5—15 inkl. sind der Frage gewidmet, in wie
ferne, in welchem Umfange und mit welchen Beschränkungen
ein Zeugenbeweis zu Feststellung des Inhaltes eines schriftlich ab-
gefassten Vertrages verwendet werden könne. Dabei werden
namentlich folgende Punkte erörtert: unter welchen Umständen
und Voraussetzungen kann durch mündlichen Beweis der Sinn

und die Bedeutung von Worten festgestellt werden; wann könr
begleitende Umstände neben dem schriftlichen Vertrag Geg
stand des Beweises sein; kann ein Handelsgebrauch durch Zeug
bewiesen werden? Daran knüpfen sich einige Erörterungen ül
das Verhältnis eines konstatierten Handelsgebrauches zu einer
weichenden Vertragsbestimmung und über die notwendigen Vora
setzungen, unter welchen allein ein Handelsgebrauch angenomn
werden kann.   Sodann werden die Fälle untersucht, in welcl
durch Zeugenbeweis ein schriftlich abgeschlossener Vertrag
günzt oder als ein bedingter nachgewiesen werden soll, o
unter welchen Voraussetzungen und innerhalb welcher Schranl
er gegen den Inhalt eines solchen Vertrages zulässig ist. N
diesen Untersuchungen geht der Verf. in Kap. 16., 17. und 18.
Feststellung der Interpretationsregeln über, Auslegung der Wo
nach ihrem Sinn oder Wortlaut oder der konstatierten Absi
der Parteien, die Auslegung der einzelnen Teile des Vertra
mit Rücksicht auf das. Ganze, die Vereinigung angeblich o
wirklich widersprechender Bestimmungen, das Verhalten
Richters gegenüber Misschreibungen, Schreibfehlern etc.   ]
Auslegung von zweideutigen Bestimmungen wird daran auch
England und Amerika festgehalten, dass ein Vertrag so a
gelegt werden soll, dass er in Kraft bleibt und ein erlaub
Inhalt einem unerlaubten vorgezogen und in dubio gegen d
jenigen entschieden werden soll qui clarius loqui debuisset
potuisset.
        Die 2. Abteilung des Werkes beschäftigt sich mit einig
besonderen Regeln für besondere Verträge, namentlich Versic
rungs- und Bürgschaftsverträge, und mit den Wirkungen v
wesentlichen und unwesentlichen Veränderungen sowie von F
schungen auf die Parteien oder auf dritte gutgläubige Person
        Die Bedeutung der hier erörterten Fragen und Gegenstä
ist nicht auf diejenigen Länder beschränkt, in welchen die en
Sprache gesprochen und engl. R. angewendet wird, sondern
streckt sich weit über dieselben hinaus.   Die allgemeinen Reg
der Auslegung beruhen überall auf den nämlichen Grundsät
und hier werden sie nur auf besondere Verhältnisse angewen
Von einer Berufung auf r. R. ist nirgends die Rede, dage
werden alle früheren Urteile herbeigezogen, auf ihren Wert
prüft, miteinander verglichen und schliesslich aus dem vorh
denen Material die am allgemeinsten anerkannten Grunds
abgezogen und festgestellt.   Die table of cases weist ca. 2(
berücksichtigte Entscheidungen auf, daneben ist auch die en

amerikan. Litteratur, namentlich über das Beweis-R. sorgfältig
benutzt und wenn auf die deutsche Wissenschaft wenig oder
keine Rücksicht genommen worden ist, so wird dieselbe dagegen
gut thun um so mehr Rücksicht auf das amerikan. Werk zu
nehmen. **König.**

IV. Gerichtsverfassung und Zivilprozess.

Kohler, J. Ueber exekutorische Urkunden. Würzburg,
Stahel. 1887. IV u. 60 S. 2 M.

Im Auftrage der rechts- und staatswissenschaftlichen Fakultät der Universität Würzburg bringt K. als Festgabe zum
50jährigen Doktorjubiläum von v. Planck zwei Abhandlungen,
deren erste unter der Ueberschrift „Dogmatischer Teil" (S. 1
bis 41) das Rechtsinstitut der exekutorischen Urkunden im
allgemeinen und nach der R.Z.Pr.O. erörtert. Die exekutorische Urkunde wird zunächst vom legislatorischen Standpunkte
aus als eine im Interesse der Energie und Schneidigkeit des
Rechtslebens notwendige Einrichtung dargestellt; der Zwang
dürfe nicht überall bis zum Nachweise seiner Berechtigung auf-
geschoben werden und brauche es nicht, wo der verfolgte Anspruch in glaubwürdiger Weise, besonders in der Form notarieller Urkunde festgestellt erscheine. Unter Hinweis auf das
französ. R., welches die exekutorische Funktion stets als einen
natürlichen Ausfluss der authentischen Qualität der Notariats-
urkunde betrachtet, tadelt K. die Z.Pr.O., dass sie die Vollstreckbarkeit notarieller Urkunden von dem Unterwerfungsver-
trage abhängig mache, während diese Bedingung doch gegenüber den nicht mehr Garantieen bietenden gerichtlichen Ver-
gleichsurkunden nicht festgehalten werde. Im einzelnen finden
Erörterung: die Vollstreckungsgegenklage, mit welcher geltend
gemacht wird, dass ein exekutiver Angriff gegen jedes Vermögens-
gut (des Klägers) unstatthaft ist, und der Inhalt der Voll-
streckungsklausel, besonders mit Rücksicht auf §§. 664, 665 der
Z.Pr.O., wobei die Meinung vertreten wird, dass §. 664 sich
auch auf Fälle der Leistung Zug um Zug erstrecke. Den dogmatischen Teil schliesst die unter Ziff. 8 versuchte juristische
Konstruktion, welche in den Sätzen gipfelt: die juristische Grundlage der Vollstreckung sind formale Veranstaltungen, hier die

authentische Urkunde, die das R. als wahrscheinlich darstelle
und als formelle Motoren der Vollstreckung wirken. Wir hab
daher zu sagen: „Die garantierende Form ist der prozessua
Motor der Exekution." Die zweite Abhandlung (S. 42—60) lief
Beiträge zur Geschichte der exekutorischen Urkunde in Fran
reich, welche den Verf. wohl zu seinem Schlusssatze berechtige
dass wir mit der Einführung exekutorischer Urkunden nicht e
Experiment machen, sondern nur die Frucht einer jahrhunder
langen, bewegten Vergangenheit brechen.   Kleinfeller.

Bendix. Die deutsche Konkursordnung. Handausga
    für den praktischen Gebrauch bearbeitet. Düsseldo
    Schwann. 2 Mk., geb. 2 Mk. 50 Pf.

Obige Handausgabe enthält ausser dem Gesetzestext za
reiche Anmerkungen, „welche in knapper Fassung denselben
läutern und vornehmlich die allgemeinen Grundsätze klarstell
sollen". In denselben werden jedoch die einzelnen Vorschrift
des Gesetzes nicht im Zusammenhang erörtert und erläute
Vielmehr werden im wesentlichen die reichsgerichtlichen E
scheidungen mitgeteilt und wird ausserdem auf die einschlägig
Bestimmungen des bürgerlichen R. verwiesen. Hierbei wurd
bezüglich des preuss. R. die Lehrbücher von Dernburg u
Förster-Eccius, soweit es sich um das rhein. R. handelt, e
Handbuch von Zachariä und Cretschmar's „rhein. Zivil-R." l
rücksichtigt. Ausser der Konkursordnung wird das Einführun
gesetz zu derselben sowie das preuss. Ausführungsgesetz
beides ohne Anmerkungen — mitgeteilt. Auch ist ein Sad
register beigefügt.   Petersen

Hilse-Krecke. Formulare für Rechtshandlungen d
    freiwilligen Gerichtsbarkeit. 6. Aufl. Berlin, H
    mann. 1887. 439 S. 6 M.

Das genannte Buch ist längst bei allen Richtern und 1
taren bekannt und anerkannt. Es bedarf daher bloss einer H
vorhebung der in der neuen von K. herausgegebenen Aufl
gebrachten Veränderungen. Herausgeber hat zunächst eine E
leitung über die Form der Rechtsgeschäfte überhaupt und de
Aufnahme (Schriftform im allgemeinen S. 1—7; Form der Priv
urkunden S. 7—10; öffentliche Urkunden, A. gerichtliche Fc
S. 10—34, B. notarielle Form S. 34—48, C. Beurkundungen
derer Behörden S. 48—51) und über die Beschränkungen
Handlungsfähigkeit (S. 51—64) vorausgeschickt. Gerade in V

bindung mit den nun folgenden Formularen erscheint diese Neuerung sehr zweckmässig. An den nun folgenden Formularen ist wenig geändert, doch sind sie jetzt im Anschluss an das System des Zivil-R. geordnet. Die gesetzlich notwendige Form des betreffenden Rechtsgeschäfts ist bei jedem Formular in einer Anmerkung angegeben bezw. begründet. Diese Anmerkungen, die der instrumentierenden Person kurzen, aber umfassenden Aufschluss über das für die formelle und sachliche Fassung des Aktes massgebende R. geben sollen, sind grösstenteils umgearbeitet. Die Formulare administrativer Form sind als entbehrlich jetzt fortgelassen. Roedenbeck.

Wilson's Supreme Court of Judicature Acts, Rules and Forms with other Acts, Orders, Rules and Regulations relating to the Supreme Court, with practical notes. 5th ed. by M. Mackenzie and A. White. London, Stevens & Sons. 1886. XCIII u. 1092 S. 25 sh.

Dieses Werk enthält die verschiedenen Gesetze über die engl. Gerichtsverfassung, welche von 1873 bis 1884 erlassen worden sind. Die letzte wird zitiert als Supreme Court of Judicature Act 1884, während für die sämtlichen Akte von 1873 bis 1884 inkl. die Bezeichnung Supreme Court of Judicature Acts 1873 to 1884 gesetzlich bestimmt ist. Alle diese Judicature Acts, die sich gegenseitig ergänzen, sind vollständig abgedruckt unter Weglassung der aufgehobenen Bestimmungen und Anführung der vorgenommenen Aenderungen. Knapp gehaltene Anmerkungen verweisen auf andere Gesetze und Verordnungen oder dienen zur Erläuterung einzelner Bestimmungen, wobei ca. 1700 Fälle berücksichtigt werden. Indessen enthalten die Judicature Acts nur die allgemeinen Grundzüge, während das eigentliche Verfahren durch das Rules Comittee unter Vorsitz und Mitwirkung des Lordkanzlers festgestellt wird. Soweit sich diese Rules auf das Verfahren vor dem Supreme Court beziehen, wurden sie 1883 zuletzt festgestellt. Es sind im ganzen 72 Orders, welche sich auf alle Fälle des Verfahrens beziehen und auf S. 183—612 mitgeteilt werden, wobei seither eingetretene Aenderungen Berücksichtigung gefunden haben. Ferner werden abgedruckt die sogen. Appellate Jurisdiction Act, 1876, betr. das bei Weiterziehungen an das Oberhaus zu beobachtende Verfahren, samt dazu gehörigen Orders. Endlich teilt der Verf. ausser den üblichen Formularen noch die Erlasse mit, welche sich auf die finanziellen Verhältnisse der Gerichtshöfe beziehen, sowie auf die

Gerichtsschreibereien, die Gerichtstage in den Provinzen, die
Assisen u. s. w. Die W.sche Sammlung kann als das Urkunden-
buch zu Schusters „Bürgerlichen Rechtspflege in England" betrachtet werden (vgl. oben Bd. VII S. 71).   König.

V. Strafrechtswissenschaft.

Hertz, Ed. Voltaire und die französ. Strafrechtspflege
im 18. Jahrhundert. Ein Beitrag zur Geschichte des Auf-
klärungszeitalters. Stuttgart, Enke. 1887. X u. 530 S. 12 M.

In der mächtigen geistigen Bewegung des vorigen Jahrhunderts war die Opposition der aufgeklärten Geister in erster
Reihe gegen das alte, auf moraltheologischer Grundlage aufge-
baute Straf-R. und die von unglaublichem religiösen Fanatismus
und aller Menschlichkeit Hohn sprechender Intoleranz bestimmten
Exzesse der Strafjustiz gerichtet. Den werkthätigsten Anteil an
der durch unerträgliche Zustände verschuldeten Empörung der
Besten ihrer Zeit hatte Voltaire durch mutiges Eintreten für
schuldlos Verfolgte und ungerecht Bestrafte und durch uner-
müdliche Wirksamkeit für Verbreitung humaner Anschauungen
in der Rechtspflege genommen. Diesen Anteil Voltaires an jener
Bewegung, deren Früchte die heutigen Kulturvölker geniessen,
auf quellenmässiger Grundlage in ebenso gründlicher wie klarer
Weise geschildert zu haben, ist das Verdienst dieser neuesten
Arbeit von H., der als kriminalrechtlicher Schriftsteller in früheren Arbeiten gerade jenen Fragen, welche in der Reform des
Straf-R. des 18. Jahrhunderts die grösste Rolle gespielt haben,
näher getreten ist. Die erkenntnistheoretischen Gegensätze, welche
damals herrschten und den geistigen Kern der damaligen Kämpfe
bildeten, sind gerade, was die Strafrechtswissenschaft betrifft,
heute noch nicht völlig ausgeglichen, wenngleich dasjenige, um
was in jener Zeit mit dem Aufgebot der ganzen geistigen Kraft
des Jahrhunderts gekämpft wurde, in den Rechtszuständen des
heutigen Europa grossenteils als ruhiges Besitztum genossen wird.
Eine richtige Abschätzung des Wertes der H.schen Arbeit wird
diese nicht bloss als einen Beitrag zur Geschichte jener für die
Entwickelung des Straf-R. so bedeutsamen Epoche betrachten
dürfen; das Buch hat vielmehr auch seinen spezifischen Wert
für jene weit ausholenden Fragen, welche das Strafrechtsproblem

in der neuesten Rechtswissenschaft bilden. Auf der Bühne jener
weltgeschichtlich bedeutsamen geistigen Umwälzung wird uns
das Ringen der Wahrheit und Humanität gegen Fanatismus,
Willkür und Unmenschlichkeit mit dramatischer Wirkung geschildert. Um diese Wirkung zu erzielen, bedurfte es mancher
Exkurse, welche die Notwendigkeit des Kampfes und die Art
der Waffen, mit denen er geführt wurde, deutlich erkennen
liessen. So beginnt H. mit einer Darstellung des altfranzös.
Straf-R. und des Prozesses, wie er in der Ordonnanz vom Jahre
1670 seinen Abschluss gefunden hat; wir werden mit der ver-
derblichen Wirksamkeit der französ. Parlamente bekannt gemacht; wir lernen die Gründe kennen, aus welchen der von der
Aufklärungsphilosophie urgierte Reformgedanke zunächst nur in
engerem Kreise sich entfalten konnte; wie die juristische und
nichtjuristische Litteratur und selbst die Masse des Volks, die
doch am meisten den Druck herrschender Missbräuche empfinden
musste, nur langsam in die Bewegung eintrat. Auf dieser breiten
Grundlage und im Rahmen dieses kulturhistorischen Bildes gelangt dann Verf. zur Schilderung der Wirksamkeit Voltaires,
um dann in abschliessenden Ausführungen die strafrechtlichen
Ansichten desselben an geeigneter Stelle zu formulieren.

E. Ullmann.

VI. Kirchenrecht.

Kries. Die preuss. Kirchengesetzgebung nebst den wichtigsten Verordnungen, Instruktionen und Ministerialerlassen.
Danzig, Kafemann. 1887. XII u. 448 S. 6 M., gb. 7 M.

Die gesamte preuss. Kirchengesetzgebung ist in keinem
Werke so vollständig enthalten, wie in dem vorliegenden. Es
enthält für Wissenschaft und Praxis, für den Geistlichen wie
den Juristen das Material vom A. L.R. an bis zur Verwaltungsordnung vom 15./XII. 1886 und zum neuesten kirchenpolitischen
Gesetze. Abschn. I gibt das, insbesondere von Theologen in
ähnlichen Werken, vermisste A. L.R. II, 11 (S. 1—101) unter
Ersichtlichmachung der Aenderungen und Aufhebungen und Beifügung eines Kommentars. Abschn. II bringt die Bestimmungen
aus den Jahren 1815—1850, insbesondere die Bulle de salute
animarum und die Instruktionen etc. aus der Verwaltungsgesetz-
gebung jener Periode; Abschn. III die grundlegenden Verfassungs-

gesetze für die katholische und evangelische Kirche nebst den
dazu gehörigen Verordnungen; Abschn. IV die Gesetze etc. über
die Altlutheraner, Mennoniten, Baptisten und Altkatholiken.
Abschn. V enthält einen übersichtlichen Abdruck der kirchenpolitischen Gesetze — vgl. hierüber Theolog. Litteraturblatt 1887
S. 374 — und Abschn. VI bringt die neueren Kirchengesetze
und Instruktionen, betr. die evangelische Landeskirche (1880 bis
1886); hier finden wir alle wichtigen Gesetze der letzten Epoche,
insbesondere die auf Aemterwesen, Disziplin, Kirchensteuern und
Verwaltung des Vermögens bezüglichen. Die Verwaltungsordnung
und einige andere Gesetze dieses Abschnittes sind mit Randtiteln
versehen. Das Sachregister ist sehr übersichtlich.   Redaktion.

VII. Staats- und Verwaltungsrecht.

Wertheim, K.   Mehrheits- oder Verhältnisvertretung?
    Eine Wahlrechtsstudie. Nürnberg, Korn. 1887. 34 S. 50 Pf.

Aus dem Gedanken argumentierend, dass die blosse Abgabe
eines mit einem Namen beschriebenen Zettels, der hinterher —
vorausgesetzt, dass der Träger dieses Namens in einer wenn
auch noch so grossen Minorität geblieben ist — einfach ad acta
gelegt wird, nicht ernstlich als rechtliche Mitwirkung bei der
Bildung der Legislative bezeichnet werden könne, führt Verf.
der Proportionalvertretung das Wort, knapp, aber doch licht
voll und ziemlich frei von jener Ueberschätzung, die dem Gedanken des Minoritätenschutzes bisher mehr geschadet als genutzt
hat.   Stoerk.

Bornhak, C.   Die Kreis- und Provinzialordnungen des
    preuss. Staates nebst den Dotationsgesetzen.   Sy-
    noptische Ausgabe mit erläuternden Anmerkungen. Berlin,
    Heine. 1887. VI u. 280 S. 4 M.

Die durch die Kreisordnung für die altländischen Provinzen
Preussen, Brandenburg, Pommern, Schlesien und Sachsen von
13./XII. 1872 eingeleitete und durch die Gesetze vom 13./VII.
1883 und 1./VIII. 1883 über die allgemeine Landesverwaltung
und die Zuständigkeit der Verwaltungs- und Verwaltungsgerichts-
behörden für die genannten Provinzen zu einem gewissen Abschlusse gelangte Reform der preuss. Verwaltung ist in der

Weise in den letzten Jahren weitergeführt worden, dass für
Hannover, Hessen, Nassau, Westfalen und die Rheinprovinz am
6. bezw. 7./V. 1884, 7. bezw. 8./VI. 1885, 31./VII. bezw. 1./VIII.
1886, 30./V. bezw. 1./VI. 1887 besondere Kreis- und Provinzialordnungen, wenn auch mit wesentlich gleichem Inhalte, erlassen
wurden. Dem sich infolge dieses Ganges der Gesetzgebung ergebenden Bedürfnisse eines Gesamtüberblicks über den Inhalt
der verschiedenen Kreis- und Provinzialordnungen sucht die
B.sche Ausgabe dadurch zu genügen, dass im Texte die einander
entsprechenden Bestimmungen der einzelnen Kreis- und Provinzialordnungen — abgesehen von der noch nicht berücksich-
tigten Kreis- und Provinzialordnung für die Rheinprovinz —
hintereinander und zwar nach der Paragraphenfolge der altländ-
dischen Kreis- und Provinzialordnung aufgeführt werden. Aus
der am Schluss sowohl der Kreis- wie der Provinzialordnung
befindlichen synoptischen Tabelle ist ersichtlich, unter welchem
Paragraph der altländischen Kreis- bezw. Provinzialordnung
jeder einzelne Paragraph der anderen Kreis- und Provinzialordnungen zu suchen ist. In den sehr vielen Paragraphen beige-
gebenen Anmerkungen sind hauptsächlich die Entscheidungen
des Oberverwaltungsgerichts und die Erlasse der höchsten Verwaltungsbehörden berücksichtigt. Die Einleitung S. 1—13 gibt
einen kurzen Ueberblick über die Entstehung der preuss. Verwaltungsorganisation seit Anfang dieses Jahrhunderts. v. Stengel.

Bitter, v. Die Gemeindeverfassungsgesetze für die
   Rheinprovinz mit den neuen Verwaltungsgesetzen.
   (Ergänzungsband zu Brauchitsch, Die neuen preuss. Verwaltungsgesetze.) Berlin, Heymann. 1887. 350 S. 5 M.
   Das Werk von Brauchitsch ist in Bd. I S. 119 durch
v. Sarwey eingehend gekennzeichnet. Vorliegender Band enthält
das gesamte Gesetzgebungsmaterial für die Rheinprovinz, bezeichnet sich aber selbst insofern als Ergänzungsband, als nur
den nicht mit der Kreisordnung für die östlichen Provinzen übereinstimmenden Vorschriften der rhein. Kreisordnung eingehendere
Kommentierung zu teil, im übrigen das Hauptwerk vorausgesetzt wird. Der vorliegende Band enthält die rhein. Landgemeindeordnung von 1845 unter Verarbeitung der durch das
Gesetz von 1856 bewirkten Umgestaltungen, die Städteordnung
von 1856, die auf die Kommunalsteuern bezüglichen Gesetze vom
27./VII. 1885 und 29./VI. 1886, das allgemeine Landesverwaltungs-
gesetz und die rhein. Kreis- und Provinzialordnung mit den

Ausführungsinstruktionen etc., somit das vollständige Gesetzgebungsmaterial für das Gebiet der inneren Verwaltung in der
Rheinprovinz.   Redaktion.

Mabraun, H. Das Strombauverwaltungsgesetz. Gesetz,
  betr. die Befugnisse der Strombauverwaltung gegenüber
  den Uferbesitzern an öffentlichen Flüssen, vom 20./VIII.
  1883. Erläutert. Mit einer Karte. Berlin, Heymann.
  1887. 80 S. 1 M.
  Die 15 Paragraphen des obigen preuss. Gesetzes werden
von dem Verf. sowohl in administrativ-rechtlicher als auch in
technischer Hinsicht eingehend erläutert und kritisiert, wobei
eigene praktische Erfahrungen benutzt und die in reichsgerichtlichen und verwaltungsgerichtlichen Erkenntnissen vorhandenen
Materialien sorgfältig herangezogen werden. Der Hauptmangel
des auch redaktionell unvollkommenen Gesetzes besteht nach
dem Verf. darin, dass es der Strombauverwaltung die wichtigeren
Befugnisse nur hinsichtlich solcher künstlichen Anlandungen ein-
räumt, welche nach Inkrafttreten des neuen Gesetzes entstehen,
oder welche zwar schon vorher entstanden, aber damals noch
nicht vom Uferbesitzer durch Besitznahme zu Eigentum erworben
worden waren. Da nun in dem für die Massnahmen der Strombauverwaltung in Betracht kommenden Gebiete derartige künst-
liche Anlandungen vielfach mit natürlich gebildeten und mit
früheren, bereits vom Anlieger in Besitz genommenen Anlandungen im Gemenge liegen und eine Ausscheidung meist kaum
mehr zu bewirken ist, so wird ein zielbewusstes Vorgehen der
Strombauverwaltung bei Ausbildung und Nutzung der Anlandungen sehr erschwert, umsomehr als auch die Rechtsprechung
des Reichsgerichts in dieser Materie noch keine Klarheit geschaffen hat. Mit der neuen Zivilgesetzgebung wird, so hofft
der Verf., der Begriff der künstlichen Anlandung verschwinden
und an seine Stelle zur Abgrenzung der Befugnisse der Strombauverwaltung nach Rayons die von der Mittellinie des regu-
lierten Stromlaufs leicht berechnet werden können, gegriffen
werden.   Schenkel.

Meitzen, R. Die Vorschriften über die Klassen- und
  klassifizierte Einkommensteuer in Preussen. 2. neu-
  bearb. Aufl. Berlin, Heymann. 1887. VI u. 541 S. 10 M.
  gb. 12 M.
  Das vorliegende Buch, dessen 1. Auflage im Jahre 1878

erschien, bezweckt, die in betreff der genannten Steuern zur Zeit
in Preussen geltenden gesetzlichen und Verwaltungsvorschriften
den beteiligten Beamten und Privatpersonen in derselben Weise
zugänglich zu machen, welche in dem älteren, mit dem Jahre
1867 abschliessenden Werke Sentrups durch viele Jahre als praktisch brauchbar sich bewiesen habe. Dasselbe wird auch von
diesem Buche gesagt werden dürfen. v. Cuny.

VIII. Internationales Recht.

Holtzendorff, Fr. v. Handbuch des Völkerrechts auf Grund-
lage europäischer Staatspraxis unter Mitwirkung von
v. Bulmerincq, Caratheodory, Dambach, Gareis, Geffcken,
Gessner, Lammasch, Lueder, Meili, v. Melle, Rivier, Stoerk.
II. u. III. Bd. Hamburg, Richter. 1887. XII u. 671 S. u.
XV u. 797 S. Bd. II 22 M., Bd. III 30 M. (vgl. C.Bl. V, 252).
Die Absicht des Herausgebers, ein möglichst vollständiges
Rundgemälde von der Gesamtheit der im thatsächlichen Staaten-
verkehr zur Aeusserung und Anwendung gelangenden internationalen Rechtsgrundsätze zu bieten, kann nunmehr nach dem
im Sommer d. J. erfolgten Erscheinen des II. und III. Bandes
des Handbuches wohl als gelungen bezeichnet werden. Die Mitwirkung des Referenten an der Kollektivarbeit macht ihn nicht
des R. verlustig, zu konstatieren, dass die deutsche Rechtswissenschaft durch das vorliegende Werk wieder die Führung
übernommen hat, auf einem Gebiete, das ihr lange Zeit ent-
fremdet blieb. Der II. Band behandelt: die völkerrechtliche Verfassung und Grundordnung der auswärtigen Staatsbeziehungen.
Die Hauptarbeit auf dem Gebiete der prinzipiellen Fundierung
fiel hier v. H. zu; seine Ausführungen über den Staat als völkerrechtliche Persönlichkeit, seine Voraussetzungen, konstitutiven
Merkmale, Entstehung und Untergang etc., Grundrechte und
Grundpflichten geben den nachfolgenden Hauptstücken Richtung
und Zusammenhalt. Die Detailbehandlung der mit der „Rechtsnachfolge neu entstandener Staaten" verbundenen Rechtsfolgen
führt uns eine grosse Zahl, dem geschichtlichen Staatsleben
unserer Zeit entnommener praktischer Fragen vors Auge, welche
bisher in der Litteratur nicht die ihrer Wichtigkeit angemessene
tiefere Durchdringung gefunden hat. Das VII. Stück: Staatsverfassungen und Staatsverwaltungen in internationaler Hinsicht

nimmt die in der staatlichen Repräsentativgewalt des Staats-
oberhauptes liegenden Unterschiede zum Ausgangspunkt für eine
Gruppierung und Einteilung der Staaten überhaupt und für eine
lehrreiche Ueberschau der wichtigeren geschichtlichen Organi-
sationen der Repräsentativgewalt. Der gänzlich singulär gearteten Rechtstellung des Papsttums entspricht die in einem
besonderen (VIII.) Stücke von Geffcken gegebene eingehende
Studie über die souveräne Stellung des Papstes und über seine
geistlichen Regierungsrechte in fremden Staaten. Dieselbe
orientiert den Leser und den Studierenden über alle wesentlichen
Punkte der geschichtlichen Entwickelung dieser grossen Institution
bis zur Aufstellung des italien. Garantiegesetzes vom 13./V. 1871
dessen politische und staatsrechtliche Wirkungen einer knapper
Kritik unterworfen werden. Der systematische Gang des Werke
führt nun vom organisierten Staat zu dessen einzelnen Merk
malen: das IX. Stück, dem Landgebiet der Staaten gewidmet
gibt dem Verf., v. H., Anlass, alle für das Gebiets-R. entscheiden
den staats- und völkerrechtlichen Erscheinungen: die Grenz
verhältnisse, die Einwirkungen des Territorialitätsprinzipes au
bewegliche Güter, Erwerbs- und Verlustformen, die Streitfrage
der kolonialen Besitzergreifung als Unterart der Occupatio über
haupt, die Gebietszession etc. hier einer dogmatischen Durch
dringung zu unterziehen. Das mit der vorgenannten Materi
eng zusammenhängende Stromgebiets-R. und die inter
nationale Flussschiffahrt macht ein gewiegter Kenner de
einschlägigen Fragenkreises, der kaiserl. ottoman. Gesandte i
Brüssel, Dr. Caratheodory zum Gegenstande fachkundige
Untersuchung (X. Stück). Seine Prüfung der gegenwärtig gelten
den allgemeinen Grundsätze des internationalen Strom-R., de
Fortbildung der vom Wiener Kongress aufgestellten Postulat
durch die moderne internationale Stromgesetzgebung besitzt au
allen Punkten — wir verweisen aber insbesondere auf die Da
stellung der Rechtslage am Congo und am Niger, im Suez- un
Panamakanal, von den bisherigen Handbüchern wurden alle dies
Fragen kaum flüchtig gestreift — volle zeitgemässe Bedeutung
und seinen Urteilen wird auch da, wo sie Tagesfragen streife
Begründung und Konsequenz nicht abzusprechen sein.

Das Seegebiet und die rechtlichen Grundlagen für de
internationalen Verkehr zur See bearbeitet Stoerk im XI. Stück
und zwar sowohl die rechtliche Ordnung des internationale
Seeverkehrs innerhalb der Grenzen des Staatsgebiets als jenseit
derselben. Die Einzelausführungen betreffen hier die Küste un

die an derselben entstehenden Rechtsbeziehungen, die Territorial-
gewässer, die sachliche und räumliche Kompetenz des Uferstaates
zur rechtlichen Beherrschung der in seinen Eigengewässern befindlichen fremden Kriegs- und Kauffahrteischiffe, die rechtliche
Natur der Küstengewässer nach der in Gesetzgebung, Rechtsprechung und im internationalen Quellenmateriale zum Ausdruck gelangenden neueren Staatspraxis.   Im systematischen
Gange schliesst sich hieran als XII. Stück: „Das offene Meer",
und entwickelt hier die Rechtsbeziehungen zwischen den Mitgliedern der Staatengesellschaft auf hoher See: die prinzipiellen
Grundlagen der Meeresfreiheit, ihre Rechtsfolgen, sowie die kon-
ventionellen Rechtsverhältnisse auf freiem Meere.   Das profuse
Gesetzgebungsmaterial des öffentlichen See-R. hat Stoerk systematisch um die drei Begriffe: Schiff, Schiffer und Fahrt gruppiert
und demnach die hier einzielenden Rechtsinstitute in den drei
Rubriken behandelt: 1. Kontrolle der das Schiff betreffenden
Rechtsverhältnisse (Flagge, Schiffspapiere, Schiffsregister, Mess-
briefe etc.). 2. Einrichtungen zur rechtlichen Beaufsichtigung
der Schiffsbesatzung (Equipage, Musterung, Seemannsordnung,
Armenpflege, Krankenpflege, Mitnahme hilfsbedürftiger Seeleute etc.) und 3. rechtliche Kontrolle über den ordnungsmässigen
Verlauf der Fahrt (Seetüchtigkeit, Plimsollakt, Seestrassen-R.,
Seenot, Seeunfall etc.). Die Reihe der dem öffentlichen See-R.
gewidmeten Beiträge schliesst die eingehende Studie von Gareis
über die Interdiktion von Sklavenhandel und Seeraub
(XIII. Stück). Verf. zeigt uns schrittweise die geschichtliche
Entwickelung des nun fast hundertjährigen Kampfes der euro-
päischen Gesittung gegen den unmenschlichen Negerhandel, bis
zu seiner jüngsten mit der Congoakte abschliessenden Phase.
Die Erörterung des Seeraubs, seine begriffliche Abgrenzung u. s. w.
stellt diese in den meisten Lehrbüchern völlig unklar behandelte
Materie endlich auf scharfe, juristische Grundlagen.

Die Bearbeitung des letzten (XIV.) Hauptstückes über
Staatsunterthanen und Fremde gab dem Verf. (Stoerk) Anlass, des Nähern die rechtlichen Grundlagen für die Stellung des In-
dividuums innerhalb der Staatengesellschaft zu prüfen. Im Laufe
der Untersuchung gelangt er zum Begriffe des Völkerrechts-
indigenats, als dessen Voraussetzung er die Staatsangehörigkeit
bezeichnet. Die Personen als bewegliche Bestandteile des internationalen Verkehrs vollziehen den letzteren nun in den Grundformen der Auswanderung, der Ausbürgerung, der Einwanderung
oder der Einbürgerung. Jedes dieser Institute hat nun seine

eigene Geschichte und sein eigenes System, das Verf. in d
juristischen Grundlagen auseinanderzusetzen versucht hat.   I
schematische Uebersicht der aus dem Wechselspiel der bezeichnet
Institute sich ergebenden typischen Grundformen fasst die ‹
wonnenen Ergebnisse enger zusammen. Nähere Ausführung fand
in dem Abschnitte ferner die Rechtstellung des Inländers
Auslande und des Ausländers im Inlande, die Ausweisung, d
Wohnrecht etc. auf rechtsgeschichtlicher und rechtsvergleich‹
der Grundlage.   Die anormalen persönlichen Rechtsverhältni
innerhalb des internationalen Verkehrs bilden den Abschl‹
dieses Hauptstückes und des II. Bandes.

Der III. Band hat zum Gegenstande: die Staatsvertrü
und internationalen Magistraturen.   Die allgemein
Lehren des Vertragsrechts, die historische Uebersicht, Entstehu
und Zweck der Staatsverträge fielen Gessner zu, der mit vol
Sachkenntnis uns die Technik des Abschlusses in den Kult‹
staaten vor Augen führt und die Bedeutung scharf hervortret
lässt, die den Staatsverträgen als Grundlagen der heutigen int-
nationalen gesellschaftlichen und wirtschaftlichen Entwickelu
zukommt.   Im besonderen Teil der Lehre erörtert Geffcken ‹
Garantie- und Bündnisverträge unter Verwertung eines u
fassenden Quellenmaterials.   Zahlreiche aus der zeitgenössisch
Geschichte herangezogene Beispiele geben seiner Darstellu
Lebendigkeit und Leuchtkraft der Argumentation.

Im XVIII. Stück zergliedert W. v. Melle das System ‹
Handels- und Schiffahrtsverträge von den Ausgangspunkten sei‹
Entwickelung bis auf unsere Zeit; zumeist liegt der Schwerpur
allerdings mehr in den volkswirtschaftlichen Betrachtungen,
geographisch-statistischen Angaben etc., deren Unerlässlichkeit
Rahmen des grossangelegten Handbuchs gewiss nicht in Abr‹
gestellt werden kann.   Das juristische Moment tritt erst wie‹
merklicher hervor in den Ausführungen über Abschluss u
Beendigung der Verträge, über die Natur der Meistbegünstigun
klausel u. s. w.   Sehr störend wirkt der vielfache Mangel
stimmter Quellenangaben und -verweisungen auf das R.G.
Martens' Recueil fehlt im litterarischen Apparat des V‹
gänzlich.   Völlig neu im Rahmen der völkerrechtlichen Le
bücher ist das Kapitel über Eisenbahnverträge, das durch Me
eingehende und scharfsinnige Darstellung gefunden hat.   V‹
führt uns mit Hilfe streng juristischer Gedankenarbeit sicl
durch ein wenig betretenes und von mannigfachen Kontrover‹
durchzogenes Gebiet und zeigt uns in trefflicher Knappheit

Ansetzstellen für die weitere künftige Entwickelung der Materie. (Diese Arbeit Meilis ist auch als Sonderabdruck erschienen.) Die „Post- und Telegraphenverträge" sind durch die sachkundige Hand Dambachs gleichfalls in ausgezeichneter Knappheit der Darstellung und doch als abgeschlossene juristische Monographie dem Handbuch eingefügt worden. Der überaus schwierige und bei dem heutigen Stande der Praxis für den Gesamterfolg des Handbuches mit Ausschlag gebende Stoff, der die Rechtshilfe und Auslieferung betreffenden Staatsverträge fand in Lammasch den geeigneten Vertreter. Die Stoffgruppierung ist eine durchaus den sachlichen Anforderungen angepasste. Zunächst wird im 1. Teile die Rechtshilfe in Zivilstreitsachen als ein wesentlicher Teil der internationalen Verwaltungspflege eingehend in ihren Elementen im Zusammenhang ihrer Teilerscheinungen und in ihren Rechtseffekten aufgezeigt. Fragen, an welchen namentlich die fremdländischen Bearbeiter der in der völkerrechtlichen Litteratur so zahlreichen „Praxis de droit international privé" achtlos vorübergehen, wie: Begriff der Jurisdiktionsverträge, das Mass ihrer rückwirkenden Kraft, internationale Kompetenzregulierung, Vollstreckung ausländischer Schiedssprüche; im 2. die Auslieferungsverträge behandelnden Teil: finden Begriffsbestimmung der Auslieferung, Grenzen der letzteren, Auslieferung der Inländer, das Verfahren etc., durch Lammasch mit der schon an anderer Stelle gewonnenen Legitimation (C.Bl. VI, 464) volle juristische Klarstellung. In den sorgfältigen Litteraturangaben hat Verf. nachfolgenden Bearbeitern dieses Rechtsgebietes den Weg geebnet. Den Abschluss des Vertragsrechts bildet die Studie Dambachs über die Konventionen zum Schutze des Urheberrechts, des Muster- und Markenschutzes und des Patent-R. Es ist für die Vollständigkeit des Handbuches von grossem Nutzen, dass der gelehrte Vertreter des Deutschen Reiches bei den internationalen Konferenzen, welche nach dreijähriger intensiver Arbeit zur Gründung einer Union internationale pour la protection des œuvres litteraires et artistiques geführt haben (1. Berner Konvention vom 9./IX. 1886), den hier bestehenden Rechtszustand, seine Leistungen und Lücken, wenn auch nur in kurzen Umrissen, aber mit authentischen Angaben umschrieben hat.

Die bei jedem genossenschaftlichen Zusammenwirken zur Ausführung eines litterarischen Plans unvermeidliche — und jedenfalls nicht dem Herausgeber zur Last fallende — Ungleichheit der Raumverhältnisse bringt es im vorliegenden Falle mit sich,

dass während das Thema der Staatsverträge volle 600 Seit
des III. Bandes in Anspruch nimmt, die internationalen Ma
straturen in kaum einem Drittel dieses Umfanges ihre konzi
Darstellung finden konnten. Geffcken s „Gesandtschafts-R. u
die diplomatischen Verkehrsformen" machen das Thema d
XXIII. Stückes aus. Verf. bewältigt den überreichen Stoff
einem Grundriss der geschichtlichen Entwickelung, einer i
einzelne gehenden Schilderung des technischen Ganges der dip
matischen Amtsverwaltung, der hierarchischen Ordnung d
diplomatischen Funktionäre etc. Der von Geffcken vorg
nommenen Auflösung der eximierten Rechtstellung des Gesandt
in eine Reihe von Privilegien, insbesondere der von ihm fe
gehaltenen Unterscheidung des Privilegs der Exterritorialität u
des einer besonderen Unverletzlichkeit haben wir bereits an ander
Stelle unseren Widerspruch entgegengestellt, da uns in der Th
die ganze Theorie von einer — abgesehen von den juristisch
Wirkungen der Exterritorialität konstruierbaren — besonder
Unverletzlichkeit dermalen jedes juristischen Grundes zu entbehr
scheint. Dem Thema über „Kongresse und Konferenzen" h
Verf. auf Grund reicher Quellenkenntnis vielfach aus der ze
genössischen Geschichte geschöpfte neue interessante Gesich
punkte abzugewinnen vermocht, wie sich denn überhaupt
ganze Beitrag Geffckens durch lebendige anregende Darstellu
des oft behandelten Stoffes auszeichnet.

Das wichtige Hauptstück über das Konsular-R.
den gewiegten Kenner dieser geschichtlich alten und doch imn
wieder in neuem Flusse befindlichen Materie, v. Bulmerin
zum Autor. Mit kurzen orientierenden Angaben skizziert V
Ursprung und Entwickelung des Konsularwesens, Zweck, Aufg
und Vorbildung des Konsuls. Dem letzteren Punkte insbesond
widmet v. Bulmerincq wiederholt Worte ernster Kritik, da
in ihm — und mit vollem Rechte — den Eckstein für die ga
künftige Leistungsfähigkeit des Institutes erblickt. Bei
örterung der konsularischen Aemterorganisation, Arten
Konsuln, Begründung ihrer Amtsstellung, Exequatur, Beer
gung der Wirksamkeit etc. treten die juristischen Elemente
behandelten Einrichtungen scharf hervor, so dass der Zusamm
hang derselben mit dem System der gesamten internation
Rechtsordnung klar erkennbar wird. Die beiden Kapitel ü
R. der Konsuln und Funktionen derselben erhöhen den p
tischen Wert des Handbuches beträchtlich durch die kunstv
Art des Aufbaus, mit dessen Hilfe es v. Bulmerincq gelun

ist, in die fast unübersehbare Mannigfaltigkeit der Attribute
und Amtsbefugnisse der Konsuln in allen Ländern systematische
Ordnung und Uebersichtlichkeit zu bringen. Wer auch nur einmal Anlass gehabt hat, sich von der unorganischen Anhäufung
des nackten Quellenmaterials, z. B. bei Beach-Lawrence, unbe-
friedigt abzuwenden, wird des Verf. mühevolle konstruktive Arbeit besonders schätzen. Derselbe hat durch eine fast lückenlose
Verwertung des Gesetzes- und Vertragsmaterials unsere Einzel-
kenntnisse erweitert und damit zugleich einen wertvollen Beitrag
geliefert zur Lösung eines Problems, das im engsten Zusammenhang steht mit den wichtigsten Fragen unseres Verkehrslebens.

Stoerk.

IX. Hilfswissenschaften.

Lange, L. Kleine Schriften aus dem Gebiete der klassischen Altertumswissenschaft. 2 Bde. Göttingen,
Vandenhoek & Ruprecht. 1887. XL u. 429, 641 S. 10 u. 15 M.

Die Sammlung ist von K. Lange in Göttingen, im wesentlichen unter Beschränkung auf die von L. zur Herausgabe bestimmten Schriften, zusammengestellt und mit einer biographischen Einleitung versehen. Vorangestellt sind im 1. Band einige
Reden und Vorträge allgemeineren Inhalts, welche dem Herausgeber für die wissenschaftliche Methode L.s charakteristisch erschienen. Unter diesen ist für den Rechtshistoriker von Interesse eine Rede über das röm. Königtum, in welcher der Nachweis eines bestimmten Wahlmodus und einer bestimmten Beschränkung der Souveränität des Königs versucht wird.

Es folgen, den Rest des 1. Bandes und den ganzen 2. Band
ausfüllend, eine Reihe von Abhandlungen und Rezensionen aus
dem Gebiete der röm. Staatsaltertümer, welche samt und sonders
für die Juristen, die sich mit der Geschichte der röm. Verfassung
beschäftigen, von Bedeutung sind. Die betreffenden Abhandlungen bilden nach der Absicht des Verf. selbst eine Ergänzung
zu seinem Handbuch der röm. Altertümer. Unter den Abhandlungen speziell mögen für den Juristen hervorgehoben werden:
aus dem 1. Bande diejenige über die ossaische Inschrift der ta-
bula Bantina und die röm. Volksgerichte. Im 2. Band berühren
allgemein interessante Themata die disputatio de consecratione capitis et bonorum, worin die allmähliche Entwicklung des Sacertät-
begriffs, die Kombination der Sacertät mit weltlichen Strafen und

das schliessliche Ueberwiegen der letzteren, dargelegt wird, fer
die beiden commentationes de patrum auctoritate, in welcl
die bekannte Streitfrage, ob die patres, deren auctoritas '
alters her zu gewissen Akten verlangt wurde, die Senato
oder sämtliche Häupter der patrizischen gentes gewesen sei
behandelt und in letzterem Sinne entschieden wird. Unter ᴉ
Rezensionen verdient als charakteristisch für den Standpu
L.s in methodischer Beziehung hervorgehoben zu werden
Kritik des 1. Bandes von Mommsens röm. Staats-R. Der
zensent stellt darin die dogmatisch-juristische Behandlung Mon
sens der historisch-antiquarischen Behandlung gegenüber ᴜ
verteidigt die Gleichberechtigung der letzteren, ohne anzu
kennen, dass wenn die Römer selbst innerhalb ihres Staats
mit festen juristischen Begriffen und mit juristischen Konstr
tionen operiert haben, diese Thatsache bei keiner Darstellᴜ
des röm. Staats-R. unberücksichtigt bleiben darf.

M. Rümelin (Bonn)

B. Zeitschriftenüberschau.

Nouvelle Revue historique de dr. français. XI. 5. Esmein
chose jugée dans de droit de la monarchie franque. Be
douin, la participation des hommes libres au jugement dan
dr. franç. Planiol, l'assise au comte Geffroi (lin).
Revue celtique. VIII. 1. 2. Jubainville, recherches sur l'orig
de la propriété foncière et de noms de lieu en France.
antiquité des compositions pour crime en Irlande.
Preuss. Jahrbücher. 1887. Goldschmidt, O. Stobbe.
Archiv f. zivil. Praxis. LXX. 3. Kohler, Verpflichtung d. Päch
e. Geschäftsetablissements. Aufgabe d. Jurisprudenz im Industrie
Zeitschr. f. Privat- u. öffentl. R. XIV. S. 207—217. Kohl
ist ein Autorschutz bei Herausgabe e. Ineditums zu befürwort
Zeitschr. f. französ. Zivil-R. XVIII. 1. Kohler, Schenkung o
Gemeinschaftsklausel. 2. Kohler, rapport des dettes.
Zeitschr. f. Berg-R. Steinbrinck, z. Gesetz v. 24./V. 1887 b
rhein. Hypothekar-R. Schultz, d. westfäl. Bergwerkschaftska
Preuss. Gesetz v. 31./V. 1887 Berggrundbücher in Oberhesse
Jurist. Blätter. XVI. 42—44. Meissels, d. Unwirksamerklär
v. Feilbietungen nach §. 28—31 (österr.) Gesetz v. 10./VI. 1ℇ
42. 43. S. Mayer, Beiträge z. Verteidigung d. Jury.
Oesterr. Centralbl. f. d. Praxis. V. 10. Geller, z. Exekutiᴄ
novelle. Zwei Fragen aus d. Lehre v. Wucher. (Beiheft: C
f. Verwaltungspraxis. III. 10. Grossmann, z. Frage d. Kos
ersatzes im Administrativverfahren.
Rechtsgeleerd Magazijn. VI. 6. De Sitter, de rechtspersoonl
heid in het Ontwerp tot herziening v. h. B. Wetboek. Straf-
civielrechtelijke verantwoordelijkheid van technici bij de uitvoer
van werken.

Rechtsgeleerde Bijdragen en Bijblad. Jg. II. Afd. A. Afl. 2.
v. Bemmelen, zakelijk recht van gebruik. Bake en Hingst,
goederen en zaken. Hingst, twee keerpunten in het rechtsonder-
wijs aan de Duitsche academies. Literatuur.
Themis. Dl. 48. Nr. 3. Mom Visch, opmerkingen over art. 37
al. 2 W. v. Sr. en over het gerechtelijk-psychologisch onderzoek
in strafzaken. Biederlack, art. 588 al. 2 B. W. Gockinga,
de rechtsmiddelen van schuldeischers van eene onder voorrecht
van boedelbeschrijving aanvaarde nalatenschap. Land, het ontwerp tot herziening van het Burgerlijk Wetboek, II. Boekbeoordeelingen. Berichten. Dl. 48. Nr. 4. v. Manen, een paar
vragen betreffende praesidiale bevelschriften tot beslaglegging.
Déking Dura, over balansen van naamlooze vennootschappen.
Boekbeoordeelingen.
Le Moniteur des Assurances. Octobre. Assurances contre les accidents. Les Assurances aux Expositions.
La France Judiciaire. Octobre. De la conciliation. Aperçu juridique sur l'exercice du droit d'auteur.
Revue des Sociétés. IX et X. Sept.—Oct. Revue de Jurisprud.
fiscale. Du rachat des actions par les Sociétés. Des conseils
d'administration. Les Sociétés chinoises et l'Inde-Chine française.
Revue Judiciaire (Suisse). IV. 19. Diffamation par la voie de la
presse (Affaire de M. Welti). 20. Loi sur la poursuite et la
faillite.
Rivista italiana per le sc. giuridiche. IV. 1. Caporali, della
violenza come motivo del testamento. Ascoli, contributo alla
teoria della confusione e commissione in dir. romano. Zocco-
Rossa, una nuova lettura de frammenti del lib. IX dei Re-
sponsa Papiniani rinvenuti in Egitto. Chironi, Rivista critica
di giurisprudenza ital. Successioni Donazioni.
Archivio giuridico. XXXIX. 1.—3. Bertolini, a chi e contro chi
competa l'interdetto Salviano. Gandolfo, la efficacia delle ec-
cezioni parziarie nella procedura civile romana classica. Min-
guzzi, del metodo negli studi politici. Grasso, l'urto di navi
nel dir. commerciale ital. ed internazionale. Frugoni, la sotto-
scrizione nelle cambiali. Lordi, Art. 756 e 820 del codice civ.
Castori, rivista di giurisprudenza penale.
Antologia giuridica. II. 1. 2. Fadda, intorno ed un preteso an-
tico ius respondendi. Brugi, sul l'abuso e i difetti della bibliografia. Todaro, i diritti del conjuge superstite nel dir. germanico. 3. De Mauro, stupor violento. Ruta, le limitazioni le-
gali del dominio.
Il Filangieri. XII. I, 3. Vidari, prog. di legge per le società di
assicurazioni sulla vita. Buccellati, prog. del Cod. penale.
Gambirasio (S. 148—168), il libero arbitrio difeso contro le
teoria di E. Ferri. Vidari, über d. Rechtsunterricht in den Ly-
zeen (enthalten auch in Rendiconti del Ist. Lombardo XX).
Revista general de legislacion y jurisprudencia (Madrid). 1887.
März bis Mai. Antequerra, la codificacion moderna en Espana.
März, April. Salillas, la vida penal en Espana. April, Mai.
Maluquez y Salvador, el derecho hispano-americano en la
bibliografia espanola. Mai. Gestosa y Acosta (S. 584 f.), va-
lidez de las presas maritimas.
The China Review. XV. 3—4. Eitel, the law of testamentary
succession as popularly understood and applied in China.
Nord u. Süd. 1887. Juni. Brückner, Geschichte d. Meinungen
über die Todesstrafe.

Tijdschrift voor Strafrecht. Dl. 2. Afl. 1. De Ridder, ov
schrijding van de grenzen der noodzakelijke verdediging. „Pr
ticus", overschrijding van het wettelijk begrip van inklimmi
De Pinto, eed vóór of na de getuigenis? Beaujon, een
vragen omtrent desertie, naar aanleiding der wet van 14 Fe
1887. Nypels, de straffen en de lijfsdwang in zaken van rij
belastingen.
Rivista penale. XXVI. 1. Barsanti, dei delitti politici in Roi
Fiocca, sul lenocinio del marito.
Rivista di giurisprudenza. XII. 3—5. Pugliese, del delitto i
lettivo. Contuzzi, le varie materie della legislazione pen
considerate del punto di vista del dir. canonico.
Archivio di psichiatria etc. VIII. 3. Lombroso, l'ipnotismo
plicato alla proc. penale. Alongi, spettacoli e coltellate in
cilia. Garofalo, la riparazione del danno alle vittime del deli
Protestant. Kirchenzeitung. 1887. 20. 21. Baur, d. Verhält
v. Kirche u. Staat. 22. 23. Hinschius, über d. Staat n.
kathol. Kirche in Preussen.

C. Neue Erscheinungen.

Vom 16. Oktober bis 15. November 1887 erschienen oder bei d
Redaktion eingegangen (letztere mit * bezeichnet).

1. Deutsche Bücher und Broschüren.

*Czyhlarz, K. v., d. Eigentumserwerbsarten d. Pandektentitels
adquirendo rerum dominio 41, 1. 1. Bd. (Aus „Glücks F
dektenkommentar".) Erlangen, Palm & Enke. XII u. 628
12 M. 80 Pf.
David, Fr., v. d. Unteilbarkeit d. Servituten. Inaug.-Diss. Tübin
Fues. 42 S. 80 Pf.
*Endemann, F., üb. d. zivilrechtl. Wirkung d. Verbotsgesetze n
gem. R. Leipzig, Fues. III u. 128 S. 3 M.
*Endemann, W., d. deutsche Handels-R. Systemat. dargest. 4. v
Aufl. Leipzig, Fues. XII u. 795 S. 16 M.
Ertl, M., d. österr. Unfallversicherungsgesetz. Die Genesis u
wesentl. Bestimmungen desselben im Vergleiche mit d. Un:
gesetzgebung anderer Staaten, insbes. Deutschlands. Wien, T(
litz & Deuticke. III u. 95 S. 1 M. 60 Pf.
*Franz, Notariat u. freiwillige Gerichtsbarkeit in Elsass-Lothrin
(Aus „Deutsche Notariatsztg.") Nördlingen, Beck. 44 S. 8(
Geschichtsquellen d. Prov. Sachsen u. angrenzende Gebiete. H
v. d. histor. Kommission d. Prov. Sachsen. 14. Bd. 2. Tl. H
Hendel. 14 M.
Inhalt. Hertel, die hall. Schöffenbücher. 2 Tl. (1401—1460). VI
639 S. 1. u. 2. 50 M. 50 Pf.
*Glück, Chr. Fr. v., ausführliche Erläuterung d. Pandekten i
Hellfeld, e. Kommentar, fortges. v. Ch. F. Mühlenbruch, E. I
K. L. Arndts v. Arnesberg u. nach deren Tode neben H. Bu
hard, B. W. Leist, J. Salkowski, A. Ubbelohde v. K. v. Czyh
(Vgl. oben Czyhlarz.)
Kompillan, A. Mages Frhr. v., d. Justizverwaltung in Tirol u.
arlberg in d. letzten hundert Jahren. Festschrift z. Eröffr
d. neuen Justizgebäudes in Innsbruck. Innsbruck, Wagner. 1
(Vgl. Jurist. Bl. XVI S. 527.)

*Lammfromm, H., z. Geschichte d. Erbschaftsklage. Tübingen, Laupp. VIII u. 143 S. 3 M.

Lindner, Th., d. Veme. Paderborn, Schöningh. 692 S. 12 M.

*Maschke, R. (histor. Untersuchungen. Hrsg. v. J. Jastrow. 8. Hft.) Berlin, Gärtner. 1888.
Inhalt. Der Freiheitsprozess im klassischen Altertum, insbesondere der Prozess um Verginia. XII u. 191 S. 6 M.

Menzen, C. D., Lamprechtsches Statut. Das partikularrechtl. ehel. Güter-R. u. Erb-R. d. vormal. Reichsgrafschaft Sayn-Altenkirchen. Nebst einleit. Bemerkungen hrsg. 2. Aufl. Bonn, Hanstein. 71 S. 3 M.

Parey, K., Handbuch d. preuss. Verwaltungs-R, 2. Bd.: Das Verwaltungs-R. 1. Abt. Berlin, Heine. 112 S. 2 M.

Schmidt-Scharff, A., d. Warenpapier beim See- u. Binnentransport. Frankfurt, Knauer. IV u. 65 S. 2 M.

*Stachow, H., Einführung in d. Thätigkeit d. Staatsanwalts. Berlin, Puttkammer & Mühlbrecht. 1888. IV u. 43 S. 1 M.

Aurbach, O., d. evangel. Kirche im neuen Deutschen Reiche. 2. bill. Ausg. Prenzlau, Biller. 1888. VIII u. 194 S. 2 M.

Hugelmann, K., d. Centralisation d. Amtsbibliotheken in Wien. (Aus „Oesterr. Zeitschr. f. Verwaltung".) Wien, Manz. 19 S. 40 Pf.
Die Broschüre bringt interessante Daten über die zahlreichen aus den verschiedensten Sammlungen hervorgegangenen Amtsbibliotheken Wiens u. befürwortet, unter Hinweis auf die grosse Belastung der Universitätsbibliothek, die Schaffung eines für alle Ministerien etc. gemeinsamen Centralinstituts in der Bibliothek des Ministerratspräsidiums. (Vgl. Oesterr. Ger.-Zeitg. 1887. Nr. 41.)

Walcker, K., Handbuch d. Nationalökonomie. 4. Bd. Leipzig, Rossberg. 1888. 7 M.
Inhalt. Finanzwissenschaft mit besond. Berücksichtigung der deutschen Reichs-, Staats- u. Gemeindesteuerfragen. 2. verb. u. verm. Aufl. XIII u. 446 S.

— dasselbe. 5. Bd. Ebd. 2 M.
Inhalt. Geschichte der Nationalökonomie u. des Sozialismus. 2. verb. Aufl. X u. 79 S.

Zeitfragen, soziale. Neue Folge. Hrsg. v. Th. Müller. 17.—23. Hft. Minden, Bruns. 1888. 9 M. 15 Pf.
Inhalt. 17. Huber, Ausbau u. Reform d. Krankenversicherungsgesetzes. VIII u. 116 S. 2 M. 50 Pf. 18. Schön, d. deutsche Auswanderung u. Kolonisation. 38 S. 80 Pf. 19. Meinardus, d. deutsche Gymnasium u. seine Zukunft. 43 S. 80 Pf. 20. Koch, d. Einfluss d. sozialen Missstände auf d. Zunahme d. Geisteskrankheiten. 64 S. 1 M. 50 Pf. 21. Meinardus, d. Bedeutung d. Musik im sozialen Leben d. deutschen Volkes. 50 S. 1 M. 25 Pf. 22. Richter, Lebenshaltung u. Sterblichkeit in d. grossen Städten, nebst Erörterung d. sozialen Pflicht bessernder Wirksamkeit. 64 S. 1 M. 50 Pf. 23. Gerdolle, soll Lothringen unser Irland werden? 36 S. 1 M. 00 Pf.

2. Ausgaben von Gesetzen, Entscheidungen etc.

Entscheidungen. Rechtsprechung, die, d. k. k. obersten Gerichtshofes aus d. J. 1884 in Zivil-, Handels- u. Wechselsachen, einschliesslich d. Advokaten- u. Notariatsordnung, gesammelt aus allen deutschen u. nichtdeutschen Fachzeitschriften v. G. Roztocil. 2 Bde. Wien, Perles in Komm. VII u. 1480 S. 10 M.

Examinatorien. Conradi-Kreutzlins Examinatorium f. d. Subalternbeamten d. kgl. preuss. Justizbehörden. Hilfsbuch zur Vorbereitung auf d. Examina u. f. d. Praxis im materiellen u. formellen R. mit Einschluss d. Kassen- u. Rechnungswesens. 7. wesentlich verb. u. verm. Aufl., bearb. v. J. Wollenzien. (In ca. 11 Lfgn.) 1. u. 2. Lfg. Breslau, Kern. S. 1—192. à 1 M. 50 Pf.

Kalender. Notizkalender f. Hochschulen (jurid. Fakultät) pro 1888.
Wien, Perles. III u. 58 S. 2 M. 80 Pf.
Terminkalender f. d. Schultj. 1888. Düsseldorf, Bagel. 216 S. 1 M.
50 Pf.
Terminkalender, preuss., f. d. J. 1888. Red. im Bureau d. Justiz-
ministeriums. 36. Jahrg. Mit einer (lith. u. kolor.) Karte des
Oberlandesger.-Bez. Hamm. Zum Gebrauch f. Justizbeamte. Berlin,
Decker. VIII, 148 u. 369 S. 3 M.
Lemcke, O., Katechismus d. Versicherungswesens. 2. verm. u. verb.
Aufl. Leipzig, Weber. VIII u. 228 S. mit 1 Portr. 2 M. 40 Pf.
Prozess, der, Thümmel-Wiemann vor d. Reichsgericht zu Leipzig am
13./X. 1887. Nach stenograph. Aufnahmen. Düsseldorf, Bagel.
59 S. 50 Pf.
— dasselbe. Genaue stenograph. Aufnahme d. „Westd. Zeitung".
Barmen, Wiemann. 66 S. 50 Pf.
Repertorien. Pugneth, J., Repertorium f. d. Kirchenpfründen u.
Stiftungsverwaltungen, enth. Belehrungen, Vorschriften, Verord-
nungen u. Gesetze, sowie Entscheidungen d. k. k. Verwaltungs-
gerichtshofes u. d. k. k. Reichsgerichtes in kirchl. Verwaltungs-
angelegenheiten. Mit besond. Berücksicht. d. tirol. Diözesen in
alphabet. Reihenfolge zusammengestellt u. hrsg. Meran, Jandl.
186 S. 1 M. 60 Pf.
Stöhr, K., Repertorium d. Kirchen- u. Schulgesetzgebung d. Herzogt.
Sachsen-Altenburg. Altenburg, Bonde. 56 S. kart. 1 M.
Repetitorium d. allgemeinen u. deutschen Staats-R. v. Meister.
Für Studierende u. Prüfungskandidaten. Göttingen, Vandenhoeck
u. Ruprecht. 44 S. 80 Pf.
Schicker, K., d. Polizeistraf-R. u. Polizeistrafverfahren im Königr.
Württemberg. 2. Aufl. 1. Tl. Stuttgart, Kohlhammer. IV u.
287 S. 3 M.

Deutsches Reich. Sprengstoffgesetz etc. Neuwied, Heuser. 30 Pf.
Höinghaus, R., deutsches Reichsmusterschutzgesetz, nebst Gesetz
betr. Schutz d. Photographien u. Gesetz betr. Urheber-R. an
Werken d. bildenden Künste. Ergänzt u. erläutert durch die
amtl. Materialien d. Gesetzgebung. Mit Anh. Berlin, Mecklen-
burg. 98 u. Anh. 31 S. 1 M.
Haas, R., d. Reichsgesetze v. 25./VI., 5. u. 12./VII. 1887, über I. d
Verkehr mit blei- u. zinkhaltigen Gegenständen, II. d. Verwen-
dung gesundheitsschädl. Farben bei d. Herstellung v. Nahrungs-
mitteln etc., III. d. Verkehr mit Ersatzmitteln für Butter, mit
Ausführungsbestimmungen, nebst einem Anh., d. Gesetz, betr. d
Abänderung d. Nahrungsmittelgesetzes v. 29./VI. 1887, enth. Mit
Einleitung, Erläuterungen, techn. Materialien u. Sachregister.
bearb. u. hrsg. Nördlingen, Beck. X u. 295 S. 2 M. 80 Pf.
Stupp, M., Handbuch d. Unfallversicherung. Beschlüsse u. Entschei-
dungen, sowie Verordnungen, Bekanntmachungen u. sonst. Pub
likationen auf diesem Gebiete bis Ende 1885. Nebst ausführl
Sachregister hiezu. 1. Jahrg. München, Franz. IV u. 252 S. 3 M
*Fuld, L., Reichsgesetz, betr. d. Unfallversicherung d. bei Bauter
beschäftigten Personen, v. 11./VII. 1887. Erläutert v. L. F. Berlin
Vahlen. VIII u. 149 S. 2 M.
Schmitz, J., Uebersicht d. f. d. sämtl. deutschen Bundesstaaten in
Gemässheit d. §. 8 d. Reichsgesetzes betr. d. Krankenversicherung
d. Arbeiter v. 15./VI. 1883 festgestellten ortsüblichen Tagelöhne
gewöhnlicher Tagearbeiter. 2. Aufl. Neuwied, Heuser in Komm
1888. VI u. 67 S. 6 M.

Schönfeld, d. Besteuerung d. Branntweins innerhalb d. Deutschen
Reiches. Zusammenstellung d. Gesetze v. 24./VI. 1887, v. 8./VII.
1868 u. v. 19./VII. 1879 einschl. d. Ausführungsbestimmungen,
hrsg. u. erläutert. Mit 1 Taf. Berlin, Siemenroth. 1888. VII u.
162 S. 1 M. 50 Pf.
Kirsch, L., d. neue Branntweinsteuergesetz v. 24./VI. 1887, eingel.
u. erläutert. Karlsruhe, Macklot. 70 S. 1 M.
Foerster, E., d. Anwendung d. neuen Branntweinsteuergesetzes.
Anleitung z. prakt. Gebrauch für Brennereibesitzer u. Brennerei-
verwalter. Berlin, Parey. 88 S. 2 M. 50 Pf.
Gesetz, d., betr. d. Besteuerung d. Branntweins v. 24./VI. 1887. Mit
d. vorläuf. Ausführungsbestimmungen. 1. u. 2. Aufl. Berlin,
Heymann. XVI u. 154 S. 4 M.
Bestimmungen, vorläufige, zur Ausführung d. Reichsgesetze betr. d.
Besteuerung d. Branntweins u. betr. d. Steuerfreiheit d. Brannt-
weins zu gewerbl. Zwecken. Erlassen v. Bundesrat am 27./IX.
1887. Mit Anlagen, Tabellen n. lith. Zeichnungen. Berlin, Heymann. IV u. 154 S. 3 M. 60 Pf.
Preussen. *Landé, P., d. A. L.R. f. d. preuss. Staaten in seiner jetz.
Gestalt. Ausg. mit Anmerk. 2. verb. Aufl. Berlin, Heymann.
III u. 476 S. 10 M. (Vgl. oben S. 104.)
Fischereigesetz, d., f. d. preuss. Staat v. 30./V. 1874, nebst d. f. d.
einzelnen Provinzen erlassenen Ausführungsverordnungen, sowie
d. Vertrage wegen Regelung d. Lachsfischerei im Stromgebiete
d. Rheins v. 30./VI. 1885 u. d. Vertrage, betr. d. polizeil. Regelung d. Fischerei in d. Nordsee ausserhalb d. Küstengewässer v.
6. Mai 1885. Textausg. mit Anmerkungen. Mit 33 Fischabbil-
dungen. Berlin, Parey. 181 S. 1 M.
Bitter, v., d. Landgemeindeordnung f. d. Rheinprovinz v. 23./VII.
1845 in d. durch d. neuen Verwaltungsgesetze abgeänderten Gestalt. Im amtl. Auftrage hrsg. Berlin, Heymann. 58 S. 80 Pf.
Eschweiler, E., rhein. Gesetzsammlung, enth. d. wichtigsten d. in
d. preuss. Rheinprovinz (Bezirk d. früheren Appellationsgerichts-
hofes zu Köln) gelt. Gesetze u. Verordnungen. Chronologisch
zusammengestellt. 2. Aufl. Suppl.-Heft 4. 27./VII. 1885 bis
13./VII. 1887. Köln, Dumont-Schauberg. 239 S. 3 M. 20 Pf.
Bertram, Ph., d. nassau. Gemeindegesetzgebung. Wiesbaden, Lim-
barth. 287 S. 4 M.
Koeppen, C., d. Sabbathordnung f. Schleswig-Holstein v. 10./III.
1840 mit Motiven u. d. dieselbe abändernden resp. erweiternden
Gesetzen, Verordnungen etc , sowie d. wichtigsten Entscheidungen
d. höchsten Gerichtshöfe. Für d. prakt. Gebrauch d. geistl. u.
weltl. Behörden, sowie f. jedermann unter Benutzung amtl. Materials zusammengestellt u. mit Anmerkungen versehen. Kiel,
Lipsius & Tischer. 1888. 44 S. 1 M.
Bayern. Heimatgesetz v. 1868 (Reger). 2. Aufl. Ansbach, Brügel.
1 M. 80 Pf.
Gesetze, d. bayer., v. 28./V. 1852 über d. Distrikts- u. Landräte, nebst
d. Kreislastenausscheidungsgesetze v. 23./V. 1846, sowie d. Voll-
zugserlassen. Mit Anmerkungen hrsg. v. e. bayer. Verwaltungsbeamten. Ansbach, Brügel & Sohn. III u. 63 S. 1 M. 20 Pf.
Württemberg. Landauer, d. Gesetz betr. d. Vertretung d. kathol.
Pfarrgemeinden u. d. Verwaltung ihrer Vermögensangelegenheiten
v. 14./VI. 1887. Mit einer Einleitung u. Erläuterungen hrsg.
Nebst e. Anh.: 1. Die Art. 32—49 d. Gesetzes betr. d. Vertretung
d. evangel. Kirchengemeinden u. d. Verwaltung ihrer Vermögensangelegenheiten v. 14./VI. 1887 mit Erläuterungen v. Göz. 2. Das

Gesetz betr. d. Verhältnis d. Staatsgewalt z. kathol. Kirche '
30./I. 1862. 3. Die staatl. u. kirchl. Ausführungsbestimmungei
2. (Schluss-)Lfg.. Ellwangen, Hess. S. 121—246. à 1 M. 60 P
Göz, d. Gesetz, betr. d. Vertretung d. evangel. Kirchengemeinden t
d. Verwaltung ihrer Vermögensangelegenheiten v. 14./VI. 1887
Mit einer Einleitung u. Erläuterungen hrsg. Nebst einem Anh
enth. d. staatl. u. kirchl. Ausführungsverfügungen. 2. (Schluss-
Lfg. Ellwangen, Hess. S. 177—335. à 2 M.
Oesterreich. Gesetze, österr. Taschenausg. 21. Bd. 2 Abt. u. 26. B(
Wien, Manz. 15 M.

> Inhalt. 2L Röll, österr. Steuergesetze. Sammlung der auf direkt
> Steuern Bezug habenden Gesetze, Verordnungen u. Judikate. 3. verm. Aut
> 1. Abt. Grund-, Gebäude- u. Erwerbsteuer. VII u. 571 S. 5 M. 2. Abt. El1
> kommensteuer, Steuerzuschläge, allgemeine Bestimmungen über direkt
> Steuern. XIII u. S. 573—1148. 5 M. 2d. Burckhardt, Gesetze u. Verori
> nungen in Kultussachen, erläutert durch d. Motive u. Ausschussberichte (
> Reichsgesetze, d. Entscheidungen d. k. k. Verwaltungsgerichtshofes u. (
> k. k. Reichsgerichts. Mit Benützung v. teilweise ungedruckten Materiali
> zusammengestellt. XVI u. 510 S. 5 M.

Katechismus d. Exekutionsnovelle. Wien, Manz. X u. 35 S. 60 P
Hankiewicz, H. v., d. kaiserl. Verordnung v. 10./III. 1860 über d
Disziplinarbehandlung d. Staatsbeamten u. Diener in Oesterreich
Mit erläut. Bemerkungen versehen. Wien, Hof- u. Staatsdruckcrei
1888. XI u. 159 S. 3 M. 20 Pf.

3. Wichtige ausländische Werke.

Coninck Liefsting, F. B., opmerkingen betreffende de bepolinge
der Grondwet omtrent de troonopoulging en hare beteekeni
volgens den aard van dit recht. 'sGravenhage, Nyhoff.
Land, N. K. F., ons moderne privaatrecht. Redevoering, by de aan
vaarding van het Hoogleeraarsambl aan de Ryks-Universiteit t
Groningen op 13. October 1887 uitgesproken. Haarlem, Bohn
1887. 50 ct.
Linden, P. W. A. C. v. d., leerboek der financiën. De Theorie de
beloningen. 'sGravenhage, Belinfante.
Lohman, A. F. de, de hoogste vryheid. Rede, gehouden by he
overdragen von het Rectoraat der Vrije Universiteit, op 20 Oc
tober 1887. Amsterdam, Wonnsen. 1887.

Beach, Ch. F., on Receivers. 900 S. NewYork, Stronse & Co. 188'
6 doll. 50 ct.
Cook, Wm. W., Stock and Stockholders. 787 S. NewYork, Bake:
Voorhis & Co. 1887. 6 doll. 50 ct.

Alcorta, A., cours de droit international public. Edit. français
avec une introduction p. E. Lehr. I. Bd. Larose. 10 fr.
*Crémieux, J., les conseils de préfecture. Avec une lettre d
A. Naquet. 145 S. Paris, Thorin. 1887.
Laurin, cours élementaire de droit commercial. 2. Aufl. Laros(
18 fr.

*Markovic, G., le parrocchie francescane in Dalmazia. Zara, K(
Hrv. 1885. 139 S.

Centralblatt

für

RECHTSWISSENSCHAFT

herausgegeben von

Dr. v. Kirchenheim,

Professor in Heidelberg.

VII. Bd. | **Januar 1888.** | **Nr. 4.**

Monatlich ein Heft von 2½ Bogen. — Preis des Jahrgangs 19 Mark. — Zu beziehen
durch alle Buchhandlungen und Postanstalten.

A. Besprechungen.

I. Allgemeines.

Ortloff, H. Die gerichtliche Redekunst. II. Teil (Schluss).
Neuwied, Heuser. 1887. 9 M.

Die vorliegende zweite Hälfte (vgl. über die erste Abteilung C.Bl. VI, S. 213) schliesst das ganze Werk ab. Dieser
besondere oder praktische Teil zerfällt in 6 Abschnitte. Der
1. (S. 181—196) beschäftigt sich mit dem Eingang der Rede
(exordium) und erörtert den Zweck, Inhalt und die Bearbeitung
desselben. Die Hauptregel besteht hier freilich darin, dass der
Gegenstand der Einleitung nicht in abstracto bestimmt werden
kann und die alte von Demosthenes und Cicero angewendete
Taktik (Eingänge zum voraus auszuarbeiten und sie dann im
geeigneten Falle vom Lager zu nehmen) ist auch nicht em-
pfehlenswert. Der 2. Abschnitt (S. 197—218) ist der Erzählung
des Rechtsfalles gewidmet. Der Verf. betont die Notwendigkeit,
der Auseinandersetzung des Thatbestandes die grösste Sorgfalt
zu widmen (narratio = fons omnis orationis reliquae): die Erzählung soll wahr oder wahrscheinlich, deutlich, kurz, aber doch
vollständig sein und die Anordnung soll von den Geboten der
Deutlichkeit abhängen. Der 3. Abschnitt (S. 219—233) bespricht die Aufstellung der Streitfragen (propositio quaestio par-
titio). Daran reiht sich im 4. Abschnitt (S. 234—576) „die Aus-
und Beweisführung". Der Verf. erörtert hier sehr ausführlich
unter sorgfältiger Berücksichtigung der gesamten Litteratur das

ganze Beweis-R., die Grundprinzipien, den Katalog der Beweismittel (Zeugen, Augenschein, Expertise, Urkunden), die Normen über den Beweisersatz (Vermutungen, Geständnis, Eid, Notorietät).' Daran knüpfen sich Erörterungen über die Beweisführung mittelst logischer Folgerung (Indizienbeweise u. s. w.). Der Verf. erwähnt ganz kurz (S. 250 Note *), dass die Lehre von der Beweislast dem materiellen R. angehöre. So einfach liegt nun freilich die Sache nicht, wie O. zu glauben scheint: in seinem Sinne hat das Reichsgericht Ziv.S. VI 413 entschieden, allein die Autorität von Wach (Z.Pr. I. 125) steht dem gegenüber. Der 5. Abschnitt (S. 577—586) ist dem Schlusse der Rede (conclusio, epilogus) gewidmet und in einem Anhange im 6. Abschnitte (S. 587—604) bespricht der Verf. die „Gerichtsredner vor der Oeffentlichkeit, dem Publikum und der Presse". Das früher von der ersten Hälfte Gesagte gilt auch von dem jetzt vollendeten Werke.   Meili.

Johow, R. Jahrbuch der Entscheidungen des Kammergerichts. VI. Bd. Berlin, Vahlen. 6 M.

In gewohnter Ausstattung erscheint der vorliegende Band, mit dessen Erscheinen eine Aenderung in der Redaktion des Werks verbunden ist. Es hat sich nämlich der bisherige Mitarbeiter, der Geh. Justizrat Küntzel, von dem Unternehmen zurückgezogen und ist der Geh. Oberjustizrat Johow zur Zeit alleiniger Herausgeber. Der vorliegende Band unterscheidet sich von seinen Vorgängern weder in Ansehung der Reichhaltigkeit des Stoffes noch in betreff der Angemessenheit der Auswahl der mitgeteilten Entscheidungen. Auch die Ordnung des Materials ist dieselbe geblieben. Wie in den früheren, ist auch in diesem Bande das gesamte Material in zwei Abteilungen geteilt, von welchen die erstere Entscheidungen des Kammergerichts in Sachen der nichtstreitigen Gerichtsbarkeit, die andere Urteile desselben Gerichts in Strafsachen enthält. Innerhalb der beiden an äusserem Umfange ziemlich gleichen Abteilungen, von welchen jene 77, diese 46 Entscheidungen umfasst, sind diese Entscheidungen nicht chronologisch, sondern wiederum nach Materien geordnet. In der ersten Abteilung sind die Aussprüche in Grundbuch-Sachen am reichhaltigsten vertreten.

Auf einzelne Entscheidungen, welche sich durch Ausführlichkeit und Gründlichkeit ihrer Motivierung auszeichnen, sei besonders hingewiesen, wie auf die Nr. 31 (S. 65), welche sich mit der Frage über die Notwendigkeit der Auflassung von Grund-

stücken an eine Handelsgesellschaft beschäftigt, und auf die
Nr. 56 (S. 118), die die Zulässigkeit der Bestellung einer Re-
venüenhypothek behandelt. Hervorzuheben ist nicht nur, dass
gerade auch solche Entscheidungen mitgeteilt werden, die von
früher publizierten abweichen, wie die S. 157 ff. aufgeführten
in Ansehung der Frage, in welchem Umfange die einem Richter
zustehenden Reisekosten und Diäten der Partei gegenüber als
bare Auslagen zu behandeln sind, sondern auch dass im allgemeinen die den Entscheidungen vorangeschickten Rechtssätze zutreffend, klar und präzis abgefasst sind.   **Meves.**

II. Rechtsgeschichte.

Maschke. Der Freiheitsprozess im klassischen Alter-
   tum, insbesondere der Prozess um Verginia. (Historische
   Untersuchungen, hrsgb. von J. Jastrow, Heft 8.) Berlin,
   Gärtner. 1888. 191 S. 6 M.

Die Behandlung des eigentlichen Themas zerfällt in 3 Abschnitte: „Der Freiheitsprozess in Rom", „Der Freiheitsprozess
in Athen" und „Die in rem actio der Inschrift von Gortyn".
Was den römischen Freiheitsprozess betrifft, so geht Verf. von
der stillschweigenden Voraussetzung aus, dass dem Verginia-
roman der späteren Annalisten ein im wesentlichen entsprechender historischer Vorgang oder doch mindestens eine alte mit dem
Prozess-R. der Zwölftafeln genau vertraute Quelle zu Grunde
liege, und dass der Urteilsspruch des Decemvirn nicht einfach
die Verletzung eines von ihm selbst aufgestellten Rechtssatzes
enthalten haben könne, sondern irgendwie formell juristisch be-
gründbar gewesen sein müsse. Diese Begründung wird darin
gesucht, dass nur bei der vindicatio in servitutem, nicht bei der
assertio in libertatem die vindiciae secundum libertatem nach
Zwölftafel-R. hätten erteilt werden müssen. Appius habe nur
den Prozess fälschlich für eine assertio in libertatem erklärt.
Die Zwölftafelbestimmung, eine Ausnahme von der sonstigen
Freiheit des Beamten bei der Vindicienerteilung, sei später im
Formularprozess, als man jene Freiheit überhaupt nicht mehr
kannte und dem de statu litigans in allen Fällen interimistische
Freiheit gewährte, nicht mehr verstanden worden und in Ver-

gessenheit gekommen. Daraus erklären sich die missglückten Rekonstruktionsversuche bei Livius und Dionysius von Halicarnass, während nur bei Diodor die ursprüngliche glaubwürdige Erzählung erhalten sei. — Auch im attischen Prozess glaubt der Verf. eine vindicatio in servitutem und eine vindicatio in libertatem unterscheiden zu können. Die interimistische Freilassung des Sklaven sei nur bei der ersteren nachweisbar. — Die Ausführungen über das R. von Gortyn, bei welchen sich der Verf. im übrigen wesentlich auf eine Wiedergabe des Zitelmannschen Kommentars (C.Bl. V, 211) beschränkt, stehen mit der bisher geschilderten Theorie insofern in Zusammenhang, als auch hier der bisherige Besitzstand, der durch ein besonderes possessorium festgestellt wird, für den Zustand des de statu litigans bis zur Erledigung des definitiven Rechtsstreites massgebend sein soll.

Angeführt sind mehrere zum Teil umfangreiche Exkurse über verschiedene Fragen des Legisaktionen-R. (den Ursprung der possessorischen Interdikte, Kontravindikation und Vindizienregulierung, Vindizienregulierung und Exekution, Manusinjektionsklage, aussergerichtliche Manusinjektio, speziell die Handanlegung im Freiheitsprozess), sowie eine Wiedergabe der Berichte der Livius und Dionysius über den Verginiaprozess. Erwähnung verdient daraus der Versuch, das Verfahren bei der legis actio sacramento in rem für die spätere Zeit des Legisaktionsprozesses in der Weise zu konstruieren, dass bei den Rechtsbehauptungen mit den Worten secundum suam causam sicut dixi auf eine vorausgegangene ausführliche formlose Darlegung des geltend gemachten R. Bezug genommen worden sei. Bezüglich der Exekution in demselben Prozess wird die Behauptung aufgestellt, dass dieselbe nur auf den in Geld umgesetzten Schätzungswert habe gehen können, da die Vindizienerteilung eine definitive Besitz- und Eigentumsregulierung enthalten habe(!).   M. Rümelin (Bonn).

Kägi, A. Alter und Herkunft des germanischen Gottesurteils (Separatabdruck aus der „Festschrift zur Begrüssung der XXXIX. Versammlung deutscher Philologen und Schulmänner in Zürich", S. 39—60).

Der gelehrte Philologe behandelt hier jene wunderbare Verirrung im mittelalterlichen Beweisrechte, welche schon so häufig zu gelehrten Hypothesen geführt hat. Der Verfasser leistet den Beweis, dass die Ordalien (wenigstens die Feuer- und Wasserproben und der geweihte Bissen) dem Rechtsverfahren der indogermanischen Urzeit angehören und entstammen. Meili.

Brink, L. Bestellung der dinglichen Rechte an fremden
Immobilien im Mittelalter. (Inaug.-Diss.) Breslau,
Koebner. 1887. VIII u. 98 S. 2 M.

Die vorstehend bezeichnete Abhandlung zerfällt in 2 Teile.
Der 1. Teil beschäftigt sich mit der „Form der Auflassung bei
der Eigentumsübertragung an Immobilien im Mittelalter"; der
2. enthält die Lösung der Aufgabe in Beziehung auf „die einzelnen dinglichen Rechte". Die Untersuchungen, welche in dem
1. Teile angestellt werden, umfassen die Zeit der Volks-R. und
die Zeit der Rechtsbücher. Die Volks-R. verlangen zur Uebertragung des Eigentumes zweierlei: Sale (traditio) und Giweri
(investitura). Der Verf. sieht in der Sale das dem Eigentums-
übergange zu Grunde liegende Rechtsgeschäft (den Kauf, die
Schenkung, etc.), die Erklärung des Veräusserers, dass auf Grund
dieses Geschäftes das Eigentum auf den Erwerber übergehen
solle, in der Giweri die Besitzübertragung, d. h. die Erfüllung
des in der Sale gegebenen Versprechens, die „Willensvollziehungs-
handlung". Das Eigentum ging unter den Vertragschliessenden
schon durch die traditio, für Dritte dagegen erst durch die investitura über. Zur Zeit der Rechtsbücher trat an die Stelle der
Investitur die Auflassung, die nach verschiedenen Quellen vor
Gericht oder dem Rat der Stadt vorgenommen, auch schriftlich
beurkundet bezw. in die Gerichtsbücher oder die Stadtbücher
eingetragen werden musste. Der Verf. gibt ein anschauliches
Bild der Entwickelung, wobei er die bezüglichen Streitfragen erörtert. Der 2. Teil gliedert sich in 3 Abschnitte: I. Reallasten
(Zinsbestellung, Zehnten, Rentenkauf); II. Niessbrauch (Niessbrauch im allgemeinen, Leibzucht der Ehefrau); III. Verpfändung von Immobilien (Verkauf auf Wiederkauf, Satzung etc.).
In Ansehung jedes einzelnen dieser R. wird von dem Verf. an
der Hand der Quellen dargelegt, wie dasselbe bestellt wurde.
Dabei ergibt sich, dass der Bestellungsakt meist in denselben
oder doch in ähnlichen Formen sich vollzog wie die Eigentumsübertragung. Die einzelnen Ausführungen des Verf., auf welche
hier nicht weiter eingegangen werden kann, zeichnen sich durch
besondere Klarheit aus; sie sind einfach und knapp gehalten
und anziehend geschrieben. Achilles.

Ermisch, H. Das sächsische Bergrecht des Mittelalters.
Leipzig, Giesecke & Devrient. 1887. CLXIV u. 249 S. mit
1 Schrifttafel. 9 M. 60 Pf.

Während in der zweiten Hälfte des vorigen und ersten

Hälfte des laufenden Jahrhunderts die Quellen zur Geschichte des deutschen Berg-R. im Mittelalter durch die Arbeiten von Sperges, Klotzschs, Schmidts, Graf Sternbergs, Schaumanns u. s. w. in reichem Masse aufgeschlossen wurden, haben sich die letzten Jahrzehnte in der Hauptsache mit Verarbeitung dieser Quellen begnügt. Erst das vorliegende Werk Ermischs bietet wieder eine umfänglichere, mit dem ganzen Apparate modernster Quellenkritik operierende Arbeit aus jenem Gebiete, welche geeignet ist, eine ältere Darstellung (nämlich Klotschs Ursprung der Bergwerke in Sachsen, 1764) entbehrlich zu machen. Ermisch hat hier in umsichtigster Weise vor allem das sogen. Freiberger Berg-R., die älteste Rechtsaufzeichnung über das mittelalterliche Berg-R. des berühmten meissnischen Silberbergbaureviers, aus den bisher aufgefundenen 7 Handschriften neu herausgegeben. An diesen Kern der Arbeit schliesst sich zunächst ein kurzer, bisher nicht gedruckter Aufsatz an, welchen Verf. als „Freiberger Berggerichtsordnung" bezeichnet; dann folgen, als wichtigste Quellen für die weitere Entwickelung des meissnischen Berg-R. bis zur bekannten Annaberger Bergordnung von 1509, zehn Ordnungen für Schneeberg und Annaberg von 1466—1509. Der Wert dieser Textdrucke wird nicht nur durch die sorgfältige Angabe der Varianten und alten Glossen, sowie durch ein vielfach zur Ergänzung von Veiths trefflichem Bergwörterbuche dienendes „Wort- und Sachregister", sondern namentlich auch durch eine 164 Druckseiten umfassende Einleitung gehoben, welche neben den erforderlichen Bemerkungen über die benutzten Handschriften eine sehr tüchtige raisonnierende Uebersicht vom Inhalte der behandelten Quellen gibt. So bietet das Buch in der That ein volles und wohlausgeführtes Bild von dem gesamten sächsischen Berg-R. des Mittelalters, auf welches die Blicke weiterer juristischer Kreise hiermit gelenkt sein sollen. In Bezug auf die einzelnen, an die Arbeit sich knüpfenden Fragen, namentlich diejenigen nach dem Alter und gegenseitigen Verhältnisse der drei Abschnitte der Freiberger Bergrechtshandschrift, darf auf die Bemerkungen Leutholds in der Zeitschrift für Berg-R. Band 29 verwiesen werden.   Leuthold.

—

III. Privatrecht.

Anders, J. Das Familienrecht. Berlin, Heymann. 1887. XVI u. 346 S. 6 M.

Das vorliegende Buch ist eines der in dem oben genannten Verlage erschienenen Kompendien des österr. R. Es ist die erste systematische Bearbeitung des gesamten österr. Familien-R., auf welchem Gebiete bisher zwar manche Monographien, aber nur zwei Bearbeitungen grösserer Teile erschienen, nämlich Rittners Eherecht und das (unvollendete) Werk Ogonowskis über eheliches Güter-R. Dolliners Ehe-R. sowie andere Bearbeitungen aus dem Familien-R., welche wir nicht erwähnen, gehören der älteren Zeit an und stehen nicht auf der Höhe der modernen Wissenschaft.

Als Darstellung des gesamten Familien-R. enthält dieses Kompendium das Ehe-R. einschliesslich des ehelichen Güter-R. (I. Buch), das Rechtsverhältnis zwischen Eltern und Kindern (II. Buch) und das Vormundschafts-R. (Vormundschaft und Kuratel, III. Buch). Nicht aufgenommen ist — unseres Erachtens mit Recht — die Lehre von den Familienfideikommissen und den Erbverträgen. Beide Materien gehören in das Erbrecht.

Nach der Absicht des Verf. soll das vorliegende Buch sowohl zum Studium für Studierende, als auch zum Nachschlagebuch für Praktiker dienen. Der erstere Zweck bedingte den geringen Umfang des Werkes, sowie den stets festgehaltenen Zusammenhang mit dem gemeinen R. Dem zweiten Zwecke ist wohl die sorgfältige Benützung der Entscheidungen des österr. obersten Gerichtshofes zuzuschreiben. Die Litteratur des österr. R. ist, soweit sie in selbständig erschienenen Arbeiten besteht, sehr sorgfältig benützt und ist, soweit uns dieselbe bekannt, keine Schrift, die halbwegs auf wissenschaftliche Bedeutung Anspruch hat, übergangen. Nicht benützt und auch nicht zitiert sind dagegen die zahlreichen in den verschiedenen Zeitschriften erschienenen Aufsätze familienrechtlichen Inhaltes. Was das gemeine R. betrifft, so begnügt sich der Verf. für das röm. R. mit dem Hinweise auf Windscheid, für das deutsche Privat-R. mit dem Hinweise auf Stobbe, für das kanonische R. mit dem Hinweise auf Schulte und Scheurl, eine sehr weise Beschränkung. Der viel verbreitete Missbrauch des steten Hinweises auf die gesamte Litteratur, die Unger bei den Schriftstellern des österr.

R. in Schwung brachte, lässt die Lehrbücher nur über Gebühr
anschwellen und ist vollkommen wertlos. Wer Näheres wissen
will oder sich mit einer eingehenden Arbeit beschäftigt, möge
die bezogenen vortrefflichen Lehrbücher nachsehen und er wird
genügende Litteraturangaben finden.   W. Fuchs (Wien).

Frantz, Th. Die gesetzlichen Eigentumsbeschränkungen
    nach (französ.-) bad. und Reichsrecht. Freiburg i. B.,
    Mohr. 1887. 2. u. 3. Lfg. S. 81—228. à 2 M.

    Ueber die von der Enteignung (Zwangsabtretung) handelnde
1. Lieferung dieses Werkes ist bereits früher berichtet worden (C.Bl.
VII, 63).   Die vorliegenden beiden Lieferungen, mit denen das
Buch abschliesst, geben den Inhalt der verschiedenen im Gross-
herzogtum Baden geltenden Reichs- und Landesgesetze, durch
welche dem Eigentum Beschränkungen auferlegt werden, nämlich: 2. Die Militärlasten (Friedensleistung und Kriegsleistungen).
3. die Leistungen der Wasserwehr, d. h. der im Ueber-
schwemmungsgebiet zum Kampf gegen Wassersnot organisierten
Mannschaften, 4. die Eigentumsbeschränkungen des Waldbesitzers,
5. die gesetzlichen Beschränkungen des Eigentums bezüglich des
Bauens, 6. die gesetzlichen Bestimmungen des Eigentümers im
Anbauen und Verkaufen von Tabak, 7. die Baubeschrän-
·kungen des Grundeigentums in der Umgebung von Festungen,
8. die Eigentumsbeschränkungen in den Reichskriegshäfen, 9. die
gesetzlichen Beschränkungen des Eigentums durch die Post,
10. das gesetzliche Verbot der Teilbarkeit (Dismembration. Par-
cellierung, Zertrümmerung, Zerstückelung) der Liegenschaften
unter einem bestimmten Masse, welches durch das bad. Gesetz
vom 6. April 1854 ausgesprochen worden ist; danach dürfen
Wälder und Weiden nicht in Stücke unter 10 Morgen, Aecker
und Wiesen nicht in Stücke unter ¹/₄ Morgen bad. Mass (= 9 Ar)
geteilt werden, es wäre denn, dass dadurch die Vereinigung der
abgeteilten Liegenschaft mit einem angrenzenden Grundstücke
des Erwerbers bezweckt wird und hierbei kein Stück unter obigem Mass übrig bleibt; der Bezirksrat kann jedoch 1. im einzelnen Falle von diesen Verboten dispensieren, 2. für bestimmte
Gemarkungen das Verbot auf ein grösseres Mass erweitern. 11.
das Nachbar-R., 12. das Jagd- und Fischerei-R. — Der Verf.
hat für das ganze Buch mit Recht die systematische Form gewählt.   v. Cuny.

Oestberg. Om arbitsgifrares ersättnungsskytdighet för kroppsskada, tom drabbar haus arbetare i arbetet. Upsala 1886.

Raphaël. Om ansvarighet för skada i fäljd af jernvägs drift. Stockholm 1886.

Herslow. Om ansvarighet för skada i fäljd af jernvägs drift. Stockholm 1887.

Auch in Schweden ist die „Haftpflichtfrage" in der letzten Zeit vom Gesetzgeber beachtet worden. Im Jahre 1884 wurde eine Kommission niedergesetzt mit der Aufgabe, „zweckmässige Bestimmungen vorzuschlagen, um das Verhältnis zwischen Arbeitgebern und Arbeitern in bezug auf Unglücksfälle bei der Arbeit zu ordnen und eine Altersversicherung für Arbeiter zustande zu bringen". Die von der Kommission vorbereitete umfassende Enquête ist erst im nächsten Jahre zu erwarten. Indessen hatte der Justizminister einen Teil der Frage zu gesetzlicher Regelung aufgenommen; im Jahre 1886 wurde ein Entwurf „über Verantwortlichkeit für Schaden infolge Eisenbahnbetriebes" dem Reichstage vorgelegt und von demselben angenommen. Dieses Gesetz — vom 12. März 1886 — macht den Betriebsunternehmer verantwortlich für jeden Schaden, der infolge des Betriebes einen bei der Eisenbahn Angestellten trifft, es sei denn, dass der Schadenleidende selbst durch grobe Fahrlässigkeit den Schaden veranlasst hat. Dritten gegenüber ist die Verantwortlichkeit des Betriebsherrn weniger streng; sie tritt nur in dem Falle ein, wenn der Schaden durch dolus oder culpa der Verwaltung oder Bedienung der Eisenbahn veranlasst ist.

Auch in der Litteratur ist die somit angeregte Haftpflichtfrage behandelt worden. Oestberg beschäftigt sich nur mit der Verantwortlichkeit des Arbeitsherrn seinen Arbeitern gegenüber für körperliche Beschädigung, welche sie bei der Arbeit trifft. Er gibt zuerst eine kurze Darstellung der Schadenerstattungspflicht — mit besonderer Rücksicht auf das Verhältnis des Arbeitgebers zu seinen Arbeitern — nach verschiedenen fremden R., behandelt eingehend das deutsche Haftpflichtgesetz von 1871 und die deutsche Gesetzgebung über Unfallversicherung. Nach einem kurzen Rückblicke auf das ältere einheimische R. untersucht er das geltende. Als Prinzip gilt, dass Verantwortlichkeit für Schaden nur dann stattfindet, wenn der Schaden die Folge einer dolosen oder culposen Handlung oder Unterlassung ist; wo nicht ein ungehöriges Verhalten einer fremden Person den Schaden verursacht hat, ist von Erstattungspflicht keine

Rede. Der Arbeitgeber ist somit für Beschädigung seiner Arbeiter nicht verantwortlich, wenn nicht aus solchem Grunde der Schaden ihm zugerechnet werden kann; nur in ganz speziellen Verhältnissen, z. B. in den seerechtlichen, geht seine Verantwortlichkeit weiter. Jedoch muss der Arbeitgeber auch für solchen Schaden einstehen, welchen eine Person veranlasst hat, die als sein Stellvertreter gehandelt hat. Was die Beweislast in Bezug auf Kausalität und ungehöriges Verhalten angeht, ist der Verf. geneigt, diese Last auf den Arbeitgeber zu legen, erachtet indessen eine solche Verteilung nicht mit der geltenden Rechtsauffassung übereinstimmend; der Schadenleidende hat somit zu beweisen, dass der Schaden durch dolus oder culpa des Arbeitgebers veranlasst ist. — De lege ferenda will der Verf. die Verantwortlichkeit des Arbeitgebers dem Arbeiter gegenüber auch materiell viel weiter erstrecken. Eine solche Erweiterung findet er in der Natur des Arbeitskontraktes begründet. Bei der Sachmiete, mit welcher er diesen Kontrakt parallelisiert, ist es dem Vermieter leicht, das Risiko zu berechnen und durch das Mietgeld sich dafür bezahlen zu lassen, wie auch regelmässig jede Beschädigung der Sache auf eine culpa des Mieters zurückzuführen ist; bei der Arbeitsmiete soll die Sache anders liegen, indem man bei Eingehung des Kontraktes gewöhnlich keine Rücksicht auf das Risiko nimmt und der eintreffende Schaden selten seinen Grund hat in einer culpa des Arbeitgebers. Es ist somit von öffentlichem Interesse geboten, dass der Gesetzgeber eine weitergehende Ersatzpflicht statuiert. Die Grenzen dieser Pflicht können nur so bestimmt werden, dass die „Produktion die Opfer, die sie erfordert, tragen soll". — Dass hiermit ein zivilrechtlich haltbarer Grund der weiten Verantwortlichkeit des Arbeitgebers den Arbeitern gegenüber gelegt sei, darf wohl kaum zugegeben werden; Verf. selbst scheint sich dessen bewusst zu sein, insofern als er auf das öffentliche Interesse verweist. Die Schrift liefert indessen einen wertvollen Beitrag zur Klärung der Frage vom Standpunkte des geltenden Rechts aus und bringt viel Material zur Beleuchtung derselben.

Raphaël knüpft seine Bemerkungen über „Verantwortlichkeit für Schaden infolge Eisenbahnbetriebes" dem genannten Gesetze vom 12. März an. Er bemerkt, dass nach jenem Gesetze die Verantwortlichkeit des Betriebsherrn den bei dem Betriebe Angestellten gegenüber weiter geht als nach dem deutschen Haftpflichtgesetze, indem er auch für casus und vis major einstehen muss. Um die Rechtmässigkeit dieser Bestimmung zu

prüfen, untersucht er die Gesetzgebung verschiedener Länder
in betreff der Verantwortlichkeit des Arbeitgebers für den durch
seinen Arbeiter angerichteten Schaden und gibt, namentlich nach
den Verhandlungen des 17. Juristentages — auf diejenigen des
18. konnte bei dem Erscheinen der Schrift keine Rücksicht genommen werden — eine kritische Darstellung der in dieser Beziehung aufgestellten Theorien. Keine scheint ihm befriedigend
und, da er die angeführte Gesetzesbestimmung als ein Produkt
des jetzigen Rechtsbewusstseins betrachtet, sucht er dafür eine
Begründung zu finden. R. verwirft als willkürlich die Beschränkung dieser Haftbarkeit auf Eisenbahnbetrieb oder gewisse
Gewerbe, wie auch den Unterschied in der Verantwortlichkeit
den Arbeitern und Dritten gegenüber und die Unterscheidung
zwischen körperlichem Schaden und Sachbeschädigung. Entweder
muss die Verantwortlichkeit des Arbeitgebers auf eigene culpa
oder dolus beschränkt werden oder man muss als allgemeines
Prinzip eine weitergehende Verantwortlichkeit anerkennen. Da
letzteres nach seiner Ansicht das Richtige ist, muss man den
Grundsatz annehmen, dass der Arbeitgeber unbedingt einstehen
muss für jeden Schaden, der durch seine produktive Wirksamkeit hervorgerufen ist, auch wenn der Schaden von kasueller
Natur ist. „Jedes Opfer, das ein produktives Unternehmen
fordert, um sein Ziel zu erreichen, muss als Produktionskosten
betrachtet und ersetzt werden." — Wie man sieht, stellt der
Verf., als Schlüssel der Frage, ebendenselben Satz auf, wie
Oestberg — er gibt ein ökonomisches Postulat, aber keine juristische Begründung. Seine Ausführungen sind jedenfalls der Beachtung wert und zeugen von guter Kenntnis der einschlägigen
Litteratur.

Das Werk Herslows gibt einen wesentlich für den praktischen Gebrauch bestimmten Kommentar zu dem Gesetze vom
12. März. Für jeden, der dieses Gesetz kennen lernen will, ist
dieser Kommentar um so mehr zu empfehlen, als der Verf., da-
maliger vortragender Rat im Justizministerium, den Gesetzentwurf selbst verfasst hat.   Afzelius.

IV. Handelsrecht.

Goldschmidt, L. System des Handelsrechts mit Einschlus
des Wechsel-, See- und Versicherungsrechts in
Grundriss. Stuttgart, Enke. 1887. 62 S. 2 M.

Wenn auch das vorliegende „System" auf seinen 62 Seiten
nichts als Ueberschriften, Quellenangaben und Litteraturnotizen
enthält, so ist die Herausgabe desselben doch von grossem Inter
esse und zwar nicht bloss für die Zuhörer Goldschmidts: es is
ganz richtig vom Herausgeber vermutet, dass der vorliegend
Grundriss, welcher aus nun dreissigjährigen Vorträgen hervor
gegangen, jetzt zum erstenmale im Buchhandel erscheint, wegen
der Anordnung und der Litteraturangaben sich in weiteren
Kreisen nützlich erweisen dürfte, wie er auch schon vielfach
ohne Quellenangabe, benutzt worden sei. Kurz angedeutet um
fasst das vorliegende „System" ausser einer Einleitung, welch
den Grundbegriffen (Handel und Handels-R. und Handelswissen
schaft) sowie „der geschichtlichen Entwickelung und wissenschaft
lichen Bearbeitung des Handelsrechts" Raum bietet (S. 5—15)
zehn Bücher: 1. Regeln und Quellen des Handelsrechts (S. 16)
2. Handel u. Handelsgeschäfte (S. 17), 3. das Handlungshau
(S. 18—21), 4. Mittels- u. selbständige Hilfspersonen (S. 22)
5. die Handelsgesellschaft (S. 23—28), 6. die Ware (S. 29—32
7. die Handelsgeschäfte (S. 33—43), 8. das See-R. (S. 44—49
9. das Versicherungs-R. (S. 50—54), 10. das Wechsel-R. (S. 55—62

Gareis.

Endemann, W. Das deutsche Handelsrecht. 4. Auf
Leipzig, Fues. 1887. XII. u. 795 S. 16 M.

Seitdem die 3. Auflage dieses Buches erschienen ist (1876
haben sich bedeutende Aenderungen im Gebiete des deutsche
Handels-R. vollzogen; es genügt, auf die Aktiennovelle vom 18./VI
1884 zu verweisen. Der Verf. hat auch seitdem das Handbuch de
Handels-R. erscheinen lassen, dessen eingehende Behandlung de
einzelnen Materien die Verwertung in der systematischen Dar
stellung besonders erwünscht erscheinen liess. Die neue Auflag
hat grösseres Format, anderen Druck gewählt, auch durch di
Hinweise auf das Handbuch grosse Abkürzung der Anmerkunge
eintreten lassen können, so dass das Buch um mehr als 16 Bo
gen gekürzt worden ist. Dagegen hat die Zahl der Paragraphe

um 21 zugenommen. Die Einteilung des Stoffes ist im ganzen
gleichgeblieben; nur ist der Abschnitt von den Genossenschaften,
der in der vorigen Auflage einen Anhang bildete (§§. 177—187),
jetzt als Abschnitt 4 des 1. Buchs „die Personen des Handels-R."
(§§. 82—92) eingereiht. Im 1. Buche befinden sich neue Paragraphen über die Handlungslehrlinge (§. 30), über das äussere u.
innere Verhältnis der offenen Handelsgesellschaft (§. 41), über die
Gründungsvorgänge bei der Aktiengesellschaft und ihre Prüfung
(§. 63), über das Vermögen dieser Gesellschaft (§. 67) und über die
Folgen der Pflichtverletzung seitens ihrer Organe (§. 70). Im
2. Buche „Objekte des Handelsverkehrs und die R. an denselben" hat die Uebertragung der Waren, das Pfand-R. und das
Zurückbehaltungs-R., welch letzteres früher unter der Rubrik
der besonderen Sicherung der Erfüllung (§. 99) in anderem Zusammenhang erschien, eingehendere Behandlung erfahren; das
Urheber-R., das früher beim Verlagsgeschäft erörtert wurde,
hat jetzt neben dem Patent-R. eine gesonderte Darstellung (§. 109)
gefunden. Im 3. Buche „Handelsgeschäfte" begegnen wir
einer Reihe von Aenderungen der Darstellung. So schliesst der
Abschnitt über die allgemeinen Grundsätze mit einer Erörterung
über Uebertragung der Forderung und der Schuld (§. 123).
Aus §. 114 über Abnahme und Empfang sind die §§. 137 und
138 geworden über Abnahme, Empfang und Beanstandung. Im
Abschnitte über die Geldgeschäfte ist die Darstellung der Lehre
von der Anweisung wesentlich gekürzt, die Delegation nicht
mehr besonders behandelt; der Check erscheint neben der Giro-
anweisung in §. 158. Im Abschnitte 4 hat die öffentliche Anleihe und das Emissionsgeschäft eine einheitliche Darstellung erfahren. Die meiste stoffliche Bereicherung bietet der Abschnitt 5
von den „Arbeitsgeschäften"; die Lehre von der Post und
von der Eisenbahn ist statt in je 1 in je 4 Paragraphen eingehend behandelt (§§. 179—186), zur Lehre von der Beförderung durch Telegraph gesellt sich in § 187 die Beförderung
durch Telephon. Beim Kommissionsgeschäft ist dem Verhältnisse des Kommissionärs zu Dritten eine besondere Darstellung
gewidmet, neben dem Verlagsgeschäfte sind die übrigen Geschäfte
des Buch- und Kunsthandels und die Geschäfte der Druckereien
beleuchtet (§. 200). An die Stelle des § 174 über die Ver-
sicherungsgeschäfte im allgemeinen sind die §§. 201—206 über
den Begriff der Versicherung, den Begriff und den Abschluss
des Versicherungsvertrags, die Verpflichtungen der beiden Teile,
sowie über Dauer des Verhältnisses und Uebertragung des An-

spruchs getreten. Die Kranken- und Unfallversicherung sind,
obgleich aus ihnen auch privatrechtliche Ansprüche entspringen,
nicht in die Darstellung hereingezogen, auch nicht die eingeschriebenen Hilfskassen, weil alle diese Institute zunächst dem
Verwaltungs-R. angehören. — Der Verf. betont am Schlusse der
Einleitung, dass er an der „realistischen", die wirtschaftlichen
Grundsätze mit heranziehenden Begründung des Handels-R. im
Gegensatze zu der „sogenannt echt juristischen Konstruktion"
festhalte. Da er auf die betreffenden Streitfragen und „Anfein-
dungen" nicht eingeht, genügt diese Kennzeichnung seines Standpunktes. — Der Verf. bemerkt, dass durch die knappere Fassung die Bearbeitung sich mehr dem Charakter eines, wenn auch
nicht allzu knapp gehaltenen Lehrbuchs nähern wolle. Diese Absicht dürfte in der That durchgeführt sein, denn die Darstellung
ist dem Lehrzwecke durchaus angepasst.   Heinsheimer.

Eger, G. Eisenbahnrechtliche Entscheidungen deutscher
    Gerichte. Berlin, Heymann. 1886 u. 1887. IV. 4 u.
    V. 1 u. 2. à Bd 10 M.

Ueber die Anlage des vorliegenden Sammelwerkes ist schon
wiederholt (C.Bl. IV. 335—339 und VI. 293—295) berichtet.
Es darf daher diesmal die Bemerkung genügen, dass auch in
dieser Serie von Urteilen wieder ein reicher Rechtsstoff aufge-
speichert ist, der das grösste Interesse darbietet. Mehrfach sind
jetzt auch Entscheidungen des Reichsversicherungsamtes
abgedruckt worden.   Meili.

Bezecny, R. Die Rechte der ausschliesslich privilegier-
    ten Kaiser-Ferdinands-Nordbahn. Eine eisenbahn-
    rechtliche Studie. Wien, Manz. 1887. 174 S. 3 M.

Gestützt auf das „Privilegium" vom 4. März 1836 trat die
Kaiser-Ferdinands-Nordbahn ins Leben auf die Dauer von 50
Jahren. Allein Art. 10 enthielt folgenden Satz:

„Nach Ablauf der 50 Privilegialjahre kann der Unternehmer mit den Real- und Mobiliarzugehörungen der dann er-
loschenen Unternehmung als Eigentümer freischalten, über deren
Ablösung mit dem Staate oder mit Privaten in Unterhandlung
treten, und wenn er selbst oder die Abnehmer jener Zugehö-
rungen sich zur Fortsetzung der Unternehmung melden sollten
und diese als nützlich sich bewährt hätte, wird die Staatsverwaltung keinen Anstand nehmen, sich zu einer Erneuerung
des Privilegiums herbeizulassen."

Ueber die Bedeutung und rechtliche Wirkung dieses dem Privilegium einverleibten Bestandteiles entstand in Oesterreich anlässlich des Ablaufs der 50 Jahre ein grosser Streit und eine voluminöse „Nordbahnlitteratur".

Zunächst wird vom Verf. untersucht, ob nach Ablauf der 50 Jahre die Eisenbahn (die ganze Anstalt mit allen Vermögensteilen) dem Staate heimfalle. Mit guten Gründen wird dies bestritten. Die „Konzessionsdirektiven" datieren von 1838 und das „Hofkanzleidekret" vom 30. Juni 1838 spricht von „künftigen Konzessionen". Weiter wird gegen jene Auffassung die Thatsache verwertet, dass der Staat zweimal in der Lage gewesen wäre, das Heimfallsrecht zur Geltung zu bringen, während dies nicht geschehen sei.

Die Hauptfrage konzentriert sich aber auf die Auslegung des oben citierten Art. 10. Was war mit dem Satze: „wird die Staatsverwaltung keinen Anstand nehmen" ausgesprochen? Lag darin eine rechtlich bindende Verpflichtung des Staats (ein öffentlich-rechtliches pactum de contrahendo)? Darüber ist auch jetzt noch nach den interessanten Erörterungen des Verf. (S. 57 bis 86) ein Streit möglich, allein der Grundgedanke und das Resultat der Ausführungen des Verf. sind zutreffend. Lag aber in Art. 10 eine wirkliche juristische Bedingung? Wenn nun als festgestellt zu betrachten ist, dass in jener Zusicherung eine staatliche Obligation liege, so blieb noch zu erörtern, zu welchen Bedingungen der Staat sich zur Erneuerung des Privilegiums (z. B. auch zur Gewährung der bisherigen vollen Tariffreiheit) „herbeilassen" müsse. Der Frage ist die Aktualität wieder genommen, weil der Nordbahn am 1. Jan. 1886 eine neue Konzession erteilt worden ist.

Der Verf. hat naturgemäss auch auf die Rechtsverhältnisse anderer österr. Eisenbahnlinien eingehen müssen und so stellt die Schrift einen bemerkenswerten Beitrag zu der österr. Eisenbahngeschichte und speziell zu der intrikaten Lehre über die Konzessionen dar. In einem Anhange (S. 131—174) ist der Wortlaut des Nordbahnprivilegiums und der Statuten abgedruckt. Daran reihen sich noch einzelne andere österr. Eisenbahnkonzessionen.   Meili.

—

V. Strafrechtswissenschaft.

Thümmel, C. Der gerichtliche Zweikampf und das heu tige Duell. (Heft 4 der deutschen Zeit- und Streitfragen Hamburg, Richter. 1887. 32 S. 1 M.

Das Duell ist infolge bekannter Entscheidungen des Reich gerichts seit Jahren Gegenstand eines Streites über die jurist schen Kreise hinaus geworden, der noch heute nicht ausgefochte ist. Auch die vorliegende Schrift löst diesen Streit nicht, ab sie kann wie jede sich mit der geschichtlichen Entwickelung d heutigen Zweikampfs befassende Arbeit als ein Beitrag zu dies Lösung betrachtet werden. Th. behandelt nur eine Frage dieser geschichtlichen Entwickelung: er vergleicht auf Grur eingehender Quellenstudien das Wesen und den Zweck des he tigen Zweikampfs mit dem mittelalterlichen Zweikampfe. Dies war ein lediglich vom R. geschaffenes prozessuales Beweismitte das zur Entscheidung einer zwischen beiden Parteien schwebe den Rechtsfrage dienen sollte. Der Zweikampf wurde eingeleit dadurch, dass Behauptung gegen Behauptung gestellt wurd dass der Verklagte die des Klägers einfach falsch oder dies einen Lügner nannte. In dunkler rechtsgeschichtlicher Erinn rung an diese letzte Beschimpfung der solennen Einleitung d gerichtlichen Zweikampfs hat man nun später, nachdem dies Rechtsinstitut längst geschwunden, in dem Zweikampfe nur no die gesuchte Sühne für jenen Schimpf erblickt. Ein solches z Gutmachung von Ehrenkränkungen bestimmtes Mittel war ab damals der Zweikampf durchaus nicht. Durch den Kampf wur vielmehr nur die Wahrheit einer der gegenübergestellten B hauptungen erwiesen, und deshalb war mit dem Kampfe keine wegs auch der Rechtsstreit selbst beendet. Es musste nun er die sich aus dem Ausgange des Kampfes ergebende rechtlic Folge gezogen werden: der im Kampfe unterlegene Angeklag wurde also noch durch Urteil mit Strafe belegt; unterlag d Ankläger, so war die Anklage hinfällig und der Angeklag ging straflos aus. Der Kreis derjenigen Fälle und Rechtsfrage welche durch Kampf entschieden werden sollten und konnt ist nun allerdings ein wechselnder gewesen; die frühere A gemeingültigkeit — auch bürgerliche Rechtsstreitigkeiten wurd durch Zweikampf entschieden — hat aber die spätere Rech pflege auf bestimmte Fälle (Raub, Mord, Diebstahl, Notzucl

zu beschränken gesucht; jedenfalls ist der Zweikampf zur Sühne
von Ehrenhändeln in der ältesten Zeit nicht einmal vorzugsweise,
später überhaupt nicht benutzt worden.   Der Verf. spricht
schliesslich die Hoffnung aus, dass, wie der gerichtliche Zweikampf heute durch den Eid ersetzt worden, so allmählich auch
das heutige Duell überwunden werden wird.   Roedenbeck.

Stachow, H. Einführung in die Thätigkeit des Staats-
     anwalts. Berlin, Puttkammer & Mühlbrecht. 42 S. 1 M.

Die kleine Schrift verfolgt den Zweck, wie es im Vorwort
heisst, jüngeren mit der Thätigkeit des Staatsanwalts nicht vertrauten Beamten einen Ueberblick über dieselbe zu gewähren und
die Gesichtspunkte hervorzuheben, welche bei der Bearbeitung
des Dezernats in Frage kommen. Ist die Arbeit auch zunächst
für die Beamten der, bei dem Umfange der ihr obliegenden umfassenden Aufgaben ganz eigenartig gestalteten Staatsanwaltschaft bei dem Landgerichte I in Berlin zugeschnitten, so wird
sie doch auch den Mitgliedern anderer Staatsanwaltschaften Nutzen
gewähren. Die dem öffentlichen Ministerium obliegenden Geschäfte sind sämtlich in kurzen Bemerkungen mitgeteilt und die
nötigen Winke für die Art ihrer Bearbeitung gegeben. Die
Nichtbeobachtung der verschiedenen Bezeichnungen für den zur
Untersuchung Gezogenen wie „Beschuldigter", „Angeschuldigter",
„Angeklagter" (S. 12) hat bekanntlich gar keine Wirkung, man
sollte also ruhig diese ganze unnütze Unterscheidung der Str.-
Pr.O. obsolet werden lassen, wie hoffentlich auch bald die, nur
zu überflüssigen Toilettenausgaben führende weisse Binde obsolet
werden wird. Der der Konkursordnung eigentümliche Ausdruck
„Ausschüttung der Masse" hätte wohl als Bezeichnung für die
Verteilung, Rückgabe und Verwertung der mit Beschlag be-
legten asservierten Gegenstände (S. 30) durch einen passenderen
ersetzt werden können.   C. Fuchs (Jena).

Henle, W. Das Gerichtsgefängniswesen in Bayern. Nörd-
     lingen, Beck. 1887. XV u. 302 S. 6 M.

Der Mangel eines einheitlichen Strafvollzugsgesetzes für das
Deutsche Reich veranlasst, dass die Bestimmungen über den
Vollzug der Freiheitsstrafe in einer Reihe von Reichs- und Landesgesetzen zerstreut sind, wodurch die Uebersichtlichkeit und Handhabung naturgemäss erschwert wird. Dieser Umstand rechtfertigt den im vorliegenden Werke verwirklichten Plan des Verf.,
für Bayern ein „Handhilfsbuch für alle mit dem Gefängnis-

wesen befassten Stellen, Behörden und Personen" herauszugeben;
aus dem Titel erhellt zugleich, dass sich das Werk auch auf
den Vollzug der Untersuchungshaft erstreckt. Das Buch wird
seinem Zwecke um so mehr genügen, als H. sich nicht begnügt
hat, den Text der Gesetze und Verordnungen aneinander zu
reihen. Er hat denselben vielmehr mit sachgemässen Erläuterungen und Verweisungen in kommentatorischer Form begleitet,
so dass die einzelnen Bestimmungen möglichst in ihrem Zusammenhang mit den sonstigen einschlagenden Vorschriften auftreten. Der Stoff ist in 15 Abschnitte geteilt, von welchen
I—IV die Reichs- und Landesgesetze, nämlich Str.G.B., G.V.G.,
Str.Pr.O. und Mil.Str.G.B., ferner das bayer. Ausführungsgesetz
zum G.V.G. und zur Str.Pr.O., V—XV Verordnungen, Ministerial-
bekanntmachungen und sonstige Vorschriften enthalten; wir
heben daraus hervor die umfangreiche Dienst- und Hausordnung
für Gerichtsgefängnisse (VII), Bekanntmachung den Arbeitsfond
für die Gerichtsgefängnisse betr. (VIII), Vorschriften über das
Gefängnisbauwesen (XV). Anhang I bringt eine Uebersicht
über die Titel des bayer. Justizetats und Anhang II teilt jene
Paragraphen des Str.G.B. mit, welche strafbare Handlungen der
Gefängnisbeamten und gegen dieselben betr. Wesentliches lässt
das Buch kaum vermissen. Zwar ist nicht berücksichtigt das
bayer. Gesetz vom 26./XII. 1871, den Vollzug der Einführung
des R.Str.G.B. in Bayern betr., allein die im Ausführungsgesetz
zur Str.Pr.O. Art. 2 Ziff. 6 aufrecht erhaltenen Uebergangsbestimmungen haben keine praktische Bedeutung mehr, abgesehen etwa von Art. 33 und 37. Im Anhang II wären vielleicht noch §. 118, 359 des Str.G.B. und Art. 105, 106 des
bayer. Ausführungsgesetzes zur Str.Pr.O. zu berücksichtigen gewesen.   Kleinfeller.

VI. Kirchenrecht.

Relazione e disegno di legge sull' ordinamento degli
    enti morali civili del culto cattolico. Roma, Ripa-
    monti. 1887. 157 S. (Im Buchhandel nicht zu haben,
    erscheint aber in der Giurisprudenza italiana. Turin, Unione.
    tip. Jährl. 35 fr.)

In Erledigung des Vorbehaltes des Garantiegesetzes (Art. 16
und 18) enthält der vom Staatsratspräsidenten Cadorna unterm

15./II. 1887. erstattete Ausschussbericht (S. 9) der durch königl. Dekret vom 12./III. 1885 aus Mitgliedern beider Kammern und höchsten Beamten gebildeten Kommission die Grundlagen (S. 15 bis 34) der Trennung von Staat und Kirche und die Skizze eines Gesetzes (Art. 71 S. 117—157) über Verwaltung und Verwendung des gesamten Vermögens katholischer Pfründen, Stiftungen und Gemeinden; die einzelnen Artikel werden S. 35—106 eingehend begründet. In eine Pfründe kann nur eingewiesen werden, wer das volle italien. Staatsbürger-R. ausübt, befähigt (abilitato) und zuständigerseits berufen ist (autorizzato). In die Pfründe weist ein nicht mehr der König bezw. Oberstaatsanwalt (Geigel, italien. Staatskirchen-R. S. 52, C.Bl. V, 294), sondern der Bistumsausschuss den Bischof und die Domherren, und der Pfarrausschuss Pfarrer und bepfründete Pfarrgehilfen. Binnen 40 Tagen von der Anzeige ab erhebt der Minister gegebenen Falles Einspruch zum Könige im Staatsrate (Art. 50); unabhängig hiervon kann nicht nur der in seinem R. verletzte Geistliche, sondern auch $\frac{1}{4}$ der Pfarrausschüsse gegen Bischof und Domherrn und $\frac{1}{4}$ der Mitglieder der Pfarrgemeinde (Art. 23) gegen Pfarrer die Pfründeneinweisung durch Klage bei den ordentlichen Gerichten anfechten. Auf Klage des Ausschusses oder, wenn letzterer sich weigert, der Staatsanwaltschaft, hat das Oberlandesgericht die Pfründe jedem Geistlichen zu entziehen, welcher wegen Verbrechens, entehrenden Vergehens oder Widersetzlichkeit verurteilt worden ist oder gegenwärtigem Gesetze sich zu fügen weigert (Art. 25). Auch wegen sonstiger Verurteilung oder Interdiktion (Art. 26) kann der Ausschuss oder statt desselben $\frac{1}{8}$ der Pfarrgemeindemitglieder bezw. der Pfarrausschüsse auf Pfründenentziehung klagen. Das Patronat des Staates wird aufgehoben (Art. 57), das der Privaten und des königl. Hofes beibehalten, das kirchlicher Behörden dagegen (Art. 38) auf den Pfarr- bezw. Diözesanausschuss übertragen. Die 30 Jahre alten katholischen Haushaltungsvorstände wählen auf je 3 Jahre in ihrer Pfarrei 3 oder 5 Mitglieder des Pfarrausschusses (Art. 10), sämtliche Pfarrausschüsse dagegen an einem bestimmten Tage (getrennt) 5 oder 7 Mitglieder des Diözesanausschusses, je nachdem die Diözese 15 000 Seelen oder mehr zählt (Art. 12). Die Ausschüsse wählen aus ihrer Mitte den Vorsitzenden; der Bischof bezw. Pfarrer kann den Sitzungen beiwohnen (Art. 14). Der Pfarrausschuss verwaltet das Pfarrgemeinde- und das Gotteshausvermögen und überwacht die Vermögensverwaltung der Pfarrer, der Bruderschaften und sonstigen örtlichen Kultusanstalten. Der Diözesanausschuss verwaltet das Vermögen des Doms und der Bistumsgemeinde und überwacht die Vermögensverwaltung des Bischofs, der Domherren und der geistlichen Bildungsanstalten. Unter die Bistumsgemeinden werden die 26 ³/₄ Mill. Franken verteilt, welche jetzt unter Verwaltung der Generalökonomate stehen. Das Vermögen des Kultusfonds bleibt dagegen vorerst noch unter staatlicher Verwaltung als katholische Landesstiftung, und werden allmählich aus den Zinsen 120 Bischöfe auf 6000 Fr. und 9246 Pfarrer auf 800 Fr. jährlich (Gesetz vom 14./VII. 1887, Zehntaufhebung betr.) aufgebessert und, soweit seinerzeit Ueberschüsse verblieben, hieraus geistliche Bildungsanstalten unterstützt. Alle Kultusanstalten haben aus den Rentenüberschüssen dem Kultusfonds Beiträge zu entrichten. Der Klosterfonds der Stadt Rom wird künftig vom Bürgermeister und 7 Mitgliedern verwaltet, wovon 4 der König und 3 der Gemeinderat ernennt. Im übrigen erstreckt sich der Gesetzentwurf weder auf Rom, noch auf die Sitze der vorstädtischen Bistümer (Art. 68). An Stelle der bürgerlichen Gemeinde tritt die Kirchengemeinde hinsichtlich der Unterhaltung der Kirche, der Dienstwohnung des Geistlichen und der Kirchengeräte; doch sollen die Kirchenumlagen 5 Proz. der Staatssteuern für Pfarr- und Diözesangemeinde nicht überschreiten. Auch die Pfarrpfründen müssen fruchtbringende Güter in Staatsrente umwandeln. Die Staatsaufsicht auf die Rechtspersonen des Kultus wird durch die Staatsanwaltschaft ausgeübt; über Wahleinsprüche, Rechnungsstreitigkeiten und Beschwerden wegen Auferlegung von Pflichtausgaben entscheiden die ordentlichen Gerichte. Die Rechtsgeschäfte der Rechtspersonen, wozu Staatsgenehmigung erforderlich ist, sind übereinstimmend mit dem geltenden R. in Art. 47 und 48 aufgeführt. Der Gesetzentwurf belässt der kirchlichen Oberbehörde die Polizei in der Kirche (Art. 30), entzieht ihr im übrigen jede rechtliche Einwirkung aufs Kirchengut und behandelt vielmehr die Gemeinde als Trägerin des Eigentums.   F. Geigel.

v. Zshishman. Das Stifter-R. in der morgenländischen Kirche. Wien, Hölder. 1888. VI u. 106 S. 2 M. 80 Pf.

Wer eine öffentliche Kirche stiftet und die Kosten des Gottesdienstes sowie den Unterhalt des Geistlichen übernimmt, erlangt auch in der morgenländischen Kirche, wenn er nicht ausdrücklich hierauf verzichtet, für sich und seine Bluts- wie letztwilligen Erben oder Besitznachfolger ausser den Ehren-R., wie der Erwähnung in den Ektenien, Diptychen und Jahrbüchern, und ausser dem Anrecht auf Lebensunterhalt im Falle der Verarmung sowie der Verwaltung seiner Stiftung zufolge der trotz der zweiten Synode von Nicäa in Geltung gebliebenen Nov. 123 cap. 18 das R., dem Bischofe, in dessen Diözese die Stiftung liegt, den betreffenden Geistlichen vorzuschlagen und behält dies R. bei, solange er rechtgläubig bleibt, die Obliegenheiten eines Verwalters erfüllt und die Kirche sowie die Pfründe unterhält. Andernfalls tritt an seine Stelle der einzelne oder die Kirchengemeinde, welche mit Genehmigung des Bischofs wieder die Kirche herstellen oder das Gotteshaus- bezw. Pfründevermögen ergänzen. Es handeln S. 1—14 von der Entwickelung, dem Wesen und der Einteilung des Stifter-R., S. 15—20 von den Bedingungen für den Erwerb, S. 21—46 von ursprünglichem Erwerbe, S. 47—80 von den R. und Pflichten des Stifters, S. 81 bis 98 vom Uebergange und S. 99—101 vom Erlöschen des Stifter-R., endlich S. 102—106 vom gerichtlichen Verfahren und zwar durchgehends in Gemässheit der Entscheidungen der Synoden insbesondere von Konstantinopel und der kirchlichen Uebung; das Sonder- und Staatskirchen-R. Russlands, Serbiens, Rumäniens, Griechenlands, Bulgariens und der Bukowina haben nur ausnahmsweise in den sonst übrigens äusserst reichhaltigen Anmerkungen, welche das gesamte Quellenmaterial einschliesslich der Stiftungsurkunden aus den ältesten Zeiten bis zum heutigen Tage umfassen, Verwertung gefunden. Zufolge der Synoden von 401, 419, 787 und 861 dürfen die Stifter oder Nachfolger derselben das Stiftungsgut weder für sich mehr zurücknehmen, noch ohne bischöfliche Genehmigung und ohne dringende Notwendigkeit veräussern oder belasten; der Erlös darf jedenfalls nur für den Stiftungszweck verwendet werden. Auch können die Inhaber das Stifter-R. für sich nicht gegen Entgelt unter Sondertitel abtreten; ihr Eigentum lebt nur dann wieder auf, wenn, z. B. durch Aussterben der Pfarrgemeinde, die Widmung für den kirchlichen Zweck seitens des Bischofs aufgehoben wird. Gleichwohl schreibt der gelehrte Verf. das Eigentum nicht der Stiftung selbst, trotzdem solche staatlich oder vom Bischofe kraft staatlicher Ermächtigung bestätigt wird, sondern stets nur dem Inhaber des Stifter-R. zu; für die Kirchengemeinde spräche, dass die Stifter-R. in Ermangelung von Erben ihr mit Ausschluss des Fiskus heimfallen. Dass man sich und seinen Nachfolgern auch für Klöster, Unterrichts- und Wohlthätigkeitsanstalten das Stifter-R. (τὸ κτηροτικὸν δικαιον, ΚΤΗΤΟΡΙ) in der Gründungsurkunde (τοπικόν) vorbehalten kann, ist übrigens keine Eigentümlichkeit ausschliesslich der morgenländischen Kirche (französ. Arrêté 16 Fruct. XI, Pasicrisie belge, 1884, I, 46 und Geigel, italien. Staatskirchen-R. 96, 151 und 169). Von dieser Nebenbedeutung abgesehen, entspricht das Stifter-R. im wesentlichen dem abendländischen Patronate, wiewohl in letzterem nicht auch die Befugnis liegt, ohne Mitwirkung des Bischofs von der Pfründe zu entheben. Wegen der Rechtsfolgen erörtert die Abhandlung des jetzt in den Ruhestand tretenden Verf. auch die Weihe kirchlicher Sachen eingehendst; ausführlicher ist namentlich auch die Ersitzung behandelt. F. Geigel.

Binder, M. J. Praktisches Handbuch des katholischen Ehe-R. Für Seelsorger im Kaisertum Oesterreich. 3. Aufl. umgearbeitet von J. Schleicher. Freiburg, Herder. 548 S. 6 M.

Die neue Auflage bringt das in Oesterreich und darüber hinaus viel gebrauchte B.sche Handbuch teils in verkürzter Form, teils mit vermehrtem Inhalt. Eine Minderung des Stoffs ist bei der auf 40 Seiten zurückgeschnittenen kirchlichen Ehegerichtsbarkeit eingetreten. Dagegen hat das materielle Ehe-R. durch Einbeziehung der staatlichen Vorschriften (interkonfessionelle Gesetzgebung von 1868) eine ergänzende Umarbeitung erfahren.

Die Darstellung gliedert sich in die üblichen drei Teile. Im ersten wird die Lehre von den Ehehindernissen, im zweiten deren Behebung und die Ehekonvalidation, im dritten das kirchliche Gerichtsverfahren in Ehesachen abgehandelt. Ueber die Zivilehe soll ein kurzer Exkurs orientieren (S. 373 bis 376). Für den kirchlichen Praktiker sind am Schluss zahlreiche, gut ausgewählte Formulare beigegeben.

Bemerkenswert erscheint der von dem Herausgeber eingenommene Standpunkt. Die katholische Satzung findet ihren Ausdruck in dem Eingangssatz: „Es ist gar kein Zweifel, dass die Kirche das ausschliessliche R. hat, die zum gültigen Empfang des Ehesakraments notwendigen Bedingungen festzusetzen" (S. 1). Demgemäss wird denn auch die sogen. siebenbürg. Ehe (geschlossen auf Grund einer von den Unitariern in Klausenburg kraft staatlichen R. ausgesprochenen Ehescheidung) rundweg als eine „legitimierte Bigamie" bezeichnet (S. 2). Auf der anderen Seite steht das unumwundene Anerkenntnis: „Die Ehe greift zugleich so tief in das Leben des Staates ein, dass

auch diesem das R. und die Pflicht nicht abgesprochen werden
kann, . . . auch seinerseits Eheverbote aufzustellen und deren
Uebertretung zu ahnden." Aber, und hier liegt die Lösung des
Problems, diese Eheverbote begründen für Katholiken „keine
Hindernisse der Gültigkeit, sondern blosse Hindernisse unerlaubter Eheschliessung, deren gewissenhafteste Beobachtung
strenge Pflicht jedes Staatsbürgers ist und auch von den Organen der Kirchengewalt nachdrucksamst eingeschärft und überwacht wird" (S. 12). Dementsprechend sind in dem Buche alle
staatlichen Ehehindernisse unter die impedimenta impedientia
tantum verwiesen (S. 168 ff., 260 ff.).   Hübler.

VII. Staats- und Verwaltungsrecht.

Frensdorff, F. Die ersten Jahrzehnte des staatsrechtlichen Studiums in Göttingen. Festschrift zur 150-
   jährigen Jubelfeier der Georg-Augusts-Universität im Namen
   und Auftrag des Senats verfasst. Göttingen, Vandenhoek
   u. Ruprecht. 1887. 42 S. 2 M.

Verf. gibt aus einem Band Handschriften der Göttinger
Bibliothek (1748—1757) Mitteilungen, bringt eine Anzahl wert-
voller Schriftstücke daraus zum Abdruck und bietet hiedurch
wie durch die verbindende Darstellung ein lebensvolles Bild aus
der Gelehrtengeschichte des vorigen Jahrhunderts.

Die Einleitung versetzt uns in die vierziger Jahre desselben.
Rege sind die Bestrebungen, Göttingen zur hohen Schule des
deutschen Staats-R. zu machen. An ihrer Spitze steht der umsichtige Kurator Münchhausen, beeifert neben dem anregenden
Schmauss junge Kräfte heranzuziehen. Unter ihnen befindet
sich Stephan Pütter. Dieser, genötigt zuerst Privat- und Prozess-R. vorzutragen, findet sich bewogen dem Kurator einen
Plan seiner künftigen Studien vorzulegen. Er will vor allem
„in iure publico" thätig sein und erachtet es für zuträglich,
dass der Dozent von systematischer Arbeit im ganzen zu mono-
graphischer Thätigkeit in specialibus übergehe. Der Kurator
legt diesen Plan zwei Gelehrten, Struve und Scheidt, vor, welche
gutachtlich in der Bevorzugung der Monographieen vor Kompendien übereinstimmen. Diese geringschätzige Beurteilung
letzterer veranlasst Münchhausen, einen dritten Fachmann zu

befragen und dieser ist: Joh. Jakob Moser. Er erklärt für
Grundmaxime des ius publicum Berücksichtigung der Praxis:
Pütter möge den „allgemeinen Fehler derer academicorum ver-
hüten", sich nicht zu sehr auf Obsoletes diffundieren, sondern
pragmatisch dozieren. „Antiquitäten müssen die Proportion
bei einer Schrift haben, als das Gewürz bei einer Speise" u. s. w.
Das Kompendienschreiben wird empfohlen und warm verteidigt.
Infolge Uebermittelung dieses Gutachtens an Pütter entspinnt
sich eine mittelbare Korrespondenz zwischen den beiden Dios-
kuren des deutschen Staats-R. — Als Moser die Ueberzeugung
gewinnt, dass Pütter und Achenwall „löblicher aber unter pro-
fessoribus sehr seltener Massen harmonieren", legt er ein Pro-
memoria vor, wie junge Standespersonen in besonderer Weise
zu allen Staatsgeschäften präpariert werden könnten. Eine Art
Akademie für Staatswissenschaft, mit besonderer Rücksicht der
praktischen Vorbildung, soll erstehen, womöglich in einer Re-
sidenz, „weil auf Universitäten die jalousie gegen die, so von
dem gemeinen Schlendrian abgehen, gar zu gross ist und denen
Dozenten viel Verdruss verursacht". Je näher es aber ad spe-
cialia ging, je undisponierter waren Pütter und Achenwall in
Mosers „vues zu entrieren". So kam es denn, dass Moser 1749
eine eigene Staatsakademie in Hanau begründete, während etwa
gleichzeitig Pütter in Göttingen ein „practicum iuris publici"
eröffnete. Erst die Rezension einer aus der Hanauer Anstalt
hervorgegangenen Schrift in den Göttinger Anzeigen gab die
Veranlassung, dass die beiden Männer, die seit einem Jahre
indirekt miteinander verkehrt, jetzt in unmittelbaren Briefwechsel
kamen. Trotz günstigen Fortgangs im Anfang hörten Pütters
Praktikum und Mosers Staatsakademie bald auf zu bestehen.
Moser kehrte nach Württemberg zurück, wo schwere Prüfungen,
wie bekannt, über ihn ergingen; Pütter blieb in Göttingen und
von Stürmen des Lebens verschont. Der Verf. der Festschrift
erkennt zwar an, dass Pütter keine sympathische Persönlichkeit,
nimmt ihn aber zum Schluss warm in Schutz als zusammen-
fassenden, ordnenden, sichtenden Juristen.

Erwähnung findet seitens Verf. auch die ziemlich scharfe
Kritik, welche den geschilderten Neuerungen von verschiedenen
Seiten zu teil wurde. Erörterungen über die Reform des
juristischen Unterrichts sind lebhaft im Gange. Man verlangt grössere Annäherung der Universität an das Leben. Ende
1750 begrüsst ein „Antischlendrianus" unterschriebener Artikel der Frankfurter gelehrten Zeitung die Einrichtungen in

Hanau und Göttingen als Wendepunkt des akademischen Lebens, während G. D. Strube u. a. die Einfügung eines praktisch politischen Kursus in den öffentlichen Unterricht verwerfen, und in der That diese Ansätze sehr bald verschwinden.

v. Kirchenheim.

Kaegler, J. Die Verwaltungsgerichtsbarkeit in Preussen. Berlin, Decker. 112 S. 1 M. 50 Pf.

Das Werkchen enthält die auf die Verwaltungsgerichtsbarkeit in Preussen bezüglichen Bestimmungen zumeist unter Beibehalt des gesetzlichen Wortlauts. Die in den verschiedenen Gesetzen gegebenen Vorschriften sind kurz unter 96 Nummern zu einem systematischen Ganzen zusammengefasst und in drei Hauptabschnitten (Verwaltungsgerichte, Zuständigkeit, Verwaltungsstreitverfahren) dargestellt. Ausser den auf Grund der preuss. Verwaltungsgesetze geschaffenen Einrichtungen ist auch das Bundesamt für Heimatwesen berücksichtigt. Redaktion.

Liebau, G. Die Zivilversorgung der Militäranwärter. Berlin, Heymann. 1887. VI u. 204 S. 6 M.

Die Schrift enthält eine recht brauchbare und für viele Behörden sehr erwünschte Zusammenstellung der über die Besetzung der Subaltern- und Unterbeamtenstellen bei den Reichs- und Staatsbehörden mit Militäranwärtern von Reichs wegen ergangenen Veröffentlichungen, nämlich die Bekanntmachungen des Reichskanzlers vom 25./III. 1882 betr. die vom Bundesrate am 7. bezw. 21./III. 1882 beschlossenen Grundsätze für die Besetzung der Subalternbeamten- und Unterbeamtenstellen bei den Reichs- und Staatsbehörden mit Zivilanwärtern, vom 28./VII. 1886 betr. das Verzeichnis der Anstellungsbehörden der Reichsverwaltung im Sinne der „Grundsätze", vom 28./VII. 1886 betr. das Verzeichnis der für die Bewerbungen um Stellen der königl. bayer. Militärverwaltung in Betracht kommenden Behörden, vom 24./VI. 1887 betr. das Gesamtverzeichnis der den Militäranwärtern vorbehaltenen Stellen, vom 25./VI. 1887 betr. das Gesamtverzeichnis der zur Anstellung von Militäranwärtern verpflichteten Privateisenbahnen, ferner die von den Bundesregierungen zur Ausführung der „Grundsätze" erlassenen allgemeinen Vorschriften. Dem Texte der Anordnungen und Vorschriften sind entsprechende Erläuterungen in Form von Anmerkungen, Texteinschaltungen, Hinweisen u. dgl. beigegeben. Ebenso ist der Schrift ein umfängliches Sachregister beigefügt. v. Stengel.

Fuld, L. Reichsgesetz, betr. die Unfallversicherung der bei Bauten beschäftigten Personen, vom 11./VII. 1887. Berlin, Vahlen. 1887. VIII u. 149 S. *) 3 M.

Durch das grundlegende Unfallversicherungsgesetz vom 6./VII. 1884 war nur ein Teil der Bauarbeiter der Wohlthaten der Versicherung gegen Betriebsunfälle teilhaft gemacht worden. Nicht Berücksichtigung gefunden hatten namentlich die Arbeiter bei Erd- und Wasserbauten sowie in der Hauptsache die bei Regiebauten der öffentlichen Verbände und der Privatpersonen beschäftigten Arbeiter. Das „Bauunfallversicherungsgesetz", welches unser Kommentar recht eingehend, geschickt und verständnisvoll, wenn auch nicht immer in glücklicher Redewendung (so z. B. S. 11: die „Charakterisierung des Gesetzes lässt sich . . . präzisieren"), erläutert, hat nun jene Lücken ausgefüllt. Selbstverständlich lehnt es sich in seinen Grundgedanken an das angezogene Hauptgesetz an. Es bietet aber doch verschiedene recht bemerkenswerte Eigentümlichkeiten, welche der Erläuterung einen besonders dankbaren Stoff lieferten. Hierher gehört vor allem: die Einrichtung einer „Versicherungsanstalt" für alle bei Privatregiebauten beschäftigten Personen, sowie der Unternehmer solcher Bauten selbst bei jeder Baugewerksberufsgenossenschaft, welche als „Träger" der Anstalt in ganz gleicher Weise erscheint, wie die Gemeinde als Trägerin der Gemeindekrankenversicherung; die Aufbringung der Bedürfnisse der Berufsgenossenschaft und Versicherungsanstalt nach dem Massstabe des Kapitalwerts der ihr zur Last gefallenen Renten (bezw. bei der Anstalt auf Grund eines entsprechenden Prämientarifs); das Eintreten der Gemeinde für die Kosten des Heilverfahrens nicht anderweit gegen Krankheit versicherter Bauarbeiter auf die ersten 13 Wochen und für die Unfallversicherung bei Bauarbeiten von höchstens sechstägiger Dauer; die Wirksamkeit der Unfallverhütungsvorschriften, welche die Berufsgenossenschaften erlassen, auch gegen die Bauarbeiter derjenigen Unternehmer, welche nicht Mitglieder der Genossenschaft sind, jedoch in deren Bezirke Bauarbeiten ausführen. Möge es gelingen, das besonders zusammengesetzte Getriebe der neuen Bauunfallversicherung zum Heile der damit bedachten Arbeiter in erwünschten Gang zu bringen. Eine streitige Einzelfrage, ob als Inland im Sinne des Gesetzes auch

---

*) Eine Textausgabe mit Beifügung der Einführungsbestimmungen des Reichsversicherungsamtes vom 14. und 15./VII. 1887 ist in Carl Heymanns Verlage zu Berlin erschienen.

die deutschen Schutzgebiete anzusehen seien, beantwortet F.
(S. 121) bejahend.   Leuthold.

Reuss, H. Der Rechtsschutz der Geisteskranken auf
   Grundlage der Irrengesetzgebung in Europa und
   Nordamerika. Leipzig, Rossberg. 1888. 352 S. 9 M.

Der Verf. spricht sich für eine Irrengesetzgebung aus und
sucht seine Ansicht ausführlich zu begründen. Bevor er jedoch
hierauf eingeht, umgrenzt er die Aufgabe, indem er festzustellen
sucht, was in ein solches Gesetz gehört und was dagegen demselben fremd bleiben muss. Endlich spricht er sich über den
notwendigen Charakter eines solchen Gesetzes aus. Dasselbe
darf nur einen fürsorglichen Charakter haben, und dem Uebergang in die volle Verfügungsbefugnis oder in die gänzliche Entmündigung freien Spielraum lassen. Geisteskranke sind Kranke
und als solche zu behandeln und zu schützen; aber auch diejenigen, welchen die Pflege derselben auffällt, bedürfen des
Schutzes des Gesetzes gegen Vorurteile, gegen Zumutungen und
gegen Willkürlichkeiten aller Art und sind daher unter Umständen gleich wie öffentliche Staatsdiener zu behandeln. Endlich will der Verf. die Verhältnisse, welche einem Irrengesetz
zu unterstellen sind, der Verwaltung zuweisen, und nicht den
Gerichten. Das 2. Kapitel hat die dermalige gesetzliche Irrenfürsorge zum Gegenstand. Nach einer kurzen Uebersicht über
die frühere Geschichte der Irrenfürsorge bis tief in das gegenwärtige Jahrhundert hinein, gibt der Verf. einen Ueberblick
über die neuere Kodifikation, welche sich namentlich an das
französ. Gesetz von 1838 anschliesst, und geht sodann zu einer
Analyse der einzelnen Gesetze über. In Betracht kommen dabei
diejenigen Belgiens, Deutschlands, Frankreichs, Englands, Hollands, der Schweiz, Skandinaviens, das Gesetz von New York
und der italienische Entwurf. Das 3. Kapitel handelt de lege
ferenda, von den Grundsätzen und dem genauen Inhalt des zu
erlassenden Gesetzes; dabei geht er von folgenden Gesichtspunkten
und Postulaten aus, die im Verlaufe einlässlich entwickelt und
begründet werden. Die Irren sind Kranke, indessen ist es nicht
thunlich, eine Definition von Geisteskrankheit aufzustellen, sondern es haben sich darüber im Zweifelfalle Sachverständige auszusprechen. Sehr begründet spricht er sich gegen die engl. und
amerikan. Auffassung aus, welche alles davon abhängig macht,
ob der angeblich Kranke den Unterschied zu machen verstehe
between good and evil. Die Verhältnisse der Irren müssen

durch ein Gesetz geregelt werden und eine blosse Verordnung
genügt nicht. Der Verf. legt daher einen eigenen Entwurf vor,
welchen er mit ausführlichen Erläuterungen begleitet. Dieselben
beziehen sich auf die Anstalten und ihre Einrichtung, die Aufnahme und Entlassung der Irren, ihre Verpflegung in der Familie, die Aufsicht über dieselben durch eine Centralstelle des
Staates, gleichgültig wo sie untergebracht sind. In dem Abschnitt über die Rechtsfähigkeit der Irren bespricht er ihre
Handlungsfähigkeit und bestreitet dabei das Vorhandensein sog.
lucida intervalla; die Geisteskrankheit sei auch dann vorhanden,
wenn sich dieselbe nicht äussere, und es dürfe daher ein Kranker
auch während eines solchen Intervalles nicht als handlungsfähig
angesehen, sondern müsse mit einem Beistande versehen werden.
Es ist dies ein Grenzgebiet zwischen Jurisprudenz und Medizin,
welche sich mit Bezug auf die Verhältnisse der Irren und ihre
Behandlung oft genug berühren und oft nicht leicht auseinander-
zuhalten sind. So wird dem Arzte häufig die Frage der Zurechnungsfähigkeit vorgelegt, während doch dieselbe mit der Schuld-
frage zusammenfällt, und der Arzt nur die Frage zu beantworten
hat, ob eine die Freiheit aufhebende Krankheit vorhanden sei
oder nicht (S. 89 ff.). In einem 4. Kapitel (S. 208—346) teilt
der Verf. die gesetzlichen Bestimmungen der inländischen und
ausländischen Gesetzgebung sowie den italien. Entwurf samt
Uebersetzung mit, und ergänzt diese Mitteilung durch eine sorgfältige synoptische Tabelle der Gesetze.   König.

VIII. Internationales Recht.

Zographos, G. Chr. Ueber die Rechtsstellung des Ausge-
      lieferten nach französischem Recht. Hamburg,
      Richter. 1887. VIII u. 66 S. 2 M.

Die Stellung des Ausgelieferten gegenüber der Justizhoheit
des requirierenden Staates nach französischem Recht in einem
Punkte zu prüfen, bildet das Thema der vorliegenden Monographie, die durch die Einkleidung eines durchaus fremdländischen Stoffes in die Behandlungsformen und die Arbeitsmethode
der deutschen Rechtswissenschaft ein ganz individuelles Gepräge
erhielt. Die Frage, ob der Ausgelieferte ein R. auf richterliches

Gehör wegen behaupteter materieller oder formeller Verletzungen
des objektiven Auslieferungs-R. selbst habe, ist nach französ. R.
nicht gesetzlich geregelt, sondern hat nur im Gerichtsgebrauche
daselbst eine, wie es scheint, auch nur schwankende Beantwortung gefunden. Die Prüfung der Fälle, in welchen der Kassationshof das Beschwerderecht des Ausgelieferten anerkannte
und derjenigen, in welchen er ein solches verwarf, gibt dem
Verf. gute Gelegenheit, an der Hand einer umfassenden Ju-
dikatenliste die Grundfragen des Auslieferungs-R. einer klaren
und verständnisvollen Darstellung zu unterziehen.

Stoerk.

Daguin, Chr. De l'autorité et de l'exécution des jugements étrangers en matière civile et commerciale
en France et dans les divers pays. Paris, Pichon.
1887. 395 S. 6 fr.

Der Verf., Anwalt am Appellhof zu Paris — und nicht zu
verwechseln mit dem Generalsekretär der société de législation
comparée Fernand Daguin (C.Bl. III S. 454) — will zunächst
im 1. Teil seines Werkes die vielbestrittene Lehre von der materiellen Rechtskraft und Vollstreckung ausländischer Urteile
nach den allgemeinen Prinzipien, welche jeder positiven Gesetzgebung als Regulative dienen sollen, erörtern. Hieran schliesst
sich dann im 2. und 3. Teil eine Darstellung des dermalen in
Frankreich geltenden positiven R., insbesondere auch der von
Frankreich abgeschlossenen internationalen Verträge, während
im 4. Teil die Gesetzgebung von 29 anderen Staaten über beide
Fragen zusammengestellt wird. Zum Schluss bespricht der Verf.
die verschiedenen auf eine internationale Regelung gerichteten
Bestrebungen der association internationale pour le progrès des
sciences sociales (Amsterdam 1864), des Instituts für internationales R. (Paris 1878), sowie der Gesellschaft für die Reform und
Kodifikation des Völker-R. (Bremen 1876, Mailand 1883) und
des amerikan. Juristentags (Lima 1878), endlich die zuerst 1874
von der holländischen, dann 1884 von der italienischen Regierung ausgegangenen Versuche, jene Fragen durch eine internationale Konferenz zu lösen, deren ersterer an dem Widerspruch
Frankreichs, letzterer an dem Ausbruch der Cholera in Rom,
in Wirklichkeit an der Nichtteilnahme Deutschlands scheiterte.

Nach D. hat das Institut der materiellen Rechtskraft seine
Quelle in der richterlichen Gewalt (jurisdictio), die Exekution
dagegen unmittelbar in der Souveränität (imperium) und zwar

auch dann, wenn, wie in den Ländern französischen R., den
Tribunalen gestattet ist, ihre Entscheidungen selbst mit der
Exekutivklausel zu versehen, da dies nur auf Delegation der
Exekutive beruht. Deshalb sind beide Fragen prinzipiell scharf
zu scheiden. Die Exekutivkraft ist notwendig auf das Territorium des urteilenden Gerichts beschränkt: dieselbe muss daher
in dem Urteil in einem fremden Staat erst durch einen besonderen Akt der letzteren verliehen werden: nur darf das Exequatur innerhalb gewisser Schranken schon aus Rücksichten
guter Nachbarschaft nicht verweigert werden. Ganz anders bezüglich der materiellen Rechtskraft (exc. rei jud.). Der prinzipiellen
Beschränkung der letzteren auf das Territorium des Souveräns,
in dessen Namen die Urteile erlassen werden (Fölix u. a.) stellt
der Verf. das Prinzip der völkerrechtlichen Anerkennung der
materiellen Rechtskraft entgegen; andererseits wird gegenüber
denjenigen, welche wie Massé u. a. die Geltung der materiellen
Rechtskraft im fremden Staat auf die quasi kontraktliche Natur
des Urteils gründen wollen, anerkannt, dass heutzutage die
Rechtskraft der Zivilurteile nicht mehr generell auf einen Unter-
werfungswillen der Parteien, wenigstens nicht des Beklagten gegründet werden kann, wenn auch in einzelnen Fällen dieser Auffassung eine Berechtigung nicht abzusprechen ist. D. gründet dagegen — indem er auch den Grundsatz der comitas inter gentes als
zu arbiträr verwirft — die unbedingte Geltung der materiellen
Rechtskraft ausländischer Urteile im Anschluss an die sogen.
Savigny'sche Theorie auf die internationale Rechtsgemeinschaft
der zivilisierten Nationen, wonach jeder Richter das fremde Gesetz, soweit es die ihm unterworfenen Rechtsverhältnisse regelt,
anzuerkennen hat. Die für die Form der Rechtsgeschäfte massgebende Regel: locus regit actum, müsse, wenn für einfache
Notariatsakte gültig, noch viel mehr auf richterliche Urteile Anwendung finden. Des Exequatur, welches ohnehin nur für kon-
demnatorische, nicht für absolutorische Urteile denkbar wäre,
bedarf es hiernach, um die Einrede der Rechtskraft zu begründen,
nicht, wogegen dem Richter, welcher über die exc. rei judic.
entscheidet — wenn ihm auch keine materielle Nachprüfung des
Urteils (révision au fond) zusteht — selbstverständlich eine
Prüfung der Vorgehung des ausländischen Gerichts, der Einhaltung der wesentlichen Prozessvorschriften, des Vorliegens
einer definitiven rechtskräftigen Sentenz, der Uebereinstimmung
des Urteils mit den im Inland geltenden Grundsätzen der öffentlichen Ordnung und der Moral nicht verwehrt ist.

Diese Grundsätze verteidigt dann D. auch für das positive anzösische R. (code civ., art. 2321, code de proc. civ., art. 546), dem er die seit 1819 konsequent festgehaltene These des Kassationshofes, welcher den fremden Urteilen nicht nur die Exekutivkraft, sondern auch die materielle Rechtskraft abspricht und eine unbeschränkte materielle Nachprüfung solcher Urteile durch das französ. Gericht — ohne Unterschied der Parteien — verlangt und folgeweise auch die Geltendmachung neu entstandener Einreden vor dem über das Exequatur entscheidenden inländischen Gericht zulässt, als unvereinbar mit dem Wortlaut jener Gesetze verwirft, ebenso aber auch die andere Ansicht, welche die Bestimmungen der beiden codes nach ihrem Wortlaut auf die Exekutivfunktion beschränken, bezüglich der materiellen Rechtskraft aber die hierauf bezüglichen Bestimmungen des sogen. code Michaud von 1629 Art. 121 als noch anwendbar betrachtet und demgemäss nur den gegen französische Unterthanen erlassenen ausländischen Urteilen die Rechtskraft absprechen will. Vielmehr verteidigt D. auf Grund der codes mit triftigen Gründen die in der neueren französ. Theorie mehr und mehr Anerkennung findende Lehre, nach welcher den auswärtigen Urteilen de plano d. h. ohne besonderes Dekret die Wirkung der materiellen Rechtskraft zukommen, die Exekution im Inlande aber, von welcher die codes ausschliesslich handeln, von einem Exequatur abhängen soll, welches sich unter Ausschluss einer révision au fond auf die Fragen zu beschränken hat, 1. ob der ausländische Richter nach seinem und nach französ. R. zuständig war, 2. ob das Urteil nach ausländischem R. formgültig erlassen und vollstreckbar ist, 3. ob der Beklagte rite geladen war und 4. ob das Urteil nichts der öffentlichen Ordnung des Inlands Widersprechendes enthält, wogegen — abweichend von den Thesen des deutschen Reichsgerichts — jede neu entstandene Einrede aus der Instanz des Exequatur folgerichtig ausgeschlossen wird. Die materielle Rechtskraft wird hiernach auch solchen Urteilen beigelegt, welche ein Franzose im Ausland herbeigeführt hat, da hierdurch auf die Geltendmachung des viel erörterten Art. 14. code civ. verzichtet wird. Das ausländische Urteil soll auch ohne Exequatur als Titel für die Anlegung eines Arrests genügen. Dass Urteile in Status- und Ehesachen materielle Rechtskraft erzeugen, ist für D. selbstverständlich, aber auch von der Jurisprudenz des Kassationshofes, wenn auch im Widerspruch mit dem Prinzip der révision au fond, anerkannt. Von besonderem Interesse sind noch die Ausführungen über die Urteile der Konsuln und der gemischten Gerichte (Aegypten), sowie der Urteile in Konkurssachen. Die Ausführungen des Verf., welche durch die elegante Schreibweise, wie durch logische Folgerichtigkeit hervorragen, dürften auch in Deutschland um so mehr Berücksichtigung verdienen, als die Frage von der materiellen Rechtskraft ausländischer Urteile auch nach der Entscheidung des Reichsgerichts vom 19. Jan. 1883 kaum als erledigt gelten kann. Dass der Verf., der in Beziehung auf das geltende deutsche Reichs-R. nur die älteren Kommentare zu Z.Pr.O. und den Aufsatz von Keyssner im Journal de droit internat. privé 1882 u. 1883 benutzt, die Ausführungen von Francke bei Busch VIII, 1 ff., von Rintelen in Busch IX S. 191 und von Wach, Handb. §. 19 aber nicht gekannt hat, dem deutschen Reichsgericht, wie schon Beauchet im Journal de droit i. pr. 1883, vorwirft, dass es die materielle Rechtskraft mit der Vollstreckbarkeit — (§. 660, 661 Z.Pr.O.) verwechselt habe, dürfte auf einem Missverständnisse beruhen, indem das Reichsgericht über die Notwendigkeit einer formellen Vorentscheidung (conclusion incidente) — analog dem Exequatur — sich nirgends ausgesprochen hat, die Berücksichtigung der in §. 661 aufgeführten materiellen Erfordernisse bei der Entscheidung über die exc. rei judicatae aber im wesentlichen auch von D. (s. o.) verteidigt wird. Gaupp.

B. Zeitschriftenüberschau.

Jahresberichte d. Geschichtswissenschaft. VI. S. 376—438. Jastrow, deutsche Verfassungsgeschichte nebst Rechts- u. Wirtschaftsgeschichte (knapper aber vollständiger Bericht, 351 Nummern, 1883—1886, veröffentlichter Erscheinungen umfassend).
Zeitschr. f. Privat- u. öffentl. R. XV. 1. Krasnopolski, Studien z. Anfechtungsgesetz. Aschrott, d. engl. Armenwesen. Besprochen v. Pleuer.
Oesterr. Gerichtszeitung. XXXVIII. 43. 44 Schoberlechner, d. Zufall im Straf-R. 44. Lammasch, ist d. objektive Verfahren nach §. 493 d. österr. Str.Pr.O. auf Offizialdelikte beschränkt? 46. J. v. W., über dieselbe Frage (anlässlich d. Beschlagnahme eines Wiener Witzblattes, welches Verspottungen eines fremden Fürsten, d. Sultans, enthielt).
Jurist. Blätter. XVI. 45.—47. Finger, d. strafrechtl. Behandlung d. an d. Ehebruche seiner Gattin mitschuldigen Ehegatten (I. Grundlage: d. Frage, ob d. strafgesetzl. Bestimmung gegen d. Ehebruch d. Gatten auf Treue oder d. Institution d. Ehe schützt. Entscheidung im letzteren Sinne. II. Grund, weshalb nur auf Antrag verfolgt wird.). 45. Pann, über d. Rechtsstudium d. modernen Zeit (anknüpfend an Goldschmidt s. C.Bl. VI, 426). 46. §. 283 d. österr. Str.Pr.O.

Oesterr. Centralbl. f. d. Jurist. Praxis. VII. Geller, Verjährung d. Wucherstrafklage. (Beiheft f. Verwaltungspraxis. III. 11. Jolles, d. Rechtsprechung d. Verwaltungsgericht-hofes in Steuersachen.)

Zeitschr. f. schweizer. R. XXVIII. N. F. VI. 5. Verhandlungen d. schweizer. Juristenvereins. Colombi, de l'extradition en matière pénale et de police dans les relations entre les cantons suisses (S. 453—563). Reichel, über d. Betreibungsamt im schweizer. R. (S. 567—607).

Zeitschr. f. Handels-R. XXXIV. 1. u. 2. Beyer, absoluter u. dispositiver Inhalt d. deutschen W.O. Simon, deutsche Kolonialgesellschaften. Adler, d. Prämienverleihung bei d. Versicherung.

Il diritto commerciale. V. 5. Vidari, brevi note alla legge del 14./VII. 1887 sulla emissione in caso di perdita, dei duplicati.

Tidskrift of juridiske föreningen in Finland. 1887. 3. Wrede, några synpunkter i frägan om ny rättegangsordning i Finland (üb. Mündlichkeit u. Schriftlichkeit). Nekrolog üb. A. Bronnon.

Zeitschr. f. deutschen Zivilprozess. Generalregister zu Bd. I—X (148 S.). I. Systematisches, II. alphabetisches, III. Quellenregister, IV. chronologisches Register d. Quellen, V. alphabetisches Register d. besprochenen Schriften. VI. desgl. d. Verfasser, Rezensenten, Einsender.

Zeitschr. f. Gerichtsvollzieher. I. 22. Die Anwartschaft zum Gerichtsvollzieheramte nach Landes-R. 23. Befugnis d. Gerichtsvollziehers zur Gewaltanwendung.

Gerichtssaal. XL. 2. M. St., d. Vermögensbeschädigung bei Betrug. Stoos, d. Bundesstraf-R. d. Schweiz. Finger, Rechtsgut oder rechtlich geschütztes Interesse.

Friedreichs Blätter f. gerichtliche Medizin etc. 5. Hft. Septbr. u. Oktober. Bayerl, über intrauterine Verletzungen d. Frucht. 1. Abt. Rehm, über Zurechnungsfähigkeit u. Glaubwürdigkeit d. Hysterischen. Rauscher, zur Kasuistik d. Kopfverletzungen. Huber, zur forensisch-anatomischen Technik. Rehm, aus d. gerichtsärztlichen Praxis. Rezensionen u. Referate.

Archiv f. kathol. Kirchen-R. 1887. 6. Porsch, Benutzung des Pfarrwaldes (4 Rechtsfälle). Regierungsprogramm Leos XIII. Ketteler, d. Gefahren exempter Militärseelsorge. (Diese bereits 1869 als Manuskript gedruckte Abhandlung gibt eine kurze geschichtliche, auch Oesterreich berücksichtigende, Einleitung u. schildert d. Gefahren d. Exemplion 1. f. d. Diözese, 2. f. d. Feldprobst selbst, 3. f. d. Militärgeistlichen, 4. f. d. Soldaten u. somit 5. f. d. Kirche u. 6. f. d. Staat im allgemeinen.)

Archiv f. Post u. Telegraphie. 1887. 19. Postrat Steck u. seine Abhandlung über d. wohlthätigen Wirkungen d. Post (1787).

Jahrbuch f. Gesetzgebung, Verwaltung etc. 1887. S. 1139—1157. Bulmerincq, 6. Jahresbericht über d. neueste Völkerrechtslitteratur aller Nationen.

Revue de droit international. XIX. 4. Rolin, communications relatives à l'Institut de droit international. La session ordinaire de 1887 à Heidelberg. Lyon-Caen, conflits de lois en matière d'abordage maritime. Martitz, occupation des territoires. Geffcken, le blocus pacifique. Lunda, mesures de police sanitaire internationale. Lyon-Caen, le droit commercial maritime et le congrès d'Anvers (1885). Rolin-Jaequemyns, limitation conventionnelle des armements et des effectifs militaires. Nys, François Laurent, sa vie et ses œuvres.

C. Neue Erscheinungen.

Vom 16. November bis 4. Dezember 1887 erschienen oder bei der
Redaktion eingegangen (letztere mit * bezeichnet).

1. Deutsche Bücher und Broschüren.

Burckhard, z. Reform d. jurist. Studien. Eine pädagog. Studie.
Wien, Manz.

Festgabe zum Doktorjubiläum d. Geh.-R. Prof. J. J. W. v. Planck v.
d. Juristenfakultät zu München überreicht. München, Kaiser.
480 S. 9 M.

Inhalt. v. Brinz, über d. Einlassungszwang nach r. R. Seydel, d.
Budget-R. d. bayer. Landtags nach d. Verfassungsverständnis von 1843.
v. Sioherer, Sekun logenitur u. Primogenitur. Lotmar, plus est in re
quam in existimatione u. plus est in opinione quam in veritate. Maurer,
d. Rechtsrichtung d. ä. isländ. R. Seuffert, L. 57 D. de legatis I. Hellmann, über missio in possessionem im röm. u. heutigen R. Kleinfeller,
deutsche Partikulargesetzgebung über Zivilprozess seit Rezeption bis zum
Ausgang d. 18. Jahrh. Bolgiano, zur Lehre v. d. Gewissensvertretung.
Harburger, d. Teilnahme an Verbrechen nach § 159 d. R.Str.G.B. durch
Anstiftung u. Beihilfe. Loewenfeld, Inästimabilität u. Honorierung d.
artes liberales nach r. R.

Gluth, O., d. Lehre v. d. Selbstverwaltung im Lichte formaler Begriffsbestimmung. Wien u. Prag, Tempsky. Leipzig, Freytag.
III u. 156 S. 3 M.

Kaegi, Alter u. Herkunft d. german. Gottesurteils. Festschrift zur
Begrüssung d. v. 28./IX. bis 1./X. 1887 in Zürich tagenden
39. Versammlung deutscher Philologen u. Schulmänner, dargeboten v. d. Universität Zürich. Zürich, Höhr. 1 M. 35 Pf.

Küntzemüller, O., deutsches Staatshandbuch. Eine gemeinverständl. Darstellung d. Verfassung u. d. staatl. Einrichtungen d.
Deutschen Reiches u. d. Königr. Preussen, mit einleitenden Bemerkungen über die geschichtl. Entwickelung u. d. geograph.,
Handels-, Produktions-, Erwerbs- u. Verkehrsverhältnisse d.
Reiches. Auf Veranlassung d. Verlegers bearb. Berlin, Ulrich.
1888. VI u. 312 S. 3 M.

Laband, P., d. Staats-R. d. Deutschen Reiches. 2. gänzl. umgearb.
Aufl. 1. Bd. Freiburg, Mohr. 17 M. 50 Pf.

Porta, W. de, weltlicher Humor in Geschichte, R. u. Gesetzgebung.
Paderborn, Schöningh. III u. 380 S. 3 M.

*Reuling, W., zur Reform d. jurist. Studienordnung. Ein Wort z.
Einführung eines pädagogisch richtigen Lehrplans. Leipzig,
Veit. 9 S.

Richter, O.. d. Zwangsvollstreckung im Grundstücke nach d. preuss.
Gesetz v. 13./VII. 1883 in Theorie u. Praxis. Berlin, Müller.
X u. 625 S. 10 M.

*Schmidt, E., d. gerichtl. Zwangsvollstreckung in Preussen unter
Ausschluss d. Zwangsvollstreckung in d. unbewegl. Vermögen.
Handbuch z. Studium u. z. prakt. Gebrauch. Breslau, Kern.
XXIII u. 294 S. 5 M.

Schubart, P., d. Verfassung u. Verwaltung d. Deutschen Reiches u.
d. preuss. Staates in gedrängter Darstellung. Nebst einem Abdruck d. deutschen u. d. preuss. Verfassungsurkunde. 5. neu
durchgeseh. Aufl. Breslau. Korn. IV u. 244 S. 2 M.

Steffenhagen, E., d. Entwickelung d. Landrechtsglosse d. Sachsenspiegels. IX. Die Ueberlieferung d. Buchschen Glosse. (Aus „Sitzungsber. d. k. Akad. d. Wiss.“) Wien, Gerold in Komm. 51 S. 80 Pf.

*Steffenhagen, H., Handbuch d. städtischen Verfassung u. Verwaltung in Preussen. Für d. prakt. Gebrauch bearb. 1. Bd. Die Verfassung der Städte. Berlin, Heine. VIII u. 317 S. 3 M. 80 Pf.

Ubbelohde, über R. u. Billigkeit. (v. Holtzendorffs Vorträge etc. II, 16.) Hamburg, Richter. 28 S. 60 Pf.

*Zhisman, J. v., d. Stifter-R. (τὸ κτητορικὸν δίκαιον) in d. morgenländ. Kirche. Wien, Hölder. 1888. 105 S. 2 M. 80 Pf.

Berchtold, J., d. Bulle Unam Sanctam, ihre wahre Bedeutung u. Tragweite f. Staat u. Kirche. (Festgabe f. Planck.) München, Kaiser. 9 Bgn. 2 M. 70 Pf.

Knapp, G. F., d. Bauernbefreiung u. d. Ursprung d. Landarbeiter in den älteren Teilen Prenssens. 2 Tle. Leipzig, Duncker u. Humblot. VII u. 352 u. VI u. 473 S. 16 M.

Mariotti, F., d. politische Weisheit d. Fürsten v. Bismarck u. d. Grafen Camillo v. Cavour. Autoris. Uebersetzung von M. Bernardi. 2 Bde. Hamburg, Richter. 1888. VII u. 740 S. 10 M.

Montgelas, M. Graf v., Denkwürdigkeiten (1799—1817). Im Auszug aus d. franzōs. Original übersetzt von M. Frhrn. v. Freyberg-Eisenberg u. hrsg. von L. Grafen v. Montgelas. Stuttgart, Cotta. XVI u. 574 S. 10 M.

*Neumann, Fr. J., d. Steuer u. d. öffentl. Interesse. Leipzig, Duncker & Humblot. 562 S. 10 M.

*Rechtskraft u. Rechtsbruch d. liv- u. estländ. Privilegien. Leipzig, Duncker & Humblot. 85 S. 1 M. 80 Pf.

Schober, H., Katechismus d. Volkswirtschaftslehre. 4. durchgeseh. Aufl. Leipzig, Weber. 1888. VIII u. 391 S. 3 M.

*Schriften d. deutschen Vereins für Armenpflege u. Wohlthätigkeit. 4. Hft. Leipzig, Duncker & Humblot. 3 M. 20 Pf.
Inhalt. Die Beschäftigung d. Arbeitslosen. Die Organisation d. offenen Krankenpflege. Der Wert allgemeiner Waisenanstalten. 145 S.

2. Ausgaben von Gesetzen, Entscheidungen etc.

Entscheidungen. *Bolze, A., d. Praxis d. Reichsgerichts in Zivilsachen. 4. Bd. Leipzig, Brockhaus. XIV u. 462 S. 6 M.

Spruchpraxis, die. Revue über d. Rechtsprechung in d. obersten Instanzen d. im Reichsrate vertretenen Königreiche u. Länder. Hrsg. unter ständiger Mitwirkung v. V. Pogatschnigg, F. Czelechowsky, F. Pacák etc. v. A. Riehl. Register d. Entscheidungen, Register d. Gesetzesstellen u. alphabet. Schlüssel zu d. Jahrgängen 1884—1886. W.-Neustadt. Wien, Hölder in Komm. 70 S. 2 M.

Otte, d. preuss. Gemeindevorsteher (Richter, Schulze). Eine systematische Darstellung d. bei d. Amtsführung dieses Beamten in Anwendung kommenden Gesetze, Verordnungen etc. Vollständ. Anleitung f. d. Gemeindevorstehers gesamte Funktionen. 6. Aufl., neu bearb. u. verm. v. E. Brandt. Halle, Pfeffer. 1888. XI u. 311 S. 4 M. 50 Pf.

Parey, K., Handbuch d. preuss. Verwaltungs-R. 2. Bd. Das Verwaltungs R. 2. Abt. Berlin, Heine. IV u. S. 113—229. 3 M.

Parcy, K., d. Rechtsgrundsätze d. kgl. preuss. Ober-Verw.-Ger. Nach
d. gedruckten Entscheidungen zusammengestellt u. mit Rücksicht
auf d. fortschreit. u. auf d. neuen Provinzen ausgedehnte Ver-
waltungsgesetzgebung erläutert. I. Ergänzungsbd., enth. d. Rechtsgrundsätze aus Bd. XIII u. XIV, nebst einer Nachlese aus Bd. I
bis XII d. Entscheidungen. Ebd. 140 S. 2 M. 80 Pf.
Prozesse u. Rechtsfälle. Lindau, P., interessante Fälle (Kriminal-
prozesse). Breslau, Schottländer. 1888. 298 S. 4 M. 50 Pf.
Pitaval, d. neue. Eine Sammlung d. interessantesten Kriminal-
geschichten aller Länder aus älterer u. neuerer Zeit. Begründet
v. J. E. Hitzig u. W. Häring (Wilib. Alexis). Fortgesetzt v.
A. Vollert. Neue Serie. 21. Bd. Leipzig, Brockhaus. X u.
327 S. 5 M.
*Jacobi, L., akademische Praktika. 1. Abt. Privatrechtsfälle d. röm.
u. gemeinen R. Berlin, Müller. 94 S. 1 M. 50 Pf.
Repetitorium. Repetitorium d. deutschen Privat-R. f. Studierende
u. Prüfungskandidaten. Bearbeitet nach d. gebräuchlichsten
neuesten Lehrbüchern v. Schmidt. 2. verb. Aufl. Leipzig, Rossberg 1888. VIII u. 176 S. 1 M. 80 Pf.
*Zeitschrift f. deutschen Zivilprozess. Unter Mitwirkung deutscher
Rechtslehrer u. Praktiker hrsg. v. H. Busch u. F. Vierhaus.
Generalregister zu Bd. I—X. Berlin, Heymann. 143 S. 3 M.

---

*Arndt, A., allgemeines Berggesetz f. d. preuss. Staaten. 2. stark
verm. u. veränd. Aufl. Halle a. S., Pfeffer. 477 S. 8 M.
  Das Werk ist im C.Bl. IV, S. 367 eingehend gekennzeichnet. Das dort
  Gesagte gilt in erhöhtem Maße für die neue Auflage, welche um 100 Seiten
  vermehrt ist. Die Einleitung gibt wie früher Geschichte u. Theorie, der
  Kommentar umfasst jetzt S. 58—228, 9 Anlagen bringen Auszüge aus der
  G.O., den Arbeiterversicherungsgesetzen etc. In Bezug auf die Klostermann-
  sche Ansicht betr. Ausdehnung des preuss. Berggesetzes auf das Reich vertritt A. unter näherer Begründung der Verbesserungsbedürftigkeit des Gesetzes die entgegengesetzte Auffassung, welche im C.Bl. IV S. 398 zum Ausdruck gelangte.
*Spüing, W., französ. u. engl. Handels-R. im Anschluss an das all-
gemeine deutsche Handelsgesetzb. Berlin, Vahlen. 1888. VIII
u. 538 S. 8 M.
Deutsches Reich. Kayser, P., d. gesamten Reichsjustizgesetze u.
d. sämtl. f. d. Reich u. in Preussen erlassenen Ausführungs- u.
Ergänzungsgesetze, Verordnungen, Erlasse u. Verfügungen, nebst
d. Urteilen d. Reichsgerichts u. d. endgültigen Entscheidungen d.
Kammergerichts. Mit Anmerkungen, Kostentabellen u. Sachregister. 4. verm. u. verb. Aufl. 5. u. 6. (Schluss-)Lfg. Berlin,
Müller. XXXV u. S. 721—1153. 7 M.
Gerichtskostengesetz u. Gebührenordnungen etc. (Sydow). 3. Aufl.
Berlin, Guttentag. V u. 122 S. 80 Pf.
Gesetz, das, betr. d. Fürsorge f. d. Witwen u. Waisen v. Angehörigen
d. Reichsheeres u. d. kaiserl. Marine v. 17./VI. 1887. Mit Ausführungsbestimmungen. Berlin, Heymann. 52 S. 80 Pf.
— das, betr. d. Besteuerung d. Zuckers v. 9./VII. 1887. Mit ausführl. Inhaltsverzeichnis. Ebd. 32 S. 50 Pf.
Branntweinsteuergesetzgebung, d. gesamte. Minden, Schneider. VI
u. 108 S. 1 M. Desgl. v. Keilwagen. Berlin, Puttkammer. VIII
292 u. 8 S. 5 M. Zusammenstellung d. wesentlichsten Bestimmungen v. Blum. Stuttgart, Metzler. 35 S. 50 Pf.
*R.Str.G.B. Nebst Nebengesetzen (Rüdorff). 14. Aufl. Berlin, Gutten-
tag. XXXII u. 252 S. 1 M.
Preussen. Ausführungsgesetz, preuss., zu den Reichsjustizgesetzen
(Sydow). 2 Aufl. Ebd. XX u. 311 S. 2 M.

Grundbuchgesetz (Fischer). Ebd. VI u. 182 S. 1 M. 20 Pf.
Reglement über d. Bekleidung u. Lagerung d. Gefangenen in d. Gefängnissen d. Justizverwaltung. Berlin, Decker. 23 S. 30 Pf.
Rotering, F., Polizeiübertretungen u. Polizeiverordnungs-R. Berlin, Siemenroth. 1888. VIII u. 121 S. 2 M.
Sobanja, d. allgemeine Veterinärpolizei in Preussen. Mit Anmerkungen, übersichtlich geordnet. Tarnowitz, Sauer & Co. VII u. 172 S. 3 M. 50 Pf.
Die kgl. Friedrich-Wilhelms-Universität zu Berlin. Systemat. Zusammenstellung d. f. dieselbe bestehenden gesetzl., statutar. u. reglementar. Bestimmungen. Im Auftrage d. Ministers d. geistlichen, Unterrichts- etc. Angelegenheiten bearb. v. d. Universitätskuratorium durch dessen Mitglied, Universitätsrichter Daude. Berlin, Müller. 756 S. 10 M.
Bayern. Stern, d. Code civil mit d. Abänderungen durch Reichs-u. bayer. Land-R. 2. Abt. Kaiserslautern, Crusius. S. 385 bis 829. 2 M. 80 Pf.
Oesterreich. Kaserer, J., österr. Gesetze u. Materialien. Nach amtl. Quellen. 41. Hft. Wien, Hölder. 4 M.

Inhalt. Die Notariatsordnung v. 25./VII. 1871 mit Materialien auf Veranlassung d. österr. Notarenvereins hrsg. 440 S.

8. Wichtige ausländische Werke.

Devlin, R. T., a Treatise on the Law of Deeds. Vol. 2. XX u. 982 S. San Francisco. 73 sh. 6 p.
Greenhood, E., the Doctrine of Public Policy in the Law of contracts reduced to rules. 860 S. Chicago 1886. 6 doll. 50 ct.
Griffith, W., Rating Gas and Water Undertakings, and the Practice of Parochial and County Assessment. 125 S. The Scientific Publishing Company, Lim. 10 sh.
Hamilton, A., the Interstate Commerce Law. With Annotations. Northport, Simpkin. sd. 12 sh. 6 p., 15 sh.
Hine, C. C., and Nicholas, W. S., the Agent's Handbook of Insurance Law (Fire Insurance). 95 S. New York. 10 sh.
Parnell, J., Land and Houses: The Investor's Guide to the Purchase of Freehold and Leasehold Ground, Rents, Houses and Land, and various interests connected therewith. 4th ed. 60 S. Effingham, Wilson. 1 sh.
Pierce, B. W., Outline Analysis of Civil Government in the United States. 106 S. Milan (Mo). 2 sh.
Porter, J. B., Laws of Insurance: Fire, Life, Accident and Guarantee. By W. Feilden Craies. 2nd ed. Stevens and Sons. 21 sh.
Wood, H. G., the Law of Fire Insurance. 2 Vol. 1419 S. NewYork, Banks & Brothers. 1886. 12 doll.
Wright, H. L., the Merchandise Marks Act, 1887, in its Relation to the Cotton Trade. 54 S. Heywood. 1 sh.

Thevenin, M., Textes relatifs aux Institutions privées et publiques aux époques mérovingienne et carolingienne. Institutions privées. 270 S. Paris, Picard. 1887.

Alfani, C., sull' azione penale nel reato di bancarotta, secondo il vigente diritto italiano. 44 S. Napoli. 1 l. 60 ct.
*Alimena, B., la premeditazione in rapporto alla psicologia, al diritto, alla legislazione comparata con diagrammi. 287 S. Turin, Bocca. 8 l.

Ascoli. A., le origini dell' ipoteca e l'interdetto Salviano. 169 S. Livorno. 5 l.

Benevolo, F., il tentativo nella dottrina, nella legge e nella giurisprudenza. 207 S. Torino. 3 l. 50 ct.

Brini, G., le opere sociali di Pietro Ellero: saggio. 431 S. Bologna. 4 l.

Campili, G., il ipnotismo e la suggestione ipnotica nei rapporti col dir. penale e civile. Turin, Bocca. 1886.

Cavani, G., la cambiale secondo il vigente codice di commercio. 62 S. Milano. 1 l.

Crivellari, G., dei reati contro la proprietà: trattato teorico-pratico. 726 S. Torino. 12 l.

De Novellis, R., il giurì: note critico-stor. 253 S. Napoli. 4 l.

Garofalo, R., riparazione alle vittime del delitto. 110 S. Torino. 2 l. 50 ct.

Lioy, D., della filosofia del diritto. Vol. I. 3a ediz. 335 S. Firenze. 5 l.

Manara, U., gli atti di commercio, secondo l'art. 4 del vigente Codice commerciale italiano. Commento teorico-pratico. 498 S. Torino. 10 l.

Mazzella, G., il papa: considerazioni storiche in occasione del giubileo sacerdotale di Leone XIII. 99 S. Napoli. 1 l. 50 ct.

Paoli, B., del matrimonio rispetto ai beni. 208 S. Torino. 5 l.

Pollini, S., doveri e diritti del cittadino. 117 S. Lodi. 1 l. 25 ct.

Ratti, C., delle giurisdizioni nei diversi Stati italiani dalla fine del secolo XVIII alla pubblicazione de' codici pel regno d'Italia. 2a ediz. 173 S. Ancona. 3 l.

Riva, M., opere pie ed istituti pubblici minori lezioni di amministrazione e ragioneria pubblica, applicata secondo le leggi italiane. 728 S. Torino. 10 l.

Rocchi, G., studii di diritto giudiziario civile italiano. 221 S. Torino. 4 l.

Sante, S., sulla insequestrabilità del soldo dell' impiegato comunale. 44 S. Taranto. 1 l.

Taddei, A., della prescrizione presuntiva secondo il Codice civile italiano. 106 S. Firenze. 2 l.

Tiepolo, G. D., acque demaniali pubbliche e loro concessione. 159 S. Milano. 2 l.

Ugo, G. B., sulle leggi incostituzionali. 234 S. Macerata. 6 l.

Vitali, V., la riconvenzione in materia civile, nella storia e nel diritto giudiziario. 380 S. Piacenza. 6 l.

Acta nationis Germanicae universitatis Bononiensis ex archetypis tabularii Malvezziani. Jussu instituti Germanici Savignyani ediderunt Ernestus Friedlaender et Carolus Malagola. Cum 5 tabulis. XXXIX u. 503 S. Berlin, Reimer. 38 M.

Missiones catholicae ritus latini cura S. Congreg. d. Prop. fid. descriptae. Rom, Propaganda. 7 l. (mit 17 Karten), 5 l. (ohne Karten).

Russische Werke.

(Mitgeteilt von Hrn. Prof. Engelmann in Dorpat.)

Alexejew, Studien über J. J. Rousseau. Zusammenhang seiner polit. Doktrin mit den staatlichen Zuständen Genfs. Moskau 1887. Etudy o J. J. Roussean. Swis polticzeakich doktrinow jewo s gosudarstwenym bytom Genevy.

Apraxin, die vorläufige Verhaftung nach eigener Erfahrung. Stptbg. 1887. 58 S.

Predworitelnoje sakljuozenije is liczmawo opyta.

Asarewicz, System des röm. R. Bd. I. Stptbg. 1887. 486 S.

Sistema rimskawo prawa.

Bobrowski, die Kriegsgesetze Peters d. Gr. in Handschriften und den ersten Ausgaben. Historisch-juristische Untersuchung. Stptbg. 1887.

Wojennyje sakony Petra W. w rukopissäch u i perwopeczatnych ledanijach. Istoriko juridicseskoje isledowanije.

Charusin, Nachrichten über die Kosakengemeinden am Don. Materialien für das Gewohnheits-R. 1. Lfg. Moskau 1885.

Iswestija o kosaskich obszczinachsca Donu.

Dshanszijew, Fragen aus der Advokatendisziplin. Moskau 1887. 29 S.

Woprossy advokatskoi diszipliny.

Jefimow, Vorlesungen über die Geschichte des röm. R. Stptbg. 1887.

Lekzil istorli rimskawo prawa.

Golowin, K., die (russ.) Landgemeinde in der Litteratur u. in der Wirklichkeit.

Selskaja obszcztna w litterature i deistwitelnosti.

Laszkarew, das Kirchen-R. in seinen Grundlagen, Formen und Quellen. Kiew 1886. 226 S.

Prawo zerkownoje w jewo osnowach, widach istocznikach.

Latkin, die gesetzgebenden Kommissionen in Russland im 18. Jahrhundert. I. Stptbg. 1887. 606 S.

Sakonodatelnyja komissil w Rossil w XVIII weke.

Latyszew, Untersuchungen über die Geschichte u. die Staatsverfassung der Stadt Olvia. Stptbg. 1887. 326 S.

Isledowanija ob istorli i gossudarstwennom stroje goroda Olvil.

Martens, F. v., das jetzige internationale R. der zivilisierten Nationen. I. Bd. 2. Aufl. Stptbg. 1887.

Ssowremennoje meshdunarodnoje prawo zivilisowannych narodow.

Mitjukow, Kursus der Geschichte des röm. R. Shitomir 1886. 208 S.

Kurs istorli rimskawo prawa.

Nefedjew, die Rekusation der Richter im Zivilprozess. 1. Lfg. 2. Aufl. Kasan 1887. 170 S.

Ustranenije saudei w grashdanskom prozesse.

Nekljudow, Handbuch des besonderen Teils des russ. Straf-R. Stptbg. 1887. 789 S.

Rukowodstwo ossobennoi czasti ruskawo ugolownawo prawa.

Sergejewski, die Verschickung im alten Russland. Rede. Stptbg. 1887. 46 S.

O ssylke w drownei Russi.

Sidorenko, russ. Finanz-R. Shitomir 1886. 256 S.

Russkoje finançowoje prawo.

Stupin, Geschichte der Körperstrafen in Russland vom Sudebnik bis zur Jetztzeit. Wladwikawkas 1887. 143 S.

Istorija telesnych nakasani w Rossii ot ssudebnikow do nastojasszczawo wremeni.

Suworow, die Zivilehe. Jaroslavl 1887.

O grashdanskom brake.

Taganzew, Vorlesungen über das russ. Straf-R. Allgemeiner Teil. Stptbg. 1887.

Lekzil po ruskomu ugolownomu prawu. Czast obszczaja.

Tatiszczew, d. auswärtige Politik Kaiser Nikolaus'. Einleitung in die Geschichte der auswärtigen Beziehungen Russlands in der Epoche des Sewastopoler Krieges. Stptbg. 1887.

Wnesznaja politika J. N. I. Wwedenije w istoriju wneznich otnossenl Rossil w epocha sewastopolskoi wolny.

Wulfert, die anthropologisch-positive Schule des Straf-R. in Italien. Kritische Untersuchung. 1. Lfg. Moskau 1887. 508 S.

Antropologo-positionaja szkola ugolownawo prawa w Italli.

Zitowicz, der Wechsel u. die Aufgabe seiner Kodifikation in Russland. Projekt einer neuen Wechselordnung in seiner Entstehung,
seinem System, seinen Grundlagen, seiner Redaktion und seiner
Unbrauchbarkeit. Kiew 1887. 56 S.
Weksel i sadacsi jewo kodifikacsii w Rossii.

Uebersetzungen.

Glaser, Handbuch des Strafprozesses. Uebersetzt von Lichaczew.
Stptbg. 1887.
Perels, R. u. Pflichten der Kriegsschiffe in auswärtigen nationalen
Gewässern. Stptbg. 1887. 71 S.
Tarde, G., u. seine Theorie der Gesellschaft. Uebersetzt v. Koslow.
Kiew 1887. 83 S.
Versuch einer buchstäblichen Uebersetzung der Rechtsstellung des
Maimonides. Verordnung über Entwendung und Fund in Ver-
gleichung mit den Bestimmungen des russ. R. Uebersetzt v.
Hurwitz. Wilna 1887. 114 S.

Gesetze und Verordnungen.

Alphabetisches Verzeichnis der Fragen, welche durch Zirkularbefehle
des Senats u. des Justizministeriums in den Jahren 1865—1885
entschieden worden sind. Zusammengestellt v. Wlachcze. Kis-
zinew 1887.
Alfawitny ukasatel woprossow rasjasneunych zirkulárnymi ukasami Senate u Minist. Justizii.
Das Friedensrichterstrafgesetz. Anleitung für den Friedensrichter
des Königr. Polen. Hrsg. v. Lomnowski. Warszawa 1887. 620 S.
Ustav o nakasanijach nalagajemych mirowymi ssadjami.
Die Gerichtsordnungen Kaiser Alexanders II. mit Motiven und Erläuterungen v. Szczeglowitow. 3. Ausg. Stptbg. 1887. 1145 S.
Sammlung der Zivilgesetze von Goshew u. Zwetajew. Ausgabe der
Redaktionskommission zur Abfassung des Z.G.B. 1—3. Stptbg.
1885/86.
Sbornik grashdanskich sakonow.

Verantwortlicher Redakteur: Dr. v. Kirchenheim in Heidelberg.

Centralblatt

für

RECHTSWISSENSCHAFT

herausgegeben von

Dr. v. Kirchenheim,

Professor in Heidelberg.

| VII. Bd. | Februar 1888. | Nr. 5. |

Monatlich ein Heft von 2½ Bogen. — Preis des Jahrgangs 19 Mark. — Zu beziehen
durch alle Buchhandlungen und Postanstalten.

A. Besprechungen.

I. Allgemeines.

Litteratur über die juristische Ausbildung.

(Vgl. Bd. VI S. 353 u. S. 486.)

22) Reuling, W. Zur Reform der juristischen Studienordnung. Ein Wort zur Einführung eines pädagogisch richtigen Lehrplanes. Leipzig, Veit. 1887. 9 S. 40 Pf. 23) Burckhard. Zur Reform der juristischen Studien. Wien, Manz. 1887.
88 S. 1 M. 20 Pf. 24) Kuntze. Desgl. in „Unsere Zeit".
1888. Heft 1. S. 25—34.

Durch die am 30./X. v. J. seitens der preuss. Ministerien
eingesetzte Kommission für die juristische Studienordnung (Präsident: Stölzel, Mitglieder: Althoff, Dernburg, Gneist, Goldschmidt,
Henschke, Schriftführer: Dr. Sachse) ist die vielerörterte Frage
von neuem angeregt. R. (Anwalt beim Reichsgericht) Nr. 22 betont, dass es nicht auf Verlängerung, sondern bessere Ausnutzung
der Studienzeit ankomme und verlangt, neben Einfügung praktischer Uebungen schon in den ersten Semestern, eine völlige
Umdrehung des Lehrplans, welcher ein Ueberbleibsel aus alter
Zeit sei. Anstatt mit Vorlesungen, welche „das Gefühl einer
geistigen Oede hervorrufen", soll mit dem öffentlichen R. begonnen werden. Der natürliche geistige Entwickelungsgang des
Einzelnen sei derselbe wie bei den Völkern, das Privat-R. bilde den
Schlussstein; auch sei die gegenwärtige privatrechtliche Vorbildung oft weniger Schule als Schädigung staatsrechtlichen Denkens.

Die Schrift von B. (Nr. 23) bezieht sich wesentlich nur auf die österr. Zustände und führt für diese folgendes aus: I. Die Hebung der vorhandenen Uebelstände hat zu beginnen mit einer Reform der Gymnasien. Das „Geistesproletariat" ist von den Universitäten fern zu halten: darum auf den Gymnasien ein System von Semestralprüfungen und einer den gesamten Lehrstoff umfassenden Schlussprüfung. II. Die nötige Reform der juristischen Studien selbst besteht darin, dass innerhalb der beizubehaltenden 4jährigen Studienzeit der Lehrstoff für die drei Staatsprüfungen (die rechtshistorische, judizielle, staatswissenschaftliche) und diese selbst anders verteilt werden. Die erste Studiengruppe ist durch Ausscheidung des kanonischen R. zu entlasten und auf ein Jahr zusammenzuschieben, und zwar so: 1. Semester: Enzyklopädie 3 Stunden, deutsches R. 5 Stunden, r. R. Vorlesung 10, Quellenlektüre 2 Stunden; 2. Semester: deutsches R. 5 Stunden, r. R. Vorlesung 13, Quellenlektüre 2 Stunden. Nach Ablauf dieses Jahres Staatsprüfung. Durch diese Einrichtung wird der Student gezwungen, gleich die ersten beiden Semester zum Studium zu benutzen. Dann folgen zwei Studienjahre für die „judiziellen Fächer", wobei auch österr. Rechtsgeschichte zu behandeln wäre. Dann wieder Prüfung. So bleibt das vierte Jahr frei für österr. Staats- und Verwaltungs-R., Staatskirchen-R., Volkswirtschaftslehre, Finanzwissenschaft, Geschichte der Rechtsphilosophie. Nach diesem vierten Jahr dritte Staatsprüfung. Der praktische Vorbereitungsdienst ist anders zu ordnen; insbesondere müsste ein geeigneter, praktisch geschulter Richter damit betraut werden, durch einen Lehrkurs praktischer Uebungen die jungen Juristen planmässig in die Praxis einzuführen.

K. (Nr. 24) will 1. eine Reform der Studien nur aus der Initiative der Studenten heraus, und zwar durch ein sich über alle Universitäten hinziehendes Netz von akademischen Studienvereinen, die unter amtlicher Aufsicht und Obhut stehen und staatlich dotiert werden. 2. Der akademische Lehrgang soll durch den neuen Zivilkodex nicht geändert werden; das Studium des letzteren soll geschehen durch die Textexegese, eine kurze Einleitungsvorlesung und Spezialvorlesungen über einzelne Teile. Zum Schluss erklärt sich K. gegen die neuerdings von R. (Nr. 22) empfohlene Aenderung in der Reihenfolge der Vorlesungen.

22) v. Kirchenheim. 23) u. 24) Zitelmann.

II. Rechtsgeschichte.

Lindner. Die Veme. Münster u. Paderborn, Schöningh. 1888.
XXIV u. 668 S. 12 M.

L. hatte sich eine Geschichte des Deutschen Reiches im
15. Jahrhundert zur Aufgabe gestellt und war dadurch immer
tiefer in die Geschichte der Vemegerichte hineingeführt worden.
Die Erforschung derselben ist dann schliesslich der Gegenstand
eines selbständigen, des vorliegenden Werkes geworden. Je tiefer
sich nun L. in die zahlreich ihm zugeflossenen Quellen ver-
senkte, um so unabweisbarer drängte sich ihm die Ueberzeugung
auf, dass er von den Vorarbeiten auf diesem Gebiete ganz absehen und von Grund aus neu aufbauen müsse. L.'s. Werk
bietet also die Ergebnisse seiner eigenen Forschungen in den
Archiven einer grossen Reihe von Staaten und Städten: in dem
2. Buche seines Werkes (S. 199—302) bespricht und beschreibt
der Verf. die von ihm dort durchforschten Rechtsquellen des
Veme-R., gibt vielfach Proben und im Anhange (S. 627 bis 636)
einige vollständige, die ältesten Urkunden.

L. schickt nun seiner Untersuchung über die Veme, deren
Geschichte er bis 1500 etwa, als der Zeit des rettungslosen
Unterganges dieser merkwürdigen Erscheinung, fortführt, eine
Einleitung (XIII—XXIV) voraus, in der er ein für die Ueber-
sicht sehr förderliches, wenn auch knappes und daher nur für
den mit der Rechtsgeschichte des M.A. Vertrauten verständliches
Bild von dem Entstehen und Werden der Veme entrollt.

Die Untersuchung selbst beginnt in dem 1. Buche (S. 1
bis 198) mit der Darstellung der Freigrafschaften und der Freistühle und gliedert sich in sechs Hauptabschnitte, deren I. die
Freigrafschaften im Bistum Münster in 15 Unterabschnitten ört-
lich gesondert behandelt (S. 3—56); II. behandelt in 20 Unterabschnitten die Freigrafschaften im westfäl. Teile des Erz-
bistums Köln (S. 56—135); III. behandelt in 7 Unterabschnitten
die Freigrafschaften im Bistum Paderborn (S. 135—165); IV. in
6 Unterabschnitten die Freigrafschaften im Bistum Osnabrück
(S. 165—187); V. betrifft das Bistum Minden (S. 187—194);
VI. ist den Freistühlen ausserhalb Westfalens und Engerns gewidmet (S. 194—198). Das 2. Buch (S. 199—303) beschäftigt
sich mit den Rechtsquellen. In dem 3., 4. und 5. Buche wird
das Vemerecht selbst in seiner geschichtlichen Entwickelung

und inneren Gestaltung zur Darstellung gebracht. Das 3. Buch (S. 303—409), die Freigerichte, handelt, nachdem im ersten Abschnitte die ursprüngliche Bedeutung des Wortes Veme einer sprachlichen Untersuchung von Privatdozent Dr. Jostes unterzogen worden, insbesondere von der Entstehung der Freigrafschaften, der Bezeichnungen für Richter und Gericht, dem Königsbanne, dem Herzogtum, den Gerichtsherren und Freigrafen, dem Eigengut und Freigut, den Freien und den Schöffen, Gerichtsbarkeit und Gericht. Das 4. Buch (S. 410—528) erörtert die Statthalterschaft der Kölnischen Erzbischöfe über die Vemegerichte, das Verhältnis derselben zu Reich und Königtum, die Landfrieden in ihrer Bedeutung für die Vemegerichte, die Beschränkung derselben auf Westfalen, die Sage von Karl dem Grossen und Papst Leo als den angeblichen Stiftern der Vemegerichte, die „vemewrogigen" Punkte, die Heimlichkeit des Gerichts, die Freigrafen und die Stuhlherren, die Freischöffen, die Entwickelung der Vemegerichtsbarkeit nach Zeit und Raum und die Abwehr gegen das immer weitere Umsichgreifen derselben. Das 5. Buch endlich (S. 529—626), der auch für den Juristen interessantere Teil, behandelt das Gerichtsverfahren: Ursprung und Inhalt der Gerichtsbarkeit, handhafte That und Rechtsverweigerung, das echte, offne und heimliche Ding, die Zuständigkeit über die Personen, die Klage um Geldschuld, Pflichten und Rechte der Schöffen, Anklage und Vorladung, Aufnahme, Frist und Berufung, Ueberführung und Reinigung, die Vervemung und ihr Vollzug, die Wiedereinsetzung, Bussen und Gerichtskosten, Missstände und Missbräuche. Den Schluss des Werkes macht ein Verzeichnis der Freigrafen und ein Orts- und Personenverzeichnis. Das Ergebnis der Forschungen L.'s ist ein von den bisherigen sehr abweichendes. Wenn auch eine Wurzel der Veme in sehr frühe Zeiten hinabreicht, so sind die Vemegerichte doch nur das späte Erzeugnis missverstandener überlebter Rechtsverhältnisse und willkürlicher, aber glücklich durchgeführter Rechtsanmassung. Selbst die oft ausgesprochene Ansicht, sie seien in furchtbaren Zeiten ein zwar furchtbares, aber heilsames Mittel gegen Gewaltthat gewesen, kann höchstens in engster Beschränkung gelten. Gerade der Mächtige und Reiche fand stets Mittel und Wege, etwa gegen ihn ergangene Sprüche durch andere Freistühle vernichten zu lassen, und was halfen alle Urteile, wenn sie nicht vollzogen wurden? Einzelne bekannte Fälle, wo wirklich Verzweifelte Hilfe suchten, führten zu keinem Ergebnis. Selbst in ihrer Heimat trugen diese Ge-

richte nichts dazu bei, die trostlosen Zustände zu bessern; nie
war es dort wie im ganzen übrigen Deutschland mit der öffentlichen Ordnung und Sicherheit schlechter bestellt, als zur Blütezeit der Veme. Sie bot im Gegenteil manchem Lump Gelegenheit, ehrliche Leute in Bedrängnis und Unkosten zu stürzen.
Sie klärte und besserte nicht das Recht, sondern sie vermehrte
nur noch die herrschende Verwirrung. **Rödenbeck.**

Kompillan, A., Mages v. Die Justizverwaltung in Tirol
und Vorarlberg in den letzten 100 Jahren. Innsbruck, Wagner. 1887. V u. 247 S. 4 M.

Im Sommer 1887 fand die Verlegung der Amtsthätigkeit
der Justizbehörden in Innsbruck in das daselbst neu errichtete
Justizgebäude statt; als Festschrift zur Eröffnung wurde vorliegende Schrift verfasst. Zum Ausgangspunkt nimmt der Verf.
die Reform der Justizgesetzgebung in Tirol und Vorarlberg
unter Kaiser Joseph, welcher die bereits von Maria Theresia
empfohlenen Arbeiten zur Durchführung brachte. Die Periode
1782—1805 bildet einen ersten Abschnitt, es wird eine Uebersicht gegeben über die Verhältnisse der Gerichtsorganisation
und die verschiedenen Statutarrechte, an welche sich die josephi-
nischen Reformen anschliessen. Der zweite Abschnitt, umfassend
die Jahre 1805—1814, erörtert den Einfluss der Fremdherr-
schaft, sowohl der bayrischen wie der italienischen; es wird der
Inhalt und Umfang der gesetzgeberischen Thätigkeit derselben
im einzelnen verzeichnet. Hierauf folgt die Darstellung der Verhältnisse seit der Wiedervereinigung der Länder mit Oesterreich
bis 1850. Das Hauptgewicht liegt hier in dem Wegfall (der
Heimsagung) der Patrimonialgerichte. Im Anschluss an stati-
stisches Material in der Zivil- und Strafrechtspflege macht der
Verf. auf die Unterschiede zwischen Nord- und Südtirol aufmerksam. Im weiteren verfolgt der Verf. die Gesetzgebung
hinsichtlich der Gerichtsorganisation seit 1850 bis zur Gegenwart; ihre Bedeutung beleuchtet er wiederum durch Beigabe
statistischen Materials. In einem letzten Abschnitt werden
„rechtliche Eigentümlichkeiten von Tirol und Vorarlberg" erörtert. Dieselben schliessen sich an bereits in den früheren
Abschnitten Berührtes an; sie sind für die Rechtsgeschichte
wie für die Gesetzgebungspolitik von besonderem Interesse; so
die Mitteilungen über die Vorschriften für Grundzerstückelung,
über Erbleihe und Rentenverhältnisse (censi, livelli), über Alpen-
genossenschaften etc. Wir nennen es, vom nationalökonomischen

Standpunkte aus betrachtet, einen glücklichen Umstand, der wohl in Verbindung mit den Grundzerstückelungsnormen eine Erbfolgeordnung in Bauerngütern, wenn auch in „patriarchalischer Form" erhalten hat, welche eine Realteilung des Hofes verhindert. — In Tirol und Vorarlberg sind bis jetzt alle Anläufe gescheitert zur Einführung der „Landtafeln und Grundbücher", wie solche in den übrigen Kronländern Oesterreichs zu Recht bestehen für die Formen des Immobiliarverkehrs. Die Landstände halten mit guten Gründen fest an dem Verfachbuchsystem, wie es sich im Lande selbst entwickelt hat. Das „Verfachbuch", bezirksweise geführt, ist eine Sammlung von Urkunden über dingliche Rechte an den resp. Liegenschaften.

Die Stellung des Oberlandesgerichtes in Innsbruck als oberstes Revisionsgericht für das Fürstentum Liechtenstein wird besprochen, ferner gibt der Verf. ein Verzeichnis der Präsidenten der tirol.-vorarlberg. Gerichtshöfe und der Räte II. Instanz seit 1815 mit biographischen Notizen, endlich ein Verzeichnis der Gerichte in Tirol vor 1805, sowie im Jahre 1817.

v. Salis.

Secher, V. A. Corpus constitutionum Daniae. Forordninger, Recesser og andre kongelige Breve, Danmarks Lovgivning vedkommende. 1558—1660. Udgivne ved. 1. Binds 1. Hæfte. Kjobenhavn, Klein. 1887. 160 S. (Veranschlagt auf 120 Bogen zum Preise von 20 ör. pro Bogen.)

Durch die Inangriffnahme der mit vorliegendem Hefte beginnenden Sammlung von Verordnungen und Erlassen dänischer Könige aus der Zeit von 1558—1660 hat der Herausgeber seinen Verdiensten um die Geschichte des dän. R. ein neues hinzugefügt. Wie es nach den Mitteilungen der Subskriptionseinladung scheint — die mit dem Schlussheft zum ersten Bande zu erwartende Einleitung dürfte darüber sicheren Aufschluss bringen —, war für die Wahl des bekannten Koldinger Rezesses Christian III. als Ausgangspunktes der Sammlung dessen Beziehung zu Christian V. Danske Lov bestimmend. Das 1. Heft der Sammlung enthält, obwohl nur den Zeitraum von 3 Jahren umspannend, nicht weniger als 77 Nummern, von denen freilich über 60 nur im Auszuge mitgeteilt sind. Unter den vollständig abgedruckten sind ausser dem Koldinger Rezess besonders Friedrichs II. Handfeste von 1559, ferner die dem Admiral Herlof Trolle im Jahre 1561 erteilten Schiffsartikel und endlich Friedrichs II. See-R. von 1561 zu nennen. Die ihnen allen

vom Herausgeber vorausgeschickten Einleitungen enthalten wertvolle Beiträge zur Geschichte der dän. Rechtsquellen. Insbesondere bildet die ausführliche Erörterung, welche (S. 110 bis
122) dem See-R. von 1561 vorangeht, eine genaue Darstellung
der Entstehungsgeschichte desselben, zwar im Anschluss an
Pardessus' in der Litteratur fast gar nicht beachtete Untersuchung, jedoch gleichzeitig unter Richtigstellung derselben in
nicht unerheblichen Punkten. Auch die zu den einzelnen Bestimmungen der mitgeteilten Verordnungen gegebenen kurzen
Quellennachweisungen und Noten enthalten wichtiges Material;
die einen störenden Druckfehler (Jydske Lov I 50, statt J. L. I 52)
aufweisende Anmerkung 2 auf S. 25, hätte ihren Platz wohl
schon bei Art. 16 des Rezesses (S. 17) finden sollen. Der
sorgfältigen Behandlung der Texte hat der Herausgeber sein
Augenmerk vorzüglich und mit bestem Erfolge zugewendet.

M. Pappenheim (Breslau).

————— - —

III. Privatrecht.

Dernburg, H. Pandekten. III. Bd. Berlin, Müller. 1887.
367 S. (Vgl. C.Bl. VI, 247.) 7 M. 50 Pf., vollst. 28 M. 50 Pf.

Das im Jahre 1884 mit dem ersten Band erschienene Werk
ist, nachdem 1886 der zweite gefolgt, im Jahre 1887 mit dem
das Familien- und Erb-R. enthaltenden dritten Band zum Abschluss gebracht. Auf das Familien-R. entfallen 92 Seiten,
der Rest (S. 93—359) ist der Darstellung des Erb-R. in 6 Abschnitten gewidmet. Abschnitt I (S. 93—120): die allgemeinen
Lehren (Wesen des Erb-R., Voraussetzungen der Erbfolge, zur
Geschichte des Erb-R.); Abschnitt II, der umfassendste (S. 120 bis
254): die einseitigen letztwilligen Verfügungen in 8 Kapiteln:
Begriff und allgemeine Grundsätze, die Formen, allgemeine
Grundsätze, die Erbeseinsetzung (mit Anwachsungs-R., die Vermächtnisse, wobei auch, obgleich sie nicht einseitige Verfügungen sind, die Schenkungen auf den Todesfall), der Uni-
versalfideikommiss; Abschnitt III (S. 254 bis 259): die Erbver-
träge; Abschnitt IV (S. 259—286): die Intestaterbfolge (mit
der Kollation); Abschnitt V (S. 286—313): das Noterben-R.;
Abschnitt VI (S. 313—359) der Eintritt des Erbfalles, enthaltend
die Lehren von den Schutzmassregeln zu gunsten der Erb-

interessenten, von dem Erwerb der Erbschaft, von der Uebertragung der Delation und der Veräusserung der Erbschaft, sowie
von den Wirkungen des Erbschaftserwerbs.

Es ist dieser kurzen Inhaltsangabe nichts beizufügen, als
dass das über die beiden ersten Bände Gesagte (vgl. C.Bl. Bd. III,
S. 445, Bd. VI, S. 247) durch diesen dritten voll bestätigt
wird.   Burckhard.

Czyhlarz, K. v. Die Eigentumserwerbsarten des Pan-
dektentitels de acquirendo rerum dominio 41, 1.
Glücks Pandektenkommentar. Serie der Bücher 41, 42.
Teil 1. Erlangen, Palm & Enke. 1887. 628 S. 12 M. 80 Pf.

Der Verf. behandelt in diesem ersten Band die Einteilung
der Eigentumserwerbsarten in zivile und naturelle und in originäre und derivative; dann die Okkupation, den Schutzerwerb,
die Spezifikation, den Fruchterwerb des Eigentümers, des Usu-
fruktuars, des Pächters, des bonae fidei possessor, des Emphy-
teuten; endlich den Erwerb von Mineralien und Fossilien. Der
Verf. befindet sich vielfach in Uebereinstimmung mit den herrschenden Anschauungen, und es erscheint deshalb angezeigt, im
folgenden nur einzelnes hervorzuheben.

In der Lehre von der Okkupation wird eingehend die von
Wächter und Wendt aufgestellte Theorie, dass auch das r. R.
ein Jagdrecht kenne, besprochen. Der Verf. spricht sich, wie
die Mehrzahl der Schriftsteller, die sich über diese Frage ge-
äussert, gegen diese Annahme aus. Die wilden Tiere sind res
nullius und können von jedem okkupiert werden; trotzdem gibt
es aber kein R. der freien Birsch, da der Grundeigentümer
jedem, also auch dem Jäger, das Betreten seines Grundstücks
verbieten kann. Die Klagen, auf die der Eigentümer zur Durchführung seines Prohibitions-R. verwiesen ist — actio injuriarum,
negatoria, interdictum uti possidetis — erscheinen jedoch nicht als
ausreichend, so dass der Hauptschutz des Grundeigentümers in
der Selbsthilfe besteht. Dass der Jagdertrag als zu den Früchten
gehörig bezeichnet wird, hat nur die praktische Bedeutung, dass
derselbe bei einem Ususfruktus an einem zur Jagd bestimmten
Grundstück dem Usufruktuar zugesprochen werden soll.

Wenn die moderne Auffassung im Gegensatz zur röm.
das Jagd-R. als Ausfluss des Grundeigentums betrachtet, so
ist das nur dann haltbar, wenn man das Wild zugleich als
Zubehör oder Bestandteil des Grundstücks ansieht. Eine kon-
sequente Durchführung dieses Gedankens würde dazu führen, den

Jagderwerb nicht mehr unter den Gesichtspunkt der Okkupation, sondern nur unter den des Fruchterwerbs zu subsumieren. Diese Konsequenz darf aber nicht gezogen werden, da die modernen Jagdgesetze nur das Subjekt des Jagd-R., nicht den inneren Gehalt desselben ändern wollten.

Der Wilderer wird heutzutage nicht Eigentümer des erlegten Wildes, dasselbe bleibt herrenlos. Der Jagdberechtigte kann vom Wilderer Ersatz wegen Verletzung seines R. fordern. Dieser Ersatzanspruch schliesst das R. auf Auslieferung des erlegten Wildes in sich, wodurch der Jagdberechtigte in die Lage kommt die Okkupation vornehmen zu können.

In bezug auf die Wirkung der Dereliktion war ein Schulenstreit zwischen Sabinianern und Prokulejanern vorhanden. Die nicht durchgedrungene Ansicht der Prokulejaner ging dahin, dass die Dereliktion nicht als ein einseitiger selbständiger Rechtsakt, sondern lediglich als ein Stück des zweiseitigen Rechtsaktes der Tradition, als eine an die Menschheit gerichtete Traditionsofferte aufzufassen sei, die bis zur Besitzergreifung eines Dritten zurückgezogen werden kann. Von besonderer Bedeutung bei der Behandlung des Problems war die Dereliktion von Sklaven, namentlich die Frage, wie weit sich die Noxalhaftung zu erstrecken habe.

Nachdem der Verf. in der Lehre von der Spezifikation die sabinian. und prokulejan. Auffassung eingehend dargelegt hat, zeigt er, dass die zur Herrschaft gelangte media sententia der Hauptsache nach auf sabinian. Grundlage steht. Dieselbe geht aus von dem Satz: quod ex re nostra fit, nostrum est. Soweit das Stoffeigentum der neuen Spezies gegenüber noch praktische Bedeutung hat, wird es gewahrt. Nur wenn im Fall der Nichtreduzierbarkeit das ursprüngliche Eigentumsobjekt doch nicht mehr zurückgegeben werden kann, sondern nur noch ein Surrogat oder eine Art Entschädigung zu erlangen ist, dann soll das prokulejan. Prinzip, Eigentumserwerb des Spezifikanten, zur Anwendung kommen.

Am meisten weicht der Verf. von den bisher vorhandenen Ansichten in der Lehre vom Fruchterwerb des bonae fidei possessor ab. Nach dem Stand der Quellen muss angenommen werden, dass der bonae fidei possessor Eigentümer der Früchte wird und obligatorisch verpflichtet ist, die fructus extantes herauszugeben. Für diese Bestimmung fehlt es aber an inneren Gründen. Wenn Ihering zur Begründung auf die Bedürfnisse des Verkehrs und auf die Forderung, dass die Früchte aus der

Hand des Produzenten frei in den Verkehr treten, verweist, so ist das deshalb nicht ausreichend, weil man von dieser Auffassung aus den Eigentumserwerb von der bona fides des Erwerbers, nicht von der bona fides des Produzenten hätte abhängig machen müssen. Der Eigentumserwerb ist für den bonae fidei possessor wertlos in bezug auf die fructus extantes und auf die verzehrten Früchte, er hat Bedeutung nur für den Fall der entgeltlichen Veräusserung, da das Fruchteigentum hier die Eviktionspflicht ausschliesst. Es ist aber nicht wahrscheinlich, dass man zu einem so komplizierten und schwerfälligen Apparat wie dem Eigentumserwerb an den Früchten mit obligatorischer Restitutionspflicht gegriffen habe, um einen so beschränkten Zweck zu erreichen.

Die Unmöglichkeit, die Sätze des justinian. R. als innerlich begründet darzustellen, führt zu der Annahme, dass die röm. Juristen dem bonae fidei possessor die Früchte schlechthin und definitiv zugewiesen haben und dass die Restitutionspflicht der nicht konsumierten Früchte erst später als materielle Beschränkung dem Eigentumserwerb angehängt wurde, welche Aenderung denn in Interpolationen fast aller einschlägigen Stellen ihren Ausdruck fand.

Für diese Annahme spricht die Beschaffenheit der betreffenden Stellen, sowie die Parallele mit dem Erwerb des redlichen Besitzers durch Sklaven, welcher ebenfalls ein definitiver ist.

G. Rümelin.

Bolze, A. Die Praxis des Reichsgerichts in Zivilsachen. 4. Bd. Leipzig, Brockhaus. 1887. XIV u. 464 S. 6 M.

Der 4. Bd. gleicht seinen Vorgängern, welche in dem C.Bl. V S. 224, 225, 437 und VI S. 438 besprochen worden sind; er gibt den Inhalt der Entscheidungen des höchsten Gerichts unter 1586 Nummern wieder. Anlage und Ausführung des Werkes haben sich nicht geändert. Ein ausführliches Sachregister schliesst den Band.

Achilles.

Stross, E. Das österr. Genossenschaftsrecht. Wien, Perles. 1887. X u. 267 S. 5 M. 60 Pf.

Das vorliegende Buch gibt eine Darstellung des in Oesterreich geltenden Genossenschafts-R. unter Berücksichtigung der ausländischen (insbesondere der deutschen, franzö. und engl.) Gesetzgebung und zerfällt nach einer kurzen Einleitung in neun Abschnitte. In der Einleitung wird I. der Begriff des

Genossenschafts-R. und die Arten der gesetzlichen Regelung desselben im allgemeinen; II. die heimischen und ausländischen Quellen des Genossenschafts-R. (von Oesterreich, Deutschland, England, Frankreich, Belgien, der Schweiz, Ungarn, Bosnien und der Herzegowina, Italien), III. die Litteratur des Genossenschafts-R. besprochen.

Abschnitt I erörtert dann den Begriff und die Arten der Erwerbs- und Wirtschaftsgenossenschaften, Abschnittt II die Errichtung der Erwerbs- und Wirtschaftsgenossenschaften, Abschnitt III die rechtliche Natur derselben, Abschnitt IV den Umfang ihrer Rechtsfähigkeit, Abschnitt V die Lehre von der Mitgliedschaft, Abschnitt VI die Organisation der Erwerbs- und Wirtschaftsgenossenschaften, Abschnitt VII ihre Auflösung, Abschnitt VIII die Liquidation der Genossenschaft, Abschnitt IX das Umlageverfahren. — In Oesterreich beruht das Genossenschaftswesen auf dem Gesetze vom 9. April 1873 (Nr. 70 R.G.Bl.). Dieses Gesetz ist ein direktes Zwangsgesetz im Gegensatze zum deutschen Gesetze, welches fakultativ ist. Bisher gab es nur einige kurze, in Zeitschriften zerstreute Aufsätze über das österr. Genossenschaftswesen, so dass die vorliegende Arbeit die erste monographische Darstellung desselben ist.   W. Fuchs (Wien).

Bishop, J. P. Commentaries on the Law of Contracts upon a new and condensed method. Chicago Flood & Co. 1887. XIV u. 782 S. 6 Dollar.

Seit B. im Jahre 1852 sein erstes Werk „On Marriage and Divorce" veröffentlichte, ist er einer der fruchtbarsten und beliebtesten Rechtsschriftsteller Amerikas geworden. Dass auch unter den europäischen Juristen seine Leistungen anerkannt werden, beweist u. a. der Umstand, dass die Berner Juristenfakultät dem Verf. den Titel eines Doktor jur. utr. verliehen hat. Von dem Werke, welches in neuer Bearbeitung vorliegt, erschien 1878 eine 1. Auflage, welche im C.Bl. III, 145 angezeigt wurde. Die neue Auflage ist keine bloss vermehrte und verbesserte, sondern eine ganz neue Bearbeitung, welche sich zu dem früheren Buche verhält wie die Ausführung zum Grundriss. Der allgemeine Titel „Law of Contracts" könnte leicht zu der Annahme verleiten, es handle sich um eine vollständige Bearbeitung des Vertrags-R., wie z. B. diejenige von Addison, allein dem ist nicht also, sondern wie in den Werken von Wharton, Pollock und Anson, so wird auch hier nur der sogen. allgemeine Teil erörtert, während die einzelnen Verträge der monographischen Darstellung überlassen bleiben. Von den Arbeiten Whartons, Pollocks unterscheidet sich diejenige B.s' sehr wesentlich. Während die beiden ersteren eine vollständige, wissenschaftliche Bearbeitung der allgemeinen Lehren des Obligationen-R. liefern, mit steter Rücksicht auf das r. R., fremde Gesetzgebungen und die vorhandene Litteratur, sucht dagegen B. das R. darzustellen welches gegenwärtig in Amerika gilt und von den amerikan. Gerichtshöfen angewendet wird, ohne Rücksicht auf andere als amerikan. Quellen. Wir finden daher bei ihm weder ausführliche Begründungen seiner eigenen Ansichten, noch Berufungen auf fremdes, namentlich r. R. Rechtshistorische und wissenschaftliche Untersuchungen werden ganz fern gehalten und selbst die amerikan. Litteratur nur ausnahmsweise berücksichtigt. Wharton z. B. wird ganz ignoriert. Die ganze Darstellung ruht daher ausschliesslich auf amerikan. Grund und Boden; auf diesem aber ist sie breit und solid aufgeführt wie keine andere. Die bisherigen Urteile — ca. 20 000 an der Zahl — werden nicht nur vollständig, sondern auch sehr gewissenhaft benutzt und verarbeitet. Aus diesen Urteilen, die B. sorgfältig zusammenstellt und miteinander vergleicht, leitet er das R. ab, welches als geltendes anzuerkennen ist; und wenn auch ein Resultat mit seiner eigenen Auffassung nicht oder nicht völlig übereinstimmt, so anerkennt er einen konsequent von den Gerichten festgehaltenen Rechtssatz doch als dem positiven R. erworben an nach der Regel stare decisis. Indem er die entscheidenden Richter selber reden lässt, um sodann ihre Entscheidungen auf ihren wahren Wert zu prüfen, erleichtert er dem späteren Richter seine Aufgabe und trägt zu Verbreitung übereinstimmender Ansichten und somit einer gleichmässigen Rechtssprechung wesentlich bei. Als „folly" bezeichnet es B., seine eigenen Urteile und Auffassungen in eine Darstellung des geltenden R. zu verflechten, statt die „reasonings of the law" aufzusuchen. In möglichst knapper Form und dessenungeachtet so vollständig wie möglich sucht B. unter Vermeidung jeder Wiederholung dieses R. festzustellen, und so gedrängt ist der Ausdruck, dass man oft unwillkürlich zur Annahme sich neigt, er habe des Guten zu viel gethan und eine etwas breitere Darstellung würde ihr zum Vorteil gereicht haben. Was uns geboten wird, ist gleichsam ein Extrakt aus den Rechtsaussprüchen der bewährtesten Richter und Juristen, welche auch für die Zukunft die Richtschnur für die Entscheidungen bilden sollen.   König.

Entwurf des ungar. Erb-R., verfasst und auf Grund der im Justizministerium gepflogenen Beratungen umgearbeitet von St. Teleszky. Im Auftrage des kgl. ungar. Justizministeriums übersetzt von Th. Kern. 2 Lfgn. Budapest (Druck von Légrády) 1887. 142 S.

Mit diesem Entwurfe, welcher seit der Uebersetzung neuerdings vom Verf. revidiert worden, und dessen Verhandlung in der Justizkommission des Abgeordnetenhauses bereits im Zuge ist, soll der Anfang der Herstellung der einzelnen Stücke eines ungar. Zivilgesetzbuches gemacht werden. Der Verf. desselben, derzeit Staatssekretär im Justizministerium, ist einer der hervorragendsten unter den ungar. Juristen, welche mit besonderem Eifer der Aufgabe obliegen, den Aufschwung des ungar. Rechtslebens durch umfassende gesetzgeberische Schöpfungen zu fördern. Die überaus günstige Aufnahme der Gesetzesvorlage durch die öffentliche Meinung lässt mit Zuversicht gewürtigen, dass dieselbe noch im Laufe des Jahres Gesetzeskraft erlangen und schon im Jahre 1889 unter Vermittelung eines besonderen Einführungsgesetzes ins Leben treten dürfte. Zunächst soll sich diesem Stücke das Obligationen-R. anschliessen, dessen Referatentwurf, zumeist auf Grund des Dresdener Entwurfes, demnächst im Justizministerium in Beratung gezogen wird. Allenfalls hatte unter allen Teilen des Zivilgesetzbuches der vorliegende die meisten Bedenken zu überwinden. Das Reich der Stefanskrone zerfällt, mit Ausserachtlassung Kroatiens, welches im (allgemeinen) Privat-R. und im Kriminal-R. Autonomie besitzt, in zwei Privatrechtsgebiete, deren materielle Verschiedenheit vorzüglich mit bezug auf die gesetzliche Erbfolgeordnung, was doch hierzulande an Wichtigkeit obenansteht, ins Auge springt. Das Mutterland huldigt dem sogen. ungar. Erbrechtssystem, während im siebenbürg. Landesteile das österr. bürgerliche Gesetzbuch seit 1853 in Geltung steht. Ersteres ist ein historisches Gefüge mehrerer Institute, deren Grundzüge aus dem früheren Avitizitätssystem herrühren, wie sich dasselbe auf Grund der Anordnungen der Anjoukönige (14. Jahrhundert) und des tripartitischen Rechtsbuches (Anfang des 16. Jahrhunderts) entwickelte, und sich vorzüglich in dem mittelalterlichen Rückfalls-R. (paterna paternis, materna maternis) abspiegeln. Nachdem dieses System von der Judexkurialkonferenz (1861) mittels mehrfacher Einschränkungen mit den Rechtsideen des freien Verfügungs-R. und der bürgerlichen Rechtsgleichheit in leidlichen Einklang gebracht worden, hat

sich über die Frage, ob es weiter fortzubilden, bezw. in Sieben-
bürgen wiederherzustellen sei, eine ziemlich umfangreiche Litteratur entsponnen, welche, durch Preisfragen seitens der ungar.
Akademie der Wissenschaften vielfach begünstigt, an rechts-
philosophischer Kritik und Vergleichung der verschiedenen Erb-
systeme manches aufzuweisen hat. In Verfechtung des historischen Standpunktes wurde u. a. geltend gemacht, dass das
Rückfalls-R. das eigentlich Primäre, menschlich Richtige sei, und
dass die diesbezüglichen franzöз. Coutumes nicht eigentlich sachlichen Erwägungen, sondern allgemeinen politischen Strömungen
(égalité des biens!) gewichen seien; dass demselben einzelne Schriftsteller, insbesondere Laurent, noch immer den Vorzug geben;
dass sogar die röm. Kaiser eine diesbezügliche Einschwenkung
versuchten (L. 4 C. Th. de mat. bon.); ferner dass die deutsche
Rechtsentwickelung viel zu sehr römisch sei, um als Ausdruck
des christlich-modernen Rechtsgefühles in dieser Sache zur Richtschnur genommen werden zu sollen. So wird allseitig als fest-
stehend angenommen, dass das lebendige Rechtsgefühl des Volkes
mit demselben innerlich verwachsen ist, was sich insbesondere
während der Geltungsperiode des österr. Gesetzbuches in Ungarn
(1853—1861) schlagend erwiesen hatte. Ferner ist es kaum zu
verkennen, dass angesichts der fachgemäss ausgeführten Vorzüge
des historischen Systems — tiefere Kausalität und Konsequenz
des Erbganges, weniger Herumspringen des Vermögens insbesondere bei Verkettungen rasch aufeinander folgender Todes-
fälle, Vereinfachung der Erbesauseinandersetzung, wo das Ahnen-
gut in natura (wie vorzüglich nach Minderjährigen) vorhanden
u. s. w. — die Gunst der öffentlichen Meinung für den Entwurf weniger auf innere Gegengründe, als vielmehr auf das
allgemein vorherrschende politische Gefühl zurückzuführen ist,
welches darin gipfelt, dass sich das Land im Interesse des ra-
scheren Kulturfortschrittes überhaupt der eigenartigen historischen Isonomie zu entziehen und den modernen Staat womög-
lichst auf abstrakt-universellen Grundlagen nach westlichem,
insbesondere deutschem Muster aufzubauen habe. Es stellt sich
demnach auch der vorliegende Entwurf im ganzen als eine
Nachbildung bezw. Uebertragung deutscher Kodifikationswerke,
hauptsächlich des sächs. Gesetzbuches und des mit diesem, wie
bewusst, vielfach identischen Fr. Mommsenschen Entwurfes dar,
durchweg aber mit vielen wohlüberlegten Abweichungen.

Der Entwurf zerfällt in 5 Abteilungen. I. Abt. Allgemeine
Bestimmungen, §§. 1—9. Anfall der Erbschaft. Leben bezw.

Empfangensein des Erben (zur Zeit des Anfalls), Erbfähigkeit, Unwürdigkeit. Der Ausdruck Erb-R. (im subjektiven Sinne) soll hier, wie eine Anmerkung des Uebersetzers andeutet, Erbschaft, Vermächtnis und Pflichtteil, · „mit einem Worte das Erb-R. im weiteren Sinne" bezeichnen, was ein gewagter Begriff ist, indem z. B. die Begünstigung cond. impl. c. zwar Erbfolge in diesem sonderbar weiten Sinne ist, ohne ein Erb-R. (zur zwangsweisen Verwirklichung) zu enthalten. II. Abt. Die gesetzliche Erbfolge, §§. 10—61. 1. Kap. Allgemeine Bestimmungen, §§. 10—14. Voraussetzungen der gesetzlichen Erbfolge, mehrfache Verwandtschaft, Wegfall der Verzichtenden, Ausschlagenden u. s. w. 2. Kap. Die gesetzliche Erbfolge der Verwandten, §§. 15—32. Der eigentlichen Erbefolgeordnung sind, wie im sächs. Gesetzbuch und bei Mommsen, allgemeine Bestimmungen vorangestellt, welche laut der jüngsten Revision die Ueberschrift führen: „Von der gesetzlichen Erbverbindung der Verwandten". Es handelt sich hier um die gesetzliche Erbberechtigung der Verwandten in abstracto. Materiell lediglich dasselbe wie sächs. Gesetzbuch 2016 bis 2025, 2044—2048, Mommsen 22—28, jedoch in einer ganz selbständigen Zusammenfassung, welche, obwohl gedrängter, dabei jedoch, wie es scheint, genauer ist als jene — so spricht u. a. sächs. Gesetzbuch §. 2022 Nr. 3, ferner §. 2024 ungenau von ehelichen Abkömmlingen, wo es doch gewiss auch die unehelichen Kinder einer ehelichen Tochter des Bruders, bezw. des ehelich gesprochenen Sohnes im Auge hat. Dann folgt Kap. 2: „Von der Erbfolgeordnung der Verwandten". Dieselbe enthält 5 Klassen, ohne dies hervorzuheben, was wohl der Uebersichtlichkeit nicht förderlich ist. In der 1. Kl. gelangen die Abkömmlinge des Erblassers zur Erbfolge. Die 2. Kl. bilden die Eltern und deren Nachkommen. In der 3. kommen die Grosseltern und deren Nachkommen. In der 4. Kl. die entfernten Voreltern allein. Die 5 Kl. schliesst mit den ferneren Seitenverwandten. Die 2. und 3. Kl. befolgen die parentalrepräsentative Ordnung, welche auch heutzutage — im Vermächtnis als Ganzem mit Ausschluss des Ahnengutes als gesetzlichen Legates zu gunsten der betreffenden Linie — als Richtschnur gilt. In der 4. Kl. entscheidet Gradesnähe, sonst Kopfteilung. In der 5. ebenfalls, demnach reingradual und nicht parental-gradual, jedoch mit Parentalabgrenzung (bei der 7. Parentel, Nachkommen der Eltern der Tritavi, inkl.), was wohl Inkonsequenz ist, indem hierdurch die zu den weiteren Parenteln gehörigen, obwohl dem Grade nach näheren Verwandten ausge-

schlossen sind, während die möglicherweise dem Grade nach
entfernteren in den näheren Parenteln berechtigt sind. 3. Kap.
Die gesetzliche Erbfolge der Ehegatten, §§. 33—39. Neben den
Verwandten 1. Kl. erbt mit der Ehegatte als Nutzniesser zur $\frac{1}{2}$,
zu $\frac{1}{3}$, $\frac{1}{4}$ je nach Anzahl der Kinderstämme. Neben der 2. Kl.
gelangt der Ehegatte zu $\frac{1}{2}$, neben der 3. Kl. zu $\frac{2}{3}$ zur Erbschaft und bekommt ausserdem die Hauseinrichtung u. s. w. im
voraus. Der 4. und 5. Kl. geht er vor. Nach bisherigem R.
hat die Witwe das sogen. jus viduale (Nutzniessung am ganzen
Vermögen, jedoch mit vielerlei Beschränkungen), während die
successio conjugalis nach dem Voranschlag (Vermögen als Ganzem
mit Abzug des Ahnengutes) der Verwandtenerbfolge, wo keine
Kinder sind, vorangeht, indem schon das Tripart. aussprach,
dass die Ehehälfte carnis unione plus quam frater esse reputa-
tur, worauf sich der tief ethische Rechtssatz aufbaute, dass die
Errungenschaft, als der Persönlichkeit des Erblassers anklebend,
proximitate amoris dem Gatten zufalle, wogegen die Ahnenerb-
schaft von der betreffenden Linie als Kindeserbteil nach dem
gemeinsamen Vorfahren erworben wird. 4. Kap. Die ausserordentliche Erbfolge der ausserehelich geborenen Kinder und
deren Nachkommen, §§. 40—45. Es handelt sich um die en-
fants reconnus. Sie erben bloss, wenn keine sonstigen Nachkommen, kein Ehegatte, keine Eltern (im engsten Sinne) vorhanden sind. Neben der 2. Kl. erhalten sie die $\frac{1}{2}$, nach der
3. Kl. $\frac{2}{3}$ der Erbschaft. Die 4. und 5. Kl. schliessen sie aus.
Sogar Incestuosi und Adulterini sind nicht ausgenommen.
5. Kap. Anrechnung auf den gesetzlichen Erbteil, §§. 46—55.
Anrechnungsgegenstände taxativ. Sonstige Zuwendungen bei
schriftlicher Ausbedingung der Anrechnung. Zum Erlass der
Anrechnung wird sogar volle Beweiskraft der Urkunde erfordert.
Bei Nichtabkömmlingen schriftliche Uebernahme der Anrechnung. Durchgehends Idealkollation. In der jüngsten Revision
wurde insbesondere die Berechnungsart mit bezug auf die Ausgleichung von Enkeln näher bestimmt. Mehrfach sagt man,
das ganze Kapitel sei aus dem Gesichtspunkte des hierländischen
Rechtsgefühls, welches in manchen Dingen an mehr Latitüde
in der Rechtsregel gewöhnt ist, an Schärfe zu weit gegriffen.
6. Kap. Der Verzicht auf die Erbschaft, §§. 56—61. Erbverzicht durch Vertragsabschluss zwischen dem Erblasser und
Verzichtenden. Dazu öffentliche Urkunde. III. Abt. Pflichtteil,
§§. 62—108. Ein R. auf den Pflichtteil haben die Abkömmlinge
($\frac{1}{2}$ der Int. p.), Vater und Mutter ($\frac{1}{3}$ der Int. p.) und der

Ehegatte (nach Verschiedenheit der konkurrierenden gesetzlichen Erben die ganze Int. p., bezw. deren $\frac{1}{2}$ und $\frac{1}{3}$). Der Pflichtteil gebührt in Wert und nicht in natura; es haben aber die Erben, laut der jüngsten Revision, Option für die letztere Art der Befriedigung. Enterbung aus taxativ festgestellten (offensiven) Ursachen, ausserdem ex bona mente. Mit ausnehmender Sorgfalt ist das Institut der Inoff. don. und insbesondere dessen Verhältnis zu den non conferendis (computandis) geregelt, ein Problem, welches, wie bekannt, schon vor Novelle 92 auftauchte. Einschränkung des Pflichtteilanspruchs insbesondere in bezug auf fideikommissarische Substitution. Das Kind hat gegen Beschwerung der ganzen Int. p. zu gunsten seiner Abkunft kein R. auf den freien Pflichtteil. Der Grundsatz vivus non representatur (österr. Gesetzbuch) ist auch hier aufgegeben, übrigens schon in der neuesten Rechtssprechung. Es ist zu bemerken, dass das Pflichtteilinstitut ins ungar. Rechtsleben bereits durch die Judexkurialbeschlüsse Eingang gefunden hat. IV. Abt. Erbfolge auf Grund von Verfügungen des Erblassers, §§. 109—373. Hier werden geregelt Form, dann Inhalt der Testamente, dabei Erbeinsetzung, Bedingung, Zeitbestimmung, vulgäre und fideikommissarische Substitution, das Vermächtnis, ferner Erbvertrag, Schenkung von Todes wegen. Nacherbschaft (wie die fideikommissarische Substitution richtig genannt wird) gilt nur für den ersten Grad des Erwerbes auch unter Zeitgenossen und ohne Rücksicht auf die Art des Vermögens. Im Kreise der Nachkommen, Eltern und Geschwister u. s. w. des Testierenden ist aber, laut der jüngsten Revision, die Nacherbfolge ohne jedwede Einschränkung des Grades halber gültig. Eine starke Beugung des Prinzips, welche ihre Rechtfertigung in der Rücksichtnahme auf den Wegfall der bisherigen gesetzlichen Erbfolge finden soll, indem dieser allseitig ein Entgegenwirken gegen die Zerbröckelung des Familienvermögens zugemutet wird. Es ist aber zu bemerken, dass die jetzige Erbfolgeordnung diese ihre Wirkung durch den Komplex ihrer (das Vermögen an den Stamm zurückleitenden) Bestimmungen ohne Antastung des freien Verfügungs-R. der Erbschaftsbesitzer im Durchschnittswege ausübt, während die Nacherbfolge in dem Bereiche, wo sie stattfindet, den freien Vermögensverkehr unterbindet. Das Vermächtnis anlangend, gilt unmittelbarer Uebergang der Spezies (leg. per vindic., jedoch auch ohne Antretung seitens des Beschwerten) sowohl bei Sachen (Eigentums-R.) als R. als Regel. Erb- (Einsetzungs- und Vermächtnis-) Verträge gelten zwischen Ehe- und Brautleuten. V. Abt.

Erwerb der Erbschaft, des Vermächtnisses und damit verbundene Rechtsverhältnisse, §§. 374—494. Additionssystem gegenüber dem bisherigen ipso iure Uebergang mit Entschlagungs-R. Haftung des Erben bis zum Betrage der Erbschaft auch ohne Inventar, was nicht nur mit dem sächs. Gesetzbuch, sondern auch mit dem bisherigen R. übereinstimmt. Der Entwurf schliesst mit der Regelung des Anspruches des Staates auf erblose Verlassenschaften.

Obwohl der Entwurf kein Produkt historisch-kontinuierlicher Rechtsentwickelung und überhaupt viel mehr Juristen-R. als Volks-R. ist, wird derselbe aber entschieden viele Lücken des heutigen Rechtszustandes ausfüllen und manche Zweifel beilegen, und dürfte er demnach, wenn auch nicht aus dem Gesichtspunkte eigener Rechtsbildungskraft, doch gewiss im Interesse der Rechtssicherheit als ein Fortschritt des Landes zu erachten sein.   Zsögöd (Klausenburg).

IV. Handelsrecht.

Petersen und **Pechmann.** Kommentar zum allgemeinen deutschen Handelsgesetzbuch. Hrsg. von S. Puchelt. 3. infolge der neuen Reichsjustizgesetze vielfach umgearbeitete Auflage. Supplement enthaltend: Gesetz, betr. die Kommanditgesellschaften auf Aktien und die Aktiengesellschaften vom 18./VII. 1884. Erläutert durch J. Petersen und W. v. Pechmann. 1. Lfg. Leipzig, Rossberg. 1887. 96 S. 1 M. 60 Pf.

Der beliebte Kommentar, den Puchelt zum Handelsgesetzbuch lieferte, erlebte im Jahre 1885 eine 3. Auflage, im nämlichen Jahre (Februar) aber starb Puchelt, so dass es nicht möglich war, den Kommentar hinsichtlich des Aktien-R. von Puchelts eigener Hand ergänzt zu sehen. Im Geiste des verstorbenen Kommentators sind nun P. und P. vor die Bresche getreten. Das vorliegende 1. Heft des Supplements lässt darauf schliessen, dass die Ergänzung ziemlich umfangreich werden und den stattlichen Band füllen wird; denn obwohl Vorwort und Einleitung sowie eine Zusammenstellung des geltenden Textes mit dem ursprünglichen und dem durch die Aktiennovelle vom geänderten Texte nicht beigegeben sind, vielmehr letzten Lieferung ausgegeben werden, ist die Er

uterung, die das Heft bis S. 96 bietet, nur bis Art. 180b vor-
geschritten, also nun auf 18 Artikel ausgedehnt. In der Methode schliessen sich die Herausgeber wesentlich ihrem Vor-
gänger an. Bei der Natur und Neuheit des kommentierten
Gesetzes ist es begreiflich, dass litterarische Notizen und dok-
trinelle Erörterungen das Uebergewicht haben vor Mitteilung
oberstrichterlicher Präjudikate. Scharf ist an vielen Stellen die
Polemik der Herausgeber namentlich gegen V. Rings Kommentar
zu der Aktiennovelle vom 18./VII. 1884 (C.Bl. V, 374).

Gareis.

Spaeing, W. Französ. und engl. Handels-R. im Anschluss an das allgemeine deutsche Handelsgesetzbuch. Berlin, Vahlen. 1888. 538 S. 8 M.

Der Umstand, dass das französ. und engl. Handels-R. nicht
in der geschlossenen Gesetzesform kodifiziert ist, wie das im
deutschen Handelsgesetzbuch der Fall, hat dem Verf. die Anregung gegeben, die fremden R. im Anschluss an das deutsche
Gesetz darzustellen und zwar, soweit möglich, unter Mitteilung
der französ. und engl. Gesetze, dann auf Grund rechtswissen-
schaftlicher Werke, welche S. 8 verzeichnet sind. Den einzelnen
Artikeln des Handelsgesetzbuches (mit Ausschluss des Buches V)
sind in dieser Weise die Rechtssätze angeschlossen, welche,
nach den fleissigen Ermittelungen des Verf., in Frankreich und
England Anerkennung gefunden haben. Die Schwierigkeit der
Arbeit namentlich für das engl. R. ist einleuchtend, und werden
Einzelheiten später Besserung und Aenderung erfahren können.
Das Buch ist nicht nur benutzbar bei Beurteilung von Rechtsverhältnissen nach fremden R., sondern auch anregend für eine
wissenschaftliche Thätigkeit der Rechtsvergleichung.

Keyssner.

Dictionnaire de la propriété industrielle, artistique
et littéraire par Pouillet, Martin St.-Léon et
H. Pataille. Paris, Rousseau. 1887. 2 vol. 590 u. 525 S.
30 fr.

Die von Pataille 1855 begründeten und seither bis zum
33. Bande fortgeführten „Annales de la propriété industrielle,
artistique et littéraire" sind zu einer so umfangreichen Sammlung
angewachsen, dass sie in Privatbibliotheken sich nur selten finden
und auch in öffentlichen Bibliotheken oft genug vergeblich gesucht werden. Abgesehen hiervon ist auch das Auffinden ein-

zelner Entscheidungen oder das Aufsuchen sämtlicher Ent
scheidungen über eine bestimmte Frage wegen des grossen Um
fanges der Sammlung erschwert und jedenfalls mit einem erheb
lichen Aufwand von Zeit verbunden. Schon Pataille hatte daher
den Plan gefasst, durch Anlage eines umfassenden Repertoriums
die Benutzung und Verwertung der Annales zu erleichtern, und
was er selbst nicht mehr auszuführen vermochte, wurde nur
nach seinem Tode durch seinen langjährigen Mitarbeiter Pouillet
in Verbindung mit Martin St.-Léon und dem Sohne des Be
gründers ausgeführt. Das soeben erschienene Dictionnaire be
handelt in alphabetischer Reihenfolge sämtliche in Betracht
kommenden Gegenstände mit Anführung aller in den Annales
veröffentlichten gerichtlichen Entscheidungen und einer kurzen
Uebersicht der Theorie bei den wichtigeren Artikeln unter Hin
weisung auf die franz. Fachlitteratur. In einem Anhange werden
die Formen mitgeteilt, welche im gerichtlichen Verfahren bei
Beschlagnahme zur Anwendung kommen, und in chronologischer
Aufeinanderfolge die sämtlichen in den Annales veröffentlichten
Entscheidungen. Da endlich das Dictionnaire auf 1. Januar 1886
abgeschlossen wurde, so wurde ihm das alphabetische Ver
zeichnis der Annales von 1886 noch beigegeben, wodurch es in
Wirklichkeit bis auf 1. Januar 1887 fortgeführt wurde. Durch
dieses Repertorium werden die Annales, welche eine beinahe
unerschöpfliche Fundgrube für die Theorie und Praxis des sogen
geistigen Eigentums bilden, dem Benutzer wieder bedeutend
näher gerückt.   König.

V. Gerichtsverfassung und Zivilprozess.

Schmidt, E.   Die gerichtliche Zwangsvollstreckung in
    Preussen unter Ausschluss der Zwangsvoll
    streckung in das unbewegliche Vermögen. Hand
    buch zum Studium und praktischen Gebrauch. Breslau
    Kern. XXIV u. 294 S. 5 M.

Die Zwangsvollstreckung und die Sicherungsmittel derselbe
— der Arrest und die einstweilige Verfügung — sind vielleich
die schwierigsten Abschnitte der Z.Pr.O., und doch sind mit de
praktischen Handhabung derselben vorzugsweise Organe de
Justizpflege betraut, bei denen nach ihrer Stellung und ihrer

Lebensalter nicht gerade die grösste Rechtserfahrung vorausgesetzt werden kann. Dem Amtsrichter, dem Gerichtsschreiber
und dem Gerichtsvollzieher und allen, welche diese Aemter er-
streben, wird daher das vorliegende Buch, das nicht ein ge-
lehrtes Werk, sondern ein Handbuch zum Studium und praktischen Gebrauche sein will, gute Dienste leisten. Und wenn
dasselbe auch nicht alle wissenschaftlichen Streitfragen erörtert,
so werden diese Beamten doch alle Fragen, die die Praxis an sie
stellt, beantwortet finden. S. gibt in einer Einleitung (VII—XVI)
zunächst einen knappen, aber für das Verständnis der Z.Pr.O.
völlig ausreichenden Ueberblick über die historische Entwickelung der gerichtlichen Zwangsvollstreckung und bestimmt
dann seine Aufgabe — die gerichtliche Zwangsvollstreckung in
Preussen in ihrer gegenwärtigen Gestalt — näher. Bei der
Ausführung dieser Aufgabe hat sich Verf. an das System der
Z.Pr.O., deren achtes Buch er seinem Werke angehängt hat, angeschlossen und beginnt demgemäss im ersten Titel (S. 1—69) mit
den materiellen und formellen Voraussetzungen der Zwangsvollstreckung (Schuldtitel, Rechtskraft, Vollstreckbarkeitserklärung,
Vollstreckungsurteil, vollstreckbare Ausfertigung): der zweite
Titel (S. 73—205) handelt von der Ausführung der Zwangsvollstreckung (staatliche Organe derselben, Rechte und Pflichten
der Gerichtsvollzieher, Beschwerden der Beteiligten, Einsprüche
dritter Personen, Einstellung, die einzelnen Arten der Zwangsvollstreckung [Pfändung, Form derselben, Veräusserung der
Pfandstücke, Zwangsverfahren in Forderungen u. s. w.], Verteilungsverfahren, Zwangsverfahren zur Erwirkung der Herausgabe von Sachen, von Handlungen und Unterlassungen und zur
Erzwingung des Offenbarungseides). Der zweite Titel des Werkes
betrifft sodann den Arrest und die einstweiligen Verfügungen
(S. 205—240). Selbstverständlich sind bei der Bearbeitung des
reichen Stoffes nicht bloss alle einschlägigen Ausführungsgesetze,
-verordnungen und -verfügungen vollständig berücksichtigt, sondern auch die Wissenschaft und die Rechtsprechung des Reichsgerichts haben die gebührende Beachtung gefunden.

Rödenbeck.

Richter, O. Die Zwangsvollstreckung in Grundstücke
    nach dem preuss. Gesetz vom 13./VII. 1883 in Theorie
    und Praxis. Berlin, Müller. 1887. XII u. 626 S. 10 M.

    Der Verf. hat sich hier ebenso wie in seinem Werke über
das Konkursverfahren (C.Bl. IV S. 255) das Ziel gesetzt, vor-

zugsweise der Praxis zu dienen, dem praktischen Richter als
Nachschlagebuch zur Hand zu sein, den anderen beteiligten
Kreisen aber ein Bild des gesamten Verfahrens bei Zwangs-
versteigerungen und Zwangsverwaltungen zu bieten. Aus diesem
Grunde hat er für seine Bearbeitung des Zwangsvollstreckungs-
rechtes nicht die bisher übliche Form eines Kommentars des
Gesetzes vom 13./VII. 1883, sondern die Form einer systematischen
Darstellung gewählt. Der praktische Gesichtspunkt tritt auch
darin hervor, dass das Verfahren durch Mitteilung von Bei-
spielen (Formularen) veranschaulicht wird. Die umfangreiche
Litteratur, welche der Verf. sorgfältig und selbständig benutzt
hat, ist in den Noten nachgewiesen. Das Werk zerfällt in fünf
Teile: I. Allgemeine Bestimmungen. II. Eintragung in das
Grundbuch, III. Zwangsversteigerung, IV. Zwangsverwaltung,
V. Zwangsversteigerung und Zwangsverwaltung in besonderen
Fällen. In einem Anhange ist das Gesetz vom 13./VII. 1883 mit den
Ausführungsverfügungen und dem Kostengesetze vom 18./VII. 1883
zum Abdrucke gelangt. Das Buch behandelt seinen Gegenstand
ebenso klar und verständlich wie übersichtlich und erschöpfend.

Achilles.

VI. Strafrechtswissenschaft.

Glaser, G. Zurechnungsfähigkeit, Willensfreiheit, Gewissen und Strafe, Theoretisches und Praktisches.
Leipzig und Wien, Toeplitz & Deuticke. 1887. 94 S.
2 M. 50 Pf.

Der Verf. ist entschiedener Determinist und zieht mit Ent-
schlossenheit die Konsequenzen dieses Standpunktes in Hinsicht
auf Zurechnung und Strafe. Nach ihm gibt es drei Arten von
Zurechnung: 1. die Zurechnung zur That, das einfache Urteil,
dass jemand der Vollbringer einer Handlung sei; 2. die Zurechnung zu Moral und Recht, d. h. das Urteil, dass jemand
der moralische oder unmoralische, rechtliche oder widerrechtliche Vollbringer einer That sei; 3. die Zurechnung zur Schuld
im Sinne der Verantwortlichkeit für die That, d. h. das Urteil,
dass der unmoralische, widerrechtliche Vollbringer einer That
für diese verantwortlich sei. Das erste Urteil treffe jeden
Thäter, das zweite jenen, bei dem Kenntnis der anerkannten
Rechts- und Moralgesetze vorausgesetzt werde, das dritte jenen,

von dem gemäss allgemeiner Annahme, dank der Willensfreiheit das Vermögen, der Rechtseinsicht gemäss zu handeln, vorausgesetzt werde. Von seinem Standpunkte aus kann Verf. das
letzterwähnte Urteil als berechtigt nicht anerkennen. Strafe ist
ihm ursprünglich eine Form reiner affektartiger Abwehrreaktion
des Einzelnen oder des Staates gegen Interessenschädigungen
seitens Dritter. Die Bestrafung eines Menschen lasse sich nicht
aus dem Charakter und Handeln dieses Menschen an sich begründen. Die Thatsache der Zurechnungsfähigkeit bilde wohl
die Vorbedingung zu rechtsgemässem sozialen Handeln, mache
aber solches nicht an sich zu einem notwendigen. Dieses sei
nur dann der Fall, wenn die Höhe der Gewissensentwickelung
ein Handeln nach den Grundsätzen des Rechts verlange.

Der Verf. leitet das Gewissen, welches er als „das die Einsicht in die Vollbringung einer guten oder einer unrechten That
begleitende Gefühl der Zufriedenheit oder der Pein" definiert,
aus dem Mitgefühl ab. Jenes Gefühl der Zufriedenheit oder
der Pein, welches die subjektive Belohnung, beziehentlich die
Strafe des Thäters sei, sei kein dem Menschen angeborenes,
sondern erst allmählich gewordenes, anerzogenes. Die Fähigkeit
der Erkennung von recht und unrecht sei noch keineswegs genügend, um ein rechtmässig geartetes Wollen zu begründen,
hierzu führe erst die Kraft des Gewissens.

Die Strafe als Rache und Sühne sei affektartige Triebhand-
lung und richte sich auf Vergangenes; als Mittel zur Verhütung
künftiger Interessenschädigungen sei sie ein zweckbewusster, ver-
nünftiger Willensakt und richte sich auf Zukünftiges. Als
Strafakt an sich könne die Strafe ihren Zweck (Schutz des
Staates und des Einzelnen vor unberechtigten Interessenschädigungen) nur in unvollkommener und unsicherer Weise erreichen
und verfehle denselben bei verbrecherischem Charakter stets da,
wo auf ein Nichteintreten gezählt werde. Das durch Bestrafung
gewünschte Ziel erreiche die Gesellschaft nur dann vollständig,
wenn es ihr gelinge, ihre Glieder beim Eintritt in das bürgerliche Leben mit einem solchen Masse von Gewissenskraft zu
versehen, dass ihnen ein Handeln nach den Normen des Rechts
künftighin aus eigenem Antriebe möglich sei. Hierzu bedürfe
es einer entsprechenden Erziehung im weitesten Sinne des Wortes
von Kindheit an. Da der Staat rechtsgemässes Handeln von
seinen Angehörigen verlange, liege es in seiner Pflicht, die Jugend-
bildung in dem Masse zu fördern, dass seinen Bürgern vermöge
ihrer Charakterbildung die Kraft innewohnen werde, alle Thaten

zu unterlassen, welche als die staatlichen und individuellen
Interessen unrechtmässigerweise schädigend anerkannt seien.

Bünger.

Rohland, W. v. Die strafbare Unterlassung. 1. Abt.:
Die Theorien über die Kausalität beim Kommissivdelikt
durch Unterlassung. Dorpat u. Leipzig, Hinrichs. 1887.
122 S. 4 M.

Der Verf. hat sich die Aufgabe gestellt, die Lehre von der
Kausalität in der Unterlassung, an deren Begründung eine Reihe
namhafter Kriminalisten durch scharfsinnige Konstruktionsver-
suche sich versucht haben, einer Revision von Grund aus zu
unterziehen. Den ersten Vorwurf seiner Arbeit veröffentlichte
der Verf. in seiner Rede über das Kommissivdelikt durch Unterlassung (C.Bl. IV, 342). Nunmehr liegt der erste, kritische
Teil der ausgeführten Arbeit vor. Die Aufstellung des Problems
ist ein Verdienst deutscher Rechtswissenschaft, welche die eingehende Behandlung desselben nur noch mit der russ. teilt,
während die französ., engl. und italien. Jurisprudenz das Problem
kaum streift und die Kausalität durch Unterlassung meist stillschweigend annimmt.

Die Dogmengeschichte der Unterlassung beginnt, wie der
Verf. in der Einleitung (§. 1 S. 1—5) ausführt, erst am Anfang dieses Jahrhunderts. Die Kausalität der Unterlassung selbst
galt damals noch als unbestrittenes Dogma, und nur über die
Voraussetzungen, unter denen es zu einem Unterlassungsver-
brechen komme, gingen die Meinungen auseinander. Zwei Ansichten standen sich dabei gegenüber, namentlich im Hinblick
auf die Frage nach der Strafbarkeit der unterlassenen Verhinderung. Die eine, von Stübel vertretene, nahm eine allgemeine Pflicht zur Verhinderung an, während die andere von
Feuerbach aufgestellte, dieselbe auf die Fälle beschränkte, wo
ein besonderer Rechtsgrund zum Thätigwerden verpflichtete.
Indem Feuerbach so die Pflichtwidrigkeit der Unterlassung in
den Vordergrund stellte, bereitete er den Boden für die Entstehung des Problems; denn es musste jetzt sich die Frage erheben: vermag die Pflichtwidrigkeit seines Verhaltens den Unterlasser zum Urheber des Erfolges zu stempeln? An diesem Punkte
setzte nun die ganze neuere Entwickelung ein, indem Luden
darauf hinwies, dass der Kausalzusammenhang doch nicht durch
die Pflichtwidrigkeit oder Nichtpflichtwidrigkeit eines Verhaltens
bestimmt werden könne, und somit auch beim Unterlassungsver-

brechen die Kausalität im Einklang mit den allgemeinen Grundsätzen über den Kausalzusammenhang stehen müsse. Da nun nach diesem immer nur ein Geschehen, eine Thätigkeit Ursache sein kann, niemals ein Nichtgeschehen, eine Unthätigkeit, so stand seit Luden die Theorie vor der Aufgabe, beim Kommissivdelikt durch Unterlassung ein positives Element, eine Thätigkeit aufzudecken, welcher die Verursachung des Erfolges zugeschrieben werden könnte. Zur Lösung dieser Frage sind verschiedene Wege eingeschlagen worden, welche der Verf. folgendermassen charakterisiert.

I. Man suchte zunächst das Problem dadurch zu lösen, dass man darauf ausging, in dem Verhalten des Unterlassers eine mit seiner Unterlassung in Verbindung stehende positive Handlung nachzuweisen, welche sich als Setzen zum Erfolg hinstrebender Bedingungen darstellt. Diese Handlung findet Luden (§. 2), da der Mensch niemals unthätig gedacht werden könne und der Unterlasser somit, während er das eine unterlässt, stets etwas anderes thue, in dieser neben der Unterlassung einhergehenden Thätigkeit, in dem Andershandeln. Weit bedeutender ist eine zweite Ansicht, welche, von Krug begründet und von Glaser und Merkel ausgebildet, längere Zeit die Wissenschaft beherrscht hat (§§. 3—5). Diese Ansicht erblickt die Ursache des Erfolges in einem der Unterlassung zeitlich vorausgegangenen, positiven Thun des Unterlassers, welches den Charakter gefährlichen Handelns trägt. Dem naheliegenden Einwand, dass bei einer solchen Auffassung die Verschuldung des Unterlassers seiner verursachenden Thätigkeit zeitlich erst nachfolge, suchen Glaser und Merkel auf verschiedene Weise zu begegnen. Ersterer ist bemüht, das normale zeitliche Verhältnis von Schuld und Kausalität dadurch herzustellen, dass er das gesamte Verhalten des Unterlassers von dem ersten Augenblicke an, wo er zu dem Objekt der Verletzung in eine thatsächliche Beziehung trat, künstlich zu einem einheitlichen stempelt, die vorausgegangene gefährliche Thätigkeit also gleichsam zur Zeit der eintretenden Schuld noch gegenwärtig sein lässt. Letzterer sucht die Schwierigkeit dadurch zu beseitigen, dass er es unternimmt, eine bei Vornahme jener gefährlichen Thätigkeit bereits gegebene eventuelle Schuld zu konstruieren. Die Glaser-Merkelsche Lehre stellt sich vom Standpunkt des Naturkausalismus aus als die einzig folgerichtige dar, führt aber, wie der Verf. darlegt, in der That zur Anerkennung einer der Verursachung nachfolgenden Schuld. So berechtigt im ganzen diese

aufzufinden, hat einige Schriftsteller veranlasst, eine Verantwortlichkeit für Unterlassungen, trotz mangelnder Kausalität
derselben zu konstruieren: Hertz und Hrehorowicz (§. 13).
Diese Bemühungen führen, wie der Verf. darlegt, teils zu einer
Rückkehr zu der Glaserschen Theorie, teils zur Annahme einer
Strafbarkeit auf Grund eines dem Kausalzusammenhange „ana-
logen" Verhältnisses, bleiben also gleichfalls resultatlos.

IV. In jüngster Zeit hat sich endlich eine Richtung Bahn
gebrochen, welche, gestützt auf die Ausführungen der Philo-
sophen Sigwart und Windelband, der Unterlassung selbst
Kausalität zuschreibt: v. Wächter, Hugo Meyer, v. Schwarze,
Schütze, in eingehender Ausführung Ofner und Haupt (§. 14).
Dieser Auffassung schliesst sich auch der Verf. an und spricht
sich dahin aus, dass die Theorie wieder an den noch bis zu
Feuerbach eingenommenen Standpunkt anknüpfen, und der
negativen Handlung der Unterlassung, gleich der positiven Handlung im Rechtssinne Kausalität zuerkennen müsse; wenn dies
auf Grund einer geläuterten Erkenntnis geschähe, so werde
dadurch ein dauernder und gesicherter Besitzstand verbürgt.

J. Engelmann.

Rotering, F. Polizeiübertretungen und Polizeiverordnungs-R. Berlin, Siemenroth. 1888. 121 S. 2 M.

Die vorhandenen grossen Kommentare des deutschen Reichsstrafgesetzbuches behandeln bekanntlich den letzten 29. Abschnitt
desselben etwas stiefmütterlich. Freilich ist von der bevorstehen-
den 3. Auflage des Olshausenschen Kommentars zu erwarten,
dass er sich des Abschnittes „Uebertretungen" mit derselben
Gründlichkeit annehmen wird, durch welche jenes Werk sich im
übrigen auszeichnet. Inzwischen ist jene Auflage noch nicht
erschienen und diese für den Praktiker sehr fühlbare Lücke bisher nicht ausgefüllt. Die vorliegende Arbeit kommentiert den
gedachten Abschnitt des Reichsstrafgesetzbuches auf 85 S. eingehend. Voraufgeschickt ist ein systematischer „Allgemeiner
Teil", welcher auf 31 S. die Schuld im allgemeinen, die gefährliche Handlung, die Fahrlässigkeit und das Polizeiverordnungs-
R. bespricht.

Bünger.

VII. Kirchenrecht.

Meurer, Ch. Die kirchliche Rechtslage bei konstatierter Geisteskrankheit des Papstes. (Grünhuts Zeitschr. f. Privat- u. öffentl. R. Bd. XIV S. 386—409.)

Weder die Gesetzgebung noch die Wissenschaft hat sich bis jetzt mit der Frage beschäftigt, was geschieht, wenn der Irrsinn eines Papstes feststeht. Da bei solcher Rechtsunsicherheit ein Sturm losbrechen kann, welcher den ganzen kirchlichen Bau erbeben machte, so hält es der Verf. für geraten, auf die Lücke hinzuweisen und ihre Ausfüllung in Bedacht zu nehmen. Zu diesem Zwecke wird nachgewiesen: 1. dass Geisteskrankheit des Papstes kein Erlöschungsgrund seines Amtes ist; 2. dass sie ebensowenig eine Unterlage zur Einrichtung einer Stellvertretung oder Regentschaft (Koadjutorie) bietet; 3. dass aber auch von Amtsentsetzung hier keine Rede sein kann. Eine Absetzung des Papstes sei heute überhaupt unmöglich, weil kein aburteilender Gerichtshof mehr vorhanden. Noch zur Zeit der Dekretalengesetzgebung habe zwar eine Strafgewalt des Konzils über häretische und schismatische Päpste gegolten; nachdem sich aber der Episkopalismus auf den Reformkonzilien überstürzt, sei in Trient (nicht erst durch das Vatikanum) die päpstliche Gewalt als eine suprema potestas im Sinne der Souveränität proklamiert und damit die Frage von der Superiorität des Konzils verneint worden. Seitdem hänge die Gültigkeit aller konziliarischen Beschlussfassung nicht bloss von einer hinzukommenden päpstlichen Sanktion, sondern von einer vorausgegangenen positiven Teilnahme des Papstes an der Feststellung des Inhalts ab, was die Möglichkeit einer Absetzung ausschliesst. Auch der geisteskranke Papst bleibe also Träger der Primatialgerechtsame. Aber was er in Ausübung dieser R. thut, sei nichtig. Um solcher Kombination mit Erfolg zu begegnen, bleibe nur übrig, den konstatierten Irrsinn zum besonderen Erlöschungsgrund des päpstlichen Amtes zu machen. Die Konstatierung würde am angemessensten durch das Kardinalskollegium mittels ⁴/₅ Majorität zu erfolgen haben. Hübler.

Markovic, P. G. Le parrocchie francescane in Dalmazia. Zara, tipogr. Kat Krv. 1885. 140 S.

Auf Grund der Forschungen von Batinic, Fabianich, Farlati, Klaic, Lulic, Miklosic, Racki, Theiner und Wadingus behandelt die Einleitung die Geschichte der Franziskanerprovinz

Bosnien, aus welcher 1464 die Republik Ragusa und auf des apostolischen Visitators Antrodacqua Vorschlag 1735 „wegen des schwierigen Grenzverkehrs" (Nord- und Mittel-) Dalmatien ausgeschieden wurden; auf dem Kapitel zu Narbona waren vor 1260 bereits 8 Kustodien vertreten. Teil I entwickelt unter Bezug auf 22 italien. und 3 slaw. Urkunden aus dem Klosterarchive Sinj die Ordensthätigkeit („Missione") der „zum hl. Erlöser" benannten Provinz Dalmatien, deren Klöster S. Martino im Bistum Lesina, Almissa, Imoschi, S. Croce, Zaostrog und Macarsca im ehemaligen Bistum Macarsca, Karin im ehemaligen Bistum Nona, Visovac im ehemaligen Bistum Scardona, Knin und Sebenico im Bistum Sebenico und endlich Sinj und Spalato im Erzbistum Spalato im Jahre 1774 bereits 88 Pfarreien, wovon 9 im ehemaligen Bistum Trau, verwalteten. Die Einverleibung der Pfarrpfründen und Kirchen in diese Franziskanerklöster und das (ausschliessliche) R. derselben zu Sammlungen, mittels welcher sie die Kirchen und Wohnungen herstellten und unterhielten (S. 82 ff.), ward seitens Venedigs (1671—1736, S. 35, 95, 102), Frankreichs und Oesterreichs, der Päpste (1322—1444, S. 32, 51, 95), auch der Landesbischöfe stets anerkannt; selbst Mohammed II. duldete keine anderen Geistlichen. Den Bischöfen verblieb nur die Bestätigung der seitens des Guardians zufolge der Bulle „Ad exequendum" vom 1./XI. 1567 in jederzeit widerruflicher Weise ernannten Pfarrer und ihre Ueberwachung. Teil II begründet gegenüber Saint-Amour (Kraus, Kirchengeschichte, 3. Aufl., S. 409 und 456) die Vereinbarlichkeit der Seelsorge mit dem Klosterleben insbesondere aus Barbosa, Bouix, Engel, Ferraris, Nardi, Reiffenstuel und Suarez, sowie der Bulle „Auctorem fidei", die Zulässigkeit der Pfarreieinverleibungen in Klöster (Bulle 1./XI. 1567 S. 63 und 81), endlich die vollständige Inkorporation fraglicher Pfarreien in die Franziskanerklöster und die hieraus aktenmässig sich ergebenden Rechtsverhältnisse. Den Schluss der ebenso übersichtlichen als erschöpfenden Abhandlung, die S. 34 auch einen zutreffenden Vergleich mit der früheren Missionsseelsorge in Holland einflicht, bildet das Inhaltsverzeichnis. Da in Oesterreich, Bayern etc. noch ähnliche Klosterpfarreien bestehen, so hat die Schrift auch einen praktischen Wert. Geigel.

Sartorius, C. Die religiöse Erziehung der Kinder aus gemischten Ehen nach bayer. R. Nördlingen, Beck. 1887. IV u. 92 S. 1 M. 50 Pf.
Die aus einer Inauguraldissertation erwachsene Schrift be-

handelt ein vielumstrittenes Problem des bayer. Staatskirchen-R. Sedes materiae ist die 2. Beilage zum Tit. 4 §. 9 der bayer. Verfassungsurkunde vom 26./V. 1818 (Kap. 3 §§. 12—23). Diese wird im I. Abschnitt (Verfassungsrechtliche Grundlagen) kurz präzisiert. Der II. Abschnitt (Administrative Praxis von 1818—1879) bringt unter 5 Nummern die wichtigsten — nicht selten erstaunlichen — Entscheidungen des Ministeriums des Innern, welches bis 1879 für Streitigkeiten auf dem Gebiete der religiösen Kindererziehung die höchste Instanz gebildet hatte. Daran schliesst sich im III. Abschnitt die Rechtssprechung des Verwaltungsgerichtshofes, der seit 1879 an die Stelle der früheren Ministerialentschliessung getreten ist. Er hat fast in allen prinzipiellen Punkten die Auffassung des Ministeriums verlassen und neue, korrekte, der Parität wie den Absichten des Gesetzgebers entsprechende Grundsätze aufgestellt. Danach ist die Verabredung der Eltern über die Konfession der Kinder ausschliesslich in der Form eines Ehevertrags rechtswirksam. Dem R. des Gewalthabers entspricht eine Pflicht zur religiösen Erziehung in der vertrags- oder gesetzmässig angeordneten Konfession. Nach dem Tode der Eltern ist jede Verfügung der Erziehungsberechtigten über die Konfession der Kinder unzulässig. Die rechtswidrige Aufnahme in eine andere Kirche zerstört weder das R. noch die Pflicht des Gewalthabers, die Kinder in dem Glauben der zuständigen Kirche zu erziehen. In einem IV. Abschnitt (Kritik und Resultate) prüft der Verf. die Ergebnisse, zu welchen Praxis und Rechtsprechung gelangt sind. Zu diesem Zweck stellt er zunächst die Rechtsgrundsätze für die religiöse Erziehung der Kinder aus ungemischter Ehe dar und entwickelt dem gegenüber die Besonderheit der religiösen Erziehung in gemischter Ehe. Auf der so gewonnenen Basis wird schliesslich das durch die Beteiligung der Kirche modifizierte elterliche Vertrags-R. und die Erziehung der Kinder aus gemischter Ehe nach dem Tode des einen Elternteils bestimmt. Hübler.

VIII. Kolonialrecht.

Simon, H. V. Deutsche Kolonialaktiengesellschaften. Rechtliche Erörterungen und Vorschläge. (Goldschmidts „Zeitschrift für Handels-R." Bd. XXXIV. 77 S.)

Zu den bereits früher erwähnten Schriften über Kolonialgesellschaften von Esser und Ring (C.Bl. VI, 21; VII, 82) ist nun die in der Ueberschrift genannte neue Abhandlung hinzugekommen. Der Verf. gibt zunächst einen Ueberblick über die Verfassung in Deutschland bestehender Kolonialgesellschaften, und zwar sowohl solcher Gesellschaften, welche in der Form der Aktiengesellschaften auftraten, als auch derjenigen, welche als Korporationen nach den Vorschriften des A. L.R. gebildet wurden. Bei dieser Gelegenheit geht der Verf. auf die Entwickelungsphasen des deutsch-ostafrikanischen Unternehmens genauer ein und untersucht ferner, ob nicht die in der Form der landrechtlichen Korporationen auftretenden Kolonialgesellschaften in Wirklichkeit unzulässige, weil im Widerspruche mit dem betreffenden Reichsgesetze entstandene Aktiengesellschaften seien. Der Verf. bejaht diese Frage, findet in dieser Thatsache einen Beweis dafür, dass die Bestimmungen des Aktiengesetzes für Kolonialgesellschaften nicht ausreichend sind, und spricht sich daher für ein baldiges Eingreifen der Reichsgesetzgebung aus, das auch um deswillen geboten sei, weil die als landrechtliche Korporationen gebildeten Kolonialgesellschaften, welche ihre formelle Rechtspersönlichkeit vom preuss. Staate ableiten, materiell aber vom Reiche getragen werden, sich in einer unnatürlichen Zwitterstellung befänden. Im II. Abschnitt wird sodann der Essersche Vorschlag zur Bildung von Gesellschaften mit beschränkter Haftbarkeit kritisch besprochen, und im III. Abschnitt macht der Verf. selbst Vorschläge zu einer „reichsgesetzlichen Regelung der Kolonialaktiengesellschaft". Er fordert in dieser Beziehung, dass die strengen und kasuistischen Vorschriften über Gründung und Verwaltung der Aktiengesellschaften fallen gelassen, aber bezüglich solcher Gesellschaften staatliche Genehmigung und Aufsicht eintrete. Nach den Vorschlägen des Verf. sollen demgemäss Gesellschaften, welche den Gewerbebetrieb oder sonstige Unternehmungen in deutschen Schutzgebieten oder in anderen aussereurop. Ländern bezwecken, nicht den Bestimmungen des Handelsgesetzbuches über die Aktiengesellschaften unterliegen, sofern sie als „überseeische Aktiengesellschaften" begründet werden. Als solche sollen sie zu ihrer Errichtung der Genehmigung durch kaiserl. Entschliessung bedürfen; ihre Geschäftsführung und Verwaltung soll der Aufsicht des Reichskanzlers unterliegen. Im Anschluss an diese Vorschläge untersucht Verf. dann, wie auf Grundlage derartiger gesetzlicher Vorschriften der Inhalt der Statuten solcher Gesellschaften zu gestalten, das Gesellschaftskapital aufzubringen und die Verfassung und Verwaltung im einzelnen zu bestimmen wäre.　　　v. Stengel.

B. Zeitschriftenüberschau.

Neue Zeitschriften:

Die deutsche Genossenschaft. Will sowohl den Juristen wie den prakt. Interessen der Genossenschaften dienen. Erscheint am 1. u. 15. jeden Monats. Redaktion: Dr. J. H. Herz, Rechtsanwalt in Mannheim. Verlag: Berlin W. 35, Heine. Vierteljährl. 1 M., f. Genossensch., die mehr als 10 Exemplare beziehen jährl. 3½ M.
Gemeindeverwaltungsbl. Zeitschr. f. Selbstverwaltung, Verwaltungsrechtspflege u. Angelegenheiten der Gemeinden u. Gemeindebeamten. Erscheint am 1., 11. u. 21. jeden Monats. Verlag: Düsseldorf, Schwann. Vierteljährl. 2 M. 50 Pf. Die Zeitschrift soll das Ziel verfolgen, alle auf das Gebiet der Gemeindeverwaltung bezügl. Fragen an der Hand thatsächlicher Verhältnisse unter Erörterung gemachter Erfahrungen u. durch Mitteilung ergangener Entscheidungen der bürgerl. u. Verwaltungsgerichte zu besprechen.

Zeitschr. (d. Savignystiftung) f. Rechtsgeschichte. VIII. Germanist. Abt. Bekker, Hugo Böhlau. 1833—1887.
Nouvelle Revue historique. XI. 6. Gérardin, le legs de la chose autrui. Beauchet, la loi de Vestrogothie (fin).
Mitteilungen d. Vereins f. Geschichte etc. zu Kahla u. Roda. III. 3. 1887. Löbe, über d. Abschaffung d. Spolien-R. in d. herzogl. sächs. Landen.
Beiträge z. Erläuterung d. deutschen R. XXXI. 6. Rosin, z. Lehre v. d. Korporation. Schultze, Art. 122 d. H.G.B. Boas, Abforderungs-R. d. Fiskus (A. L.R. I, 16, §. 173, 205—211). Schitting, sind gemeinschaftl. Mauern nach d. A. L.R. ideell oder reell geteiltes Miteigentum? Rechtsverhältnisse d. Nachbarn gegenüber Dritten. H. Meyer, z. Verständigung über d. Begriff d. Mündlichkeit d. Verfahrens. Beilageheft (S. 873 bis 1168, Entsch. Nr. 49—141). XXXII. 1. Kohler, prozessualische Fortbildungs- u. Reformvorschläge im Hinblick auf ausländische Prozess-R. Dungs, d. Rechtstellung d. Gläubigers f. fremde Rechnung. Herbst, d. Rechtsregel d. §. 35 d. A. L.R. I, 3. Hasenpflug, z. Anfechtung erlangter Befriedigung aus §. 23 d. Konkursordnung. Fuld, d. Autor-R. an Briefen.
Magazin f. d. deutsche R. VII. 3. Hergenhahn, Eheschliessungs-R. etc. (Schluss). Stegemann, jüd. Ehescheidungs-R. Böcker, duo vel dota. Winkelmann, Rechtshängigkeit. Marcus, d. Kondiktions-R. d. preuss. Fiskus auf Herausgabe erhobenen Lotteriegewinnes (A. L.R. I, 16 §. 172, 173).
Zeitschr. f. Privat- u. öffentl. R. XI. 1. Krasnopolski, Studien z. Gesetze üb. d. Anfechtung v. Rechtshandlungen zahlungsunfähiger Schuldner. Aschrott, d. engl. Armenwesen bespr. v. Pleuer. Kohler, ist ein Autorschutz bei Herausgabe eines Ineditums zu befürworten?
Oesterr. Gerichtszeitung. XXXVIII. 47. Gertscher, z. Exekutionsnovelle §. 4. 48. Objektives Strafverfahren in Presssachen bei Privatdelikten. Offizialverfolgung von Privatdelikten. 49. A. Schmid, §§. 463, 525 d. österr. Str.Pr.O. 50. 52. Pitreich, Miteigentum als Real-R. 51. Lammasch, z. Lehre vom objektiven Verfahren (Replik).

Jurist. Blätter. XVI. 48. Ausmessung d. Pflichtteils in bezug auf d. gesetzl. Fruchtgemeinschafts-R. d. überlebenden erblasserischen Ehegatten. **Mayer**, zur Verteidigung d. Jury. 49. 50. **Meissels.** Priorität d. Exekutionskosten. 50. 51. **Hoegel**, strafrechtl. Behandlung d. Trunkenheit. 52. **Benedikt**, z. Sicherung d. Grundeigentums gegen Bergschäden.

Oesterr. Centralblatt f. d. jurist. Praxis. V. 12. **Horner**, z. Entwurf d. Bergrechtsnovelle. Beiheft: C.Bl. f. Verwaltungspraxis. VI. 12. **Jolles.** Rechtsprechung d. Verwaltungsgerichtshofes in Steuersachen.

Zeitschr. f. Berg-R. XXIX. 1. **Leuthold**, d. Freiberger Bergwerksverfassung im 14. Jahrh. v. **Rohr**, Bergpolizeiverordnung d. Oberbergamts zu Halle betr. Briquettesfabriken.

Jahrb. f. Nationalökonomie u. Statistik. N. F. Bd. XVI. 1. (S. 56 bis 75). **Gareis**, d. Frage d. Revision d. Patentgesetzes.

Rechtsgeleerd Magazijn. VII. 1. **Polenaar**, ontwerp eener wet op het faillissement etc. **Geer van Jutphaas**, de Saksenspiegel in ons vaderland. **Ittersum**. straf en civilrechtelijke verandwoordelijkheid van technici bij de uitvoering van werken. **Dramard**, revue des travaux législatifs des Chambres françaises en matière civile commerciale et pénale.

Law Quarterly Review. IV. Nr. 13. O'Connor **Morris**, the land system of Ireland. **Maitland**, the beatitude of Seisin. **Montague**, the law of Settlement and removal. **Marsden**, compulsory pilotage. **Fortessue Brickdale**, registration of title in Prussia. **II. Stephan**, evidence in criminal cases of similar but unconnected acts.

American Law Review. 1887. Nr. 6. The System of Trial by Jury. The Dissenting Opinions of Mr. Justice Daniel. Effect of the Assignors Fraud upon an Assignment for the Benefit of Creditors.

Harward Law Review (vgl. VI, 389). I. 2—5. **Langdell**, a brief survey of Equity Jurisprudence. **Thayer**, legal tender. **Stimson, Trusts. Greeley**. what is the Pest of a Regulation of Foreign or International commerce? **Grinnell**, Subsequent Payments under Resulting Trusts. M. **Murtrie**, Chandelor v. Lopus. **Keener**, Recovery of Money Paid under Mistake of Fact. **Chamberlain, Osborn** v. The Bank of the U. St. **Lilienthal**, Privity of Contract. **Lowell**, the Responsibilities of American Lawyers.

Revue générale du droit etc. XI. 6. **Soldan**, l'union internationale pour la protection des oeuvres littéraires et artistiques, commentaire de la convention de Berne du 9 Sept. 1886. Seither auch in Separatabdruck erschienen. Du conflit de lois en matière d'absence. **Kerallain**, à propos de la Démocratie.

Revue Judiciaire (Suisse). IV. Nr. 23 u. 24. Importance des motifs du législateur dans l'interprétation de lois. (Diese Zeitschrift enthält selbständige Abhandlungen aus dem Obligationen-R. u. wichtigere Urteile des Bundesgerichtes, der kantonalen Gerichtshöfe, sowie deutscher u. franzöz. Gerichtshöfe.)

Annales de la Propriété etc. XXXII. (Teilt die legislativen Erscheinungen der verschiedenen Länder u. die Konventionen mit, welche zum Schutze des litterar.-künstlerischen u. gewerblichen Eigentumes abgeschlossen worden sind, sowie alle wichtigeren gerichtlichen Entscheidungen der franzöz. Gerichtshöfe, welche das sogen. geistige Eigentum, den Erfindungs- u. Markenschutz zum Gegenstand haben.)

Recueil Périodique des Assurances. 5. Jahrg. Derselbe enthält neben wichtigeren Entscheidungen der franzöe. Gerichte über streitige Fragen der See-, Feuer-, Lebens- u. Unfallversicherung, Aufsätze von Lefort über die holländ. Gesetzgebung, über Unfallversicherung, desselben Studien über Lebensversicherung etc.
Le Moniteur des Assurances. XIX. (Bisher von A. Thomereau redigiert. Mit 1./I. 1888 ging die Redaktion auf Warnier über.)
Archivio giuridico. XXXIX. 4. Cuturi, delle recenti discussioni sul metodo nello studio del Diritto civile italiano. Tamassia, i celeres. Cogliolo, un caso di colpa aquiliana.
Il diritto commerciale. V. 6. Bolaffio, della omologazione del concordato. Vidari, uffizio del tribunale sec. l'art. 91 d. cod. d. comm. Modena, ancora degli estratti dei libri di commercio. India del vol. V.
Zeitschr. f. deutschen Zivilprozess. XI. 4. Bolgiano, z. Lehre v. d. Gewissensvertretung. Schrutka-Rechtenstamm, noch ein Wort über d. Kostenkautionspflicht d. österr. Unterthanen im Deutschen Reiche. Marcus, ist das im §. 109 Abs. 2 d. Z.Pr.O. geforderte Zeugnis d. Obrigkeit für d. Richter bei Bewilligung d. Armen-R. bindend? Korn, über d. Zulässigkeit d. Pfändung einer Forderung d. Schuldners an d. Vollstreckungsgläubiger. Kohler, über d. Verträge, in welchen der Gläubiger verspricht, keinen Konkurs zu beantragen, u. deren Gültigkeit. Kulemann, z. Reform d. amtsgerichtl. Zivilprozesses.
Zeitschr. f. Gerichtsvollzieher. I. 24. Schönfeld, d. Einfluss d. Gleichzeitigkeit innerhalb der Zwangsvollstreckung in d. bewegl. körperl. Vermögen mit Bezug auf d. Vorgehen d. Gerichtsvollziehers.
Archiv f. Straf-R. XXXV. 3. W. H., z. Fragestellung b. Schwurgericht. Seefeld, z. Kritik d. Schwurgerichte.
Zeitschr. f. Strafrechtswissenschaft. VIII. 1. Aschrott, z. Reform d. deutschen Strafen- u. Gefängniswesens. Frank, z. Geheimmittelfrage.
Revue des deux mondes. 15./XI. 1887. Beaussise, Rechtsschutz d. Ehre (fordert eine bes. Jury d'honneur).
Blätter f. Gefängniskunde. XXII. 3 u. 4. Ueber Modifikation d. Isolierhaft. Arbeitsbetrieb in d. österr. Strafanstalten. Die Gefängnisse Hollands.
Vereinsheft d. Nordwestdeutschen Vereins f. Gefängniswesen. Nr. 17. Empfiehlt sich, abgesehen v. d. Festungshaft, eine Vereinfachung d. Systems d. Freiheitsstrafen d. R.Str.G.B. u. in welcher Weise hat dieselbe eventuell zu geschehen? Was kann noch geschehen, damit d. geistl. Pflege d. Gefangenen u. Entlassenen möglichst unterstützt u. gefördert werde? Blunk, hamburg. Erziehungs- u. Besserungsanstalt Ohlsdorf. Föhring, Uebersicht über d. bisher in Deutschland erlassenen Zwangserziehungsgesetze. G. Meyer, über Geisteskranke in Strafanstalten.
Friedreichs Blätter f. gerichtliche Medizin etc. 1888. 1. Hft. Zaggl, Kindestötung oder Kindsmord? Landgraf, ein Fall v. Bruch d. Kehlkopfes als Folge einer Körperverletzung. Kornfeld, Geburt eines lebenden Kindes in einem Eimer.
Annalen d. Deutschen Reichs. 1888. Nr. 1. Kohler, Verfassungsänderung während d. Regentschaft. Fuld, d. Zeugnisverweigerung d. Reichstagsmitglieder wegen einer in Ausübung ihres Berufs gethanen Aeusserung.

Archiv f. Post u. Telegraphie. 1887. 24. Gesetzwidrige Beförderung v. Briefen zwischen grösseren Städten u. deren Vororten.
Archiv f. Eisenbahnwesen. 1888. 1. Hft. Das russ. Enteignungsgesetz. Kommunalbesteuerung d. Eisenbahnen (Urteil d. Ober-Verw.Ger. v. 26./X. 1887).
Revue de droit international. XIX. 5. Rolin, la science et la conscience du droit. Nys, notes inédites de Bentham. Nys, les manuscrits de sir Julius Caesar. Lorimer, la question du désarmement et les difficultés qu'elle soulève au point de vue du droit international. Kamnrowski, quelques réflexions sur les armements croissants de l'Europe. Rolin-Jaequemyns, de la littérature juridique actuelle de l'Espagne et de quelques-unes des ses productions les plus récentes (S. 489—528, 50 Nrn.).

C. Neue Erscheinungen.

Vom 5. Dezember bis 15. Januar 1888 erschienen oder bei der Redaktion eingegangen (letztere mit * bezeichnet).

1. Deutsche Bücher und Broschüren.

*Adam, A. E., Joh. Jakob Moser als württemb. Landschaftskonsulent 1751—1771. Stuttgart, Kohlhammer. 160 S. 3 M.
°Affolter, A., zur Lehre vom Rechtsgeschäft. Solothurn, Jent. 54 S. 1 M.
Bätschi, J., Requisit d. Vitalität f. d. Beginn d. Persönlichkeit. Zürich, Schulthess. 141 S. 2 M. 40 Pf.
Bendixen, Fr., d. Niessbrauch an einem Herde nach r. R. Inaug.-Abhdlg. Leipzig. Göttingen, Vandenhoeck & Ruprecht. 31 S. 60 Pf.
Conrat, M., d. Pandekten- u. Institutionenauszug d. brit. Dekretalensammlung, Quelle d. Ivo. Berlin, Weidmann. 21 S. 1 M. 20 Pf.
*Dernburg, H., Pandekten. 3. Bd. Berlin, Müller. XI u. 367 S. 7 M. 50 Pf.
Eger, G., Handb. d. preuss. Eisenbahn-R. 4. Lfg. Breslau, Kern. S. 289—384. à 2 M.
Festgabe zum Doktorjubiläum Plancks in München. Ueberreicht v. d. rechts- u. staatswissenschaftl. Fakultät zu Strassburg. Strassburg, Trübner. 3 M. 50 Pf.
    Inhalt. Schultze, v. d. prozessual. Zeitbestimmungen, insb. d. Fristen. III u. 82 S. Nissen, d. Einziehung. S. 83—113.
Fleischmann, O., deutsches Vagabunden- u. Verbrechertum im 19. Jahrh. Barmen, Klein. IV u. 205 S. 2 M. 50 Pf.
Gradenwitz, O., Interpolationen in d. Pandekten. Krit. Studien. Berlin, Weidmann. IX u. 246 S. 6 M.
*Gorski, A. v., d. Geschäftsführung u. Vertretung d. offenen Handelsgesellschaft. Wien, Manz. 1888. 155 S. 3 M.
*Hancke, E., Regentschaft u. Stellvertretung d. Landesherrn nach deutschem Staats-R. Diss. Breslau, Kohn & Hancke. 70 S.
Hennen, ein Hexenprozess aus d. Umgegend v. Trier aus d. J. 1572. Ein Beitrag z. Kulturgeschichte d. Mosellandes. St. Wendel. Düsseldorf, Selbstverlag d. Verf. 24 S. 1 M. 50 Pf.

*Hergenhahn, Th., d. Eheschliessungs- u. Ehescheidungs-R., dargestellt nach d. Rechtsprechung d. deutschen Reichsgerichts. (Aus „Magazin f. d. deutsche R. d. Gegenwart".) Hannover, Helwing. VI u. 133 S. 2 M.

Hue de Grais, Handbuch d. Verfassung u. Verwaltung in Preussen u. d. deutschen Reiche. 6. Aufl. Berlin, Springer. 1888. XII u. 508 S. 7 M.

*Jonge, M. de, d. Unübertragbarkeit d. Retourbillets. Freiburg, Mohr. 26 S. 50 Pf.

*Koehne, C., d. Geschlechtsverbindungen d. Unfreien im fränk. R. (Gierkes Untersuchungen XXII.) Berlin, Koebner. 1888. 35 S. 1 M. 20 Pf.

Salkowski, C., Lehrbuch d. Institutionen u. d. Geschichte d. röm. Privat-R. f. d. akad. Gebrauch. 5. Aufl. Leipzig, Tauchnitz. XXII u. 554 S.

*Schmidt-Scharff, A., d. Warenpapier b. See- u. Binnentransport. Frankfurt, Knauer. 65 S. 2 M.

Staatslexikon. Hrsg. v. d. Görres-Gesellschaft z. Pflege d. Wissenschaft im kathol. Deutschland. (In 3 Bdn. v. je 9—10 Hftn.) 1. Hft. Freiburg, Herder. 1. Bd. IV u. S. 1—160. 1 M. 50 Pf.

Dies Lexikon ist das erste auf streng römisch-katholischen Grundsätzen beruhende Staatslexikon in deutscher Sprache. Das Hauptgewicht wird auf die nach römisch-katholischen Prinzipien durchgeführte Erörterung der Grundlagen vom R., Staat etc. gelegt.

*Wahle, G. H., d. Begriff „Berg-R." im objektiven Sinne. Freiberg, Craz & Gerlach. 88 S. 2 M.

*Zorn, Ph., Lehrbuch d. Kirchen-R. (Bd. III d. Handbibl. d. öffentl. R.) Stuttgart, Enke. 1888. XVII u. 534 S. 9 M., geb. 10 M.

2. Ausgaben von Gesetzen, Entscheidungen etc.

Bibliotheca juridica. Systemat. Verzeichnis d. neueren u. gebräuchlicheren, auf d. Gebiete d. Staats- u. Rechtswissenschaft erschienenen Lehrbücher, Kompendien, Gesetzbücher, Kommentare etc. Mit Sach- u. Autorenregister. 4. Aufl. Leipzig, Rossberg. 1888. IX u. 63 S. 30 Pf.

*Crela, A., Examinatorium d. preuss. Land-R. Zur Vorbereitung auf d. jurist. Staatsexamen, insbes. z. Selbststudium. nach d. Lehrbüchern v. Dernburg, Förster u. Schmidt bearb. 1. Tl. 2. neu durchgeseh. u. verb. Aufl. Berlin, Heymann. 1888. VII u. 275 S. 4 M.

Entscheidungen d. preuss. Ober-Verw.Ger. Register zu d. ersten 14 Bänden. Berlin, Heymann. 284 S. 5 M.

— d. hamburg. Gerichte betr. Unfallversicherung etc. Hamburg, Graefe. IV u. 157 S. 2 M.

— d. österr. k. k. obersten Gerichtshofes in Zivilsachen. 1. Bd. 2. Aufl. Wien, Manz. 340 S. 4 M.

Finanzentscheidungen in Bayern (Burkhard). Würzburg, Stahel. VIII u. 930 S. 12 M.

Genzmer, d. Thätigkeit d. Polizei in Strafsachen auf Grund d. Reichsjustizgesetze u. d. preuss. R. f. Polizeiverwalter u. Polizeibeamte dargest. 2. Aufl. Berlin, Guttentag. 75 S. 60 Pf.

Kalender. Terminkalender f. Elsass-Lothringen. Strassburg, Schultz. 2 M. 50 Pf.

Koch, Formularbuch u. Notariats-R. für d. A. L.R. 9. Aufl. v. H. Jastrow. Berlin, Guttentag. XXIV u. 659 S. 10 M.

Prozesse u. Rechtsfälle. Ehrenbeleidigungsprozess d. Gymn.-Prof.
  Karl Riedel in Waldhofen a. d. Th. gegen d. Reichsratsabgeord-
  neten Georg Ritter v. Schönerer, verhandelt v. d. Schwurgerichte
  in Krems am 17. u. 18./VI. 1887. (Wortgetreu unveränd. Wiedergabe d. stenograph. Aufzeichnungen.) Wien, Kubasta & Voigt.
  103 S. 80 Pf.
Verhandlungen d. Generalsynode d. evangel.-protestant. Landeskirche
  Badens. Karlsruhe, Reiff. V u. 461 S. 4 M.
— d. 10. Synode d. Altkatholiken d. Deutschen Reiches, geh. zu
  Bonn am 1./VI. 1887. Amtl. Ausg. Bonn, Neusser in Komm.
  79 S. 2 M.
Das gesamte preuss.-deutsche Gesetzgebungsmaterial (Grotefend).
  1887. 3.—5. Lfg. S. 129—416. Düsseldorf. Schwann. 4 M. 50 Pf.
  Grotefends Kommentar zur preuss.-deutschen Gesetzsammlung.
  2. Ausg. 6.—16. Lfg. Ebd. 32 M. 25 Pf.
Deutsches Reich. Grundzüge z. Alters- u. Invalidenversicherung
  d. Arbeiter, nebst e. Denkschr. Berlin, Heymann. 44 S. 60 Pf.
Dasselbe. Amtl. Ausg. Berlin. Puttkammer & Mühlbrecht. 23 S. 60 Pf.
Unfallversicherung d. Seeleute etc. (Gareis). Giessen. Roth. 40 Pf.
Entwurf eines Weingesetzes. Berlin, Heymann. 17 S. 1 M.
Gewerbeordnung (Berger). 8. Aufl. Berlin, Guttentag. 1 M. 25 Pf.
Branntweinsteuergesetz. Dresden. Teich. VII u. 115 S. 1 M.
Dasselbe (Boll u. Zippel). Berlin u. Leipzig. Weigel. 3 M.
Gesetzgebung betr. d. Gesundheitswesen im Deutschen Reich f. Be-
  hörden. Aerzte. Apotheker u. Gewerbetreibende (Goesch u.Karsten).
  Berlin, Guttentag. IV u. 263 S. 1 M. 60 Pf.
Reichsland. Ausführungsgesetze zu den Reichsjustizgesetzen etc.
  2. Aufl. Strassburg, Trübner. V u. 445 S. 5 M.
Preussen. *Gesetz v. 5./V. 1872 nebst Grundbuchordnung (Bendix).
  Breslau, Koebner. VI u. 177 S. 2 M. 50 Pf.
Grundbuchordnung (Menzen). Bonn, Hanstein. 96 S. 1 M.
*Baupolizei im Gebiete d. A. L.R. (Bochmann). Berlin, Heine. VI
  u. 120 S. 1 M. 60 Pf.
Baupolizeiordnung f. Berlin v. 15./I. 1887. Nachträge. Berlin, Poly-
  techn. Buchhandlg. 30 Pf.
Preuss. Verwaltungsgesetze f. d. Rheinprovinz (Woyna). Trier, Lintz.
  VII u. 376 S. 7 M.
Daude, P., d. königl. Friedrich-Wilhelms-Universität zu Berlin
  Systemat. Zusammenstellung d. f. dieselbe bestehenden gesetzl.
  statutar. u. reglementar. Bestimmungen. Im Auftr. d. Minister
  d. geistl., Unterrichts- u. Medizinalangelegenheiten bearb. v. d
  Universitätskuratorium durch dessen Mitglied D. Berlin, Müller
  VIII u. 756 S. 10 M.
Klemm, R., Instruktion z. prakt. Handhabung der d. Forst- u. Jagd
  schutz betr. Gesetze u. Verordnungen mit besond. Berücksicht
  der in d. Prov. Sachsen geltenden Bestimmungen. Hrsg. al
  Preisschrift v. Allg. Deutschen Jagdschutzverein, Sektion Prov
  Sachsen. Halle. Pfeffer. 155 S. 1 M. 20 Pf.
Fischereigesetz, d., f. d. preuss. Staat v. 30./V. 1874 mit d. Abände
  rungen d. Gesetzes v. 30./III. 1880 u. d. Verordnung betr. d
  Ausführung d. Fischereigesetzes in d. Prov. Schleswig-Holstein
  v. 8./VIII. 1887. Schleswig, Bergas. 1888. 32 S. 25 Pf.
Bayern. *Gesetz v. 8./VIII. 1878, d. Errichtung eines Verwaltungs
  gerichtshofes u. d. Verfahren in Verwaltungsrechtssachen betr.
  erläutert v. W. Krais. II. Nachtrag, enth. d. seit 1./X. 1879 durch
  d. Gesetzgebung oder nach d. Rechtsprechung d. Verwaltungs
  gerichtshofes etc. veranlassten Ergänzungen u. Aenderungen
  Erlangen, Palm & Enke. V u. S. 285—492. 3 M. 80 Pf.

Bayerns Gesetze XXIII. 7—10. Bamberg, Buchner. S. 489—768.
à 1 M.

Haagen, G., d. Besteuerungs-R. d. Amtskörperschaften u. Gemeinden
im Königr. Württemberg nach d. neuesten Stande d. Gesetzgebg.
Mit Erläuterungen u. einer Sammlung v. Entscheidungen, nebst
einem alphabet. Sachregister. Zum Gebrauche von Staats- u.
Gemeindebehörden hrsg. Stuttgart, Rieger. 1888. XII u. 327 S.
4 M. 50 Pf.

Sachsen. Gesetz v. 1./V. 1851, betr. d. Einführung einer Klassen-
u. klassifizierten Einkommensteuer mit d. durch d. spätere Gesetzgebung herbeigeführten Aenderungen. Berlin, v. Decker.
41 S. 50 Pf.

Sachsen-Koburg-Gotha. Gesetz über d. Zivilstaatsdienst v. 3./V.
1857, mit Ergänzungen u. einem Anh., enth. d. Bestimmungen
über d. Witwen- u. Waisenpensionen (Wittka). Gotha, Thiene-
mann. 1888. 1 M.

Oesterreich. Gesetz vom 10./VI. 1887 (Kaserer). Wien, Hölder.
187 S. 2 M.

Volksschulgesetze etc. (Burckhard). Wien, Manz. XVIII u. 585 S.
4 M.

Desgl. f. Böhmen. Prag, Mercy. XXII u. 630 S. 6 M. 40 Pf.

Gesetze f. Oesterreich. 56. Hft. Zolltarif etc. Wien, Hof- u. Staatsdruckerei. 2 M.

Massnahmen, sanitäre, gegen d. Weiterverbreitung ansteckender Krankheiten. Mit Erlass d. k. k. Bezirkshauptmannschaft Freiwaldau,
v. 20./XI. 1877, Z. 19 999, allen Gemeindevorständen d. polit.
Bezirkes Freiwaldau z. Durchführung aufgetragen. Freiwaldau,
Blazek. 26 S. 60 Pf.

Schweiz. Gesetzbuch, privatrechtl., f. d. Kanton Zürich. Mit einem
Vorworte v. A. Schneider, Redaktor d. neuen Gesetzes. Zürich,
Schulthess. XVI u. 243 S. 1 M. 80 Pf.

Rumänien. Handelsgesetzbuch, d. rumän., v. J. 1887, enth. ausser
d. eigentl. Handelsgesetze auch d. Wechsel- u. See-R., sowie d.
Konkursverfahren u. d. auf d. Prozessverfahren in Handelssachen
bezügl. besonderen Vorschriften. Zum Schluss einen Anh. mit
Auszügen aus einschläg. besonderen Gesetzen v. prakt. Bedeutung.
Aus d. rumän. Originalen ins Deutsche übers. von C. v. Boro-
schnay. Bukarest, Degenmann. 478 S. 4 M. 80 Pf.

Päpstlicher Stuhl. Rundschreiben Leo XIII. 1. u. 2. Sammlung
1878—1885 (lateinisch u. deutsch). Freiburg. Herder. 4 M.

Acta sanctae sedis XX. 12 fasc. Regensburg. Pustet. 12 M.

3. Wichtige ausländische Werke.

Brown, N., the Law of Trade Marks. Bennett. 25 S. 6 p.

Greer, E., the Land Law (Ireland) Act, 1887. Gill (Dublin). Gill.
112 S. 2 sh. 6 p.

Lumley. W. G. und E., the Public Health Act, 1875. Shaw and Son.
1370 S. 40 sh.

Price. B., and Steuart. A., American Trade-mark Cases. Baltimore.
XVI u. 1184 S. 45 sh.

Scrutton, Th. E., Commons and Common Fields; or: The History
and Policy of the Laws Relating to Commons and Enclosures
in England. Cambridge Warehouse. 188 S. 10 sh. 6 p.

Testamenta Eboracensia: A Selection of Wills from the Registry at
York. Vol. 5. Whittaker. 358 S. 18 sh.

Coutagne, J. P. H., manuel des expertises médicales, en matière criminelle, à l'usage des magistrats instructeurs et des officier de police judiciaire. Storck. 3 fr.

Cresson, usages et règles de la profession d'avocat. Jurisprudence Ordonnances. Décrets et lois. 2 vol. Larose et Forcel. 15 fr

Ducrocq, Th., études de droit public. Guillaumin. 7 fr.

— études d'histoire financière et monétaire. Guillaumin. 7 fr.

Noblet, E., code pratique de chemins ruraux. Commentaire de la loi du 20 août 1881 relative au code rural. Chevalier-Marescq

Nourrisson, P., l'ouvrier et les accidents. Larose et Forcel. 1 fr

Renault, Ch., histoire des grèves. Guillaumin. 3 fr. 50 ct.

Sentupéry, L., manuel pratique d'administration à l'usage des pré fectures, sous-préfectures, mairies et administration publiques des fonctionnaires de tous ordres, des postulants aux emploi administratifs et des simples particuliers. 2 vol. Pedone Lauriel. 18 fr.

Ascoli, A., le origini dell' ipoteca e l'interdetto Salviano. Livorno 169 S. 5 l.

Caroncini, G., tasse e diritti comunali: raccolta di disposizioni d giurisprudenza e di modelli di regolamenti, preceduta da un studio sui tributi comunali. Roma. 255 S. 5 l.

Ciaburri, F., elementi di filosofia del diritto ad uso dei licei. Bene vento. 333 S. 2 l. 50 ct.

Cimbali, E., della capacità di contrattare secondo il codice civil e di commercio. Torino. 338 S. 6 l.

Gatti, L., rapsodie teorico-pratiche sui consigli di famiglia e di tu tela. Genova. 263 S. 5 l.

Gori, A., trattato delle tasse di registro. 4a ed. Firenze. 379 S 6 l. 50 ct.

La Rosa, S., il contumace nel giudizio civile Catania. 367 S. 4 l

Maffioli, D., diritti e doveri del cittadino, colla spiegazione dell Statuto. 5a ediz. Milano. 194 S. 1 l. 50 ct.

Marone, V., le associazioni politiche nei governi parlamentari Napoli. 31 S. 1 l.

Pacifici-Mazzoni, E., istitutionzi di diritto civile italiano. Vol. V Parte speciale (Delle obbligazioni). 3a ed. Firenze. 522 S. 9 l

Pouchain, G., la teoria e la pratica della riconvenzione nel diritt e nella proced. civ., con pref. del prof. V. Scialoja. Lanciano 231 S. 4 l.

Tartufari, A., della acquisizione e della perdita del possesso. Vol. l Milano. 630 S. 10 l.

Todaro Della Gallia, A., i diritti del coniuge superstite: III (diritti del coniuge superstite secondo il diritto delle diverso na zioni). Torino. 166 S. 5 l.

Verantwortlicher Redakteur: Dr. v. Kirchenheim in Heidelberg.

Centralblatt

für

RECHTSWISSENSCHAFT

herausgegeben von

Dr. v. Kirchenheim,

Professor in Heidelberg.

| VII. Bd. | März–April 1888. | Nr. 6./7. |

Monatlich ein Heft von 2½ Bogen. — Preis des Jahrgangs 12 Mark. — Zu beziehen
durch alle Buchhandlungen und Postanstalten.

A. Besprechungen.

(Nachdruck des folgenden Artikels untersagt; Nachdruck einzelner Teile nur mit
Quellenangabe gestattet.)

Entwurf

eines

bürgerlichen Gesetzbuches für das Deutsche Reich.

Erste Lesung.

Ausgearbeitet durch die von dem Bundesrate berufene
Kommission.

Amtliche Ausgabe.

Berlin u. Leipzig.
Verlag von J. Guttentag (D. Collin).
1888.
XVI u. 520 S. Preis 3 M.

Für die richtige Würdigung des E. ist die Entstehungsgeschichte desselben nicht ohne Bedeutung. In dieser Hinsicht liegen uns einige Nachrichten vor, welche wir zur Orientierung der Leser des C.Bl. hier folgen lassen:

Erklärung der Abkürzungen (ausser den bekannten R.V.,
H.G.B., Str.G.B., Z.Pr.O. etc.): B.G.B. = bürgerl. Gesetzbuch, B.R. =
bürgerl. R., E. = Entwurf, Einf.G. = Einführungsgesetz, G.G. = Gütergemeinschaft, G.R. = Geh. Rat, G.O.J.R. = Geh. Oberjustizrat, O.L.-
G.R. = Oberlandesgerichtsrat, R.O.H.G. = Reichsoberhandelsgericht.

Das seit langer Zeit in unserem Volke lebendige Streben
nach einem einheitlichen bürgerlichen R. hatte in der Errichtung des Deutschen Reiches neue Nahrung, aber nicht sogleich
die volle gesetzliche Anerkennung gefunden. Erst durch das
Gesetz, betr. die Abänderung der Nr. 13 des Art. 4 der R.V.,
vom 20./XII. 1873 wurde die gemeinsame Gesetzgebung über
das gesamte bürgerliche R. der Zuständigkeit des Reiches
unterstellt. Um den Gedanken der Kodifikation, der in der
Konsequenz dieses Gesetzes lag, zu verwirklichen, beschloss der
Bundesrat, „fünf angesehene deutsche Juristen zu berufen mit
der Aufgabe, über Plan und Methode, nach welchen bei Aufstellung des E. eines deutschen B.G.B. zu verfahren sei, gutacht-
liche Vorschläge zu machen“. Gewählt wurden: 1. Goldschmidt,
Rat bei dem R.O.H.G. in Leipzig; 2. v. Schelling, Präsident
des Appell.Ger. in Halberstadt; 3. v. Neumayr, Präsident des
Oberappell.Ger. in München; 4. v. Weber, Präsident des Ober-
appell.Ger. in Dresden; 5. v. Kübel, Direktor bei dem Ober-
tribunal in Stuttgart. Diese Kommission erledigte unter dem
Vorsitze des Präsidenten (jetzigen Staatssekretärs im Reichs-
justizamte) v. Schelling ihre Aufgabe in 14 Sitzungen. Die
Ergebnisse ihrer Beratungen legte sie in einem dem Bundesrate
am 15./IV. 1874 erstatteten Gutachten nieder. Die Hauptpunkte,
über welche das Gutachten sich verbreitete, waren folgende: Beschränkung der Aufgabe auf das Zivil-R. und nähere Bestimmung
des Umfanges der Aufgabe, abgesehen von jener Beschränkung, Bestimmung des zu verarbeitenden Stoffes; Verarbeitung und Einteilung dieses Stoffes; Methode der Redaktion; Revision des Handels-
R.; geschäftliche Behandlung der ganzen Aufgabe. Der letzte Punkt
war von hervorragender Bedeutung. Die Kommission erklärte
sich gegen die Ausarbeitung des E. durch e i n e n Rechtsgelehrten,
weil es zu gewagt sein würde, die grosse nationale Aufgabe auf
die Fähigkeit, die Arbeitskraft und das Leben eines einzigen
Mannes zu stellen. Auch entschied sie sich gegen die Verteilung
der Arbeit unter mehrere voneinander unabhängige Redaktoren.
Als derjenige Weg, der allein die sichere Aussicht auf Erreichung
des Zieles in nicht zu ferner Zeit eröffnete, wurde die Verbindung von Einzelarbeit und Thätigkeit einer Mehrheit von Sach-
verständigen bezeichnet. Hierauf gründete sich der Vorschlag,
eine aus praktischen und theoretischen Juristen zu bildende
Kommission mit der Herstellung des E. zu betrauen. Das zu
erstrebende Ziel wurde möglichst hoch gesteckt. Es sollte „eine
feste gemeinschaftliche Grundlage des deutschen bürgerlichen R.

gewonnen werden, hergestellt in derjenigen Vollkommenheit,
welche dem Masse der in der Nation vorhandenen rechts-
schöpferischen Kraft entspricht und so vor alsbaldiger Aenderung
bewahrt". Diesem Ziele gegenüber untersagte es sich von vornherein, dem künftigen G.B. oder einem Hauptteile desselben
eines der innerhalb des Deutschen Reiches bestehenden G.B. oder
einen der für einen oder mehrere Einzelstaaten ausgearbeiteten
Gesetzentwürfe unmittelbar zu Grunde zu legen. Vielmehr sollte
nach dem Gutachten ein neuer E. auf der Grundlage des geltenden R., wie dasselbe durch Gesetzgebung, Praxis und Wissenschaft sich entwickelt hätte, unter möglichster Versöhnung der
zwischen dem gemeinen, dem preuss. und dem französ. R. bestehenden Gegensätze aufgestellt werden. Zu dem Ende wurde
die Bestellung von fünf Redaktoren aus den Mitgliedern der zu
bildenden Kommission für erforderlich erklärt. Die Redaktoren,
deren jedem ein bestimmtes Rechtsgebiet zu übertragen wäre,
sollten während ihrer Arbeit sich miteinander verständigen und
einen gegenseitigen Gedankenaustausch unterhalten. Der Gesamtkommission aber sollte die Möglichkeit der Kontrolle und
der Ausgleichung von Differenzen gewahrt bleiben und der vorläufige wie der endgültige Abschluss der Arbeit obliegen. Jeder
Redaktor sollte zu dem Zwecke über die Prinzipien, welche den
von ihm zu bearbeitenden Teil beherrschen, zur geeigneten Zeit
die Vorentscheidung der Kommission einholen. Die Teilentwürfe
sollten, so wie sie eingingen, von der Kommission beraten und
festgestellt werden. Zur Zusammenfügung des Ganzen etc. war
die Bestellung eines Hauptreferenten in Aussicht genommen.
Endlich war vorgesehen, dass der E. des G.B. nach seiner Vollendung mit Motiven den Bundesregierungen mitzuteilen und
durch den Druck zu veröffentlichen, auf Grund der zu gewär-
tigenden Bedenken und Abänderungsvorschläge einer zweiten
Lesung von der Kommission zu unterziehen und hiernächst der
revidierte E. mit Motiven dem Bundesrate zu überreichen sei*).

Der Bundesrat erteilte in der Sitzung vom 22./VI. 1874
den in dem Gutachten enthaltenen Ansichten und Vorschlägen
im allgemeinen seine Billigung. Die Zahl der Mitglieder, aus

*) Näheres enthält der hier benutzte Aufsatz „Die Ausarbeitung
des Entwurfes eines bürgerlichen Gesetzbuches für das Deutsche
Reich", abgedruckt in der besonderen Beilage zum Deutschen Reichs-
anzeiger vom 13./I. 1877, sowie die vom Reichsjustizamt herrührende,
dem Entwurf voraufgeschickte Vorrede.

welchen die Kommission zu bestehen hätte, setzte er auf elf fest.
Als Sitz der Kommission wurde Berlin bestimmt. Zu Mitgliedern
derselben wurden von dem Bundesrate gewählt: 1. Pape, Präsident des R.O.H.G., Kaiserl. Wirkl. G.R.; 2. Derscheid, Rat
bei dem Appell.Ger. in Colmar (jetzt Reichsgerichtsrat); 3. Johow,
Obertribunalrat (jetzt Kammergerichtsrat) in Berlin, G.O.J.R.;
4. Kurlbaum II., vortragender Rat im Justizministerium zu
Berlin, G.O.J.R.; 5. Planck, Appellationsgerichtsrat in Celle
(jetzt Geh. J.R.); 6. v. Schmitt, Ministerialrat in München
(jetzt Präsident des O.L.G. in Nürnberg); 7. v. Roth, Professor d. R. in München; 8. v. Weber (s. o.), K. sächs. Wirkl.
G.R.; 9. v. Kübel (s. o.); 10. Gebhard, Ministerialrat in
Karlsruhe; 11. v. Windscheid, Professor d. R. in Heidelberg
(jetzt in Leipzig), G.R. Den Vorsitz übertrug der Reichskanzler
dem Präsidenten Pape.

Die Kommission trat am 17./IX. 1874 in Berlin zusammen,
um ihre Geschäftsordnung festzustellen und andere für die Erledigung ihrer Aufgabe erforderliche Beschlüsse zu fassen. Zu
Redaktoren wurden bestimmt: 1. Gebhard für den Allgemeinen
Teil; 2. v. Kübel für das R. der Schuldverhältnisse; 3. Johow
für das Sachen-R.; 4. Planck für das Familien-R.; 5. v. Schmitt
für das Erb-R. Den Redaktoren wurden Hilfsarbeiter zugeordnet;
als solche sind thätig gewesen: Neubauer, O.L.G.R. in Hamm,
vom September 1874 bis jetzt; Achilles, O.L.G.R. in Celle, vom
Oktober 1874 bis jetzt; Börner, Landgerichtsdirektor in Dresden, desgleichen; Struckmann, O.L.G.R. in Kiel, vom Juli 1877
bis jetzt; v. Liebe, O.L.G.R. in Braunschweig, desgleichen;
Ege, Landgerichtsrat in Stuttgart, vom Dezember 1879 bis jetzt;
Braun, Obergerichtsrat in Celle (jetzt Oberkonsistorialrat in
Berlin), vom Oktober 1874 bis Juli 1877; Vogel, Landgerichtsrat in Darmstadt, G.J.R., vom November 1874 bis zu seinem
im Dezember 1883 erfolgten Tode; Martini, J.R. in Schwerin,
vom Februar 1875 bis Oktober 1877.

Die Arbeit der Redaktoren, welche sich in regelmässig
wiederkehrenden Konferenzen miteinander berieten, war nach
dem Zwecke, welchem sie diente, eine ausserordentlich schwierige und zeitraubende. Viel Zeit und Mühe erforderte schon
die Ermitteluug des geltenden R., eine Aufgabe, zu deren Lösung wiederholt die Mitwirkung der Landesregierungen in Anspruch genommen werden musste. Und nun erst die Sichtung
des massenhaften Materials, aus welchem die tauglichen Bau-
steine herauszufinden und zu einem neuen Werke zusammenzu-

fügen waren. Diese Thätigkeit erlitt noch dadurch nicht un-
erhebliche Unterbrechungen, dass die Gesamtkommission alljährlich zu mehrwöchigen Sitzungen sich vereinigte, um gewisse
grundlegende Prinzipien zu beraten. Die Beratungen erfolgten
auf Grund motivierter Vorschläge, deren Herstellung jedem Redaktor geraume Zeit kostete.

Im Herbst 1881 endlich waren die Teilentwürfe so weit
gediehen, dass sie der Prüfung und Entscheidung der Gesamtkommission unterbreitet werden konnten. Der E. des Erb-R.
war bereits 1879, der E. des Familien-R. 1880 fertig gestellt.
Der E. des R. der Schuldverhältnisse war dagegen unvollendet
geblieben, weil der Redaktor in eine schwere Krankheit verfallen war, welche am 5./I. 1884 seinen Tod herbeiführte. Die
fehlenden Stücke dieses E. wurden aus dem Dresdener E. eines
Gesetzes über Schuldverhältnisse ergänzt. Das Material, welches
die Redaktoren mit ihren Hilfsarbeitern beschafft hatten, ist in
nicht zahlreichen Exemplaren hauptsächlich zum Gebrauche für
die Kommission gedruckt worden; es füllt 19 Foliobände.

Die Kommission hatte sich bereits im Jahre 1874 für ein
System entschieden, nach welchem das künftige G.B. aus fünf
Büchern zu bestehen hätte: Allgemeiner Teil; R. der Schuldverhältnisse; Sachen-R.; Familien-R.; Erb-R. In dieser Reihenfolge sind die Teilentwürfe der Redaktoren beraten worden.
Die Schwierigkeiten, welche bei den Beratungen hervortraten,
waren nicht leicht zu überwinden. Bei aller Mühe und Sorgfalt, welche die Redaktoren auf die Ausarbeitung und Formulierung ihrer Vorschläge verwendet hatten, konnten doch ihre
Arbeiten die Individualität der Verf. nicht verleugnen, so dass
die Teil-E., miteinander verglichen, in Form und Inhalt die
grössten Verschiedenheiten zeigten. Dieser Umstand erschwerte
die Aufgabe der Kommission ungemein. Von der Bestellung
eines Generalreferenten zur Herstellung der notwendigen Har-
monie wurde gleichwohl Abstand genommen. Vielmehr wurde
ein Redaktionsausschuss gebildet, welcher aus dem Vorsitzenden
der Kommission, dem Präsidenten v. Weber und dem betreffenden
Redaktor bestand. Der Vorsitzende stellte die von der Kommission beschlossenen Vorschriften in formulierten Gesetzespara-
graphen zusammen. Diese „vorläufige Zusammenstellung" wurde
allen Mitgliedern der Kommission mitgeteilt. Der Ausschuss
prüfte dann die erhobenen Ausstellungen und Gegenvorschläge
und setzte nach mündlicher Beratung den Wortlaut der Paragraphen fest. Jeder auf diese Weise hergestellte neue Teil-E.

wurde einer Nachprüfung durch die Kommission selbst unterzogen und im Fortgange der Beratungen, sobald ein Beschluss
die Aenderung, Ergänzung oder Aufhebung eines früheren Be-
schlusses nötig machte, ohne Verzug berichtigt. Nachdem das
geschilderte Verfahren in Ansehung aller fünf Teil-E. abgeschlossen war, lag der „Entwurf eines bürgerlichen Gesetzbuches
für das Deutsche Reich (Erste Beratung)" vor. Eine zweite
Beratung hat die Kommission am 30./IX. 1887 begonnen und
im Dezember beendet. Aus dieser Beratung ist der jetzt im
Buchhandel erschienene E. hervorgegangen.

Die Kommission hat vom 4./X. 1881 bis 30./XII. 1887, mit
den durch die Erholung der Mitglieder im Sommer bedingten
Unterbrechungen, in der Regel wöchentlich 3 Sitzungen, über
deren jede von einem Hilfsarbeiter ein Protokoll aufgenommen
wurde, und daneben eine 4. Sitzung vorzugsweise zum Zwecke
der Verlesung und Feststellung der Protokolle gehalten. Die
Protokolle, 734 an der Zahl, sind nicht gedruckt, sondern nur
in einer geringen Anzahl von Exemplaren metallographiert worden; sie umfassen 12 314 Folioseiten. Sie geben die Anträge der Mitglieder, die gefassten Beschlüsse und zugleich deren Begründung
vollständig wieder. Diese Protokolle enthalten somit die authentischen Motive der Kommission. Auf Anordnung des Vorsitzenden indessen haben die Hilfsarbeiter den E., zum Teile unter Anleitung der
Redaktoren, auf Grund der Protokolle und der Vorarbeiten noch
besonders begründet. Diese Begründung wird ebenfalls durch den
Druck veröffentlicht*). Ihre Besprechung im C.Bl. bleibt vorbehalten.

Im Laufe der Beratungen hat sich die Zahl der Kom-
missionsmitglieder auf neun vermindert. Windscheid ist bereits
im Oktober 1883 ausgeschieden, weil er seine Lehrthätigkeit in
Leipzig nicht länger unterbrechen konnte. An Stelle des verstorbenen v. Kübel ist im März 1884 Prof. v. Mandry in Tübingen als Mitglied der Kommission eingetreten. Der Präsident
v. Weber ist am 8./II. 1888 gestorben.

Mancher Leser des E. wird in demselben die Regelung der
einen oder der anderen an sich dem B.R. angehörigen Materie
vermissen. Die Uebergehung ist teils auf Gründe des Systemes,
teils auf Rücksichten, welche aus der Beschaffenheit des über-
gangenen Gegenstandes sich ergeben, zurückzuführen. Ausgeschieden sind alle Verfahrensvorschriften, soweit nicht besondere
Gründe ihre Aufnahme erheischten, ferner entsprechend den

---

*) Vgl. hierüber unten die Anm. auf S. 286.

Beschlüssen des Bundesrates gewisse Rechtsmaterien, welche eng mit dem öffentlichen R. zusammenhängen, bezw. aus überwiegend polizeilichen Gesichtspunkten zu regeln sind, einige Rechtsinstitute, welche nur in einzelnen Staaten oder Teilen eines Staates bestehen, zur Einführung in andere Gebiete aber sich nicht eignen, und endlich solche Institute, welche nach der geschichtlichen Entwickelung dem Absterben verfallen sind; es sind namentlich ausgeschieden: das Berg-R., das Enteignungs-R., das Agrar-R., das Wasser-R., das Fischerei-R., das Jagd-R., das Forst-R., das R. der Stammgüter und der Familienfideikommisse, das Lehn-R., das Erbzins-R. etc.

Bei Aufstellung des E. ist davon ausgegangen, dass es, um den Gedanken der Herstellung eines einheitlichen B.R. für das Deutsche Reich möglichst zu verwirklichen, erforderlich sein werde, neben dem B.G.B. im Wege der Reichsgesetzgebung noch besonders zu erlassen eine Grundbuchordnung, ein Gesetz, betreffend die Zwangsvollstreckung in das unbewegliche Vermögen, und ein das Verfahren in nicht streitigen Angelegenheiten des Familien-R. und des Erb-R. innerhalb gewisser Grenzen regelndes Gesetz. Weiter ist auf Grund der Beschlüsse des Bundesrates vorausgesetzt, dass die Revision der Wechselordnung, des H.G.B. und einiger anderer Reichsgesetze geboten erscheinen werde.

In Ansehung des Verhältnisses des G.B. zu dem bisherigen B.R. enthält der E. selbst keine Vorschriften; die erforderlichen Vorschriften sind vielmehr dem Einführungsgesetz vorbehalten. Das letztere wird, wie der in die Oeffentlichkeit gelangte Bericht ergibt, mit welchem der E. dem Reichskanzler überreicht ist, den Grundsatz enthalten, dass die reichsrechtlichen Vorschriften, soweit sie nicht durch das G.B. oder das Einf.-G. aufgehoben oder geändert werden, in Kraft bleiben, die landesrechtlichen Vorschriften dagegen insoweit ausser Kraft treten, als nicht ihr Fortbestehen bestimmt wird. Hiernach wird das Einf.-G., abgesehen von den eigentlichen Uebergangsbestimmungen, eine Reihe von Vorschriften bringen, durch welche ältere reichsrechtliche Normen geändert oder aufgehoben werden, sowie eine zweite Reihe von Vorschriften aufnehmen, welche Auskunft darüber geben, inwiefern das gegenüber dem Landes-R. zur Geltung gelangende Prinzip der Kodifikation in Beziehung auf gewisse Materien im allgemeinen oder innerhalb gewisser Schranken oder auch in Beziehung auf gewisse Einzelheiten Ausnahmen unterliege. Der E. des Einf.-G. wird gegenwärtig von der Kommission beraten.

Die wichtigsten Grundsätze, welche in dem E. des G.B. zum

Ausdrucke gelangt sind, werden sich aus den nachstehenden Mitteilungen über den Inhalt der einzelnen Bücher ergeben.

I. Buch. Allgemeiner Teil.

(§. 1—205.)

Der Allgemeine Teil zerfällt in elf Abschnitte, von denen
der vierte (Rechtsgeschäfte) 10 Titel enthält. Der erste Abschnitt, mit der Ueberschrift „Rechtsnormen“, beschränkt
sich auf zwei Bestimmungen. Die eine davon betrifft die Ge-
setzes- und Rechtsanalogie und bestimmt, dass in Ermangelung
gesetzlicher Regelung die Vorschriften für „rechtsähnliche Verhältnisse“ und in Ermangelung solcher Vorschriften die aus dem
Geiste der Rechtsordnung sich ergebenden Grundsätze massgebend
seien (§. 1); die andere tritt, im Anschlusse an die neueren
Gesetzgebungen, dem Gewohnheits-R. entgegen. Gewohnheiten
sollen nur insoweit noch die Kraft von Rechtssätzen erlangen
können, als das Gesetz auf Gewohnheits-R. verweist (§. 2). Im
E. finden sich solche Verweisungen nicht. Keine Bestimmungen sind
aufgenommen über die zeitliche und räumliche Herrschaft der
Rechtsnormen. Nach dem oben erwähnten Berichte hat die
Kommission die für die räumliche Herrschaft der Rechtsnormen
das sogen. internationale Privat-R., massgebenden Grundsätze
beraten und festgestellt, eine Entscheidung aber darüber, ob die
betreffenden Vorschriften in das B.G.B. aufzunehmen seien, wegen
der dabei zugleich in Betracht kommenden politischen Erwägungen
nicht getroffen. Nach dem gedachten Berichte ist ferner über die
zeitliche Herrschaft der Gesetze geschwiegen worden, weil in dieser
Hinsicht jedes Gesetz aus sich selbst auszulegen sei und für das
G.B. das Erforderliche im Einf.-G. bestimmt werden würde.

Der zweite Abschnitt, betreffend die Personen, handelt
im 1. Titel Beginn und Ende der Rechtsfähigkeit. Der Grundgedanke ist, dass jeder Mensch ohne Rücksicht auf seine Individualität rechtsfähig ist. Die Rechtsfähigkeit des Menschen beginnt nach §. 3 mit der Geburt und endigt mit dem Tode.
Lebensfähigkeit des neugebornen Kindes bildet somit keine Voraussetzung der Rechtsfähigkeit. Den Anforderungen der neueren
medizinischen Wissenschaft ist ferner darin Rechnung getragen,
dass über Monstrum und Zwitter nichts bestimmt ist. Ebenso
findet sich nicht die in ihrer Allgemeinheit sicherlich unrichtige
Parömie nasciturus pro jam nato habetur, quotiens etc. (verg.

im einzelnen §. 723 Abs. 1 Satz 2, §. 1758 Abs. 1, §. 1867
Abs. 2 Nr. 2, §. 1964 Abs. 2, §§. 2026, 2154 des E.). Eine
Lebensvermutung für den Fall, dass über das Leben oder den
Tod einer Person Ungewissheit besteht, ist in §. 4 nur in be-
schränktem Umfange aufgestellt. Eingehende Regelung hat im
2. Titel die Todeserklärung gefunden, die den Sieg über das
französ.-rechtliche Verschollenheitsverfahren davongetragen hat.

Die Todeserklärung erstreckt und beschränkt sich auf
Deutsche. Die Frist, welche verstrichen sein muss, beträgt der
Regel nach zehn Jahre. Die Todeserklärung erfolgt im Auf-
gebotsverfahren durch Urteil. Die einschlagenden §§. 824 bis
836 der Z.Pr.O. haben durch die §§. 11 bis 19, 23, 24 des E.
wesentliche Ergänzungen erfahren. Das Urteil ist konstitutiv und
begründet die Vermutung, dass der Verschollene den Zeitpunkt
der Erlassung der Todeserklärung nicht überlebt habe; in Ansehung der Beerbung des Verschollenen wird jedoch vermutet,
dass derselbe in diesem Zeitpunkte gestorben sei (§. 21). Die
Vermutung weicht dem Beweise des Gegentheiles (§. 198). Die
Wirkung der Todeserklärung erstreckt sich nicht bloss auf das
vermögensrechtliche Gebiet. Der zurückgebliebene gutgläubige
Ehegatte kann nach der Todeserklärung, ohne dass ein besonderes
ehegerichtliches Verfahren eintritt, sich wieder verheiraten,
und mit der Wiederverheiratung wird, falls der für tot Erklärte
noch leben sollte, die mit diesem bestehende Ehe gelöst (vgl.
unten S. 265). Die Kriegs- und Seeverschollenheit ist besonders geordnet (§§. 7, 8, 20); die letztere im wesentlichen im Anschlusse an das preuss. Gesetz vom 24. Februar 1851. Der
3. Titel „Altersstufen. Entmündigung" (§. 25 bis 29) setzt in
§. 25 die Dauer des Kindesalters auf die Zeit bis zum zurückgelegten 7., die Dauer der Minderjährigkeit auf die Zeit bis
zum zurückgelegten 21. Lebensjahre fest. Für volljährig erklärt kann ein Minderjähriger werden, wenn er das 18. Lebensjahr zurückgelegt hat. Die Volljährigkeitserklärung erfolgt durch
das Vormundschaftsgericht (§§. 26, 27). Entmündigt können
werden Personen, welche des Vernunftgebrauches beraubt sind
(§. 28), und Verschwender (§. 29). Aus dem 4. Titel „Verwandtschaft, Schwägerschaft" (§§. 30 bis 33) ist hervorzuheben,
dass (§. 31) der Grad der Verwandtschaft sich nach röm. Berechnungsart (computatio civilis) bestimmt, sodann dass durch
uneheliche Abstammung, von Ausnahmebestimmungen abgesehen,
ein Verwandtschaftsverhältnis nur zwischen dem unehelichen Kinde
sowie dessen Abkömmlingen einerseits und der Mutter des Kindes

sowie deren Verwandten andererseits begründet wird (§. 30 Abs. 3, vergl. §§. 1568 f.). Der 5. Titel „Wohnsitz" bestimmt in §. 34 (§. 36), wie der Wohnsitz begründet und aufgehoben wird, regelt in §. 35 den Wohnsitz der Strafgefangenen und ihnen gleichstehender Personen und verallgemeinert im übrigen in der Hauptsache die §§. 14—17 der Z.Pr.O.

Der dritte Abschnitt (§§. 41—63) enthält die Vorschriften über **Juristische Personen,** die in Körperschaften und Stiftungen zerlegt sind. Die Entstehung einer Körperschaft richtet sich ebenso wie das Aufhören einer solchen in Ermangelung reichsgesetzlicher besonderer Vorschriften nach Landes-R. (§. 42). Die Vertretungsmacht des Vorstandes kann durch die Verfassung der Körperschaft (§. 43) mit Rechtswirkung gegen Dritte beschränkt werden (§. 44 Abs. 1, 4). Die Körperschaft haftet für den Ersatz des Schadens, welchen der Vorstand oder ein Mitglied desselben durch eine in Ausübung seiner Vertretungsmacht begangene widerrechtliche Handlung einem Dritten zugefügt hat, sowie für den Ersatz des Schadens, der bei Erfüllung eines Schuldverhältnisses durch den Vorstand verschuldet worden ist (§§. 46, 224 Abs. 2). In den inneren Angelegenheiten ist der Wille der Mitglieder der Körperschaft massgebend und hat nach diesem Willen auch der Vorstand bei seiner Geschäftsführung sich zu richten (§. 48 Abs. 1). Die sogen. Generalversammlung ist demnach das oberste Vertretungsorgan einer Körperschaft. Erlischt die Körperschaft, so fällt das Vermögen der Regel nach an denjenigen, der in der Verfassung als Bezugsberechtigter bestimmt ist. Sind die Mitglieder bezugsberechtigt, so hat Liquidation (§§. 50—57) einzutreten; in den übrigen Fällen vollzieht der Uebergang sich nach den Vorschriften über die in Ermangelung anderer Erben dem Fiskus anfallende Erbschaften (§. 49; vergl. §. 1974). Stiftungen können durch Rechtsgeschäfte unter Lebenden wie durch Verfügung von Todes wegen errichtet werden. Das Stiftungsgeschäft unter Lebenden ist als einseitiges anerkannt und der gerichtlichen oder notariellen Form unterworfen (§§. 58, 59). Den Landesgesetzen ist daneben unbenommen, für die Entstehung einer Stiftung noch weitere Erfordernisse aufzustellen, insbesondere die Entstehung an die staatliche Genehmigung zu knüpfen; soweit solche Gesetze bereits bestehen, bleiben sie in Kraft (§. 62). Ein unmittelbarer Vermögensübergang auf die Stiftung findet, sowe ein solcher nicht schon nach allgemeinen Grundsätzen zulässi ist, nicht statt (§ 58). Die Verfassung der Stiftung wird, soweit dies nicht auf Reichs- oder Landesgesetz beruht, durch den Willen des Stifters bestimmt (§. 60).

Der vierte Abschnitt befasst sich mit den allgemeinen Vorschriften über das **Rechtsgeschäft.** Eine Begriffsbestimmung für letzteres ist nicht gegeben. An der Hand der Einzelbestimmungen wird man in der Annahme nicht irre gehen, dass unter Rechtsgeschäft verstanden wird eine Privatwillenserklärung, gerichtet auf die Hervorbringung eines rechtlichen Erfolges, welcher nach der Rechtsordnung deshalb eintritt, weil er gewollt ist. Der Tit. 1 behandelt die Geschäftsfähigkeit (§§. 64—71). Allgemeine Vorschriften über Handlungsfähigkeit finden sich nicht; die Deliktsfähigkeit und die Fähigkeit zur Verletzung obligatorischer Verpflichtungen sind besonders und zum Teil abweichend von der Geschäftsfähigkeit geregelt (§§. 708, 709, 224 Abs. 1). Geschäftsunfähig sind Personen im Kindesalter (unter 7 Jahren) sowie Personen, welche des Vernunftgebrauches beraubt sind, und zwar diese, wenn sie entmündigt sind, nicht bloss für die Dauer jenes Zustandes, sondern für die Dauer der Entmündigung (§. 64 Abs. 1, 2). In der Geschäftsfähigkeit beschränkt sind Minderjährige im Alter von über 7 Jahren, entmündigte Verschwender, Personen, welche des vormundschaftlichen Schutzes für bedürftig erklärt sind, sowie Personen, über welche infolge eines gegen sie vorliegenden Antrages auf Entmündigung eine vorläufige Vormundschaft angeordnet ist (§. 65 Abs. 1, §§. 70, 71). Willenserklärungen Geschäftsunfähiger sind nichtig. In der Geschäftsfähigkeit beschränkte Personen nehmen Rechtsgeschäfte, durch welche sie lediglich R. erwerben, oder lediglich von Verbindlichkeiten befreit werden, gültig vor. Zur Vornahme von Rechtsgeschäften anderer Art bedürfen sie der Einwilligung des gesetzlichen Vertreters. Fehlt dieses Erfordernis, so ist das einseitige Rechtsgeschäft nichtig, der Vertrag zwar gültig, die Wirksamkeit desselben aber von der Genehmigung des Vertreters, bezw. der Person selbst, sofern sie inzwischen geschäftsfähig geworden ist, abhängig (§. 64 Abs. 3, § 65). Die erteilte Genehmigung wirkt zurück, unbeschadet der Rechte, welche Dritte durch Verfügungen des Genehmigenden oder im Wege einer gegen die in der Geschäftsfähigkeit beschränkte Person erwirkten Zwangsvollstreckung oder Arrestvollziehung an dem Gegenstande des Rechtsgeschäftes erlangt haben (§. 127 Abs. 4). Besonders vorgesehen sind die Fälle, dass eine in der

Geschäftsfähigkeit beschränkte Person ein Erwerbsgeschäft selbständig betreibt (§. 67) oder den Unterhalt durch Eingehung von Dienst- oder Arbeitsverhältnissen sich verdient (§ 68), sowie der Fall, dass einer solchen Person Taschengeld oder sonstige Vermögenswerte zur freien oder zu einer bestimmten Verfügung überwiesen sind (§. 69). Gefallen ist die Sonderstellung der Studierenden, soweit eine solche noch bestand. Gibt ein Minderjähriger sich fälschlich für volljährig oder für durch den Vertreter ermächtigt aus, so greifen, infolge des Schweigens des Entwurfes, lediglich die allgemeinen Grundsätze Platz. In dem 2. Tit. „Willenserklärung" (§§. 72—76) ist von einer Begriffsbestimmung hinsichtlich der ausdrücklichen und der stillschweigenden Willenserklärung abgesehen, dagegen die Frage, wann eine Willenserklärung unter Abwesenden als abgegeben anzusehen ist, eingehend geregelt (§. 74). Die Aufnahme des 3. Tit. „Vertragschliessung" (§§. 77—90) in den Allgemeinen Teil zeigt, dass man sich der Erkenntnis von der auf alle Teile sich erstreckenden Bedeutung des Vertrages nicht verschlossen hat. In der Gestaltung der Grundsätze über die Offerte (§§. 80—89) ist das Vorbild des H.G.B. mit seinen praktisch bewährten Bestimmungen unverkennbar. Der Zeitpunkt des Vertragsabschlusses ist, unter Vermeidung jeder Fiktion, auf die Zeit der Annahme des Vertragsantrages gestellt (§. 87). Bei einer Versteigerung soll nach §. 90 im Zweifel angenommen werden, dass der Bieter, nicht der Versteigerer, der Offerent ist. Der 4. Tit. „Form der Rechtsgeschäfte" (§§. 91—94) stellt in §. 91 Abs. 1 die Formfreiheit der Rechtsgeschäfte als Regel auf. Ist durch Gesetz eine besondere Form vorgeschrieben, so ist das Rechtsgeschäft im Falle des Mangels der Form nichtig, sofern nicht ein anderes bestimmt ist. Das Gleiche gilt im Zweifel im Falle des Mangels einer durch Rechtsgeschäft bestimmten Form (§. 31 Abs. 2). Von besonderer Bedeutung ist die Formvorschrift für den Vertrag, durch welchen jemand sich zur Uebertragung des Eigentums an einem Grundstück verpflichtet (§. 351). Der 5. Tit. „Willensmängel" (§§. 95—104) hat das sogen. Willensdogma zur Grundlage, modifiziert aber dasselbe nicht unwesentlich. Den Fällen, in welchen der Erklärende der Nichtübereinstimmung des wirklichen Willens mit dem erklärten Willen sich bewusst ist (§§. 95, 97), sind gegenübergestellt die Fälle, in welchen der Erklärende dieses Bewusstsein nicht hat, mithin im Irrtume ist, (§§. 98, 99); hinsichtlich der ersteren ist wieder geschieden, je

nachdem der Erklärende den anderen Teil täuschen wollte (§. 95,
Mentalreservation, böser Scherz) oder nicht täuschen wollte
(§. 97, Scherz ohne böse Nebenabsicht etc); daneben ist in §. 96
das Scheingeschäft geregelt. Mentalreservation wird nicht beachtet, es sei denn, dass der andere Teil den Willensmangel
gekannt hat (§. 95). Das Scheingeschäft ist nichtig (§. 96); eine
nicht unwesentliche Einschränkung der Nichtigkeit tritt jedoch
auf dem Gebiete des Grundbuchverkehres ein (§. 832). Hat der
Erklärende von der Nichtübereinstimmung des Willens und der
Erklärung Kenntnis gehabt, aber nicht zu täuschen beabsichtigt,
so ist die Willenserklärung nichtig, es müsste denn den Erklärenden der Vorwurf grober Fahrlässigkeit treffen; solchenfalls ist die Willenserklärung gültig, sofern der andere Teil,
soweit ein solcher vorhanden ist, den Willensmangel weder gekannt hat noch hätte kennen müssen; bei einer Fahrlässigkeit,
die keine grobe ist, haftet der Erklärende unter der letzteren
Voraussetzung für das negative Interesse (§. 97). Für den Fall
der infolge Irrtums vorhandenen Nichtübereinstimmung zwischen
Wille und Erklärung wird zwischen wesentlichem und unwesent-
lichem Irrtume geschieden, der unwesentliche Irrtum als unbe-
achtlich behandelt und im übrigen an die grobe und geringe
Fahrlässigkeit des Erklärenden die gleiche Folge wie in dem
vorerwähnten Falle geknüpft (§§. 98, 99). Des Irrtumes über
Eigenschaften ist nicht gedacht; er wird demgemäss der Regel
nach, wenn nicht immer, als Irrtum in den Beweggründen
(§. 102) auf die Gültigkeit des Rechtsgeschäftes ohne Einfluss
sein, unbeschadet selbstverständlich der etwaigen sonstigen Rechts-
behelfe auf Grund der Gewährleistungspflicht etc. Uebrigens
finden die vorstehend entwickelten Grundsätze auf die Eheschliessung keine Anwendung; bei derselben wird nur dem Irrtume in einer bestimmten Richtung und nur insofern Beachtung
zu teil, als er die Ehe nicht nichtig, sondern anfechtbar macht
(vgl. unten S. 249). Ingleichen kommt, von der in §. 98 enthaltenen Beugung abgesehen, das Willensdogma rein zur Anwendung bei den letztwilligen Verfügungen (§. 1779). Zu den
Willensmängeln gehört auch das Beeinflusstsein durch widerrechtliche Drohung oder durch Betrug. Wer durch eine solche Drohung
zur Abgabe einer Willenserklärung bestimmt worden ist, kann die
Willenserklärung anfechten, gleichviel von wem die Drohung ausgegangen ist. Bei dem Betruge ist die Anfechtbarkeit dann ausgeschlossen, wenn der Betrug von einem Dritten ausging, die
Willenserklärung einen Empfänger hat und der Empfänger den

Betrug nicht kannte, seine Nichtkenntnis auch nicht auf Fahrl
keit beruhte (§. 103). Die unter Präklusivfrist (§. 104) gestellt
fechtung hat die zu §. 112 näher zu berührende Folge. Unte
die unerlaubten Rechtsgeschäfte betreffenden Vorschrifter
6. Tit. tritt diejenige des §. 106 besonders hervor, nach wι
jedes Rechtsgeschäft, dessen Inhalt gegen die guten Sitten
die öffentliche Ordnung verstösst, nichtig ist. Der §. 1C
Veräusserungsverboten gewidmet. Der 7. Tit. „Ungültigke
Rechtsgeschäfte" (§§. 108—114) erläutert in §§. 108 u. 11
Begriffe der Nichtigkeit und Anfechtbarkeit, von welche
E. ausgeht. Das anfechtbare Rechtsgeschäft wird im
der Anfechtung in Ansehung der gewollten rechtlichen Wirkι
so behandelt, als ob es nicht vorgenommen worden wäre,
behaltlich abweichender Sonderbestimmungen (vgl. §. 1277).
Anfechtung, welche durch eine von dem Anfechtungsberecht
gegenüber dem Anfechtungsgegner abzugebende Willenserklι
erfolgt (§. 113), bewirkt sonach, dass rückwärts die Folge
Nichtigkeit eintreten. Diese Wirkung findet aber notwendig
Schranke und zugleich eine wesentliche Abminderung in den
schriften über den Erwerb im Vertrauen auf das Grundbuch
über den Erwerb beweglicher Sachen im guten Glauben.
sogen. obligatorische Anfechtbarkeit, welche nur einen im
der Klage oder der Einrede geltend zu machenden Ausgleich
anspruch gewährt, ist dem E. fremd. Der 8. Tit. „Vertrι
und Vollmacht" (§§. 115—126) handelt in §§. 115--117 vo
Vertretung im allgemeinen, in §§. 118—122 von der Vollmι
erteilung und der Vertretung auf Grund einer Vollmach
§§. 123—126 von der Vertretung ohne Vertretungsmacht.
Ausgangspunkt bildet die grundsätzliche Zulässigkeit der
tretung im Willen; der Vertretene wird unmittelbar berec
und verpflichtet (§§. 115, 116). Die Vollmachtserteilung iι
selbständiges einseitiges Rechtsgeschäft von dem Auftragι
gelöst. Die Vollmachtserteilung unterliegt in unverzicht
Weise dem Widerrufe; im übrigen finden, sofern nicht der Rι
grund ein anderes ergibt, auf das Erlöschen derselben die
schriften über das Erlöschen des Auftrages entsprechende
wendung (§. 119). Hat der Vollmachtgeber die Bevollmächti
durch besondere Mitteilung oder durch öffentliche Bekanntmac
Dritten kundgegeben, so gilt die Kundgebung im ersteren
gegenüber den besonders benachrichtigten Dritten, im letz
Falle gegenüber jedem Dritten, welcher mit dem Bevollmächt
in Verkehr getreten ist, als selbständige Bevollmächtigung (§

Abs. 1). Das Gleiche ist der Fall, wenn der Bevollmächtigte
zum Nachweise der Bevollmächtigung eine Vollmachtsurkunde
erhalten und diese dem Dritten vorgelegt hat (§. 121 Abs. 1).
Die Annahme einer selbständigen Bevollmächtigung gegenüber
den Dritten in diesen Fällen schliesst in sich, dass Willensmängel,
welche bei der ursprünglichen Vollmachtserteilung unterlaufen,
ebensowenig wie derselben etwa gegebene Einschränkungen dem
nichtunterrichteten Dritten gegenüber in Betracht kommen.

Bei der Vertretung ohne Vertretungsmacht ist zwischen einseitigen Rechtsgeschäften und Verträgen geschieden. Ein einseitiges
Rechtsgeschäft kann ohne Vertretungsmacht für einen Andern nicht
wirksam vorgenommen werden, es müsste denn derjenige, welchem
gegenüber es vorgenommen wird, damit einverstanden sein (§. 126).
Der ohne Vertretungsmacht für einen Andern geschlossene Vertrag ist in seiner Wirksamkeit abhängig von der Genehmigung
des Vertretenen. Die Genehmigung wirkt rückwärts; es werden
jedoch Rechte dadurch nicht berührt, welche Dritte vor der Genehmigung durch Verfügungen des Genehmigenden oder im Wege
einer gegen diesen erwirkten Zwangsvollstreckung oder Arrestvollziehung an dem Gegenstande des Rechtsgeschäftes erworben
haben (§§. 123, 127 Abs. 4). Hat der andere Vertragschliessende
Kenntnis von dem Mangel der Vertretungsmacht nicht gehabt,
so steht ihm, solange die Genehmigung nicht erteilt ist, der
Rücktritt offen (§. 124); er kann ausserdem, wenn die Genehmigung verweigert wird, von dem als Vertreter Aufgetretenen
Erfüllung oder Schadensersatz wegen Nichterfüllung beanspruchen
(§. 125). Der 9. Tit. „Einwilligung und Genehmigung" (§. 127)
stellt die Grundsätze zusammen, welche für die Rechtsgeschäfte
der Einwilligung und Genehmigung die Regel bilden. Der
10. Tit. (§§. 128 bis 143) befasst sich mit der „Bedingung
und Befristung". Allgemeine Vorschriften über die Voraussetzung, Auflage, Zweckbestimmung finden sich nicht. Ebenso
ist keine Begriffsbestimmung der rechtsgeschäftlichen Bedingung
— nur diese steht in Frage — gegeben. Anlangend das Wesen
der auflösenden Bedingung, so wird den §§. 139, 196 zu entnehmen sein, dass, wenn auch die Scheidung des auflösend bedingten Rechtsgeschäftes in eine unbedingte Hauptwillenserklä-
rung und eine auf die Wiederaufhebung der Wirkungen dieser
gerichtete aufschiebend bedingte Nebenwillenserklärung nicht
geradezu abgelehnt ist, doch jedenfalls das Verhältnis dieser beiden Willenserklärungen zu einander als ein dergestalt untrenn-
bares aufgefasst ist, dass die eine ohne die andere nicht bestehen

Der elfte Abschnitt (§§. 199—205) befasst sich mit der **Sicherheitsleistung**, soweit eine Verpflichtung zu solcher auferlegt ist.

II. Buch. Recht der Schuldverhältnisse.

(§. 206—777.)

Das zweite Buch „R. der Schuldverhältnisse" (Obligationen-R.) enthält vier Abschnitte: Allgemeines, Obl. ex contractu (§. 342 bis 703 in 20 Titeln), Obl. ex delicto und Schuldverhältnisse aus anderen Gründen.

Der erste Abschnitt gibt die Rechtsnormen für alle Schuldverhältnisse **im Allgemeinen.** Die Begriffsbestimmung des Schuldverhältnisses und die Entscheidung der daran sich knüpfenden Streitfragen sind der Wissenschaft überlassen. Das Schuldverhältnis erzeugt lediglich obligatorische Rechtsbeziehungen, den persönlichen Anspruch des Gläubigers, die entsprechende persönliche Verbindlichkeit des Schuldners. Regel ist die Klagbarkeit des Schuldverhältnisses; der E. kennt nur einige wenige Fälle einer unvollkommenen Obligation. Der Grundsatz, dass aus der Ethik, dem Natur-R. oder aus dem allgemeinen Rechtsbewusstsein eine unvollkommene Obligation (Naturalobligation) herzuleiten sei, ist nicht anerkannt.

Der 1. Titel beschäftigt sich mit dem Gegenstande der Schuldverhältnisse, welcher (nur) ein Thun (Geben) oder Unterlassen (Dulden) sein kann: die Leistung. Ein vermögensrechtliches Interesse gehört nicht zum Wesen des Schuldverhältnisses. Die Wirksamkeit desselben kann auch damit allein nicht bekämpft werden, dass der Gläubiger kein anderes schutzwürdiges Interesse an der Leistung habe (§. 206). Wegen Verletzung eines derartigen obligatorischen R. durch den Schuldner ist jedoch der Anspruch auf Entschädigung versagt (§. 221). In §§. 207—223 sind allgemeine Vorschriften über Schuldverhältnisse mit besonders geeigenschafteter Leistung gegeben. Zunächst über die Alternativobligation wesentlich im Anschluss an das gemeine R. Wahlberechtigt im Zweifel der Schuldner; Vollzug der Wahl durch Erklärung gegenüber dem anderen Teil; besondere Fürsorge für den Fall des Verzuges, durch welchen allein das Wahl-R. nicht verloren geht; Konzentrationsprinzip bei anfäng-

licher Unmöglichkeit und zufälligem Unmöglichwerden einer der
mehreren Leistungen. Sodann über Schuldverhältnisse auf Lei
stung einer nur der Gattung nach bestimmten Sache. Schuldner
hat eine Sache von mittlerer Art und Güte auszuwählen; die
Auswahl ist unwiderruflich vollzogen, wenn die Leistung durch
Uebergabe der ausgewählten Sache bewirkt ist (Erfüllungstheorie
oder, sofern schon in einem früheren Zeitpunkte die Gefahr au
den Gläubiger übergeht (z. B. im Falle des Verzuges des Gläu
bigers), mit dem Eintritte dieses Zeitpunktes (§§. 213, 214, 257)
Ueber Geldschuld, Höhe der Zinsen etc. (5 Proz.) §. 215—217. Ueber
Schadensersatz §§. 217—223: Als solcher ist sowohl im Falle
der Verletzung bestehender obligatorischer Verpflichtung als im
Falle des Deliktes ohne Rücksicht auf Art und Mass der Schuld
oder des zu vertretenden Umstandes das volle Interesse (erlittene
Vermögenseinbusse und entgangener Gewinn) zu ersetzen; zu
nächst ist der frühere Zustand herzustellen und soweit diese
Herstellung nicht möglich oder zur Entschädigung nicht aus
reichend ist, die letztere in Geld zu bewirken. Wegen eines
anderen als eines Vermögensschadens kann eine Entschädigung
nur in gewissen, vom Gesetze bestimmten Fällen gefordert werden
(§. 221). Bei Schadensersatzleistung für den Verlust einer Sache
oder eines R. durch den Ersatzpflichtigen gehen auf den letzteren
mit der Ersatzleistung die dem Entschädigten gegen Dritte in
Ansehung des Gegenstandes zustehenden Ansprüche über.

Der 2. Titel „Inhalt der Schuldverhältnisse" bestimm
die Haftung des Schuldners in Ansehung der Erfüllung (regel
mässig wegen vorsätzlicher und fahrlässiger Nichterfüllung), ins
besondere für Verschulden seines gesetzlichen Vertreters und
der Hilfspersonen, Ausschluss der Verantwortlichkeit des Schuld
ners durch dieselben Momente, wie bei Delikten (mangelnde
Vernunftsgebrauch, Kindesalter etc.), persönliche Leistung und
Bewirkung der Leistung durch einen Dritten; Teilleistung
Ort der Leistung, Zeit derselben, eine Zeitbestimmung in
Zweifel zu Gunsten des Schuldners I. §§. 224—232; über da
Zurückbehaltungs-R. (nur obligatorisch) II. §§. 233—236; über
die Unmöglichkeit der Leistung und Folgen der Nichtleistung
III. §§. 237—244: Schuldner wird durch den Eintritt objektiver
von ihm nicht zu vertretender Unmöglichkeit, im Falle subjek
tiven Unvermögens nur bei Speziesleistung befreit; entschuld
barer Irrtum des Schuldners in Ansehung des Schuldverhält
nisses ist ein Exkulpationsgrund; Gläubiger kann auch bei vo
dem Schuldner zu vertretender teilweiser Unmöglichkeit de

Leistung, wenn der möglich gebliebene Teil der Leistung für
ihn kein Interesse hat, unter Ablehnung dieses Teiles Schadensersatz wegen Nichterfüllung der ganzen Verbindlichkeit verlangen; R. des Gläubigers, nach rechtskräftiger Verurteilung des
Schuldners diesem zur Leistung eine angemessene Frist zu
setzen und nach deren fruchtlosem Ablauf unter Absehen von
der Zwangsvollstreckung das Interesse zu fordern (§. 243); Bestimmung über die Wirkung der Rechtshängigkeit des Anspruches
auf Herausgabe eines „in sich bestimmten Gegenstandes" (species).
Es folgen die Vorschriften über die mora debitoris (IV. §§. 245
bis 253) und die mora creditoris; letztere tritt ein ohne Rücksicht auf ein Verschulden des Gläubigers (V. §§. 254—262).

Der 3. Titel „Erlöschen der Schuldverhältnisse" handelt
von der Erfüllung einschliesslich der datio in solutum, Hinterlegung, Aufrechnung, Erlass, Vereinigung, Tod des Gläubigers
oder des Schuldners. In Ansehung der datio in solutum ist im
Falle der Uebernahme einer neuen Verbindlichkeit seitens des
Schuldners durch Vertrag mit dem Gläubiger die Vermutung
gegen die Absicht der Uebernahme an Erfüllungsstatt aufgestellt (§. 264). Die Aufrechnung erfolgt durch eine von dem
einen Gläubiger gegenüber dem andren Gläubiger abzugebende
Willenserklärung (einseitiges Rechtsgeschäft). Bis dahin sind die
beiderseitigen Forderungen von der Kompensationsfähigkeit und
-befugnis unberührt. Die Wirkung der erfolgten Aufrechnung
(Erlöschen der Forderungen in dem sich deckenden Betrage) wird
auf den Zeitpunkt zurückbezogen, in welchem sie als zur Aufrechnung geeignet sich gegenüber getreten sind (§§. 281 ff.). Der
Erlassvertrag und das negative vertragsmässige Anerkenntnis
(§. 290) sind Veräusserungsverträge (sogen. dingliche Verträge)
und deshalb abstrakte, in Ansehung ihrer Gültigkeit und Wirksamkeit von ihrer causa unabhängige Rechtsgeschäfte und anfechtbar nur nach den Grundsätzen über Rückforderung einer Leistung
wegen ungerechtfertigter Bereicherung (Kondiktion). Das streng
durchgeführte Prinzip der Unabhängigkeit des dinglichen Rechtsgeschäftes (Erfüllungsgeschäftes, Leistung) von der obligatorischen causa tritt hier zum ersten Male ausdrücklich auf. Beide
Verträge sind formfrei. Ein vom Schuldner nicht angenommener
Verzicht des Gläubigers auf die Forderung ist unverbindlich.

Der 4. Titel regelt die Sondernachfolge in Forderung und
Schuld. Hinsichtlich der Zession (Uebertragung der Forderung,
§§. 293—313) ist der Grundsatz der Sondernachfolge anerkannt
und streng durchgeführt. Die Uebertragung beruht auf Vertrag

zwischen dem bisherigen und dem neuen Gläubiger (Abtretung,
abstrakter Veräusserungsvertrag), unmittelbar auf Gesetz oder
auf gerichtlicher Anordnung (Ueberweisung im Wege der Zwangsvollstreckung); ein die Uebertragung unmittelbar bewirkendes
konstitutives Urteil ist nicht anerkannt. Denunziation oder Besitzergreifung der Forderung seitens des neuen Gläubigers ist
nicht erforderlich. Das Prinzip erheischte besondere Vorschriften
zu Gunsten des gutgläubigen, d. h. die Uebertragung noch nicht
kennenden Schuldners. Die Schuldübernahme §§. (314—319) erfolgt durch Vertrag zwischen dem Gläubiger und dem Schuldübernehmer oder durch Vertrag zwischen dem bisherigen Schuldner
und dem Schuldübernehmer, letzterenfalls mit und nach Genehmigung des Gläubigers. Sie ist gleichfalls Veräusserungsgeschäft und bewirkt Sondernachfolge in die Schuld: der bisherige Schuldner hört auf Schuldner zu sein, der Uebernehmer
tritt an seine Stelle. Besonders geregelt ist die sogen. Erfül-
lungsübernahme: im Zweifel wird für letztere vermutet; ebenso
die bei einem Kaufvertrage getroffene Vereinbarung, dass der
Käufer eine persönliche Verbindlichkeit des Verkäufers in Anrechnung auf den Kaufpreis zu übernehmen habe: es ist solchenfalls Schuldübernahme als vereinbart anzusehen, jedoch ohne
Verpflichtung des Käufers zur Verschaffung der Genehmigung
des Gläubigers; er haftet dem Verkäufer nur dafür, dass dieser
vom Gläubiger nicht in Anspruch genommen wird (§. 318).
Eine besondere Vorschrift ist gegeben für den Fall, wenn Jemand
durch Vertrag das ganze (gegenwärtige) Vermögen eines Anderen
übernimmt, über die Haftung des Uebernehmers gegenüber den
Gläubigern des letzteren (§. 319).

Der 5. Titel gibt die Normen über Schuldverhältnisse mit
einer Mehrheit von Gläubigern oder Schuldnern. Regel ist
solchenfalls bei Teilbarkeit der Leistung: nomina ipso jure divisa
(und zwar in dubio zu gleichen Teilen). Die Regel gilt auch
beim Eintritt der Erben in die Forderung oder Schuld (§. 320).
Eingehend ist das Gesamtschuldverhältnis geregelt, wenn bei dem
Vorhandensein mehrerer Gläubiger jeder derselben die ganze
Leistung zu fordern berechtigt oder bei dem Vorhandensein
mehrerer Schuldner jeder Schuldner die ganze Leistung zu bewirken verpflichtet ist, die Leistung aber nur einmal zu geschehen hat (§§. 321—328). Es spricht keine Vermutung für
ein solches Verhältnis; gesetzlich ist ein Gesamtschuldverhältnis
begründet bei deliktmässiger Haftung mehrerer Personen für
Schadensersatz. Die Regelung ist erfolgt auf einheitlicher Basis,

ohne Unterscheidung zwischen Korrealobligationen und Solidar-
obligationen (im einzelnen: jus variandi des Gläubigers gegenüber den Gesamtschuldnern; Bestimmung der Wirkung des Verschuldens eines Gesamtschuldners oder eines Gesamtgläubigers,
der Kündigung oder Mahnung des Anbietens der Leistung, des
zwischen einem Gesamtgläubiger und dem Schuldner oder zwischen dem Gläubiger und einem Gesamtschuldner ergangenen
rechtskräftigen Urteiles; Wirkung der Uebertragung der Forderung von Seiten eines Gesamtgläubigers, Wirkung der in der
Person eines Gesamtgläubigers oder eines Gesamtschuldners eingetretenen Erlöschungsgrundes der Forderung; Regress- und
Ausgleichungspflicht). Hieran schliessen sich Vorschriften über
Schuldverhältnisse auf eine unteilbare Leistung im Falle des
Vorhandenseins mehrerer Gläubiger, bezw. Schuldner (§§. 339
bis 341).

Der zweite Abschnitt enthält im 1. Titel allgemeine
Vorschriften für **Schuldverhältnisse aus Rechtsgeschäften**
unter Lebenden, in 19 weiteren Titeln die Vorschriften für
einzelne Rechtsgeschäfte. 1. Titel: Abgelehnt ist grundsätzlich
das Dogma von der rechtsverbindlichen Kraft des mit dem Ver-
pflichtungswillen, aber nicht vertragsmässig hingegebenen Versprechens. Das einseitige Versprechen ist nur ausnahmsweise in
den gesetzlich bestimmten Fällen verbindlich (§§. 343, 344).
Unter der Ueberschrift „Gegenstand der Verträge" (§§. 344—358)
folgen die Vorschriften über das Erfordernis der Bestimmtheit der
Leistung, ferner über die Nichtigkeit eines Vertrages, welcher auf
eine unmögliche, gesetzlich verbotene oder gegen die guten Sitten
verstossende Leistung gerichtet ist. Der Vertragschliessende,
welcher die Unmöglichkeit oder die Verbotswidrigkeit der Leistung
kannte, haftet dem anderen für das negative Interesse. Nichtig
ist jeder über die Erbschaft eines wenn auch unbestimmten
Dritten vor dem Tode des Erblassers geschlossene Vertrag, nichtig
der Vertrag, durch welchen Jemand sein künftiges Vermögen
einem Anderen zu übertragen oder den Niessbrauch daran zu
bestellen sich verpflichtet; der entsprechende Vertrag über das
gegenwärtige Vermögen bedarf der gerichtlichen oder notariellen
Form. Der gleichen Form bedarf der Vertrag, durch welchen
Jemand zur Uebertragung des Eigentumes an einem Grundstücke
sich verpflichtet; der ohne Beobachtung der Form geschlossene
Vertrag erlangt durch die Auflassung und die Eintragung des
Erwerbers in das Grundbuch nach seinem ganzen Inhalte Gültig·

keit. Unbeschadet der reichsgesetzlichen Vorschriften über den
Wucher ist die Zinsfreiheit anerkannt; nur die im voraus getroffene Abrede, dass fällig werdende Zinsen im Falle der Nicht-
zahlung wieder Zinsen tragen sollen, ist nichtig. Der Unter-
abschnitt „Inhalt der Schuldverhältnisse aus Verträgen" (§§. 359
bis 369) stellt an die Spitze den Grundsatz: Die aus einem Vertrage fliessenden Verpflichtungen sind durch die Rücksicht auf
Treue und Glauben beherrscht. Wegen Nichterfüllung des Vertrages von einer Seite ist der andere Teil nicht berechtigt zum
einseitigen Rücktritt, wenn nicht durch Gesetz oder Rechtsgeschäft ein Anderes bestimmt ist. Es folgen die Vorschriften
über das Fixgeschäft, über den gegenseitigen Vertrag: Regel
Verpflichtung zur Erfüllung Zug um Zug; Zulässigkeit der Klage
auf Verurteilung zur Erfüllung Zug um Zug, sowie der Klage
des in concreto vorleistungspflichtigen Teiles auf Verurteilung
des in Annahmeverzug gekommenen anderen Teiles zu der
diesem obliegenden Leistung nach Empfang der demselben
gebührenden Leistung, mit entsprechender Bestimmung für die
Zwangsvollstreckung; exceptio non impleti und non rite impleti
contractus. Bestimmung über die Tragung der Gefahr bei
dem gegenseitigen Vertrage: Der infolge eingetretener Unmöglichkeit der Leistung befreite Schuldner hat kein R. auf die
Gegenleistung, im Falle teilweiser Unmöglichkeit der Gläubiger
das R. verhältnismässiger Minderung der Gegenleistung (§§. 368,
§. 463). Wird die Leistung infolge eines von dem Gläubiger
zu vertretenden Umstandes oder nach Eintritt des Verzuges des
Gläubigers unmöglich, so behält der Schuldner das R. auf die
Gegenleistung, abzüglich des Wertes der vom Schuldner er-
sparten Aufwendungen und zutreffendenfalls des Erwerbes, welchen
der Schuldner infolge Freiwerdung seines Arbeitsvermögens durch
anderweite Verwertung desselben gemacht oder zu machen bös-
willig unterlassen hat. Schliesslich ist für den Fall, dass die
Leistung aus einem gegenseitigen Vertrage infolge eines vom
Schuldner zu vertretenden Umstandes unmöglich geworden ist,
dem Gläubiger das R. beigelegt, anstatt der Geltendmachung
des Schadensersatzes wegen Nichterfüllung vom Vertrage zurück-
zutreten (Wirkung die gleiche, wie bei Ausübung des vorbehaltenen Rücktritts-R.); das gleiche R. hat solchenfalls der Gläubiger
bei Eintritt teilweiser Unmöglichkeit, wenn der nicht unmöglich
gewordene Teil für ihn kein Interesse hat, sowie wenn die
Leistung infolge des Verzuges des Schuldners für ihn kein Interesse hat. Die Vorschriften über Gewährleistung des veräusserten

R. und wegen Mängel der veräusserten Sache (abgesehen von
Haustieren) basieren wesentlich auf gemeinrechtlichen Prinzipien.
Erstere (§§. 370—380) beruhen auf dem Rechtsverschaffungs-
prinzip, modifiziert durch den Grundsatz, dass der Erwerber
Schadensersatz wegen Nichterfüllung regelmässig erst fordern
kann, wenn das R. des Dritten als mit Erfolg geltend gemacht
anzusehen ist. Besondere Bestimmungen in Ansehung der Veräusserung von Forderungen (§§. 298—300) und der Schenkung
(§. 443). In Ansehung der Mängelgewährpflicht (§§. 381—398;
besondere Vorschrift für die Schenkung in §. 444) ist bei Veräusserung einer nur der Gattung nach bestimmten Sache dem
Erwerber ausser dem R. der Wandelung und der Minderung
auch das R. beigelegt, die Lieferung einer mangelfreien Sache
an Stelle der mangelhaften zu fordern. Die Wirkung der Wandelung bestimmt sich nach den Vorschriften über den Rücktritt
vom Vertrage (s. u.). Die anschliessenden Vorschriften über
Mängelgewähr beim Handel mit Haustieren, d. h. Pferden, Eseln,
Mauleseln und Maultieren, Rindvieh, Schafen und Schweinen
(§§. 399—411) folgen dem deutschrechtlichen Prinzip: Haftung
je nur für bestimmte sogen. Hauptmängel innerhalb der bestimmten Gewährfrist; „nur Wandelung, nicht Minderung". Es
folgen die Vorschriften über das „Versprechen der Leistung an
einen Dritten" (pactum in favorem tertii, §§. 412—416): wenn
in einem Vertrage von dem einen Vertragschliessenden eine
Leistung an einen Dritten versprochen wird, erwirbt der Dritte
hierdurch unmittelbar den Anspruch auf die Leistung gegen
den Versprechenden, sofern nach dem Vertrage diese Berechtigung des Dritten gewollt ist; auch der Promissar kann die Bewirkung der Leistung an den Dritten verlangen, wenn nicht ein
Anderes bedungen ist. Der Dritte kann durch Erklärung gegenüber dem Promittenten das Forderungs-R. zurückweisen, mit
rückwirkender Kraft. Des weiteren folgen die Vorschriften über
Daraufgabe (VII. §§. 417—419), Konventionalstrafe (§§. 420 bis
425) und über den (vorbehaltenen) Rücktritt vom Vertrage
(§§. 426—436). Der Rücktritt vollzieht sich durch Erklärung
des Berechtigten gegenüber dem anderen Teile unwiderruflich,
mit der Rechtswirkung, dass die Vertragschliessenden untereinander (obligatorisch) so berechtigt und verpflichtet sind, wie
wenn der Vertrag nicht geschlossen worden wäre; selbständige
Einrede aus dem Rücktritt gegen Inanspruchnahme aus dem
Vertrage.

Die besonders normierten Schuldverhältnisse aus Rechtsge-

schäften sind die folgenden: Tit. 2 Schenkung (§§. 437—452)
In Ansehung der Form sind die zwei selbständigen Vorschriften
gegeben: Der Vertrag, durch welchen Jemand sich verpflichtet
einem Andern etwas schenkungsweise zu leisten, ist nur gültig
wenn das Versprechen in gerichtlicher oder notarieller Form erklärt ist (Annahme formfrei). Die durch Veräusserung, d. h.
durch Abschluss des entsprechenden dinglichen Vertrages voll-
zogene Schenkung (nicht die behufs Erfüllung des wegen
Formmangels nichtigen Versprechens bewirkte Leistung) ist auch
ohne Beobachtung der Form gültig. Tit. 3 Darlehen (§§. 453
bis 458). Tit. 4 Kauf (§§. 459—469). Der Verkäufer trägt die
Gefahr sowie die Lasten des Verkauften bis zur Uebergabe an
den Käufer; bis dahin gehören dem Verkäufer die Nutzungen.
Diese Wirkungen treten bei dem Verkaufe eines Grundstückes
wenn die Eintragung des Eigentumsüberganges in das Grund
buch vor der Uebergabe erfolgt, schon mit dem Zeitpunkte de
Eintragung ein. Wenn der Verkäufer die verkaufte Sache au
Verlangen des Käufers an einen anderen Ort als denjenigen ver
sendet, an welchem dieselbe nach dem Vertrage zu übergeben
ist, trägt der Käufer die Gefahr von dem Zeitpunkte an, i
welchem der Verkäufer die Sache der zur Ausführung des Trans
portes bestimmten Person ausgeliefert hat. Kauf nach Prob
oder Muster (§. 470); Kauf auf Besicht oder Probe (§§. 471
bis 473); Kauf mit Vorbehalt eines besseren Gebotes (§§. 474
475); Vorbehalt des Wiederkaufes (§§. 476—480); obligatorische
Vorkaufsrecht (§§. 481—487: ein gesetzliches Vorkaufsrecht nich
statuiert). Erbschaftskauf (§§. 488—501): Vertrag, dessen Gegen
stand die Veräusserung einer dem Verkäufer angefallenen Erb
schaft oder die Weiterveräusserung einer veräusserten Erbschaf
ist. Die Vertragschliessenden werden untereinander (obligatorisch
so berechtigt und verpflichtet, wie wenn nicht der Verkäufer
sondern der Käufer Erbe geworden wäre. Tausch (§. 502)
Tit. 5 Miete und Pacht (§§. 503—548). Es gilt der Grundsat
„Kauf bricht Miete"; das Mietrecht (an Grundstücken) ist nich
eintragungsfähig. Wenn bei Vermietung eines Grundstückes nach
Ueberlassung desselben an den Mieter das Eigentum an der
Grundstücke von dem Vermieter auf einen Dritten übertrage
wird, so ist der Dritte verpflichtet, den vertragsmässigen Ge
brauch des Grundstückes durch den Mieter, sowie die Vornahm
der dem Vermieter gegen den Mieter obliegenden Handlunge
(z. B. Reparaturen) noch so lange zu gestatten, bis nach de
Aufforderung des Dritten an den Mieter zur Räumung die ge

setzliche Kündigungsfrist, event. die kürzere vertragsmässige Kündigungsfrist verstrichen ist; auf die Räumungsaufforderung hin kann Mieter von dem Vertrage sofort für die Zukunft zurücktreten. Entsprechende Vorsorge für den Mieter ist getroffen, wenn ein Dritter ein anderes den vertragsmässigen Gebrauch des Grundstückes durch den Mieter ausschliessendes R. durch ein Rechtsgeschäft des Vermieters erworben hat. Für die Miete überhaupt ist weiter bestimmt: wenn der Dritte, welcher durch Rechtsgeschäft des Vermieters ein den vertragsmässigen Gebrauch des Mieters ausschliessendes R. an der Sache erwirbt, dem Vermieter sich vertragsmässig verpflichtet hat, für die spätere Mietzeit die Verpflichtungen des Vermieters gegenüber dem Mieter zu erfüllen, so gilt dies als Versprechen zu Gunsten des Mieters (§§. 412—416) dergestalt, dass die unmittelbare Berechtigung des Mieters gegenüber dem Dritten und die Entstehung dieses R. mit dem Zeitpunkte, in welchem der Dritte das R. erworben hat, als gewollt anzusehen ist. Tit. 6 Gebrauchsleihe (§§. 549—558). Tit. 7 Dienstvertrag und Werkvertrag; Mäklervertrag (§§. 559—580). Tit. 8 Auslobung (§§. 581—584: der Auslobende wird durch sein einseitiges, öffentlich bekannt gemachtes Versprechen verpflichtet). Tit. 9 Auftrag (§§. 585 bis 604). Tit. 10 Anweisung (§§. 605—613). Tit. 11 Hinterlegungsvertrag (§§. 614—625). Tit. 12 Einbringung von Sachen bei Gastwirten (§§. 626, 627). Tit. 13 Gesellschaft (§§. 628 bis 648), konstruiert auf gemeinrechtlicher Basis (societas). Es kann aber bei einem Gesellschaftsvertrage zum Zwecke der Betreibung eines Erwerbsgeschäftes von den Gesellschaftern die Anwendbarkeit der für die offene Handelsgesellschaft geltenden Vorschriften vereinbart werden; solchenfalls werden alle auf die offene Handelsgesellschaft sich beziehenden Vorschriften anwendbar. Tit. 14 Leibrente (§§. 660—663). Tit. 15 Spiel und Wette (begründen kein Schuldverhältnis, §§. 664, 665). Tit. 16 Vergleich (§§. 666, 667). Tit. 17 Bürgschaft (§§. 668—680). Tit. 18 Verpfändungsvertrag (§§. 681, 682). Tit. 19 Schuldversprechen (§§. 683, 684). Das vertragsmässige abstrakte Schuldversprechen (Versprechen einer Leistung oder Anerkenntnis der Verpflichtung zu einer Leistung) ist nur gültig, wenn das Schuldversprechen von dem Schuldner in schriftlicher Form erteilt ist. Die Anfechtung des Schuldversprechens findet statt nach Kondiktionsgrundsätzen. Die Kondiktionslage erzeugt eine selbständige, unverjährbare Einrede. Condictio indebiti ist begründet, wenn die Urkunde lediglich in der irrtümlichen Voraussetzung, dass

eine Verbindlichkeit zu der versprochenen Leistung oder die anerkannte Verbindlichkeit bestehe, erteilt ist. Tit. 20 Schuldverschreibungen auf Inhaber (§§. 685—703). Verpflichtung
des Ausstellers durch sein einseitiges, in der Schuldverschreibung
enthaltenes Versprechen; Erlöschen der Verpflichtung durch Ablauf von Präklusivfristen; materielles Aufgebotsrecht; Umschreibung auf den Namen eines bestimmten Berechtigten findet nur
durch den Aussteller statt. Schuldverschreibungen auf Bezah-
lung einer bestimmten Geldsumme an den Inhaber dürfen nur
mit Staatsgenehmigung ausgestellt und in Verkehr gebracht
werden.

Nach dieser Uebersicht sind manche in den modernen G.B.
behandelten rechtsgeschäftlichen Schuldverhältnisse in dem E.
nicht geregelt, teils aus besonderen Gründen, teils im Hinblick
auf den Grundsatz der Vertragsfreiheit, wonach die Parteien
ihre Verkehrsbeziehungen nach ihrem Ermessen mit obligatorischer Wirkung unter sich bestimmen können, soweit nicht absolute Vorschriften entgegenstehen.

Der dritte Abschnitt enthält allgemeine Rechtsnormen
über **Schuldverhältnisse aus unerlaubten Handlungen** und
speziell über einzelne unerlaubte Handlungen. Prinzipiell ist
bestimmt: Wer durch eine aus Vorsatz oder Fahrlässigkeit begangene widerrechtliche Handlung (Thun oder Unterlassen) einem
Anderen einen Schaden zufügt, dessen Entstehung er voraus-
gesehen hat oder voraussehen musste, ist dem Anderen zum Er-
satze des durch die Handlung verursachten Schadens verpflichtet,
ohne Unterschied, ob der Umfang des Schadens vorauszusehen
war oder nicht (§§. 704—737). Hat Jemand aber aus Vorsatz
oder Fahrlässigkeit durch eine widerrechtliche Handlung das
(subjektive) R. eines Anderen verletzt (z. B. Leben, Körper, Gesundheit, Freiheit, Ehre), so ist er den durch die Rechtsverletzung
dem Anderen verursachten Schaden diesem zu ersetzen verpflichtet,
auch wenn die Entstehung des Schadens nicht vorauszusehen
war. Als widerrechtlich gilt auch die kraft der allgemeinen
Freiheit an sich erlaubte Handlung, wenn sie einem Anderen
zum Schaden gereicht und ihre Vornahme gegen die guten
Sitten verstösst. Gründe der Ausschliessung der Haftung u. A.:
entschuldbarer Irrtum über Erlaubtheit der Handlung; mangelnder Vernunftgebrauch, wofern der Zustand nicht durch selbst-
verschuldete Betrunkenheit herbeigeführt war; Kindesalter; wer
nach zurückgelegtem 7., vor vollendetem 18. Lebensjahr eine

unerlaubte Handlung begeht, ist für den entstandenen Schaden
nicht verantwortlich, wenn er bei Begehung die zur Erkenntnis
der Verantwortlichkeit erforderliche Einsicht nicht besass. Besondere Vorschriften sind gegeben für Tötung, Körperverletzung,
Freiheitsentziehung, Beschädigung durch Herauswerfen, Aus-
giessen, Herabfallen von Sachen, Beschädigung durch Tiere, Beschädigung infolge fehlerhafter Beschaffenheit eines Gebäudes etc.,
Verletzung der Amtspflicht. Im Falle der Körperverletzung und
Freiheitsentziehung, sowie einer Frau, gegen welche durch Vollziehung des Beischlafes eine der im R.Str.G.B. §§. 176, 177,
179, 182 bezeichneten Handlungen begangen ist, kann auch
wegen eines anderen als eines Vermögensschadens nach freiem
Ermessen eine billige Entschädigung zugesprochen werden.

Der vierte Abschnitt enthält die Vorschriften über
einzelne **Schuldverhältnisse „aus anderen Gründen"**. Tit. 1.
Bereicherung, d. h. Rückforderung einer Leistung wegen ungerechtfertigter Bereicherung (§§. 737—748), a) Leistung einer Nicht-
schuld (condictio indebiti): Nicht der Rückfordernde hat den
Irrtum über den Bestand der Verbindlichkeit, sondern der Empfänger die Kenntnis des Leistenden vom Nichtbestand der
Schuld zu beweisen. b) Nichteintritt des bei einer Leistung
vorausgesetzten künftigen Ereignisses oder rechtlichen Erfolges
(condictio ob causam). c) Wegfall des Rechtsgrundes einer Leistung
(cond. ob causam finitam). d) Verwerflicher Empfang (cond. ob
turpem causam). e) Sonstiges grundloses Haben (cond. sine causa).
Eine besondere Klage aus nützlicher Verwendung oder actio de
in rem verso gibt es daneben nicht.

Tit. 2. Geschäftsführung ohne Auftrag (§§. 749—761):
subjektives Prinzip massgebend für Frage, ob das negotium utiliter
geführt worden, jedoch mit Vermutung, dass der Geschäftsherr
gebilligt haben würde, was ein ordentlicher Hausvater für angemessen hätte erachten müssen. Die Vorschriften über negotiorum
gestio finden keine Anwendung, wenn Jemand in der Meinung,
sein eigenes Geschäft zu besorgen, handelte, sowie wenn Jemand
ein fremdes Geschäft in rechtswidriger Absicht als eigenes behandelt. Ersterenfalls haben Geschäftsführer und Geschäftsherr
gegen einander die condictio sine causa, im zweiten Falle haftet
der Geschäftsführer nach Deliktsgrundsätzen.

Tit. 3. Gemeinschaft (communio incidens §§. 762—773).
Eine Vereinbarung über Ausschluss der Aufhebung der Gemeinschaft wirkt jedenfalls nicht über dreissig Jahre; jede derartige

Verabredung tritt in Ermangelung anderer Vereinbarung mit dem
Tode eines Teilhabers ausser Kraft; eine solche ist auch im Falle
des Konkurses über das Vermögen eines Teilhabers für den
Konkursverwalter nicht bindend. Kein konstitutives Teilungsurteil; die Aufhebung der Gemeinschaft erfolgt, wenn der gemeinschaftliche Gegenstand ohne Minderung seines Wertes in so
viele gleichartige Teile sich zerlegen lässt, dass jeder Teilhaber
einen seinem Anteil entsprechenden Teil erhalten kann, sowie
unter entsprechender Voraussetzung, wenn mehrere gleichartige
und gleichwertige Gegenstände gemeinschaftlich sind, durch
Teilung in Natur, sonst durch Verkauf und Teilung des Er-
löses. Jeder Teilhaber, welcher gegen einen andern einen in der
Gemeinschaft sich gründenden Anspruch hat, kann verlangen,
dass die Forderung bei der Aufhebung der Gemeinschaft aus
dem Anteile des Schuldners an dem gemeinschaftlichen Gegenstande berechtigt werde. Tit. 4. Vorlegung (Exhibitionspflicht,
Edition von Urkunden, §§. 774—776) und Offenbarung (Mani-
festationseid, §. 777).

Die actio Pauliana ist, als in den Bereich der Spezialge-
setzgebung, bezw. der Konkursordnung gehörig, von der Regelung
durch das B.G.B. ausgeschieden.

III. Buch. Sachenrecht.
(§. 778—1226.)

Das Sachenrecht zerfällt in neun Abschnitte: Allgemeine
Vorschriften; Besitz und Inhabung; Allgem. Vorschriften über
R. an Grundstücken; Eigentum; Vorkaufs-R. an Grundstücken;
Erbbau-R.; Dienstbarkeiten; Reallasten; Pfand-R. und Grundschuld. Der Inhalt der einzelnen Abschnitte und bezw. der Titel,
aus welchem der vierte, der siebente und der neunte Abschnitt
besteht, lässt Folgendes unschwer erkennen: 1. Die Zahl der
dinglichen R. ist eine geschlossene; die Belastung einer Sache
oder eines R. an einer solchen mit einem dinglichen R. ist nur
insoweit freigegeben, als das Gesetz die Belastung für zulässig
erklärt (§§. 952, 961, 966, 980, 1021, 1044, 1051, 1062, 1125,
1135, 1145, 1206). 2. Das Sachen-R. ist unabhängig von dem
R. der Schuldverhältnisse aufgefasst. Die sachenrechtlichen
Geschäfte sind lediglich nach ihren eigenen Zwecken geordnet;
namentlich ist der dingliche Vertrag streng geschieden von dem

zu seiner Schliessung verpflichtenden Geschäfte (§§. 828 ff., 868, 874, 962, 983, 1011, 1087, 1106, 1112, 1136, 1147, 1196, 1208). Der Grundsatz der Vertragsfreiheit gilt für das Sachen-R. nicht. 3. Dem natürlichen Unterschiede zwischen beweglichen und unbeweglichen Sachen wird in dem Systeme des E. vollauf Rechnung getragen. Die Regelung der R. an unbeweglichen Sachen (Grundstücken) beruht auf der Voraussetzung eines Grundbuches, welches die Grundstücke und die an jedem einzelnen Grundstücke bestehenden R. nachweist.

Der erste Abschnitt handelt von den Sachen und Sacheigenschaften **im Allgemeinen,** greift indessen in einigen Punkten auf das Gebiet der R. über. Der Sachbegriff wird nur auf körperliche Dinge angewendet (§. 778). Doch finden die auf Grundstücke sich beziehenden Vorschriften auf Berechtigungen, welche ein Blatt im Grundbuche erhalten können, entsprechende Anwendung (§. 781 Abs. 2). Unter den beweglichen Sachen werden die vertretbaren (§. 779) und die verbrauchbaren besonders hervorgehoben (§. 780). Unbewegliche Sachen sind die Grundstücke (§. 781 Abs. 1). Der Begriff des einheitlichen Grundstückes wird auf der Grundlage des Flurbuches bezw. des Grundbuches gewonnen (§. 787). Bezüglich der Bestandteile einer Sache werden die wesentlichen (§§. 782—784, 786) den nichtwesentlichen (§§. 785, 788) gegenübergestellt. An den ersteren findet ein von der Sache im Ganzen abgesondertes R. nicht statt (§ 782). Weiter werden Bestimmungen über das Zubehörverhältnis gegeben (§. 789—791), die Begriffe „Früchte" und „Nutzungen" klargestellt (§. 792, 793) und die Grundsätze für die Auseinandersetzung wegen der Früchte sowie der Lasten und Abgaben einer Sache, wenn der bisher Berechtigte, bezw. Verpflichtete durch einen anderen abgelöst wird, festgesetzt (§§. 794, 795). Den Schluss bildet die Regel, dass die Befugnis eines dinglich Berechtigten zur Verfügung über das R. durch Rechtsgeschäft mit Wirkung gegen Dritte nicht ausgeschlossen werden kann (§. 796).

In dem zweiten Abschnitte, **Besitz und Inhabung,** lassen sich zwei Teile unterscheiden, von welchen der eine mit der Erwerbung und dem Verluste des Besitzes sich befasst, der andere den possessorischen Schutz zum Gegenstande hat. Die in dem ersten Teile enthaltenen Vorschriften (§§. 797—813) dienen dazu, die Voraussetzung des Besitzes festzustellen, an

welche die Normen des vierten Abschnittes über vertragsmässige
Eigentumsübertragung, Ersitzung, Fruchterwerb, Vindikation etc
anknüpfen. Unter Besitz versteht der E. die Inhabung einer
Sache mit dem Willen des Inhabers, die Sache als die seinige
zu haben (§. 797). Der blosse Inhaber vertritt den Besitzer in
der Ausübung der thatsächlichen Gewalt. Die Vorschriften
welche den zweiten Teil bilden (§§. 814—824), gewähren der
possessorischen Schutz dem Inhaber als solchem, und zwar auch
gegenüber dem Besitzer, gleichviel ob eine bewegliche Sache oder
ein Grundstück Gegenstand der Inhabung ist. Der Begriff der
Inhabung (der thatsächlichen Gewalt über die Sache) wird ge
setzlich nicht näher bestimmt. Die Erörterung der Frage nach
dem R. zur Inhabung und die Geltendmachung von Schadens
ansprüchen ist im Possessorium ausgeschlossen. Auf diesen Teil
folgt noch eine Vorschrift, durch welche zu Gunsten desjenigen
dem eine Sache aus dem Besitze gekommen oder während des
selben beschädigt ist, eine Rechtsvermutung für die hierdurch
ihm zugefügte Vermögensverminderung und deren Umfang ge
setzt wird (§. 825).

Der dritte Abschnitt, **Rechte an Grundstücken**, enthält
die allgemeinen Vorschriften des Grundbuch-R., soweit nicht
dessen Gestaltung als dem Verfahren angehörig der Grundbuch
ordnung vorbehalten ist. An die Spitze gestellt sind zwei Sätze
welche dem Gedanken Ausdruck geben, dass die Richtigkeit des
Grundbuchinhaltes zu vermuten ist (§§. 826—827). Sodann wird
das materielle Konsensprinzip (Prinzip des dinglichen Vertrages)
und das Eintragungsprinzip zur Geltung gebracht (§§. 828—836)
Die Regel ist: Zur rechtsgeschäftlichen Erwerbung eines R. an
einem Grundstücke ist Vertrag und Eintragung in das Grund
buch erforderlich (§. 828 Abs. 1). Der Vertrag ist abstrakter
Natur (§. 829); er muss die Erklärung des eingetragenen Be
rechtigten, dass derselbe die Eintragung der Rechtsänderung
bewillige, und die Annahmeerklärung des anderen Teiles ent
halten (§§. 828 Abs. 2). Das Eintragungs- und Konsensprinzip
welches hier für die Fälle der Begründung, der Uebertragung
und der Belastung geregelt ist, wird in den folgenden Abschnitten
auch auf die Aufhebung der eingetragenen R. mittels Rechts
geschäftes angewendet. Die Aufhebung wird, von der Hypothek
und der Grundschuld abgesehen, durch die einseitige Verzicht
erklärung des Berechtigten gegenüber bezw. vor dem Grundbuch
amte und, wenn auf das Eigentum verzichtet wird, durch die

Eintragung der Erklärung, wenn auf ein anderes R. verzichtet wird, durch Löschung desselben im Grundbuche bewirkt (§§ 872, 960, 977, 1015, 1048, 1061). Die Verzichterklärung unterliegt im allgemeinen den Bestimmungen, welche in den §§. 829—833 für die Eintragungsbewilligung gegeben sind (§. 834). Hierbei sei zugleich darauf hingewiesen, dass die Einseitigkeit des Verzichtes auch für die Aufhebung von R. an beweglichen Sachen gilt und dass der Verzicht auf den Niessbrauch und das Pfand-R. in seiner Wirksamkeit von einer Rückgabe der Sache an den Eigentümer nicht abhängig ist (§. 1016 Abs. 2, §. 1189). Durch die Vereinigung des Eigentumes und eines anderen R. an einem Grundstücke in derselben Person wird dieses R. nicht aufgehoben (§. 835).

Ein weiteres Grundprinzip des E. ist der Grundsatz der Publizität (im materiellen Sinne), des öffentlichen Glaubens des Grundbuches (§§. 837—839). Vermöge dieses Prinzipes gilt bei dem durch Rechtsgeschäft oder im Wege der Zwangsvollstreckung oder des Arrestes sich vollziehenden Erwerbe eines R. an einem Grundstücke oder einem eingetragenen R. zu Gunsten des Erwerbers der Inhalt des Grundbuches als richtig, ein aus dem Buche nicht ersichtliches Veräusserungsverbot im Sinne des § 107 als nicht bestehend, sofern nicht der Erwerber die Thatsachen gekannt hat, aus welchen sich die Unrichtigkeit des Buches oder das Veräusserungsverbot ergibt (§. 837). Das Prinzip schützt auch die Rechtsgeschäfte, welche von oder gegenüber dem Eingetragenen vorgenommen werden (§. 838). Der Verletzte hat einen Anspruch nur gegen den unrichtig Eingetragenen (§. 839).

Die Rangordnung mehrerer gegen den Eigentümer oder dessen Rechtsvorgänger eingetragenen R. bestimmt sich nach dem Datum, bezw. der Reihenfolge der Eintragungen (§. 840). Das bestehende Rangverhältnis kann nur durch einen Vertrag, welcher von denjenigen, für deren R. der Rang geändert werden soll, den etwaigen Zwischenberechtigten und dem Eigentümer des Grundstückes zu schliessen ist, und durch Eintragung geändert werden (§. 841). Der Eigentümer kann bei der Belastung des Grundstückes dem jeweiligen Eigentümer die Befugnis vorbehalten, später ein R. mit dem Range vor dieser Belastung eintragen zu lassen (§. 842).

Ist das Grundbuch unrichtig, so steht dem dinglich Berechtigten, welcher durch die unrichtige Eintragung oder Löschung beeinträchtigt ist, ein Anspruch auf Richtigstellung des Buches gegen den Gegenbeteiligten zu (§. 843). Zum Schutze dieses

Anspruches kann eine Vormerkung in das Grundbuch eingetragen werden (§§. 844, 845). Eine Vormerkung zum Schutze persönlicher Ansprüche auf Eintragung findet nicht statt.

Die Verjährung von Ansprüchen, welche sich in vorgemerkten oder eingetragenen R. gründen, ist im allgemeinen ausgeschlossen. Die Ansprüche auf Schadensersatz oder auf Rückstände wiederkehrender Leistungen sind verjährbar (§. 847).

Der vierte Abschnitt regelt in fünf Titeln das **Eigentum.** In dem 1. Titel, Inhalt und Begrenzung des Eigentumes, werden die Befugnisse des Eigentümers dem Eigentumsbegriffe entsprechend hervorgehoben (§. 848), der Umfang des Grundeigentumes bestimmt (§. 849) und das sogen. Nachbar-R., soweit letzteres nicht aus Rücksicht auf Bedürfnisse rein lokaler Natur der Landesgesetzgebung vorbehalten ist (§. 866), geregelt (§§. 850—865).

Der 2. Titel betrifft den Erwerb des Eigentumes an Grundstücken und zwar zuerst den rechtsgeschäftlichen Erwerb, bezüglich dessen zu bemerken ist, dass der Eigentumsübertragungsvertrag (die Auflassung) vor dem Grundbuchamte geschlossen werden muss (§. 868), sodann den Erwerb durch Zueignung (§. 872) und im Wege des Aufgebotes (§. 873). Die Ersitzung von Grundeigentum ist als unvereinbar mit dem Grundbuchsysteme bezw. als entbehrlich unterdrückt. Die übrigen Erwerbsarten bleiben, soweit sie nicht anderen Teilen des G.B. (Familien-R., Erb-R.) angehören oder in den Bereich besonderer Reichsgesetze (Zwangsversteigerung) fallen, der Regelung durch die Landesgesetzgebung nach näherer Bestimmung des Einf.-G. vorbehalten.

In dem 3. Titel wird der Erwerb des Eigentumes an beweglichen Sachen behandelt. Die einzelnen Abteilungen sind überschrieben: I. Uebertragung durch Rechtsgeschäft (§. 874—880). Erfordert wird ein auf die Rechtsänderung gerichteter abstrakter Vertrag unter Uebergabe der Sache (§. 874). Bezüglich des Erwerbes von einem Nichtberechtigten schliesst der E. im wesentlichen an die Vorschriften des H.G.B. sich an. Doch besteht nach den Bestimmungen über den Eigentumsanspruch die Modifikation, dass der gutgläubige Erwerber gestohlener oder verlorener Sachen einen Lösungsanspruch auf Preisersatz gegen den vindizierenden Eigentümer hat. II. Ersitzung (§§. 881—889). Die Ersitzungsfrist beträgt zehn Jahre. III. Verbindung, Vermischung, Verarbeitung (§§. 890—897). IV. Erwerb des Eigentumes an Erzeugnissen und ähnlichen Bestandteilen einer Sache

(§§. 898—902). Der redliche Besitzer erwirbt die Früchte mit der Trennung. V. Zueignung (§§. 903—909). VI. Gefundene Sachen (§§. 910—928).

In dem 4. Titel wird der Eigentumsanspruch nach seinen verschiedenen Richtungen geordnet (§§. 929—945). Der E. geht davon aus, dass das Eigentum wie jedes absolute R. in sich den Anspruch auf Herstellung des dem Rechtsinhalte entsprechenden Zustandes, hier des Besitzstandes, trägt und dass derjenige, welcher einer solchen Herstellung durch sein Verhalten im Wege steht, zur notwendigen Mitwirkung bei derselben verpflichtet ist. Bei den Rechten an Sachen ist dieser (rein dingliche) Anspruch der Verjährung nicht, wie nach §. 154 Abs. 2 der ähnliche familienrechtliche Anspruch, entzogen. Neben den rein dinglichen Anspruch stellen sich die Ansprüche, welche aus dem rechtswidrigen Verhalten des unredlichen Besitzers oder des Prozessbesitzers sich entwickeln. Für diese Ansprüche, welche an sich der Beurteilung nach den Vorschriften über Verbindlichkeiten aus unerlaubten Handlungen oder aus ungerechtfertigter Bereicherung unterliegen würden, wird es nicht lediglich bei den aus diesen Vorschriften sich ergebenden Konsequenzen belassen, sondern werden Besonderheiten bestimmt (§§. 931 ff.). Fahrlässige Unkenntnis des Besitzers über den Mangel in seinem R. macht nicht haftbar. Der unredliche und der Prozessbesitzer werden verpflichtet, für die Sache und deren Nutzbarmachung zu sorgen. Schliesslich wird eine publizianische selbständige Rechtsposition des gutgläubigen Erwerbers einer beweglichen Sache bestimmt (§. 945); von besonderer Wichtigkeit ist die aus der Natur dieser Position sich ergebende Folge, dass gegen den Anspruch eine Einwendung nur einer relativ gleichwertigen Rechtsposition entnommen werden kann, mithin die Berufung auf das Eigentum eines Dritten ausgeschlossen ist.

Der 5. Titel regelt das Miteigentum (§. 946—951) im Anschlusse an die Vorschriften über die Gemeinschaft (§§. 762 bis 773). Vorausgesetzt ist Miteigentum nach Bruchteilen. Auf das Miteigentum ohne Bruchtheile bezieht dieser Titel sich nicht (vergl. §§. 1344, 1397, 1417).

In dem fünften Abschnitte wird das **Vorkaufsrecht** an Grundstücken als ein eigenes dingliches R. zugelassen und normiert (§§. 952—960); es kann nicht bloss für eine bestimmte Person, sondern auch für den jeweiligen Eigentümer eines bestimmten Grundstückes, und zwar nicht nur auf den nächsten

Fall, sondern auch auf die folgenden Fälle des Verkaufes begründet werden.

Der sechste Abschnitt handelt von dem **Erbbaurechte** (§§. 961—965), der Superfizies des bisherigen R. Das Erbbaurecht gehört zu den Berechtigungen, welche nach §. 781 Abs. 2 den für Grundstücke geltenden Vorschriften unterliegen. Ein Stockwerkseigentum ist nicht anerkannt.

Der siebente Abschnitt enthält in drei Titeln das R. der **Dienstbarkeiten** (Servituten). In dem 1. Titel werden die Grunddienstbarkeiten geordnet (§§. 966—979). Eine solche Dienstbarkeit kann, wie jedes andere R. an einem Grundstücke, auf rechtsgeschäftlichem Wege nur durch Eintragung entstehen. Ihren Inhalt empfängt die einzelne Dienstbarkeit durch die Privatautonomie. Nähere Bestimmungen über den Inhalt dieser R., mit Unterscheidung einzelner Arten derselben, werden nicht gegeben. Der Ausübungszustand einer in das Grundbuch eingetragenen Grunddienstbarkeit wird possessorisch geschützt (§.979).

Der 2. Titel enthält die Vorschriften über den Niessbrauch in drei Abteilungen: I. Niessbrauch an Sachen (§§. 980—1020). II. Niessbrauch an R. (§§. 1021—1037). III. Niessbrauch an einem Vermögen (§§. 1038—1043).

Der Sachniessbrauch ist für das System der normale Fall. Die Dauer des seinem Inhalte nach gesetzlich bestimmten R. (§§. 984 ff.) ist an die Person des Berechtigten gebunden (§. 1014). Zur Begründung des Niessbrauches durch Rechtsgeschäft ist bei beweglichen Sachen Vertrag und Uebergabe der Sache erforderlich (§. 983). Die Befugnisse des Niessbrauchers sind gegenüber dem Eigentümer begrenzt durch eine Legalobligation, welche den Niessbraucher insbesondere zur sorgfältigen Behandlung der Sache und zur Rückgewähr derselben verpflichtet (§§. 991 ff.). Der Niessbrauch ist veräusserlich; doch bleibt der Veräusserer dem Eigentümer persönlich haftbar (§§. 1011—1013), und auf die Dauer des R. ist die Veräusserung ohne Einfluss (§. 1014). Eine Kautionspflicht des Niessbrauchers wird nur durch ein die R. des Eigentümers gefährdendes Verhalten begründet (§. 1005). Der Niessbrauch an verbrauchbaren Sachen ist so gestaltet, dass der Niessbraucher von vornherein Eigentum an denselben erwirbt und zum Wertersatze verpflichtet wird (§§. 1018—1020).

Für den Niessbrauch an R. gelten im Allgemeinen dieselben Grundsätze wie für den Sachniessbrauch, soweit nicht die Natur

des Gegenstandes eine abweichende Behandlung nötig macht
(§. 1021). Die besonderen Vorschriften des E. lassen die Regel
erkennen, dass die Befugnis zur Verfügung über das dem Niessbrauche unterliegende R. insoweit, als die einseitige Verfügung
des einen Teiles die Besorgnis einer Benachteiligung des anderen
begründen würde, nur von beiden gemeinsam ausgeübt werden
kann (§§. 1024, 1033 ff.). Bei dem Niessbrauche an einer Forderung, welche keine Zinsen trägt, hat der Niessbraucher das R.,
dieselbe ohne Zustimmung des Gläubigers einzuziehen (§. 1028).
Tritt durch die Ausübung des R. an dessen Stelle ein anderer
Gegenstand, so gilt Surrogation (§. 1029). Bei dem Niessbrauche
an einem Vermögen besteht das R. des Niessbrauchers an den
einzelnen Gegenständen, aus welchen dasselbe sich zusammen-
setzt (§. 1038). Besonderheiten ergeben sich daraus, dass die
Aktiva als mit den Passiven belastet zu denken sind (§§. 1039 ff.).
Der 3. Titel beschäftigt sich mit den beschränkten persönlichen Dienstbarkeiten (§§. 1044—1050).

In dem achten Abschnitte werden die **Reallasten** geregelt (§§. 1051—1061), wobei zu bemerken ist, dass das Einf.G.
eine Bestimmung enthalten wird, nach welcher die das Institut
ablehnenden oder einschränkenden Landesgesetze unberührt bleiben.

Der neunte Abschnitt führt die Ueberschrift „**Pfand-R.
und Grundschuld**"; er gliedert sich in vier Titel. In dem
1. Titel wird das Pfand-R. an Grundstücken (die Hypothek) geordnet (§§. 1062—1134). Die Hypothek bezweckt, eine bestimmte
Forderung sicher zu stellen (§§. 1062, 1064 ff.). Daneben hat
sie den Zweck, Gegenstand des Verkehres zu sein. Vermöge
dieses Zweckes wohnt ihr die Fähigkeit bei, die Bedürfnisse des
Realkredites zu befriedigen, dem Grundbesitze die nötigen Kapitalien zuzuführen. In dem grössten Teile Deutschlands ist die
Landesgesetzgebung bestrebt gewesen, die Hypothek verkehrs-
fähig zu gestalten. Von diesem Bestreben haben auch die Verf.
des E. sich leiten lassen. Die Hypothek wird demnach zunächst
unter Berücksichtigung des Verkehrsbedürfnisses (§§. 1062—1124),
sodann als blosse Sicherungshypothek (§§. 1125—1134) normiert.
Den Beteiligten steht es im Falle der Konventionalhypothek frei,
die eine oder die andere Form zu wählen. Eine gesetzliche Hypothek findet ebensowenig statt wie eine Generalhypothek. Die
Hypothek des E. kann nur durch Eintragung in das Grundbuch
zur Entstehung gelangen (§§. 828, 1062, 1125, 1130 Abs. 2, 1132
Abs. 2). Das Spezialitätsprinzip wird sowohl in Beziehung auf

die Forderung (§§. 1064, 1125, 1129), als auch in Beziehung auf
die für die Forderung haftenden Gegenstände (§§. 1067 ff.) durchgeführt. Von den Ansprüchen, welche die Hypothek erzeugt,
sind diejenigen, welche im Falle einer Verschlechterung des Grundstückes Platz greifen (§§. 1072—1074), und der Anspruch des
Gläubigers auf Befriedigung aus dem Grundstücke (§§. 1075 ff.)
ausführlich geregelt. Der Anspruch auf Befriedigung geht auf
Beitreibung der Forderung aus dem Grundstücke und den mit
demselben haftenden Gegenständen; die Beitreibung geschieht im
Wege der Zwangsversteigerung und der Zwangsverwaltung
(§. 1075). Unter den weiteren Bestimmungen ist besonders hervorzuheben, dass zum Schutze dieses Anspruches die für die
Richtigkeit des Grundbuchinhaltes streitende Vermutung und der
öffentliche Glaube des Grundbuches auf die Forderung ausgedehnt
wird (§. 1083), so zwar, dass Einwendungen, für welche eine
Vormerkung nicht eingetragen ist, nur in beschränkter Weise
zulässig sind (§§. 1084, 1085). Die Uebertragung (§§. 1086—1090)
ist so gestaltet, dass die Hypothek mit der übertragenen Forderung auf den neuen Gläubiger übergeht, die Uebertragung der
Forderung aber nur durch Eintragung (§. 828) bewirkt werden
kann. Bezüglich der Zinsenrückstände und Kosten gilt das Eintragungsprinzip nicht (§. 1090). Was endlich die Aufhebung
der Hypothek anlangt, so wird für den Fall des Verzichtes (abweichend von dem bei dem dritten Abschnitte erwähnten Prinzip)
Vertrag und Löschung erfordert (§. 1091). Im übrigen erlischt
die Hypothek mit der Forderung, für welche sie bestellt ist (§. 1092).
Von dieser Regel besteht aber die wichtige Ausnahme der Eigentümerhypothek (§§. 1094—1101). Die Eigentümerhypothek ist
nach dem E. ein selbständiges Recht; die Forderung erlischt,
wenn der Eigentümer, der zugleich der Schuldner ist, den Gläubiger befriedigt, oder wenn Forderung und Schuld in seiner Person
sich vereinigen. Die Hypothek kann auch im Wege des Auf-
gebotsverfahrens zur Löschung gebracht oder von dem Eigentümer erworben werden (§§. 1103—1105). Das hypothekarische
Rechtsverhältnis nimmt zum Teil eine andere Gestalt an, wenn
die Betheiligten über die Hypothek einen Hypothekenbrief von
der Buchbehörde bilden lassen (§§. 1106—1124). Die hauptsächlichsten Besonderheiten der Briefhypothek bestehen darin,
dass bei der Uebertragung der Hypothekenforderung die Uebergabe des Briefes an den Erwerber die Eintragung in das Grundbuch vertritt (§§. 1112, 1113) und dass der Briefinhaber, wenn
er sein Recht als Gläubiger durch eine zusammenhängende Reihe

von Urkunden auf den eingetragenen Gläubiger zurückführt, bei einer von ihm oder gegen ihn bewirkten Uebertragung als eingetragener Gläubiger anzusehen ist (§. 1114).

Die Sicherungshypothek unterscheidet sich von der bisher behandelten Form begriffsmässig dadurch, dass bei ihr die Forderung nicht unter dem Schutze steht, welchen der E. den dinglichen Rechten durch die Rechtsvermutung für die Richtigkeit des Grundbuchinhaltes (§§. 826, 827) und durch den öffentlichen Glauben des Buches (§§. 837, 838) gewährt (§. 1125). Der Gebrauch von Einwendungen, welche die Forderung betreffen, gegen den Anspruch aus der Hypothek ist nicht beschränkt. Die Institute des Hypothekenbriefes und der Eigentümerhypothek greifen nicht Platz (§§. 1127, 1128). Die Sicherungshypothek deckt insbesondere die Fälle der Kautionshypothek (§. 1129), sowie der Zwangs-(Judizial-)Hypothek und der Arresthypothek (§§. 1130 ff.). Die letztere dient demselben Zwecke wie die Vormerkung, welche nach einigen Landesgesetzen zur Sicherung einer Geldforderung im Wege der Arrestvollziehung eingetragen werden kann. Die Umwandlung einer Sicherungshypothek in eine gewöhnliche Hypothek ist zulässig (§. 1134).

Die Grundschuld, welche der 2. Titel regelt, gewährt das Recht auf Beitreibung einer bestimmten Summe aus dem Grundstücke, auf welchem sie haftet (§. 1135). Sie unterscheidet sich ihrem Wesen nach dadurch von der Hypothek, dass sie eine Forderung nicht zur Voraussetzung hat. Im übrigen finden die Vorschriften über die Briefhypothek auf sie entsprechende Anwendung, soweit nicht aus den §§. 1137—1144 sich ein Anderes ergibt (§. 1136). Unter den Besonderheiten, welche hier bestimmt werden, ist namentlich hervorzuheben, dass die Grundschuld auch für den Eigentümer des Grundstückes begründet werden kann (§. 1142). Schliesslich wird die Umwandlung der Grundschuld in eine Hypothek und der Hypothek in eine Grundschuld vorgesehen (§. 1144).

In dem 3. Titel (§§. 1145—1205) wird das Pfand-R. an beweglichen Sachen (Faustpfand-R.) abgehandelt. Die akzessorische Natur dieses R. ist durchgeführt (§§. 1145, 1190, 1192—1194). Zur rechtsgeschäftlichen Begründung desselben wird Vertrag und Uebergabe der Sache erfordert; constitutum possessorium ist ausgeschlossen (§. 1147). Umfang und Inhalt des R. sind selbständig, wenn auch zum Teil im Einklange mit den Vorschriften über die Hypothek, normiert (§§. 1148 ff.). In Ansehung der Sorge für die Aufbewahrung der Sache und in Ansehung der

Rückgewährpflicht steht der Pfandgläubiger in einem Legal-schuldverhältnisse zu dem Eigentümer (§§. 1156, 1157 etc.). Die Realisierung des Pfandes erfolgt, soweit nicht der Gläubiger aus den Früchten zu befriedigen ist (§. 1154), durch den Verkauf der Sache (§. 1165). Der Verkauf kann, wenn ein vollstreck-barer Titel vorliegt, im Wege der Zwangsvollstreckung bewirkt werden (§. 1169). Sonst ist die Regel die, dass der Verkauf im Wege der Versteigerung durch einen Gerichtsvollzieher oder einen anderen zu Versteigerungen befugten Beamten oder öffent-lich angestellten Auktionator vorzunehmen ist (§§. 1170—1183). Mit der Uebertragung der Forderung geht das Pfand-R. auf den Erwerber über (§§. 1186—1188). Das Pfandrecht an einem Schiffe, welches in das Schiffsregister eingetragen ist, folgt seinen eigenen Regeln (§§. 1196—1205).

Der 4. Titel enthält die Vorschriften über das Pfand-R. an Rechten (§§. 1206—1226). Soweit dieselben etwas Besonderes nicht festsetzen, finden die Bestimmungen über das Faustpfand-R. ent-sprechende Anwendung (§. 1206). Unter den Besonderheiten ist namentlich die herzorzuheben, dass der Gläubiger seine Be-friedigung aus dem ihm verpfändeten R., sofern nicht etwas Anderes vereinbart ist, nur im Wege der Zwangsvollstreckung verlangen kann (§. 1215). Zwischen dem Pfandgläubiger und dem Berechtigten besteht, ähnlich wie beim Niessbrauche, eine Legalobligation (§§. 1213, 1217 ff.). Das Pfand-R. an einem Inhaberpapier ist Faustpfand-R. Hat das Papier einen Börsen-preis oder Marktpreis, so ist freihändiger Verkauf zum Tages-kurse nicht ausgesschlossen (§. 1226).

IV. Buch. Familienrecht.

(§. 1227—1748).

Das Familienrecht zerfällt in drei Abschnitte Ehe, Ver-wandtschaft, Vormundschaft, der erste Abschnitt in 5 Titel: Eingehung der Ehe, Wirkungen der Ehe, Eheverträge, eherecht-liches Register, Auflösung der Ehe.

Der erste Abschnitt (Ehe) Tit. 1 beginnt mit den Vor-schriften über das Verlöbnis (§§. 1227—1230). Durch das Verlöbnis wird eine Verbindlichkeit der Verlobten zur Schliessung der Ehe nicht begründet. Dagegen ist für den Fall des Rück-trittes vom Verlöbnisse unter gewissen Voraussetzungen in be-

schränktem Umfange einer Verpflichtung zum Schadenersatze
anerkannt.

Die Vorschriften der §§. 1231—1244 über die Ehehindernisse, sowie die Vorschriften der §§. 1245—1249 über die Eheschliessung lehnen sich an das R.G. v. 6./II. 1875 an. Die
einzelnen Abweichungen des E. von diesem Gesetze sind hauptsächlich durch den Zusammenhang mit anderen Vorschriften des
E., namentlich mit den Vorschriften des Vormundschafts-R., hervorgerufen.

Anlangend die Ungültigkeit der Ehe (§§. 1250—1271),
unterscheidet der E. im Anschlusse an den allgemeinen Teil
(§§. 108 ff.) zwischen nichtigen und anfechtbaren Ehen. Im einzelnen weichen jedoch die Vorschriften über die Nichtigkeit und
Anfechtbarkeit der Ehe von jenen allgemeinen Grundsätzen erheblich ab. Als Nichtigkeitsgründe sind anerkannt: Verstoss gegen
gewisse, genau angegebene Formvorschriften; Geschäftsunfähigkeit eines der Eheschliessenden zur Zeit der Eheschliessung; Verstoss gegen das Verbot der Bigamie; gegen das Eheverbot wegen
Verwandtschaft (mit Ausnahme der Adoptivverwandtschaft) oder
Schwägerschaft (§. 1250). Beruht die Nichtigkeit der Ehe auf
einem Formmangel bei der Eheschliessung, so bedarf es, um
die Nichtigkeit geltend machen zu können, einer richterlichen
Nichtigkeitserklärung nicht (§. 1252, Abs. 2). Beruht dagegen
die Nichtigkeit der Ehe auf einem anderen Grunde, so kann sie
erst dann geltend gemacht werden, wenn die Ehe aufgelöst oder
für ungültig erklärt ist (§. 1252; vgl. jedoch daneben die in
der Anm. 1 zu §§. 1250 ff. unter III mitgeteilte, zur Aufnahme
in das Einf.G. bestimmte Ergänzung des §. 139 der Z.P.O.). Das
R., die Nichtigkeitsklage zu erheben, ist, ausser dem Staats-
anwalte und den Ehegatten auch einem Dritten beigelegt, wenn
demselben im Falle der Nichtigkeit der Ehe ein Anspruch zusteht oder im Falle der Gültigkeit derselben eine Verbindlichkeit
obliegt. Verstösst die Ehe gegen das Verbot der Bigamie, so
steht die Nichtigkeitsklage auch demjenigen zu, mit welchem die
frühere Ehe geschlossen war (§. 1253). Eine Heilung der Nichtigkeit ist, abgesehen von dem Falle der Nichtigkeit der Ehe wegen
Geschäftsunfähigkeit eines der Eheschliessenden (§. 1251), dem E.
unbekannt.

Die Anfechtungsgründe sind: widerrechtliche Drohung; Betrug; Mangel der Uebereinstimmung des wirklichen Willens mit
dem erklärten Willen, wenn der Erklärende entweder den Willen,
überhaupt eine Ehe zu schliessen, oder den Willen, eine Ehe

mit dem anderen Teile zu schliessen, nicht gehabt hat und in
beiden Fällen jener Mangel auf einem Irrtume des Erklärenden
beruhte; Eheunmündigkeit; Mangel der Einwilligung des gesetzlichen Vertreters. Als Betrug soll es insbesondere behandelt
werden, wenn einem der Eheschliessenden von dem anderen
Teile solche persönliche Verhältnisse oder Eigenschaften des letzteren verhehlt sind, welche ihn bei verständiger Würdigung des
Zweckes der Ehe von der Eheschliessung abhalten mussten und
von welchen zugleich vorauszusehen war, dass sie ihn, wenn er
sie gekannt hätte, von der Eheschliessung abgehalten haben
würden (§. 1259). Das Anfechtungs-R. steht nur dem Ehegatten
zu, in dessen Person der Anfechtungsgrund begründet ist, und
erlischt durch Auflösung der Ehe, es sei denn, dass die Auflösung durch den Tod des zur Anfechtung nicht berechtigten
Ehegatten erfolgt ist (§. 1262), ferner durch Genehmigung der
Ehe (§. 1263) und durch Zeitablauf. Die Anfechtung erfolgt,
so lange die Ehe nicht aufgelöst ist, durch Erhebung der Anfechtungsklage. Die Anfechtung bewirkt, dass die Ehe als nicht
geschlossen angesehen wird. Ist die Anfechtung durch Erhebung
der Anfechtungsklage erfolgt, so kann jene Wirkung jedoch so
lange incidenter nicht geltend gemacht werden, bis die Ehe aufgelöst oder für ungültig erklärt ist (§. 1260). Die aus der Ungültigkeit der Ehe sich ergebenden Folgen treten in Ansehung
der Ehegatten ohne Rücksicht darauf ein, ob die letzteren in
gutem Glauben waren oder nicht. Eine Modifikation erleidet
dieser Grundsatz jedoch in vermögensrechtlicher Beziehung (mit
Ausnahme des Erb-R.) zu Gunsten der gutgläubigen Ehegatten
gegenüber dem anderen Ehegatten, wenn dieser die Ungültigkeit bei der Eheschliessung gekannt hat (§§. 1258, 1270).

Der 2., von den Wirkungen der Ehe handelnde Titel
enthält I. §§. 1272—1282 die allgemeinen, ohne Rücksicht auf
die Art des zwischen den Ehegatten bestehenden Güterstandes massgebenden Vorschriften. Dieselben regeln die persönlichen Rechtsbeziehungen der Ehegatten zueinander einschliesslich der gegenseitigen Unterhaltspflicht, sowie die praesumtio Muciana. Anlangend
insbesondere die persönlichen Rechtsbeziehungen der Ehegatten
zu einander, so ist als leitendes Prinzip der Satz an die Spitze
gestellt, dass die Ehegatten untereinander zur ehelichen Lebens-
gemeinschaft berechtigt und verpflichtet sind (§. 1272). Innerhalb der aus diesem Prinzipe sich ergebenden Grenzen steht dem
Ehemann die Entscheidung in allen das gemeinschaftliche eheliche Leben betreffenden Angelegenheiten zu (§. 1273). Die

Ehefrau ist, unbeschadet dieses dem Ehemann zustehenden R., berechtigt und verpflichtet, dem gemeinschaftlichen Hauswesen vorzustehen (§. 1275). Innerhalb des häuslichen Wirkungskreises ist sie den Ehemann zu vertreten berechtigt (§. 1278). Wegen Nichterfüllung der aus der ehelichen Gemeinschaft sich ergebenden Pflichten kann auf Herstellung des ehelichen Lebens geklagt werden; doch sind Zwangsvollstreckungsmassregeln zu diesem Zwecke ausgeschlossen (§. 1276 nebst Anm.). Die Nichtbefolgung des Urteiles kann aber zur Scheidung wegen böslicher Verlassung führen (§. 1413).

Vorschriften, welche Schenkungen unter Ehegatten oder Interzessionen der Ehefrau zu Gunsten des Ehemannes verbieten oder beschränken, sind nicht aufgenommen.

Die Ehefrau als solche ist in der Geschäftsfähigkeit nicht beschränkt. Auch das eheliche Güter-R. ist auf die Geschäftsfähigkeit derselben ohne Einfluss. Zum Schutze der dem Ehemanne auf Grund des ehelichen Güter-R. zugestandenen R. ist jedoch das Verfügungs-R. der Ehefrau beschränkt (§. 1300 ff., §. 1352 Abs. 2, §. 1362 Nr. 1, §. 1417, §. 1423 Abs. 2 Nr. 2, §. 1431 Abs. 1). Dem Interesse des Ehemannes, dass die Ehefrau sich den aus der ehelichen Gemeinschaft für sie ergebenden Pflichten nicht durch die Ueberuahme der Verpflichtung zu einer in Person zu bewirkenden Leistung entziehe, ist dadurch Rechnung getragen, dass derartige von der Ehefrau ohne Einwilligung des Ehemannes geschlossene Rechtsgeschäfte nach näherer Bestimmung des §. 1277 der Anfechtung von Seiten des Ehemannes unterliegen.

Die §§. 1283—1332 (II) regeln unter 7 Nummern (Ehegut und Vorbehaltsgut, Nutzniessung, Beschränkung der Ehefrau, Verbindlichkeiten derselben, Verwaltung, Vertretung des Ehemannes, Beendigung) das gesetzliche eheliche Güter-R. Dasselbe ist auf der Grundlage des Systems der sogen. Verwaltungsgemeinschaft einheitlich für das ganze Gebiet des Deutschen Reichs geordnet. Den Ehegatten steht es jedoch frei, durch Ehevertrag, sei es vor oder nach Eingehung der Ehe, den Güterstand in anderer Art zu ordnen; der Vertragsfreiheit ist insofern eine Schranke gezogen, als der eheliche Güterstand in dem Ehevertrage nicht durch Bezugnahme auf ein nicht mehr geltendes oder auf ein ausländisches Gesetz bestimmt werden kann (§§. 1333, 1334). Die §§. 1336, 1337 betreffen die Wirksamkeit der Veröffentlichung des Ehevertrags.

Neben dem gesetzlichen ehelichen Güter-R. sind als ver-

tragsmässige Güterstände ausführlich geregelt: Trennung der
Güter (§§. 1338—1340); allgemeine G.G. einschliesslich der fortgesetzten G.G. (§§. 1341—1409); Errungenschaftsgemeinschaft
(§§. 1410—1430); Gemeinschaft des beweglichen Vermögens und
der Errungenschaft (§§. 1431—1434).

Die Grundzüge des gesetzlichen ehelichen Güter-R. sind die
folgenden:

Das Vermögen, welches die Ehefrau zur Zeit die Eheschliessung hat oder während der Ehe erwirbt, unterliegt, soweit nicht
das Gesetz ein Anderes bestimmt, der Nutzniessung und Verwaltung des Ehemannes. Dieses Vermögen der Ehefrau bezeichnet
der E. technisch als „Ehegut", das von der ehelichen Nutzniessung und Verwaltung ausgeschlossene Vermögen als „Vorbehaltsgut". Beachtenswerth ist, dass zu dem Vorbehaltsgute
insbesondere auch die Gegenstände gehören, welche die Ehefrau
durch ihre Arbeit (soweit diese nicht in häuslichen Arbeiten besteht oder als Hilfeleistung im Gewerbe des Ehemannes sich darstellt) oder durch den selbständigen Betrieb eines Erwerbsge-
geschäftes erwirbt. Für das Vorbehaltsgut ist im weiten Umfange
das Surrogationsprinzip anerkannt. In Ansehung des Vor-
behaltsgutes hat die Ehefrau durchaus dieselbe Stellung, wie
wenn sie unverheiratet wäre (§§. 1283—1291). Auf die dem
Ehemanne an dem Ehegute zustehende Nutzniessung (eheliche
Nutzniessung) finden die Vorschriften über den Niessbrauch Anwendung, soweit nicht aus dem Gesetze ein Anderes sich ergibt.
Der dingliche Charakter der ehelichen Nutzniessung erleidet aber
eine erhebliche Abschwächung durch die Vorschrift, dass ein
Gegenstand der ehelichen Nutzniessung nur so lange unterliegt,
als er zum Ehegute gehört. Eine Haftung der Ehefrau für die
Schulden des Ehemannes mit der Substanz des Ehegutes findet
nicht statt. Wie die eheliche Nutzniessung dem Ehemanne auf
der einen Seite ein eigenes R. auf die Nutzungen des Ehegutes
gewährt, so begründet sie andererseits für denselben gegenüber
der Ehefrau die Verpflichtung, solche im einzelnen näher bezeichnete
Ausgaben, welche ein ordentlicher Hausvater aus den Einkünften
seines Vermögens zu bestreiten pflegt, insoweit zu tragen, als
dieselben den Betrag der Nutzungen nicht übersteigen (§§. 1292
bis 1299).

Von der ehelichen Nutzniessung innerlich verschieden, aber
im engen Zusammenhange mit derselben stehend, ist die eheliche Verwaltung des Ehegutes, welche den Ehemann berechtigt
und verpflichtet, für die ordnungsmässige Verwaltung der Sub-

stanz des Ehegutes Sorge zu tragen. Insoweit hat der Ehemann gegenüber der Ehefrau die Stellung eines Beauftragten. Dagegen ist er, von einigen Ausnahmen abgesehen, kraft der ehelichen Verwaltung nicht berechtigt, die Ehefrau nach aussen hin im rechtsgeschäftlichen Verkehre oder in Rechtstreitigkeiten zu vertreten; vielmehr bedarf er dazu einer Vollmacht der Ehefrau. Er kann aber, wenn ein Rechtsgeschäft oder die Führung eines Rechtstreites zum Zwecke der ordnungsmässigen Verwaltung des Ehegutes erforderlich wird, von der Ehefrau verlangen, dass diese das Geschäft mit seiner Einwilligung vornehme, falls sie es nicht vorzieht, ihm Vollmacht zu ertheilen. Ebensowenig wie im Namen der Ehefrau kann der Ehemann im eigenen Namen kraft der ehelichen Verwaltung über die Substanz des Ehegutes, insbesondere auch nicht über die Mobilien, verfügen. Dem Verwaltungs-R. des Ehemannes entspricht dessen Verwaltungspflicht. Vermöge der letzteren kann, wenn ein Rechtsgeschäft oder die Führung eines Rechtstreites zum Zwecke der ordnungsmässigen Verwaltung des Ehegutes erforderlich wird, auch die Ehefrau von dem Ehemanne verlangen, dass dieser nach ihrer Wahl entweder als ihr Bevollmächtigter das Geschäft vornehme oder in dessen Vornahme durch sie selbst einwillige (§§. 1317—1325).

Anlangend die Verbindlichkeiten der Ehefrau, so unterscheidet der E. zwischen Ehegutsverbindlichkeiten, d. h. solchen Verbindlichkeiten, wegen welcher die Gläubiger der Ehefrau die Befriedigung auch aus dem Ehegute ohne Rücksicht auf die eheliche Nutzniessung und Verwaltung verlangen können, und solchen Verbindlichkeiten der Ehefrau, welche nicht Ehegutsverbindlichkeiten sind. Die Regel ist, dass alle Verbindlichkeiten der Ehefrau Ehegutsverbindlichkeiten sind. Eine Ausnahme machen namentlich die Verbindlichkeiten der Ehefrau aus Rechtsgeschäften und Urteilen, welche nach den Vorschriften über die Beschränkung des Verfügungs-R. der Ehefrau in Ansehung des Ehegutes gegenüber dem Ehemanne unwirksam sind (§§. 1311—1316).

Grundsätzlich fallen die Ehegutsverbindlichkeiten auch im Verhältnisse der Ehegatten zu einander dem Ehegute, nur ausnahmsweise dem Vorbehaltsgute zur Last. Auf Grund dieser Unterscheidung ist, wenn eine dem Ehegute zur Last fallende Verbindlichkeit aus dem Vorbehaltsgute oder umgekehrt eine dem letzteren zur Last fallende Verbindlichkeit aus dem Ehegute getilgt ist, eine Ausgleichungspflicht zwischen den beiden Vermögensmassen bestimmt (§. 1316).

Die eheliche Nutzniessung und Verwaltung wird, abgesehen

von der Auflösung der Ehe und einem die Beendigung bestimmenden Ehevertrage, durch Konkurs über das Vermögen des
Ehemannes und mit der Erlassung des Urteiles beendigt, durch
welches der Ehemann für tot erklärt wird. Ausserdem ist die
Ehefrau berechtigt, die Aufhebung der ehelichen Nutzniessung
und Verwaltung zu verlangen, wenn der Ehemann die ihm in
Ansehung der ehelichen Nutzniessung und Verwaltung obliegenden Verpflichtungen oder die Verpflichtung verletzt hat, der
Ehefrau und den gemeinschaftlichen Abkömmlingen den Unterhalt zu gewähren, und in beiden Fällen eine erhebliche Gefährdung der R. der Ehefrau bezw. der Abkömmlinge zu besorgen
ist, ferner, wenn ein Abwesenheitspfleger für den Ehemann bestellt und eine Aussicht auf baldige Aufhebung der Pflegschaft
nicht vorhanden ist, oder wenn der Ehemann entmündigt oder
nach Massgabe des §. 1727 (wegen gewisser Gebrechen) des vormundschaftlichen Schutzes für bedürftig eskllärt ist. Wird die
Entmündigung, Bevormundung oder Pflegschaft später wieder
aufgehoben, so kann der Ehemann jedoch die Wiederherstellung
der ehelichen Nutzniessung und Verwaltung verlangen. Dasselbe
gilt, wenn der für tot erklärte Ehemann noch lebt. Ist die
eheliche Nutzniessung und Verwaltung beendigt, so tritt, sofern
nicht die Beendigung durch die Auflösung der Ehe oder durch
Ehevertrag herbeigeführt ist, unter den Ehegatten Trennung der
Güter nach Massgabe der den vertragsmässigen Güterstand der
Gütertrennung regelnden Vorschriften ein (§§. 1327—1332).

Die Gestaltung des gesetzlichen ehelichen Güter-R. zeigt in
den Grundzügen wie auch im Einzelnen unverkennbar das Bestreben, der Ehefrau die Substanz des Ehegutes thunlichst zu
sichern und zu dem Ende die R. des Ehemannes in Ansehung
des Ehegutes zu beschränken, die R. der Ehefrau zu erweitern.
Auf der anderen Seite sind der Ehefrau solche Sicherungsmittel,
welche das Interesse der Gläubiger des Ehemannes zu gefährden
geeignet sind, insbesondere ein Pfand-R. oder ein Titel zu einem
solchen, oder das R. auf Sicherheitsleistung bei Vermögensverfall
des Ehemannes versagt (vgl. §. 1295).

Tit. 3 behandelt die Eheverträge, durch welche der
„gesetzliche Güterstand" geändert oder ausgeschlossen werden
kann, zunächst

I. die allgemeinen Grundsätze, sodann

II. die Trennung der Güter, welche darin besteht, dass die
eheliche Nutzniessung und Verwaltung ohne Bestimmung eines
anderen Güterstandes ausgeschlossen ist. Als positive Wirkung

verbindet der E. indessen mit dem in Rede stehenden Güterstande (in Ermangelung einer entgegenstehenden Vereinbarung)
die Verpflichtung der Ehefrau, dem Ehemanne aus den Einkünften ihres Vermögens und dem Ertrage eines von ihr selbständig betriebenen Erwerbsgeschäftes zur Bestreitung des Unterhaltes beider Ehegatten sowie der gemeinschaftlichen Abkömmlinge einen angemessenen Beitrag zu leisten.   Ausserdem ist,
wenn die Ehefrau dem Ehemanne die Verwaltung ihres Vermögens
oder eines Teiles desselben überlassen hat, dem Ehemanne in
Ermangelung einer anderen Bestimmung der Ehefrau, mit einer
gewissen Modifikation, das R. eingeräumt, die Einkünfte des ihm
zur Verwaltung überlassenen Vermögens nach freiem Ermessen
zu verwenden (§§. 1338—1340).

III. Der vertragsmässige Güterstand der allgemeinen
G.G. ist auf der Grundlage des sogen. deutschrechtlichen Mit-
eigentums als Gemeinschaft zur gesamten Hand geordnet. Das
Vermögen, welches der Ehemann, und das Vermögen, welches
die Ehefrau zur Zeit des Eintrittes der allgemeinen G.G. hat
oder während derselben erwirbt, wird, ohne dass es einer besonderen Uebertragung bedarf, zu einem beiden Ehegatten gemeinschaftlich gehörenden Vermögen (Gesamtgut) vereinigt (§§.
1342, 1343). Die hierzu gehörenden Gegenstände stehen den
Ehegatten nicht nach Bruchteilen zu; dieser Anteil kann nicht
veräussert oder belastet werden und ist auch der Zwangsvollstreckung nicht unterworfen.

Das Prinzip, dass alles Vermögen des einen und des anderen Ehegatten gemeinschaftlich wird, ist durchbrochen durch
die Zulassung von Vorbehalts- und Sondergut sowohl auf Seiten
des Ehemannes als der Ehefrau. Das Vorbehaltsgut ist von dem
Gesamtgute vollständig ausgeschlossen; das Sondergut ist von
dem Gesamtgute zwar ebenfalls ausgeschlossen, jedoch der Verwaltung für Rechnung desselben nach Massgabe der Vorschriften
über das Verhältnis des Sondergutes zum Gesamtgute bei der
Errungenschaftsgemeinschaft (§. 1411 Abs. 2) unterworfen.

Während des Bestehens der G.G. unterliegt das Gesamtgut
ausschliesslich der Verwaltung des Ehemannes; er ist jedoch nicht
berechtigt, im Namen der Ehefrau ein Rechtsgeschäft vorzunehmen oder einen Rechtsstreit zu führen. Ueberhaupt wird die
Ehefrau durch die Verwaltungshandlungen des Ehemannes weder
gegenüber einem Dritten noch gegenüber dem Ehemanne persönlich verpflichtet. Auch schon während bestehender G.G. kommt
das Prinzip der gesamten Hand insofern zur Geltung, als ein

Rechtsgeschäft des Ehemannes, durch welches das Gasamtgut im Ganzen oder ein Bruchteil desselben oder ein zu dem Gesamt gute gehörendes Grundstück veräussert oder belastet oder die Verpflichtung zu einer solchen Veräusserung oder Belastung begründet wird, nur wirksam ist, wenn die Ehefrau in die Vor nahme des Rechtsgeschäftes eingewilligt hat oder dasselbe geneh migt. In gleicher Weise ist der Ehemann in der Vornahme von Schenkungen aus dem Gesamtgute beschränkt, es sei denn, dass es sich um Schenkungen handelt, welche durch eine sittliche Pflicht oder die auf den Anstand zu nehmende Rücksicht gerecht fertigt werden (§§. 1352, 1353). Ausnahmsweise ist auch die Ehefrau über das Gesamtgut zu verfügen berechtigt. Es gil dies, abgesehen von dem R. der Ehefrau, den Ehemann inner halb des häuslichen Wirkungskreises zu vertreten (§. 1278) namentlich dann, wenn die Ehefrau mit Einwilligung des Ehe mannes ein Erwerbsgeschäft selbständig betreibt oder wenn der Ehemann wegen Abwesenheit oder Krankheit zur Vornahme eines Rechtsgeschäftes oder zur Führung eines Rechtstreites ausser Stande und Gefahr im Verzuge ist (§§. 1354—1358).

Für die Art der Verwaltung des Gesamtgutes ist der Ehe mann der Ehefrau nicht verantwortlich; doch ist er wegen einer Veränderung des Gesamtgutes, welche von ihm in der Absicht die Ehefrau zu benachteiligen, bewirkt ist, oder welche das Ge samtgut durch ein nach den oben bezeichneten Vorschriften unwirksames Rechtsgeschäft des Ehemannes erlitten hat, zu dem Gesamtgute bei Auflösung der G.G. Ersatz zu leisten verpflichte (§§. 1364, 1369). Alle Verbindlichkeiten der Ehegatten sind Gesamtgutsverbindlichkeiten d. h. solche, wegen welcher die Gläu biger die Befriedigung auch aus dem Gesamtgute verlangen können, mit gewissen Ausnahmen hinsichtlich solcher Verbind lichkeiten der Ehefrau, welche erst nach Eintritt der G.G entstanden sind. Für die Verbindlichkeiten der Ehefrau, welche Gesamtgutsverbindlichkeiten sind, haftet der Ehemann persönlich während eine persönliche Haftung der Ehefrau für die Verbind lichkeiten des Ehemannes auf Grund der G.G. nicht besteh (§§. 1359—1363).

Wird über das Vermögen des Ehemannes der Konkurs eröff net, so gehört das Gesamtgut zur Konkursmasse; der Ehefrau steht in Ansehung des Gesamtgutes nicht das R. auf Ausein andersetzung oder Absonderung zu. Andererseits wird durch den Konkurs über das Vermögen der Ehefrau das Gesamtgu nicht berührt (§. 1361). Die Gesamtgutsverbindlichkeiten falle als Regel auch im Verhältnisse der Ehegatten zu einander dem Gesamtgute zur Last, ausnahmsweise jedoch demjenigen Ehegatten, in dessen Person sie entstanden sind. Zur letzteren Art gehören z. B. Verbindlichkeiten aus einer während des Bestehens der G.G. von einem der Ehegatten begangenen unerlaubten Handlung.

Die G.G. wird aufgelöst sowohl mit der Auflösung der Ehe als auch durch einen die Auflösung bestimmenden Ehevertrag. Ausserdem kann die Ehefrau in gewissen Fällen (Besorgnis einer erheblichen Gefährdung der R. der Ehefrau bezw. der gemeinschaftlichen Abkömmlinge) die Auflösung der G.G. verlangen. Der Konkurs über das Vermögen des Ehemannes als solcher ist auf die Fortdauer der G.G. ohne Einfluss. Erfolgt die Auflösung der G.G. auf Verlangen der Ehefrau durch Urteil, so tritt Trennung der Güter ein. Auf Antrag der Ehefrau muss jedoch in dem Urteil bestimmt werden, dass der gesetzliche Güterstand eintrete (§§. 1371, 1372, 1381).

Nach Auflösung der G.G. kann jeder Ehegatte die Auseinandersetzung wegen des Gesamtgutes verlangen; das letztere behält bis zur erfolgten Auseinandersetzung seinen bisherigen Charakter bei, jedoch mit der Modifikation, dass bis dahin die beiden Ehegatten nur gemeinschaftlich berechtigt sind, das Gesamtgut zu verwalten, und dass der Anteil eines Ehegatten an dem Gesamtgute zu Gunsten der Gläubiger dieses Ehegatten der Zwangsvollstreckung unterworfen ist. Wird über das Vermögen eines der Ehegatten nach Auflösung der G.G. und vor der Auseinandersetzung der Konkurs eröffnet, so gehört der Anteil dieses Ehegatten an dem Gesamtgute zur Konkursmasse; die Vorschriften der §§. 14, 44 der K.O. finden Anwendung (§§. 1373 bis 1376).

Bei der Auseinandersetzung werden zunächst alle Gesamtgutsverbindlichkeiten aus dem Gesamtgute berichtigt (§. 1377 Abs. 1). Wie aus den §§. 1367, 1376 sich ergibt, kann jedoch keiner der Ehegatten verlangen, dass diese Berichtigung sich auch auf solche Gesamtgutsverbindlichkeiten erstrecke, welche im Verhältnisse der Ehegatten zu einander ihnen selbst zur Last fallen. Was von dem Gesamtgute nach Berichtigung der bezeichneten Verbindlichkeiten übrig bleibt, wird unter die Ehegatten zu gleichen Teilen geteilt. Reicht das Gesamtgut zur Berichtigung derjenigen Gesamtverbindlichkeiten, welche im Verhältnisse der Ehegatten zu einander dem Gesamtgute zur Last fallen, nicht aus, so hat allein der Ehemann die Einbusse zu tragen.

Wird die Ehe durch den Tod eines der Ehegatten aufge
löst, so gehört der Anteil des verstorbenen Gatten an dem Ge
samtgute zum Nachlasse dieses Ehegatten. Ist ein gemeinschaf
licher Abkömmling nicht vorhanden, so wird der verstorben
Gatte in derselben Weise beerbt, wie er beerbt sein würde
wenn zwischen den Ehegatten G.G. nicht bestanden hätte. Ha
dagegen der Verstorbene einen oder mehrere gemeinschaftlich
Abkömmlinge hinterlassen, so tritt eine besondere gütterge
meinschaftliche Erbfolge ein, sofern nicht die letztere vo
den Ehegatten durch Ehevertrag ausgeschlossen ist. Auf Grun
dieser gütergemeinschaftlichen Erbfolge, welcher mit gewisse
Modifikationen der Charakter einer auf Erbeinsetzungsvertra
beruhenden Erbfolge beigelegt ist, wird der überlebende Ehe
gatte, wenn neben den gemeinschaftlichen Abkömmlingen ei
einseitiger Abkömmling des verstorbenen Ehegatten nicht vor
handen ist, als Alleinerbe, wenn ein oder mehrere einseitig
Abkömmlinge vorhanden sind, insoweit als Erbe des verstorbenei
Ehegatten berufen, als er und die gemeinschaftlichen Abkömm
linge bei der Voraussetzung, dass G.G. zwischen den Ehegatter
nicht bestanden hätte, als gesetzliche Erben würden berufer
werden. Dieses gütergemeinschaftliche Erb-R. ist jedoch nich
Selbstzweck, sondern nur ein Durchgang zur fortgesetzten G.G
im engeren Sinne; zugleich mit der gütergemeinschaftlichen Erb
folge treten die gemeinschaftlichen Abkömmlinge kraft des Ge
setzes mit dem überlebenden Ehegatten in das Rechtsverhältni
der fortgesetzten G.G. Die daraus für sie sich ergebender
R. treten an die Stelle des gesetzlichen Erb-R.; von diesem Ge
sichtspunkte aus ist das Verhältnis im einzelnen materiell ge
staltet. Die Konstruktion der fortgesetzten G.G. auf der Grund
lage des Alleinerb-R. des überlebenden Ehegatten bezweckt die
Haftung für die Verbindlichkeiten des verstorbenen Ehegatten
bei der fortgesetzten G.G. in einer einfachen und den allgemeiner
erbrechtlichen Grundsätzen sich anschliessenden Weise zu regeln
insbesondere auf diesem Wege die Abkömmlinge gegen die persön
liche Haftung für jene Verbindlichkeiten zu schützen (§§. 138?
bis 1395).

Kraft der fortgesetzten G.G. wird zwischen dem überlebender
Ehegatten und den anteilsberechtigten gemeinschaftlichen Ab
kömmlingen eine ähnliche Rechtsgemeinschaft begründet, wie
durch die eheliche G.G. zwischen den Ehegatten. Gesamtgut der
fortgesetzten G.G. ist das Vermögen, welches der überlebende
Ehegatte zur Zeit des Eintrittes der fortgesetzten G.G. hat, ins

besondere das zur Zeit des Todes des verstorbenen Ehegatten
vorhandene Gesamtgut, soweit es der überlebende Ehegatte erhält, sowie das Vermögen, welches der überlebende Ehegatte
während des Bestehens der fortgesetzten G.G. erwirbt; doch sind
gewisse, dem überlebenden Ehegatten gehörende Gegenstände als
Sonder- bezw. Vorbehaltsgut derselben von dem Gesamtgute ausgeschlossen. Das Vermögen, welches ein gemeinschaftlicher Abkömmling zur Zeit des Todes des verstorbenen Ehegatten hat
oder später erwirbt, gehört nicht zu dem Gesamtgute der fortgesetzten G.G. (§. 1396, §. 1397 Abs. 1). In Ansehung des Gesamtgutes hat der überlebende Ehegatte im allgemeinen dieselbe
rechtliche Stellung, wie der Ehemann in Ansehung des ehelichen
Gesamtgutes, während die anteilsberechtigten Abkömmlinge im
wesentlichen die der Ehefrau bei der ehelichen G.G. zugewiesene
Stellung einnehmen (§§. 1399—1402). Die Anteile der Abkömmlinge an dem Gesamtgute sind nicht nur unveräusserlich, sondern
auch unvererblich. Stirbt ein Abkömmling während des Bestehens
der fortgesetzten G.G., so fällt sein Anteil an diejenigen seiner
Abkömmlinge, welche denselben erhalten würden, wenn der Ehegatte, durch dessen Tod die fortgesetzte G.G. herbeigeführt ist,
zur Zeit des Todes des Abkömmlinges gestorben wäre, in Ermangelung solcher Abkömmlinge aber an die übrigen anteilsberechtigten
Abkömmlinge und, wenn auch solche nicht vorhanden sind, an
den gütergemeinschaftlichen Erben (§. 1397 Abs. 2).

Unter den Gründen, aus welchen die fortgesetzte G.G. aufgelöst wird, ist der wichtigste die Schliessung einer neuen Ehe
von Seiten des überlebenden Ehegatten. Das Institut der Einkindschaft ist dem E. unbekannt. Der überlebende Ehegatte
kann ferner jederzeit durch einseitige Erklärung die Auflösung
der fortgesetzten G.G. herbeiführen. Andererseits können die
Abkömmlinge die Auflösung der fortgesetzten G.G. aus ähnlichen
Gründen verlangen, wie die Ehefrau die Aufhebung der ehelichen
G.G. (§§. 1403—1405). Das nach Auflösung der fortgesetzten
G.G. eintretende Rechtsverhältnis ist in ähnlicher Weise gestaltet,
wie das Rechtsverhältnis nach Auflösung der ehelichen G.G.
Was bei der Auseinandersetzung wegen des Gesamtgutes von
dem letzteren nach Berichtigung der Gesamtgutsverbindlichkeiten übrig bleibt, wird unter den überlebenden Ehegatten und
die anteilsberechtigten Abkömmlinge in der Weise geteilt, dass
die ersteren die eine Hälfte, die letzteren die andere Hälfte erhalten. Der überlebende Ehegatte ist, abgesehen von den Fällen,
in welchen die Auflösung der fortgesetzten G.G. auf Antrag

eines Abkömmlinges erfolgt, berechtigt, bei der Auseinand‹
setzung das ganze Gesamtgut, oder einzelne Teile desselben geg‹
Ersatz des durch Schätzung zu ermittelnden gegenwärtig‹
Wertes zu übernehmen. Reicht das Gesamtgut zur Berichtigu‹
der Gesamtgutsverbindlichkeiten nicht aus, so hat der überleben‹
Ehegatte den Ausfall zu tragen. Die Abkömmlinge sind weg‹
jener Verbindlichkeiten weder gegenüber den Gläubigern no‹
gegenüber dem überlebenden Ehegatten verhaftet (§§. 1406, 140‹

Mehrere anteilsberechtigte Abkömmlinge teilen die ihn‹
zufallende Hälfte des Gesamtgutes der fortgesetzten G.G. unt‹
sich nach dem Verhältnisse der Anteile, zu welchen sie, wenn d‹
verstorbene Ehegatte erst zur Zeit der Auflösung der fortgesetzt‹
G.G. gestorben wäre, als dessen gesetzliche Erben berufen se‹
würden (§. 1408). Die Ehegatten sind nur in beschränkte‹
Umfange durch letztwillige Verfügung in die gesetzlich den A‹
kömmlingen kraft der fortgesetzten G.G. zustehenden R. einz‹
greifen befugt. Der überlebende Ehegatte ist überhaupt nic‹
berechtigt zu Verfügungen von Todes wegen, welche jene R‹
insbesondere in Ansehung der Auseinandersetzung, berühr‹
(§§. 1389—1391, 1409).

IV. Der vertragsmässige Güterstand der Errungenschaft‹
gemeinschaft (§§. 1410—1430) ist, soviel das Rechtsverhältn‹
der Sondergüter betrifft, im Anschlusse an die Vorschriften d‹
gesetzlichen ehelichen Güter-R. über das Ehegut, soviel das Recht‹
verhältnis des Gesamtgutes, insbesondere auch die Verwaltu‹
desselben und die Verantwortlichkeit des Ehemannes, betrifft, i‹
Anschlusse an die Vorschriften der allgemeinen G.G. über das G‹
samtgut geregelt (§§. 1417, 1424). Gesamtgut wird bei d‹
Errungenschaftsgemeinschaft das Vermögen, welches der Eheman‹
und das Vermögen, welches die Ehefrau während des Bestehe‹
der Errungenschaftsgemeinschaft erwirbt, soweit nicht das Gese‹
ein Anderes bestimmt. Das nicht zu dem Gesamtgute gehören‹
Vermögen sowohl des einen als des anderen Ehegatten wir‹
soweit dasselbe nicht Vorbehaltsgut ist, für Rechnung des G‹
samtgutes in der Weise verwaltet, dass die Nutzungen zu de‹
Gesamtgute in demselben Umfange gehören, in welchem b‹
dem gesetzlichen ehelichen Güterstande die Nutzungen des Eh‹
gutes dem Ehemann gehören (Sondergut). Inwieweit ausser de‹
einem Ehegatten bei Eintritt der Errungenschaftsgemeinscha‹
zustehenden Vermögen dasjenige Vermögen eines Ehegatte‹
welches er während des Bestehens der Errungenschaftsgemei‹
schaft erwirbt, in Abweichung von der bezeichneten formell‹

Regel Sondergut dieses Ehegatten wird, ist unter Berücksichtigung des materiellen Zweckes der Errungenschaftsgemeinschaft, nach welchem nur die Nutzungen von dem beiderseitigen Vermögen der Ehegatten und das durch ihre Arbeit Erworbene gemeinschaftlich werden soll, genau bestimmt. Hervorzuheben ist, dass der E. bei den Sondergütern in weiterem Umfange das Surrogationsprinzip anerkannt hat. Insbesondere sind nicht diejenigen Gegenstände Sondergut eines Ehegatten, welche derselbe durch solche Rechtsgeschäfte erwirbt, welche auf sein Sondergut sich beziehen, es sei denn, dass die Gegenstände durch den Betrieb eines Erwerbsgeschäftes erworben werden oder zu den Nutzungen des Sondergutes gehören (§§. 1411—1416).

Wie bei der allgemeinen G.G. sind auch hier alle Verbindlichkeiten des Ehemannes, auch die vor Eintritt der Errungenschaftsgemeinschaft entstandenen, Gesamtgutsverbindlichkeiten. Dagegen kommt diese Eigenschaft den vor Eintritt der Errungenschaftsgemeinschaft entstandenen Verbindlichkeiten der Ehefrau überhaupt nicht, den nach jenem Zeitpunkte entstandenen Verbindlichkeiten derselben nur in bestimmt bezeichneten Fällen zu, insbesondere dann, wenn dieselben aus Rechtsgeschäften herrühren, in deren Vornahme der Ehemann eingewilligt oder welche er genehmigt hat, oder aus solchen Rechtsgeschäften, welche der von dem Ehemanne der Ehefrau gestattete selbständige Betrieb eines Erwerbsgeschäftes mit sich bringt. Für die Verbindlichkeiten der Ehefrau, welche Gesamtgutsverbindlichkeiten sind, haftet der Ehemann persönlich. Dagegen liegt der Ehefrau eine gleiche Haftung für die Verbindlichkeiten des Ehemannes nicht ob (§. 1423).

Auch im Verhältnisse der Ehegatten zu einander fallen die Gesamtgutsverbindlichkeiten grundsätzlich dem Gesamtgute zur Last; indessen ist dieser Grundsatz, entsprechend dem beschränkten Zwecke der Errungenschaftsgemeinschaft, nach welchem im wesentlichen nur der eheliche Aufwand sowie die Erhaltungskosten und Lasten der Sondergüter aus dem Gesamtgute bestritten werden sollen, hier in weit ausgedehnterem Masse, als bei der allgemeinen Gütergemeinschaft, durchbrochen. Insbesondere fallen die vor dem Eintritte der Errungenschaftsgemeinschaft entstandenen Verbindlichkeiten des Ehemannes im Verhältnisse der Ehegatten zu einander ausnahmlos dem Ehemanne zur Last (§§. 1426, 1427).

Auf die Auflösung der Errungenschaftsgemeinschaft finden die Vorschriften über Auflösung der allgemeinen G.G. entsprechende Anwendung; doch erfolgt die Auflösung der Errungenschafts-

gemeinschaft auch im Falle des Konkurses über das Vermög(
des Ehemannes sowie dann, wenn der letztere für tot erklä
wird. Ausserdem kann die Ehefrau die Auflösung der Errunge
schaftsgemeinschaft in allen den Fällen verlangen, in welch(
sie die Aufhebung der ehelichen Nutzniessung und Verw(
tung zu verlangen berechtigt ist. Ist die Auflösung infol[
des Konkurses über das Vermögen des Ehemannes eingetrete
so steht der Ehefrau bis zur Beendigung des Konkurses der A
spruch auf Wiederherstellung der Errungenschaftsgemeinsch(
zu. Andererseits kann auch der Ehemann nach Massgabe d
Vorschriften des gesetzlichen ehelichen Güterrechtes in d(
entsprechenden Fällen die Wiederherstellung der Errunge
schaftsgemeinschaft erlangen (§§. 1429, 1430).

Reicht bei der Auseinandersetzung wegen des Gesamtgut
das letztere zur Tilgung der dem Gesamtgute zur Last fallend(
Gesamtgutsverbindlichkeiten nicht aus, so hat, wie bei der a
gemeinen G.G., der Ehemann allein die Einbusse zu tragen. Au
den Gesamtgutgläubigern gegenüber ist die Ehefrau auf Gru(
der Errungenschaftsgemeinschaft nach der Auflösung ebens
wenig wie während des Bestehens derselben persönlich verhaft
(§. 1429 Abs. 1, §. 1380).

Nachwirkungen der Errungenschaftsgemeinschaft im Fa(
der Auflösung derselben durch den Tod eines der Ehegatt(
zu Gunsten des überlebenden Ehegatten sind dem E. unt
kannt.

V. Die Gemeinschaft des beweglichen Vermöge(
und der Errungenschaft behandelt der E. als ei
allgemeine G.G. mit der Massgabe, dass das unbeweglic
Vermögen, welches ein Ehegatte bei Eintritt der Gemeinsch(
hat oder während des Bestehens derselben durch Erbfolge od
durch Vermächtnis oder durch Uebertragung mit Rücksicht a
ein künftiges Erbrecht oder durch Schenkung erwirbt, Sond(
gut dieses Ehegatten ist. Welche Gegenstände unbeweglich
Vermögen in diesem Sinne sind, ist speziell bestimmt. Da (
Vorschriften des E. über die allgemeine G.G. auch den Fall e(
gehend regeln, in welchem Vermögensstücke eines Ehegatt(
als Sondergut von dem Gesamtgute ausgeschlossen sind, so [
schränkt der E. sich neben der grundsätzlichen Vorschrift, dass (
für die allgemeine eheliche G.G. geltenden Vorschriften auf (
hier in Rede stehende Gemeinschaft Anwendung finden, nur a
wenige besondere Bestimmungen. Unter diesen ist die wichtigs
dass die Vorschriften über die gütergemeinschaftliche Erbfolge u(

die mit der letzteren verbundene fortgesetzte G.G. auf den hier
fraglichen Güterstand keine Anwendung finden (§§. 1431—1434).

Der 4. Titel „Eherechtliches Register" enthält die
Vorschriften über die Art und Weise der Veröffentlichung einer
auf die vermögensrechtlichen Verhältnisse der Ehegatten sich beziehenden Thatsache in den Fällen, in welchen das Gesetz die
Veröffentlichung zur Wirksamkeit einer Thatsache, z. B. eines
Ehevertrags, gegen Dritte erfordert. Die Veröffentlichung erfolgt
durch Eintragung in ein für solche Eintragungen bestimmtes,
von jedem Amtsgerichte zu führendes Register. Jede Eintragung
ist von dem Amtsgerichte unverzüglich öffentlich bekannt zu
machen (§§. 1435—1439).

Der 5. Titel handelt von der Auflösung der Ehe. Die
Auflösung der Ehe vor dem Tode eines der Ehegatten kann nur
durch gerichtliches Urteil (Scheidung) oder infolge Todeserklärung
erfolgen. Die Scheidung ist nur in den im Gesetze bestimmten
Fällen zulässig; Ehescheidung kraft landesherrlicher Machtvollkom-
menheit ist beseitigt. Auf beständige Trennung der Ehegatten
von Tisch und Bett kann nicht erkannt werden. Auch die zeitweilige Trennung von Tisch und Bett als selbständiges Institut
neben und als Ersatz der Scheidung hat der E. nicht zugelassen.
Nur in Verbindung mit einem relativen Scheidungsgrunde oder
im Wege der einstweiligen Verfügung kann auf zeitweilige
Trennung von Tisch und Bett erkannt werden (§§. 1440, 1444,
1462). Das Scheidungs-R. des E. beruht auf dem Grundsatze,
dass ein Ehegatte die Scheidung nur wegen eines dem anderen
Ehegatten zur Last fallenden schweren Verschuldens verlangen
kann. Es ist daher insbesondere die Scheidung auf Grund gegen-
seitiger Einwilligung, wegen Geisteskrankheit oder wegen körper-
licher Gebrechen eines Ehegatten als solcher ausgeschlossen. Die
von dem E. zugelassenen Scheidungsgründe sind teils absolute,
teils relative. Auf Grund eines relativen Scheidungsgrundes
kann die Scheidung nur verlangt werden, wenn ein Ehegatte
durch die ihm zur Last fallende Handlung im konkreten Falle
eine so tiefe Zerrüttung des ehelichen Verhältnisses verschuldet
hat, dass dem klagenden Ehegatten die Fortsetzung der Ehe
nicht zugemutet werden kann, während bei den absoluten
Scheidungsgründen eine solche konkrete Prüfung der Wirkung
des betreffenden Scheidungsgrundes auf das eheliche Verhältnis
unzulässig ist. Als absolute Scheidungsgründe sind nur anerkannt: Ehebruch und die in den §§. 171, 175 des R.Str.G.B.

bezeichneten strafbaren Handlungen; Lebensnachstellung, bösliche Verlassung. Die relativen Scheidungsgründe sind nicht spezialisiert, sondern auf ein allgemeines Prinzip zurückgeführt: Verschuldung eines Ehegatten durch schwere Verletzung der ihm gegen den anderen Ehegatten obliegenden ehelichen Pflichten oder durch ehrloses oder unsittliches Verhalten.

Als Beispiele sind hervorgehoben: schwere Misshandlung sowie ein nach Schliessung der Ehe begangenes entehrendes Verbrechen oder Vergehen. Auf Grund eines relativen Scheidungsgrundes kann indessen regelmässig zunächst nur die Trennung von Tisch und Bett, die sofortige Scheidung nur dann verlangt werden, wenn nach den Umständen des Falles die Aussicht auf Herstellung des ehelichen Verhältnisses ausgeschlossen ist. Die in dem Urteile zu bestimmende Zeit der Trennung von Tisch und Bett kann auf länger als zwei Jahre nicht bestimmt werden. Das Trennungsurteil hat die Natur eines bedingten Scheidungsurteils. Nach Ablauf der bestimmten Trennungszeit kann der Ehegatte, welcher das Trennungsurteil erwirkt hat, auf Grund des letzteren, jedoch nur im Wege einer neuen Klage, die Scheidung verlangen. Dieses R. erlischt aber, wenn er von demselben keinen Gebrauch gemacht hat und auf eine nach Ablauf der bestimmten Trennungszeit von Seiten des anderen Ehegatten erhobene Klage auf Herstellung des ehelichen Lebens zu dieser Herstellung rechtskräftig verurteilt worden ist (§§. 1441—1445).

Das R. eines Ehegatten, die Scheidung oder die Trennung von Tisch und Bett zu verlangen, wird in keinem Falle dadurch ausgeschlossen, dass ihm gegenüber auch dem andern Ehegatten ein solches R. zusteht. Das Kompensationsprinzip hat der E. abgelehnt. Dagegen wird das R. auf Scheidung oder auf Trennung von Tisch und Bett, abgesehen von der Vorschrift des §. 576 der Z.P.O. (vgl. die neue Fassung desselben in der Anm. 1 zu §§. 1250 ff. unter II, 5), durch Verzeihung von Seiten des berechtigten Ehegatten sowie durch Zeitablauf ausgeschlossen (§§. 1446, 1447).

Anlangend die Wirkungen der Scheidung auf die Vermögensverhältnisse der Ehegatten, so hat der E. für den Fall der Scheidung weder bei dem gesetzlichen Güterstande noch bei dem vertragsmässigen Güterstande besondere Grundsätze wegen der Auseinandersetzung des beiderseitigen Vermögens aufgestellt. Auch Ehescheidungsstrafen sind dem E. unbekannt; doch ist der allein für den schuldigen Teil erklärte Ehegatte verpflichtet, dem anderen Ehegatten, wenn und solange dieser wegen Vermögenslosigkeit und Erwerbsunfähigkeit sich selbst zu unterhalten nicht im stande ist, den Unterhalt zu gewähren. Diese Unterhalts- pflicht erlischt, wenn der berechtigte Ehegatte eine neue Ehe schliesst (§. 1454).

Die Sorge für die Person der gemeinschaftlichen Kinder steht, solange beide Ehegatten leben, wenn nur ein Ehegatte für den schuldigen Teil erklärt ist, dem anderen Ehegatten, wenn beide Ehegatten für den schuldigen Teil erklärt sind, in Ansehung der Töchter der Mutter, in Ansehung der Söhne bis zum zurückgelegten 6. Lebensjahre der Mutter, für die späteren Lebensjahre dem Vater zu. Das Vormundschaftsgericht kann je- doch eine andere Anordnung treffen, wenn dies durch besondere Umstände im Interesse der Kinder geboten erscheint. Im übrigen werden die aus der elterlichen Gewalt sich ergebenden R. eines Ehegatten durch die Scheidung nicht berührt (§. 1456, 1457).

Für den Fall, dass auf Trennung von Tisch und Bett er- kannt oder die Trennung für die Dauer des Rechtsstreites im Wege einstweiliger Verfügung angeordnet ist, sind in den §§. 1459—1463 nähere, das Verhältnis der Ehegatten zu einander und zu den Kindern regelnde Vorschriften gegeben.

Hinsichtlich des Einflusses der Todeserklärung auf die Ehe bestimmt der E., dass, wenn nach der Todeserklärung eines Ehegatten der andere Ehegatte eine neue Ehe schliesst — was auf Grund der Todeserklärung als solcher zulässig ist (§. 1235) —, der für tot erklärte Ehegatte aber noch am Leben ist, mit Schliessung der neuen Ehe die zwischen dem für tot erklärten Ehegatten und dem anderen Ehegatten bestehende Ehe aufge- löst wird, es sei denn, dass der letztere bei der Eheschliessung weiss, dass zu dieser Zeit der für tot erklärte Ehegatte noch lebt oder dass die neue Ehe aus einem anderen Grunde nichtig ist (§§. 1464, 1465).

An die Wiederverheiratung eines Ehegatten sind, abgesehen von dem Einflusse derselben auf das Verhältnis zu den Vor- kindern und auf die fortgesetzte Gütergemeinschaft (vgl. §§. 1548, 1550, 1558, §. 1623 Abs. 3, §. 1734, §. 1403 Nr. 2, §§. 1404, 1242), besondere Nachteile nicht geknüpft.

Der zweite Abschnitt, **Verwandtschaft,** beginnt im 1. Titel mit den Vorschriften über die eheliche Abstammung (§§. 1466 bis 1479). Ein eheliches Kind ist nicht nur dasjenige, welches die Ehefrau während der Ehe von dem Ehemanne empfangen hat, sondern auch dasjenige, welches die Ehefrau vor Schliessung der Ehe von dem Ehemanne empfangen und nach Schliessung der Ehe geboren hat (§. 1466). Die Vermutung, dass das von der Ehefrau geborene Kind von dem Ehemanne erzeugt sei, wird aber nicht schon durch die Geburt während der Ehe, sondern nur dadurch begründet, dass die gesetzlich näher bestimmte Empfängniszeit ganz oder zum Teil in die Zeit während der Ehe fällt. Wenn jedoch der Ehemann gestorben ist, ohne die Ehelichkeit eines nach Schliessung der Ehe von der Ehefrau geborenen Kindes angefochten zu haben, gilt die bezeichnete Vermutung ohne Rücksicht darauf, ob die Empfängniszeit in die Zeit während der Ehe fällt oder nicht (§§. 1466—1470). Die Unehelichkeit eines von der Ehefrau während der Ehe oder innerhalb 300 Tagen nach Auflösung der Ehe geborenen Kindes kann nur geltend gemacht werden, wenn der Ehemann entweder die Ehelichkeit angefochten hat oder, ohne das R. der Anfechtung verloren zu haben, gestorben ist. Das R. des Ehemannes, die Ehelichkeit anzufechten, erlischt durch ausdrückliche Anerkennung des Kindes, durch Zeitablauf, sowie durch Zurücknahme der Anfechtungsklage. Die Anfechtung der Ehelichkeit ist im einzelnen nach Analogie der Vorschriften über die Anfechtung geregelt (§§. 1471—1477).

Der 2. Titel enthält die Vorschriften über die Unterhaltspflicht der Verwandten. Eine gegenseitige Unterhaltspflicht ist zwischen Verwandten in gerader Linie sowie zwischen Geschwistern anerkannt. Die letzteren haben jedoch gegeneinander nur einen Anspruch auf Gewährung des notdürftigen Unterhaltes. Die Unterhaltspflicht der Eltern gegenüber ihren minderjährigen unverheirateten Kindern ist eine in verschiedenen Richtungen intensivere, als die gewöhnliche Unterhaltspflicht. Auch jene Unterhaltspflicht ist indessen nicht als ein Ausfluss der elterlichen Gewalt oder als eine auf der elterlichen Nutzniessung ruhende Last, sondern als Ausfluss der Verwandtschaft gestaltet, wenngleich bei der Art der Regelung auch die elterliche Nutzniessung berücksichtigt ist.

Der 3. Titel handelt von dem Rechtsverhältnisse zwischen Eltern und ehelichen Kindern (§§. 1497 bis 1561). Unter den allgemeinen Vorschriften sind besonders bemerkenswert die Vorschriften über die Ausstattung. Eine Rechtspflicht zur Ausstattung ist nicht anerkannt. Wird aber einem Kinde wegen dessen Verheiratung oder Errichtung eines eigenen Hausstandes von dem Vater oder der Mutter eine den Umständen des Falles entsprechende Ausstattung gewährt oder zugesichert, so gilt dies nicht als Schenkung (§. 1500).

Die elterliche Gewalt behandelt der E. grundsätzlich als eine vormundschaftliche Schutzgewalt, welche, wie die Altersvormundschaft, mit der Volljährigkeit des Kindes endigt. Auch im einzelnen ist dieselbe inhaltlich der Vormundschaft nachgebildet; doch hat der Inhaber der elterlichen Gewalt eine erheblich freiere Stellung, als der Vormund. Insbesondere ist seine Vertretungsmacht weit weniger beschränkt und findet eine fortlaufende Aufsicht durch das Vormundschaftsgericht nicht statt. Das letztere ist jedoch in erheblichen Fällen zum Schutze des Interesses des Kindes einzuschreiten und dem Inhaber der elterlichen Gewalt die Vermögensverwaltung bezw. die elterliche Gewalt überhaupt, jedoch mit Ausnahme der elterlichen Nutzniessung, zu entziehen befugt (§§. 1501—1515, 1544—1553).

Mit der elterlichen Gewalt ist neben der Pflicht und dem R., sowohl für die Person als für das Vermögen des Kindes zu sorgen, das R. der Nutzniessung an dem Vermögen des Kindes begründet. Auf diese elterliche Nutzniessung finden mit gewissen Abweichungen die Vorschriften über den Niessbrauch Anwendung. Eine wichtige Modifikation dieser Vorschriften ist insbesondere die Vorschrift, dass ein Gegenstand der elterlichen Nutzniessung nur so lange unterliegt, als er zu dem Vermögen des Kindes gehört. Ferner finden auf die elterliche Nutzniessung an verbrauchbaren Sachen, vorbehaltlich gewisser Ausnahmen, die Vorschriften über den sogen. uneigentlichen Niessbrauch keine Anwendung und begründet die elterliche Nutzniessung in Ansehung der zu dem Vermögen des Kindes gehörenden Forderungen, Aktien auf Inhaber, Grundschulden und Eigentümerhypotheken und ein R. auf Beziehung der Früchte. Eine besondere Regelung hat die elterliche Nutzniessung an einem zu dem Vermögen des Kindes gehörenden Erwerbsgeschäfte erfahren. Gewisse Gegenstände sind als freies Vermögen der elterlichen Nutzniessung gänzlich entzogen (§§. 1516—1537).

Eine erhebliche Neuerung gegenüber den in den meisten Gebieten bestehenden R. ist die Anerkennung einer der elterlichen Gewalt des Vaters grundsätzlich gleichgestellten elterlichen Gewalt der Mutter. Die elterliche Gewalt der letzteren tritt regelmässig erst nach dem Tode des Vaters ein; sie schliesst die Anordnung einer Vormundschaft über das minderjährige Kind aus. Das Vormundschaftsgericht hat jedoch der Mutter, welcher die elterliche Gewalt zusteht, auf Anordnung des Vaters oder

auf Antrag der Mutter, in gewissen Fällen auch von Amts wegen
einen Beistand zu bestellen. Der Beistand hat innerhalb seines
Wirkungskreises die Mutter in Ausübung der elterlichen Gewalt
zu unterstützen und zu überwachen: bei der Vornahme gewisser
Rechtsgeschäfte ist die Mutter ausserdem an die Genehmigung
des Beistandes gebunden (§§. 1538—1543). Die elterliche Gewalt der Mutter wird insbesondere auch dadurch beendigt, dass
die Mutter eine neue Ehe schliesst; doch behält sie in einem
solchen Falle die Pflicht und das R. der thatsächlichen Sorge
für die Person des Kindes, insbesondere die Erziehungsgewalt,
jedoch mit der Massgabe, dass der Vormund des Kindes in Ansehung jener Sorge die Stellung eines Beistandes hat (§. 1558).

Während des Bestehens der Ehe hat die Mutter neben dem
Vater nur die Pflicht und das R. der Sorge für die Person
in dem eben bezeichneten Umfange; im Falle einer Meinungs-
verschiedenheit zwischen dem Vater und der Mutter entscheidet
der Vater (§. 1506). Ruht jedoch die elterliche Gewalt des
Vaters in den im Gesetze näher bezeichneten Fällen, so tritt in
der Regel schon während des Bestehens der Ehe an die Stelle
der ruhenden elterlichen Gewalt des Vaters die elterliche Gewalt der Mutter, jedoch mit Ausnahme der dem Vater verbleibenden elterlichen Nutzniessung (§§. 1554—1556).

In welchem religiösen Bekenntnisse das Kind zu erziehen
ist, bestimmt sich nach den Landesgesetzen (§. 1508).

Der 4. Tit. regelt das Rechtsverhältnis der Kinder
aus ungültigen Ehen (§§. 1562—1567). Der E. behandelt
diese Kinder, ohne Rücksicht darauf, ob die Ehegatten in gutem
Glauben waren oder nicht, insoweit als eheliche Kinder, als sie
bei Voraussetzung der Gültigkeit der Ehe eheliche Kinder sein
würden. Der gute Glauben bezw. der böse Glauben der Ehegatten ist nur auf ihre R. gegenüber den Kindern von Einfluss. Wenn jedoch bei der Eheschliessung die Ungültigkeit
der Ehe beiden Ehegatten bekannt war oder ihre Unkenntnis
auf grober Fahrlässigkeit beruhte, gelten die Verwandten des
Vaters nicht als Verwandte des Kindes.

Das Rechtsverhältnis der unehelichen Kinder
(Tit. 5 §§. 1568—1578) ist grundsätzlich in der Art geregelt,
dass das uneheliche Kind in die Familie der Mutter, nicht aber in
die des Vaters tritt. Zwischen dem unehelichen Kinde sowie
dessen Abkömmlingen einerseits und der Mutter des Kindes
sowie deren Verwandten andererseits bestehen dieselben R. und
Verbindlichkeiten, wie wenn das Kind ein eheliches wäre, so-

weit nicht das Gesetz eine Ausnahme macht. Der Mutter steht die elterliche Gewalt über das Kind nicht zu; doch hat sie die Pflicht und das R. der thatsächlichen Sorge für die Person des Kindes unter der Aufsicht des Vormundes des letzteren.

Zu dem Vater tritt das uneheliche Kind, abgesehen von dem durch uneheliche Verwandtschaft begründeten Ehehindernisse (§. 1236), in eine verwandtschaftliche und familienrechtliche Beziehung nur insofern, als der Vater des unehelichen Kindes vor der Mutter und den sonstigen Verwandten des Kindes verpflichtet ist, demselben bis zur Zurücklegung des 14. Lebensjahres den notdürftigen Unterhalt zu gewähren. Als Vater des unehelichen Kindes gilt derjenige, welcher mit der Mutter innerhalb der gesetzlich bestimmten Empfängniszeit den Beischaf vollzogen hat, es sei denn, dass innerhalb dieser Zeit auch von einem Anderen der Beischlaf mit der Mutter des Kindes vollzogen ist. Die Unterhaltsverpflichtung des unehelichen Vaters geht auf dessen Erben über.

Für die uneheliche Mutter wird durch Beischlaf als solchen oder durch Schwängerung ein Deflorationsanspruch nicht begründet, auch dann nicht, wenn sie verführt worden ist. Soweit die Vollziehung des Beischlafes sich ihr gegenüber nach Massgabe der allgemeinen Grundsätze als ein Delikt darstellt, finden die Vorschriften über Schadensersatz aus unerlaubten Handlungen Anwendung (vgl. §. 728 Abs. 2). Wegen der Kosten der Entbindung und wegen der Kosten des Unterhaltes während der ersten sechs Wochen nach der Geburt des unehelichen Kindes ist jedoch der uneheliche Vater unbedingt der Mutter des Kindes innerhalb der Grenzen der Notdurft Ersatz zu leisten verpflichtet.

Das französischrechtliche Institut der Anerkennung eines unehelichen Kindes hat der E. nicht aufgenommen. Die sogen. Brautkinder sind den übrigen unehelichen Kindern in allen Beziehungen gleichgestellt.

Der 6. Titel (§§. 1579—1600) handelt von der Legitimation unehelicher Kinder. Die Legitimation erfolgt durch Ehelichkeitserklärung. Die Legitimation durch Ehelichkeitserklärung kann nur auf Antrag des Vaters durch eine Verfügung der Staatsgewalt erfolgen; sie ist Gnadensache. Das durch nachfolgende Ehe legitimierte Kind erlangt von der Zeit der Schliessung der Ehe zwischen seinem Vater und seiner Mutter und unbeschränkt die rechtliche Stellung eines ehelichen Kindes, das durch Ehelichkeitserklärung legitimierte Kind erlangt mit

gewissen Beschränkungen die rechtliche Stellung eines ehelichen
Kindes seines Vaters. Die Wirkungen dieser letzteren Legitimation erstrecken sich in Gemässheit jenes Grundsatzes auch auf die
Abkömmlinge des Kindes, nicht dagegen — in Abweichung von
jenem Grundsatze — auf die Verwandten des Vaters. Im einzelnen
lehnen sich die Vorschriften über die Legitimation durch Ehelichkeitserklärung vielfach an die Vorschriften über die Annahme an Kindesstatt an.

Annahme an Kindesstatt, von welcher Arten nicht
unterschieden werden, ist im 7. Titel (§§. 1601—1631) geregelt.
Durch die Annahme an Kindesstatt, welche einen zwischen dem
Annehmenden und dem Anzunehmenden zu schliessenden Vertrag erfordert, erlangt der Angenommene mit gewissen Modifikationen die rechtliche Stellung eines ehelichen Kindes des Annehmenden. Die Wirkungen derselben erstrecken sich auch auf
die Abkömmlinge des Angenommenen, auf einen zur Zeit der
Schliessung des Annahmevertrages schon vorhandenen Abkömmling und dessen später geborene Abkömmlinge jedoch nur
dann, wenn der Vertrag zugleich mit dem ersteren geschlossen
ist. Zwischen dem Angenommenen und dessen Abkömmlingen
einerseits und den Verwandten des Angenommenen andererseits
wird durch die Annahme an Kindesstatt ein bürgerliches Verwandtschaftsverhältnis nicht begründet.

Zur Wirksamkeit des Annahmevertrages, sowie des Vertrages,
durch welchen das durch die Annahme an Kindesstatt begründete Verhältnis aufgehoben wird, ist erforderlich, dass die Bestätigung des Vertrages durch das zuständige Gericht hinzutritt.
Die Bestätigung ist jedoch nur dann zu versagen, wenn ein
gesetzliches Erfordernis der Annahme an Kindesstatt oder des
auf die Aufhebung gerichteten Vertrages mangelt. Die Pfleg-
kindschaft ist dem E. als familienrechtliches Institut unbekannt.

Der 8. Titel: „Feststellung familienrechtlicher Verhältnisse", beschränkt sich auf Vorschriften über den subjektiven
Umfang der Rechtskraft des auf gewisse Familienstandsklagen
erlassenen Urteiles (§. 1632). Jene Vorschriften stehen in einem
gewissen Zusammenhange mit den in der Anm. zu §. 1476 mitgeteilten, zur Aufnahme in das Einf.G. bestimmten Ergänzungen
der Z.P.O., die das Offizialprinzip nach Massgabe der Vorschriften über das Verfahren in Ehesachen auf solche Klagen ausdehnen,
welche die Feststellung gewisser anderer familienrechtlicher Verhältnisse zum Gegenstande haben. Der E. geht grundsätzlich
davon aus, dass das auf solche Feststellungsklagen sowie das

in Ehesachen erlassene Urteil für und gegen Alle wirkt (vgl.
§§. 1256, 1269, 1271, 1477).

Der dritte Abschnitt des Familien-R. enthält das **Vormundschafts-R.** Der 1. Titel handelt von der Vormundschaft über
Minderjährige, der 2. von der über Volljährige, der 3. von der
Pflegschaft. Das Vormundschafts-R. des E. schliesst sich in den
grundlegenden Fragen durchaus an die preuss. Vorm.Ordnung
v. 5. Juli 1875 an. Auch bei der Ausgestaltung im einzelnen
hat dieselbe dem E. zum Vorbilde gedient; doch sind durch den
Zusammenhang des Vorm.-R. mit anderen Teilen des G.B., namentlich mit den Vorschriften des allg. Teiles über die Geschäftsfähigkeit sowie mit den Vorschriften über die elterliche Gewalt,
insbesondere über die elterliche Gewalt der Mutter, vielfache
Abweichungen von der preuss. V.O. hervorgerufen. Andere
Abweichungen beruhen auf dem Bestreben, den Gefahren, welche
mit dem auch von dem E. festgehaltenen Grundsatze der Selbständigkeit des Vormundes und der Unbeschränktheit seiner
Vertretungsmacht in gewissem Masse für das Vermögen des
Mündels verbunden sind, durch geeignete Vorschriften thunlichst
zu begegnen, ohne andererseits die mit jenem Prinzipe verbundenen Vorteile aufzugeben. Von besonderer Wichtigkeit ist in
dieser Hinsicht die Vorschrift, dass der Vormund, in Ermangelung einer anderweitigen Anordnung des Vormundschaftsgerichtes,
die auf Inhaber lautenden Schuldverschreibungen und Aktien
des Mündels, mit Ausnahme der Zinsscheine, Rentenkoupons,
Gewinnanteilscheine und der Erneuerungsscheine, bei der Reichs-
bank oder bei einer anderen dazu durch die Landesgesetze
für geeignet erklärten Stelle mit der Bestimmung hinterlegen
oder, sofern es zulässig ist, auf den Namen des Mündels mit
der Bestimmung umschreiben lassen soll, dass zur Erhaltung der
hinterlegten Papiere sowie zur Ersetzung der umgeschriebenen
Papiere durch Inhaberpapiere und zur Erhebung der letzteren
die Genehmigung des Vormundschaftsgerichtes erforderlich ist.
Das Vormundschaftsgericht kann ausserdem anordnen, dass auch
andere Wertpapiere, mit Einschluss der Hypothekenbriefe und
Grundschuldbriefe, sowie Kostbarkeiten des Mündels in der vorher bezeichneten Weise zu hinterlegen seien. Ist nach Massgabe
dieser Vorschriften eine Hinterlegung oder Umschreibung erfolgt, so kann der Vormund über die betreffenden Vermögens-
gegenstände ohne Genehmigung des Vormundschaftsgerichts weder
dinglich noch obligatorisch verfügen (§§. 1670, 1671). Auch

im übrigen sind in dem E. gegenüber der preuss. V.O. die Fälle, in welchen zur Wirksamkeit eines von dem Vormunde, oder von dem Mündel mit Einwilligung des Vormundes vorgenommenen Rechtsgeschäftes die Genehmigung des Vormundschaftsgerichtes bezw. des Gegenvormundes erforderlich ist, nicht unerheblich verringert. Namentlich ist, von gewissen Ausnahmen abgesehen, zu jedem Rechtsgeschäfte, durch welches ein Anspruch, mit Einschluss der Hypotheken, Grundschulden und Wertpapiere, veräussert oder belastet oder die Verpflichtung zu einer derartigen Veräusserung oder Belastung begründet wird, soweit es dazu nicht nach besonderen Vorschriften der Genehmigung des Vormundschaftsgerichtes bedarf, die Genehmigung des Gegenvormundes erforderlich. Ist ein Gegenvormund nicht bestellt, so tritt an die Stelle der Genehmigung des Gegenvormundes die Genehmigung des Vormundschaftsgerichtes (§§. 1669, 1674).

Eine freiere Stellung nimmt der Vormund in den Fällen der sogen. befreiten Vormundschaft ein; doch sind die Befreiungen nicht in dem Umfange anerkannt, wie dies nach der preuss. V.O. der Fall ist (§§. 1690—1695, 1733, 1745).

Das Vormundschaftsgericht ist nicht befugt, in Zweckmässigkeitsfragen dem Vormunde bindende Anweisungen zu erteilen; nur gegen Pflichtwidrigkeiten des Vormundes hat dasselbe durch geeignete Gebote und Verbote einzuschreiten (§. 1684).

Hervorzuheben ist noch, dass dem E. — abweichend von der preuss. V.O. — eine gesetzliche Vormundschaft, insbesondere auch der Eltern über ihre volljährigen Kinder, unbekannt ist. Als Vormünder sind aber bei der Vormundschaft über Volljährige in erster Linie der Vater des Mündels, in zweiter Linie die eheliche Mutter des Mündels berufen. Dieselben nehmen ausserdem als Vormünder ihres volljährigen Kindes eine freiere Stellung ein (§§. 1729, 1733).

Die Pflegschaft ist ihrem Wesen nach ebenfalls als Vormundschaft aufgefasst. Auf dieselbe finden, soweit nicht das Gesetz ein Anderes bestimmt, die auf die Vormundschaft sich beziehenden Vorschriften entsprechende Anwendung, ohne Unterschied, an welcher Stelle des G.B. sie sich finden. Wo das Gesetz von „Vormund" oder „Vormundschaft" redet, ist darunter in Ermangelung einer entgegenstehenden Vorschrift auch der „Pfleger" bezw. die „Pflegschaft" verstanden. Von der Vormundschaft unterscheidet die Pflegschaft sich begrifflich nur dadurch, dass die Befugnisse des Pflegers sich immer nur auf einzelne Angelegenheiten oder einen bestimmten Kreis von Angelegenheiten beschränken, während Pflicht und R. des Vormundes im Zweifel die allgemeine Fürsorge für die Person und das Vermögen des Mündels umfassen. Diesem begrifflichen Unterschiede entsprechend behandelt der E. — im Gegensatze zur preuss. V.O. — insbesondere auch die vormundschaftliche Fürsorge für den Abwesenden, da sie grundsätzlich keine allgemeine ist, sondern nur auf die Vermögensangelegenheiten des Abwesenden sich bezieht, nicht als Vormundschaft, sondern als Pflegschaft.

Eine Pflegschaft kann angeordnet werden in allen Fällen, in welchen die Voraussetzungen der elterlichen Gewalt oder der Vormundschaft gegeben sind, geeignetenfalls kann auch ein Pfleger bestellt werden, wenn für bestimmte Angelegenheiten das Bedürfnis eines besonderen Schutzes hervortritt, weil die Fürsorge des Inhabers der elterlichen Gewalt oder des Vormundes aus einem thatsächlichen oder rechtlichen Grunde nicht eintreten kann. Daneben ist in einer Reihe anderer Fälle, in welchen ein Grund zur Anordnung einer Vormundschaft ermangelt, die Zulässigkeit der Anordnung einer Pflegschaft positiv bestimmt, über diese speziellen Fälle hinaus unzulässig. Eine allgemeine Klausel, wie sie in der preuss. V.O. sich findet, ist in den E. nicht aufgenommen. Statt dessen ist gegenüber der preuss. V.O. die Zahl der besonderen Fälle erweitert.

V. Buch. Erbrecht.
(§. 1749—2164.)

Das Erb-R. zerfällt in sechs Abschnitte mit folgenden Ueberschriften: Allgemeine Vorschriften; Letztwillige Verfügung; Verfügung von Todes wegen durch Vertrag; Gesetzliche Erbfolge; Erbverzicht; Rechtsstellung des Erben.

Der erste nur aus vier Paragraphen bestehende Abschnitt enthält **allgemeine Vorschriften,** aus denen die Begriffsbestimmungen von Erbe, Erbschaft, Erbfall, Erbteil, Erbeinsetzung und gesetzliche Erbfolge zu entnehmen sind.

Der zweite Abschnitt, welcher in sieben Titel eingeteilt ist, bezieht sich auf die **letztwillige Verfügung** oder das Testament, d. h. die einseitige widerrufliche Verfügung von Todes wegen. Unter letztwilliger Verfügung oder Testament wird nicht eine mit Notwendigkeit die Erbfolge in den gesamten Nachlass

regelnde Disposition, sondern jede Verfügung verstanden, durc
welche ein Erbe eingesetzt, eine durch das Gesetz berufene Pei
son von der Erbschaft ausgeschlossen, ein Vermächtnis oder ein
Auflage angeordnet wird etc.

Den juristischen Personen wird (§. 1759) volle passiv
Testamentsfähigkeit, den zur Zeit des Erbfalles noch nicht en
pfangenen Personen wird eine solche Fähigkeit soweit zugestanden
dass dieselben als Nacherben eingesetzt und mit einem Vermächt
nisse bedacht werden können (§. 1758). Daneben wird in den
1., „Allgemeine Vorschriften" überschriebenen Titel vornehmlich
eine grössere Anzahl von Auslegungsregeln für letztwillige Ver
fügungen gebracht, ein Verfahren, welches mit der besonderer
Natur der letztwilligen Verfügungen im Zusammenhange steht
und wird in §. 1779 die Durchführung des reinen Willensdog
mas ohne die bei Rechtsgeschäften unter Lebenden stattfindende
Durchbrechung dieses Dogmas angeordnet. Ferner wird die An
fechtung letztwilliger Verfügungen in weiterem Umfange, als
nach den Vorschriften des Allgemeinen Teiles sich ergeben würde
zugelassen. Nicht nur die Beeinflussung von aussen durch Be
trug oder Drohung, sondern auch die Beeinflussung von inner
durch Irrtum oder unrichtige Voraussetzung findet Berück
sichtigung.

Besondere Arten der letztwilligen Verfügungen sind die
letztwilligen Zuwendungen (Erbeinsetzung, Vermächtnis) im Unter
schiede von den Verfügungen, welche eine Entziehung (z. B. des
Pflichtteiles) oder anderweit nicht auf Zuwendung gerichtete An
ordnungen bezwecken, wie Auflage, Ernennung eines Testaments
vollstreckers etc.

Im 2. Titel wird die letztwillige Erbeinsetzung behandelt
welche die Zuwendung des Vermögens als Ganzes oder einer
Bruchteiles dieses Vermögens betrifft. Nach Beseitigung der
Regel nemo pro parte etc. werden der Anwachsung Grenzer
gezogen. Dieselbe kommt nur noch in Frage, wenn und soweit
sie dem Willen des Erblassers entspricht (§§. 1797—1799). Die
letzten Paragraphen des zweiten Titels handeln von der Ersatz
berufung für den Fall, dass die Erbeinsetzung unwirksam ist
oder wird. Hierbei ist die Wirkung der Ausschlagung und der
Erbunwürdigkeit (§§. 2042, 2048), dass der Anfall der Erbschaft
als nicht erfolgt gilt, zu berücksichtigen.

Der 3. Titel behandelt die Einsetzung eines Nacherben. Die
Nacherbeinsetzung des E. lässt den zunächst berufenen Vorerber
eine zeitlang unter Aufgebung des Satzes semel heres sempei

heres Erbe sein und alsdann den Vorerben durch den Nacherben
als Erben des Erblassers abgelöst werden. Die Schwierigkeit
liegt in der Begrenzung der R. des Vorerben, damit dieser, soweit
erforderlich, über die Erbschaft verfügen aber doch dem R. des
Nacherben keinen Eintrag thun könne. Der E. bringt eine
eingehende Regelung der R. des Vorerben, aus welcher besonders
hervorgehoben zu werden verdient, dass nach §. 1815 der Vorerbe im allgemeinen dem Nacherben gegenüber in ähnlicher
Weise beschränkt sein solle, wie ein Niessbraucher gegenüber
demjenigen, dessen Sache oder R. dem Niessbrauche unterliegen,
und dass der Vorerbe zu allen Verfügungen, welche zur ordnungsmässigen Verwaltung der der Nacherbfolge unterliegenden
Gegenstände erforderlich sind, nach §. 1823 berechtigt sein solle,
dass mithin die Wirksamkeit der die R. des Nacherben berüh-
renden Verfügungen des Vorerben von der Entscheidung über
die Frage, was im Verwaltungsinteresse erforderlich war, abhängt. Bemerkenswert ist auch, dass nach §. 1830 die gegen
den Vorerben ergangenen Urteile gegenüber dem Nacherben wirksam sein sollen. Den volkswirtschaftlichen Bedenken gegen die
fideikommissarische Substitution wird dadurch entgegengetreten,
dass die Nacherbfolge nur einmal, und dreissig Jahre nach dem
Erbfalle, — es sei denn, dass der Vorerbe noch lebt, — nicht mehr
soll eintreten können (§§. 1812, 1813). Die Haftung des Nacherben gegenüber den Erbschaftsgläubigern nach Massgabe der
Vorschriften über das Inventarrecht etc. wird so bestimmt, als
wenn der Nacherbfall für den Nacherben der Erbfall wäre
(§. 1835). Sowohl Vorerbe als Nacherbe haben hiernach ein
selbständiges Inventarrecht.

Der 4. Titel handelt vom Vermächtnis. Die Anordnung
eines Vermächtnisses bringt nur obligatorische Wirkungen für
den Beschwerten hervor und zwar auch dann, wenn über einen
dem Beschwerten zufallenden individuellen Gegenstand, welcher
dem Erblasser gehörte, verfügt ist. Das bedingte Vermächtnis
wird in seiner Wirksamkeit in ähnlicher Weise beschränkt, wie
die Nacherbeinsetzung (§. 1869 Abs. 1); auch die Wirksamkeit
des Vermächtnisses zu Gunsten einer persona incerta wird Beschränkungen unterworfen (§. 1869 Abs. 2). Bei Auflagen —
im 5. Titel — handelt es sich vornehmlich um die Bestimmung
derjenigen, welche die Erfüllung der Auflage fordern können.
Indem der E. die Befugnis, die Erfüllung der Auflagen zu
fordern, auf einen grösseren Kreis von Personen ausdehnt (§. 1888),
sichert er die Vollziehung der Anordnung.

Bei der Bestimmung der R. des Testamentsvollstrecke¬
— im 6. Titel — boten sich besondere Schwierigkeiten; es erschie
bedenklich, den Erben durch den Testamentsvollstrecker gleic
sam wie durch einen Fiduziar, zu verdrängen und anderersei
müssen dem Vollstrecker die R. gegeben werden, welche e
forderlich sind, damit er selbständig die Vollziehung der A:
ordnungen des Erblassers durchsetzen kann. Der E. enthält ei
eingehende Regelung dieser R.; die Liquidation der Erbscha
bleibt Sache des Erben. Die Auseinandersetzung der Miterbe
liegt dem Vollstrecker nur ob, soweit die Uebertragung dies
Funktion einer besonderen Anordnung des Erblassers zu en
nehmen ist (§. 1898).

Der 7. Titel betrifft die Errichtung letztwilliger Ve
fügungen. Der E. kommt dem Bedürfnisse nach, dass d
Verfahren bei Errichtung letztwilliger Verfügungen einheitli¬
geregelt werde. In den §§. 1925—1931 wird die Testamen¹
errichtung in ausserordentlicher erleichterter Form mit b
schränkter zeitlicher Wirksamkeit zugelassen.

Der ausdrückliche oder aus der Unvereinbarkeit später
Verfügungen sich ergebende Widerruf wird im allgemeinen selb
als Testament behandelt (§. 1533, 1536).

Der dritte Abschnitt behandelt die Verfügung von Tode
wegen durch **Vertrag.** Der E. lässt nicht eine jede letztwilli¡
Verfügung auch in der Gestalt eines Vertrages, mit Aufgebu²
der Widerruflichkeit, zu, sondern nur die Erbeinsetzung und d
Vermächtnis. Der Vertrag ist unmittelbar auf die Hervorbri¡
gung erbrechtlicher Wirkungen gerichtet und wird deshalb a
ein dinglicher, nicht als ein obligatorischer Vertrag behande
Einerseits die Vertragseigenschaft und andererseits die erbrecl
liche Natur des Rechtsgeschäftes haben zu einer Reihe von E
stimmungen geführt, welche Besonderheiten gegenüber den Vc
schriften über Verträge und gegenüber den Vorschriften üb
letztwillige Verfügungen enthalten. Die nicht unter dem Vc
tragswillen stehenden kombinierten Verfügungen behalten ih
Eigenschaften als letztwillige Verfügungen.

Die Vorschriften des 1. Titels des **vierten** Abschnitt
über die **gesetzliche Erbfolge** beruhen auf dem Parentelsystem
im Gegensatze zu dem reinen und gemischten Gradualsystem
bei welchem zunächst die Zahl der vom Erben zum Erblass
hinführenden Zeugungen entscheidet. Die erste Parentel oder Lir

bilden die Abkömmlinge des Erblassers, dann kommen die Eltern des Erblassers mit ihren Abkömmlingen, dann die Grosseltern des Erblassers mit den Abkömmlingen und so weiter. Entferntere Abkömmlinge werden durch ihre Aszendenten ausgeschlossen und treten nur bei Wegfall dieser Aszendenten an deren Stelle. Eine Abweichung vom reinen Parentelsystem liegt darin, dass in der dritten u. s. w. Parentel ein überlebender Grosselternteil die Abkömmlinge vorverstorbener Grosselternteile ausschliesst, und dass, wenn sämtliche Grosselternteile gestorben sind, der Verwandtschaftsgrad entscheidet. In §. 1970 wird der Grundsatz der successio ordinum ausgesprochen, dass ein Verwandter der vorgehenden Linie die Verwandten der nachfolgenden Linie ausschliesst. Der überlebende Ehegatte des Erblassers erhält neben Abkömmlingen desselben ein Vierteil der Erbschaft, neben Verwandten der zweiten Linie oder Grosselternteilen die Hälfte der Erbschaft und in Ermangelung solcher Erben das Ganze. Der ausschlagende, durch letztwillige Verfügung oder Verzicht ausgeschlossene oder für erbunwürdig erklärte Intestaterbe gilt als vor dem Erblasser verstorben. Dem Fiskus wird ein eventuelles Erb-R. gewährt.

Das Pflichtteils-R. — 2. Tit. — gibt den Abkömmlingen, den Elternteilen und dem Ehegatten einen obligatorischen Anspruch auf die Hälfte des Wertes der Intestaterbportion. In den Vorschriften über den Anspruch auf den ausserordentlichen Pflichtteil wird der Fall berücksichtigt, wenn der Erblasser seine Hinterlassungspflicht durch Schenkungen verletzt. Der Erbe haftet nur, wenn er mehr erhalten, als ihm ab intestato zukommen würde; im andern Falle wird der Anspruch gegen die Beschenkten gegeben.

Im fünften Abschnitte wird das Institut des **Erbverzichtes** anerkannt und geordnet. Der Erbverzicht ist eine die Delation unmittelbar ändernde Verfügung und hat daher nicht blos obligatorische sondern erbrechtliche Wirkung. Der Verzicht hat in Form des Vertrages zu erfolgen; er ist nur zwischen dem Erblasser und dem gesetzlichen Erben zulässig.

In dem 1. Titel des sechsten Abschnittes (**Rechtsstellung des Erben**), „Erwerb der Erbschaft", wird das Prinzip des Erwerbes von Rechts wegen mit Anfall der Erbschaft aufgestellt und im einzelnen durchgeführt. Das Ausschlagungsrecht schützt den Erben gegen die ihm durch den Anfall der Erbschaft drohenden Nachteile. Angenommen ist die Erbschaft, welche nicht mehr ausgeschlagen werden kann.

Im Falle der Erbunwürdigkeit — 2. Titel — wird dem Urteile, welches den Erben für erbunwürdig erklärt, unmittelbare erbrechtliche Wirkung beigelegt.

Die Vorschriften des 3. Titels: „Wirkungen des Erbschaftserwerbes," betreffen den Uebergang des Vermögens des Erblassers auf den Erben; die Vorschriften des 4. Titels sichern die insbesondere im Interesse des abwesenden oder geschäftsunfähigen Erben notwendige Fürsorge des Nachlassgerichtes. Im 5. Titel wird das Institut des Erbscheins geregelt, welches bezweckt, dritten Personen die Nachforschung, wer Erbe sei, zu ersparen. Der 6. Titel endlich betrifft den Erbschaftsanspruch. Hierbei ist bemerkenswert, dass man überhaupt Bestimmungen über die Ansprüche des Erben für erforderlich erachtet hat, also neben den Singularansprüchen einen Universalanspruch annimmt, welcher gegenüber einem anderen Erbschaftsprätendenten dazu dienen soll, nach allen Richtungen den dem Erb-R. entsprechenden Zustand herzustellen.

Der 7. Titel betrifft das Inventar-R. Der E. geht, trotz des Prinzipes des Erwerbes der Erbschaft von Rechts wegen, nicht davon aus, dass der Erbe nicht mit dem eigenen Vermögen, sondern nur mit dem Nachlasse hafte. Die Vorschriften über das Inventar-R. bringen die notwendige Modifikation der Rechtsnachfolge in die Aktiven sowohl wie in die Passiven. Die Rechtsstellung des Erben in Ansehung der Passiven wird durch die Vorschriften des E. in dinglicher Weise gegenüber allen Nachlassgläubigern berührt, wenn auch die Wirkungen des Inventar-R. gegenüber einem einzelnen Nachlassgläubiger im konkreten Falle sich besonders gestalten können. Die Errichtung des Inventares ist nicht die Voraussetzung des Inventar-R., sondern die Versäumung der gehörigen Errichtung des Inventars ein Grund für das Erlöschen des Inventar-R. Auch durch Verzicht kann das Inventar-R. wegfallen. In dem Inventar-R. findet nicht nur die Kürzungseinrede pro viribus hereditatis bei eigener Liquidation, sondern auch das R. des Erben, das Konkursverfahren über den Nachlass herbeizuführen, seinen Grund. Das R. des Gläubigeraufgebotes, welches dem Erben nach Annahme der Erbschaft gewahrt wird, stellt denselben in Ansehung der Verteilung der Erbschaft unter die Gläubiger, welche sich gemeldet haben, sicher. Anderen Gläubigern haftet der Erbe nur mit der zeitigen Bereicherung.

Der 8. Titel (§. 2151—64) betrifft die Auseinandersetzung
der Miterben. Die hier gegebenen Vorschriften sind Ausnahme-
vorschriften im Vergleiche mit dem regelmässigen Kommunions-R.
Als Gegenstand der Gemeinschaft werden die einzelnen Nachlass-
gegenstände angesehen und wird daneben ein besonderes Gemein-
schaftsverhältnis in Ansehung der Erbschaft als eines ganzen
Vermögens nicht unterschieden. Bei der Auseinandersetzung
kommen Teilungsanordnung und insbesondere Teilungsverbote
des Erblassers als eine besondere Art von letztwilligen, selbstverständlich nur obligatorisch wirkenden Verfügungen in Betracht.

Eine Kollations- oder Ausgleichungspflicht wird nur unter
mehreren ab intestato (nicht ex testamento) berufenen Abkömmlingen des Erblassers bestimmt. **Redaktion.**

B. Zeitschriftenüberschau.

Neue Zeitschriften:

Le droit d'Auteur. Amtliches Organ der Union internat. pour la
protection des oeuvres littéraires etc. Erscheint am 15. jeden
Monats. Bern, Jent & Reinert. 5 fr. (durch die Post 5 fr. 60 ct.)
jährl. (Nr. 1 enthält Uebersicht über d. Organisation d. intern.
Bureaus, Vorgeschichte d. Vertrages v. 9./IX. 1886, Abdruck desselben, kleinere Mitteilungen, Bibliographie.)

Consultore giuridico civile ed ecclesiastico. Redaktion: Grassi.
Sekretöre der Redaktion: Sagnori, Silvestroni, Kurialbeamte.
Adr.: Buchhandlung der Propaganda Fide. Verlag: Florenz,
Ciardi, Borgo Albizi. 2mal monatlich. Jährl. 7 fr. Will ins-
besond. Quellensammlung f. kirchl. R. sein. Nr. 1 u. 2. enth.
u. a.: Gesetz v. 14./VII. 1887 (Zehntabschaffung). Kultusfonds-
direktion v. 21./XI. 1887 u. 1./I. 1888 (Zuschüsse für Pfarrer).
Entwurf d. Str.G.B. Kassationshof Rom betr. Niesbrauch der
Pfründeninhaber, Gütereinziehung u. s. w. Päpstl. Notariats-
ordnung f. d. Vatikan v. 24./IX. 1887. Kongregationserlasse betr.
Rentenumwandlung, Patronat, Bruderschaften etc. Abhandl. l. 7
Cod. de omni agro deserto (lib. XI tit. 58) u. s. w.

Nouvelle Revue historique etc. XII. 1. Wallon, Laboulaye.
Girard, les actions noxales. Brutails, étude sur l'article 72
des usages de Barcelone. Rébouis, coutumes de Castel-Amou-
reux et de Saint Pastour en Agenais. Fournier, la question
des fausses Décrétales.

Zeitschr. f. vergl. Rechtsw. VII. 3. Kohler, über d. R. d.
Australneger. Ueber d. R. d. Papuas auf Neu-Guinea. Ueber
d. R. d. Goajiroinindianer. Das R. d. Armenier. Ladenburg,
internation. Wechsel-R.

Altpreuss. Monatsschr. N. F. (R. Reicke u. E. Wichert.) LXXX.
7. u. 8. Fischer, Thaten u. Strafe e. Schwindlerin in Königsberg im Jahre 1646.

Neues Lausitz. Magazin. LXIII. 2. Korschelt, d. Strafen d. Vorzeit in d. Oberlausitz.

Jurist. Zeitschr. f. Elsass-Lothringen. 1887. Grünewald, Nachbildung v. Kunstwerken durch ein anderes Verfahren, S. 220 bis 224. Räder, Verteilungsverfahren betr. d. unbewegl. Vermögens, wenn nur ein Gläubiger eingetragen ist S. 304 f.

Zeitschr. f. franz. Zivil-R. XVII. Seng, Entziehung d. elterl. Gewalt wegen Missbrauchs S. 116. Frantz, gesetzl. Alimentation S. 126. Johnen, Wirkung des Zwangsverkaufs S. 143, Markenschutz, Verjährung S. 152. Lohe, C. c. 2277 u. 2278 S. 336. Scherer, Mietprivileg S. 525 u. 684. XVIII. Kohler, Schenkung oder Gemeinschaftsklausel S. 155, Rapport des dettes S. 314. Weinrich, Reichshaftpflichtgesetz §. 3 S. 163.

Jurist. Blätter. XVII. 1. 2. Hellmann, d. chikanöse Rechtsausübung u. ihre Bekämpfung durch die Gesetzgebung. Exner, über Brinz. 1. Jahresschau. 3. Härdtl jr., zur Ausmessung d. Pflichtteils. 4. 5. Sedlácek, d. öffentl. Gut im Grundbuch. 5. Fleischer, Pflichtteilsbemessung. 6.—9. Finger, d. Züchtigungs-R. u. dessen Missbrauch. 6. Jurist. Gesellschaft (Bekker, Klossen d. Rechtsgeschäfte).

Oesterr. Gerichtszeitung. XXXIX. 1. J. v. W., z. Anwendung d. Str.Pr.O. 2. §. 4 d. Exekutionsnovelle. 3. Gernerth, d. sogen. höhere Strafsatz bei Verbrechen. 4. Welche Behörde ist zur Ausstellung v. Armutszeugnissen kompetent? 5. Zur Anwendung d. Str.Pr.O. (Geldstrafen).

Oesterr. Centralblatt f. d. Jurist. Praxis. VI. 1. Geller, Einfluss neuer Gesetze auf schwebende Rechtsverhältnisse. Schlefer, z. Revision d. H.G.B. 2. Kavčič, Zinsenlauf der auf e. Bedeckungskapital gewiesenen Forderungen. (Beiheft: C.Bl. f. Verwaltungspraxis. IV. 1. Ulbrich, Begriff u. Methode d. Verwaltungs-R. Geller, Freizügigkeit u. Anweisungs-R.)

Zeitschr. f. schweizer. R. N. F. VII. 1. Vischer, d. Rückgriff d. Bürgen nach Tit. 20 Abschn. IV: d. schweizer. Obligationen-R. Hafner, über d. Verpfändung grundversicherter Forderungen.

Themis. 1888. T. 49. Nr. 1. Brenkelman, de artikelen 8 en 18 van de Wet van 21 December 1861 (Staatsblad Nr. 129). André de la Porte, nog iets naar aanleiding van artikel 37 2. lid van het Wetboek van Strafrecht. Hoogoliet, heeft het overlijden of het outslag van den voorget ten gevolge dat de toezinde voogd zijne bediening verliest? Aaltensen, het presidiaal verlof, lot het leggen van arrest onder duden. Eyssell, du angmiddelen in het rekeningsproces: artikel 772 Rechtsvordering. Naber, de vindex by de in ius vocatio. Heemskerk, de Rykspensionfondsen.

Tidskrift af juridiska föreningen i Finland. XXIII. 4. 1887. Grotenfelt, bidrag till tolkningen cf. §. 28 in straflagen för finskor militären. Gummerus, säljäres skyldighet att ansvara för den salda varaus beskaffenhet. F., landmäterikomitens betänkunde.

Il diritto commerciale. VI. 1. Calamandrei, degli usi mercantili contra legem. Olivieri, il vizi della merce venduta e spedita sec. l'art. 70 codice di comm. Sacerdoti, art. 790 cod. di comm.

Zeitschr. f. Gerichtsvollzieher. II. 3. Pollack, Zustellung e. Arrestbefehls betr. Anspruch auf Herausgabe v. Transportgütern gegen d. preuss. Eisenbahnfiskus. 4. Voss, einige besond. Fälle d. Freigabe u. d. Rückgabe freigegebener Pfändungsgegenstände.

Gerichtssaal. XL. 3. 4. Medem, d. Problem d. Strafzumessung. Müller, Auskundschaftung u. Verrat v. Staatsgeheimnissen. Reiffel, noch einmal die Gesamtstrafen. Scherer, d. Code d'instruction criminelle u. d. Reichs-R. v. Kirchenheim, d. Deliktsfähigkeit von Verbandspersonen. Seydel, d. in Bayern geltende Dienststraf-R. Mayer, z. span. Strafgesetzentwurf. Seefeld, aus d. österr. Verbrecherstatistik.

Archiv f. Straf-R. XXXV. 4. Wyszomirski, Vorverfahren u. Hauptverfahren. Sperling, Beitr. z. Reform d. Schwurgerichte. Durchholz, Betrachtungen üb. Strafabmessung. Fuld, deutsche Kriminalstatistik 1885. Sorot, Strafzumessung.

Unsere Zeit. 1888. Fuld, d. neuesten Angriffe auf d. Straf-R.

Grenzboten. 1888. 5. Ans der Strafrechtspflege. (Wie Liszt in in seiner Rektoratsrede — C.Bl. VI, 89 — erkennt Verf. d. gegenwärtige Ausbildung d. Juristen f. d. Str.R. nicht für ausreichend. Diejenigen, welche d. rein privatrechtl. Schulung d. Juristen f. d. Beste erachten, seien meist solche, die selbst im öffentl. R. nicht mehr als die Bildung einer „höheren Tochter" besitzen.)

Zeitschr. f. Kirchen-R. XXII. 2. Weiland, d. Konstantin. Schenkung. Mejer, Nichtzugehörigkeit konfessionsverwandter Ausländer zu d. inländ. landeskirchlich. Gemeinschaften. v. Dörnberg, §. 31b d. preuss. Kirchenordnung.

Die „Christliche Welt". (Leipzig, Grunow.) II. 6. Prozess Thümmel-Wiemann.

Archiv f. kathol. Kirchen-R. 1888. 1. Landauer, württemberg. Gesetz v. 24./VI. 1887. Uhrig u. Stiegel, Geläute kathol. Glocken bei protest. Beerdigungen in Bayern. Vering, rechtl. Natur d. Inkorporation. Schlichting, galiz. Volksschulgesetzgebung. Renard, österr. Congruagesetz. Entsch. d. Congr. d. Prop. F., Congr. rituum, Congr. concilii etc.

Stimmen a. Maria Laach. 1887. 9. 10. Cathrein, Privateigentum u. Natur-R.

Bulletin eccl. de Strasbourg. (Le Roux.) 1887. Die Strassburger Diözesansynoden v. 1345 S. 12—123 f., von 1423 S. 152—211 f. u. 1482 S. 266—292 f.

Revue d'Alsace. (Paris, Fischbacher.) 1887. Roy, allgem. Schulpflicht in Mömpelgard u. im jetzigen Frankreich S. 433—453. Rencker, l'Alsace féodale 1632—1790 S. 44—172.

Rev. cath. d. Alsace. (Rixheim, Sutter.) 1887. Ehemal. Akademie Molsheim S. 175—257. Sacrilège S. 129 f. Tranformulare S. 62.

Evangel.-protestant. Kirchenbote. (Strassburg.) 1887. Neue kirchenpolit. Gesetze Frankreichs S. 118. Reform. Kirche Metz S. 116. Gegenreformation in Selz u. s. w. S. 174 u. 355. Toleranzedikt 1787 S. 285. Gemeindewahl d. Pfarrer im alten Strassburg S. 380.

Vie chrétienne. 1887. Montet, enseignement religieux à Génève S. 97. Organisation financière de l'église réformée synodale S. 184.

Zeitschr. f. kathol. Theologie. 1887. 3. 4. Blöher, d. geheimen Sünden in d. altchristl. Bussdisziplin.

Monitore del Contenzioso. 1887. Grassi, assegni sul bilancio dello stato S. 106. Espulsione dei Gesuiti S. 113. Legati a scopo di beneficenza S. 163.

Preuss. Verwaltungsblatt. (Berlin, Heymann.) IX. 19. Entwurf einer Kreisordnung etc. für Schleswig-Holstein.

Deutsche Gemeindezeitung. 1887. Nr. 52. Die rechtskundigen Bürgermeister (bildet insofern e. Beitrag z. Frage d. Reform d. jurist. Studiums, als behauptet wird, d. gegenwärtige Ausbildung der Juristen mache dieselben unfähig zur Leitung eines städt. Gemeinwesens).

Deutsche Revue. XIII. 1. Lamezan, das R. und d. Gesellschaft. Gessner, Fortschritte im Völker-R. Das Uebermass d. Schriftlichkeit in d. Rechtspflege u. Verwaltung.

Allg. konservative Monatschrift. XLIV. 9—12. E. A. v. Göler, Erinnerungen aus d. Zollparlament (viel neue Mitteilungen, auch v. staatsrechtl. Interesse, enthaltend).

Das Volkswohl. 1888. Nr. 6. Böhmert, Entmündigung d. Säufer.

Der russ. Gedanke (Ruskaja Mysl). 1886. 9. Filippow, das Gewohnheits-R. d. Volkes als histor. Material.

Der Nordische Bote (Secwerny Westnik). 1887. 5. 6. Szulgin, d. Ausbildung der Leibeigenschaft in Kleinrussland im 17. und 18. Jahrh. 7. Filippow, zeitgenössische Aufzeichnungen d. Gewohnheits-R. u. ihre charakteristischen Eigentümlichkeiten. 12. Ponomarew, d. alte R.

Der Beobachter (Nabljudatel). 1887. 7. Grebenszczikow, das Institut d. „erwählten Leute" in d. moskauischen Periode. A, d. städt. u. landschaftl. Selbstverwaltung in d. Augen d. Centralgewalt. 18. Unsere Wahlcensi. Grebenszczikow, d. wissenschaftl. Verirrungen der Kriminalpsychiater.

Warschauer Universitätsnachrichten. 5. Budsinski, d. Meineid.

Der Europäische Bote (Westnik Sewropy). 1887. 12. Keussler, d. Landgemeinde u. ihre jetzige Lage.

Der russ. Bote. (Hrsg. v. Frau Katkow.) 1887. 8. Fuchs, d. Reform der (Justiz-)Reform von 1864.

Juristischer Bote (Juridiczeski Westnik). Moskau 1887. 9. Alexandrenko, aus d. Geschichte d. engl. Universitäten. 10. Tarassow, d. Organisation d. Administrativjustiz. Szczeglowitow, d. Prokurator bei d. Voruntersuchung. Osträkow, d. Abfassung v. Anklagen durch d. Prokureure gegen deren Ueberzeugung. Murowzew, d. schöpferische Kraft d. Jurisprudenz (Kohler). Fuchs, z. Frage über d. Bedeutung d. Expertise im Strafprozess. 10. Remdel, d. deutschen Gerichte im baltischen Grenzlande am Vorabend ihrer Aufhebung. 11. Liczkow, z. Frage über d. Gemeinde. Obeinski, d. Initiative d. Gesellschaft in d. Sphäre d. Staates. Stojanow, z. Frage über d. Entstehung d. Institute des Vermögens- u. Obligationen-R. Drihl, d. Psychologie d. Verbrechensfähigkeit. Ssolowoi, d. staatl. Schutz d. Arbeiter in d. Goldwäschereien. Szczeglowitow, d. Abfassung d. Protokolle in Strafsachen. Ssuworow, d. Verschiedenheit kathol. u. evangel. Auffassung über d. Verhältnis v. Staat u. Kirche (nach Kohl). Die Statistik d. Gefängnisse in Russland in d. Jahren 1883—1885.

Journal f. Privat- u. Straf-R. (Shurnal grashdanskawo i ugolownawo prawa). St. Ptbg. 1887. 7. Gordon, z. Frage über Teilnahme am Verbrechen. Lichaczew, d. Vertrag Russlands mit England. Gorodiski, Bankunterschleif. 8. Grebenszczikow, d. Friedensgericht in Petersburg. Mettel, d. Verfahren in Sachen betr. Fälschung. Mysz, d. Erb-R. d. Ausländer in Russland. Sliosberg, d. finnländische Projekt eines Strafgesetzbuches. Smirlow, d. Bestätigung d. Testamente.

C. Neue Erscheinungen.

Vom 16. Januar bis 29. Februar 1888 erschienen oder bei der
Redaktion eingegangen (letztere mit * bezeichnet).

1. Deutsche Bücher und Broschüren.

Bähr, O., d. Prozessenquete v. Wach. Kassel, Gosewisch. 45 S. 1 M.
Benedikt, E., z. Reform d. Konk.O. Vortrag am 8. österr. Advokaten-
   tag. Wien, Manz. 38 S. 60 Pf.
*Brockhaus, d. deutsche Heer u. d. Kontingente d. Einzelstaaten.
   Staatsrechtl. Abh. Leipzig, Brockhaus. VII u. 223 S. 5 M.
*Ennecerus, L., Rechtsgeschäft, Bedingung u. Anfangstermin. I. Tl.
   Grundlagen. Marburg, Elwert. 304 S. 6 M.
Fubr, K., d. Polizeiaufsicht nach d. R.Str.G.B. Dogmat. Abhandlg.
   Giessen, Roth. IV u. 99 S. 2 M.
Förster, F., Theorie u. Praxis d. heutigen gemein. preuss. Privat-R.
   Auf Grundlage d. Werkes v. F. bearb. v. M. E. Eccius. 3. Bd.
   5. Aufl. (2. der neuen Bearbeitung.) Berlin, Reimer. 1887.
   XVII u. 577 S. 10 M.
*Goldfeld, hamburg. ehel. Güter-R. Hamburg, Richter. 2 M. 40 Pf.
*Hachenburg, R. d. Gewährleistung beim Tierhandel. Mannheim,
   Bensheimer. V u. 310 S. 6 M.
*Heffter, Völker-R. (Geffcken). 8. Aufl. Berlin, Müller. XI u. 505 S. 12 M.
Hergenröther, Prinzipien d. Kirchen-R. Programm d. Lyzeums
   zu Eichstädt (für Theologen bestimmt). Freiburg, Herder. 115 S.
Landsberg, E., d. Furtum d. bösgläubigen Besitzers. Krit. Studie.
   Bonn, Cohen & Sohn. IV u. 215 S. 5 M.
Kuntze, J. E., d. Kojengenossenschaft u. d. Geschosseigentum. Zwei
   Abhandlungen aus d. Rechtsleben d. deutschen Volkes. Leipzig,
   Hinrichs. IV u. 95 S. 2 M.
Marquardt, J., u. Mommsen, Th., Handb. d. röm. Altertümer.
   2. Bd. 2 Abtlgn. 3 Aufl. Leipzig, Hirzel. 1887. 23 M.
      Inhalt. Mommsen, röm. Staats-R. 3. Bd. 1. Abt. XV u. 742 S. 14 M.
      2. Abt. XIV u. S. 743—1171. 9 M.
— Dasselbe. 3. Bd. 1. Abt. Ebd. XVIII u. 832 S.
      Inhalt. Die Bürgerschaft d. Geschlechter oder d. Patriziat, d. Klienten,
   d. Ordnungen d. patrizischen Gemeinde, d. patrizisch-plebejische Gemeinde,
   d. Gemeinwesen d. Plebs, d. Verwaltungsbezirke d. patrizisch-plebejischen
   Gemeinde, d. bürgerl. R. u. Pflichten, d. Fronden u. Steuern, d. Wehrpflicht
   u. d. Wehrstimm-R. d. patrizisch-plebejischen Gemeinde, d. Kompetenz d.
   Volksversammlung, Verlauf d. Volksabstimmung, d. zurückgesetzte Bürger-R.
   insb. d. Freigelassenen, d. Ritterschaft, d. Halbbürgergemeinden, Rom u. d.
   Ausland, d. lateinische Stammbund. d. Unterthanen etc., d. attribuierten Orte,
   d. Munizipal-R. im Verhältnis zum Staat.
Müller, O. H., R. u. Kirche. Ein Beitrag zu d. Philosophie d. R.
   Regensburg. Verlagsanstalt. VII u. 172 S. 1 M. 80.
Nippold, F., d. Thümmelschen Religionsprozesse v. kirchengeschichtl.
   u. kirchenrechtl. Standpunkte. Halle, Strien. 84 S. (1.—4. Tau-
   send.) 80 Pf.
*Oelrichs, H., d. Domänenverwaltung d. preuss. Staates. 2. Aufl.
   Breslau, Kern. XVI u. 329 S. 7 M.
      Vgl. d. ausführl. Anzeige d. 1. Aufl. Bd. II S. 226 d. C.Bl. Die Neuauflage
   berücksichtigt, hauptsächl. im system. Teil, 16 von 1883—1887 erl. Reskripte.
Ofenheim, A. v., d. Wesen d. Duells u. e. Reformvorschlag. Wien,
   Manz. 1887. VII u. 184 S. 3 M.
Ofner, J., d. Urentwurf u. d. Beratungsprotokolle d. österr. allg.
   bürgerl. G.B. Hrsg. v. J. O. 4.—6. Lfg. (Protokolle 1. Tl. S. 321
   bis 496 u. 2. Tl. S. 1—304.) Wien, Hölder. 1887. 4 M.

Gemeindeordnung f. d. Rheinprovinz. 56 S. Städteordnung. 48 S. Elberfeld, Bädeker. à 60 Pf.
Bergpolizeiverordnungen d. Oberbergamts Dortmund v. 6./X. 1887 u. 12./X. 1887. Essen, Bädeker. à 10 Pf.
Sachsen. Das B. G.B. etc. (Francke). 2. Aufl. Leipzig, Rossberg. XXIII u. 644 S. 5 M.
Berggesetzgebung f. Sachsen (Francke). Ebd. VIII u. 152 S. 4 M.
Bayern. Verfassungsgesetze, die, d. Königr. Bayern. 2. Lfg. Erläuterung n. Vollzng d. Tit. II § 18 d. Verfassungsurkunde. Ges. v. 26./X. 1887. Würzburg, Stahel. 1 S. 10 Pf.
Gemeindeordnung f. d. Landesteile diesseits d. Rheins u. Gesetz v. 29./IV. 1869 etc. Würzburg, Stahel. 75 Pf.
Gesetz- u. Verordnungssammlung v. Weber. 69.—76. Lfg. Nördlingen, Beck. à 1 M. 25 Pf.
Subhastationsordnung (Ortenau) bearb. v. Fischer & Henle. 2 Lfgn. Ebd. à 1 M. 80 Pf.
Oesterreich. Gesetze, Verordnungen u. Kundmachungen aus dem Dienstbereiche d. k. k. Ackerbauministeriums 5., 8. u. 9. Hft. Wien, Hof- u. Staatsdruckerei. 8 M.
Inhalt. 5. Gesetze n. Verordnungen, betr. d. Zusammenlegung, Gemeinteilung, Regulierung u. Waldbereinigung f. Mähren. III u. 179 S. 4. M. 8. Dasselbe f. Niederösterreich. III u. 251 S. 3. M. 9. Gesetz u. Verordnung betr. d. Gemeinteilung u. Regulierung in Kärnten. III u. 120 S. 2. M.
Gesetze, österr. Taschenausg. 27. Bd. 2. Abt. Wien, Manz. 4 M.
Inhalt. Volksschulgesetze. Die Reichs- u. Landesgesetze m. d. einschläg. Ministerialverordnung. u. Erlässen, erläutert durch d. Entscheidungen des k. k. Verwaltungsgerichtshofes u. d. k. k. Reichsgerichtes. Zusammengestellt v. Dr. Burckhard. II. Abt. XII u. 551 S.
Postsparkassengesetz (Stern) populär. Wien, Hartleben. 64 S. 60 Pf.
Russland. Vorschriften über d. Gebrauch v. Sprengstoffen im russ. Reiche. Kattowa, Siwinna. 1887. 1. M.
England. Warenzeichenges. d. engl., v. 1887. (Merchandise Marks Act, 1887.) 50 & 51 Vict. Cb. 28. Aus dem Engl. übers. von E. Cruesemann. Berlin, Puttkammer & Mühlbrecht. 23 S. 60 Pf.
Sulchan-Arukh (Gedeckte Tafel), Ez. XXIII, 41 oder d. Ritual- u. Gesetzbuch d. Judentums, bestehend aus folg. 4 Tln.: 1. Orach-Chajim (Lebenspfad), Ps. XVI, 11. 2 Jore-Dea (Weisheitslehre), Jes. XXVIII, 9. 3. Chosen-Mispat (Rechtsschild), Exod. XXVIII, 15. 4. Eben-Ezer (Siegesdenkstein), 1. Sam. VII, 12. Zum erstenmale aus d. Original frei ins Deutsche übers. u. mit Erläuterungen etc. versehen von J. A. F. E. L. V. v. Pavly unter Mitwirkung hervorragendster Fachgelehrter. In ca. 25 Lfgn. 1. Lfg. 1. Bd. S. 1—160. Basel-Zürich, Verlagsmagazin. 4 M.

3. Wichtige ausländische Werke.

Acts Public General Passed in the 50th and 51st years of the Reign of Her Majesty, Queen Victory. Eyre and Spottiswoode. 3 sh.
Ball, W. W., the Student's Guide to the Bar. 4th ed. Macmillan. 60 S. 2 sh. 6 p.
Blackstone, W., Commentaries of the Laws of England. 10th ed. Clowes. 608 S. 7 sh. 6 p.
Browne, N., Law (The) of Trade Marks, comprising full Text of the Merchandise Marks Act, 1887, together with Introduction and Explanatory Notes. Bennet. 25 S. 6 p.
Buckley, H. B., the Law and Practice under the Companies Acts, 1862 to 1866, and the Life Assurance Companies Acts, 1870 to 1872. With Rules, Orders etc. 5th ed. Stevens and Haynes. 750 S. 32 sh.

Glen, W. C. and A., the Law Relating to Public Health, Local Government, and Urban and Rural Sanitary Authorities etc. 10th ed. Knight. 1540 S. 45 S.

Hastie, W., Outlines of the Science of Jurisprudence: An Introduction to the Systematic Study of Law. Translated and Edited from the Juristic Encyclopaedia of Puchta, Friedlander, Falck and Ahrens. Clark, Edinburgh. Hamilton. 324 S. 6 sh.

Healy, T. M. and M., Key to the Land Law (Ireland) Act, 1887. Gill Dublin. Simpkin. 194 S. 6 sh.

*Holland, Th. E., the elements of jurisprudence. 4. Aufl. Oxford, Clarendon Press. XIX u. 378 S. gb. 10½ sh.
Im wesentlichen gilt von d. 4. Aufl. was C.Bl. VI, 427 von der 3. gesagt ist. Im übrigen sei auf die ausführl. Anzeige II. 203 verwiesen.

Merchandise, the, Marks Act, 1887. Wilson. 68 S. 1 sh.

Paterson, W., Practical Statutes of the Session 1887. Cox. 430 S. 12 sh. 6 p.

Pollock, F., the Land Laws. English Citizen. 2nd ed. Macmillan. 226 S. 3 sh. 6 p.

Smith, J. W., Handy Book of the Law of Joint Stock Companies Act, 1862 to 1885, with directions for forming a Company. New ed. Wilson. 136 S. 1 sh. 6 p.

Acollas, E., le Droit de la guerre. Delagrave. 1 fr.

Burin Des Roziers, A., manuel de l'Administration des mines. Etudes pratiques de législation et d'exploitation des mines de houille. Champion. 6 fr.

Courcy, A. de, questions de droit maritime. 4e série. Pichon. 5 fr.

Leroy-Beaulieu, P., précis d'économ. polit. Delagrave. 2 fr. 50 ct.

Ascoli, A., le origini dell' ipoteca e dell' interdetto italiano. Livorno, Giusti. 5 l.

*Brugi, disegno di una storia letteraria del dir. romano. Padova, Drucker & Senigaglia. 29 S.

Castellari, E., il diritto ecclesiastico in Italia. Turin, Unione.
Grösseres histor.-dogmat. Handbuch. 2 Bde., berechnet auf zusammen 18 Lfgn. à 1 l 20 ct.

Giannelia, B., la legislazione penale e le istituzioni carcerarie in Austria dai tempi di Maria Teresa ai nostri. Memoria. Roma 1887. Innsbruck, Wagner. 69 S. 2 M.

Saredo, codice del diritto pubblico ecclesiastico del Regno d'Italia raccolta di tutte le leggi, decreti etc. Turin, Unione. 1887/88. I. Bd. 487 S. II. u. III. Bd. je 398 S. à Bd. 2½ l., gb. 3 l.
Bd. I: Verfassungsurkunde u. hl. Stuhl, Sonder-R. f. Rom S. 60—242. Unterdrückung d. relig. Körperschaften nebst (S. 243—268) einschläg. Staatsratsgutachten, Exequatur, erledigte Pfründen etc. (C.Bl. V, 294, VI, 338), Ministerium u. Kultusfonds. Bd. II S. 469 f.: Sonder-R. für Sizilien u. Sardinien, f. d. Lombardei u. s. w., Zehnt- u. Zinsbeitreibung, Ablösung, Bruderschaften u. Patronat, Pfarrzuschüsse u. Haftung der Gemeinden, Rechtsprechung (auch wegen Glocken. Filialkirchen u. s. w.), geistl. Bildungsanstalten, Wohlthätigkeitsstiftungen, geschichtl. Baudenkmäler, Abschaffung d. Konkordate u. geistl. Gerichtsfreiheit, Staatsgenehmigung z. Erwerbe u. zu Veräusserungen. Den Schluss bilden nachträglich organgene Bestimmungen (wie Zehntabschaffung v. 14./VII. 1887), Gesetz betr. d evangel., griech. u. israel. Bekenntnisse, sowie Verzeichnisse.

Palingenesia juris civilis. Juris consultorum reliquiae, quae Justiniani digestis continentur ceteraque juris prudentiae civilis fragmenta minora secundum auctores et libros disposuit O. Lenel. Fasc. I. Leipzig, Tauchnitz. 1887. 160 S. 4 M.

Verantwortlicher Redakteur: Dr. v. Kirchenheim in Heidelberg.

Wenn das deutsche Volk an der Gruft seines grossen Kaisers **Wilhelm I.**, welcher am 9. März 1888 aus dieser Zeitlichkeit abgerufen wurde, trauert, und wenn die schnell verbreitete Kunde vom Ableben dieses Herrschers das ganze Erdenrund erfüllte, so wird es gestattet und geboten sein, dass auch unser Organ bei diesem weltgeschichtlichen Ereignisse nicht schweigt. Gibt es nun auch im Auslande so manchen Leser, dem nie ein anderes deutsches Blatt, als das unsere zu Gesicht kommt, so ist es doch nicht unsere Aufgabe, auf die politische Bedeutung der Regierung Wilhelms I. einzugehen. Wie gewaltig der Gegensatz zwischen dem Beginn der sechziger Jahre und der heutigen Zeit, das ist auch in fernen Weltteilen bekannt. Damals als König Wilhelm den Thron bestieg (2. Januar 1861) hiess es wohl mit Recht:

> Deutschland aber wo liegt es, ich weiss das Land nicht zu finden,
> Wo das gelehrte beginnt, hört das politische auf.

Heute aber, nachdem der Kaiser entschlief, der fast unser ganzes Jahrhundert durchlebt und der die letzte Hülfte desselben mit seinen Thaten erfüllt und gestaltet hat, heute, wo Segenswunsch und Heilruf **Friedrich III.** entgegentönt, da ist Deutschland als eine Weltmacht anerkannt; es ist ein Hort des Völkerfriedens, und seine ideale und wissenschaftliche Bedeutung ist getragen und gestützt durch die politische Macht.

Wir hier wollen nur eine Seite der Regierung des verblichenen Kaisers, welche in keinem Berichte der Tages-

presse gewürdigt wurde, hervorheben: die Bedeutung für das
R e c h t s l e b e n des deutschen Volkes.   Wohl darf man sagen,
dass mit dem 9. März 1888 eine reiche und gewaltige Epoche
unserer d e u t s c h e n R e c h t s g e s c h i c h t e abgeschlossen ist.
Welch' eine Wandlung zeigt die Gesetzgebung der letzten
27 Jahre.   Eine Rechtseinheit ist erreicht wie sie, nach den
Worten der kaiserlichen Thronrede vom 22. Dezember 1876,
zu keiner Periode unserer Geschichte bestand, und noch gerade
in den letzten Tagen der ruhmreichen und weisheitsvollen Regierung Kaiser Wilhelms I. wurde der Entwurf eines bürgerlichen Gesetzbuches amtlich versendet, sodass dieses Werk einst
auf Kaiser Wilhelm zurückgeführt werden kann, wie das preuss.
Land-R. als posthumus des grossen Friedrich II. erschien.   Und
abgesehen von diesen die Rechtseinheit begründenden oder vorbereitenden Thaten, abgesehen von der Einheit des Verfassungs-
lebens, des Militär- und des Straf- und Prozess-R. etc. ist in der
Regierungszeit Wilhelms I. fast das ganze öffentliche und private
R. neu geschaffen: der Einheit der Reichsverfassung folgte die
Umbildung des Verwaltungs-R., die Schaffung des „Rechtsstaats";
das evangelische Kirchen-R. erhielt neue Grundlagen, und ein
Blick auf die v o n W i l h e l m I. e r l a s s e n e n G e s e t z e etc. ergibt,
wie Staat und Kirche, wirtschaftliches und Rechtsleben ja wie
alle Gebiete mit neuen Ideen erfüllt wurden.

Wir wollen und können dies nicht ausführen; unserm Grundsatze, mit wenig Worten viel zu sagen, wollen wir auch hier
getreu bleiben und glauben, es wird unsern Lesern erwünscht
sein, die Bestätigung des Gesagten aus der folgenden Uebersicht
der preuss. und der Reichsgesetzgebung zu entnehmen.   Wir haben
versucht einige Marksteine in der Entwickelung des deutschen
Verfassungs- und Rechtslebens im folgenden zu verzeichnen.   Dies
wird genügen; denn mehr wie je gilt von der durch diese Tabellen entrollten gesetzgeberischen Thätigkeit unter Wilhelm I.,
dem ersten deutschen Kaiser deutscher Nation, das Wort:

FACTA LOQVVNTVR.

1861 Jan.   7. Proklamation „An Mein Volk" (Staatsanz. S. 57).

März 21. G. betr. Abänderung der Portotaxe.

April 16. V. betr. Bildung des Marineministeriums.

Mai 21. G. betr. Regelung der Grundsteuer.

„   21. G. betr. Einführung der Gebäudesteuer.

„   24. G. betr. **Erweiterung des Rechtsweges.**

Juni 22. G. betr. Aenderung der Gewerbeordnung.

„   24. **Einführungsgesetz zum deutschen Handels-
          gesetzbuch.**

Juli 19. Gewerbesteuergesetz.

Okt.   4. Reglement zur Verordnung über die Wahlen vom
          30. Mai 1849.

„   31. Proklamation betr. Krönung (Staatsanz. S. 2059).

1862 Febr. 17. Betriebsreglement für die Eisenbahnen.

März 19. Erlass an das Staatsministerium über die Grund-
          sätze der Regierung (Staatsanz. S. 503).

1863 Mai 27. G. betr. Ergänzung der Wechselordnung.

1864 Febr. 1. G. betr. Aufhebung der lex Anastasiana.

„   15. G. betr. Aktiengesellschaften.

„   22. V. betr. Verhütung des Zusammenstosses von
          Schiffen auf See.

März 26. G. betr. Rechtsverhältnisse der Schiffsmannschaft.

Juni 13. Erlass betr. Kreissynoden in mehreren Provinzen.

„   20. Erlass betr. Prisenreglement.

Aug. 22. **Genfer Konvention.**

„   30. Friede zu Wien.

1865 April 10. G. betr. Regelung der schles. Zehntverfassung.

Mai 17. Internationaler Telegraphenvertrag.

Juni 24. Berggesetz.

„   29. G. betr. Konsulargerichtsbarkeit.

Aug. 14. Konvention zu Gastein.

Nov.   2. Schiffahrtsakte für die Donaumündungen.

1866 Mai 12. V. über vertragsmässige Zinsen.

Juni 18. Aufruf an mein Volk (Staatsanz. S. 2035).

Aug. 18. **Bündnisverträge.**

Sept. 14. Indemnitätsgesetz.

„   20. G. betr. Vereinigung v. Hannover etc. mit Preussen.

Okt. 13. Erlass betr. Einführung der Wehrpflicht in den
          neuen Provinzen.

„   15. Wahlgesetz für den Reichstag des nordd. Bundes.

Dez. 24. G. betr. Vereinigung Schleswig-Holsteins mit
          Preussen.

1875 Febr. 13. R.G. betr. Naturalleistungen.

„   17. R.G. betr. Grossjährigkeit.

März 14. Reichsbankgesetz.

April 22. G. betr. Einstellung der Leistungen für Bistümer.

Mai 28. G. betr. Stolgebühren.

„   31. G. betr. geistliche Orden.

Juni 18. Aufhebung der V.U. Art. 15, 16, 18.

„   20. G. betr. Vermögensverwaltung der katholischen Kirchengemeinden.

„   29. Provinzialordnung.

Juli 2. Strassengesetz.

„   3. G. betr. die **Verwaltungsgerichtsbarkeit.**

„   4. G. betr. die Altkatholiken.

„   5. Vormundschaftsordnung.

„   6. G. betr. Schutzwaldungen.

„   12. G. betr. Geschäftsfähigkeit Minderjähriger.

„   25. V. betr. Viehseuchen.

Sept. 28. Heerordnung und Wehrordnung.

1876 Jan. 9. 10. 11. R.G. betr. geistiges Urheber-R.

„   20. Generalsynodalordnung.

Febr. 26. Strafgesetznovelle.

April 7. R.G. betr. Hilfskassen.

„   8. R.G. betr. Gewerbeordnung.

Juni 3. G. betr. die **evangelische Kirchenverfassung.**

„   23. G. betr. die Vereinigung Lauenburgs.

Juli 26. Zuständigkeitsgesetz.

Aug. 14.. Not- und Lotsensignalordnung.

1877 Jan. 27. **Gerichtsverfassungsgesetz.**

„   30. **Zivilprozessordnung.**

Febr. 1. **Strafprozessordnung.**

„   10. **Konkursordnung.**

März 17. Gesetz betr. Zeughaus in Berlin.

„   19. G. betr. Teilung der Provinz Preussen.

April 11. R.G. betr. den Sitz des Reichsgerichts.

Mai 2. R.G. betr. Landesgesetzgebung in Elsass-Lotbringen.

„   25. Patentgesetz.

Juli 27. R.G. betr. Untersuchung von Seeunfällen.

1878 Febr. 27. G. betr. Reblauskrankheit.

März 4. G. betr. Errichtung der Ob. Landes- u. Landgerichte.

„   13. G. betr. Unterbringung verwahrloster Kinder.

„   17. R.G. betr. **Stellvertretung des Reichskanzlers.**

April 15. Forstdiebstahlgesetz.

1878 April 24. Ausführungsgesetz zum Ger.Verf. G.

> Juni 4. und Dez. 12. Erlass betr. Stellvertretung und Aufhören derselben.

Juni 18. Gerichtskostengesetz.

„   24. Gebührenordnung f. Gerichtsvollzieher.

„   30. Desgl. für Zeugen.

Juli 1. Rechtsanwaltsordnung.

„   17. Gewerbeordnung.

Aug. 7. Erlass betr. Geschäftskreis der Ministerien.

Okt. 21. Sozialistengesetz.

Nov. 15. Kirchengesetz für Posen.

1879 März 4. G. betr. Zwangsvollstreckung.

„   11. G. betr. Befähigung z. höheren Verwaltungsdienst.

„   14. Hinterlegungsordnung.

„   29. Schiedmannsordnung.

April 2. G. betr. Bildung von Wassergenossenschaften.

„   9. G. betr. Abänderung der Disziplinargesetze.

Mai 13. G. betr. Errichtung v. Landeskulturrentenbanken.

„   14. Nahrungsmittelgesetz.

„   29. G. betr. Rechtsverhältnisse der Studierenden.

Juni 21. G. betr. Anfechtung von Rechtshandlungen etc.

Juli 4. R.G. betr. **Verfassung Elsass-Lothringens.**

„   10. R.G. Konsulargerichtsbarkeit.

„   16. R.G. betr. Tabakbesteuerung.

„   23. G. betr. Aenderung der Gewerbeordnung.

Sept. 28. V. betr. Revision in Zivilprozessen.

1880 Febr. 18. G. betr. Verfahren in Auseinandersetzungssachen.

„   24. G. betr. Höfe-R. in Hannover.

April 1. Feld- und Forstpolizeigesetz.

Mai   6. R.G. betr. Aenderung des Militärgesetzes.

„   24. Wuchergesetz.

„   31. R.G. betr. authentische Erklärung des Sozial.Ges.

Juni 23. R.G. betr. Abwehr von Viehseuchen.

Juli 14. Kirchenpolitisches Gesetz.

„   26. G. über Organisation der allgemeinen Landes-
         verwaltung.

„   27. Evangelische Trauungsordnung.

„   30. Evangelisches Kirchengesetz betr. Verletzung kirch-
         licher Pflichten.

Aug. 2. G. betr. Verwaltungsgerichtsbarkeit.

Nov. 3. Konvention betr. Packetaustausch.

1881 Febr. 2. G. betr. Höfe-R. für Lauenburg.

1881 März 10. G. betr. Erlass der Klassensteuer etc.

„   17. G. betr. Pfandleihgewerbe.

April 20. R.G. betr. Fürsorge für Witwen etc. der Reichs-
beamten.

Mai 22. R.G. betr. Küstenfrachtfahrt.

„   23. RG. betr. Geschäftssprache des Landesausschusses
für Elsass-Lothringen.

Juni 19./21. R.G. betr. Aenderung des Zolltarifs.

Juli 1. Reichsstempelgesetz.

„   18. R.G. betr. Aenderung der Gewerbeordnung.

„   20. R.G. betr. Raumgehalt der Schankgefässe.

Nov. 3. Reblauskonvention.

1882 Febr. 13. R.G. betr. Berufsstatistik.

„   16. R.G. betr. Hamburgs Zollanschluss.

März 10. Verschiedene Gesetze betr. Kirchenwesen.

April 30. Landgüterordnung für Westfalen.

Mai 16. V. betr. Regelung der Nordseefischerei.

„   31. Kirchenpolitisches Gesetz.

Juni 23. R.G. betr. Zolltarif.

1883 März 26. G. betr. Aufhebung der untersten Stufen der
Klassensteuer.

April 23. G. betr. Erlass polizeilicher Strafverfügungen.

Juni 15. R.G. betr. **Krankenversicherung der Arbeiter.**

„   19. R.G. betr. Reichskriegshäfen.

Juli 1. R.G. betr. Gewerbeordnung.

„   10. Landgüterordnung für Brandenburg.

„   11. Kirchenpolitisches Gesetz.

„   13. G. betr. Zwangsvollstreckung in das unbewegliche Vermögen (Subhastationsordnung).

„   20. G. betr. das Staatsschuldbuch.

„   30. G. über **allgemeine Landesverwaltung.**

Aug. 1. G. über Zuständigkeit.

„   6. G. über evangelische Kirche in Hannover.

„   20. G. betr. Befugnisse der Strombauverwaltung gegenüber den Uferbesitzern.

Dez. 4. Marineordnung.

1884 Febr. 20. G. betr. Höfe-R. für Hannover.

März 12. R.G. betr. Stimmzettel für Wahlen.

April 30. R.G. betr. int. Konvention über Nordseefischerei.

Mai 3. R.G. betr. Prisengerichtsbarkeit.

„   6./7. Kreis- und Provinzialordnung für Hannover.

„   13. R.G. betr. Zündhölzer.

1884 Juni 1. R.G. betr. Hilfskassen.

„ 9. R.G. betr. Sprengstoffe.

„ 18. R.G. betr. Betrieb des Hufbeschlaggewerbes.

Juli 6. **Unfallversicherungsgesetz.**

„ 16. R.G. über Feingehalt der Gold- u. Silberwaren.

„ 18. **Aktiennovelle.**

Dez. 8. R.G. betr. Gewerbeordnung.

1885 Jan. 28. R.G. betr. Aenderung der Krankenversicherung.

März 14. G. betr. Vertretung des Fiskus.

„ 31. R.G. betr. Aenderungen des Militärgesetzes.

April 6. R.G. betr. Postdampfschiffsverbindungen mit überseeischen Ländern.

Mai 13. R.G. betr. Steuervergütung für Zucker.

„ 20./24. G. über Veräusserung, Zusammenlegung etc. im Gebiete des rhein. R.

„ 22. R.G. betr. Zolltarif.

„ 26. R.G. betr. Schutz des Papiers für Reichskassenscheine.

„ 28. R.G. betr. Ausdehnung der Unfall- u. Krankenversicherung.

„ 29. R.G. betr. Reichsstempelabgaben.

Juni 7.8. Kreis- und Provinzialordnung für Hessen-Nassau.

Juli 27. Kommunalnotsteuergesetz.

„ 29. G. betr. Spiel in ausserpreuss. Lotterien.

1886 März 15. R.G. betr. Fürsorge für Beamte etc. bei Betriebsunfällen.

„ 17. R.G. betr. Rechtsverhältnisse in den deutschen Schutzgebieten **(Kolonialgesetz)**.

„ 17. R.G. betr. §. 137 des G.V.G.

„ 19. G. betr. Kirchenverfassung der evangel. Kirche in Kassel.

„ 28. R.G. betr. Heranziehung der Militärpersonen zu Gemeindeabgaben.

April 21. R.G. betr. Pensionen.

„ 23. R.G. betr. Abänderung der Gewerbeordnung.

„ 26. G. betr. **Beförderung der deutschen Ansiedelungen in Posen etc.**

„ 28. R.G. betr. Anspruch des Statthalters von Elsass-Lothringen.

„ 30. R.G. betr. §. 809 der Z.Pr.O.

Mai 3. R.G. betr. Unzulässigkeit der Pfändung von Eisenbahnfahrbetriebsmitteln.

1886 Mai   5. R.G. betr. Unfall- etc. Versicherung in Forst- und Landwirtschaft.

„   21. R.G. betr. Abänderung der kirchenpolitischen Gesetze.

Juni 24. R.G. betr. Begründung der Revision in bürgerlichen Rechtsstreitigkeiten.

„   29. G. betr. Gemeindeabgaben der Militärpersonen.

Juli 31. Kreis- und Provinzialordnung für Westfalen.

Sept. 9. Vertrag betr. internationalen Verband zum Schutz des Urheber-R.

1887 Jan. 26. Militärtransportordnung.

Febr. 13. V. betr. Vereidigung kathol. Bichöfe.

März 11. R.G. betr. **Friedenspräsenzstärke.**

„   30. R.G. betr. Anleihe für strategische Bahnen.

April 23. R.G. betr. Seminar für orientalische Sprachen.

„   29. Kirchenpolitisches Gesetz.

Mai 25. V. betr. ärztliche Standesvertretung.

„   26. G. betr. Volksschullasten.

„   30. Kreisordnung f. d. Rheinprovinz.

Juni 1./8. Provinzialordnung für die Rheinprovinz.

„   17. R.G. betr. Fürsorge für Witwen etc. der Militärs etc.

„   25. R.G. betr. Besteuerung des Branntweins.

„   25. R.G. betr. zinkhaltige Gefässe.

Juli 7. R.G. betr. Aenderung des Kolonialgesetzes.

„   9. R.G. betr. Besteuerung des Zuckers.

„   9. R.G. betr. Unfallversicherung bei Bauten.

„   12. R.G. betr. Kunstbutter (Margarin).

„   13. R.G. betr. Unfallversicherung der Seeleute.

1888 Febr. 11. R.G. betr. Aenderungen der Wehrpflicht.

„   11. Militärtransportordnung (im Frieden).

„   20. R.G. betr. Aufnahme einer Anleihe für Zwecke der Verwaltung des Reichsheeres.

„   27. R.G. betr. Einführung der Gewerbeordnung in Elsass-Lothringen.

„   28. R.G. betr. Unterstützung der Familien eingezogener Landwehrleute etc.

März 5. R.G. betr. Erlass der Witwen- und Waisengeldbeiträge.

„   5. Allerh. Erlass betr. Aufnahme einer Anleihe nach Gesetz vom 20. Februar.

Centralblatt

für

RECHTSWISSENSCHAFT

herausgegeben von

Dr. v. Kirchenheim,

Professor in Heidelberg.

| **VII. Bd.** | April–Mai 1888. | **Nr. 8.** |

Monatlich ein Heft von 2½ Bogen. — Preis des Jahrgangs 12 Mark. — Zu beziehen
durch alle Buchhandlungen und Postanstalten.

A. Besprechungen.

I. Allgemeines und Rechtsgeschichte.

v. Rönne. Ergänzungen und Erläuterungen des allgemeinen Land-R.

Bereits bei dem Erscheinen der ersten Lieferungen dieses
bedeutsamen Werkes ist in dieser Zeitschrift auf dasselbe hingewiesen worden. Zur Zeit liegen der 1., 2. und 4. Band vollendet und vom dritten die ersten drei Lieferungen vor. Die
Art, wie der Verf. seine Arbeit eingerichtet hat, ist schon früher
näher dargelegt. Wir wollen daher nur kurz angeben, dass er
ohne Wiedergabe des Gesetzestextes zu den einzelnen Paragraphen des Land-R. alles zusammenträgt, wodurch entweder
die betr. Vorschriften aufgehoben, bezw. geändert, oder ihr Sinn
und Verständnis erläutert und erklärt wird. Nicht bloss die dem
Land-R. folgende Gesetzgebung, sondern auch die Wissenschaft
und die Indicatur wird in erschöpfender Weise verwertet. Die
wesentlichsten neueren Gesetze sind in ihrem Wortlaut zum Abdruck gelangt. Wenn auch über kurz oder lang ein neues
Deutsches bürgerliches Gesetzbuch der Arbeit einen grossen Teil
ihrer praktischen Brauchbarkeit entziehen wird, so wird sie doch
nicht bloss für die in Kraft verbleibenden preussisch-partikular-
rechtlichen Materien ihren Wert behalten, sondern auch ein
bleibendes Zeugnis für die tiefe Sachkenntnis und die Schaffens-
kraft des Verf. ablegen. Meves.

Beauregard, O. Législation italienne. Organisation j
diciaire et analyse du Code civil. Paris, Pichon 188
423 S. 6 fr.

Auf dem Gebiete des internationalen Privat-R. und d
vergleichenden Rechtswissenschaft herrscht gegenwärtig ein reg
Leben. Jahr für Jahr erscheinen unter der Leitung der Sc
de lég. comp. nicht nur Berichterstattungen über die Gesetzg
bung aller Kulturländer, sondern auch musterglütige Uebersc
zungen ausländischer Gesetzbücher, und unter der Leitung Clune
ist das Journal du droit int. das bedeutendste Organ für d
Kenntnis und die Pflege des internationalen Privat-R. geworde
Dem gleichen Bestreben, die Kenntnis auswärtigen R. in we
teren Kreisen zu verbreiten, verdanken wir auch die Annal
de droit commercial, das Werk über die Faillites von Thalle
und das vorliegende. B. legt seinen Studien das italien. Zivi
gesetzbuch zu Grunde, wie Felix Bing den seinigen in dem s
eben erschienenen Buche „La société anonyme en droit italien
das italien. Handelsgesetzbuch. Italien hat in der Zeit vc
wenigen Jahrzehnten nicht nur die politische Einheit errunge
sondern eine Zivil- und Handelsgesetzgebung geschaffen, welcl
die höchste Anerkennung verdienen. Nicht mit Unrecht wend
daher B. diesem Lande und seinen neuesten Schöpfunge
seine warme Teilnahme zu. Sein Buch zerfüllt in drei Teil
von denen der erste einen Ueberblick über die Geschichte d
R. und der Kodifikationen in Italien enthält von den Zeit€
der Römer bis zu Erlassung des einheitlichen Zivilgeset
buches. Der Verf. schildert die zahlreichen Kodifikationsversuch
welche im Laufe des 17. u. 18. Jahrhunderts in Italien stattgefunde
haben, die vorübergehende Einführung des Code Napoléon un
die Wiedereinführung der früheren Gesetzbücher in den verschi
denen italien. Staaten. Der zweite Teil ist der Gerichtsorgan
sation Italiens gewidmet, während der dritte eine sorgfültig
Analyse des Cod. civile italiano enthält. Demselben liegt de
französ. Code civil zu Grunde; die vereinigten Anstrengu
gen aber der tüchtigsten Köpfe Italiens liessen dem nationale
Werke alle Verbesserungen zu gute kommen, welche sich ii
Laufe der Zeit als notwendig oder zweckmässig erwiesen hatte
Dieselben werden von B. überall hervorgehoben, so dass d
Verschiedenheiten beider Gesetzbücher überall deutlich zu Tag
treten.   König.

Post. **Afrikanische Jurisprudenz.** Ethnologisch-juristische
Beiträge zur Kenntnis der einheimischen R. Afrikas. 2 Teile
in einem Bande. Oldenburg u. Leipzig, Schulze. 1887.
XVI u. 480 u. 222 u. XXX S. geb. 10 M.

Aufgabe des Werkes ist es nicht, den ungeheuren Stoff zu
erschöpfen, sondern eine Unterlage zu schaffen, auf welcher eine
afrikanische Jurisprudenz weiterbauen kann. Trotzdem Afrika
das bunteste Gemisch von Völkern verschiedenen Stammes enthält, bieten die Rechtssitten hinlängliche Gleichförmigkeit, um
in systematischer Anordnung dargestellt zu werden. Zusammenstellung des auf jedes Volk insbesondere Bezüglichen wird durch
ein umfangreiches Register ermöglicht. Ueberall reproduziert der
Verf. die Quellenbelege genau in ihrer eigenen oft ungelenkigen
und namentlich unjuristischen Fassung; auf diese Weise wird
strenge und gerechte Kontrole des Behaupteten durchwegs ermöglicht. Kap. I behandelt in aller Kürze, wozu die Dürftigkeit
des Stoffes nötigt, die Rechtsquellen — Gesetze, Gewohnheiten, Präjudizien, Willkür und Billigkeit und das rezipierte
fremde R. Kap. II umfasst unter dem Titel: „Die allgemeinen
Grundlagen der sozialen Organisation", fünf Haupt-
stücke: 1. Die geschlechtsgenossenschaftliche Organisation (Ver-
wandtschaftssysteme, Geschlechtsgenossenschaft). 2. Die gaugenos-
senschaftliche Organisation (Die Palaven. Der Krieg). 3. Die
herrschaftliche Organisation (R. der Unfreien, Häuptling und
Königtum). 4. Gliederung der Bevölkerung in Klassen, Kasten
und Stände. 5. Die Fremden. Als Teil II folgt die Darstellung
der Verfassungsformen. der Regierung, der Justizverwaltung, der
Finanz- und Kriegsverfassung, Teil III das Personen-R. (Geburt, Pubertät, Weiber, Alte und Schwache), Teil IV das Familien-R. (Arten des ehelichen Zusammenlebens. Entstehung
der ehelichen Verhältnisse. Die ehelichen Verhältnisse während
ihres Bestandes, Auflösung der ehelichen Verhältnisse; — endlich: Die ausserehelichen Verhältnisse).

Der 2. Band enthält das Erb-R., das Rache-, Buss- und
Straf-R., das Prozess-R., sowie das Vermögens-R. (1. Kap. Besitz-R. an beweglichen Gütern. Die R. an Grund und Boden;
2. Kap. Forderungs-R. unter specieller Berücksichtigung jedes
einzelnen Vertrages.) Das Werk verarbeitet eine unglaubliche
Menge an Material, überall nach den in den früheren Werken
des Verf. durchgeführten Grundsätzen. Die Natur der Arbeit
bringt es mit sich, dass vieles einen fragmentarischen Eindruck
macht, da die Nachrichten über verschiedene Institutionen nicht

von gleicher Genauigkeit und Reichhaltigkeit sind. Viel Neue
findet sich in den Abschnitten über Verwandtschaft, Unfreiheit
sowie im zweiten Teil über Verfassung und Verwaltung. Di
weitgehende Gliederung des Stoffes macht ihn für spätere For
schungen besonders brauchbar. Auch das Straf-R. ist, der übei
wiegend kriminalistischen Natur primitiven R. entsprechend
relativ ausführlich behandelt (Bd. II S. 20—96).   Am wenigste
bietet der Abschnitt „Vermögens-R.“, dessen dürftige Berücksicht
gung bereits äusserlich durch den Umstand auffällt, dass ihr
nicht mehr als 20 Seiten gewidmet sind. Die R. an Grun
und Boden werden S. 166—175 dargestellt in 7 kurzen Para
graphen. Auch die Darstellung der Forderungs-R. ist skizzenhaf
Beispielsweise über den Kaufvertrag wäre mehr und genauere
Material zu finden gewesen. Auch hier wäre der Fall des Brau
kaufs nicht ohne Nutzen herbeigezogen worden.

Wir wollen indes an dem Werke nicht mäkeln. Das g
wünschte Bessere soll nicht des Guten Feind sein. An der rel
tiven Dürftigkeit und Kürze der einzelnen Paragraphen einer Schrif
welche über 700 Seiten zählt, keine Phrasen oder sonstigen Balla
enthält, wird man sich erst des ganzen gewaltigen Umfang
der gestellten Aufgabe in ihrem Missverhältnis zu dem noc
nicht genügenden Stoff bewusst. Der letztere wird sicher mi
steigender Schnelligkeit ergänzt werden. Inzwischen würde
wir es als besonders günstig erachten, wollte der Verfasser di
übrigen Weltteile in derselben Weise wie Afrika behandeln
Sein Werk ist für spätere Forschungen Orientierungs- und i
vielen Fällen Quellenwerk, denn die grosse, darin verwertet
Litteratur ist in solcher Vollständigkeit nur wenigen Bevorzugte
zugänglich.   D a r g u n.

Koehne, C. Die Geschlechtsverbindungen der Unfreie
  im fränk. R. (Untersuchung zur deutschen Staats- i
  Rechtsgeschichte, herausgegeben von O. Gierke, Hft. 22
  Breslau, Koebner. 1888. 36 S. 1 M. 20 Pf.

Die Abhandlung ist ein Beitrag zur Geschichte der Recht
parömie: „Das Kind folgt der ärgern Hand“ (schon l. Rib.: gen
ratio semper ad inferiora declinetur). Der Verf. beschränkt sic
auf Darstellung des fränk. R. im merowingischen und kar
lingischen Reich, benützt hierbei die übrigen Stammesrechte nu
zur Vergleichung und zu Analogieschlüssen. An die Aufzählun
und Gestaltung der rechtlich möglichen Geschlechtsverbindunge
dauernder Art, namentlich zwischen Freien und Unfreien schlies

sich die Erörterung der Rechtslage der diesen Geschlechtsver-
verbindungen entsprossenen Kinder. Den dem genannten
Sprichwort zu Grunde liegenden Rechtsgedanken sieht der Verf.
als Resultat einer Praxis an, welche zunächst im Gegensatz zum
geltenden R. von der Verknechtung des freien Ehegatten bei
der Verbindung desselben mit einem Unfreien abgegangen
war (S. 23).

Der Verf. konstatiert für das fränk. R. auch den Fall
der Kebsehe, Minderehe (Kern zur l. Sal.: honemo [bonimo]
lower sort of marriage). Im Verhältnis zweier Freien ist es
die Ehe ohne Mundium, während der Name Kebsehe vielleicht
richtiger beschränkt wird auf das eheähnliche Verhältnis zwischen
dem Herrn und seiner eigenen Unfreien. (Die Untersuchung
von Julius Ficker in den Mitteilungen für österreich. Geschichts-
forsch. Ergänz.-Bd. II S. 455—542 kennt der Verf. noch nicht.)
— Ein laps. calami findet sich auf S. 21 Z. 28, vgl. S. 19 N. 73.

v. Salis.

Brugi, B. Disegno di una storia letteraria del diritto
romano del Medio Evo ai tempi nostri, con speciale
riguardo all'Italia. Padova, Drucker e Senigaglia. 29 S.

Die obige Schrift ist die Antrittsvorlesung einer Reihe von
Vorträgen über die Litterargeschichte des r. R., die der Verf. an
der Universität von Padua hält.

Nach einigen einleitenden Betrachtungen über die Bedeutung
und Verbreitung des juristischen Studiums auf italien. Universitäten im M.A., beklagt der Verf. das Fehlen einer Geschichte
des r. R., wie es in den Büchern dargestellt und den Gerichtshöfen Italiens vom M.A. bis zur Jetztzeit gepflogen wurde. Er
betont die allgemeine Wichtigkeit dieser Geschichte, da das r. R.
einen der Faktoren italienischer Kultur bildet, und die Litterargeschichte desselben zugleich den Ursprung eines Hauptteils des
gegenwärtigen Studiums der Rechtswissenschaften ausmacht. Dem
Verf. entgeht die Schwierigkeit solcher geschichtlichen Darstellung
nicht. Er gibt eine allgemeine Uebersicht derselben in 6 Perioden:
1. Die vorbolognesische, über die es bedeutende, besonders deutsche
Detailarbeiten gibt. 2. Die bolognesische (der Glossatoren), die
schon von Savigny ins hellste Licht gestellt ist, aber doch noch
zu besonderen Untersuchungen Raum lässt. 3. Die der Commen-
tatoren, von Accursius bis Ende des 15. Jahrhunderts, über die
die Litteratur spärlicher ist. Noch geringer sind die Arbeiten
für die Zeit der gelehrten Jurisprudenz (die 4. Periode). Folgt

dann die Periode des natürlichen R., und endlich die der historischen Schule. — Den Schluss der interessanten Schrift bildet ein Wort über die Universität B o l o g n a und das bevorstehende Jubiläum ihrer Gründung, das im Mai d. J. gefeiert wird.

G. Fusinato.

II. Privatrecht.

Kohler, J. Zur Lehre von den Pertinenzen. (Jahrbücher für Dogmatik Bd. 26, S. 1—184.)

Die rechtliche Bedeutung der Pertinenzqualität beruht darauf, dass die Zweckverbindung verschiedener Sachen im Interesse der Kultur liegt, dass eine Auflösung einer solchen durch Zweckverbindung geschaffenen Organisation und eine Zersplitterung der durch den Zweck verbundenen Sachen zugleich den Kulturverband der Sachen löst und die Erreichung derjenigen Kulturzwecke hindert, welchen die Sachen in ihrem Zusammenhange dienen sollen. Nicht die Willkür des einzelnen, sondern allgemeine Kulturzwecke sind die Schöpfer der Pertinenzprinzipien. Der Charakter der Pertinenzqualität ist daher der einer sachenrechtlichen Beziehung und die Anschauung, welche alles in den wirklichen oder präsumtiven Individualwillen stellt, ist verfehlt.

Im r. R. ist der Pertinenzbegriff nur unvollständig entwickelt, und es ist namentlich die Unterscheidung von Sachteilen und Pertinenzen nicht scharf durchgeführt worden. Diese Scheidung ist aber notwendig, da die Theile einer Sache keine selbständigen Rechtsobjekte sind, in bezug auf dieselben höchstens ein Trennungs- und Repristinations-R. besteht, während an der Pertinenz selbständige Rechtsbeziehungen bestehen können. In bezug auf Gebäude ist zu sagen, dass alle Dinge Teile des Hauses sind, welche mit dem Bauwerk in physischer Verbindung stehen und dazu dienen, das Haus zu vervollständigen, d. h. dasjenige zu bieten, was zur Bestimmung des Hauses als solchem gehört. Ferner ist Teil des Hauses dasjenige, was zwar nicht dazu nötig ist, den Begriff des Hauses zu vervollständigen und seinen Charakter herzustellen, was aber mit dem Hause in eine der Bautechnik entsprechende strenge innige Verbindung tritt, welche bewirkt, dass der Gegenstand mit den begriffsmässigen Teilen des Hauses ein Ganzes bildet. Was dagegen nur aufgestellt, montiert, angenagelt, eingelassen ist, das ist, sofern es nicht den Begriff des Hauses vervollständigt, kein Teil des Hauses, sondern höchstens Pertinenz desselben. Ob letzteres der Fall ist, hängt von den Grundsätzen des Pertinenz-R. ab.

Die Pertinenzqualität entsteht in der Regel nur dann, wenn derjenige, der die Verbindung bewirkt, zugleich Eigentümer der Haupt- und Eigentümer der Hilfssache ist, oder wenn er Eigentümer der Hauptsache ist und bezüglich der Hilfssache mindestens Besitz hat und zwar possessio ad usucapionem. Die Pertinenzierung, die auch durch Stellvertreter erfolgen kann, ist ein Rechtsgeschäft, sie beruht auf einem Bestimmungsakte des Hauptsacheneigentümers, auf seiner durch die That bewiesenen Erklärung, dass die eine Sache der anderen dienen solle.

Die Pertinenzierung unterwirft die Pertinenzsache allen denjenigen rechtsändernden Mächten, welchen die Hauptsache unterliegt, sofern solches ohne rechtswidrigen Eingriff in das etwaige R. Dritter geschehen kann. Eine solche Influenz findet statt betreffs der Eigentumsschicksale, betreffs des Pfand-R. und des jus possessionis. Dass jus possessionis an der Hauptsache schafft ein jus possessionis auch an der Pertinenz, vorausgesetzt, dass dasselbe nicht mit dem jus possessionis eines Dritten in Widerspruch steht.

Eine Hauptrelation, in welcher der durch die Pertinenzierung bewirkte Zusammenhang herbeigeführt wird, ist das Hypotheken-R. Die Hypothek an der Hauptsache erstreckt sich auch auf die Pertinenzen, und dies ist von besonderer Bedeutung, weil nur noch in dieser Verbindung in Zukunft die Mobilien der Hypothek fähig sein werden und nach vielen R. ist es bereits heutzutage so.

Der Pertinenzverband hört auf, sobald der wirtschaftliche Zusammenhang zwischen Pertinenz und Hauptsache gelöst wird, so insbesondere, wenn die Pertinenz in eine Lage kommt, in der es ihr unmöglich ist, die entsprechende Bestimmung zu erfüllen. Durch diese Lösung des Pertinenzverbandes wird die Pertinenz von den Schicksalen der Hauptsache unabhängig, so dass, was nunmehr erfolgt, die Pertinenz nicht mehr berührt. Die R., welche seither an der Pertinenz, wenn auch nur kraft ihres pertinenzialen Zusammenhanges, erworben worden sind, bleiben bestehen, sofern sie bestehen bleiben können. Letzteres ist für das Hypotheken-R. wichtig. Denn nach modernem R. können Mobilien als solche, sofern sie nicht Pertinenzen sind, nicht Träger von Hypotheken sein, und es können deshalb nach Lösung des Pertinenzverbandes auch die erworbenen Hypotheken an ihnen nicht fortbestehen.

Das moderne R. hat, was das r. R. nicht gethan hat, den Pertinenzbegriff auf das instrumentum fundi, das instrumentum aedium und das instrumentum industrieller Etablissements auszudehnen. Der Verf. führt im Detail aus, in welcher Weise dies zu geschehen hat, und bespricht ferner die Hauptfälle, in denen Pertinenzen von Mobilien angenommen werden können.

Rümelin.

Scherer, M. u. O. Die Viehgewährschaft nach dem ädilicischen Edikt und der heutigen Landesgesetzgebung nebst dem Text der sämtlichen in Deutschland geltenden Gesetze. Im Selbstverlage der Verf. 220 S.

In §. 1 ist ein Litteraturverzeichnis gegeben. In §§. 2—16 dürften nach der Absicht der Verf. die materiell rechtlichen Fragen zur Behandlung gebracht sein, z. B. §. 1: „Warum sind neben den Bestimmungen über Irrtum und Eviction solche über die inhibitorischen, d. h. die wesentlichen verborgenen Mängel nötig? §. 3: Die Viehgewährschaftsgesetze und das H.G.B. §. 7ᵇ: Die Anpreisung der Ware. §. 16: Welches Recht hat der Richter anzuwenden? Hauptsächlich ist hier das germ. R. und das rhein. R. in Betracht genommen. §§. 17—26 erörtern „Prozessuale Bestimmungen", wohin wohl auch §. 4 zu rechnen. §. 27 (S. 88—218) bringt unter 25 Nummern das in deutschen Staaten geltende Recht. § 28 die Gesetzgebung des Auslandes, nämlich von Oesterreich, Schweiz, Frankreich, Italien.

Keyssner.

Cuthbertson, F. Test of Domicil. London, Stevens & Sons. 32 S. 2 sh.

In dem Fall Udny v. Udny wurde von den Lords Katherley, Chelmsford & Westbury der Satz aufgestellt, es bestehe ein wesentlicher Unterschied zwischen einem ursprünglichen und einem erworbenen Domizil, und wenn das letztere aufgegeben werde, so werde das erstere sofort wieder erworben. C. unterwirft diese Theorie einer Kritik und weist nach, dass sie in dieser Allgemeinheit nicht richtig sei, und dass man sich zu Gunsten derselben mit Unrecht auf Story berufe. Als Resultat seiner eigenen Untersuchungen stellt C. folgende Sätze auf: Werde das bisherige, ursprüngliche oder erworbene Domizil aufgegeben mit der Absicht, ein neues zu erwerben, so bleibe das alte in Geltung, bis das neue erworben sei. Werde das erworbene Domizil aufgegeben, mit der Absicht, ein früheres, ur-

sprüngliches oder erworbenes wieder zu erwerben, so lebe dasselbe
in itinere wieder auf; wenn dagegen das bisherige erworbene
Domizil aufgegeben, ohne die Absicht, ein neues zu erwerben,
so lebe das ursprüngliche Domizil wieder auf.   König.

Lush, M. Married Women's Rights and liabilities in
connection to contracts, Torts, and Trusts. London, Stevens & Sons. 1887. 177 S.

Wir haben IV, 98 das Werk des Verf. „The law of Husband
and Wife" angezeigt. Das neue, kleinere Werk bildet eine Ergänzung desselben, indem darin einige besondere Fragen ausführlicher und eingehender erörtert werden, als dies in dem allgemeineren Werke möglich war. Die Haftbarkeit des Ehemannes
für Schulden der Ehefrau und für Verpflichtungen aus unerlaubten
Handlungen, sowie die selbständige der Ehefrau mit ihrem eigenen
Vermögen, war eine sehr verschiedene vor 1870 und unter den
seither erlassenen Married Women's Property Acts von 1870,
1874 und 1882. Die Feststellung derselben, je nachdem die
Schuld oder die Verbindlichkeit unter diesem oder jenem Gesetze
entstanden ist, bildet den Inhalt der Abhandlung L.'s Dieselbe
handelt in 6 Kapiteln: 1. von den vorehelichen Schulden;
2. Folgen von unerlaubten Handlungen und Vertrauensbruch
während der Dauer der Ehe; 3. von der Vertragsfähigkeit der
Weiber vor 1883 und seither; 4. von den Verpflichtungen der
Ehefrau als Handelsfrau, und 5. als Verwalterin und Testaments-
vollstreckerin. Das 6. und letzte Kapitel endlich handelt von
dem R. der Gläubiger auf das Sondervermögen der Ehefrau. Da
der Ausdruck des Gesetzes „in respect of the separate property"
zu verschiedenen Auslegungen Anlass gegeben hat, so sind demselben in einem ersten Anhang eine eingehende Erörterung gewidmet, und in einem zweiten das Gesetz von 1882 selbst in
extenso mitgeteilt. Die beiden Schriften L.'s enthalten wohl die
beste Darstellung der vermögensrechtlichen Verhältnisse der Ehegatten nach engl. R., und da es dem Verf. daran gelegen war,
das geltende R. darzustellen, wie es in den Gerichtshöfen zur
Anwendung kommt, so werden ca. 400 richterliche Entscheidungen
zur Unterstützung der aufgestellten Sätze herbeigezogen.

König.

III. Handelsrecht.

Beyer, E. Absoluter und dispositiver Inhalt der deutschen Wechselordnung. (Zeitschrift für Handels-R. Bd. XXXIV. Heft 1—2. 1887.) 84 S.

Die Frage: inwieweit die Wechselordnung ein lex cogens ist und andererseits: inwieweit abnorme Privatwillenserklärungen im W.-R. Rechtswirkungen erzielen können, ist theoretisch wie praktisch hochinterressant; ersteres, weil ihre Beantwortung ein helles Licht auf die Frage nach der Natur des Wechsels und auf die systematische Stellung des Wechsel-R. wirft, letzteres, weil der Verkehr mit Wechseln trotz seiner formalen Beschaffenheit und trotz einer relativ sehr weitreichenden Gleichförmigkeit doch mitunter Accidentien aufweist, über deren Rechtsgültigkeit und Tragweite Parteien und Richter sehr im Zweifel sein können. Begreiflicherweise hat sich deshalb auch schon das Reichsoberhandelsgericht mit der hier vorangestellten Frage oft und eingehend beschäftigen müssen. Der Verf. erörtert alle darauf bezüglichen Aeusserungen der Gerichte und der Litteratur, indem er die Frage sowohl in bezug auf die obligatorischen und fakultativen Voraussetzungen der Wechselverpflichtung als auch in bezug auf die Rechtsfolgen der Wechselerklärungen beantwortet. In dem Abschnitt über die rechtliche Behandlung der nicht ausdrücklich erlaubten Klauseln im Wechsel (S. 53—71) ist besonders die Unhaltbarkeit des von Hoffmann im Archiv für deutsches Wechsel-R. (IX S. 306 p.) aufgestellten Prinzips, dass wohl eine Reduktion der Wechselverpflichtungen, nicht aber eine Verschärfung derselben durch Klauselnvereinbarungen möglich sei, ausführlich nachgewiesen.   G a r e i s.

Schmidt-Scharff. Das Warenpapier beim See- und Binnentransport. Frankfurt a./M., Knauer. 1887. 62 S. 2 M.

Unter den sachenrechtlichen Wertpapieren sind die Transportpapiere, Konnossement und Ladeschein, die wichtigsten. Mit der Frage, welche Bestimmungen über das Konnossement (Art. 644—663 H.G.B.) auch auf den Ladeschein (Art. 413—420 H.G.B.) anwendbar sind, in welchen Konnossement und Ladeschein gleich, in welchen sie verschieden zu beurteilen sind, beschäftigt sich vorliegende Abhandlung. Dass der Ladeschein höchstens auf der Elbe und im polnischen Getreidehandel in Uebung sei, kann nicht zugegeben werden; er spielt auf dem Rheine gleichfalls eine Rolle, und das Urteil des Reichsgerichts, P. II. Ziv.-S., v. 30 Sept. 1887 i. S. Jakob und Dreyer gg. die Mannheimer Dampfschleppschiffahrts-gesellschaft und Heins und Asbeck (II. 106/1887) ist in dieser Richtung sehr beachtenswert. — In drei Abschnitten wird die Ausstellung, die Uebertragung und die Erfüllung der Transport-papiere erörtert. Der Verf. zieht folgendes Ergebnis: In betreff der Ausstellung, und zwar des Zwecks, der Art, des Gegenstandes, sind Konnossement u. Ladeschein im allgemeinen den gleichen Rechts-sätzen unterworfen; in betreff der obligatorischen wie der ding-lichen Wirkung der Uebertragung herrscht bei beiden vollkom-mene, teils im Gesetze ausgedrückte, teils durch Analogie her-gestellte Gleichheit; in betreff der Erfüllung bestehe ein praktisch wichtiger Unterschied, indem beim Konnossement eine vollkommene Skripturobligation mit allen ihren Konsequenzen hergestellt ist, dagegen beim Ladeschein in bezug auf die so wichtige Vertre-tung der Hauptpunkte des Empfangsbekenntnisses nur eine hinkende Skripturobligation vorliegt, die Ladescheinobligation nicht in voller Konsequenz entwickelt ist. Da in fast allen Punkten eine grosse Verschiedenheit der Ansichten herrscht, wo-für reiche Nachweise aus Doktrin und Praxis geliefert werden, muss hier die Anführung des Ergebnisses genügen.

Heinsheimer.

IV. Gerichtsverfassung und Zivilprozess.

Franz. Die Allerhöchste Verordnung, betreffend die Disciplin des Notariats, vom 17. März 1886, nebst den dazu erlassenen Ausführungsverfügungen. Strass-burg, Schultz & Comp. 1887. 55 S. 1 M.

Der Herausgeber hat unter dem Titel „Das Notariat in Elsass-Lothringen" die auf dasselbe bezüglichen Gesetze, Verord-nungen und Verfügungen zusammengestellt und sodann 1886 in dem Schriftchen „Zur Reform des Notariats in Elsass-Loth-ringen" den Text der zum Behufe dieser Reform ergangenen kaiserlichen Verordnung vom 17. März 1886 mitgeteilt. Letzteres Schriftchen enthielt eine sehr lesenswerte Entwickelung der Ver-hältnisse, welche zum Erlass der fraglichen Verordnung geführt haben. Jene früheren Arbeiten sind zur Zeit im „C.-Bl."

von uns angezeigt worden (V., 440). Im Anschluss an dieselben gibt die vorliegende Arbeit, unter Wiederholung des
Textes der Verordnung, die verschiedenen zur Ausführung derselben von der Oberstaatsanwaltschaft in Kolmar, bezw. von dem
kaiserlichen Ministerium für Elass-Lothringen erlassenen Verfügungen. Die drei Arbeiten bilden ihrem Inhalte nach ein
Ganzes. Formell handelt es sich dabei allerdings nur um den
Rechtszustand in Elsass-Lothringen; materiell aber um Fragen,
welche für das Notariat in allen Ländern des französischen
R. von Bedeutung sind. Von Juristen aus anderen Rechtsgebieten, insbesondere dem des preuss. Land-R., wird die Bedeutung dieser Fragen häufig unterschätzt, weil die thatsächliche
Gestaltung des rheinischen Geld- und Hypothekenverkehrs, des
Versteigerungswesens u. s. w. ihnen unbekannt ist.

v. Cuny.

Schmidt, R. Die Klagänderung. Leipzig, Dunker &
   Humblot. 1888. 244 S. 5 M. 40 Pf.

Die Vorrede bezeichnet als Zweck der Untersuchung: „Die
rechtliche Beziehung der Klagänderung zu Klagerhebung, Streit-
einlassung und Urteil zur Anschauung zu bringen. „Demgemäss
verfolgt die Abhandlung in ihrer 1. Abteilung „die Geschichte
des Klagänderungsverbots" (S. 1—142), welche ausgehend vom
longobard. R. sich zu eindringlicher dogmengeschichtlicher Darstellung der ital. R.-Lehre des M.A. unter Berücksichtigung der Statuten ital. Städte wendet, sodann die verschiedenen Auffassungen
des ital. R. in deutsche Theorie und Partikulargesetzgebung, die
Gestaltung im sächs., ehemals gemeinen R., sowie in neueren
Partikulargesetzen darstellt. Die 2. Abteilung behandelt „das
Klagänderungsverbot des Reichs-R." zunächst in drei Kapiteln:
Klagschrift, Klagänderung und Rechtskraft; ein 4. Kapitel beschäftigt sich mit der Kasuistik dieser Lehren, insbesondere mit
der Identität des Streitgegenstandes nach Subjekt, Objekt und
Umfang. Wir müssen es uns versagen, hier den mannigfachen
Wandlungen in der Auffassung des Klagänderungsverbots zu
folgen und begnügen uns, das Hauptergebnis der 2. Abteilung
festzustellen: Der notwendige Inhalt der Klagschrift (der Anspruch im Sinne des §. 230 Z.P.O.) ist der Streitgegenstand;
unzulässige Klagänderung ist demnach Änderung des Streitgegenstandes; Streitgegenstand aber ist das, worüber Kläger rechtskräftige
Entscheidung haben will. Der fragliche Begriff ist also zu bestimmen nach Massgabe des für die Tragweite der Rechtskraft

geltenden Prinzips. Zwischen den zwei von ihm angenommenen Möglichkeiten bei Bestimmung des Gegenstandes der Rechtskraft: das R. selbst oder nur die Rechtsfrage, ob ein bestimmter Thatbestand unter einem bestimmten rechtlichen Gesichtspunkte den Klagantrag rechtfertige, entscheidet sich Sch. für die erstere Alternative. Streitgegenstand ist folglich „das durch seinen materiellen Inhalt individualisierte subjektive Privat-R." (S. 171, 172, 204.)   Kleinfeller.

V. Strafrechtswissenschaft.

Ssergejewski. Die Strafe im russ. R. des 17. Jahrhunderts. (Nakasanije w ruskom prawe XVII. weka.) St. Petersburg. 1888. XII u. 300 S.

Der Verf. geht von dem Gedanken aus, dass, obwohl die Aufgabe der strafenden Gerechtigkeit stets unverändert dieselbe bleibe, die Strafmittel, entsprechend der Verschiedenartigkeit und der steten Veränderung des Volks- und Staatslebens, einer steten Veränderung unterlägen, es daher ein für alle Zeiten und Völker berechnetes ideales Strafensystem nicht geben könne. Jede Epoche und jeder Staat ordne die Strafen in seiner Weise, entsprechend den vorhandenen geistigen und materiellen Kräften, suche dabei die verschiedensten Zwecke zu erreichen und stelle je nach den Erfordernissen der realen Verhältnisse des Lebens bald Vernichtung, bald Unschädlichmachung, bald Abschreckung, bald Besserung u. s. w. des Verbrechers in den Vordergrund.

Seine Abhandlung theilt der Verf. in zwei Abteilungen. In der ersten (S. 1—79) behandelt er die strafende Thätigkeit und ihre Aufgabe in Russland im 17. Jahrhundert. Dieses Jahrhundert werde von den einen (sc. den Slawophilen) als goldenes Zeitalter Russlands gepriesen, von anderen, darunter Historiker wie Ssolowjew-Kostomarow und Publizisten wie Ditätin, als eine Zeit des Verfalles und der Auflösung, moralischer Verworfenheit und Robeit geschildert. Der Verf. konstatiert, dass die ersteren ganze Reihen positiver Thatsachen verschweigen, welche von letzteren mit Recht angeführt werden. Er bestätigt und ergänzt diese Thatsachen, nur zieht er aus denselben andere Schlüsse als jene. Die Häufigkeit der Verbrechen und Aufstände, die Grausamkeit der Strafen, die Massenhinrichtungen bringt er in Zusammenhang

mit der Grossartigkeit der der damaligen Zeit gestellten Aufgabe.
Es handelte sich um feste Begründung des Staates und den Ausbau der Idee zarischer Alleinherrschaft. Diese Idee habe alles
beherrscht. Wer mit der Ordnung der Dinge unzufrieden war,
suchte gewaltsam auf seine Weise einzugreifen; unterlag er, so
habe er instinktiv gefühlt, dass er dem Staat gegenüber ein
Nichts sei und vernichtet werden müsse. Daher einerseits die
Vernichtung jeder Auflehnung, die Ströme von Blut, die Grausamkeit der Strafen und andererseits die Gleichgültigkeit gegen
Tod und Marter. Der Verf. spricht unter vielem anderen aus:
Die empörenden Vorschriften an die sibirischen Wojewoden, die
dortigen Stammesfürsten durch Versprechungen anzulocken und
dann aufzuhängen, habe die Sicherung der Unterwerfung zur
Folge gehabt und „der Erfolg rechtfertige alles". Ausser der
Hauptursache, welche das Strafensystem bestimmte, werden auch
andere berücksichtigt, z. B. die Armut, welche die Anwendung
der einfachsten Mittel vorschrieb: Todes- und Körperstrafe.

In der zweiten Abteilung werden die einzelnen Strafmittel
behandelt: die Todestrafe (S. 83—130), die Körperstrafen (S. 131
bis 171), die Gefängnisstrafe (S. 172—215), die Verschickung
(S. 216—257), die Vermögensstrafen (S. 258—276), die Ehren-
strafen und Entziehung von R. (S. 277—286) und die Kirchen-
strafen (S. 287—290).

Das Werk ist ein wichtiger Beitrag zur russ. R.- und Kulturgeschichte des 17. Jahrhunderts.   Engelmann.

Zucker, A. Aprise und Loial enquête. Ein Beitrag zur
    Herstellung der historischen Basis der modernen Vorunter-
    suchung. Wien, Manz. 1887. VI u. 159 S. 3 M.

Die vorliegende Untersuchung hat zum Gegenstande eine
Revision der Ansichten, insbesondere der herrschenden Meinung,
über die beiden Hauptinstitute des altfranz. Inquisitionsprozesses:
die aprise und enquête loial, deren Ursprung und gegenseitiges
Verhältnis, wie dasselbe in den Rechtsbüchern des 13. Jahrhunderts zum Ausdruck kommt. Die Schrift zerfällt demgemäss in
eine Darstellung der bisherigen Resultate der Forschung (S. 6
bis 71) und die eigene Untersuchung (S. 75 f.); die Einleitung
beschäftigt sich kurz mit der Fragestellung. — Bezüglich des
Ursprungs beider Institute wird der Zusammenhang derselben
mit der franz. inquisitio in den Vordergrund gestellt; sie sind
nicht auf das kanonische, sondern auf das einheimische R. zurückzuführen. Grundlage der aprise ist die inq. ex officio; die enquête

ist inq. ex consensu partium, welche an Stelle der Reinigung
mittels Zweikampfs u. s. w. tritt. — Das Wesen der beiden
Institute charakterisirt Verf. dahin, dass aprise das amtliche
Verfolgungs-R., insbesondere das Verhaftungs-R. (aprise von
prise, nicht apprendre), enquète dagegen das Verteidigungsmittel,
insbesondere zum Zwecke der Enthaftung bedeutet. Das Verhältnis beider Institute stellt sich nach dem Verf. folgendermassen
dar: Die aprise ist das gegen den verhafteten Verdächtigen ohne
weiteres eintretende Hauptverfahren ex officio, innerhalb dessen
sich der Verdächtige der enquète unterwerfen kann, die eben
nichts anderes bedeute, als ein Verhör der Entlastungszeugen.

E. Ullmann.

VI. Kirchenrecht.

Gross, C. Das R. an der Pfründe. Zugleich ein Beitrag zur
Ermittlung des Ursprungs des jus ad rem. Graz, Leuschner
& Lubensky. 1887. XVI u. 318 S. 8 M.

Was macht das Wesen und den Inhalt des jus in re aus,
welches dem königlichen Benefiziaten an der Pfründe gebührt?
Diese Frage wird heute vielfach dadurch gelöst, dass man das
beneficium in seine einzelnen Bestandteile zerlegt und danach
das R. des Pfründners verschieden bestimmt. G. wendet sich
unbedingt gegen solche Spezialisierung. Weil die Quellen
von einem jus in ipso beneficio reden, gelte es, den allgemeinen
Charakter des Benefiziatenverhältnisses festzustellen. Hierfür aber
könne allein das kanonische R. entscheidend sein. Denn die
Disposition über das bereits vorhandene Kirchenvermögen bilde
in ganz eminentem Sinne eine der staatlichen Gesetzgebung entzogene innere (!) Angelegenheit der Kirche.

Das 1. Kapitel zeigt zunächst an der Hand der geschichtlichen Entwickelung, dass das kirchliche Benefizium nichts gemein
hat mit den beneficia militaria der röm. Kaiserzeit, den mittelalterlichen precariae und den weltlichen Benefizien oder Lehen.
Die kirchlichen Benefizien, wie sie noch heute bestehen, sind aus
einem Verhältnis erwachsen, welches, unabhängig von jedem bestimmten Typus des Zivil-R. überhaupt und des r. R. insbesondere, auf rein kirchlichem Grunde entstanden ist und bereits im
5. Jahrhundert eine feste und bleibende Gestaltung erlangt hat.

— Im 2. Kapitel wird die juristische Konstruktion erörtert, welche das Benefiziatenverhältnis bei Gratian, den Glossatoren und Kommentatoren gefunden. Welcher massenhafte Stoff hier zu bewältigen war, zeigen die vom Verf. mitgeteilten zahlreichen Exzerpte aus Handschriften und älteren, schwer zugänglichen Druckwerken. Das Ergebnis ist freilich wenig befriedigend. Dem als jus in re gefassten plenum jus des Benefiziaten tritt seit Durantis ein privatrechtliches jus ad rem sc. petendam des Präsentierten gegenüber. Aber die neue Terminologie gewinnt keine feste Gestalt; sie behält im Auf und Nieder von unklaren Gedanken einen schwankenden Inhalt: Stabil ist nur die Auffassung des jus in re als einer Art von Eigentum (dominium vel quasi). Aus dem jus ad rem wird dagegen eine Position rein öffentlichen Charakters, die sich lediglich auf dem administrativen Wege des recursus ad Superiorem und des compelli posse per Superiorem bewährt.

Die drei letzten Kapitel sind dem geltenden R. gewidmet. Vermöge des jus in re (Kap. 3) hat der Benefiziat für die „Vermögenschaften" ein quasi dominium, d. h. eine dem Eigentums-R. analoge generelle, privatrechtliche Herrschaft. Einen wahren Eigentümer im Sinne des Zivil-R. gibt es zu Benefizialgütern überhaupt nicht! Sie sind lediglich Objekt des jus in re, und dessen Subjekt ist immer nur der Benefiziat (S. 239, 254 f.). — Andererseits besteht das jus ad rem (Kap. 4) in der Befugnis, von dem zuständigen Kirchenoberen zu verlangen, dass er den zur perfekten Verleihung des beneficium an den Berechtigten noch erforderlichen Akt vornehme. Dieser Anspruch begründet kein Klage-R., sondern lässt sich nur im Wege der Beschwerde verfolgen, ist aber rechtlich fundiert und unterscheidet sich dadurch von der Position des blossen Supplikanten. Aus dem kanonischen jus ad rem hat sich dann später (entgegen der Brünneckschen Auffassung) das jus ad rem der Feudisten und Romanisten entwickelt. — Der rechtliche Charakter des Benefiziatenverhältnisses (Kap. 5) schliesst jede Subsumtion des jus in re unter die jura in re aus. Es bildet vielmehr eine durchaus eigenartige, von allen sonstigen Erzeugnissen des Rechtslebens durchaus verschiedene Schöpfung der kirchlichen Rechtsbildung und kann nur mit dem individuellen Namen „Das R. an der Pfründe" bezeichnet werden. 　　　　　Hübler.

VII. Staats- und Verwaltungsrecht.

Hancke, E. Regentschaft und Stellvertretung des Landesherrn nach deutschem Staats-R. Breslau, Kohn & Hancke. 1887. X u. 70 S. 1 M. 80 Pf.

Während die im Jahr 1880 erschienene Monographie v. Kirchenheims über die Regentschaft ihren Stoff den R. der verschiedensten Völker und Zeiten entnommen hat, beschränkt sich die vorliegende Abhandlung — welcher eine unlängst von der Breslauer juristischen Fakultät gekrönte Preisschrift des Verf. zu Grunde liegt — durchaus auf das deutsche Staats-R. und zwar, abgesehen von sehr knappen historischen Rückblicken, auf das gegenwärtig geltende. In der Behandlung des Gegenstandes hat H. vor allem nach präziser juristischer Fassung und Begründung seiner Sätze gestrebt; nur selten ist er auf legislatorische Gesichtspunkte eingegangen. Die beiden Institute der Regentschaft und der Stellvertretung im engeren Sinne haben eine gesonderte Darstellung (S. 1—58 und S. 58—70) erhalten. Die einschlägigen Spezialfragen sind in grosser Vollständigkeit erörtert. Mehrfach ist es dem Verf. gelungen, neue theoretische Gesichtspunkte zu eröffnen oder für bisherige Annahmen eine neue Formulierung zu gewinnen: so z. B. in der Analyse des Begriffs der Regentschaft (S. 4 f.); in der Beantwortung der Fragen, wann eine Stellvertretung durch Regentschaft zu ersetzen ist (S. 60 und 64), und ob die dem Regenten versagten R. einem Stellvertreter übertragen werden können (S. 63—64). Ein besonderes aktuelles Interesse nimmt die Arbeit insofern in Anspruch, als sie die wichtigen, während der letzten Jahrzehnte in deutschen Einzelstaaten vorgekommenen Fälle einer Regentschaft oder Stellvertretung (wie die bad. Regentschaft von 1852, die braunschweig. von 1884 bezw. 1885, die bayer. von 1886, die Stellvertretungen in Preussen 1857/58 und 1878) eingehenderer juristischer Würdigung unterzogen hat.

Wenn auch einzelne überscharfe Deduktionen des Verf. (wie z. B. die Begründung der strafrechtlichen Unverantwortlichkeit des Regenten S. 54—55) Bedenken erregen werden, so ist doch seine Abhandlung jedenfalls eine sehr bemerkenswerte Erstlingsleistung.　　　　　　　　　　　　　　　　　　　B r i e .

**Huber, F. C. Ausbau und Reform des Krankenversiche-
rungsgesetzes.** (Soziale Zeitfragen hrsgb. von Th. Müller.
N. F. 17. Heft.) Minden, Bruns. 1888. VI u. 166 S.
2 M. 50 Pf.

H.s Arbeit verdient neben die früher angezeigte von Mugdan und Freund (C.Bl. VI, 229) gestellt zu werden, wenn es
gilt, die Reformvorschläge auf dem Gebiete des Krankenversicherungsgesetzes aufzuzählen. Während jene allerdings mehr unmittelbar aus der Praxis der Ausführungsbehörde schöpfen, führt
H. vorwiegend den in den Berichten der Handelskammern und
verwandten beratenden Stellen niedergelegten Stoff vor. Dies
geschieht aber ebenfalls in sehr anschaulicher, klarer Weise und
so, dass der Berichterstatter wenigstens seinen Ausführungen
nichts Wesentliches entgegenzusetzen wüsste. H. empfiehlt, nicht
alles von der Abänderung des Gesetzes zu erwarten, sondern
schon auf Grund des jetzigen R. dem Missbrauche der Kassen
seitens der Simulanten durch schärfere Kontrolle und Fixierung
der Kassenärzte entgegenzuwirken. Vom Gesetzgeber erhofft er
mit Recht künftige Ausschliessung der freien Hilfskassen von
der Konkurrenz mit den Ortskrankenkassen und Zulassung freierer
Bewegung in bezug auf die Karenzzeit. Von speziell juristischem
Interesse ist das 5. Kapitel (S. 87 f.) „Klarstellung kontroverser
Punkte", insbesondere der Auslegungsfragen bei §§. 6 und 21
des Gesetzes.   Leuthold.

**Rechtskraft und Rechtsbruch der liv- und esthländischen
Privilegien.** Leipzig, Duncker & Humblot. 1887. 85 S. 2 M.

In der zu kurzen historischen Einleitung wird vermisst die
Anführung und Benutzung der für die einschlagenden Fragen
wichtigsten und grundlegenden „Livländischen Antwort" C. Schir-
rens, wo in scharfer unangreifbarer Deduktion, die auch nach
russ. Reichsgesetze unveränderte Rechtskraft der Landesprivilegien
Liv- und Esthlands, sowie die wahre Bedeutung der Majestäts-
klausel und der bei Regierungsantritten erfolgten Spezialbestäti-
gungen, bereits nachgewiesen ist. Die vorstehende Broschüre
enthält (S. 9—29) unter Abdruck der einschlagenden Quellenstellen den Nachweis des rechtlichen Fortbestehens der liv- und
esthländischen Landesprivilegien. Sodann — nach kurz zusammen-
fassender Charakterisierung ihres Inhalts: Gewissensfreiheit, luthe-
rische Kirche, deutsche Kultur, deutsche Sprache, deutsche Schule,
deutsches R. und deutsche Verwaltung, autonome Selbstverwaltung — werden die gewaltsamen Eingriffe in die Gewissensfreiheit
und die R. der Kirche (S. 34—38), die Verdrängung der deutschen

Sprache aus Verwaltung und Schule (S. 48—60), die Eingriffe in die Verfassung und Autonomie (S. 60—69) geschildert — geschildert, mit welcher Willkür vorgegangen, die Verwaltung desorganisiert und die Schule geschädigt wird. Den Schluss bildet eine Widerlegung der Scheingründe und Interpretationskniffe, mit denen man der Willkür und Gewaltsamkeit des Verfahrens eine Berechtigung zu verleihen gesucht hat.

Redaktion.

VIII. Internationales Recht.

Müller, E. Der Ausgelieferte vor Gericht. (Annalen des Deutschen Reichs. 1887. Nr. 8/9. S. 565—606.)

Die Abhandlung beschäftigt sich mit der Frage, ob und inwieweit die Gerichte zur Entscheidung der Streitpunkte, welche sich aus der Auslieferung und aus Anlass derselben ergeben, zuständig sind, bezw. ob den Gerichten jede Einmischung abgesprochen werden müsse, weil diese Fragen als internationale ganz in die Sphäre der auswärtigen Verwaltung fallen. Der Verf. geht bei Beantwortung dieser Frage von dem Grundsatze aus, dass nicht bloss die in einzelnen Staaten (Belgien, Niederlande, England u. s. w.) geltenden Auslieferungsgesetze, sondern auch die Auslieferungsverträge, sofern nur die staatsrechtlichen Voraussetzungen hierzu erfüllt sind, objektives R. enthalten und daher vom Richter als Rechtsquelle benutzt werden können und müssen. Auf dieser Grundlage wird dann untersucht, wie sich die Gerichte zu verhalten haben. 1. Wenn die Auslieferung selbst als materiell oder formell widerrechtlich und ungesetzlich erscheint, oder 2. wenn zwar die Auslieferung selbst nicht bemängelt wird oder bemängelt werden kann, der Angeklagte aber behauptet, dass ihm aus ausdrücklichen oder stillschweigenden Bedingungen, unter welchen dieselbe gewährt sei (Auslieferungsklausel), R. erwachsen seien, namentlich das R. wegen keines anderen Delikts, als wegen dessen die Auslieferung erfolgte, zur strafrechtlichen Verantwortung gezogen zu werden. Bei Beantwortung dieser Fragen, welche sich wieder in eine Anzahl von Unterfragen gliedern, ist nicht bloss das deutsche R., sondern in weitem Umfange auch ausländisches R. berücksichtigt.

v. Stengel.

Soldan, Ch. L'Union internationale pour la prote
tio n des oeuvres littéraires et artistique
Commentaire de la convention de Berne du 1886. Par
Thorin, 1888. 59 S.

Nach dreijährigen, sorgfältigen Verhandlungen, welche :
weilen im Monat September von den Abgeordneten der hauptsäc
lichsten Kulturstaaten Europas und Amerikas in Bern gehalt
worden sind, ist am 9. IX. 1886 die so äusserst wichti
und, wie wir hoffen wollen, in ihren Folgen segensreiche inte
nationale Konvention zum Schutze des Urheber-R. an schri
stellerischen und künstlerischen Werken abgeschlossen worde
Die Staaten, welche unterzeichnet haben, sind: das Deutsche Reic
Belgien, Spanien, Frankreich, Grossbritannien (mit allen sein
Kolonien), die Republik Haiti, Italien, Liberia, die Schweiz u
Tunis. Am 5. IX. 1887 wurden die Ratifikationen ausgetausch
Alle anderen Staaten sind zum Beitritt eingeladen.

Der Verf. obiger Schrift hatte bei den Konferenzen
Bern als Sekretär funktioniert; zugleich ist er in der Schwe
als tüchtiger Jurist bekannt. Daher war er vollkommen befähig
auf Grundlage der gepflogenen Verhandlungen eine getrei
Analyse der einzelnen Vertragsbestimmungen zu geben. Nachde
eine kurze historische Einleitung über den Ursprung der Unio
welche wesentlich durch die Initiative der „Association Intern
tionale littéraire et artistique" hervorgerufen wurde, vorausg
gangen ist, werden anschliessend an die einzelnen Artikel b
handelt: Zweck und Name des internationalen Verbandes, Natu
Wirkungen und Dauer des gewährten Rechtsschutzes, Schutz d
Verleger, genaue Aufzählung der geschützten Werke, ausschlies
liches Uebersetzungsrecht, Schutz der erlaubten Uebersetzunge
erlaubte Entlehnungen aus fremden Werken, spezielle Besti
mungen mit bezug auf dramatische, musikalische Werke, Adapt
tionen (d. h. unerlaubte Benutzungen und Umarbeitungen); Fes
stellung der Urheber-Eigenschaft, Beschlagnahme nachgedruckt
oder nachgeahmter Werke; den Regierungen vorbehalte
R., rückwirkende Kraft des Vertrages für diejenigen Werk
welche in ihrem Ursprungsland noch nicht Gemeingut geword
sind; besondere Vereinbarungen unter den Vertragsstaaten, i
ternationales Büreau, Revision des Vertrages, Beitritt zu der
selben; Stellung der Kolonien; Inkrafttreten der Union.

Alle diese Materien werden kurz erörtert und in den A
merkungen jeweilen Bezug genommen auf die jetzt bestehend
Staatsverträge und die innere Gesetzgebung der einzelnen Lände

Manche Frage hat die Konvention absichtlich offen gelassen oder der inneren Gesetzgebung der einzelnen Länder anheimgestellt, während wieder andere Bestimmungen unbedingt bindendes R. für alle Vertragsstaaten enthalten. Dies hätte zuweilen etwas mehr hervorgehoben werden sollen. Ebenso ist der Abschnitt über die rückwirkende Kraft (Art. 14) sehr kurz; aber das, was der Verfasser sagt, ist durchaus wichtig, und gibt ein deutliches Bild vom Sinn und von der Tragweite der Konvention. A. v. Orelli.

IX. Hilfswissenschaften.

Neumann, Fr. J. Die Steuer. I. Bd. Die Steuer und das öffentliche Interesse. Leipzig, Duncker & Humblot. 1887. VI u. 562 S. 6 M.

Gegenüber der „realistischen" Richtung, welche eine Zeitlang in der Volkswirtschaftslehre und der Finanzwissenschaft herrschend war, und welche den Schwerpunkt in historischen und statistischen Untersuchungen suchte, gehört N., wie verschiedene seiner Arbeiten, namentlich seine Abhandlung über die Grundbegriffe der Volkswirtschaftslehre in Schönbergs Handbuch der politischen Oekonomie beweisen, zu denjenigen, welche grosses Gewicht darauf legen, die der Volkswirtschaftslehre und der Finanzwissenschaft zu Grunde liegenden Begriffe möglichst genau festzustellen und abzugrenzen. Die vorliegende Schrift enthält nun sehr eingehende und ausführliche Untersuchungen über Begriff und Wesen der Steuer, die Gliederung der Staats- und Gemeindeeinnahmen und den Begriff des öffentlichen Interesses, einen Begriff, welcher nicht bloss für die Steuerlehre wichtig ist, sondern überhaupt für die gesamte Verwaltung und alle Disziplinen des öffentlichen R. die grösste Bedeutung hat. Die sehr ins einzelne gehenden Untersuchungen und Erörterungen gipfeln darin, dass N. als öffentliche oder Staats-, bezw. Gemeindeeinkünfte den Inbegriff der nicht in persönlichen Diensten (Leistungen) bestehenden Güter bezeichnet, welche zur Deckung des eigentlichen Staats- oder Gemeindebedarfs in das rechtliche Vermögen des Staates oder der Gemeinde übergehen. Eine Sonderung dieser Einnahmen in öffentliche und privatwirtschaftliche, oder in öffentliche und privatrechtliche hält N. nicht für angezeigt und durch-

führbar. Unter Zugrundelegung des Begriffs „öffentliches Inter
esse" gliedert er dieselben einfach in 1. direkte Steuern, 2. in
direkte Steuern, 3. Gebühren, 4. Monopoleinkünfte (welche au
mit besonderen Vorrechten des Betriebs ausgestatteten Unter
nehmungen hervorgehen, soweit sie nicht Gebühren sind), 5. di
öffentlichen Unternehmenseinkünfte, 6. die Regaleinkünfte, 7. di
gemeinen oder allgemeinen Erwerbseinnahmen, 8. die Strafen
9. die Zahlungen der öffentlichen Verbände aneinander, Matri
kularbeiträge, Kreisdotierungen u. s. w. Hervorzuheben ist dabei
dass N. bei seinen Begriffsbestimmungen der direkten und indirekter
Steuern, der Gebühren u. s. w. vielfach von der gewöhnlicher
Auffassung abweicht, dass aber seine Gliederung der öffentlicher
Einnahmen auf einem festen Prinzipe beruht und mit logischer
Folgerichtigkeit, wenn auch mit möglichster Berücksichtigung
des in Theorie und Praxis geltenden Sprachgebrauchs durchge
führt ist.   v. Stengel.

B. Zeitschriftenüberschau.

Neue Zeitschrift:

Zeitschr. f. schweizer. Straf-R. Schweizer. Centralorgan f. Straf
R., Strafprozess, Gerichtsorganisation, Strafvollzug, Kriminal
polizei, gerichtliche Medizin u. Psychiatrie, Kriminalstatistik u
Kriminalsoziologie. Hrsg. v. C. Stooss. Basel, Georg. I. 1
S. 1—96. Gretener, z. Fall Hürst. Gautier, de la récidive
(in franzöz. Sprache). Hürbin, d. Errichtung v. Besserungs
anstalten f. jugendliche Verbrecher in d. Schweiz. Guillaume
l'identification anthropométrique. Nekrolog über Carrara vor
Teichmann. Entscheidungen, litterar. Anzeigen, Vermischtes
Strafgesetzgebung. Anhang: Abdruck v. kantonalen Gesetzen etc
insbes. d. Wucher betreffend.

Preuss. Jahrbücher. 1888. Febr. Eccius, Rechtsstudium u. Prü
fungsordnung. März. Goldschmidt, desgl.
Zeitschr. d. Savignystiftung etc. Rom. Abt. Bd. 8. H. 1. Zacharii
v. Lingenthal, v. d. griech. Bearbeitungen d. Codex. Krüger
über d. Verwendung v. Papyrus u. Pergament f. d. jurist. Lit
teratur der Römer. Chiappelli, neue Bemerkungen über d
Pistoieser Glosse z. Just. Codex. Schirmer, Replik in Sacher
des linum testamenti incisum. Krüger, Bemerkungen z. Schir
mers Replik. Geib, actio fiduciae u. Realvertrag. Schirmer
d. angeblichen Interpolationen bei Scävola. Exner, d. imaginär
Gewalt im altröm. Besitzstörungsverfahren. Lenel, Kritische
u. Exegetisches. Zachariä, ans u. zu d. Quellen d. r. R. Zur
Wörterbuche d. klass. Rechtswissenschaft. Germ. Abt. Bd. 8
H. 2. Bekker, Hugo Böhlau 1833—1887. v. Brünneck, d
Leibeigenschaft in Ostpreussen. Brunner, d. Reiterdienst t

d. Anfänge d. Lehnwesens. Hintze, d. österr. Staatsrat im 16.
u. 17. Jahrhundert. Kohler, z. Geschichte d. exekutorischen
Urkunde in Frankreich. v. Pflugk-Hartung, d. Thronfolge im
Langobardenreiche. Weiland, sächs. Landfriede aus der Zeit
Friedrichs II. u. die sog. Treuga Heinrici regis.
Jahrbücher f. Dogmatik etc. XIV. 3.—5. Eisele, Nichtigkeit obligator. Verträge (vgl. oben S. 60). Nachtrag. Bähr, z. Besitzlehre. Goldschmidt, Haupt- u. Nachbürge, Mitbürgen etc.
Unger, Zession u. Aktivdelegation.
Jurist. Blätter. XVII. 10. Schmidt, d. gesetzl. Pfand-R. d. Vermieters nach d. Ges. v. 10./VI. 1887. 11. 12. Benedikt, Rechtshilfe. 13. Binding, d. Rechtszwang.
Oesterr. Gerichtszeitung. XXXV. 7. Zur Anwendung d. Str.Pr.O.
Der 8. österr. Advokatentag u. d. Konkursordnung. 8. Objektives Pressverfahren u. Offizialverfolgung bei Ehrenbeleidigungen.
Rechtsgeleerd Magazijn. VII. 2. Gratama, retentivrecht. Moens,
eigentum van servitutswerken S. 194—220. Besprechung von
Goldschmidts Rechtsstudium etc. v. Conrat (Cohn).
Archivio giuridico. XXXIX. 5. u. 6. Pacchioni, actio ex sponsu.
Brugi, del passo necessario sec. il dir. rom. Cogliolo, le
sorti del canone enfiteutico. Salvioni, statistica moderna.
Vivante, per un codice unico della obbligazioni. Gabba,
prolusione al corso d. dir. civ. Castelbolognesi, art. 924
cod. de com. Castori, riv. d. giurisprudenza penale. Anhang.
Pucci, Cesarini, Buonamici, Reden über Carrara.
Rivista italiana per le scienze giuridiche. IV. 2. 3. Brugi,
l'ambitus e il paries communis nel dir. rom. 2. Vivante, il
deposito nei magazzini generali. 3. Polacco, appunti sulle
locazioni.
Revista general de legislacion (Madrid). 1887. 6. 7. 10. Gestosa
y Acosta, validez de las presas maritimas. 8. 9. 10. F. Silvela, über d. jurist. Personen. 8. 9. (S. 141—244.) Sanchez
de Ocana, estatistica criminal.
Zeitschr. f. Gerichtszieher. II. 6. Grossbzgl. bad. Ministerialreskript, betr. Vornahme von Pfändungen bei Bediensteten in
Diensträumlichkeiten, v. 10./VII. 1887. Schönfeld, bedarf im
Gebiete der preuss. Vormundschaftsordnung v. 5./VII. 1875 d.
Vormund zur Erteilung d. Zwangsvollstreckungsauftrages d. Genehmigung d. Gegenvormundes überhaupt oder doch im Falle
der Beitreibung v. Kapitalien? Pollack, inwiefern können d.
Gerichtsvollzieher z. Verhütung d. Interventionsprozesse gegen
Zwangsvollstreckungen beitragen?
Gerichtssaal. XL. 5. Holtzendorff, d. Strafandrohungen im
neuesten italien. Strafgesetzentwurf. Pfizer, ne bis in idem
(Rechtsfall). Roller, §. 199 d. Str.Pr.O.
Zeitschr. f. d. ges. Strafrechtswissenschaft. VIII. Heft. 2/3.
v. Liszt, d. Begriff d. Rechtsguts im Straf-R. und in der Enzyklopädie d. Rechtswissenschaft. v. Lilienthal, d. Wucher auf
d. Lande. Ziegner-Gnüchtel, d. Forstdiebstahl. Rieger,
einige irrenärztl. Bemerkungen über die strafrechtl. Bedeutung
d. sogen. Hypnotismus. Beurle, einige Ergebnisse d. österr.
Kriminalstatistik.
Friedreichs Blätter f. gerichtl. Medizin etc. 2. Müller, Bewusstsein u. Bewusstseinsstörungen. Mair, d. mit Uebertretung
d. Berufspflichten begangenen fahrlässigen Körperverletzungen u.
Tötungen durch Aerzte. Mayer, d. Lage d. Heftes b. Schreiben.
Im Auftrage d. Aerztekammer v. Mittelfranken nach d. vorhandenen Material u. nach eigenen Untersuchungen zusammengestellt.

Nation. V. 16. v. Bar, d. Delikt d. „groben Unfugs" (tritt ausdehnender Auslegung d. §. 360. 11 entgegen). 17. Verlängerung d. Wahlperioden, Quinquennat. 18. v. Bar, Straf-R. u. Sozialistengesetz.
Revue de droit international. XIX. 6. Olivecrona, les juifs en Suède. A. Rolin, l'extradition. Stocquart, le mariage en droit international.

C. Neue Erscheinungen.

Vom 1. bis 22. März 1888 erschienen oder bei der Redaktion eingegangen (letztere mit * bezeichnet).

I. Deutsche Bücher und Broschüren.

*Böhm, F., Handbuch d. Rechtshilfeverfahrens im Deutschen Reiche u. gegenüber dem Auslande. 2. Tl.: Rechtshilfe in Strafsachen. Mit Sachregister f. 1. u. 2. Tl. Erlangen, Palm & Enke. X u. 331 S. 5 M.

Brüstlein, A., d. Grundzüge d. Entwurfes eines eidgenöss. Betreibungs- u. Konkursgesetzes. Eine Streitschrift als Entgegnung auf d. Broschüre J. H. Bachmanns. Basel. Bern, Jenni. 51 S. 1 M. 50 Pf.

*Falke, üb. gleichzeitige Staatsangehörigkeit in mehreren deutschen Bundesstaaten. Leipzig, Rossberg. 60 S. 1 M. 60 Pf.

Falkner, P., d. Arbeit in d. Gefängnissen. (Conrads staatswissenschaftl. Abh. V. 1.) Jena, Fischer. VIII u. 89 S. 2 M. 40 Pf.

Freund, R., d. Centralisation d. Arbeiterversicherung unter besond. Berücksicht. d. „Grundzüge z. Alters- u. Invalidenversicherung d. Arbeiter". Eine Skizze. Berlin, Heine. III u. 48 S. 60 Pf.

Gedanken zu e. allgem. Reichsversicherungsanstalt, zusammengefasst in 10 Paragraphen v. e. Deutschen. Berlin, Walther & Apolant. 8 S. 50 Pf.

*Koehne, C., d. Geschlechtsverbindungen d. Unfreien im fränk. R. (Gierkes Untersuchungen XXII.) Breslau, Koebner. VI u. 36 S. 1 M. 20 Pf.

Lutoslawski, W., Erhaltung u. Untergang d. Staatsverfassungen nach Plato, Aristoteles u. Machiavelli. Breslau, Koebner. VIII u. 140 S. 2 M. 40 Pf.

Meili, F., d. Markenstraf-R. auf Grund d. eidgenöss. Markenschutzgesetzes sowie d. von d. Schweiz abgeschlossenen Staatsverträge u. d. internat. Konvention v. 1883. Bern, Jenni. 1 M. 60 Pf.

*Napiersky, d. Erbebücher der Stadt Riga 1384—1579. Riga, Kymmel. LXXXIII u. 515 S. 10 M.

*Oesfeld, M. v., z. Frage d. Regentschaft. (Holtzendorffs Zeit- u. Streitfragen.) Hamburg, Richter. 36 S. 1 M.

Otto, V., d. R. d. Lehngüter in d. Erblanden d. Königr. Sachsen. Leipzig, Breitkopf & Härtel. V u. 150 S. 4 M.

*Randglossen zu d. Thümmelprozessen v. einem altpreuss. Juristen. Halle, Strien. 20 S. 30 Pf.

*Reinhold, F., d. Natur d. sogen. Realkontrakte. Wien, Hölder. 32 S. 40 Pf.

Rintelen, V., Zwangsversteigerung u. Zwangsverwaltung. (Ges. v. 13./VII. 1883.) Systemat. dargestellt. Paderborn, Schöningh. VIII u. 169 S. 2 M. 40 Pf.

Rodewald. E., z. Interpretation d. L. 25 §. 17 Dig. de her. pet. 5, 3.
Inaug.-Abh. Helmstedt 1887. Leipzig, Fock. 30 S. 1 M.

*Rohland, W. v., d. Gefahr im Straf-R. 2. Aufl. Leipzig, Hinrichs.
1888. 114 S.
Die 1. Aufl. (Festschrift) kam nicht in d. Buchhandel, dieselbe ist jedoch
Bd. VI S. 60 angezeigt u. kann hier darauf verwiesen werden.

Rüdiger, A., d. R. d. Versicherungsgesellschaften auf Gegenseitig-
keit. (Aus Ehrenzweigs Assekuranzjahrbuch 9. Jahrg.) Wien,
1887. Berlin, Mittler & Sohn. 43 S. 1 M. 20 Pf.

Sine ira. Der sogen. Sprachenkampf in Oesterreich. Zürich, Verlagsmagazin. 94 S. 1 M. 50 Pf.

Schollenberger, J., vergleichende Darstellungen aus dem öffentl.
R. d. schweizer. Kantone. Die schweizer. Freiheits-R. Zürich,
Müller. VI u. 81 S. 2 M.

*Schönfeld, d. Offenbarungseid u. d. Haft als Massregeln d. Zwangs-
vollstreckung nach d. Z.Pr.O. Gnesen, Bänsch & Wnukowsky.
1 M.

Stöhr, K., einige Fragen aus d. Reichsgesetz betr. d. Unfall- u.
Krankenversicherung d. in land- u. forstwirtschaftl. Betrieben
beschäftigten Personen v. 5./V. 1886. Altenburg, Bonde. 32 S.
30 Pf.

*Zeerleder, d. schweizer. Haftpflichtgesetzgebung. System. dargest.
Bern, Jenni. 167 S. 3 fr. 60 ct.

2. Ausgaben von Gesetzen, Entscheidungen etc.

Anleitung zur Einrichtung d. Registratur (Registraturplan) nach d.
Selbstverwaltungsgesetzen. Für d. neuen Verwaltungsbehörden
(Provinzialrat, Provinzialausschuss, Bezirksausschuss, Kreisaus-
schuss, Bürgermeisterämter u. Amtsverbände). Styrum vorm.
Oberhausen, Spaarmann. 1 M.

*Ergebnisse d. Zivil- u. Strafrechtspflege etc. v. Bayern 1886. München,
Kaiser. 3 M.

Neukamp, E., d. Staats- u. Selbstverwaltung d. Rheinprovinz.
System. Darstellung d. neuen Verwaltungs-R. d. Rheinprovinz.
Ein Wegweiser z. prakt. Gebrauch f. Behörden, Studierende u.
Private. Essen, Bädeker. X u. 235 S. mit 1 Tab. 4 M.

Payer, F., neues R. in Württemberg, z. Orientierung f. Nichtrechts-
gelehrte im Auszug dargestellt. Neu ergänzte Ausg. d. 3. umgearb. Aufl. (In 8 Lfgn.) 1.—3. Lfg. Stuttgart, Schickhardt
u. Ebner. XV u. 144 S. à 40 Pf.

Sandl, E. L. v., Petition um R. (Art. 32 d. Verfassung f. d. preuss.
Staat v. 31./I. 1850) an d. hohe Haus d. Abgeordneten z. Berlin.
Zürich, Verlagsmagazin. 310 S. 3 M. 60 Pf.

Ulm, d. kundige Steuerreklamant. 9. Aufl. Leipzig, Weigel. VI
u. 139 S. 1 M. 50 Pf.

Verwaltungsorganisation, d. alte etc., in d. Rheinprovinz. Styrum,
Spaarmann. 32 S. 50 Pf.

Deutsches Reich. Reichsmilitärgesetzgebung in neuer Fassung.
Nördlingen, Beck. VIII u. 94 S. 80 Pf.

Desgl. (Reger). Ansbach, Brügel. 1. Lfg. 80 Pf.

Militärgesetz v. 11./II. 1886. Essen, Bädeker. 10 Pf. Königsberg,
Hartung. 20 Pf. Leipzig, Ruhl. 30 Pf. (Höinghaus.) Berlin,
Dümmler. 80 Pf.

Gesetz betr. Naturalleistungen v. 1875 mit Aenderungen v. 21./VI
1887. Berlin, Mittler. 84 S. Reichsgesetz v. 21./VI. 1887. Ebd
10 Pf.
Sammlung d. Reichsgesetze zivilrechtl. Inhalts v. Sehling. Leipzig
Veit. 583 S. 4 M.
Preussen. Verf. v. 9./XII. 1887 betr. Geschäftsordnung d. Gerichts
schreibereien. Berlin, Decker. 20 Pf.
Grundbuchgesetze etc. (Basch). Berlin, Heine. 2 M. 80 Pf.
Menzen, Gesetz, betr. d. Errichtung letztwilliger Verfügungen in d
Bezirke d. Oberlandesgerichts zu Frankfurt a. M. v. 28./VI. 1886
Bonn, Hanstein. IV u. 123 S. 3 M.
Landgemeindeordnung f. Westfalen etc. Elberfeld, Bädeker. 60 Pf
Polizeiverordnung, betr. d. Verkehr mit frischer Kuhmilch, nebs
Ausführungsanweisung. Amtliche Ausg. Berlin, Hayn. 19 S
kart. 25 Pf.
Verwaltungsordnung f. d. Vermögen d. evangel. Kirchengemeinder
d. Prov. Westfalen. (Aus „Kirchl. Amtsblatt d. kgl. Konsist. d
Prov. Westfalen".) Münster, Brunn. 61 S. 1 M. 50 Pf.
Geschäftsanweisung f. d. Vollziehungsbeamten im Bereiche d. Ver
waltungen d. direkten u. indirekten Steuern vom 11./X. 1879
Berlin, Decker. 52 S. 60 Pf.
Württemberg. Bürgerhandbuch. Stuttgart, Metzler. 16. Aufl. V
u. 186 S. 50 Pf.
Verjährungsgesetz v. 6./V. 1852 (Betz). Tübingen, Laupp. 2 M. 60 Pf
Gesetz betr. Vertretung d. evangel. Kirchengemeinden. 3. Lfg. Ell
wangen, Hess. 1.—3. Lfg. 4 M. 40 Pf.
Hessen. Verf. z. Ausf. d. Fischereiges. Darmstadt, Junghans. 10 Pf
Sachsen-Weimar. Sammlung v. Gesetzen etc. f. Eisenach. Eisenach
Kabele. 1 M. 50 Pf.
Anhalt. Gemeinde-, Stadt- u. Dorfordnung. Cöthen, Schettler
90 Pf.
Oesterreich. Unfallversicherungsgesetz v. 28./XII. 1887. Wien, Manz
32 S. 40 Pf. Desgl. (Geller). Wien, Perels. 71 S. 1 M.
Oesterr. Reichsgesetze. Taschenausg. Nr. 159—163. Prag, Mercy
1887. 6. M. 64 Pf.
Inhalt. Oesterreich. Reichsgesetze nebst Erlässen u. Verordnungen
Jahrg. 1887. 2.—6. Hft. S. 149—584, 21—200 u. 17—88.
Raccolta di leggi ed ordinanze della monarchia austriaca. Innsbruck
Wagner. 1887. 1. M. 20 Pf.
Inhalt. La legge del 10 Giugno 1887. B. L. I. N. 74 concernente l
modificazione, rispettivamente il completamento di alcune disposizioni dell
procedura in materia d'esecuzione per l'esazione di crediti pecuniarii. Com
mentario del Consigliere ministeriale Dr. Emilio Steinbach. Libera ver
sione dal tedesco autorizzata dall' autore di Procuratore di Stato Matte
Boscarolli, aggiuntevi alcune note, l'Ordinanza ministeriale e quella del Pre
sidio d'Apello in Innsbruck sulla esecuzione della legge. 114 S.
Gesetze f. das Königr. Böhmen. Taschenausg. Nr. 202—208. Prag
Mercy. 8 M. 24 Pf.
Inhalt. 202. Publikationen d. Landesgesetzblattes f. d. Königr. Böhme
vom 24./V. 1886 bis 22./I. 1887. 5. Bd. S. 431—605. 80 Pf. 207. Dasselbe
vom 7./II. bis 6./VII. 1887. 5. Bd. S. 606—678. 80 Pf. 203—208. 20(
Oesterr. Reichsgesetze nebst Erlässen und Verordnungen. 1887. 2.—6. Hf
S. 149—584, 21—200 u. 17—88. 6 M. 64 Pf.
Turnwald, d. Miet- u. Auszichordnung f. d. Stadt Reichenberg. Mi
einer Einleitung. Reichenberg, Schöpfer. 1887. 12 S. 20 P
Zolltarif (Nowotny). 3 M. 20 Pf. Handels- u. Schiffahrtsvertra
zwischen Oesterreich u. Italien. Prag, Mercy. 80 Pf.
Schweiz. Bundesgesetz über Schuldbeitreibung u. Konkurs. Deutsc
oder französ. Bern, Jenni. à 2 M.

Bundesgesetze betr. Haftpflicht v. 1881 u. 1887. Ebd. 40 Pf.
Hjorne, J., d. norweg. Staatsgrundgesetz v. 17./V. u. 4./XI. 1814 in
seiner gegenwärtigen Gestalt, in deutscher Uebersetzung. Berlin,
Puttkammer & Mühlbrecht.
Recueil manuel et pratique de traités et conventions, depuis l'année 1760
jusqu'à l'époque actuelle. Par le Bn. Ch. de Martens et le Bn.
Ferd. de Cussy. 2. série par F. H. Geffcken. Tome 3. 1879
bis 1885. Leipzig, Brockhaus. 13. M.
Recueil, nouveau général, de traités et autres actes relatifs aux rap-
ports de droit international. Continuation du grand recueil de
G. Fr. de Martens par F. Felix Stoerk. 2. série. Tome XII.
livr. III u. 541—820 S. Göttingen, Dietrich. 1887. 12 M.

8. Wichtige ausländische Werke.

Kuerboeck der stadt Haerlem, bewerkt door A. J. Enschedé en C. J.
Gonnet. 1888. 27 Gulden.
Patyn, J. G., de malaise en het protectionisme. 'sGravenhage,
Stockum. 1888.
Statistich over het gevangiswesen over de acht eerste maanden van
1886. 'sGravenhage, van Weelden en van Mingelen.

Denfert-Rochereau, A., des fonctions et de la responsabilité des
administrateurs des sociétés anonymes. Pichon. 4 fr.
Garraud, R., traité théorique et pratique du droit pénal français.
Tomes I—II. Larose et Forcel. Prix de l'ouvrage complet en
5 volumes 50 fr.
Glasson, E., histoire du droit et des institutions de la France.
Tome II. Fpoque franque. 10 fr.
*La représentation proportionnelle. 524 S. Avec six cartes. Ebd. 12 fr.
Martin, E., le Monopole de l'alcool et les réformes fiscales. Guil-
laumin. 3 fr.
*Preux, J., la question des langues et les conflits d. nationalités en
Autriche. Paris, Pichon. 38 S.

Berlingieri, dell' avaria. Turin, Unione. 8 l.
Brusa, il nuovo positivismo nella justizia penale. Turin, Unione. 8 l.
Carfora, del reato di adulterio. Ebd. 6 l.
Marchesini, il trasporto per strade ferrate. Ebd. 2 vol. 16 l.
*Pampaloni, M., il futuro codice civile germanico e il dir. romano.
(Antrittsrede in Siena am 6./XI. 1887.) Siena, tip. sordo. muti
d. Lazzeri. 51 S.
Zocco-Rossa, la palingenesi della procedura civile di Roma. Rom,
Loescher. XII u. 286 S. 8 l.
*Statutum potestatis comunis Pistorii anni MCCLXXXXVI ed L. Zde-
kauer. Mediolani, Hoepli. LXXX u. 344 S. 20 l.

Skandinavische Werke.

Annerstedt, L., tuomarin prosessia johtavsta toimesta siviilisissä
oikeusriidoissa. Suomentannt O. Favén. Helsingfors, Edlund.
39 S. 1 kr. 25 ör.
Ask, J., om formaliteter vid kontrakt enligt romersk och svensk
förmögenhesträtt. Lund, Lindstedt. 134 S. 3 kr. 50 ör.

Deuntzer, J. H., om Forligsmaegling i civile Sager. Ursin. 76 S. 1 kt
Fahlorantz, G., en vördsam gensaga till Nya lagberedningen
frågan om jury och nämd. (Aftr. ur Naumanns tidskr.) Stockholm
Deléen & Co. 75 ör.
Goss, M. G., forelaesninger over den danske strafferets specielle De:
7—9 H.
Goss, C., J. Nellemann og H. Oellegaard, anders Sandöe Örsted
Betydning for den danske og norske Retsvidenkaps Udvikling
2 Afdeling. Hegerup. 360 S. 6 kr.
Hagerup, F., om Jury. Foredrag holdt i Kristiania konservativ
Forening den 29de Nov. 1886. Saertryk af „Vidar". Asche
houg & Co. 1 Bl. 32 S. 40 ör.
Hambro, E., Omrids af den romerske civilproces, till brug for stn
derende. Kristiania, Aschehoug & Co. 99 S. 1 kr. 75 ör.
Linde, L. G., sveriges finanzrätt. Stockholm, Norstedt & Söner
704 S. 9 kr.
Samling af Love, emanerade å sex på og tredivte ordentlige stor
thing 1887. Udgivne og med Henvisninger forsynede af O. Maj
laender. Maling. 191 S. 1 kr. 80 ör.
Selling, A. M., om gällande helsovårdsförfattningars betydelse ocl
tilltämpning i rikets landskommuner åren 1875—1884. Stockholm
Bille. 173 S. 3 kr. 75 ör.
Torp, C., Forelæsningar over den danske obligationsret. Speciel Del
(Anden Afdeling.) Trykt som Manuskript. (Gad.) 1 H. 168 S
2 kr. 40 ör.
Trygger, E., om skriftliga bevis såsom civilprocessuelt institut
Stockholm, Norstedt & Söner. 171 S. 3 kr.

———

Verantwortlicher Redakteur: Dr. v. Kirchenheim in Heidelberg.

Centralblatt

für

RECHTSWISSENSCHAFT

herausgegeben von

Dr. v. Kirchenheim,

Professor in Heidelberg.

| VII. Bd. | Juni 1888. | Nr. 9. |

Monatlich ein Heft von 2½ Bogen. — Preis des Jahrgangs 12 Mark. — Zu beziehen durch alle Buchhandlungen und Postanstalten.

A. Besprechungen.

Zum Jubiläum der Universität Bologna.

1) **Ricci**, C. I primordi dello studio di Bologna. Bologna, Romagnoli dall' Acqua. 1888. 2. ed. 186 S.*)

2) **Chiappelli**, L. Lo studio Bolognese nelle sue origini e nei suoi rapporti colla scienza Pre-Irneriana. Pistoja, Fratelli Bracali. 1888. 165 S.

3) **Fitting**, H. Die Anfänge der Rechtsschule zu Bologna. Berlin und Leipzig, Guttentag. 1888. VI u. 129 S. 3 M.

4) **Denifle**, H. Die Statuten der Juristen-Universität vom Jahre 1317—1437 und deren Verhältnis zu jenen Paduas, Perugias, Florenz'. (Archiv f. Litt. u. Kirchengesch. d. Mittelalters. 1887. Freiburg, Herder. III. Bd. S. 196—397.) (S. auch unten S. 373 a. E.)

---

*) In demselben Bande ist S. 190 ff. eine Reihe kleinerer Abhandlungen vereinigt, welche mit dem Haupttitel des Buchs in keinem Zusammenhang stehen. Wir heben hervor: Ercole Gonzaga auf der Universität Bologna (S. 189 ff.); Anfänge der Schule zu Ravenna (S. 201 ff.); Pietro di Mattiolo und seine Chronik von Bologna (S. 259 ff.); Priester im Käfig (S. 281 ff.: Mitteilungen über grausame mittelalterliche Strafen, besonders über die in Bologna gegen Priester angewandte Käfigstrafe); Melancholische Nächte (S. 294 ff.: aus den Berichten und Betrachtungen eines Geistlichen im 17. Jahrhundert, der den zum Tode Verurteilten den letzten Trost spendete), endlich Eine arme Märtyrerin (S. 309 ff.) betr. Hexenglauben und Hexenprozesse in Italien während des 18. Jahrhunderts.

Die Universität Bologna feiert am 12./VI. dieses Jahres i
800jähriges Bestehen. Noch mehr als das Heidelberger F
nimmt dieses Ereignis die lebhafte Teilnahme der ganzen ¡
bildeten Welt in Anspruch. War doch Bologna während sei
mittelalterlichen Blütezeit der Vereinigungspunkt von Studier
den aller Nationen. Aufs innigste aber berührt diese Feier ·
Vertreter der Rechtswissenschaft, denn die Blüte der Universi
Bologna war eine Blüte der dortigen Rechtsschule und der Rech
wissenschaft. Besonders erfreulich mag neben der Erinneru
an eine ruhmreiche Vergangenheit die Beobachtung sein, d
das Fest in eine Zeit neuer Blüte der italienischen Rechtswiss
schaft fällt. Gleichwohl wenden sich die Blicke unwillkürli
rückwärts zur Universität Bologna im M.A. Solche Rückblic
enthalten die oben genannten Schriften. (Vgl. auch C.Bl. V. 20

Die ersten drei Werke haben den Zweck gemeinsam, die Z
der Anfänge des Rechtsstudiums zu Bologna festzustellen u
kommen dabei, teilweise auf verschiedenen Wegen, übere
stimmend zu dem Ergebnis, dass das Rechtsstudium in Itali
niemals ganz erloschen sei und dass besonders seine Anfänge
Bologna weit über Irnerius zurückreichen.

R. untersucht die Frage auf Grund von teilweise bisł
nicht herausgegebenen Urkunden, welche S. 77—99 unter A
gabe ihres Fundortes sowie früherer Drucke verzeichnet, S. 1
bis 186 abgedruckt sind (38 Stück). Er betont, da auch ·
Wissenschaft dem Gesetze der Entwickelung unterworfen ‹
dürfe man nicht glauben, dass die Schule zu Bologna die
12. Jahrhundert erreichte Höhe habe gewinnen können, ohne ‹
zugeben, dass das Justinianische R. während des ganzen M.A.
der Praxis fortgelebt habe und Gegenstand des Studiums ¡
wesen sei. Jedenfalls reiche die Pflege des R. in Bologna v
weiter hinauf, als man bisher dachte; vielleicht haben die Schul
zu Pavia und Ravenna die Entwickelung in Bologna beeinflus
Aus der Mitte des 11. Jahrhunderts sind Spuren juristiscl
Autoritäten in Bologna nachweisbar. Den von Ficker, aus ¡
druckten Büchern, erbrachten Belegen fügt R. einige weit‹
Namen aus älteren Urkunden zu; die Zahl der Juristennam
steigt, je mehr man sich dem Ende des 11. Jahrhunderts näh‹
(S. 38 ff.). Ein Teil der Juristen wird aus der Schule des Pe
hervorgegangen sein, mit dessen Person und Bedeutung sich
unter Würdigung der bisherigen Litteratur eingehend beschäfti
Entgegen der bis in die neueste Zeit bestehenden Annahr
welche P.'s Wirken um das Jahr 980 setzt, gibt er die zwe

Hälfte des 11. Jahrhunderts als dessen Wirkungszeit an, was schon zu Ende des 18. Jahrhunderts nachgewiesen worden, aber in Vergessenheit geraten war. Nicht erst seit Irnerius, sondern seit P. ist die Schule zu Bologna eine ständige. I. war ursprünglich Lehrer der Grammatik in Bologna. Auf Grund der 13 Urkunden (S. 51), in welchem I.'s Name vorkommt, wird seine Geburtszeit in die Mitte des 11. Jahrhunderts, der Beginn seiner juristischen Lehrthätigkeit um 1090, sein Tod bald nach 1125 angenommen. Hinsichtlich des Alters der Bologneser Schule kommt R. zu dem Schluss, dass das Theodos. Privileg (Urk. Nr. 37) gefälscht sei. Dagegen spreche der Umstand, dass Kaiser Friedrich 1155 zuerst der Schule von Bologna das Privileg erteilte und dasselbe erst später auf alle Schulen ausdehnte, dafür, dass Bologna die älteste Schule sei.

Ch. schöpft seine Beweise aus der miteelalterlichen juristischen Litteratur. Der 1. Teil 1. Kapitel erörtert die verschiedenen Legenden über die Gründung der Schule zu Bologna, welche bald auf Theodosius, bald auf Karl d. Gr. oder Lothar (825), bald auf die Markgräfin Mathilde oder Heinrich IV. zurückgeführt wird, und sucht den mutmasslichen Zusammenhang der beiden ersten Erzählungen mit geschichtlichen Thatsachen nachzuweisen. Nach Odofredus, Pillius, Azo und der Accursischen Glosse sei anzunehmen, dass die Schulen zu Rom, Ravenna und Bologna sich nach einander im Primat des Rechtsunterrichts abgelöst haben, so dass die Blüte der späteren Schule begann, während die früher herrschende noch im Zustande des Verfalls fortbestand. Die Ueberzeugung der älteren Juristen von dem hohen Alter der Schule zu Bologna bestätigen (2. Kap.) Zeugnisse wissenschaftlicher Bearbeitung des röm. R. in Bologna lange Zeit vor Irnerius. Die Grammatikschule bestand schon zu Anfang des 11. Jahrhunderts, die Rechtsschule jedenfalls seit Mitte desselben. Im 3. Kapitel erwähnt und untersucht Ch. eine Reihe von Siglen, welche meist auf ältere Juristennamen schliessen lassen, die aber noch ebenso unbekannt sind, wie die Werke ihrer Träger. Der 2. Teil zeigt den Zusammenhang zwischen der formellen Behandlung der Quellen in der irnerianischen und vorirnerianischen Periode. Ferner führt Ch. S. 98—104 in einer synoptischen Zusammenstellung von Stellen aus der Accurs. Gl. mit den entsprechenden Stellen älterer Gl. (Turiner Institutiongl., vatikan. Gl. zum Brachylogus, Pistojeser Gl. zum Kodex) auch die innere Uebereinstimmung der Gl. vor, woraus folge, dass viele ältere Gl. in die Accursische übernommen wurden. Auch die Beziehungen

zwischen den Schulen zu Bologna, Pavia und Ravenna werd
an der Hand juristischer Schriften geschildert. Die Schlu
betrachtung weist auf das Zusammentreffen des Wiederaufblühe
der Rechtswissenschaft mit dem allgemeinen Erwachen wisse
schaftlichen Geistes hin. I. war ein Zeitgenosse von Abülai
Von Einfluss war auch der Streit zwischen Papst und Kaise
welche beide das Bedürfnis fühlten, sich mit Männern von wisse
schaftlichem Ansehen zu umgeben. Das persönliche Verdien
von I. dürfe deshalb nicht bestritten werden. Im Anhang wi
ein Bruchstück einer alten, vermutlich vorirnerianischen Gl. zu
6. Buch des Kodex mitgeteilt.

F. widmet sein Buch der Universität Bologna. Nach ein
kurzen Darlegung der vor Savigny herrschenden Meinung u
der von diesem selbst aufgestellten Lehre weist der 1. Abschn
an zahlreichen Beispielen aus der mittelalterlichen Litterat
nach, dass das R. zu allen Zeiten des M.A. in den Schulen d
artes liberales am Ende des trivium in Verbindung mit d
Rhetorik gelehrt wurde. Der Rechtsunterricht beschränkte si
hierbei regelmässig auf die einfachsten Elemente; doch gab
auch Lehrer für umfassendere Studien. Die Rechtsschule in Rc
muss schon wegen des Bedürfnisses der Geistlichen fortbestand
haben. Hinsichtlich ihres Unterganges sowie der Nachfolge v
Ravenna und Bologna kommt F. zu demselben Ergebnis wie C
Auch an andern als diesen drei Orten mögen Rechtsschulen l
standen haben (z. B. Pavia); in Frankreich sind solche zu Lyc
Orleans, seit dem 11. Jahrhundert auch zu Toul, Bec und Paris l
kannt. Ferner liefert der 1. Abschnitt den Beweis, dass währe
des ganzen M.A. das R. wissenschaftliche Behandlung erfuhr u
eine besondere Rechtslitteratur bestanden hat. Das Auftret
der Bologneser Rechtsschule fällt sogar in eine Zeit gross
litterarischer Regsamkeit. Der 2. Abschnitt, welcher die A
fänge der Bologneser Rechtsschule behandelt, nimmt zwar na
F.'s eigener Erklärung die Schrift von R. zur Grundlage (S. 7
und kommt auch im wesentlichen zu gleichen Ergebnissen. Jedo
verteidigt F. gegen R. die Wahrscheinlichkeit der in der Ursperg
Chronik enthaltenen Erzählung, wonach I. durch eine Au
forderung der Markgräfin Mathilde veranlasst worden sein so
sich ausschliesslich der Rechtswissenschaft zu widmen. Au
betont F., dass die Rechtsschule zu Bologna erst seit 1158 gege
über den anderen Teilen der Hochschule in den Vordergru
trat. Der 3. Abschnitt erörtert eine von den beiden ander
Schriftstellern nicht berührte Frage, nämlich die Ursachen d

Erfolges der Bologneser Rechtsschule, welche F., abgesehen von den örtlichen Vorzügen Bolognas, darin findet, dass diese Schule das reine r. R. pflegte, während die Lehrer zu Pavia und Ravenna teils das r. R. zur Erklärung und Ergänzung der langobardischen Quellen benützten, teils seine Darstellung mit Sätzen der verschiedenen nacheinander in Italien geltenden Rechte vermengten, teils (Ravenna) sogar einer naturrechtlichen Strömung folgend und sich als Nachfolger der klassischen röm. Juristen fühlend nach Rücksichten der Billigkeit und Zweckmässigkeit neue Rechtssätze aufstellten. Zum Schluss betont F. ähnlich wie Ch. den Zusammenhang des in der Rechtswissenschaft bewirkten Umschwungs mit der seit dem 12. Jahrhundert auf allen Gebieten des geistigen Lebens bemerkbaren Bewegung, mit dem Streben nach Rückkehr zum Altertum.

D. — vatikanischer Archivar — veröffentlicht die Statuten der Universität Bologna vom Jahre 1317 nach einer in der Kapitelsbibliothek zu Pressburg befindlichen, um 1347 entstandenen Handschrift, welche jedoch nur bis zur 45. Rubrik reicht; die folgenden Rubriken sind aus den Statuten vom Jahre 1432 nach der Handschrift von 1507 mitgeteilt. Dem Texte, dessen Anmerkungen fortwährend auf entsprechende Stellen bezw. Abweichungen der Statuten von Padua, Perugia und Florenz verweisen, ist S. 196—253 eine systematische Abhandlung vorausgeschickt, welche 1. die Beschreibung der Handschrift von 1347 und nähere Angaben über die Statuten von 1317 enthält. Dieselben sind von Joh. Andreä verfasst, 1326 und 1336 mit Zusätzen versehen, 1346 und 1347 aber einer neuen Redaktion unterworfen worden. Ihr Inhalt ist vermutlich zum Teil den älteren Statuten von 1253 (nicht erhalten) entnommen und bildete andererseits die Grundlage der späteren Statuten von 1432. Es wird 2. das Verhältnis der Statuten vom Jahre 1317 zu denen vom Jahre 1432, 3. und 4. die Beziehung der Bologneser Statuten zu jenen von Perugia, Florenz und Padua untersucht und gezeigt, in welcher Weise der Inhalt der letzteren zur Ausfüllung der Lücke im Bologneser Statut von 1317 dienen könne. Der letzte (5.) Abschnitt behandelt die Bedeutung der Puncta taxata oder die Ordnung der Vorlesungen an der Universität Bologna zu Ende des 13. und im 14. Jahrhundert. Als Beilage ist S. 394 ff. die Vorrede zu den Paduaner Statuten: de origine et progressu juris scolastici Paduani mitgeteilt.   Kleinfeller.

I. Allgemeines.

Festgabe zum Doktorjubiläum des Herrn Geheimenrats und Professors Dr. Joh. Jul. Wilh. v. Planck von der Juristenfakultät zu München überreicht. München, Kaiser. 1887. 467 S. 9 M. (Vgl. unten S. 353, 356.)

Es werden hier elf Abhandlungen aus den verschiedensten Rechtsgebieten, dem Staats-, dem bürgerlichen R., dem Zivilprozesse, dem Straf-R., rechtsgeschichtlichen und dogmatischen Inhalts geboten, Abhandlungen, die naturgemäss als Gaben Gelehrter an einen Gelehrten zu seinem Gelehrtenjubiläum vorzugsweise die Ergebnisse gelehrter Einzelforschung darstellen und daher z. T. wenigstens nur einen engeren Leserkreis finden werden.

1) **Seydel, das Budgetrecht des bayr. Landtages und das Verfassungsverständnis von 1843.** Verf. behandelt das Mitwirkungs-R. des Landtages bei Feststellung des Staatshaushaltes. An die Ausdehnung dieses R. knüpfen sich ja fast alljährlich in allen Staaten Streitfragen an, und mit Recht glaubt daher der Verf., dass zur Lösung dieser Streitfragen die Betrachtung eines Systems manches beitragen kann, nach welchem das Budget auch formell kein Gesetz ist und das Schwergewicht der parlamentarischen Mitwirkung auf der Steuerbewilligung ruht. In Bayern war nun unter Ludwig I. ein tiefgehender Kampf zwischen Regierung und Landtag über die Verwendung der Erübrigungen und über die staatsrechtlichen Folgen entbrannt, welche den ständischen Beschlüssen bei Prüfung des Ausgabenbudgets, auf Grund dessen die Steuerbewilligung geschieht, beizumessen seien, insbesondere ob den Ständen die Befugnis zukomme, die Ausgabenansätze des Budgets mit bindender Kraft für die Regierung zu erniedrigen. Verf. stellt nun die Geschichte dieses Streites dar, erörtert die dabei von beiden Teilen vertretenen Ansichten und unterzieht schliesslich das Verfassungsverständnis von 1843, durch welches dieser Kampf beigelegt worden ist, seiner Beurteilung. Das Ergebnis der letzteren ist, dass das Verfassungsverständnis im wesentlichen eine richtige Entwickelung des Budget-R. der bayr. Verfassungsurkunde enthält.

2) **v. Sicherer, Sekundogenitur und Primogenitur.** Auch diese Arbeit betrifft zunächst das bayr. Staatsrecht.

Sie geht aus von den beiden Fällen der bayr. Verfassungsurkunde, in welcher die Krone nicht nach Erstgeburts-R., sondern nach Zweitgeburts-R. übergehen soll, und gibt dem Verf. Veranlassung, nachdem er an erdichteten Beispielen gezeigt, wie verwickelt sich jene Fälle gestalten können, den Begriff „Zweitgeborner" zu untersuchen. Zur Feststellung dieses Begriffs zieht er zunächst die Bestimmungen des Königlich sächs. Hausgesetzes über Sekundogenitur heran, erläutert dann die Rechtsbegriffe „Erstgeborner", „Zweitgeborner", behandelt ferner „Begriff und Arten der Sekundogenitur" und beantwortet endlich in den „Schlussfolgerungen" die an der Hand jener erdichteten Beispiele aufgeworfenen Fragen.

3) **Lotmar**, über Plus est in re quam in existimatione und Plus est in opinione quam in veritate.

Diese beiden Sätze hielt man bisher fast unangefochten für Rechtsgrundsätze über das Wertverhältnis von opinio oder existimatio zu res oder veritas, Sätze, die inhaltlich entgegengesetzt verschiedene Gebiete beherrschen oder verschiedene Standpunkte vertreten. Auch Windscheid, Pandekten III §. 597 Anm. 4 sagt noch: „Bei der Erbschaftsantretung gilt also der Grundsatz: plus est in opinione quam in veritate, während in andern Fällen nach dem umgekehrten Grundsatze verfahren wird." Und welche Bedeutung man diesen Rechtssätzen beilegte, das ergibt sich aus Bechmann, Kauf II, 21, wo der Satz „plus est in re quam in existimatione" als Ausdruck der Erscheinung bezeichnet wird, dass, wenn die objektiven Voraussetzungen eines Rechtsakts in Wirklichkeit bestehen, seine Rechtsfolge trotz irriger Vorstellung des Handelnden von jenen Voraussetzungen eintritt. Verf. tritt nun dieser Bedeutsamkeit jener Sätze entgegen und sucht ihnen eine bescheidenere Rolle zuzuweisen, indem er zunächst ausführt, dass das quellenmässige Herrschaftsgebiet beider Sätze sehr geringfügig ist, und dann, von der Unwahrscheinlichkeit der Aufstellung einander entgegengesetzter Rechtsregeln ausgehend, untersucht, ob denn die Thatsache des Vorhandenseins jener Regeln so unzweifelhaft ist. Das Ergebnis der Untersuchung ist, dass jene Sätze nicht Rechtsregeln darbieten, sondern Begründungen und zwar wie so oft bei den Römern, die zwar richtig zu entscheiden wussten, aber in der Begründung sich oft vergriffen, verfehlte Begründungen der in den betreffenden Quellenstellen getroffenen Entscheidungen, so dass die Vermutung nahe liegt, dass diese Begründungen nicht von einem Julian, Paulus, Ulpian herrühren, sondern Früchte der Schulweisheit späterer Geschlechter sind.

4) **Maurer,** die Rechtsrichtung des älteren isländischen R.

Verf. behandelt eine der wichtigsten und schwierigsten auf die Handhabung der gesetzgebenden Gewalt im isländischen Freistaate bezüglichen Fragen, die nach der Rechtsrichtung. Die gesetzgebende Gewalt wurde nämlich im isländischen Freistaate von der lögrètta gehandhabt. In der Thätigkeit dieser Versammlung sind nun zwei Arten von Beschlüssen zu unterscheiden, solche über allgemeine Rechtsregeln und die Verwilligungen von Gnaden. Ueber das Verfahren, welches bei den Verhandlungen und der Beschlussfassung der lögrètta einzuhalten war, bestimmt das ältere Rechtsbuch „Lögrèttu pátte", dass bei der Verwilligung von Gnaden Einstimmigkeit erforderlich sei, bei der Feststellung von Rechtsregeln aber die Zustimmung der Mehrheit genüge. Hier ist es nun streitig geworden, ob die für den letzten Fall gegebenen Vorschriften nur dann gelten, wenn es sich um die „Richtung des Rechts" (rètta lög sin) d. h. dessen Feststellung im Falle des Streits über den Sinn einer Gesetzesstelle handelt, oder auch wenn ein neues Gesetz erlassen werden soll. Diese Streitfrage erörtert der Verf. und er kommt, insbesondere Finsen gegenüber, zu dem Ergebnis, dass mangels einer ausdrücklichen Entscheidung des Rechtsbuches über das Verfahren beim Erlass neuer Gesetze und bei der scharfen Gegenüberstellung von Feststellung des geltenden R. (at rètta lög) und Erlass neuer Gesetze (at gera nýmaeli) das für die Feststellung von Rechtsregeln vorgeschriebene Verfahren nur für die Richtung des R. zur Anwendung komme, für die Erlassung neuer Gesetze, vor der man eine gewisse Scheu hatte, weil man das R. als ein im grossen und ganzen gegebenes, nur klar zu stellendes und weiter aus sich selbst heraus zu entwickelndes betrachtete, aber die gleiche Regel gegolten habe wie für die Verwilligung von Gnaden, so dass also für neue Satzungen Einstimmigkeit der lögrètta gefordert wurde.

5) **v. Brinz,** über den Einlassungszwang im röm. R.

Verf. geht von der auctoritas des jurisdizierenden Magistrates aus und erprobt zuerst, dass die Notwendigkeit des Rechtsweges nichts anderes als die Notwendigkeit magistratischer Autorität zu den streitigen und exekutiven Aktionen sei. „Wie die Geltendmachung der R. oder die Aktionen überhaupt, so sind auch einzelne Teile derselben an die jurisdiktionelle Autorität gebunden." Dies führt den Verf. auf die in ius vocatio und er behandelt nun den Einlassungszwang im röm. Prozesse. Unter

Einlassungszwang, eine Voraussetzung des Ladungszwangs, versteht Verf. den Zwang, nicht auf den Streit, sondern allgemeiner sich auf die klägerische Aktion einzulassen. In diesem Sinne nimmt Verf. an, dass ein Einlassungszwang nach dem System der Legisaktionen und des Formularprozesses in der That bestanden habe, und beantwortet schliesslich noch die Fragen nach dem Zwecke des Einlassungszwanges, seinem Verhältnisse zu der „autoritären" Stellung des jurisdizierenden Magistrats und zu dem eremodicium und seiner Stellung im Systeme der R. und Pflichten.

6) **Seuffert,** zu l. 57 D. de legatis I.

Verf. unterzieht diese nach vielen Richtungen hin schwierige und bestrittene Digestenstelle einer eingehenden Erörterung. Er behandelt zunächst den über die Vermächtnisanordnung bei Kenntnis des Pfandnexus sprechenden Schlusssatz, über dessen Text er sich zuvor mit Donellus, Mommsen u. s. w. auseinandersetzt, dann erläutert er den Inhalt des Schlusssatzes gegen Mühlenbruch und Arndts; besondere Schwierigkeiten bieten hier die Schlussworte der l. 57. Hierauf geht Verf. auf den Fall der Vermächtnisanordnung bei Unkenntnis des Pfandnexus über, auf den sich der mittlere Teil der Stelle bezieht. Auch dieser bietet der Auslegung ungewöhnliche Schwierigkeiten, so dass man zu Textesänderungen, ja zu einer Streichung der besonders anstössigen Worte „vel potest — alieno" seine Zuflucht genommen hat. Verf. verwirft diese Mittel und setzt mit Mühlenbruch vor vel (= auch) einen Punkt. Das Ergebnis fasst Verf. in einer Paraphrase der l. 57 zusammen. Sodann vergleicht Verf. die gefundene Auslegung mit §. 5 Inst. de legatis 2, 20, der denselben Fall behandelt, und führt aus, dass seiner Auslegung der l. 57 der §. 5 Inst. cit. nicht entgegenstehe. Schliesslich werden 12 Einzelpunkte, die z. T. schon vorher berührt waren, besprochen bezw. genauer betrachtet.

7) **Hellmann,** über missio in possessionem im röm. und heutigen R.

Die Untersuchung ist der Frage gewidmet, ob die dem röm. R. so geläufige Massregel der missio in possessionem in dem heute geltenden gemeinen R. noch ein Anwendungsgebiet findet und insbesondere, ob nicht die durch die Reichsgesetzgebung auf dem Gebiete des Zivilprozess-R. herbeigeführten Veränderungen einen Einfluss auf die Geltung der missiones i. p. ausgeübt haben. Der Verf. stellt daher zunächst die rechtliche Natur der m. i. p. fest und betrachtet zu diesem Zwecke I. die für die m. i. p. zu-

ständigen Organe und den Vollzug derselben, II. gibt er eine
Uebersicht der Anwendungsfälle der m. i. p. im röm. R.; darnach
war die m. i. p. ein durch und durch prozessrechtliches
Institut, welches mit der besonderen Gerichtsverfassung des röm.
R. auch noch im justin. R. aufs engste zusammenhing. Nachdem so die Grundlage gewonnen, wird III. die obige Frage untersucht und dahin beantwortet, dass, da röm. Gerichtsverfassung
und Zivilprozess nicht rezipiert worden, die m. i. p. des röm. R. sich
schon mit dem gemeinen Prozessrechte nicht mehr vertrug, jedenfalls im Reichszivilprozesse keinen Raum mehr findet; es bleibe
daher nur übrig, zu prüfen, mit welchen Mitteln des Reichsprozess-R. die den m. i. p. zu Grunde liegenden materiell-
rechtlichen Ansprüche verwirklicht werden. Dieser Prüfung gelten
die Schlussseiten. Mit der m. i. p. fällt aber auch das pignus
praetorium, und beide müssen daher aufhören, als Institute des
geltenden gemeinen Rechtes dargestellt zu werden.

8) **Kleinfeller,** deutsche Partikulargesetzgebung über
Zivilprozess seit Rezeption der fremden R. und bis
zum Ausgang des 18. Jahrhunderts.

Verf. befürchtet für seinen Versuch, eine Uebersicht über
die Entwickelung der Partikulargesetzgebung auf dem Gebiete
des Zivilprozesses innerhalb gewisser unter I. näher bezeichneter
und begründeter Begrenzung zu geben und II. die allgemeinen
Strömungen der partikulären Prozessordnungen in ihrer Haupt-
richtung zu charakterisieren, insbesondere die zeitliche und räumliche Ausdehnung zu veranschaulichen, in welcher einerseits das
romanische, andererseits das sächsische Prozessrecht zur Herrschaft gelangte, für diesen Versuch befürchtet Verf. von praktischer Seite den Vorwurf des Anachronismus. Mit Unrecht.
Grade den Praktikern, aus deren Reihen vorzugsweise gegen
unser Reichszivilprozessrecht angestürmt wird, wird in dieser
Arbeit ein Bild von Zuständen entrollt, denen gegenüber sich
der Praktiker und das deutsche Volk mit der Reichszivilprozess-
ordnung recht wohl fühlen muss.

9) **Bolgiano,** zur Lehre von der Gewissensvertretung.

Ist es Zufall, dann gewiss ein boshafter. Unter Nr. 7 wird
ein Institut des röm. und gemeinen (?) Zivilprozess-R. für den
heutigen Reichszivilprozess als unanwendbar nachgewiesen, Nr. 8
schildert die Zerrissenheit vergangener Prozesszustände und hier
wird ein Institut aus dieser Vergangenheit, das die Begründung
der Z.Pr.O. aus Besorgnis, die zahllosen Kontroversen früherer

Zeit möchten sonst verewigt werden, zurückweist, hier wird die
Gewissensvertretung für den Reichszivilprozess gerettet.

Verf. begründet zunächst seine schon früher vertretene Ansicht, dass die Gewissensvertretung des gemeinen R., die, wie er
auch schon anderwärts nachgewiesen, kein besonderes Rechtsinstitut, sondern Gegenbeweis ist, wenn auch nicht dem Namen,
so doch der Sache nach in die R.Z.Pr.O. aufgenommen sei, und
stellt sich nun die Aufgabe, die alten in der Z.Pr.O. z. T. offenge-
lassenen Streitfragen zur Gewissensvertretung zu beantworten.
Verf. erörtert demgemäss die Fragen, 1. ob Delat, wenn ihm die
Gewissensvertretung misslungen war, den Rückgriff zum Schiedseid
habe, 2. ob die Gewissensvertretung Hauptbeweis oder Gegenbeweis sei, 3. ob gegen die Gewissensvertretung ein Gegenbeweis
zulässig, 4. ob bei unvollständig gelungener Gewissensvertretung
auf einen richterlichen Eid oder auf den Schiedseid nach der
hierüber abgegebenen Erklärung zu erkennen sei, 5. welcher
Partei in diesem Falle der richterliche Eid aufzulegen sei.

10) **Harburger,** die Teilnahme an dem Verbrechen
aus §. 159 R.St.G.B. durch Anstiftung oder Beihilfe.

§. 159 bestraft denjenigen, der es unternimmt, einen andern
zur Begehung eines Meineides zu verleiten. Schon das Wort
„verleiten" hat Schwierigkeiten gemacht, besonders aber hat
man in Theorie und Praxis über die Bedeutung des „unternehmen" gestritten, indem man demselben bald eine engere, bald
eine weitere Bedeutung zumass. Die letztere Richtung ging
schliesslich in Urteilen des Reichsgerichts (Entsch. Bd. III S. 26,
V, S. 259, VIII, S. 354, Rechtspr. Bd. VI S. 777) so weit, dass,
indem man die Beschränkung des „Unternehmens" auf Handlungen, durch welche das Vorhaben unmittelbar zur Ausführung gebracht werden sollte, verwarf, man darunter vielmehr
jede Handlung verstand, welche zur Erreichung des Vorhabens
vorgenommen wurde, also auch, wenn jemand einen andern er-
folglos aufforderte, einen Dritten zum Meineide zu verleiten.
Es wurde also der erfolglose „Versuch" einer „Anstiftung zur
Anstiftung" zum Meineide, ja schliesslich der misslungene ent-
fernte Versuch einer solchen Anstiftung aus §. 159 R.Str.G.B.
bestraft.

Verf. wendet sich nun gegen diese weitumfassende Auslegung des R.G. und seiner zahlreichen und namhaften Anhänger
in der Wissenschaft und verteidigt dagegen seine Ansicht, die
die Eigenschaft des Verbrechens des §. 159 als einer besonders
gearteten Straftbat scharf betont und daher in Fällen, wo seine

Gegner eine Verleitung zum Meineide nach §. 159 selbst erblicken, nur eine Anstiftung (§. 48), eine Aufforderung (§. 49a)
oder eine Beihilfe (§. 49 Str.G.B.) zu dem Verbrechen des §. 159
erkennt; dadurch würden auch die sonst mit Recht dem §. 159
vorgeworfenen Härten vermieden.

11) **Löwenfeld,** Inästimabilität und Honorierung
der artes liberales nach r. R.

Kürzlich wurde ein Rechtsanwalt, der seine Praxis zum
Kauf angeboten, ehrengerichtlich von der Rechtsanwaltschaft
ausgeschlossen; bei den Aerzten soll es ganz allgemein üblich
sein, ihre Praxis zu verkaufen; an dem Verkauf eines kauf-
männischen Geschäfts oder eines Gewerbebetriebs wird dagegen
niemand Anstoss nehmen. Worin liegt der Grund dieser verschiedenen Stellung der Berufsarten zum Handelsverkehr? Welche
Stellung gaben die Römer der wissenschaftlichen Berufsarbeit?
Nur ungefähr kann mit diesen Worten der reiche Inhalt der
auch für die Gegenwart bedeutungsvollen Abhandlung angedeutet werden. Verf. stellt in der Einleitung zunächst den
Gegensatz der wissenschaftlichen, theoretischen und praktischen
Berufsarbeit als der artes liberales der Römer und der Lohn-
arbeit fest. Für die erstere gehört es nach der Auffassung der
Alten zum Wesen derselben, dass sie nicht um des Erwerbs
willen betrieben werde, und eine etwa doch vorkommende Ver-
mögenszuwendung ist kein Entgelt, sondern sie soll nur die
Möglichkeit gewähren, der wissenschaftlichen Berufsarbeit sich
zu widmen; sie ist also Mittel zum Zwecke der Berufsübung.
Umgekehrt dagegen ist bei den operae illiberales die Berufsübung Mittel zum Zwecke des Gelderwerbes, und wenn sie einmal
unentgeltlich geleistet werden, so beruht die Unentgeltlichkeit
auf persönlicher Grundlage, auf zufälligen Beziehungen zwischen
dem Leistenden und dem Empfänger der Leistung, nicht auf
sachlicher Grundlage. Diesen Unterschied legt Verf. nun unter II.
an einer Reihe von Fällen (Dienst in Kirche, Staat, Gemeinde etc.)
dar und kommt dann unter III. zu seiner eigentlichen Aufgabe,
auf dem Gebiete der Wissenschaftspflege (und zwar nur der
Philosophie, der Rechtswissenschaft, der Heilkunst und der theoretischen und praktischen [Feldmesser] Geometrie) das Verhältnis
zwischen Beruf und Berufseinkünften im röm. Staats- und Rechtsleben zu untersuchen und klarzulegen. Während es nämlich für
den Priesterberuf, die Magistratur, das Richteramt und andere
öffentliche Berufe feststeht, dass sie sich ihrem Wesen nach
gegen die Entgeltung der Berufsleistung überhaupt ausschlies-

send verhalten, so dass sie wie der locatio-conductio, so auch
dem mandatum entzogen sind, ist dies für den Beruf der Wissenschaftspflege von alters her keineswegs unbestritten. Verf. aber
sucht den Nachweis zu erbringen, dass auch die Wissenschaftspflege eine ihrem Zweck und Wesen nach entgeltungsunfähige
Berufsart sei, und nimmt auch für die heutige Zeit, wenn sie
auch jede Arbeit frei gemacht und jede Arbeit ehrt, um so mehr
für die berufsmässige Wissenschaftspflege den Charakter einer
ars liberalis in Anspruch. **Roedenbeck.**

II. Rechtsgeschichte.

Voigt, M. Ueber die Bankiers, die Buchführung und
die Litteralobligation der Römer. (VII. des 10. Bandes
der Abhandlungen der philolog.-histor. Klasse der k. sächs.
Gesellsch. der Wissenschaften. S. 515—577.) Leipzig,
Hirzel. 1887.

Der gelehrte Verf. erörtert hier einen Teil des r. Bankier-R.
In §. 1 zeigt er im Detail den Geschäftsbetrieb der argentarii,
mit denen vom Ausgang der Republik ab die nummularii in Konkurrenz traten. Diese wurden offizielle Münzprobierer, jene
waren früher ausschliesslich die Bankiers.

Das Bankiergeschäft zerfiel in Rom in zwei Hauptteile:

1. Das Sortengeschäft: Die emtio venditio nummorum,
wobei der Bankier natürlich eine Provision (collabus oder col-
lybus) nahm. Bei diesem Geschäfte kamen zwei Spezialitäten
vor: der Ein- und Verkauf fremder Münzsorten und die Um-
wechslung heimischer Münzen.

2. Das Kreditgeschäft (einerseits Darlehen, Depots u. s. w.,
andererseits das „Ordregeschäft", namentlich Anweisungen, Uebernahme einer Schuld infolge von Delegation: transscriptio a persona in personam).

In §. 2 werden die Geschäftsbücher der argentarii erörtert.
Während der gewöhnliche Hausherr einen libellus familiae oder
liber patrimonii und ein Zinsbuch (calendarii liber) führte, hatte
der Bankier folgende Bücher:

1. Die adversaria oder ephemeris: unter jener merkwürdigen Bezeichnung ist das Journal zu verstehen, das offen im
Bureau lag (ad vertere).

2. Den codex oder die tabulae rationum, d. h. das Hauptbuch.

3. Den codex accepti et expensi: das Litteralgeschäftsjournal. Dieses Buch hatte die Funktion, die Eingehung und Auflösung der Litteralkontrakte darzustellen (litteris contrahere und litteris tollere obligationem). Von diesem Buche waren ursprünglich alle Deliktsobligationen, alle Quasikontrakte und die Real- und Konsensualverträge ausgeschlossen. — Nach der Anerkennung der Konsensualobligationen hatte die Eintragung in den codex accepti et expensi die Bedeutung einer Wandlung der Obligation: so entstand der r. Wechsel durch Eintragung in den codex accepti et expensi und die ursprüngliche obligatio (aus Societät, Kauf, Miete, Delikt u. s. w.) verschwand. §. 3 führt aus, wie die Einträge in den codex accepti et expensi formuliert wurden, und §. 4 zeigt die historische Weiterbildung und Generalisierung der Litteralobligation.

Die Abhandlung ist ein eleganter und mit vollständiger Zusammenfassung der zerstreuten Detaillitteratur ausgearbeiteter Beitrag zu einem Buche über das r. Handelsrecht, das immer noch nicht geschrieben ist und das eine so grosse Lücke in der Litteratur auszufüllen berufen wäre.   Meili.

Krüger, H. Geschichte der capitis deminutio. 1. Band, zugleich eine Neubearbeitung des Legisaktionen-R. Breslau, Köbner. 1887. 409. S. 10 M.

Von seinem eigentlichen Thema, der capitis deminutio, handelt der Verfasser nur in dem ersten Fünftel des bis jetzt vorliegenden ersten Bandes und zwar behandelt er hier ausschliesslich die capitis deminutio minima, von der er annimmt, dass sie ursprünglich die einzige Art von capitis deminutio gewesen sei. Dieselbe habe bestanden in einer Minderung des caput, d. h. der dem römischen Bürger kraft seiner civitas innewohnenden Fähigkeit, Rechtssubjekt nach öffentlichem sowohl wie nach Privat-R. zu sein. Zu einer blossen familiae mutatio ohne Schmälerung des caput, wie sie sich im klassischen r. R. darstellt, müsse die capitis deminutio minima erst im Laufe der Zeit umgewandelt worden sein. (Dies soll, wie es scheint, später im 2. Band nachgewiesen werden.) Die Fälle der capitis deminutio minima sind nach Gaius I. 162 im klassischen R.: arrogatio, adoptio, coemptio, datio in mancipium. Gemeinsam ist allen diesen Vorgängen mit Ausnahme der arrogatio der Mancipationsritus. Das Vorkommen eines Mancipationsakts muss daher wohl wesentliches Merkmal der capitis deminutio minima nach ältestem R. gewesen sein. Die Arrogation ist unter diesen Begriff von den klassischen Juristen zu einer Zeit gebracht worden, in der man das ursprüngliche Wesen des Instituts nicht mehr zu erkennen vermochte.

Verf. will nun beweisen, dass die mancipatio ein Akt gewesen sei, durch den die Rechtsfähigkeit des Manzipierten berührt wurde, kommt, da er durch dieselbe durchweg Eigentum entstehen lassen will, zunächst auf den Eigentumsbegriff des ältesten R., von da auf die Vindikation und die übrigen Legisaktionsformen, endlich auch noch auf die Entstehung der Vertrags- und Deliktsobligationen im r. R. zu sprechen. Dabei wird eine grosse Anzahl im einzelnen hier nicht aufführbarer Hypothesen aufgestellt, aus deren Zusammenfügung sich folgendes von unseren gewöhnlichen Vorstellungen bedeutend abweichende Bild ergibt.

Das alte Recht kennt nur Sachenrechtsverhältnisse an Personen und Sachen (erwähnt wird nur das Eigentum). Die Obligationen sind erst später infolge der Aufnahme der peregrinischen, d. h. allgemein latinischen, sponsio in das jus civile Romanorum zur Anerkennung gelangt. Insbesondere hat das nexum keine Obligation erzeugt, sondern dasselbe stellte ein Tauschgeschäft dar, bei dem der eine Teil das zugewogene aes, der andere den Gelderwerber selbst zu Eigentum und zwar ursprünglich zu sofortigem Eigentum erwarb. Ebenso machte das Delikt, speziell das furtum, den Delinquenten zum Sklaven des Beschädigten. — Das älteste Eigentum ist Besitzeigentum, d. h. es setzt thatsächliches Innehaben der Sache voraus. Die Vindikation an Personen, speziell manus injectio genannt, dient als aussergerichtlicher wie als gerichtlicher Akt dazu, sich dieses Besitzeigentum zu verschaffen. Entsteht durch Kontravindikation Mitbesitzeigentum, so ist eine Entscheidung darüber nötig, wessen „nudum jus" ursprünglich das relativ bessere gewesen sei. Die Notwendigkeit einer solchen Entscheidung wird konstatiert durch den gerichtlichen Akt des festucam imponere. Darauf folgt die provocatio sacramento, an welche sich in ältester republikanischer Zeit ein priesterliches Urteil über die beiden vor einem Priester zu leistenden Eide anschloss. Dieses Urteil bildete die Basis für das Endurteil des Gerichtsmagistrats, die addictio. Das Zentumviralgerichtsurteil, das nach Beseitigung der Eide an die Stelle des priesterlichen Urteils getreten ist, spielt die Rolle eines Beweiszwischenurteils. Die verschiedenen von Gaius aufgezählten

legis actiones sind nicht verschiedene Prozessarten, sonder
Prozessakte, welche sämtlich zu dem e i n e n ursprüngliche
Prozessverfahren gehörten. So auch die condictio, d. h. di
Aufforderung an den Gegner, an einem bestimmten Tag wiede
zu erscheinen, welche von der lex Silia und Calpurnia als ein
ziger der alten solennen Prozessakte aufrecht erhalten wurde
Die pignoris capio ist ursprünglich ein der vindicatio bezw
manus injectio entsprechender Eigentumserwerbsakt. Die legi
actio sacramento in personam ist wohl eine Erfindung spätere
Juristen, wie denn überhaupt der Bericht des Gaius auf eine
Verkennung der ursprünglich zu Grunde liegenden Verhältniss
beruht.

Was die Methode des Verf. betrifft, so wird zur Ergänzun,
des überaus dürftigen Quellenmaterials, teilweise, wie aus der
Obigen ersichtlich, auch zur Korrektur desselben, in erster Lini
die Etymologie herangezogen. Ueber die Bedeutung der Wort
caput, mancipium, vindex, furtum u. a. finden sich ausführlich
Erörterungen.   M. R ü m e l i n (Bonn).

·

III. Bürgerliches Recht.

Motive zu dem Entwurfe eines bürgerlichen Geset:
    buchs für das Deutsche Reich. Band I. Allgemeine
    Teil. Amtliche Ausgabe. Berlin und Leipzig, J. Gutter
    tag (D. Collin). 1888. 395 S.

Der Entwickelungsgang des Entwurfes eines bürgerliche
Gesetzbuches für das Deutsche Reich, welcher sich in dem lär
geren Zusammenwirken bewährter Rechtskenner abgespielt ha
ist, wie oben S. 214 bemerkt wurde, in einem umfangreiche
Werke von 12 314 Folioseiten protokollarisch festgestellt worde
welches („im Hinblick auf den Umfang") mit dem Schleier de
Geheimnisses verhüllt bleiben soll. Nur „gedrängtere, die Uebe
sicht und Aufklärung erleichternde Motive" sollen in 5 Bände
veröffentlicht werden. „Einer Prüfung und Genehmigung de
Gesamtkommission haben sie nicht unterlegen." (Vorwort zu
Entwurf S. VI.) Der bisher veröffentlichte erste Band betri
den „allgemeinen Teil".

Das neue Werk ist der Abschluss mühevoller Meinung
streitigkeiten; daher musste auf ihm der volle Friede inner

Widerspruchslosigkeit ruhen. Deshalb gestaltete es sich gegenüber seiner Quelle zu einer durchaus selbständigen Schöpfung, welche nicht „die volle Rechenschaft über die Arbeit der Kommission" zum Ziele nehmen konnte und daher nicht das geschichtliche Werden des Gesetzbuches erklärt, sondern das Gewordene erläutert und rechtfertigt.

Die Ausführungen der Motive beziehen sich vorwiegend auf den Inhalt des Gesetzbuches, weniger auf seine Form. Die vielfach eigenartige Terminologie des Entwurfes ist nur hier und da erläutert (z. B. S. 54, 67, 68, 78, 256, 308 und sonst). Dagegen hat das Streben der Kommission, die Rechtsprache zu verdeutschen, auch in den Motiven vielfach zu neuen technischen Begriffsnamen geführt, vgl. z. B. das nachgiebige Gesetz (S. 17), die Mündigsprechung (S. 59), die künstlich geschaffene Rechtsträgerin (S. 94), das wahlweise Schuldverhältnis (S. 139), der böse Scherz (S. 191), der beachtliche Irrtum (S. 197), der Selbstzugriff (S. 354), die Klageverbesserung (S. 365), die zunächst verborgene Rechtskraft (S. 368) u. a. m. Ebensowenig wie die Ausdrucksweise ist die Anordnung des allgemeinen Teiles mit seinen elf Abschnitten näher begründet; auch hier finden sich nur gelegentliche Rechtfertigungen von Einzelheiten (z. B. S. 223, 249 unten u. s.). Was jedoch den Inhalt des Gesetzbuches betrifft, so erweisen die Motive, dass gegenüber manchen Neuerungswünschen eine grosse Entschiedenheit im Festhalten an überlieferten und bewährten Rechtssätzen obgewaltet hat, vgl. S. 248, 251, 279, 294, 314, 373, vgl. auch die Zurückweisung der besonderen Wünsche der Bienenzüchter (S. 351) und einiger Handelskorporationen (S. 299). Neuschöpfungen liegen vorwiegend auf dem Gebiete der Formvorschriften und der festen Zahlenbestimmung (vgl. zur Todeserklärung S. 33 ff., zur Verjährungslehre S. 295 ff.), vgl. auch auf S. 379 eine wichtige Zusammenstellung aller Vergünstigungen, mit denen der „redliche Dritte", das Schosskind der modernen Rechtsbildung, ausgestattet ist. Von der Aufstellung weitgreifender allgemeiner Gesichtspunkte, welche als eigenartige Grundgedanken des Gesetzeswerkes gelten sollen, wie sie die Motive zur Z.Pr.O. an ihre Spitze stellen, ist nicht die Rede, auch rein rechtsphilosophische Fragen werden grundsätzlich umgangen (S. 251, vgl. jedoch auch z. B. S. 373). So liegt denn der Schwerpunkt des Ganzen in der Begründung der getroffenen Auswahl unter den Gesetzesbestimmungen und den Lehrmeinungen. Hier ist die Gefahr im

Stoffe zu ertrinken vermieden und die langjährige Qual de
Wählens dem Leser verhüllt worden. Von Vollständigkeit is
von vornherein abgesehen worden, selbst die deutschen Geset
bücher und die Reichsgerichtsentscheidungen sind nicht nac
ihrem vollen Inhalte besprochen. Ausserdeutsche Gesetzeswerk
sind, ausser dem code civile, fast gar nicht erwähnt. (Eine Au
nahme s. S. 4). Auch das corpus juris civilis ist nur spärlic
angeführt (vgl. z. B. S. 28, 328, 345, 361). Unter den juri
tischen Schriftstellern ist nur Jhering einmal genannt (S. 8)
freilich liest der Sachkenner zwischen den Zeilen eine Reihe un
sichtbarer Citate (z. B. Windscheids Actio S. 291, Hartmann
Obligatio S. 278, Eiseles Exceptio S. 359, Graweins Verjährun
und Befristung S. 292 u. a. m.). In der Abwägung der ve
schiedenen Möglichkeiten gibt grundsätzlich das Gemeinwohl be
dem Streite widerstrebender Bedürfnisse den Ausschlag (vg
z. B. S. 291). Der sogen. „innere Grund" (oftmals nur ein
Tautologie) ist als Rechtfertigungsmittel verschmäht, er erschein
nur einmal (S. 369), um sofort abgewiesen zu werden. Uebrigen
trägt das Werk auch dem Streben, dem „logischen Elemente de
Rechtes" Genüge zu thun, überall Rechnung, jedoch mit Zurück
haltung (vgl. S. 250, 369). Eine juristische „Konstruktion
zum gesetzgeberischen Zwecke treffen wir nur auf S. 311, theo
retische Postulate, welche ohne Rücksicht auf ihre Gemeinnützig
keit Beachtung beanspruchen, nur bei dem sogen. „Willens
dogma" (S. 189) und einem ähnlichen Gedanken, welcher di
Duldung schikanöser Rechtsausübungen rechtfertigen soll (S. 274
An dieser Stelle, wie auch vielfach sonst (z. B. S. 32, 446, 347
wird auch dasjenige, was der Gesetzgeber weise verschweigt, i
Erwähnung gebracht. In einzelnen Teilen hat man, vielleich
um wertvolle Materialien nicht völlig verloren gehen zu lasser
das Werk geradezu zu der Begründung nicht vorhandener Ge
setzestexte gestaltet (vgl. z. B. die Ausführungen über Auto
nomie, lex cogens und Rückwirkung S. 10—24). Hierher gehör
namentlich eine vollständige Lehre von den Rechtsbefugnisser
welche sich hinter die Rechtsgeschäftslehre als Anhang versteck
(S. 271 ff.).

Neben dieser Begründung für Form, Inhalt und Lücke
des Werks stellen sich die Motive noch das fernere Ziel, das zu
künftige Recht an diejenigen Rechtssätze anzulehnen, welch
später mit ihm zusammenwirken sollen. Hier machen namentlic
diejenigen Rechtszweige ihre alten Verwandtschaftsrechte geltend
welche in früheren Zeiten aus dem Privat-R. ausgeschiede

worden sind, insbesondere das Handels-R. (vgl. z. B. S. 104,
113, 155, 225, 229, 234, 244, 300, 321) und noch mehr der
Zivilprozess, der in einzelnen Bestimmungen, wie in allgemeinen
Lehren (vgl. namentlich S. 357 ff.) die stärkste Berücksichtigung findet. So ist z. B. der §. 231 Z.Pr.O. nicht weniger
als achtmal citiert (S. 217, 221, 255, 291, 295, 327, 359, 372).
Zum Reichsstrafgesetzbuche vgl. S. 349 ff.

Neben dem Reichs-R. ist auch die Wissenschaft als unver-
tilgbare Quelle von Rechtsgedanken, welche zur erläuternden
Ergänzung der gesetzlichen Vorschriften dienen sollen, anerkannt
(S. 15). Mit Recht wird die Enthaltsamkeit des Entwurfes in
der Aufstellung von Auslegungsregeln gerühmt (S. 265) und
vielfach werden zweifelhafte Fragen der späteren Forschung und
Praxis oder der „Rechtslogik" (S. 374) zur Entscheidung überlassen (vgl. z. B. S. 250, 333, 334 unten, 353, 365, 371). Die
Wissenschaft wird um so mehr Veranlassung haben, solchen
ehrenvollen Anregungen zu entsprechen, als die Motive, obwohl
sie den „Vorwurf unnötiger Deutlichkeit" (S. 217) vermeiden,
doch durch klare Darstellung und Gedankenreichtum dem Juristen-
stand einen Beitrag zur Pandektenlehre gewähren, dessen dauernder wissenschaftlicher Wert von seinem praktischen Zwecke unabhängig ist. Leonhard.

Pampaloni, M. Il futuro codice civile germanico e il
diritto romano. Siena, Lazzeri 1888. 51 S.

Hauptzweck der Abhandlung, welche dem Verf. am 6./XI.
1887 zu einem Vortrag bei Gelegenheit der feierlichen Eröffnung
der Studien an der Universität Siena diente, ist die Besprechung
der mutmasslichen Wirkungen eines gemeinen deutschen bürgerl.
Gesetzbuchs auf die Pflege des r. R. Der Einleitung, worin P.
äussert, dies Gesetz werde der Anfang vom Ende des r. R. in
Deutschland sein (S. 8), folgt eine kurze, aber mit umfassender
Verwertung der deutschen Literatur geschriebene Uebersicht über
die Entwicklung der Rezeption des r. R. und die Hauptströmungen
in der deutschen Rechtswissenschaft. Mit bezug auf die neuesten
Schriftsteller wird ein starkes Hervortreten der praktischen Ziele
und ein erneuter Angriff auf die historische Schule beobachtet.
Das bürgerl. G.B. werde sich, obgleich auf geschichtlicher Grundlage ruhend, nicht wenig vom gemeinen R. entfernen. Immerhin
aber werde das r. R. die Stelle einnehmen, die ihm zukomme,
wie ihm auch in der juristischen Ausbildung ein bedeutender
Platz gewahrt bleibe, denn die Schriftsteller seien einmütig in

der Ueberzeugung von der Notwendigkeit tiefern Eindringe
in das r. R. Nur dürfte die Zweiteilung in Pandekten-R. ur
deutsches Privat-R. fallen, an die Stelle der Institutionen d
r. R. aber dürften Institutionen des neuen bürgerl. R. trete
Kleinfeller.

Endemann, F. Ueber die zivilrechtliche Wirkung de
Verbotsgesetze nach gemeinem R. Leipzig, Fue
1887. 128 S. 3 M.

Wenn Kaiser Theodosius den Satz ausgesprochen hat, da
jedes verbotene Rechtsgeschäft ipso jure nichtig sei, so ist di
den älteren Gesetzen gegenüber eine Behauptung, die in ihr
Allgemeinheit falsch ist. Für die späteren Verbotsgesetze gi
der Kaiser eine Vorschrift, aber die folgenden Gesetzgeber habe
sich an dieselbe nicht gekehrt. In der Auslegung der Verbot
gesetze ist deshalb mit dem erwähnten Gesetz nichts zu mache
und es lässt sich auch sonst kein allgemeines Prinzip aufstelle
Die Wirkung des Verbots kann eine sehr verschiedene sein; d
Folgerung, weil das Rechtsgeschäft verboten, ist es nichtig, i
nicht zutreffend, es lässt sich vielmehr aus dem Verbot alle
nichts entnehmen. Die Wirkung des Verbots kann immer nu
unter genauem Eingehen auf den Inhalt des Gesetzes und d
Motive des Gesetzgebers bestimmt werden. Hieraus wird er
erkennbar, welche innere materielle Unerlaubtheit die Eigenscha
des Rechtsgeschäfts bildet und ob dasselbe derart gegen d
Grundlagen der Rechtsordnung verstösst, dass es als ausg
schlossen und rechtsunwirksam zu betrachten ist.

Die Unmöglichkeit, allgemeine Regeln auf diesem Gebie
aufzustellen, legt das Bedürfnis, die Gesetzestechnik strenger z
beachten und eine feste Terminologie, der sich der Wille d
Gesetzgebers im einzelnen Fall entnehmen lässt, einzuführe
besonders nahe.

G. Rümelin.

Fischer, O. Die preuss. Grundbuchgesetzgebung. Tex
ausgabe mit Einleitung, Anmerkungen und Sachregiste
Berlin und Leipzig, Guttentag. 1887. VI und 182
1 M. 20 Pf.

Bendix. Das preuss. Gesetz über den Eigentumserwer
und die dingliche Belastung der Grundstück
Bergwerke und selbständigen Gerechtigkeiten
5./V. 1872. Mit Erläuterungen nebst der preuss. Grun

buchordnung. Breslau, Koebner. 1888. VI u. 178 S.
2 M. 50 Pf.

Basch, J. Die preuss. Grundbuchgesetze nebst Kosten-
u. Stempelgesetzen mit Anmerkungen. Handausgabe
zum praktischen Gebrauch. Berlin, Heine. 1888. VI u.
251 S. 2 M. 80 Pf., geb. 3 M. 25 Pf.

Alle Bücher bringen den Text des Gesetzes über den Eigentumserwerb etc. und der Grundbuchordnung v. 5./V. 1872.

Fischers Arbeit hält sich in dem Rahmen des Planes, auf
welchem die bekannte Guttentagsche Sammlung von Textaus-
gaben preuss. Gesetze in Taschenformat beruht. Der Grundbuchordnung schliesst sich der Kostentarif und das Stempelgesetz
v. 5./V. 1872 mit Tabellen zur Berechnung der Kosten und des
Stempels an. Besonders hervorzuheben ist die Sorgfalt, mit
welcher die Aenderungen nachgewiesen sind, welche die Grundbuchgesetze bei ihrer Einführung in die gemeinrechtlichen Gebietsteile Preussens erfahren haben.

Bendix hat sich eine weiter reichende Aufgabe gestellt; er
will dem Praktiker das zeitraubende Nachsuchen in den Entscheidungen des Kammergerichtes und des Reichsgerichtes bezw.
des vormaligen Obertribunals sowie in den Lehrbüchern von
Dernburg und Förster-Eccius ersparen und den überwältigenden
Stoff unter Trennung des Wesentlichen vom Unwesentlichen kurz
und übersichtlich zusammenfassen. Demgemäss ist das Gesetz
über den Eigentumserwerb etc. mit einem knappgehaltenen
Kommentar unter Nachweisung der gedachten Entscheidungen
und unter Hinweisung auf die korrespondierenden Vorschriften
der Grundbuchordnung versehen. Die Grundbuchordnung selbst
ist nicht kommentiert.

Das Buch von Basch verdankt nach dem Vorworte seine
Entstehung einem Auftrage des Verlegers, welcher nach seinen
von Juristen ihm mehrfach bestätigten Wahrnehmungen annehmen zu müssen glaubte, dass eine zum Handgebrauche geeignete Ausgabe der in dem Titel bezeichneten Gesetze v. 5./V.
1872 fehle. Um dem vorausgesetzten Bedürfnisse zu genügen,
werden diese Gesetze, unter Nachweisung ihrer Abänderungen
durch neuere Gesetze, mit Anmerkungen mitgeteilt; das Gesetz
über den Eigentumserwerb etc. ist ausserdem auch ohne Noten
zum Abdrucke gelangt. Den hauptsächlichen Inhalt der Anmerkungen bilden Rechtsgrundsätze des Reichsgerichtes und des
Kammergerichtes.   Achilles.

Greenhood, E. The Doctrine of Public Policy in t]
Law of Contracts, reduced to rules. Chicago, C
laghan & Co. 1886. 860 S.

Aus über 8000 richterlichen Entscheidungen englischer u
amerikanischer Gerichte abstrahiert der Verf. 586 Regeln, na
welchen die Gültigkeit und Verbindlichkeit von Verträgen
beurteilen ist, welche angeblich gegen die öffentliche Mor
das öffentliche Interesse oder das öffentliche R. verstossen.
ist oft nicht leicht, die Grenze zu ziehen zwischen erlaubt
und unerlaubten Verträgen, und je nach der Gesetzgebung ein
Landes kann die Entscheidung auch eine verschiedene sein. I
Sammlung einer möglichst grossen Anzahl konkreter Fälle
daher ein sehr geeignetes Mittel, um genau festzustellen, w
mit bezug auf solche Fragen in einem grossen Rechtsgebie
Rechtens ist. Eine solche wohlgeordnete Sammlung aus de
Gebiete des amerikanischen und englischen R. liegt hier v
Das Buch Greenhoods zerfällt in 14 Abteilungen folgenden]
halts: 1. Allgemeine Regeln und Grundsätze; 2. Verträge z
Förderung unerlaubter oder unsittlicher Handlungen; 3. We
und Spielgeschäfte; 4. 5. 6. 7. Verträge und Handlungen, welc
gegen übernommene Verpflichtungen oder gegen Treue u
Glauben verstossen, Bestechung, Beeinflussung der Gerich
Förderung von Prozessen etc.; 8. u. 9. Verträge, welche (
persönliche Freiheit berühren, Dienstverhältnisse etc. und solc
welche die R. der Ehegatten oder Eltern zum Gegenstande habe
10. Verzicht und Aufgabe von Rechten und Verträge zur]
schränkung der Haftbarkeit der Frachtführer, Telegraphenges
schaften, Arbeitgeber u. s. w.; 11. u. 12. Verträge, welche (
öffentliche R. verletzen oder in Umgehung oder Missachtu
desselben abgeschlossen worden sind, z. B. mit bezug auf V
einbarungen mit dem falliten Schuldner, letzte Willensvero
nungen, Verkauf von Land, ungesetzliche Versicherung et
13. Einklagung von Vergütungen für persönliche Dienstleistung
zweifelhafter Art bei Wahlen, Erlangung von Aemtern, Heirat
geschlechtliche Beiwohnung etc., endlich 14. Verträge, wel
die Freiheit von Handel und Verkehr beschränken. Dieser /
schnitt ist namentlich sehr reichhaltig (S. 604—770), indem
die Verträge zum Gegenstande hat, welche Eisenbahn- und and
Gesellschaften miteinander schliessen, um den Verkehr v
anderen Linien ab und den eigenen zuzuwenden (Differenti
tarife u. s. w.), oder welche den Zweck haben, ein faktisc
Monopol zu begründen; ferner die Verträge, wodurch jema

in der Ausübung seines Gewerbes oder Berufes mit Rücksicht auf
Ort und Zeit beschränkt wird, indem er sich verpflichtet, einen
bestimmten Beruf gar nicht, oder nicht an einem bestimmten
Orte, in einem bestimmten Lande oder während einer bestimmten
Zeit auszuüben. Greenhood befolgt dabei das auch von Stephen,
Dicey, Pollock, Lawson und anderen eingeschlagene Verfahren,
indem er seiner Arbeit die Form eines Gesetzbuches gibt. Die
Rechtsnormen werden scharf formuliert, sodann durch zahlreiche
Beispiele illustriert und durch Erläuterungen kommentiert, wobei
namentlich in allen wichtigen Fällen die Begründungen der
Richter ausführlich mitgeteilt werden.

König.

IV. Handelsrecht.

Gareis, C. Die Frage der Revision des Patentgesetzes.
(Aus den Jahrbüchern für Nationalökonomie und Statistik
hrsgb. von Professor J. Conrad, N. F. Bd. XVI. S. 56—75.)

Staub, H. Patentrechtliche Erörterungen. Berlin, Heymann. 1888. 46 S. 60 Pf.

Auf Antrag des Reichskanzlers fand im November 1886 eine
Enquete über die Revision des Patentgesetzes statt, welcher
22 Fragen mit ausführlichen Erläuterungen zu Grunde lagen. Die
Ergebnisse dieser Enquete werden in der vorliegenden Abhandlung von G. von einem sehr zuständigen Beurteiler kritisch beleuchtet, unter Anlehnung an die von G. und Laubenheimer in
Busch, Archiv, Bd. 46 S. 73—104 gemachten Vorschläge. Ueber
die Definition der Erfindung, namentlich die gewerbliche Ver-
wertbarkeit, den Ausführungsnachweis und das Vormerkungs-
verfahren, die Beschreibung in früheren Druckschriften, den
sogen. Erfindungsdiebstahl, die Abhängigkeitserklärung, die Unterscheidung von Stoffpatenten und Herstellungspatenten, den Schutz
des Erfindungsbesitzers, die Einführung sogen. Nützlichkeits-
muster, die Frage der Verschärfung des Vorprüfungsverfahrens,
die Patentgebühren, die Verschärfung des Reichsschutzes und die
Organisationsfrage, ob neben dem Patentamte ein Patentgerichts-
hof zu errichten sei, sind die Ergebnisse der Enquete in Kürze
geschildert und daran die teilweise abweichenden Ansichten des
Verfassers gereiht. Derselbe stellt mit Befriedigung fest, dass

zwischen der dem Patentgesetze vorangegangenen Enquete vo
August 1876 und der Enquete vom November 1886 ein fa
unglaublicher Fortschritt in der Klärung der Ansichten sich vo
zogen habe. Auf der andern Seite habe das Patentgesetz d
berechtigten Erwartungen entsprochen, und die Revision desselb
habe an seinem wesentlichen Bestande, an der Grundauffassur
des Patentes und an den Hauptvoraussetzungen seiner Verleihur
und Wirksamkeit nichts geändert.

Die kleine Schrift von St. behandelt als Beitrag zur Enque
über Abänderung und Verbesserung des Patentgesetzes 4 Frage
Zunächst wird eine neue Definition der „Erfindung" gegebei
„Erfindung ist eine auf Grund der Kenntnis der Ursache e
zeugte neue Wirkung der Naturkräfte." Als „neu" erschei
dasjenige Erfindungsobjekt, welches bis zur Anmeldung nic
in öffentlichen Druckschriften so beschrieben oder im Inlan
so öffentlich benutzt ist, dass eine Nachahmung durch Sac
verständige möglich ist. Ausserdem vertritt mit der neueste
Auffassung der Verfasser die ex tunc-Wirkung der Patentnichti
keit, unter Polemik gegen ältere Urteile. Endlich wird bezü
lich der Kollision der Patente die Theorie der gemeinschaftliche
Patentberechtigungen aufgestellt; das zweite Patent ist demna
nicht ipso jure nichtig, sondern wirksam, und bildet mit de
ersten eine gemeinschaftliche Berechtigung, die so lange dauer
bis das eine Patent für nichtig erklärt ist.

Heinsheimer.

Jonge, M. de. Die Unübertragbarkeit der Retourbillet
Freiburg, Mohr. 1887. 26 S. 50 Pf.

Die vorliegende kleine Broschüre (Wiederabdruck einer zuer
im Jahre 1885 in der „Deutschen Justizzeitung" erschienen
Abhandlung) behandelt eine viel umstrittene Frage, welche vo
Jhering zuerst in Fluss gebracht hatte (seine Erörterung i
wörtlich auf S. 21—24 wiedergegeben). Der Verf. gelangt a
dem Schlusse, dass der Verkauf von Retourbilleten eine recht
widrige, d. h. eine zivilrechtlich unwirksame und strafbare Han
lung darstelle. Das juristische Raisonnement des Verf. gipfe
in dem Satze, dass die Dienstleistung auf Grund der Retou
billete einem einzigen Subjekte in ihrer Totalität prästie
werden müsse und dass sie sich nicht in einzelne Stücke ze
legen lasse. Für seine Konklusion konnte der Verf. die Autorit
des Reichsgerichts anrufen. Ein Urteil dieses Gerichtshofs i
wörtlich abgedruckt (S. 25—26).

Der Verf. bat die sonstige Litteratur, die Meili: Das
Recht der modernen Verkebrs- und Transportanstalten (1888)
S. 53 und 54 zusammenstellte, nicht benutzt.　Im Vorbeigehen
sei hinzugefügt, dass die schweizerische Nordostbahngesellschaft
die Uebertragung von Retourbillets gestattet: im Bahnhofe in
Zürich befand sich eine Zeit lang ein Büreau, das sich mit dem
An- und Verkaufe von Retourbillets beschäftigte.　　Meili.

V. Gerichtsverfassung und Zivilprozess.

Festgabe zum Doktorjubiläum des Herrn Geh.-Rates
　　Prof. Dr. Job. Jul. Wilh. v. Planck. Ueberreicht von
　　der rechts- u. staatswissenschaftlichen Fakultät zu Strass-
　　burg. Strassburg, Trübner. 1887.　IV u. 113 S. (Vgl.
　　S. 334, 356.)

1) Schultze: Von den prozessualischen Zeitbestimmungen,
insbesondere den Fristen (S. 1—82).

2) Nissen, Adolf: Die Einziehung. S. 83—113.

Beide Abhandlungen befassen sich mit Gegenständen, welche
trotz ihrer hohen praktischen Bedeutung verhältnismässig nur
wenig theoretisch bearbeitet sind, und lenken die Blicke auf
diese seitwärts von der allgemeinen Heerstrasse gelegenen Punkte.
Sch. bestimmt zunächst den begrifflichen Gegensatz von Termin
und Frist unter Ablehnung der nichtssagenden Unterscheidung
zwischen Zeitpunkt und Zeitraum mit Rücksicht auf das Wesen
der Prozesshandlungen, deren zeitlicher Begrenzung sie dienen:
„Termine sind Zeiträume für solche Prozesshandlungen, welche
ein Zusammenwirken von Gericht und Parteien oder auch bezw.
von dritten Personen (z. B. Zeugen) voraussetzen.　Fristen sind
Zeiträume, in welchen die Parteien einseitig zu handeln haben.“
Termine werden bestimmt für mündliches, Fristen für schriftliches Handeln.　Das Vorhandensein dieses Zusammenhangs der
beiden Begriffe mit dem Gegensatze von mündlichem und schrift-
lichem Verfahren wird kurz auch in der Geschichte nachgewiesen.
In Beschränkung auf den Zivilprozess behandelt Sch. zunächst
die Terminsbestimmung und ihr Verhältnis zur Parteiladung
(S. 4—9), um den übrigen Teil der Abhandlung den Fristen zu
widmen, welche er einteilt in 1. Zeitbestimmungen für die Handlungen der Gerichtspersonen, 2. Zeitbestimmungen für die Partei-

handlungen (Parteifristen) und 3. Zeiträume, welche keinen diese
beiden Zwecke haben (S. 11). Im weiteren sind die einzelne
Fristen, in diese 3 Gruppen verteilt, bald mehr, bald minde
ausführlich erörtert. Hervorzuheben ist noch, dass Sch. be
Teilung der Parteifristen in gesetzliche und richterliche fü
massgebend erklärt, ob Gesetz oder Richter die Dauer der Fris
bestimmt (S. 24 ff.). Die allgemeinen Bestimmungen der Z.Pr.O
über Fristen sind nur auf Parteifristen anwendbar. Im Zu
sammenhang mit den gesetzlichen Parteifristen ist die Frage
ob Einspruch vor Urteilszustellung eingelegt werden könne, seh
eingehend besprochen und bejahend erledigt (S. 36 ff.).

N. kommt zu folgenden Ergebnissen: Die Einziehung is
nicht Strafe sondern „endgültige Wegnahme einer Sache durcl
die Verwaltungsbehörde" (S. 90). Indem der Richter im sogen
objektiven Verfahren auf Einziehung erkennt, übt er nicht bal
polizeiliche, bald strafrechtliche, bald zivilrechtliche Funktioner
aus, sondern er „stellt vielmehr nur das R. der Einziehung fest.'
Vorschriften, welche den Begriff „Strafe" voraussetzen, sind au
die Einziehung nicht anzuwenden. Aus der Charakterisierung
erklärt sich ferner, dass auch der Zivilrichter die Einziehung
aussprechen kann. Die Einziehung führt nicht begrifflich dazu
die eingezogenen Sachen in das Vermögen des Staates zu bringen
dieselben können auch jedem Eigentum entzogen werden. Die
Frage des Anfalls von Früchten und Mitteln des Verbrechens
an einen neuen Berechtigten ist zwar auch vom Strafrichter zu
erledigen, aber diese Entscheidung liegt nicht schon in der Ein-
ziehungserklärung. Die Einziehung ist ein Institut des Verwaltungs-R., der Anfall ein Institut des Privat-R. Für die
Frage, in welchem Zeitpunkte die einzuziehenden Sachen dem
Thäter gehört haben müssen, verweist N. (S. 100) auf das
Landes-R.   Kleinfeller.

VI. Strafrechtswissenschaft.

Alimena, B. La premeditazione in rapporto alla psicologia, al diritto, alla legislazione comparata.
Turin, Bocca. XV u. 286 S. con Diagrammi. 8 l.

Der Titel gibt genau den Inhalt dieses Werkes wieder,
welches von einem jungen Kriminalisten in Cosenza herrührt,

und in wissenschaftlicher und gründlicher Weise die Frage der praemeditatio erörtert. Nach einer geschichtlichen Einleitung, in welcher Verf. die frühesten gesetzgeberischen Aeusserungen in bezug auf die „Ueberlegung" und die Differenzierung der mit Ueberlegung begangenen Delikte von den allgemeinen Deliktsbegriffen darlegt, wird der gegenwärtige Stand der Frage in Wissenschaft und Gesetzgebung durch Aufführung der meisten Schriftsteller wie sehr vieler europäischer und amerikanischer Gesetze gekennzeichnet.

Die Hauptbedeutung der Arbeit beruht in dem grundlegenden Teile II (S. 79—236), in welchem die praemeditatio auf Grund der empirischen Psychologie nach der Art der bestimmenden Motive, dem Verhältnis von Vorbedacht und Affekt, den pathologischen und animalen Zuständen des Verbrechers (pazzia, Hypnotismus, Trunkenheit) geprüft wird. Der Schlussabschnitt behandelt die Beziehungen der praemeditatio zum Irrtum, zur Teilnahme und zu anderen und qualifizierenden Thatumständen.

Die Grundgedanken des Werkes sind: Erstes Kriterium bei den Delikten ist das determinierende Motiv. Vergleicht man aber zwei durch das gleiche Motiv bestimmte Delikte, so kann man das Element der praemeditatio nicht ganz übersehen. Abgesehen von Affekt (der übrigens mit Ueberlegung konkurrieren kann) muss man präsumieren, dass die Delikte mit ruhiger Ueberlegung begangen werden und, wie es in einigen Str.G.B. geschieht, zwei Arten der Ueberlegung nach der grösseren oder geringeren Zwischenzeit zwischen Entschluss und That annehmen. Dementsprechend verschiedene Strafen, und zwar die schwerere für die längere Ueberlegung, weil hier die That am klarsten den Charakter des Thäters darstellt, und dessen Gefährlichkeit und antisoziales Streben — nach der positiven Schule — Hauptmassstab der Strafbarkeit ist. Deswegen sollen Bestimmungen über praemeditatio nicht nur wie bisher sich auf Mord und Totschlag beziehen, sondern auf alle Delikte, weil bei allen, unter Voraussetzung gleichen Motives, das überlegte Handeln auf grössere Gefährlichkeit des Thäters schliessen lässt.

Was die gesetzgeberische Behandlung dieser Frage betrifft, so billigt Verf. den Weg derjenigen Gesetze (u. a. auch des neuesten italien. Entwurfs), welche keine Begriffsbestimmung der praemeditatio geben, vielmehr dem freien Ermessen des Richters überlassen, festzustellen, ob und in welchem Grade Ueberlegung vorhanden gewesen.

Die Arbeit berechtigt als Erstlingsarbeit zu den besten

Hoffnungen, sie beruht auf umfangreichen Studien und ist mit
Geist geschrieben. Verf. bekennt sich als Anhänger der sogen.
positiven Schule, nach welcher das psychologische Studium des
Verbrechers das juristische Studium des Verbrechens nicht ausschliessen, sondern vorbereiten soll.

E. Ferri.

VII. Kirchenrecht (einschliesslich Eherecht).

Berchtold, J. Die Bulle Unam Sanctam, ihre wahre
Bedeutung und Tragweite für Staat und Kirche.
München, Kaiser. 1887. 135 S. 2 M. 70 Pf.

Die Abhandlung gehört zu den Festgaben für Planck (vgl.
oben S. 334 u. 353), konnte aber aus Gründen des Raumes und
der Zeit nicht mit den übrigen Aufsätzen erscheinen. Es ist
eine selbständige umfangreiche Monographie geworden, die zwar
nach des Verf. bescheidenem Nachwort „nicht erschöpfend" sein
will, aber trotzdem einen gründlichen und echt wissenschaftlichen
Beitrag in der massenhaften Litteratur über die Bulle U. S. bildet.

Anknüpfend an das Gutachten der Münchener Juristenfakultät von 1869 (abgedruckt im Erg.-Bd. z. Zeitschr. f. Kirchen-R.
1872 S. 313) gibt Verf. zuerst Wortlaut der Bulle und Uebersetzung, bei letzterer hinsichtlich des Schlusspassus „porro sub-
esse" etc. abweichend. Sodann weist er den Inhalt nach in
10 Sätzen, deren Kern ist: der Staat ist der Kirche absolut
untergeordnet, der Papst zur Ein- und Absetzung von Fürsten
berechtigt. Die Erörterung der theologischen Begründung dieser
Lehre, welche in vielen Bildern (Seele, Leib; Sonne, Mond;
geistl. u. weltl. Schwert) ausgesprochen und übrigens im Rundschreiben Leos XIII. v. 1. Nov. 1885 (S. 20) erneuert ist, sowie
die Erwähnung der Gegner dieser Lehre, führt den Verf. auf
die interessante Entstehungsgeschichte der Bulle U. S. (Philipp
d. Schöne, Bonifaz VIII.), welche unter Anlehnung an Drumann
(Bonifaz VIII. 1852) gegeben wird. Nun werden einige Vor-
fragen geprüft, erwiesen, dass der Papst Obergewalt über Frankreich sich auch früher beigelegt, und dass das Schreiben „Deum
time" nicht untergeschoben sei, sowie die Systeme des Kano-
nisten über die potestas ecclesiae in temporalia skizziert. Jetzt
gelangt Verf. zu den verschiedenen Auslegungen: er beweist die

Haltlosigkeit der sogen. Abschwächungsversuche, welche die U. S. als höchst harmlos hinstellen, auch des Martensschen Versuches, und zeigt (S. 65—88), dass die Bulle durch und durch dogmatisch, wie dies auch bisher meist angenommen wurde. In der entscheidenden Frage, was bedeutet „omni humanae creaturae", erklärt sich B. für „menschliche Schöpfung, Obrigkeit" (Luther übersetzt Petr. II, 13 „Ordnung"). Nur so ist die U. S. konsequent.

Es bleibt die Frage übrig, wie verhält sich die Bulle U. S. zur Unfehlbarkeitslehre? Die U. S. dogmatisiert die absolute Unterordnung des Staates. Da diese Lehre nicht der Christi entspricht, so erblickt B. (S. 113) „keine andere mögliche Lösung des Streites, als dass man eben die ganze Lehre von der päpstlichen Unfehlbarkeit, wie sie das Vaticanum formuliert hat, von sich abweist". Nur eine andere Auffassung von der „Legitimität" der Konzile und ihrer Beschlüsse kann zu einem befriedigenderen Verhältnis zwischen Staat und katholischer Kirche führen. Der Schlussabschnitt gibt dem Verf. Gelegenheit, sich im Anschluss an Moulart (C.Bl. I S. 33), Molitor und Manning über die „restaurierte" katholische Staats- und Rechtswissenschaft zu äussern, deren Grundgedanke ist: Herrschaft der Kirche über die weltliche Gewalt, in geistlichen Dingen direkt, in politischen indirekt. Aus dem Streben, von dieser Gewalt Gebrauch machen zu können, erklärt sich der Ruf nach Auslieferung der Schule, Wiederherstellung des Kirchenstaates etc. (S. 131), erklärt sich der Wunsch nach „einer neuen Ordnung und einer neuen katholischen Welt, mit einem Worte nach einer grossartigen Revolution!" „Es ist uns wohl erlaubt, dies grosse Ereignis — eine neue Ordnung auf Ruinen — herbeizuwünschen", sagt Moulart (S. 38). Auf die Gefahr, die aus dieser Lehre sich ergibt, hält B. sich für verpflichtet, als Antiinfallibilist immer und immer hinzuweisen.   Redaktion.

Coulon, H. et Faivre, A. 1) Manuel et Formulaire du Divorce et de la séparation de corps. 2me. éd. Paris, Marchal et Billard. 1887. 610 S. 6 fr. 50 ct. 2) Jurisprudence du Divorce. 2me éd. Ebd. 5 fr.

Nach langen parlamentarischen Kämpfen wurde auf den Antrag Naquets nicht als ein bien, sondern als ein remède die Ehescheidung in Frankreich wieder eingeführt. Das Wiedereinführungsgesetz datiert vom 27./VII. 1884, während das zu beobachtende Verfahren durch das Gesetz vom 20./IV. 1886 ge-

regelt worden ist. Das vorliegende Manuel hat den Zweck, d
Durchführung dieser Gesetze und das allgemeine Verständnis ;
fördern. Zu dem Behufe werden dieselben vollständig ihre
Wortlaute nach abgedruckt und zu jedem Artikel die frühe
Gesetzgebung angemerkt und die Ergebnisse der gesetzgeberische
Arbeiten und parlamentarischen Verhandlungen beigefügt. Uebe
dies enthält das Manuel einen erklärenden Kommentar über bei
Gesetze mit Anführung der wichtigsten Entscheidungen fra
zösischer und auswärtiger Gerichte; den Schluss bilden verschi
dene Formulare für die Prozessführung.

In dem Kommentar wird nur auf die Entscheidungen ve
wiesen, da aber dieselben Sammlungen entnommen sind, welcl
nicht jedermann erreichbar sind, so liessen die Verf. dem Manu
einen Ergänzungsband folgen, welcher unter dem Titel „Juri
prudence" alle diejenigen Entscheidungen in extenso enthäl
welche sich auf die Ehescheidung beziehen, wogegen diejenige
weggelassen sind, welche die Séparation de corps zum Gege
stande haben.   König.

VIII. Staats- und Verwaltungsrecht.

Aschehoug, T. H. Das Staatsrecht der vereinigte
Königreiche Schweden und Norwegen. (Marquardse
Handbuch des öffentlichen R. IV. Bd. II. 2.) Freiburg i. I
Mohr (Siebeck). 1886. XII u. 208 S. 7 M.

Das Handbuch des öffentlichen R. nimmt seinen guten For
gang und lässt in seinem Erscheinen nicht entfernt die Schwieri
keiten gewahr werden, mit welchen jedes grössere Unternehm
auf dem Gebiete des öffentlichen R. zu kämpfen hat. — Der vo
liegende Band setzt sich die Aufgabe, uns das beziehungsreicl
Gebiet des Staats-R. der vereinigten Königreiche der skan
navischen Halbinsel zu erschliessen, und wird damit in der Th
einem Bedürfnis gerecht, das in jüngster Zeit um so dringend
wurde, je mehr Nachrichten uns über zahlreiche Konflikte z
gingen, zu welchen das eigenartige Verfassungsrecht der beid
nordischen Staaten die Veranlassung zu geben schien (vg
C.Bl. I, 265).

Im I. Abschnitt löst Verf. mit kundiger Hand die vielfa
in einander laufenden Linien der Verfassungsgeschichte, er zei

uns, wie die Sonderrechte in die sogen. Union eingezeichnet
waren und wie sie sich erst allmählich nach einem langwierigen
Ablösungsprozess frei gestalten und jedem der beiden Staaten
vorerst getrennt und dann nach der Trennung Norwegens von
Dänemark in grundgesetzlicher Verbindung ein selbständiges, wenn
auch vielfach verwandtes öffentliches R. erwächst. Den durch
die Vereinigung geschaffenen Zustand, die Umrisse der gemeinsamen Angelegenheiten, die wichtigen Organe der Union: König,
Königtum und den zusammengesetzten Staatsrat der vereinigten
Reiche führt uns der I. Abschnitt vor unter gelegentlicher Betonung der reformbedürftigen und reformfähigen Stellen im
Systeme der Union.

Im einzelnen auf das R. der Sonderstaaten übergehend gibt
Verf. im 2. Abschnitt das Staats-R. Schwedens in guter Uebersichtlichkeit; das Verhältnis der Staatsangehörigen im rechtlichen Sinne zu den im thatsächlichen Sinne des Wortes leidet
in der Darstellung unter einer gewissen Unsicherheit der Terminologie. Wenigstens geht aus der vom Verf. skizzierten
Rechtslage des Ausländers in Schweden mit voller Deutlichkeit
hervor, dass der vom Autor an die Spitze gestellte Satz: „Nach
schwed. R. decken das Unterthanen- und das Staatsbürgerver-
hältnis sich gegenseitig und vollständig, so dass derjenige,
welcher schwed. Medborgare, Bürger ist, auch immer schwed.
Unterthan ist, und umgekehrt — entweder ungenau ist, wenn
hier unter der Bezeichnung „Unterthan" der im Gebiete sich
aufhaltende Fremde verstanden wird; oder die beiden Termini
drücken ein und dasselbe aus, dann unterscheidet sich das schwed.
in nichts von dem kontinentalen Staatsbürger-R., welches in
jedem de jure, nicht bloss de facto Angehörigen des Staates
einen Bürger desselben erblickt. Den Fragen des Ständewesens,
des Adels und seiner organisierten Vertretung (Adelsmöte), dem
Fideikommiss-R., das merkwürdigerweise in dem einst so aristo-
kratisch gesinnten schwed. Gemeinwesen zu verschwinden droht,
wendet A. sein besonderes Augenmerk zu ebenso wie der bis in
ihre feinsten inneren Getriebe hinein beleuchteten Verfassung
und Verwaltung der Gemeinde. Hier und bei Darstellung des
Gesetzgebungsapparates, des Wahl-R., der Lehre von den Gesetzen und dem Veto des Königs gegenüber anderen Reichstags-
beschlüssen als Gesetzen, stützen sich die Ausführungen des
Verf. auf das sorgfältig verwertete bis zur neuesten Zeit reichende
Gesetzes- und Judikatenmaterial.

Es ist dem Verf. gelungen, die Eigenart, die von der land-

läufigen Schablone abweichende Regierungsform Schwedens
den ausschlaggebenden Punkten mit juristischer Präzision v
mit Sorgfalt für die notwendigen Einzelheiten herauszukehr
so in der Behandlung des Finanz-R., des Staatsdienerwesens,
Gerichtsorganisation, der Ministerverantwortlichkeit und
eigenartigen, aus seiner weitreichenden Kompetenz fliessene
Verantwortlichkeit des höchsten schwed. Gerichtshofes.

Wesentlich im gleichen Schema bewegt sich die Darstellt
des norweg. Staats-R., dem der 3. Abschnitt des umfangreicl
Buches gewidmet ist.   Stoerk

Preux, J. La question des langues et les conflits
   nationalités en Autriche sous le ministère
   comte Taaffe (1879—1888). Paris, Pichon. 18
   40 S. 2 fr.

Der Verf. — Sekretärsadjunkt und Bibliothekar des „com
de législation étrangère" — versucht in der vorliegenden Sch
eine Darstellung des Nationalitätenstreites in Oesterreich s
dem Amtsantritte des Ministeriums Taaffe (10. August 18'
bis auf die neueste Zeit zu bieten. Als Phasen dieses Kamp
werden insbesondere hervorgehoben: die Prager Universiti
frage (S. 20, 21), die für Böhmen und Mähren im Jahre 18
erlassenen Sprachverordnungen und die diesfalls im Reichsr
von Wolfrum eingebrachte Interpellation (S. 23); der Wur
brandsche Antrag, betreffend die Vorlage eines Nationalität
gesetzes unter gleichzeitiger „Festhaltung" des Prinzips (
deutschen Staatssprache (S. 24); der Scharschmidsche Sprach
gesetzentwurf vom 8./II. 1886 (S. 26—32); die Verhandlunp
des böhm. Landtages über die mit der Sprachenfrage zusamm
hängende administrative Teilung des Landes, und die Absti
mung des grösseren Teiles der deutschen Landtagsabgeordnet
(S. 33—35); schliesslich die im Herbste des Jahres 1887 dur
einen die Mittelschulen betreffenden Erlass des Unterrich
ministers v. Gautsch eingetretenen Komplikationen (S. 36—3
In einem Anhange werden die Leser noch über die zu Begi
des Jahres 1888 in Böhmen angeregten Ausgleichsverhandlung
informirt (S. 39, 40). Die Darstellung des Verf. ist übersic
lich und klar; derselben ist eine beinahe ebenso lange Einleitu
(S. 1—18) vorangeschickt, welche die zum Verständnisse (
Gegenstandes der Schrift notwendigen statistischen und histc
schen Mitteilungen enthält. In diese Einleitung haben si
einige Ungenauigkeiten eingeschlichen (so wird S. 4 irrig l

hauptet, dass die Bevölkerung Triests ausschliesslich aus Italienern und Deutschen bestehe; S. 6 wird infolge eines Druck-
fehlers der Prozentsatz der deutschen Bevölkerung in Schlesien
mit 44,91 statt 48,91 angegeben; S. 10 wird über die Entstehungsgeschichte des Art. 19 H.G.G. über die allgemeinen R.
der Staatsbahnen eine durch die Gesetzesmaterialien nicht be-
legte Mitteilung gemacht; ebendaselbst ist der Wortlaut des
§. 6 des Reichsvolksschulgesetzes vom Jahre 1869 nicht ganz
korrekt wiedergegeben), die jedoch das Interesse an der vorliegenden Publikation nicht wesentlich beeinträchtigen.

Prazak.

Bachmann, J. Die Baupolizei im Gebiete des A. L.R.
unter Berücksichtigung der neuesten Gesetzgebung und
Rechtsprechung der höchsten preuss. Gerichtshöfe dargestellt.
Berlin, J. J. Heine's Verlag. 1887. VI u. 120 S. 1 M. 60 Pf.

Eine Schrift von rein praktischer Tendenz, jedoch gründlich
und zuverlässig. Die Einleitung behandelt kurz zu allgemeiner
Orientierung Begriff, Verwaltung und Befugnis der Polizei überhaupt, Polizeiverordnungen, Polizeiverfügungen und ihre Anfechtung, Polizei-Strafverfügungen, Baupolizei. In Tit. I ist der
landrechtliche Stoff, in Tit. II das Baufluchtliniengesetz, Tit. III
das Einschlägige des Forstpolizeigesetzes, Tit. IV das Ansiede-
lungsgesetz, Tit. V das Gewerbe-R. vorgeführt, allenthalben mit
der Rechtsprechung des Oberverwaltungsgerichts. S. 11 heisst es:
„Die Polizeiverordnung will ähnlich dem Strafgesetz eine Rechtsverletzung sühnen," was doch nur die eine, entferntere Aufgabe der Verordnung kennzeichnet, welche vielmehr in erster
Linie materielles R. innerhalb der ihr gesteckten Grenzen schaffen
will.

Leuthold.

IX. Internationales Recht.

Gareis, C. Institutionen des Völker-R. Giessen, Roth.
1888. VII u. 256 S. 4 M. 80 Pf.

Neben dem vor kurzem an dieser Stelle angezeigten (Bd. VII
S. 115) Holtzendorffschen Handbuch des Völker-R., welches ein
möglichst detailliertes Gesamtbild des in rechtlichen Formen

sich bewegenden Staatenverkehrs zu geben bemüht ist, findet
vorliegende Schrift eine berechtigte Stelle, die sie mit Gl
und Geschick ausfüllt. Sie steht dem citierten Handbuch ı
dessen naturgemäss breiterer Lehrmethode viel selbständi
und kritischer gegenüber, als etwa das Reschsche Exzerpt
Heffterschen Lehrbuchs. Umfassender als die Hartmannsc
Institutionen, ausführlicher im litterarischen Apparat und
der Anführung des Quellenmaterials als die Grundrisse v. N
manns, Renaults u. v. a., wird dem Buche G.s volle Eignı
zuerkannt werden müssen, in weitere Kreise Klarheit über
Grundbegriffe der behandelten Disziplin zu tragen.

Nach einer anziehend geschriebenen und knappen Einleitu
welche keinem der zu Grunde liegenden rechtsphilosophiscl
Probleme aus dem Wege geht, behandelt Verf. im allgemeiı
Teile die Subjekte des Völker-R., als solche bezeichnet er ı
die Staaten in allen denkbaren Erscheinungsformen und V
schiedenheiten, vorausgesetzt, dass dieselben das vom Verf.
unerlässlich angesehene konstitutive Merkmal der Herrschaft
sitzen, welches darin liegt, dass ein solches Gemeinwesen als s
Interesse bezeichnen kann und zum Rechtsgute zu erheben ı
mag, welches Interesse es will, und zur Verfolgung die
Interesses alle Mittel rechtlich anwenden darf, welche es th
sächlich anwenden kann (Herrschaftsinteresse). Dass Verf.
übrigen konstitutiven Merkmale, soweit sie sich auf die Körp
lichkeit des Staates beziehen als Objekte des Völker-R. bezei
net, ist vielleicht nur durch die scharfe Gegenüberstellung
den Subjekten des Völker-R. prinzipiell anfechtbar. Im 3. ı
schnitte wird die Entstehung, Aenderung und Aufhebung völk
rechtlicher Befugnisse auf selbständigen prinzipiellen Unterlag
die sich nutzbringend erweitern liessen, ausgeführt. Im bes
deren Teil gibt Verf. eine gute Uebersicht des materiellen Völk
R., der in Uebung stehenden Normen über die Grund-R. ı
Staaten, die völkerrechtliche Stellung der Staatshäupter, die inı
nationale Stellung der völkerrechtlichen Magistraturen, der Staı
angehörigen; eingehend berücksichtigt sind die in unserer Z
im Interesse des internationalen Verkehrs ausgebildeten V
waltungseinrichtungen zum Schutze der Schiffahrt, des Handı
des Gewerbe-, Post-, Telegraphenwesens·u. s. w. Der Lehre ı
den völkerrechtlichen Verträgen ist das 2. Buch gewidmet, w
rend das 3. und letzte dem formellen Völker-R., den Recl
gebräuchen und Rechtsnormen im Verfahren zum Schutze stı
tiger internationaler Interessen eingehende Ausführungen gı

Zum reichen Inhalt des Buches, das in Litteraturangaben,
in Anregungen und Hinweisungen für den Studierenden durchaus seiner Aufgabe gerecht wird, nimmt sich der Anhang mit
seinen vier, zudem nicht sehr glücklich gewählten Aktenstücken,
ziemlich dürftig aus. Jeder Handels- und Schiffahrtsvertrag,
jeder Auslieferungs- und Rechtshilfevertrag etc. vermag den
vorgetragenen völkerrechtlichen Lehren bessere Fundierung zu
geben als die in das schwankende Gebiet der hohen Politik
hineinragenden Elaborate des Berliner Kongresses vom Jahre
1878 und der Berliner Konferenz vom Jahre 1885. Stoerk.

Orelli, A. v. Der internationale Schutz des Urheber-R.
(Aus den „Deutschen Zeit- und Streitfragen". N. F. 2. Jahrgang. 1—2. 1887.) 1 M.

Der Verf. gewährt hiermit einem weiteren Leserkreise einen
Einblick in die geschichtliche Entwickelung des national und
international wichtigen R. und prüft die einzelnen darauf bezüglichen Fragen, besonders aber gibt er auch eine Entwickelung der Gesetzgebung über den Nachdruck vom 15. Jahrhundert
an bis auf den heutigen Tag. Schon früher (1884) hatte v. O.
„das schweizer. Bundesgesetz, betreffend das Urheber-R. an
Werken der Litteratur und Kunst unter Berücksichtigung der
bezüglichen „Staatsverträge" erläutert. Da der auf diesem Gebiete so sachkundige Verf. auch als Delegierter der Schweiz an
den internationalen Konferenzen zum Schutz des Urheber-R.
Teil genommen, so sind seine bezüglichen Veröffentlichungen
Theoretikern und Praktikern gleich wertvoll. Bulmerincq.

Böhm, Handbuch des Rechtshilfeverfahrens im Deut-
schen Reich und gegenüber dem Ausland. II. Teil.
Rechtshilfe in Strafsachen. Erlangen, Palm & Enke. 1888.
(Vgl. C.Bl. VI, 76.) 5 M.

Dem ersten Teil, welcher bürgerliche Rechtsstreitigkeit und
Konkurssachen betraf, ist der zweite Teil schnell gefolgt. Hinein-
gezogen in den Kreis der Erörterung sind auch die besonderen
Vorschriften über das geistige Eigentum, Marken-, Muster-,
Firmen- und Patentschutz, die internationalen Schiffahrtssachen,
Reblauskonvention, Forst-, Feld-, Jagd- und Fischereifrevel, das
Zollkartell mit Oesterreich-Ungarn und endlich der Rechtshilfe-
verkehr in den Konsulargerichtsbezirken und — soweit dies bereits
geregelt ist — in den Schutzbezirken des Reichs. Die Darstellung
geht von allgemeinen Gesichtspunkten aus, von denen aus die

Rechtshilfe im In- und Auslande gemeinsam, aber in getrennte Abschnitten behandelt wird. An die allgemeinen Bestimmunge (zu denen von dem Verf. auch die Anträge und Ersuchen d Staatsanwaltschaft gerechnet werden) enthält den eigentlich Kern der Abteilung II. Hier wird die örtliche Zuständigke der Gerichte, Auslieferung, Beweisaufnahme, Zustellungen, Vo streckungen und Abwesenheitsverfahren behandelt. Die Arbe des Verf. ist eine sehr mühevolle, insbesondere soweit das Au land in Betracht kommt, weil abgesehen von den vom Rei geschlossenen Verträgen nur sehr wenige allgemeine für d ganze Reich geltende Anordnungen bestehen (z. B. bezüglich d Strafregister). Der Verf. hat sich aber nicht bloss auf die f ganz Deutschland geltenden Normen, oder auf einen einzeln Bundesstaat beschränkt, sondern er gibt das Material, auch s weit es partikularrechtlicher Charakter ist. Die in Betrac kommenden Fragen werden angegeben und an sie in sehr reic haltiger Weise die Nachweise aus dem Gesetzgebungs- und V ordnungs-R. des Reichs und der Einzelstaaten geknüpft. Bei d Schwierigkeit der Materie und der Zersplitterung des geltend Stoffs bildet das Handbuch ein für den Praktiker schwer zu er behrendes Hilfsmittel, obwohl es den Stoff nicht überall vo ständig erschöpft. Kayser.

B. Zeitschriftenüberschau.

Neue Zeitschriften:

Bulletino dell' Istituto di diritto romano. Red.: Scialoja. V lag: L. Pasqualucci. Gratis f. d. Mitglieder d. Instituts. Abc nementspreis pro Jahr 15 l. 1. Heft (64 S. 7 l.). Scialoj nuove tavolette cerate pompeiane. Libello di Geminio Eutiche Ferrini, Gai II, 51. Fadda, pactum de jurejurando. Bo fante, res mancipi o res mancipii.

A. Hartlebens Gerichtsbibliothek. Fortlaufende Sammlung a führl. u. authent. Darstellungen interessanter u. wichtiger P zesse aller Nationen, aus Gegenwart u. jüngster Vergangenhe Red.: A. v. Horsetzky. Verlag: Wien, Hartleben. Halbmona Hefte à 3 Bgn. 50 Pf. 24 Hefte 12 M. 1. Heft. Prozess Franke stein-Kuhnert. Prozess Dübell-Töpfer. Prozess Wilson.

Archiv f. soziale Gesetzgebung und Statistik. Vierteljahrssc Red.: H. Braun. Verlag: Tübingen, Laupp. Pro Jahrg. (4 Hef 12 M. I. 1. Zur Einführung. Platter, d. geplante Alters- Invalidenversicherung im Deutschen Reich. Baernreither, Statistik über Arbeitslose in England. Pringsheim, d. La

d. arbeitenden Klassen in Holland. Oldendorff, d. Säuglings-
sterblichkeit in ihrer sozialen Bedeutung. Erismann, d. körperliche Entwickelung d. Arbeiterbevölkerung in Centralrussland.
Sozialpolit. Gesetzgebung. Miszellen. Litteratur.

Deutsches Wochenblatt. Tendenz: Betonung d. Gemeinsamen in
d. Bestrebungen d. nationalen Parteien. Red.: O. Arendt. Verlag: Berlin, Walter & Apolant. Erscheint jeden Mittwoch. Vierteljährl. 3 M. Jurist. Mitarbeiter u. a.: Beutner, Dahn, Endemann
(Berlin), Assessor Fuchs (Berlin), Hue de Grais, Klöppel, Koehne,
Laband, Lilienthal, Liszt, Mayer, Mayr, Münsterberg, Rosin. 3.
5. Zedlitz, Gesetzentwurf betr. Erleichterung d. Volksschullasten. 4. Klöppel, d. wirtschaftl. Bedeutung d. Entwurfs eines
bürgerl. G.B. 6. Koehne, Reform d. Strafvollstreckung.

Studien z. brandenburg.-preuss. Geschichtsforschung. Mit Unterstützung d. Ministeriums. Zweck: Quellenveröffentlichung. Halb-
monatl. Hefte à 20 Bogen. Hrsg.: Treitschke, Schmoller. Red.:
Koser. Verlag: Leipzig, Duncker & Humblot.

Bulletins des Travaux de l'Université de Lyon, Rédigé par les
Professeurs des Facultés. Première Année fasc. 1. Lyon, Storck.
1888. Bezweckt ein Bild des geistigen Lebens der Lyoner Uni-
versität zu geben, und enthält Arbeiten aus allen Fakultäten.
Eine „Chronique" bringt Mitteilungen über die Thätigkeit der
Universitäten d. französ. Schweiz u. Norditaliens.

Zeitschr. f. Geschichte d. Oberrheins. N. F. III. 1. Gothein,
d. Landstände der Pfalz. 2. Gierke (S. 129—172), bad. Stadt-
R. u. Reformpläne d. 15. Jahrh. (über mittelalterl. Familien-
güter-R.).

Histor. Taschenbuch. 6. Folge. 7. Jahrg. Maurenbrecher, Tridentiner Konzil.

Zeitschr. der hister. Gesellsch. f. d. Provinz Posen. III. 3.
Wersche, d. staatsrechtl. Verhältnis Polens z. Deutschen Reich
während d. M.A.

Nouvelle Revue historique de droit français etc. XII. 2. Beaudouin, la participation des hommes libres au jugement dans le
droit franç. Léouzon le Duc, la régime de l'hospitalité chez
les Burgundes. Esmein, le serment promissoire dans le dr.
canonique.

Beiträge z. Erläuterung des deutschen R. XXXII. 2. u. 3. Henrici, Verpflichtung d. Arrestlegers etc. Fuld, Autor-R. an
Briefen. Meisner, jurist. Natur d. Anfechtungs-R. Jecklin II,
d. landrechtl. Begriff Gewahrsam. Merfeld, Kraftloserklärung
v. Wechselblanketts. Bendix, Legitimation z. Bewilligung d.
Umschreibung einer Vormerkung. Pfizer, Endurteil u. Zwischen-
urteil.

Jurist. Blätter. XVII. 14. 17. Stross, Regierungsvorlage betr.
d. Summarverfahren. 14. 15. Zitelmann, d. Möglichkeit eines
Welt-R. (Vortragsreferat). 13. 16. Anspruch unehelicher Kinder
auf Versorgung. 18. 19 ff. Eisler, Ermächtigungsdelikte nach
österr. R. 18. Jurist. Studium. Concurrence deloyale.

Oesterr. Gerichtszeitung. XXXIX. 9. 10. Objekt. Pressverfahren.
11.—13. Rosenblatt, krit. Bemerk. z. Entscheidungen d. Kass.-
Hofes. 14. Abhilfe gegen Verschleppung. 14.—17. Zur Str.Pr.O.
15. Pol.Str.G.B. §. 445. 17. Gernerth, gerichtl. Verfolgung.

Oesterr. Centralbl. VI. 3. 4. H o r n e r, Rechtsfortbildung (Beiheft: C.Bl. f. Verwaltungspraxis. IV. 3./4. J o l l e s, Rechtsprechung d. Verw.Ger.Hofes in Steuersachen).

Zeltschr. f. schweizer. R. XXIX. N. F. VII. 2. S i e g m u n d, d. Konkurs- u. Wechselfähigkeit nach d. Entwurfe d. Bundesgesetzes über Schuldbetreibung u. Konkurs. T e i c h m a n n, d. Urkundenfälschung nach d. Strafgesetzen des Auslandes u. der Schweiz. R e c h t s q u e l l e n. Uebersicht u. Auszüge aus d. Rechtsquellen d. Kts. Wallis.

Zeltschr. f. Handels-R. XXXIV. 3. u. 4. E s s e r II, Herstellungspreis im Sinne d. Art. 185a d. H.G.B. S c h w a l b, Haftung d. Kommanditisten. P a p p e n h e i m, d. Proteststunden im Sinne d. W.O.

Annales de droit commercial. 1888. Nr. 2. G. C o h n, Chronique de législation etc. Allemagne. (Sehr vollständiger Bericht über Gesetzgebung, Wissenschaft u. Rechtsprechung auf d. Gebiete d. deutschen Handels-R. 1886 u. 1887.)

Zeltschr. f. Berg-R. XXIX. 2. I c h o n, Begründung d. französ. Berggesetzentwurfes v. 25./V. 1886.

Annales du régime des eaux. (Spezialzeitschr. f. d. ges. Wasser-R.) II. 1. F é r a u d - G i r a u d, des sources supprimées complétement ou partiellement à la suite de travaux d'intérêt privé ou public et d'exploitation des Mines. Urteile u. wasserrechtl. Gesetze etc. mit kurzen Erläuterungen.

Law Quarterly Review. IV. 14. L y a l l, G l a s s o n, H o l t z e n d o r f f, C o g l i o l o, S. Henry Maine. L o r i m e r, the story of the chair of public law in the university of Edinburgh. L e n t z, G i g o t, K ö n i g, public meetings and public order. C a r t e r, curiosities of copiright law. P a c c h i o n i, a disputed point in the lex Aquilia. M u n r o, the Canadian constitution.

Harvard Law Review. I. 7. u. 8. The Anarchists' Case before the Supreme Court of the U. St. A Creditors Right to his Suretys Securities. A Brief Survey of Equity Jurisdiction. The nature of a Policy of Insurance with regard to its Assignment (der Artikel bezieht sich nur auf See- und Feuerversicherung).

American Law Review. 1888. 2. Some Reflections on the Bar: its Integrity and Independence. The Burden of Proof in Actions against Carriers and other Baillees. American Law of Strikes and Boycotts as Crimes. Deed of one Partner, when binds the Firm. Should Appellate Courts Review the facts in actions at Law.

The English historical Review. 1888. 9. P r o t h e r o, Gneist on the English constitution.

Journal of Jurisprudence and Scottish law Magazine. XXXII. 374. The historical school of law, Thibaut and Savigny.

The Cape law Journal. IV. 6. Englands Case against Home Rule.

Rivista italiana. V. 1. B o l a f f i o, questioni controverse nel giudizio cambiario. S c i a l o j a, fr. 14 §. 3 Dig. 34, 1.

Zeltschr. f. deutschen Zivilprozess. XII. 1. (Redaktion fortan: Kammerger.R. S c h u l t z e n s t e i n u. O.L.Ger.R. V i e r h a u s in Kassel.) Auszug aus d. Immediatberichte d. preuss. Justizminist. E n d e m a n n, Entwickelung d. Konkursverfahrens bis zur Konkursordnung von 1877. K o h l e r, Succession in d. Prozessverhältnis.

Gerichtssaal. XI.. 6. Fuld, Bestrafung d. Trunksucht. Bar, Delikt d. groben Unfugs. Buccellati, Strafgesetzentwurf (Zanardelli) f. Italien. Holtzendorff (S. 459—467), über Goldschmidt, Rechtsstudium etc. 7. Bar, zweifelhafte Betrugsfälle. Buri, Begriff d. Gefahr.

Archiv f. Straf.R. XXXV. 5. Mayer, Entwurf eines Str.G.B. f. Italien (Zanardelli). M. Rump, strafrechtl. Bedeutung d. animus injuriandi u. §. 193 d. R.Str.G.B. Samter, d. Strafwesen, Strafinhalt u. d. Hauptfragen d. Praxis.

Archiv f. kathol. Kirchen-R. 1888. 2. Schmitz, zu Kolumbans Klosterregel u. Bussbuch. Schlichting, d. galiz. Volksschulgesetzgebung.

Linzer theolog.-prakt. Quartalschrift. XLI. 1. S. 108—150. Zahlreiche Pastoralfälle über Taufe, Ehe-R., Militärseelsorge etc.

Histor. Jahrb. IX. 1. Ehses, d. päpstl. Dekretale im Scheidungsprozesse Heinrichs VIII.

Histor.-polit. Blätter. CI. 3. Ruhland, über d. Mitwirkungs-R. d. Einzellandtage bei d. Instruktion d. Bundesratsbevollmächtigten. 5. 7. Charakteristik R. v. Mohls.

Deutsche Gemeindezeitung. XXVII. 15. Ueber d. kirchl. Patronat-R. 16. Das neue Genossenschaftsgesetz.

Grenzboten. XLVII. 17. Oeffentlichkeit d. Gerichtsverhandlungen. 18. Das juristische Studium (verlangt schriftl. Privatarbeiten d. Studenten).

Deutsche Rundschau. XIV. S. 378 (1888, 3). A. v. d. L., über d. Ausbildung d. Justiz- u. Verwaltungsbeamten (im Anschluss an Bosse, Cohn, Goldschmidt).

Deutsche Revue. XIII. April. Holtzendorff, Rückblicke auf d. deutsch-französ. Grenzstreitigkeiten von Pagny u. Schirmeck. (Mai. Kohler, über d. Veroneser Malerschule. I.) Dessoir, Verantwortlichkeit u. Hypnotismus.

Revue de droit international. XX. 1. Rolin-Jaequemyns, les alliances européennes au point de vue du droit international. Lammasch, situation légale de l'extradé vis-à-vis des tribunaux de l'Etat requérant. Roszkowski, quelques mots sur la procédure de l'extradition. Nys, Sir Henry Sumner Maine. Brusa, Francesco Carrara.

C. Neue Erscheinungen.

Vom 23. März bis 9. Mai 1888 erschienen oder bei der Redaktion eingegangen (letztere mit * bezeichnet).

1. Deutsche Bücher und Broschüren.

*Alexander-Katz, erläuternde Anmerkungen zu d. Vorschriften d. Entwurfes eines bürgerl. G.B. Berlin, Vahlen. I u. S. 1—160. 2 M.

Bayern, d. Königr., sein Konkordat v. 5./VI. bis 24./X. 1887 u. seine Konstitution v. 26./V. 1818, unbefangene histor.-polit. Studien z. Verständnis u. z. Würdigung d. Papstbriefes Leos XIII. v. 22./XII. 1886 an d. bayr. Episkopat. Paderborn, Schöningh. 35 S. 60 Pf.

*Bindschedler, C., d. amortisierbaren Papiere (Wertpapiere) na
  d. Bundesgesetz über d. Obligationen-R. Zürich, Meyer & Zell
  1888. 144 S. 2 fr. 50 ct.
Buchenberger, A., Fischerei-R. u. Fischereipflege im Grossherzo
  Baden. Nach amtl. Quellen dargestellt. Tauberbischofshei
  Lang. XII u. 159 S. 2 M.
*Cless, A., d. Wesen d. Strafe. Horb, Christian. 21 S. 60 Pf.
*Daubenspeck, Referat, Votum u. Urteil. 3. Aufl. Berlin, Vahle
  VIII u. 238 S. 3 M. 50 Pf. (Vgl. C.Bl. III, 405; V, 141.)
Dissertationen:
  Otten, z. Lehre v. d. Konvaleszenz d. v. Nichteigentümer t
    stellten Pfand-R. 45 S. 1 M.
  Pfyffer v. Wyher, Korrealität u. Solidarität n. r. R. 79
    1 M. 60 Pf.
  Teichmüller, d. Bestechung nach d. R.Str.G.B. 64 S. 1
    60 Pf.
  Tofohr, über d. rückwirkende Kraft d. erfüllten Bedingur
    Göttingen, Vandenhoeck & Ruprecht. 1887. 59 S. 1
    20 Pf.
Freyer, C., d. deutsche Reichstag. Seine Geschichte, Organisatic
  R. u. Pflichten. 2. Aufl. Berlin, Hennig. VIII u. 221 S. 2
Gluth, O., d. Lehre von d. Selbstverwaltung im Lichte formal
  Begriffsbestimmung. Prag, Tempsky. 1887.
*Goldfeld, J., über d. hamburg. ehel. Güter-R. Nebst einem An
  enth. d. Wortlaut d. wichtigsten auf dasselbe bezügl. hambur
  Gesetze. Hamburg, Richter. V u. 119 S. 2 M. 40 Pf.
Hayen, W., oldenburg. Kirchen-R. Vorschriften u. Entscheidung
  f. d. evangel.-luther. Kirche d. Herzogt. Oldenburg. Oldenbur
  Schulze. VIII u. 448 S. 6 M.
Heckscher, M., Mängel d. Strafverfahrens u. Vorschläge z. Abhil
  (Vorbereitung d. Hauptverhandlung. Untersuchungshaft. Hau
  verhandlung. Oeffentlichkeit.) Berlin, Steinitz. 38 S. 1 M.
Helfert, v., z. Reform d. rechts- u. staatswissenschaftlichen Studi
  an d. österreich. Universitäten. (Aus „Oesterr. Monatsschr.
  christl. Sozialreform" etc.) Wien, Konegen. 68 S. 1 M.
Huber, E., System u. Geschichte d. schweizer. Privat-R. 2. E
  Basel, Detloff. 1888.
Janggen, A., d. Kompensation nach schweizer. Obligationen-
  2. Ausg. Bern, Haller. 144 S. 2 M. 40 Pf.
Jahresbericht d. rhein.-westfäl. Gefängnisgesellschaft 1886/87. Düss
  dorf, Voss. 141 S. 75 Pf.
Kobner, F., Lehrbuch d. deutschen Straf-R. München, Buchh
  u. Werner. VIII u. 184 S. 3 M. 60 Pf.
König, v., Handbuch d. deutschen Konsularwesens. Berlin, Deck
  12 M.
Kossow, H., Züchtigungs-R. d. Volksschullehrer in Mecklenbur
  Schwerin u. Mecklenburg-Strelitz. Güstrow, Opitz.
*Mayer, R., u. Müller, E., Handelsfreiheit u. R. im Buchhand
  2. Aufl. Berlin, Mayer & Müller. 42 S. 1888.
    Bekämpft energisch die den Grundsatz der Gewerbefreiheit verletzend
    Aenderungen des Börsenvereinsstatutes betr. den Kundenrabatt (vgl. ob
    S. 86 s. v. „Nation").
*Meyer, H., Anleitung z. Prozesspraxis nach d. Z.Pr.O. 2. Au
  Berlin, Vahlen. XII u. 415 S. 6 M.
Fälle u. Abhandlungen, gerichtlich-medizinische. Unter Mitwirkur
  v. Aerzten u. Juristen hrsg. v. H. Ortloff. 2. u. 3. Heft. Berl
  Siemenroth & Worms. 4 M.

Inhalt. **2. I. Siefert**, Versuch eines Mordes oder Selbstmordes? Erwürgen u. Erdrosseln. **II. Ortloff**, Verbrechensverübung im Traumwandeln. **64 S. 1 M. 60 Pf. 3. Ortloff**, strafbare Fahrlässigkeit bei Ausübung der Heilkunst.

Philippi, F., d. westfäl. Femgericht u. seine Stellung in d. deutschen Rechtsgeschichte. Stettin, Herrcke & Lebeling. 20 S. 60 Pf.

*__**Prischl**, F., Advokatur u. Anwaltschaft. Mit einem Anhange: Die Pflichten d. Advokaten nach Mollot. Berlin, Puttkamer & Mühlbrecht. 496 S. 6 M.

*__**Proberelationen**, über. Eine Mitteilung aus d. Justizprüfungskommission. Berlin, Vahlen. 59 S. 1 M.

Ritter, G. H., d. Rechtssubjektivität d. hamburg. Testaments u. d. Zuschreibung auf Testamentsnamen. Ein Votum. Hamburg, Meissner. 125 S. 2 M.

Rulf, F., d. österr. Strafprozess, unter Berücksicht. d. Rechtsprechung d. Kassationshofes systematisch dargestellt. 2. durchgeseh. Aufl. Wien u. Prag, Tempsky. Leipzig, Freytag. VIII u. 348 S. 5 M.

Salis, L. R. v., d. Publikation d. tridentinischen R. d. Eheschliessung. Basel, Detloff. 1888.

Schönfeld, d. Offenbarungseid u. d. Haft als Massregeln d. Zwangsvollstreckung, nach d. Z.Pr.O. dargestellt. Gnesen, Baensch u. Wnukowski. 64 S. 1 M.

*__**Staub**, H., patentrechtl. Erörterungen. Berlin, Heymann. 46 S. 60 Pf.

*__**Steffenhagen**, H., Handbuch d. städt. Verfassung u. Verwaltung in Preussen. Für d. prakt. Gebrauch bearb. 2. Bd. Die Verwaltung d. Städte. Berlin, Heine. IV u. 320 S. 3 M. 80 Pf.

*__**Stölzel**, A., Brandenburg-Preussens Rechtsverwaltung u. Rechtsverfassung, dargest. im Wirken seiner Landesfürsten u. obersten Justizbeamten. Berlin, Vahlen. 1. Bd. LII u. 448 S. 2. Bd. 774 S. 22 M.

Wagner, A. F., über deutsches u. österr. Wasser-R. Freiberg i. S., Craz & Gerlach. 44 S. 1 M.

*__**Weissler**, A., d. preuss. Notariat im Geltungsgebiete d. A. G.O. Berlin, Vahlen. X u. 588 S. u. 1 Tabelle. 10 M.

Winterstein, R., Begriff d. Kirche im kirchl. Vermögens-R. Wien, Deuticke. 42 S. 1 M.

Ziegner-Gnüchtel, H., d. Forstdiebstahl. Darstellungen aus d. in Deutschland geltenden R. (Aus „Zeitschr. f. d. ges. Strafrechtswissenschaften".) Berlin, Guttentag. IV u. 93 S. 2 M.

Geffcken, F. H., politische Federzeichnungen. 2. Aufl. Berlin, Allgemeiner Verein f. deutsche Litteratur. VII u. 375 S. 6 M.

Pape, R., vom alten zum neuen Reich. Die polit. Neugestaltung Deutschlands u. seine Einigung durch Preussen. Leipzig, Grunow. XII u. 248 S. 3 M.

*__**Stämmler**, R., prakt. Erwägungen über d. Grundzüge z. Alters- u. Invalidenversicherung der Arbeiter. Berlin, Heymann. 46 S. 60 Pf.

Stolp, Lösung d. Wohnungsfrage auf genossenschaftl. Wege. Berlin, Rosenbaum & Hart. IV u. 95 S. 1 M.

---

2. Ausgaben von Gesetzen, Entscheidungen etc.

Albrecht, A., d. Geschäftsvermittler in Grundstückskauf-, Hypotheken- u. Heiratsangelegenheiten etc. Hrsg. v. G. Freudenstein. Eisleben, Gräfenhan. II u. 68 S. 2 M.

Brackenhoft, Entwurf e. Dienstbotenordnung f. Hamburg. Hamburg, Richter. IV u. 76 S. 1 M. 20 Pf.

*Entwurf eines Gesetzes betr. d. Erwerbs- u. Wirtschaftsgenossenschaften nebst Begründung. Berlin, Vahlen. 3 M.

Fidler, F., d. Amtsrichter in Preussen. 1. Bd. 1. u. 2. Lfg. Düsseldorf, Schwann. XXIII u. 48 S.

*Greiff, M., Sachregister zu d. Entwurfe eines bürgerl. G.B. Berlin, Vahlen. IV u. 182 S. 2 M.

*Handbuch f. d. Deutsche Reich auf d. J. 1888. Bearb. im Reichsamte d. Innern. Berlin, Heymann. XXXII u. 433 S. 5 M.

Enthält wie gewöhnlich Verfassung u. Personalien der Reichsbehörden. Hauptsächlichste Veränderungen: Auswärtiges Amt: die politische Abteilung zählt jetzt nur 5 vortragende Räte. Die Zahl der kaiserl. Missionen ist 29 geblieben, die Zahl der Botschaften 6. Die Ministerresidenturen in Chile und Mexiko sind in Gesandtschaften umgewandelt worden, so dass jetzt 18 Gesandtschaften (gegen 16 im Vorjahre) u. 5 Ministerresidenturen (gegen 7) vorhanden sind. Die Zahl der Konsularämter beträgt jetzt 664 (gegen 655), darunter 89 Berufskonsulate (gegen 70) und zwar 22 Generalkonsulate (gegen 17), 54 Konsulate (gegen 47) und 6 Vizekonsulate. Eine neue Rubrik enthält das Handbuch unter dem Titel: „Wirkliche Geheime Räte" (20 Namen). Beim Reichsamt des Innern erscheint neu im Abschnitt „Reichsgesundheitsamt" die „Ständige Kommission für Bearbeitung der Pharmakopöe". Die „Physikalisch-technische Reichsanstalt" erscheint neu als Ressort des Reichsamts des Innern.

*Mühlbrecht, O., Uebersicht d. ges. staats- u. rechtswissenschaftl. Litteratur 1887. Berlin, Puttkamer. XXIX u. 236 S. 6 M.

Paul, R., über d. Kapitalanlage in Wertpapieren u. d. neueste Gesetzgebung über d. Aktienwesen. Leipzig, Weigel. 1 M. 60 Pf.

Prozesse, Entscheidungen:
Verhandlungen d. pfälz. Schwurgerichts in Zweibrücken. Freisprechung v. A. Gotthold (Beschimpfung d. jüd. Religion). 21.—25. Tausend. Kaiserslautern, Gotthold. 30 S. 50 Pf.

Ehescheidungsprozess Crawford - Dilke. Oeffentlich verhandelt im Justizpalast zu London. Autoris. deutsche Ausg. 2. Aufl. Amsterdam, Hennings & Keidel. 70 S. 75 Pf.

Keh, K., Rechtsfälle aus d. Geltungsgebiete d. französ. R. 2. Bd. Heidelberg, Emmerling & Sohn. III u. 654 S. 9 M.

Mugdan, L., u. Freund, R., Entscheidungen u. Verfügungen d. Gewerbedeputation d. Magistrats zu Berlin z. Reichsgesetz betr. d. Krankenversicherung d. Arbeiter v. 15./VI. 1883. 2. Heft. Berlin, Guttentag. III u. 66 S. 1 M. 25 Pf.

*Sternau, d. Reichstagsverhandlungen. 1. Bd. 1. Heft. Erlangen, Deichert. 1 M. (Handliche Ausgabe.)

Sternau, Max, d. bayer. Landtagsverhandlungen. 1. Bd. 1. Session 1887/88. 1. Heft. Erlangen, Deichert. IV u. 92 S. 80 Pf.

Statistik d. z. Ressort d. kgl. preuss. Ministeriums d. Innern gehörenden Straf- u. Gefangenanstalten pro 1./IV. 1886/87. Berlin, v. Decker. IV u. 256 S. 15 M.

Statistik, österr. Hrsg. v. d. statist. Centralkommission. 15. Bd.
2. Heft. Wien, Gerold. 1887. 2 M. 80 Pf.
Inhalt. Die Ergebnisse des Konkursverfahrens in den im Reichsrate
vertretenen Königreichen u. Ländern im J. 1884. VII u. 79 S.

Grotefend, Gesetzgebungsmaterial. Düsseldorf, Schwann. 1887.
512 S. 10 M. Entscheidungen dazu. 158 S. 2 M. 50 Pf.

R.Str.G.B. Bamberg, Buchner. VI u. 508 S. 3 M. 80 Pf.

Desgl. (1880). Berlin, Mecklenburg. 50 Pf.

Strafprozessordnung v. Löwe. 5. Aufl. Berlin, Guttentag. XXIV
u. 911 S. 18 M.

Gebührenordnung f. Gerichtsvollzieher. Leipzig, Reinboth. 44 S.
1 M.

Reichsmilitärgesetze (in neuer Fassung v. 11./II. 1888). Nördlingen,
Beck. VIII u. 94 S. 80 Pf. Düsseldorf, Bagel. 80 S. 50 Pf.
Berlin, Heymann. 54 S. u. 58 S. Formulare. 1 M. Wie haben
sich Ersatzreservisten etc. zu verhalten. Altenburg, Bonde. 21 S.
20 Pf. Langensalza, Wendt & Klauwel. 15 S. 15 Pf.

Militärtransportordnung im Frieden. Berlin, Heymann. 26 S. 80 Pf.

Gewerbeordnung (Kayser). 2. Aufl. Berlin, Müller.

Branntweinsteuergesetzgebung. Handbuch v. Boll u. Zippel. Leipzig,
Weigel. 3 M. 50 Pf. v. Keilwagen. Berlin, Puttkamer. 5 M.
60 Pf. v. Guttmann. Breslau, Kern. XXXI u. 214 S. 4 M.
Ausführungsbestimmungen. Berlin, Heymann. 1 M. 40 Pf.

Unfallversicherung, Handbuch der. Sammlung d. Verordnungen,
Entscheidungen etc. (Stupp). 2. Jahrg. München, Franz. VIII
u. 181 S. 3 M. 20 Pf.

Gesetz v. 11./VII. 1887 (Haagen). Stuttgart, Rieger. 40 S. 1 M.
80 Pf.

Desgl. (Magdan). Berlin, Guttentag. 1 M. 25 Pf.

Elsass-Lothringen. Sammlung v. Gesetzen etc. 12. Bd. Strassburg, Schultz. XXII u. 444 S. 10 M.

Preussen. Schiedmannsordnung (Siegfried). Berlin, Mecklenburg.
1879. 42 S. 50 Pf.

*Vormundschaftsordnung (Kurlbaum). 28. Aufl. Berlin, Vahlen.
50 Pf.

*Herrfurth, L., u. Nöll, F., Kommunalabgabengesetz. Das Gesetz
betr. Ergänzung u. Abänderung einiger Bestimmungen über Erhebung der auf d. Einkommen gelegten direkten Kommunal-
abgaben v. 27./VII. 1885, nebst d. Gesetze, betr. Ueberweisung
von Beträgen, welche aus landwirtschaftl. Zöllen eingehen, an
d. Kommunalverbände, v. 14./V. 1885, erläutert. 2. Aufl. Berlin,
Heymann. VIII u. 235 S. 5 M.
Die 2. Auflage berücksichtigt die neueren Entscheidungen des R.G. u.
O.V.G. u. gibt den Gesetzestext übersichtlicher wieder. Die 1. (1885 erschienene) Auflage ist Bd. VI S. 33 besprochen.

Statut f. d. hannover. landwirtschaftl. Berufsgenossenschaft. Hannover, Meyer. 15 S. 25 Pf.

Städteordnung f. Westfalen. Elberfeld, Bädeker. 47 S. 60 Pf.

Baupolizeiordnung f. Schleswig-Holstein. Garding, Löhr. 1 M.

Jagdgesetze (Kollmann). Düsseldorf, Bagel. VII u. 141 S. 1 M.
80 Pf.

Polizeiverordnung betr. Schiffahrt etc. auf d. Rhein u. Main. Wiesbaden, Bechtold. 60 Pf.

Sachsen. Justizgesetze. 13. Bd. Leipzig, Rossberg. 1887. IV u.
106 S. 1 M. 50 Pf.

Bürgerl. G.B. f. Sachsen (Hoffmann). 1. Bd. 1. Lfg. Ebd. 1 M.
80 Pf. (10 Lfgn.)

Bayern. Subhastationsordnung (Ortenau). 2. Aufl. v. Fischer u.
Henle. Nördlingen, Beck. XI u. 585 S. vollst. 10 M. 80 Pf.

Anhalt. Steuergesetze. 2. Aufl. Köthen, Schettler. VI u. 95 S.
90 Pf.

Hessen. Ges. v. 1884 über Erbschafts- u. Schenkungssteuer (Pfaff).
Mainz, Diemer. X u. 242 S. 3 M.

Oesterreich. Bürgerl. G.B. (Stubenrauch). 2. Bd. 5. Aufl. (von
Schuster u. Schreiber). Wien, Manz. VIII u. 954 S. 12 M.

Gesetz v. 10./VI. 1887 betr. Exekution (Steinbach). 3. Aufl. Ebd.
VIII u. 120 S. 1 M. 20 Pf.

Militärversorgung d. Unteroffiziere etc. Ebd. 32 S. 50 Pf.

Oesterr. Ges. Heft 89 (Postsparkassen betr.). Staatsdruckerei. V u.
65 S. 40 Pf.

Ungarn. Gesetzartikel 45 u. 47. Budapest, Rath. à 80 Pf.

Kärnthen. Verordnung betr. Hintanhaltung ansteckender Krankheiten. 1887 Nr. 9752. 30 Pf. 1888 Nr. 405. 6 Pf. Klagenfurt, Kleinmayr.

Schweiz. Markenstraf-R. (Meili). Bern, Jenni. 74 S. 60 Pf.

Fabrikgesetz v. 23./III. 1877. 2. Aufl. Bern, Schmidt. 169 S. 1 M.
25 Pf.

8. Wichtige ausländische Werke.

Alphabetical Reference Index to Recent and Important Maritime
Law Decisions. By R. Douglas. Stevens and Son. 7 sh. 6 p.

Articles, the, of the International Copyright Union. 48 S. Longmans. 1 sh. 6 p.

Blunt, J. H., Book of Church Law. Revis. by Phillimore. 5th ed.
536 S. Rivingtons. 7 sh. 6 p.

Chisholm, J. C., Manual of the Coal Mines Regulation Act. Stevens and Sons. 7 sh. 6 p.

Cordery, A., the Law Relating to Solicitors of the Supreme Court
of Judicature. 2nd ed. Stevens and Sons. 16 sh.

Cockburn, an Examination of the Trials for Sedition in Scotland.
2 vols. 650 S. Edinburgh, Douglas. 28 sh.

Dart, J. H., Treatise on the Law and Practice Relating to Vendors
and Purchasers of Real Estate. 6th ed. By Barber, Haldane
and Sheldon. 2 vols. Stevens and Sons. 75 sh.

Firth, J. F. B., Reform of London Government and of City Guilds.
(Imperial Parliament.) 170 S. Sonnenschein. 1 sh.

Gibson, J., the Preliminary Law Examination Course. 106 S. Cor-
nish. 3 sh.

Ham, G. D., Merchandise Marks Act, 1887. Wilson. 1 sh.

Lawrance, G. W., Precedents of Deeds of Arrangement between
Debtors and Creditors. 3rd ed. Stevens and Sons. 7 sh. 6 p.

Lowndes, R., Law of General Average. 4th ed. Stevens and Sons.
30 sh.

Macnamara, W. H., Steer's Parish Law. 5th ed. Stevens and Sons.
18 sh.

Macswinney, R. F., and Bristowe, L. S., the Coal Mines Regulation Act, 1887. 164 S. Knight. 3 sh. 6 p.

Serjeant, L., the Government Year-Book: A Record of the Forms and Methods of Government in Great Britain, Her Colonies and Foreign Countries, 1888. 626 S. Fisher Unwin. 6 sh.

Payn, H., the Merchandise Marks Act, 1887. Stevens and Sons. 3 sh. 6 p.

Testamenta Eboracensia: A Selection of Wills from the Registry at York. Vol. 5. XIII u. 358 S. Whittaker and Co. 18 sh.

In Vorbereitung:

Chittys, Index to all reported cases. Vol. 6. Edwards, law of execution. Hamiltons, law of covenants. Macnamaras, dig. of the l. of carriers of goods. Palmers, company precedents. Phillimore, ecclesiastical law of the Church of England. Stirley, selection of leading cases in criminal law. Smith, compendium.

Französ. Dissertationen (thèses):

Bonin, C. E., l'alleu en Bourgogne.

Bourgeois, A., étude sur l'organisation du domaine des évêques de Metz.

Ducom, A., étude sur l'histoire et l'organisation de commune d'Agen jusqu'au traité de Brétigny.

Ebel, A., essai sur l'origine, l'organisation et les attributions administratives de la Chambre des Monnaies.

Fierny, P., la prévôté de Montreuil. Essai sur l'organisation administrative et judiciaire au XIV siècle (sämtlich an der Ecole des Chartes).

Gasquy, P., Cicéron jurisconsulte, avec une table des principaux passages relatifs au droit contenu dans les oeuvres de Cicéron. 304 S. (Diss. Aix.) Paris, Thorin.

Langlois, Ch. V., de monumentis ad priorem curiae legis judiciariae historiam pertinentibus. (Diss. Paris.) 105 S. Paris, Hachette.

Lemonnier, J. H., étude historique sur la condition privée des affranchis aux trois premiers siècles de l'Empire romain. (Diss. Paris.) 323 S. Paris, Hachette.

Beccuti, il diritto di visita (Preisschrift). 23 S. Alessandria, Gazotti.

Borciani, dei reati di rebellione e violenza publica. 190 S. Turin, Unione.

Crisafulli Lomonac, i figli naturali. VIII u. 240 S. Palermo, Barravecchia.

Innamorati, F., i nuovi orizzonti del diritto penale e l'antica scuola italiana.

Sebregondi-Ceriani, i matrimoni dei consanguinei in relazione all' igiene ed al codice civile. 118 S. Firenze, Pellas.

Veralli, le istituzioni del dir. rom. 400 S. Napoli, stabil. dei classici.

Friedländer, E., u. Malagola, C., acta nationis Germanicae universitatis Bononiensis ex archetypis tabularii Malavezziani. Berolini, Reimer. 1887. XXXIX u. 504 S.

Russische Werke.

(Mitgeteilt von Hrn. Prof. Engelmann in Dorpat.)

Annenkow, Versuch eines Kommentars zur Z.Pr.O. Bd. VI. Friedens-
richterordnung. Vergleich. Schiedsgericht. St. Ptbg. 1887. 310 S.
Opgt kommentarija k ustawy grashdanskawo ssudoproiswodstwa. Bd. VI.
Mirowoi ustaw. Mirowaja sdelka. Treeteiski ssud.
— Versuch eines Kommentars zur Z.Pr.O. Bd. I—III. 2. Aufl.
St. Ptbg. 1887.

Bagalei, die Geschichte der Kolonisation u. die Zustände im Steppen-
grenzlande des moskauischen Staates. I. Moskau 1887. 614 S.
Oczerki is istorii koloniaazii i byta stepnoi okrainy moskowskawo gossudarstwa. I. Istorija koloniazii.

Bobrowski, Peter d. Gr. als Militärgesetzgeber. St. Ptbg. 1887.
66 S.
Petr Weliki kak wojenny sakonodatel.

Czirichin, d. Benachrichtigung über den Protest mangels Zahlung.
Kasan 1887.
Iswescczenije o proteste w neplateshe.

Die natürl. Grenzen der Völker u. Staaten. Politisch-ökonomische
Untersuchung zur Frage über Krieg u. Frieden. St. Ptbg. 1887.
O jestestwennych predelach narodow i gossudarstw. Politiko ekonomic-
zeskoje issledowanie po woprocesse o woine i mire.

Eichelmann, Chrestomatie des russ. internationalen R. Tl. I. Kiew
1887.
Christomatija ruskawo meshdunarodnawo prawa.

Georgiewski, die finanziellen Verhältnisse des Staates u. der Eisen-
bahng·sellschaften in Russland u. den westeuropäischen Staaten.
St. Ptbg. 1887.
Finassowyja otnoszenija gossudarstwa i czastnych shelesnodoroshnych
obszczestw w Rossii i sapadnojewropeiskich gossudarstwach.

Landschaftsjahrbuch für 1884. Herausgeg. von der Freien ökonom.
Sozietät u. red. von L. Chodsko. St. Ptbg. 1887. (Erscheint
unregelmässig, bisher 1876—1880 u. enthält Mitteilungen aller
Art über die Landschaftsinstitutionen, die Organe der Selbstver-
waltung in Russland u. ihre Thätigkeit.
Semski Jeshegodnik.

Jarozki, die ökonom. Verantwortlichkeit der Unternehmer. 1. Allgemeiner Teil. Die Verantwortlichkeit der Unternehmer als
Grundlage einer gesetzgeberischen Regulierung der Arbeitgeber
u. Arbeiter. St. Ptbg. 1887.
Ekonomiczeskaja otwetstwonnost predprinimadelei. I. Czast obszczaja.
Otwetstwennost predprinimatelei kak osnowanije sakonodatelnawo reguliro-
wanija otnoszeni chusájew i raboczioh.

Kaszkarew, die Sache des Adels. St. Ptbg. 1888.
Dworánskoje delo.

Komarowski, L., Uebersicht der zeitgenöss. Litteratur des internationalen R. Moskau 1887. XLV u. 354 S.
Obsor sowromennoi literatury po meshdunarodnomu prawu.

Konstantinowski, die russ. Gesetzgebung über Geisteskranke.
St. Ptbg. 1887.
Ruskoje sakonodatelstwo ob umaliszennych.

Korkunow, Vorlesungen über die allgemeine Theorie des R. T. I.
St. Ptbg. 1887.
Lekzii po obszcei teorii prawa.

Kostomarow, d. alten Landestage. St. Ptbg. 1887.
Starinnyje semskije ssobory.

Krasnoperow, Perm seit der Aufhebung der Leibeigenschaft. Perm 1887.
Dwatzatipätiletije Permskawo kraja sso wremeni otmeny krepostnawo prawa.

Laszkow, die Landgemeinde im krimschen Chanat. Simferopol 1887.
Selskaja obszczrina w krimskom chanstwe.

Lomnowski, Anleitung für Friedensrichter im Zartum Polen. Friedensrichterstrafgesetz. Warschau 1887.
Rukowodstwo dla mirowoi justizii zarstwa polskawo. Ustav o naka-sanljach nelagajemych mirowymi ssudjami.

Ljublinski, die Wechselordnung in vergl. Darstellung. St. Ptbg. 1887.
Srawnitelny ustaw o wekselåch.

Matwejewski, Register zu den ersten 9 Bdn. des (russ.) R.G.B. St. Ptbg. 1887.
Alfawitny ukasatel k perwym 9 tomam Swoda Sakonow Ross. Imp.

— Uebersicht d. Inhalts, der Ausgaben u. Fortsetzungen des R.G.B. des russ. Reichs. St. Ptbg. 1887.
Obsor ssodershanija, isdani, prodolsheni Swoda Sakonow Ross. Imp.

Molczanowski, das Zunftsystem in Preussen im 18. Jahrh. u. die Reform der Zünfte z. Z. Steins u. Nordenbergs. Kiew 1887.
Zechowaja sistema w Prussii XVIII w. i reforma zechow pri Szteine i Hardenberge.

Nefedjew, die Perhorreszierung der Richter im Zivilprozesse. 2. Aufl. 1. Lfg. Kasan 1887. 170 S.
Ustranenije ssudei w grashdanskom prozesse.

Nikitin, die Juden als Ackerbauer. Die Lage der (Ackerbau-) Kolonien, nach Geschichte, Gesetzgebung, Verwaltung u. Gewohnheiten von der Entstehung bis zu unseren Tagen 1807—1887. St. Ptbg. 1887.
Jewrei semledelzy. Istoriczeskoje, sakonodatelnoje, administratiwnoje i bytowoje poloshenije koloni so wremeni jich wosniknowenija do naszich dnei.

Nisselowicz, beratende Kollegien für Handels- u. Gewerbeangelegenheiten in Russland. St. Ptbg. 1887.
Torgowo promyszlennyja ssoweszczatelenyja uczreshdenija w Rossii.

Ssergejewski, N., die Strafe im russ. R. des 17. Jahrh. St. Ptbg. 1887. XII u. 300 S.
Nakasanije w russkom prawe XVII weka.

Uebersetzungen.

Mechelin, L., precis du droit public du Grand-Duché de Finlande.
Ordin, Mechelin Konstituzija Finländii.

Wolski, K., les juifs en Russie. St. Ptbg. 1887. 163 S.

Gesetze und Verordnungen etc.

Czerniczki, prakt. Anleitung zur Anwendung des Statuts über die Stempelsteuer.
Prakticzeskoje rukowodstwo po primeneniju ustawa o gerbowom sbore.

Die Bauerverordnung ergänzt durch spätere Gesetze u. Verordnungen bis zum 1./I. 1887 u. Erläuterungen aus Entscheidungen des Senats u. Zirkulären des Minist. des Inneren. Zusammengest. von J. Danilow. St. Ptbg. 1887.
Poloshenije o sselskom ssostojanii dopolnenn. u. s. w.

Die Privatgesetze (Bd. X T. 1) des R.G.B. mit Abänderungen u. Ergänzungen bis zum 1./IX. 1887. Charkow 1887.
Sakony grashdanskije swoda sakonow.

Handbuch der Pflichten der Bauergemeindeverwaltungen u. Gerichte. St. Ptbg. 1887.
Rukowodstwo ob obäsannostäch wolostnych prawleni i ssudow.

Sammlung der Regierungsverordnungen für die Kosakenheere. Bd.
Tl. 2 vom 1./VII. 1886 bis 1./I. 1887. St. Ptbg. 1887.
Sbornik prawitelstwennych rasporäshenl pokassoxjim wolakam.

4. Statistische Notiz.

Im Jahre 1887 erschienen 1369 deutsche, 629 französ., 549 engl., 375 italie
181 niederländ., 171 skandinav., 71 span. Werke aus dem Gebiete der Rechts- u
Staatswissenschaft. Die Gesamtzahl der Erscheinungen des deutschen Buchhand
betrug 1887 : 15 972 (1886 : 16 253).

Die Gesamtzahl der (nahezu vollständig von uns aufgeführten) rechts- u
staatswissenschaftlichen Erscheinungen seit Bestehen des Centralblatts (1l
bis 1887) beträgt in rauden Zahlen: 27 200 (exkl. slav. Litteratur), und zwar 12 !
deutsche, 5700 französ., 3900 engl., 2600 italien., 1300 niederländ., 1050 skandins
450 span.

Centralblatt

für

RECHTSWISSENSCHAFT

herausgegeben von

Dr. v. Kirchenheim,

Professor in Heidelberg.

| VII. Bd. | Juli 1888. | Nr. 10. |

Monatlich ein Heft von 2½ Bogen. — Preis des Jahrgangs 12 Mark. — Zu beziehen
durch alle Buchhandlungen und Postanstalten.

A. Besprechungen.

I. Allgemeines.

Deutsches Wörterbuch v. J. Grimm u. W. Grimm.
VIII. Bd. 2. u. 3. Lfg. Sp. 364—406 bezw. 442. Artikel
„Recht" von Moritz Heyne. Leipzig, Hirzel. 1886 u.
1887. 4 M.

Der Verf. geht davon aus, dass nhd. R. Substantivierung
zu dem Adj. R. ist, das seinerseits als Partizip gleich lat. rectus zu
einem innerhalb des German. ausgestorbenen Verbalstamme (lat.
regere) gehört. Ein Neutr. das R. kennen die westgerm. Sprachen, während dem Got. das Wort fehlt und das Nord. dafür ein
maskulines Wort aufweist. Innerhalb der im Deutschen auftretenden Bedeutungen unterscheidet der Verf. ausser dem juristischen
Begriff zwei Entwickelungen, R. als subjektiver und als objektiver
Begriff. I. R. in subjektivem Sinne ist 1. Stellung innerhalb der
gesellschaftlichen Ordnung, 2. der daraus resultierenden Dienst-
pflichten oder Leistungen, 3. die mit irgend einer gesellschaftlichen Stellung verbundene Habe, Einkommen oder Einnahmen
oder 4. Befugnisse und Berechtigungen. Die Bedeutungen 1—3
werden durch Belege der älteren Litteratur dokumentiert, 4. durch
modernere Belege erklärt. II. R. in objektivem Sinne ist 1. sittliche Norm, 2. das den logischen Funktionen Gemässe, 3. das
Ordnungsmässige, die Ordnung — Bedeutungen, von welchen 1. und
2. in dem ahd. und mhd. Belegmaterial fehlt. III. R. im juristischen Sinne der Rechtsnorm hat sich seit den ältesten Zeiten

auf Grund der vorigen Bedeutung II entwickelt. 1. Als gesetzliche Norm, welche die Stellung des Menschen zum Staat nach
Massgabe ihrer Verbindlichkeiten regelt (göttliches, menschliches,
natürliches, geschriebenes R. u. s. w.); 2. von der Anwendung
der gesetzlichen Norm auf den Einzelfall (gerechte Sache, Feststellung eines Rechtsanspruches, richterliche Entscheidung überhaupt, gerechte Entscheidung zu Gunsten einer Partei); die
Belege sind meist nhd.; 3. Rechtsverfahren, Rechtsstreit, wofür
die Belege der älteren Zeit bei weitem überwiegen.

Prof. Kluge (Jena).

II. Rechtsgeschichte.

Wlassak, M., Römische Prozessgesetze. Ein Beitrag zur
Geschichte des Formularverfahrens. 1. Abt., Leipzig,
Duncker u. Humblot. 1888. 276 S. 6 M.

Der Plan der ganzen Schrift geht dahin, die Hauptgrundsätze des Aebutisch-Julischen Prozess-R. darzustellen. Die vorliegende 1. Abt. beschränkt sich auf die Ableitung dieser Grundsätze aus den schon bisher in der Litteratur zu diesem Zweck
verwendeten Quellen. Der Verf. glaubt aber, von diesen beiden
wichtigsten Zivilprozessordnungen der Römer etwas deutlichere
Vorstellungen, als es auf Grund dieses Materials möglich ist,
gewinnen zu können durch Hereinziehen aller derjenigen Nachrichten, die sich auf das iudicium legitimum beziehen, indem er
davon ausgeht, dass die Frage nach dem neuen Prozess-R. der
Lex Aebutia-Julia und die nach dem Wesen des iudicium legitimum nicht der Sache, sondern nur dem Namen nach verschiedene Fragen seien. Der Nachweis dieser Behauptung ist der
Zielpunkt dieser 1. Abt., der 2. Abt. wird die Aufgabe zugewiesen,
die auf das iudicium legitimum bezüglichen Nachrichten als geeignet zur genaueren Bestimmung des Aebutisch-Julischen Prozesses darzulegen. — Erst, wenn man sich diese am Schluss
stehende Erklärung vergegenwärtigt, begreift man, in welchem
Zusammenhang das 1. Kapitel mit den beiden anderen steht.

Nach einer kurzen Einleitung, deren Ergebnis in der schon
früher vom Verf. aufgestellten Behauptung gipfelt, dass nach
röm. Anschauung der Prätor hinter der lex verschwinde und
keineswegs die ganze Jurisdiktion desselben auf freie, durch Ge-

setze nicht gebundene Amtsgewalt sich gründe, wird die oben bezeichnete Aufgabe in 3 Kapiteln zu lösen versucht.

Kap. I. Das iudicium legitimum (S. 18—57). In Bezug auf die Frage über Ursprung und Bedeutung des iudicium legitimum im Gegensatz zu den iudicia imperio continentia bietet die Litteratur ein Bild der Zerfahrenheit. Nach dem Verf. ist iudicium legitimum gesetzlicher Prozess vor dem gesetzlichen Richter, entsprechend der legis actio als modus agendi, legitimum darum genannt, weil es geregelt ist durch eine lex, einerlei, welchen Inhalts; aber niemals bezeichnet es den Legisaktionenprozess, sondern immer nur den nach Vorschrift eines Volksgesetzes vom Magistrat durch Schriftformel instruierten Prozess: nur im aussergesetzlichen Prozess spielt das imperium eine Rolle, während beim iudicium legitimum das Gesetz selbst und nur durch den Mund des Magistrats anordne, dessen Individualwille für nichts zu achten ist gegenüber dem Volkswillen in der lex. Unter der lex, um die es sich hier handelt, sind nicht gewisse Bestimmungen staatsrechtlicher Natur zu verstehen, sondern eine Gerichtsordnung, und zwar die Lex Aebutia und die Leges Juliae.

Kap. II. Das Prozess-R. der Lex Aebutia (S. 58—166). Bekämpft wird die Ansicht, dass die Lex Aebutia die alten zivilrechtlichen Ansprüche lediglich der thatsächlichen Wirksamkeit beraubt und Raum für einen Prozess des ius honorarium gewährt habe und erst durch die Leges Juliae die prätorische Einrichtung zum gesetzlichen Ordinarprozess des Kaiserreichs erklärt sei. Die Lex Aebutia, älter als Cicero, etwa vom Ende des 6. oder Anfang des 7. Jahrhunderts, ist das bahnbrechende Gesetz und bestimmt, den Prozess im Gericht des praetor urbanus zu regeln; es hat nicht bloss destruieren wollen, die verba concepta sind durch die Lex Aebutia gesetzlich eingeführt, wenn auch Huschke recht hat, dass dieselben schon vorher im Gericht des pr. peregr. bekannt waren; sie ist die Quelle der ältesten iudicia legitima. Schon zu Ciceros Zeit kommt der reine Formularprozess zwischen Bürgern vor; unbegründet ist Bekkers Ansicht von einem Legisaktionenprozess mit Formeln, beide Prozessformen sind unvereinbar: bei Cicero ist actio die gesetzliche Spruchformel, die bis zur Lex Aebutia allein actio heisst, iudicium hingegen die Schriftformel, indem der Prätor, zunächst der pr. peregr., durch Ausfertigung einer Urkunde, die dann selbst iudicium genannt wurde, ohne voraufgegangene actio ein iudicium ernannte und instruierte. Die Lex Aebutia hat alle Zivilklagen und alle modi lege agendi aufgehoben, insofern als die Spruch-

formeln und sonstigen Solennitäten nicht mehr obligat waren,
während die Leges Juliae die Umwandlung des Prozess-R. zum
Abschluss bringen, indem sie mit zwei Ausnahmen die Legisaktionen auch als fakultative Prozessform beseitigen und den
schriftlichen verba concepta die Alleinherrschaft sichern. Schon
vor den Leges Juliae haben in Centumviralsachen die Parteien
die Wahl zwischen legis actio und Schriftformel, die letztere
bringt die Sache notwendig vor den unus iudex: die Annahme
der ausschliessenden Kompetenz der Centumvirn in irgend welcher Streitsache ist unbegründet, ebenso wie die Voraussetzung
der Zusammengehörigkeit des Legisaktionenprozesses und der Ju-
dikation eines der Gerichtshöfe ein grundloses, nur aus der irrigen
Ansicht von dem höheren Alter der ständigen Gerichte zu er-
klärendes Vorurteil ist. Die Entwickelung im Verfahren zwischen
Bürgern ist die gewesen: ursprünglich Alleinherrschaft der legis
actio und des unus iudex ohne Unterschied der modi agendi, im
Lauf des 6. Jahrh. Begründung des Centumviralgerichts, von vornherein überall nur mit konkurrierender Gerichtsbarkeit; durch
Lex Aebutia in Centumviralsachen die Notwendigkeit der legis
actio beseitigt, sofern die Parteien die Entscheidung eines iudex
anrufen wollen, aber auch da, wo überhaupt nur das Gericht
des unus iudex in Frage stand, war der Aebutische Prozess
fakultativ, so dass bei sämtlichen Zivilklagen und bei fort-
dauernder Anwendbarkeit aller modi lege agendi die Konkurrenz
der beiden Prozessformen bestand. Die Fortdauer der legis
actio war gesichert auf dem Gebiet der Centumviral- und Dezem-
viralsachen, indem es feststehender Grundsatz war, dass an diese
Gerichtshöfe der Prozess mittels Schriftformel nicht gelangen
konnte: für diese Sachen war es in der Praxis thatsächliche
Regel, dass, wo ein Gerichtshof das Urteil zu fällen hat, mit
legis actio sacramento, wo ein Einzelrichter, mit formula geklagt wurde.

Kap. III., Die Julischen Gesetze und der Prozess nach der
stadtröm. Gerichtsordnung des Augustus (S. 167—276), handelt
zunächst von dem Urheber und der Zeit der Leges Juliae. Dass
die eine von ihnen die lex iudiciorum privatorum von Augustus
ist, wird allgemein angenommen. Die andere ist nicht, wie vielfach behauptet wird, die lex iudiciorum publicorum, sondern
sie ist erlassen für die auswärtigen röm. Bürgergemeinden, bei
denen bis in die Augusteische Zeit das lege agere nach haupt-
städtischem Muster im Gebrauch war; auch für sie mussten die
Spruchformeln beseitigt werden durch besonderes Gesetz, da eine

einheitliche Regelung des Gerichtswesens in sämtlichen Bürgergemeinden schon wegen Abweichung der Gerichtsverfassungsnormen nicht möglich war. Die beiden Leges Juliae sind also die stadtröm. und die munizipale Z.Pr.O. des Augustus. — Auf den Inhalt dieser Gesetze, die beide die legis actiones auch als fakultative Prozessformen aufheben und das Wahl-R. der Lex Aebutia beseitigen, so dass die verba concepta, mit den bekannten zwei Ausnahmen, die obligate Prozessform sind, geht der Verf. nicht näher ein. Nur von dem stadtröm. Gesetz hebt er zwei Normen hervor: einmal (S. 202—205) die Bestimmung in betreff der prorogatio fori, wonach es den Bürgern in Rom frei stand zwischen dem Gericht des pr. urb. und peregr. im Einverständnis zu wählen (daraus erklärt sich Gai. IV. 31.: lege agere sacr. apud praet. urb. vel peregr.), sodann die Vorschrift über das Verfahren, speziell die Frage nach der Kompetenz der Centumviri unter den Kaisern, genauer, ob der aus den Schriften Ciceros ermittelte Kreis der Centumviralsachen durch das Gesetz eine Aenderung erfahren hat (S. 206—238), und weshalb das Gesetz die legis actio wie in Centumviralsachen, so auch beim damnum infectum vorbehalten hat (S. 238 ff.). Die erstere Frage wird verneint: die Kompetenz umfasst nach wie vor die Vindikation der Gewalt-R. des Eigentums, der Servituten und der Erbschaft, wenn auch das Gericht gewöhnlich nur mit der Entscheidung erbschaftlicher Prozesse beschäftigt ist, aber in allen Sachen haben die Centumvirn auch jetzt noch nur konkurrierende Gerichtsbarkeit. Was die zweite Frage betrifft, so sieht der Verf. den Grund darin, dass die l. a. damni infecti zu denjenigen Spruchformeln gehöre, deren Umwandlung in verba concepta deshalb nicht zum Ziel geführt hätte, weil letztere nicht geeignet gewesen seien, die Funktion der ersteren in vollem Umfang zu übernehmen; die l. a. damni infecti habe zu keinem der 5 modi lege agendi gehört, sondern sei in zwei Teile zerfallen: einen aussergerichtlichen Privatakt, bestehend in einer feierlichen Ankündigung des Bedrohten an den Eigentümer, um diesen zur Abwendung der Gefahr erst zu verpflichten (also eine operis veteris nuntiatio!), und eine Prozedur in iure, in welcher die durch jenen Privatakt begründete actio geltend gemacht wurde. Inwiefern diesem zivilen Rechtsmittel gegenüber das prätorische commodius et plenius war, sagt der Verf. nicht.

Burckhard.

Conrat, M. (Cohn). Der Pandekten- und Institutionenauszug der britischen Dekretaliensammlung,
Quelle des Ivo. Berlin, Weidmann. 1887. 21 S.

Der in der Hauptsache nur Stellen aus dem Digestum
vetus und nur eine Stelle aus dem Infortiatum und Novum
enthaltende Pandektenauszug ist ausschliessliche Pandekten-
rechtsquelle für Ivos Dekret und andere französische Kanonen-
sammlungen gewesen. Der Beweis dafür ergibt sich aus der
Thatsache, dass in letzteren keine Stelle sich findet, die nicht in
dem Auszug stünde, und dass speziell die eine Stelle aus dem
Novum gleichmässig in dem Auszug und in Ivos Dekret enthalten ist. Dass letzteres nicht die Quelle des ersteren gewesen
sein kann, erhellt daraus, dass im Auszug zusammenhängend
nach der Legalordnung exzerpiert ist, während im Dekrete die
Texte über das ganze Werk zerstreut sind. Der Auszug ist vor
1115, wahrscheinlich in Italien, verfasst. Hält man denselben
mit dem im Ashburnhamer Rechtsbuch vorhandenen Auszug aus
dem Novum zusammen, so scheint sich zu ergeben, dass man
sich zur Zeit der ersten Beschäftigung mit Pandekten-R. zunächst durch Auszüge aus dem Stoff, welchen man im ganzen
nicht bewältigen konnte, zu helfen suchte.

Dass auch der Institutionenauszug von Ivo benutzt
wurde, scheint dem Verf. wahrscheinlich, obgleich sich im Dekrete
Texte finden, welche im Auszug fehlen, also aus einer anderen
Quelle herrühren mussten.   M. Rümelin (Bonn).

Die Erbebücher der Stadt Riga von 1384—1579. Hrsgb.
von der Gesellschaft für Geschichte und Altertumskunde
der Osteeprovinzen Russlands. Bearbeitet von J. G. L. Napiersky. Riga, Kymmel. LXXX u. 515 S. 10 M.

Die über 50 Jahre bestehende obenbezeichnete Gesellschaft
hat hiermit zwei für die Rechtsgeschichte der vor bald 700
Jahren im fernen Osten von Deutschen gegründeten Stadt Riga,
der Hauptstadt Livlands, wichtige Rechtsquellen herausgegeben
für eine 300 resp. 500 Jahre zurückliegende Zeit. Die Bearbeitung hat aber einer der hervorragendsten Rechtshistoriker der
baltischen Provinzen, der frühere Ratsherr Rigas, Leonhard
Napiersky, unternommen, ein Schüler und Mitarbeiter des hoch-
verdienten Nestors auf dem Gebiet des baltischen R. und seiner
Geschichte: Friedrich Georg von Bunge.

Die vorliegenden Erbebücher bestehen ihrem Hauptinhalte
nach aus Aufzeichnungen über vor dem Rigaschen Rat statt-

gehabte Auflassungen von Immobilien. Zur Erkenntnis der Bedeutung dieser Bücher für das städtische Rechtsleben handelt der Bearbeiter im Eingange von der Auflassung nach älterem Rigaschen Stadt-R. (von den frühesten Zeiten der Stadt bis um die Mitte des 17. Jahrhunderts), sodann von den Erbebüchern als historischen Quellen, von den benutzten Handschriften und von den bei der Bearbeitung befolgten Grundsätzen. Der Verf. prüft dazu die ältesten Rechtsquellen: die umgearbeiteten Rigaschen Statuten, die Abweichungen derselben vom Hamburger R., spätere Willküren und anderweitige Quellen und geht dann über, nach Darlegung des Wesens und der Voraussetzungen der Auflassung, zur Erörterung der in Frage kommenden Faktoren: des zuständigen Gerichtes, sowie der handelnden Personen, der Zeit der Vornahme von Auflassungen, der sogen. offenen Rechtstage, der Formalien und Beurkundung der Auflassung der Erbebücher und den Verhältnissen des Landbuchs zu ihnen. Es folgen einige den Erbebüchern entnommene Bemerkungen. Demnächst wird die Beisprache, Gewährleistung und Bürgschaft für die Gewähr besprochen und mit den Wirkungen der Auflassung abgeschlossen.

Zur Orientierung dient die Mitteilung des Planes der Ausgabe und zur Benutzung der Erbebücher Personenregister und Verzeichnisse der im I. Erbebuche vorkommenden mit Bei- und Familiennamen versehenen Vornamen und der in beiden Erbebüchern das Prädikat „dominus" oder „her" führenden Personen, sowie zwei topographische Register zu beiden Büchern, zur Erläuterung aber ein Wortverzeichnis. Auch für die deutsche Rechtsgeschichte überhaupt ist in vorliegendem ein wichtiges Quellenwerk geboten.   A. Bulmerincq.

Pupikofer, J. A. Geschichte der alten Grafschaft Thurgau mit Inbegriff der Landschaften und Herrschaften Kyburg, Thurgau, Abtei und Stadt St. Gallen, Appenzell und Toggenburg von den ältesten Zeiten bis zum Uebergang der Landeshoheit an die Eidgenossen. Frauenfeld, Huber. 1886. 894 S. 10 fr.

P.'s Geschichte des Thurgaus erschien zuerst 1828—1830 in 2 Bänden. Seither sammelte Verf. unverdrossen für eine neue Ausgabe, deren Fertigstellung ihm jedoch nicht vergönnt war. Bei seinem Anfang der achtziger Jahre erfolgten Tod war nun ein zwar reichhaltiges, aber gänzlich unfertiges Manuskript vor-

handen, welchem das Glück zu teil wurde, in die Hände des
Herrn Brickler zu fallen, um diejenige Vollendung zu erhalten,
welche ihm überhaupt noch zu geben möglich war. Es sollte
mit der Herausgabe offenbar weniger der Wissenschaft ein Dienst
erwiesen als das Andenken des Verf. geehrt werden. Für uns
hat es nur insofern Interesse, als die Rechtsgeschichte, namentlich der Ostschweiz davon Nutzen ziehen kann. Für die Geschichte der Adelsgeschlechter, der geistlichen Stiftungen und
einzelner Staats- und Rechtsverhältnisse bildet das hier Gesammelte
eine Unterlage, welche nur in Einzelheiten eine Ergänzung
und Berichtigung finden mag. Es bezieht sich dies namentlich auf die Kapitel 8 und 9, welche von dem Burgadel im
Thurgau und von den Zuständen der Ritterzeit handeln und
auf einer soliden urkundlichen Grundlage beruhen. König.

III. Privat- und Handelsrecht.

**Motive zu dem Entwurfe eines bürgerlichen Gesetzbuches für das Deutsche Reich. Bd. II. R. der
Schuldverhältnisse. Amtliche Ausgabe. Berlin u. Leipzig,
Guttentag. 1888. 895 S. 4 M. 50 Pf. (Vgl. S. 344.)**

Das Forderungs-R. aus Verträgen, welches den Hauptgegenstand des 2. Bds. der Motive bildet, ruht auf dem Grundsatze
der Vertragsfreiheit, welcher nicht bloss anerkannt, sondern wiederholt in seinen Folgen vertreten wird (S. 31, 34, 195, 197 u. sonst).
Hier muss also die freie Auslegungskunst herrschen und der
Gesetzgeber vermochte fast nur „nachgiebige" Auslegungsregeln
aufzustellen, welche durchweg auf eine Ergänzung aus der Beurteilung des einzelnen Falles hinweisen. So zieht sich denn
auch durch ihre Motivierung eine unausgesetzte Bezugnahme
auf die Besonderheiten etwaiger Abreden, die Verkehrssitte und
die spätere Wissenschaft und Praxis hindurch (vgl. S. 11, 27,
34, 40, 58, 214, 313, 442, 450, 477, 511, 515, 527, 536, 557,
569, 643, 682, 735, 745, 748, 837). Grundlegende oder eigenartige Rechtsregeln sind nur in geringer Anzahl aufgestellt und
freilich eben dadurch um so beachtenswerter. Dahin gehören
„Die Unabhängigkeit des dinglichen Geschäfts von der Causa"
S. 3), die „Erfüllungstheorie" (S. 12), das sogen. „Surrogations-

prinzip" (S. 46), das weitgehende Rücktritts-R. hei Vertragsbruch
(S. 52), die gleichartige Behandlung aller Gesamtschuldverhält-
nisse (S. 155), das „Verschaffungsprinzip" in der Entwehrungs-
lehre (S. 213), die bloss obligatorische Wirkung des Rücktritts-
R. (S. 281), die Unterscheidung des Gehilfen vom Substituten
(S. 533), das Prinzip der Einstimmigkeit der Gesellschafter
(S. 602) und die Verallgemeinerung der sogen. actio funeraria
(S. 865). Bedenkt man, dass auch in der Lehre der Delikts-
forderungen ein unverkennbares Streben nach Vereinfachung und
Verallgemeinerung waltet (vgl. 726 ff.), so wird man den grossen
Umfang dieses Bandes nur dadurch erklären können, dass er sich
nicht bloss bemüht, Zweifel zu lösen, sondern auch über die un-
aufgelösten Fragen, welche das schwankende Bild des Verkehrslebens auf allen seinen Punkten erweckt, eine möglichst vollständige Rechenschaft abzulegen. Dem Rechtsforscher der Zukunft,
namentlich dem Gesetzeskommentator wird dieser Band eine reich-
haltige Fundgrube wichtiger und notwendiger Aufgaben sein, welche
uns einen ausserordentlichen Umfang der späteren Reichszivilrechts-
litteratur vorausahnen lässt. Nicht nur durch fortlaufende Citate
lehnt sich dieser Band an die Lehrbücher von Windscheid, Dernburg und Eccius, namentlich an Windscheids Pandekten an,
sondern auch sein Inhalt erweckt den Eindruck, als ob das
Streben an Bewährtem festzuhalten die Redaktionskommission in
den meisten Fragen veranlasst hat, den am mindesten bestrittenen
Kern der gemeinschaftlichen herrschenden Lehren durch die
Macht des Gesetzeswortes zu befestigen. Dass dabei vom r. R.
vielfach abgewichen ist, vermag den erwähnten Gesamteindruck
nicht zu zerstören. Diese Abweichungen sind in ihrer Mehrzahl
Fortlassungen. Wer bisher im Entwurfe die Novation (S. 143),
den Trödelvertrag (S. 516), das S. C. Macedoniamun (S. 311), den
Hoffnungskauf (S. 320, 635), den eisernen Viehvertrag (S. 442),
die actio quod metus causa (S. 758), die operis novi nuntiatio
und das interdictum quod vi aut clam (S. 762), die cautio
damni infecti (S. 764) und dergl. mehr vergeblich gesucht hat,
ersieht nunmehr aus den Motiven, dass es nicht seine Unacht-
samkeit war, welche seine Mühe zu einer vergeblichen machte.
Andererseits finden sich aber auch erhebliche Abänderungen des
r. R. (S. 214, 318, 362, 424, 456, 497, 528, 571, 587, 646, 765,
883), welche jedoch bisweilen durch aequitas (S. 587, 646), in
der Regel (z. B. S. 456) durch die neuen Anschauungen und Verhältnisse begründet werden (auch von unseren Militärverhält-
nissen ist S. 463 die Rede), nur selten durch besondere deutsche

Eigentümlichkeiten (206, 718), wie überhaupt von dem ältere
deutschen R. nicht viel die Rede ist (S. 243, 244, 809), zuma
rechtsgeschichtliche Begründungen der getroffenen Entscheidunge
vermieden sind. Auf die Wünsche nichtjuristischer Kreise is
nur hier und da Rücksicht genommen. Aus den Gedankenkreise
des neueren Reichs-R. sind viele Anregungen entnommen (vg
S. 140, 321, 327, 513, 547, 558, 597, 621, 667, 794, vgl. an
dererseits aber auch S. 599, 604, 606 [zu Art. 101], 626, 701)
namentlich auch aus denjenigen des preuss. L.R. (S. 163, 281
337, 405, 487, 576, 667, 742), weniger aus dem franz. R. (S. 466
488, 880) und dem sonstigen Partikular-R. (S. 468). Anderer
seits ist aber gegen Sätze des preuss. R. mehrfach mit grosse
Entschiedenheit Stellung genommen (vgl. S. 130, 149, 199, 211
228, 231, 311, 353, 394, 408, namentlich S. 380 ff. [„Kauf brich
Miete“], ferner S. 717, 740, vgl. auch wider das „ius ad rem'
S. 5, 281, 384). Trotzdem kann man von einer eigentlicher
romanistischen Tendenz des Werkes nicht sprechen, wie schor
z. B. die Behandlung der Inhaberpapiere (S. 694 ff.) und nament
lich die höchst spärliche Erwähnung des corpus iuris civilis
beweist.

Für die Methode der Gesetzgebungsarbeiten ist von Belang
dass zu wiederholten Malen praktische Rücksichten vor der juristi
schen Konsequenz oder der „starren Rechtslogik“ bevorzugt sind
(vgl. S. 131, 139, 487), andererseits sind aber auch vielfach
Rechtssätze aus „juristischen Konstruktionen“ und Definitioner
oder aus der „Rechtslogik“ abgeleitet (S. 228, 239, 304, 459
476, 498, 871). Die Fiktionsform wird wiederholt angewende
(S. 53, 54, 109, 210), an anderen Stellen jedoch verworfer
(S. 462, 530, 533, 805, 811). Terminologische Aufgaben treter
in diesem Bande zurück (vgl. jedoch S. 5, 368, 455, 650), syste
matische Fragen sind fast gar nicht berührt. Der Grundsat;
des üblichen Verfahrens, wichtige Lehren, welche die dinglicher
Ansprüche mitberühren, lediglich als Teil des Forderungs-R
zu behandeln, ist gelegentlich angedeutet (S. 119), jedoch nich'
vermieden worden. Die obligationes quasi ex contractu und
quasi ex delicto sind ohne eingehendere Begründung (S. 1, 745
zu einer einheitlichen Klasse zusammengeschmolzen worden.

Durch besondere Ausführlichkeit treten die Ausführunger
über die Viehmängel (S. 243—265, namentlich die sogen. „Nacht
krankheiten“ S. 244) und über die Schadensersatzpflicht be
schuldhafter Tödtung (S. 766—792) hervor.

Auf das Reichs-R., welches bestehen bleiben soll, ist auch

in diesem Bande vielfach verwiesen (S. 2, 109, 278, 455, 746
und sonst), namentlich auch das Reichsprozess-R. (vgl. S. 43,
48, 49. 53, 58, 63, 84, 89, 91, 95, 105, 106, 111, 113, 120, 121,
122, 138, 141, 192, 201, 219, 298, 398, 406, 407, 428, 433, 470,
494, 506, 549, 550, 551, 573, 590, 678, 695, 707, 711, 751, 757,
847, 885, 886, 889, 892, 894, 895).

Einzelne gelegentliche Bemerkungen werden durch die Stelle,
von welchen sie ausgehen, eine besondere Beachtung gewinnen. So
die Prophezeiung eines Wiederaufschwunges des gesunkenen Zins-
fusses (S. 16) und der mehrfache Hinweis auf die Ziele der be-
vorstehenden Revision der Z.Pr.O. (S. 127, 204, 692, 892) und des
H.G.B. (S. 197, 648).   Leonhard.

Greiff, M. Sachregister zu dem Entwurfe eines bürgerlichen Gesetzbuchs für das Deutsche Reich. Berlin,
   Vahlen. 1888. 182 S. 2 M.

Das handliche Nachschlagebüchlein ist zur Zeit das einzige
in seiner Art und schon darum unentbehrlich. Es umfasst nicht
bloss die Ausdrücke des G.Bs., sondern webt auch bekannte Ter-
minologien der Doktrin hinein, namentlich unter dem Buchstaben
C, dessen undeutscher Charakter eine Aufnahme lateinischer
Wörter besonders nötig erscheinen liess (der consensus und der
correus sind freilich trotzdem fortgeblieben). Auch die Aufzählung der actiones S. 3. ist sicherlich von der Befürchtung
allzu grosser Weitschweifigkeit beeinflusst, und unter der „lex"
finden wir nur die lex commissoria und zwar nur diejenige des
Pfand-R., nicht diejenige des Obligationen-R. Am Schlusse steht
ein Allegatenregister, das auch die Erwähnungen der Reichs-Z.Pr.O.
in dem Entwurfe aufzählt, d. h. nur die ausdrücklichen. Immerhin
wird die Juristenwelt die Ergebnisse der mühsamen Arbeit gern
benutzen, selbst auf die Gefahr hin, hier und da einmal vergeblich nachzuschlagen.   Leonhard.

Bähr, O. Zur Besitzlehre. (Jahrbücher für Dogmatik. Bd. 26.
   S. 224—344.)

Der oft aufgeworfenen Frage: Warum wird der Besitz geschützt? kann man mit vollem Rechte die Frage gegenüberstellen:
Warum wird das Eigentum geschützt? Und bei Beantwortung
dieser Frage zeigt sich, dass der Besitz die letzte Grundlage des
Eigentums ist. Die Thatsache der Herrschaft trägt die Kraft in
sich, sich mit Hilfe des R. zu erhalten und wieder zu erzeugen.
Sowohl Eigentum als Besitz werden geschützt, weil man erkannt

hat, dass es ein unabweisliches zivilisatorisches Bedürfnis ist, gewonnene individuelle Herrschaft an der Sachenwelt aufre zu erhalten. Eigentum und Besitz-R. sind nur verschied Rechtsformen für denselben Zweck.

Zwei originäre Eigentumserwerbsarten, Okkupation ι Usukapion gründen sich direkt auf den Besitz. Die Spezifikat beruht auf der Okkupation der vom Anfertiger neugeschaffei Sache. In allen anderen Fällen muss ein bereits bestehen Eigentum als Grundlage des Eigentumserwerbes nachgewie werden; derselbe führt deshalb immer wieder auf Okkupat oder Verjährung zurück. So lässt sich die Behauptung aufstell dass im Eigentum schliesslich immer nur der Besitz geschü wird und es erhellt aus der Betrachtung der Eigentumserwer arten, dass die besondere Qualifikation des als Eigentum schützenden Besitzes sebr mannigfaltig gestaltet sein kann.

Im r. R. hat der Besitzbegriff und der Besitzschutz e eigentümliche Ausbildung erhalten infolge der Thatsache, d die possessorischen Interdikte ihre Entstehung dem Zweck ν danken, die Parteirollen für den Eigentumsprozess festzustell Heutzutage nennen wir die vollkommene Beherrschung ei Sache, durch die wir uns berechtigt fühlen, Eingriffe in die Sac gleichsam als ob diese ein Teil unserer Persönlichkeit wäre, ι eigener physischer Kraft abzuwehren, Besitz. Dieser reale Bei ist der eigentliche, unserem heutigen Rechtsbewusstsein e sprechende Begriff des Besitzes. Savigny hat für diesen Bei das hässliche Wort Detention erfunden und gelehrt, dass Detention kein Besitz sei. Hieraus ist die Verwirrung herv gegangen, welche bis auf den heutigen Tag die Besitzlehre herrscht.

Der reale Besitz, im Gegensatz zur possessio, wurde sch im klassischen r. R. teilweise geschützt, und zwar durch (interdictum quod vi aut clam und durch die auf Besitzsch gerichtete Funktion der hereditatis petitio. In der späte Kaiserzeit ist man im Schutz des realen Besitzes weiter gegang so dass schon in jener Zeit diejenige Bedeutung des Besitzes, unserem heutigen Rechtsbewusstsein entspricht, im wesentlicl zur reellen Geltung gekommen ist. Im M.A. ist der reale sitz durch den Schutz, welchen die actio spolii gewährt, zu ein selbständigen Rechtsbegriff von hochwichtiger realer Bedeutu geworden.

Der Schutz des Realbesitzes liegt in erster Linie in dem der Selbstverteidigung. Gegen Besitzentziehung wendet sich

Spolienklage, während bei Besitzstörungen, die übrigens bei Mobilien nicht vorkommen werden, das interdictum uti possidetis das gegebene Rechtsmittel ist. Einer solchen Besitzstörungsklage darf die exceptio vitiosae possessionis ebensowenig entgegengesetzt werden wie der Spolienklage.

Das R. der possessio besteht neben dem R. des Realbesitzes fort. Befinden sich possessio und Realbesitz in verschiedenen Händen, so tritt Ersitzung nur für den possessor ein, während das R. der Selbstverteidigung in erster Linie den Realbesitzern zusteht. Wird der Realbesitzer entsetzt oder überträgt er seinen Besitz einem dritten, so kann sich der possessor nicht durch Selbsthilfe den Besitz verschaffen, sondern er muss possessorische Klage erheben. Verweigert der Pächter die Rückgabe des gepachteten Grundstücks, so kann ihn der Verpächter, der nicht Realbesitzer ist, nicht eigenmächtig heraustreiben, sondern muss ein possessorisches Rechtsmittel erheben, das in der Begründung mit der Kontraktsklage zusammenfallen wird.

Der Besitz an offenen Grundstücken wird nach heutiger Rechtsanschauung durch Einweisung in den Besitz übertragen und diese Besitzeinweisung wird sehr häufig schon in dem Veräusserungsgeschäft gefunden werden können. Ein realer äusserer Vorgang ist nicht erforderlich. Wenn die röm. Juristen einen solchen verlangten, so mochte hierbei die Erinnerung, dass die erste Erwerbung eines Grundstücks nur durch reale Besitzergreifung erfolgen könne, sowie die Schwierigkeit, ein willkürlich aus Grund und Boden herausgeschnittenes Stück Land genau zu bezeichnen, einen unwillkürlichen Einfluss üben. Diese Lehre ist aus der Entwickelung des röm. Besitz-R. wie ein Stück Eierschale an den klassischen Juristen hängen geblieben. Die moderne Jurisprudenz schleppt diese Eierschale nach anderthalb Jahrtausenden noch mit herum und gelangt so dazu, von vernünftigen Menschen zu verlangen, dass sie auf Türme steigen, um ihre Geschäfte zu erledigen.   G. Rümelin.

Otto, V. Das R. der Lehngüter in den Erblanden des Königreichs Sachsen. Leipzig, Breitkopf & Härtel. 1888. VI u. 150 S. 4 M.

Bei der beschränkten Anwendbarkeit des Lehn-R. in der Gegenwart kann es vielleicht gewagt erscheinen, dasselbe zum Gegenstande einer wissenschaftlichen Bearbeitung zu machen. Indessen berichtet der Verf., dass das sächs. Lehn-R. in Sachsen zur Zeit noch für 1 echtes Lehen und für 68 unechte Lehngüter,

sowie für 6 Lehnstämme Geltung hat. Die Kenntnis dieses
aber ist, da dasselbe auf der Landesuniversität schon läng
nicht mehr gelehrt wird, seine Quellen ohnehin überwiege
einer weit zurückliegenden Vergangenheit angehören, nur wenig
Juristen eigen. Dem Praktiker, welcher durch seinen Beruf
nötigt ist, dieses Gebiet zu betreten, wird daher die vorliegen
Arbeit eine willkommene Gabe sein, zumal der Verf. bei al
Wissenschaftlichkeit, mit welcher er verfährt, doch nur das wi
lich praktische R. zur Darstellung bringt. Das Buch wird au
für die preuss. Gebietsteile, in welchen das sächs. Lehn-R. gi
nicht ohne Interesse sein.   Achilles.

Hachenburg, M. Das R. der Gewährleistung beim Ti
        handel auf Grundlage des gemeinsamen Gesetz
        die Gewährleistung bei einigen Arten von Haustieren be
        für Baden (23./IV. 1859 bez. 16./VIII. 1882), Württembe
        (26./XII. 1861) und Hohenzollern (5./VI. 1863) und un
        vergleichender Berücksichtigung der Nachbar-R. Mac
        heim, Bensheimer. 1888. 310 S. 6. M.

In der Einleitung begründet der Verf. die Stellung d
Lehre von den heimlichen Mängeln im System als einen Teil d
Lehre von der Bedeutung des Irrtums bei Verträgen; es wi
eine scharfe, mit guten Belegen versehene Darlegung der I
deutung des Irrtums gegeben. Die Grundlage bilden die
Titel genannten und S. 262 ff. abgedruckten Gesetze. Verf. b
sich damit sein Gebiet beschränkt; es ist übrigens auch a
giebig auf andere Rechsgebiete Rücksicht genommen, namentli
auf die S. 269—292 abgedruckten Gesetze. Am Schluss der Ei
leitung heisst es: „In erster Linie ist von den kraft Gesetz
ohne besondere Abrede, wesentlichen Eigenschaften und der
Wirkungen zu handeln; sie bilden den Inhalt des erwähnt
Gesetzes und danach das Hauptthema der Arbeit. Dar
schliessen sich die Folgen der vertragsmässigen Festsetzu
der relevanten Eigenschaften und endlich die Wirkungen d
Betruges.“ Hiermit ist die Anordnung der Arbeit angegebe
Abteil. I. Die gesetzlichen Mängel und deren Gewährleistur
In dem Abschnitt I „Gesetzlicher Ueberblick“ ist S. 21 bemer
dass die deutschen Landesgesetzgebungen sich immer mehr d
alten deutsch-rechtlichen Grundsätzen näherten; diese Beobachtu
bewahrheitet sich in dem Entwurf eines bürgerlichen G.B. f
das Deutsche Reich (§§. 399—411), indem der Verkäufer nur f
bestimmte Hauptmängel haftet und der Käufer nur die Wand

lung, nicht auch die Minderung verlangen kann. Abschnitt II
behandelt die Voraussetzungen des Währschafts-R. Abschnitt III.
Inhalt des Währschafts-R., Wandelklage, sogen. Minderungsklage,
Entschädigungsanspruch. Abschnitt IV. Der Ausschluss des R. der
Währschaft. Kap. 1. Momente beim Vertragsabschluss. Kap. 2.
Momente nach dem Vertragsabschluss. Kap. 3. Klagefrist und ihr
Ablauf. Abschnitt V. Die Statutenkollision. Abteil. II. Die
besondere Zusage. Abth. III. Der Betrug. Ein Sachregister
macht den Abschluss. Die Fülle des Stoffes ist, wie sich aus
vorstehender Uebersicht ergibt, wohlgeordnet vorgetragen,
wissenschaftlich fortentwickelt und für weitere Bearbeitung und
Benutzung bei der Rechtsprechung eine sichere Grundlage gegeben. Auch hat Berichterstatter das Werk mit Nutzen für seine
Vorträge an der landwirtschaftlichen Hochschule in Berlin gelesen.

Keyssner.

Wahle, G. H. Der Begriff „Berg-R." in objektivem
Sinne. Freiberg i. S., Graz & Gerlach. 88 S. 2 M.

Das bürgerliche G.B. umfasst bekanntlich das Berg-R.
nicht (vgl. oben S. 215). Das schliesst nicht aus, dass seine
Bestimmungen für das Bergwesen Anwendung finden, und bedeutet nur, dass der Bergbau in bestimmten Hinsichten neben
den allgemeinen Rechtssätzen besonderen Regeln unterworfen ist.
Der Begriff Bergbau ist dabei nicht im technischen Sinne, als
die Aufsuchung und Gewinnung aller nutzbaren Mineralien,
sondern im juristischen Sinne, als die Aufsuchung, Verleihung
und Gewinnung nur derjenigen Mineralien aufzufassen, welche
vom Verfügungs-R. des Grundeigentümers ausgeschlossen und
vor ihrer Verleihung öffentliche Sachen sind: Nur diese sind
dem Mutungs- und Verleihungs-R., sowie der Bergwerksab-
gabe unterworfen; nur für die Gewinnung dieser ist die Ge-
werkschaftsform gestattet, und nur insoweit greifen in der Regel
Platz die bergrechtliche Grundabtretung im Zwangswege, die
Zuständigkeit der Bergpolizei, im Gegensatze zu der allgemeinen
Polizei, und endlich die Knappschaftspflichtigkeit der Arbeiter.
Hiernach begreift man unter Berg-R. den Inbegriff der Rechtsregeln, welche (insoweit nicht eine ausnahmsweise Ausdehnung
erfolgt ist) nur in Ansehung der vom Verfügungs-R. des Grundeigentümers ausgeschlossenen Mineralien gelten.

Dies längst Feststehende zur Orientierung vorausgeschickt,
ist über den Inhalt des W.schen Werkes trotz vieler interessanter
Einzelheiten im grossen und ganzen wenig oder nichts anzu-

führen. W. prüft den Begriff des Berg-R. logisch, historis
und nach dem positiven R. Im weitesten logischen Sinne ve
steht er unter Berg-R. „die Gesamtheit aller derjenigen Rech
sätze, welche für den Bergbau gelten", wobei er übersehen
haben scheint, dass dies nicht mehr und nicht weniger ist ι
das ganze überhaupt geltende R. Im engeren Sinne versteht
unter Berg-R. den Inbegriff derjenigen „besonderen Rechtssät
welche sich auf den Bergbau beziehen". Dass diese besonder
Rechtssätze (im allgemeinen) nur die vom Verfügungs-R. d
Grundeigentümers ausgeschlossenen Mineralien betreffen, entge
W. nicht.   Arndt (Halle).

Zeerleder, A.   Die schweizerische Haftpflichtgesei
    gebung. Bern, Jenni. 1888. 166 S. 3 fr. 60 ct.

Die Schweiz besitzt vier Spezialgesetze über die Haftpflicl
von denen drei schon bestanden, als das Obligationenrecht
Kraft trat (1./I. 1883). Ein weiteres Gesetz wurde am 26./I
1887 erlassen. Diese vier Gesetze sind in der vorliegend
Schrift von Z. (im Anhange S. 143 ff.) abgedruckt. Das er
Gesetz bezieht sich auf die Haftpflicht der Eisenbahn- und Dam
schiffunternehmungen bei Tötungen und Verletzungen (1./V
1875), es ist eine Nachbildung des bekannten deutschen Reicl
gesetzes mit Beschränkung auf die oben citierten Verkehrsanstalt
Das zweite Gesetz betrifft die Arbeit in den Fabriken (23./I
1877), es beschäftigt sich namentlich mit den öffentlich-recl
lichen Fragen, indem es die Massregeln feststellt, welche d
Fabrikherr im Interesse der Integrität der Arbeiter zu ergrei
hat; es regelt die Arbeitszeit, die Verwendung von Frauen u
Kindern in der Fabrik u. s. w. Daneben setzt es die ma
gebenden Prinzipien fest, welche bezüglich der privatrechtlich
Haftpflicht gelten sollen, freilich nur, solange nicht ein Bund
gesetz das Detail anordnet. Das hier vorgesehene (dritte) Bund
gesetz wurde am 25./VI. 1881 erlassen. Darin sind die priv
rechtlichen Fragen über die Haftpflicht des Fabrikherrn vc
ständig geordnet. Das Culpaprinzip ist zwar darin verlass
allein die Haftpflicht „maximiert", d. h. nach einem ähnlich
Vorgange der englischen Gesetzgebung kann die Haftpflicht wed
den sechsfachen Jahresverdienst noch 6000 Fr. übersteig
Freilich findet diese Begrenzung keine Anwendung, wenn die V
letzung oder Tötung durch eine strafrechtlich verfolgbare Ha
lung von Seite des Betriebsunternehmers herbeigeführt worden
Das vierte Gesetz von 1887 dehnt diese Haftpflicht

Fabrikherrn auf einen grossen Kreis von Gewerben und Unternehmungen aus, z. B. auf das Baugewerbe, die Fuhrhalterei, den Schiffsverkehr, die Flösserei, die Aufstellung und Reparatur von Telephon- und Telegraphenleitungen, den Eisenbahn-, Tunnel-, Strassen-, Brücken-, Wasser- und Brunnenbau, die Ausbeutung von Bergwerken, Steinbrüchen und Gruben.

Alle diese Spezialgesetze sind hier zum Gegenstande einer Monographie gemacht und die ganze Materie, insbesondere auch das Verhältnis · der verschiedenen Gesetze zu einander erörtert. Das Buch liefert zunächst eine Geschichte der Haftpflichtgesetzgebung in der Schweiz. Es zerfällt sodann in 9 Kapitel. Es wird die Haftpflicht im gewöhnlichen bürgerlichen Leben (nach Obligationen-R.) erörtert (I. Kap.). Hernach werden die Voraussetzungen der Haftpflicht aus Eisenbahn- und Dampfschiffbetrieb behandelt (II. Kap.), ferner diejenigen des Fabrikunternehmens (III. Kap.), die Subjekte der Haftpflicht (IV. Kap.). Die Regelung der Beweislast und die Befreiungsgründe bilden den Gegenstand des V. und VI. Kap. Im VII. Kap. wird die Art und Höhe der Entschädigung behandelt, und im VIII. und XI. Kap. gelangen die prozessualischen Fragen und die Beschränkungen der Vertragsfreiheit zur Diskussion.

Das Buch gibt eine gute Uebersicht des Rechtszustandes, wie er in der Schweiz durch jene vier Gesetze geordnet ist — wahrscheinlich freilich nur interimistisch; denn die Zwangsversicherung, jener grossartige sozialpolitische Vormarsch des Deutschen Reiches, meldet sich auch in der Schweiz, und es ist nur eine Frage der Zeit, wann dieses Institut auch hier Eingang findet.   M e i l i.

IV. Gerichtsverfassung und Zivilprozess.

Rassow und **Küntzel.** Beiträge zur Erläuterung des deutschen R. XXXI. Jahrg.

Unter Bekämpfung der Entscheidung des Reichsgerichts Bd. XIII. Nr. 83 verteidigt Pfizer „die Folge der nicht ordnungsgemässen Ladung" (S. 10—37), eine neue, mehr auf Postulate der („wenn auch nicht für den Bureaukraten, die gesetzkundigen Schreiber, so doch für den Richter, der auf den Namen eines Juristen Anspruch macht, massgebenden") materiellen

Gerechtigkeit als auf das formelle R. gegründete Lehre. Hiernach hat das Gericht, auch wenn der Beklagte die mangelhafte Klagzustellung ausdrücklich rügt und Zurückweisung der Klage wegen mangelnder Prozessvoraussetzung beantragt, aber auf Verlangen des Richters eventuell sich zur Hauptsache einlässt, den Mangel der Klagerhebung nicht mehr zu berücksichtigen, sondern materiell zu entscheiden, und ganz dasselbe soll ungeachtet der Bestimmung des §. 241 auch gelten, wenn der Beklagte ausdrücklich die unzulässige Klagänderung rügt und sich nur eventuell auf die geänderte Klage einlässt; denn dies ist eine Forderung „der juristischen Ethik" (S. 33). Von derselben Auffassung aus gelangt der Verf. S. 29 zu der Behauptung, das Gericht sei berechtigt, auch wenn der Beklagte die Einrede der Unzuständigkeit vorgeschützt und sich nur eventuell auf die Klage eingelassen hat, die Klage ohne Entscheidung über die prozesshindernde Einrede als materiell unbegründet, bezw. durch eine materielle Einrede elidiert abzuweisen, denn dem Beklagten ist offenbar mit der definitiven Abweisung der Klage besser gedient, als mit einem die Unzuständigkeit des Gerichts aussprechenden Urteil."

Marcus beschäftigt sich mit der aus der Novelle vom 30. IV. 1886 zu §. 809 der Z.Pr.O. erwachsenen Streitfrage, ob die Vollziehung des Arrests vor Zustellung des Befehls ein suspensiv bedingtes Pfandrecht erzeugt, welches erst durch die nachfolgende Zustellung endgültige Wirksamkeit erlangt, oder ob die Unterlassung der Zustellung innerhalb der Frist als Resolutivbedingung wirkt, und entscheidet sich für letzteres, jedoch dergestalt, dass mit Eintritt der Resolutivbedingung der Arrestgegenstand nicht von selbst frei wird, sondern erst eine richterliche Aufhebung stattzufinden hat, aber nicht nach §. 685 der Z.Pr.O. (da die Arrestvollziehung ohne Zustellung nicht mehr als formwidrig angesehen werden kann), sondern durch Widerspruchsklage nach §. 806 vor dem Arrestgericht.

Gerlach erörtert die grosse Unbilligkeit, welche — namentlich bei der Berechnung der Gerichtskosten und der Anwaltsgebühren — aus §. 6 der Z.Pr.O. erwachse, sofern hiernach der Streitwert durch den Wert der Sache, nicht durch das Interesse der Streitenden bestimmt und bei Ansprüchen aus zweiseitigen Rechtsverhältnissen der Betrag der Gegenleistung nicht abgerechnet und allgemein die auf der im Streit begriffenen Sache ruhenden Lasten bei Feststellung des Sachwerts nicht in Abzug gebracht werden.

Obgleich der zweite Zivilsenat des Reichsgerichts neuerdings in einer rheinischen Sache durch Urteil vom 12./V. 1886 (E. Bd. XVI S. 372) die von uns im V. Bd. des C.Bl. S. 363 besprochene Ansicht von Petersen über die Behandlung der Kompensationseinrede nach §§. 136² u. 274 der Z.Pr.O. beinahe verbo tenus adoptiert hat, so stösst doch diese nur scheinbar einfache, in Wirklichkeit aber zu grossen Anomalien führende Ansicht fortgesetzt auf neue Gegner und dürfte durch vorgenannte Entscheidung die Frage ihrer Erledigung kaum näher gebracht sein. Ausser Planck (Lehrb. I S. 263, 272 f.) verteidigen jetzt gleichzeitig und voneinander unabhängig Schollmeyer, „Die Rechtshängigkeit der zum Zweck der Aufrechnung geltend gemachten Gegenforderung" (S. 222—248), und Wex, „Die Verhandlung in getrennten Prozessen" (S. 248—276), ersterer unter Festhaltung an seinen früheren Ausführungen, den Grundsatz der Rechtshängigkeit der zur Kompensation geltend gemachten Gegenforderung. Beide Erörterungen treffen, wenn auch von verschiedenen Ausgangspunkten, in der Kritik der Petersenschen Auffassung und damit auch der neuesten Entscheidung des Reichsgerichts im wesentlichen zusammen. Dass hierbei Schollmeyer die von ihm früher in seiner Monographie, wenn auch nur als theoretische Beigabe aufgestellte Lehre von der unentwickelten Widerklage nicht weiter aufrecht erhält, können wir nur billigen, da hierdurch der Kernpunkt der ganzen Kontroverse — die Rechtshängigkeit der Kompensationseinrede — verdeckt und zu Angriffen Anlass gegeben wurde, welche nicht die Grundlagen seiner Ausführungen, sondern nur jenen Konstruktionsversuch treffen könnten.

NachWex soll, wenn das Urteil zu Gunsten der Klagforderung ergangen ist, unter Beibehalt der bisherigen Parteirollen über die anhängig gebliebene, wenn auch getrennte Einrede als solche von dem Gericht weiter verhandelt und, wenn dieselbe für begründet erklärt wird, das Urteil dahin gefasst werden, dass der Beklagte berechtigt sei, mit seiner Gegenforderung gegen die dem Kläger durch das frühere Urteil zugesprochene Forderung aufzurechnen.

Hahn führt vom Standpunkt des gemeinen und des preuss. R. unter Widerlegung der abweichenden Entscheidung des Reichsgerichts (Bd. X S. 233 ff.) den Nachweis, dass „der Auftrag des Gerichtsvollziehers zur Zwangsvollstreckung ein Mandat" sei, eine Auffassung, welche bekanntlich neuestens auch das Reichsgericht in dem Plenarbeschluss vom 10./VI. 1886 nach

preuss. R. — unter Verwerfung der bloss subsidiären Haftung als
Staatsbeamter — für die richtige erklärt hat.

Im 4.—6. Heft entwickelt K o h l e r im weiteren Verlauf
seiner Abhandlung über prozessrechtliche Verträge die Natur
dieser Verträge als selbständige, unabhängig von den damit verbundenen zivilrechtlichen Verträgen zu beurteilende Rechtsgeschäfte, erörtert dann die Einwirkung des Wechsels der Gesetzgebung und die Anwendung des internationalen R. auf solche
Verträge, ferner die Rechtsnormen, welche für dieselben gelten
und deren Ergänzung, nicht durch das Landes-R. sondern durch
die allgemeinen Prinzipien des Reichs-R., endlich den Uebergang
dieser Verträge auf die Universal- und Singularnachfolger. Die
Lehre vom Schiedsvertrag erscheint hiebei vielfach unter neuen
für die rechtliche Beurteilung wichtigen Gesichtspunkten und
erfährt eine wesentliche Bereicherung durch die Ergebnisse der
franzos., italien. und engl. Jurisprudenz. P e t e r s e n verteidigt
gegen die jüngsten Angriffe von Schollmeyer und Wex nochmals
seine — bis jetzt nur vom II. und III. Senat des Reichsgerichts
adoptierte — Theorie der Kompensationseinrede, nicht ohne
schliesslich bei der Zweifelhaftigkeit dieser Frage den am Worte
des Gesetzes (§. 136, 254, 274, 491 der Z.Pr.O.) festhaltenden
Gegnern gegenüber an die freie über kümmerliche Wortinter-
pretation glücklich erhebende Rechtsprechung der Gerichte zu
appellieren.

P f i z e r will im Gegensatz zu einer auch von anderer Seite
beanstandeten These des Reichsgerichts (E. B. X. N. 134) die
Ansprüche auf Ersatz der Kosten für Zeitversäumnisse dem
Kostenfeststellungsverfahren unterwerfen, da zwischen bereits erwachsenen Kosten und entgangenem Gewinn zwar ein wirtschaft-
licher, aber kein greifbarer rechtlicher Unterschied bestehe, die
Z.Pr.O. vielmehr nur zwischen notwendigen und nicht notwendigen Kosten als direkte Folgen des Prozesses unterscheide.
H a a s erörtert drei Spezialfragen in Beziehung auf das Verfahren
bei Kostenfeststellung an. H e r g e n h a h n erklärt sich im Gegensatz zu einer Entscheidung des Oberlandesgerichts Kassel gegen
die Zulässigkeit der Pfändung und Ueberweisung einer Forderung, welche dem Schuldner gegen den die Zwangsvollstreckung
betreibenden Gläubiger selbst zusteht. Die neueste Entscheidung
des Reichsgerichts vom 11./XI. 1887 (Jurist. Wochenschr. von
1888 S. 14), welche unter eingehender Begründung eine solche
Pfändung gestattet, lag dem Verf. hiebei noch nicht vor. M a r c u s
bekämpft die vom Reichsgericht in drei Entscheidungen festgehal-

tene Ansicht, nach welcher, wenn während der Ehe ein Wechsel des Ehedomizils stattfindet, die Ehescheidungsgründe wegen der absolut bindenden Natur der die Ehescheidung regelnden Normen ausschliesslich nach der lex fori beurteilt werden sollen, indem er mit Grund geltend macht, dass der Grundsatz, wornach auf jedes Rechtsverhältnis das R. des Gebiets anzuwenden ist, welchem das Verhältnis angehört, auch auf Rechtsverhältnisse von sittlich-religiöser Natur Anwendung finden müsse, zumal bei Kollision der Rechtsnormen innerhalb desselben Staats. Er kommt hiernach zu dem Resultat, dass die lex fori zwar dann Anwendung finde, wenn die Ehescheidung sich auf ein zuständliches Verhältnis, nicht aber auf eine einzelne schuldhafte Handlung gründe, wogegen, wenn letzteres der Fall, die Frage, ob die Handlung einen Scheidungsgrund bilde, nach dem R. desjenigen Orts zu beurteilen sei, an welchem die Ehegatten zur Zeit dieser Handlung ihr Ehedomizil hatten.

Gegen die Ausführungen Koffka's — vgl. oben S. 26 — vertritt H. Meyer kurz und treffend die Notwendigkeit der Durchführung des Mündlichkeitprinzips auch in Beziehung auf Zeugenverhörprotokolle und auf die Darstellung des Prozessstoffes I. Instanz vor dem Berufungsrichter, ganz in Uebereinstimmung mit den bekannten Entscheidungen des Reichsgerichtes. Gaupp.

Meyer, H. Anleitung zur Prozesspraxis nach der Z.Pr.O. in Beispielen an Rechtsfällen. 2. gänzlich umgearbeitete Aufl. Berlin, Vahlen. 1888. XII u. 415 S. 6 M.

M.s Prozesspraxis ist schon seit 9 Jahren bekannt. Das damals erscheinende Werk sollte den Richter, den bereits ausgebildeten Juristen in die neue Ordnung einführen helfen; die jetzt erscheinende neue Auflage dagegen dient vornehmlich dem jungen Juristen; ihm soll das Verfahren durch Vorführung praktischer Fälle veranschaulicht, dadurch der Inhalt des Gesetzes verständlich und seinem Gedächtnisse eingeprägt werden. Wie sehr das Buch auch dem älteren Praktiker nützen wird, das mag jeder, zumal der in einem einsamen Städtchen waltende Amtsrichter selbst prüfen, der sich selbst unbewusst vieles aus dem früheren Prozessverfahren in die neue Zeit mit herübergenommen hat. Der veränderte Zweck des Buchs hat eine völlige Umarbeitung der ersten Auflage zur Folge gehabt, nicht nur im einzelnen infolge der gewaltigen Entwickelung der Prozesswissenschaft, sondern auch in der Anordnung des Stoffes und in der Wahl der vorgeführten Rechtsfälle, so dass die neue Auflage

mit Recht als ein fast neues Werk bezeichnet wird. Nach einer
Einleitung über die Grundsätze der Z.Pr.O. wird ein Rechtsstreit
im Anwaltsprozess der wirklichen Praxis entnommen und, nach
Reichshaftpflichtgesetz zu beurteilen, dargestellt. Er beginnt
mit dem Gesuch um Bewilligung des Armenrechts und endet,
nachdem er durch alle die Instanzen durchgeführt und in die
Berufungsinstanz zurückverwiesen worden, mit dem Kostenfestsetzungsverfahren, dem sich noch eine Thatbestandsberichtigung
anschliesst (S. 6—126). Es wird darauf noch ein zweiter Rechtsstreit im Anwaltsprozess, in dem allerlei Zwischenfälle (Sicherung
des Beweises, Ablehnung eines Richters, Sicherheitsleistung,
Unterbrechung und Aufnahme des Verfahrens u. s. w.) behandelt
werden, vorgeführt und darauf ein Rechtsstreit im Parteiprozess
gebracht (S. 126—147—177). Daran schliesst sich die Erörterung
einzelner Prozessfragen (insbesondere Streitgenossenschaft, Beteiligung Dritter am Rechtsstreite, Unzuständigkeitserklärung,
Teile und Zwischenurteile) an Beispielen (S. 177—218) und es
folgt nun das Versäumnisverfahren, gleichfalls an Beispielen für
alle denkbaren Fälle erörtert (S. 218—248). Verf. hält darauf
die Reihenfolge der Z.Pr.O. selbst ein und bringt Beispiele für
die im 4. bis 10 Buch derselben behandelten Materien (S. 249
bis 400). Im „Schluss" wird das Prinzip der Mündlichkeit des
Verfahrens gegen seine Widersacher, namentlich Bähr verteidigt
und hervorgehoben, welche Anforderungen es an Richter und
Rechtsanwälte stellt. Ein alphabetisches Sachregister ermöglicht
die Verwendung des Buches auch zum Nachschlagen für Zweifels-
fälle.   Roedenbeck.

Schönfeld. Das Verteilungsverfahren innerhalb der
    Zwangsvollstreckung in das bewegliche Vermögen
    wegen Geldforderungen. Berlin, Siemenroth. 1887.
    IV u. 54 S. 1 M. 20 Pf.

   In der Einleitung wird der Grund, bezw. die Notwendigkeit
des Verteilungsverfahrens und die Stellung desselben im Gefüge
der Zwangsvollstreckung in das bewegliche Vermögen erörtert.
Die weitere Darstellung besteht in einer Erläuterung der Vorschriften der Z.Pr.O. §§. 758—768, welche als Ueberschriften
den einzelnen Abschnitten vorgedruckt sind. Die Arbeit, welche
der Thätigkeit des Praktikers ihre Entstehung verdankt, soll der
Praxis zu Hilfe kommen; sie ist mit Verständnis und Geschick
geschrieben.   Achilles.

V. Strafrechtswissenschaft.

Cless, A. Ueber das Wesen der Strafe. Horb, Christian.
21 S. 60 Pf.

Der kleine Vortrag bringt eine übersichtliche und gemeinverständliche Erläuterung der Strafe, indem er sich an das Laien-
publikum wendet, aber auch den Fachmännern Interesse abzugewinnen hofft. Der Vortragende wendet sich gegen die absoluten Theorien, auf welche das Wort Goethes Anwendung finde:
„Eben wo Begriffe fehlen, da stellt ein Wort zur rechten Zeit
sich ein", ebenso aber auch gegen die einseitige und ausschliessliche Betonung eines der Zwecke der Strafe. Die Strafe könne
verschiedene Zwecke verfolgen. Erster Zweck derselben sei die
Unschädlichmachung des Verbrechers. Ausserdem bezwecke sie
die Abschreckung vor dem Begeben des Verbrechens. Als dritter,
mehr untergeordneter, mittelbarer und supplirender Zweck komme
die Besserung des Verbrechers in Betracht, welcher der Strafe
eine modifizierende Richtung gebe. Mit diesen Zwecken harmoniere
am besten die Freiheitsstrafe, neben welcher Geldstrafe und
Verweis in Anwendung zu bringen seien. Mit sehr scharfen
Worten glaubt der Vortragende Dr. Mittelstädts: „Gegen die
Freiheitsstrafen" angreifen und verurteilen zu müssen. Er schliesst
mit dem Aussprechen der Hoffnung, dass das unserem Strafrecht
wie der Praxis desselben innewohnende Prinzip der Humanität
solange fortschreiten werde, bis es die ihm natürlichen Grenzen
erreicht haben werde. Bünger.

Prozess Thümmel-Wiemann betr. die Broschüre „Rhein.
Richter und röm. Priester" vor der Strafkammer zu
Elberfeld, dem Reichsgericht und der Strafkammer
zu Kassel im Jahre 1887 und 1888. Genaue steno-
graphische Aufnahme der „Westdeutschen Zeitung". Barmen,
Wiemann. 1887 und 1888. 313 S., bezw. 66 S., bezw.
317 S. 1 M. 50 Pf., bezw. 50 Pf., bezw. 2 M.

Der Staatsanwalt Pinoff eröffnete seine Anklagerede vor
der Strafkammer zu Elberfeld mit dem Ausdruck der Verwunderung darüber, dass der Prozess Thümmel die öffentliche
Meinung so auf das Aeusserste bewege, denn es handle sich nur
um ein Vergehen gegen das „gemeine Strafrecht". („Gemein"
ist hier, wie für die Tausende von Nichtjuristen bemerkt sei,

die den Verhandlungen beigewohnt oder dieselben gelesen haber
im Sinne von „allgemein“ und nicht etwa, wozu jeder Nicht
jurist neigen wird, unter Beziehung auf das Wort „Vergehen
in dem Sinne von „niedrig — verwerflich“ zu verstehen.) Nur
dieser Verwunderung steht jedenfalls die Thatsache gegenübei
dass der Prozess Thümmel weithin durch ganz Deutschland di
tiefgehendste Erregung hervorgerufen hat: die Berichte de
Tagesblätter, der wissenschaftlichen Zeitschriften, die Fülle de
erschienenen Streitschriften über den Prozess und zu den dari
behandelten Fragen — wie Nippold, die Thümmelschen Religion:
prozesse vom kirchenpolitischen und kirchenrechtlichen Stand
punkt beleuchtet. Halle, Strien. 1888. 1. Heft 80 Pf., 2. Hei
1 M., ferner „Randglossen zu den Thümmelprozessen‘ von einei
altpreussischen Juristen. Halle, Strien. 1888. 20 S. 30 Pf. -
geben dafür Zeugnis. Aber die Verwunderung erscheint auc
nicht gerechtfertigt; denn wenn es sich in diesen Prozessen auc
zunächst um ein Vergehen gegen §. 166 des Str.G.B.s handel
so steht doch damit zugleich die Frage zur Entscheidung, inne:
halb welcher Grenzen ein evangelischer Christ, ein evangelische
Pfarrer berechtigt ist, zur Verteidigung seines evangelische
Standpunktes — und d. h. nach der Meinung des evangelische
Christen des Evangeliums selbst — den Katholizismus öffentlic
in Wort und Schrift zu kritisieren. Diese Grenzen sind natürlic
schwer zu ziehen, und schon werden daher Stimmen laut, :
auch in den eben erwähnten „Randglossen“, den §. 166 d
Str.G.B.s unter Umständen ganz aufzuheben.

Wer sich nun über den Gegenstand des Thümmelprozess(
gründlich unterrichten will, der findet, wie vor Gericht selb:
einmal ausdrücklich anerkannt worden ist, in der oben genannte
stenographischen Aufnahme der „Westdeutschen Zeitung“ ein
wortgetreue Wiedergabe der Verhandlungen vor dem Landgericht
zu Elberfeld, dem Reichsgerichte und dem Landesgerichte zu Kasse
Aber nicht nur mit der in diesem Prozesse gegen Thümmel ai
hängigen Strafsache, die sich auf Thümmels Streitschrift „Rhei
Richter und röm. Priester“ bezieht, wird der Leser bekann
sondern durch die vor dem Landgericht Kassel erfolgte wörtlicl
Vorlesung der vorher gegen Thümel ergangenen Urteile d(
Landgerichte zu Cleve, zu Düsseldorf, zu Elberfeld — dies(
erste Elberfelder Urteil vom 11./VIII. 1886 hat Thümmels obig
Streitschrift hervorgerufen — und der Urteile des Reichsgericht(
sowie verschiedener gegen Thümmel gerichteter Artikel der röm
katholischen Presse und seiner Erwiderungen darauf erhält d(

Leser auch Kenntnis von der bis in das Jahr 1882 zurück-
reichenden Vorgeschichte des jetzt schwebenden Prozesses. Näher
auf den Inhalt der Gerichtsverhandlungen einzugehen, ist hier
nicht der Ort; nur ein sich jedem Leser aufdrängender Unterschied zwischen den Verhandlungen in Elberfeld und in Kassel,
die sich doch mit demselben Gegenstande befassen, sei auch hier
hervorgehoben, ein Unterschied, den ein Jurist (Klasing) im
„Daheim" Nr. 22 mit den Worten andeutet, dass die Luft,
welche den Kasseler Gerichtssaal durchwehte, dem Angeklagten
das Atmen nicht verwehrte. In der That, aus den Elberfelder
Verhandlungen begreift man die Erbitterung Thümmels gegen
die Juristen überhaupt und seine Elberfelder Richter im besonderen.
Um also die gesamte Sachlage richtig würdigen zu können, muss
man sowohl die Verhandlungen in Elberfeld als die in Kassel lesen.

Von den vielen Schriften über die Thümmelprozesse sei
endlich nur auf die bereits erwähnten „Randglossen" besonders
hingewiesen, die den Juristen vielleicht deshalb mehr angehen,
weil sie von einem Juristen herrühren. Es genügt, daraus
zwei Punkte hervorzuheben. Der Verf. bezeichnet die Benen-
nung „Papstanwalt" für die bei den beiden Elberfelder Verhandlungen thätig gewesenen Staatsanwälte als zutreffend, durch
deren Reden die „Autorität" der Staatsanwaltschaft bisher am
meisten erschüttert worden sei, und er hält den „katholischen
Juristenverein" in Mainz für gefahrbringend, so dass zu erwarten sei, die Staatsregierung werde diesen Verein, dem kein
Justizbeamter angehören dürfte, scharf im Auge behalten.

Roedenbeck.

VI. Staats- und Verwaltungsrecht.

Oesfeld, M. v. Zur Frage der Regentschaft bei eintre-
tender Herrschaftsunfähigkeit des regierenden
Monarchen nach deutschem Verfassungsrecht.
(Deutsche Zeit- und Streitfragen, hrsgb. v. F. v. Holtzendorff. N. F. 2. Jahrg., Heft 13.) Hamburg, Richter.
1887. 36 S. 1 M.

Die kleine Schrift scheint zunächst durch die gegenwärtigen
bayer. Verhältnisse hervorgerufen zu sein. Hauptsächlich beschäftigt sich dieselbe mit der Frage, in welchen Fällen, abgesehen von der Minderjährigkeit des Herrschers, eine Regentschaft

eintreten soll.   Sehr entschieden erklärt sich der Verf. de le
ferenda für die Successionsunfähigkeit des Thronfolgers und sog
für die Absetzung des Herrschers wegen unheilbarer Regierun;
unfähigkeit.   Die Revision der mangelhaften Bestimmungen ¢
deutschen Landesverfassungen über Erbfolgefähigkeit und Rege;
schaft soll das Reich in Uebereinstimmung mit den Organen ¢
Einzelstaaten in die Hand nehmen.   Vor allem aber soll ei
reichsgesetzliche Regelung der Frage der „Regentschaft für d
Deutsche Reich" unentbehrlich sein, da der Verf. mit R. v. M(
und L. v. Rönne annimmt, dass die Bestimmungen der preu
Verfassung über die Regentschaft für die Ausübung der kais
lichen R. keine oder nur eine zweifelhafte Geltung haben.

Wissenschaftlicher Wert kommt der Abhandlung nicht ;
Die Ausführungen des Verf.'s sind vielfach ungenau, der A;
druck zuweilen kaum verständlich.   B r i e.

Karminski, F.   Zur Kodifikation des österr. Staa;
  bürgerschafts-R. Wien, Manz. 1887. 124 S. 2 M. 40 1

Die gründlichen Umänderungen, welche das Staats-R. Oest(
reichs durch das Ausscheiden aus dem deutschen Bunde, dur
den Ausgleich und die Herstellung eines selbständigen Kön;
reichs Ungarn und endlich durch die Aufrichtung der Verfassu;
von 1867 erfahren hat, haben merkwürdigerweise bis zu die;
Stunde keine ins einzelne gehende gesetzlichere Reform des
der Staatsangehörigkeit nach sich gezogen.   Die in den Staa;
grundgesetzen in grossen Zügen angedeutete Neugestaltung die;
wichtigen verfassungs- und verwaltungsrechtlichen Institutes wi
aber nicht länger verzögert werden können, da der gegenwärti
Zustand bereits vielfach zu Widersprüchen und Unsicherheit
Rechtsprechung und Verwaltung geführt hat.   Die vorliegen
Schrift gewährt einen klaren Einblick in die bestehenden Norme
in ihre Lücken und Antinomien und bildet darum einen we;
vollen Beitrag für die Darstellung dieser bedeutsamen Mater;
de lege lata ebenso wie de lege ferenda.   Sie handelt in zie;
licher Ausführlichkeit unter Berücksichtigung der einschlägig;
Litteratur, nach einer knappen Einleitung von der österr. Staa;
bürgerschaft überhaupt, von ihrem Erwerbe und Verluste, v;
den Gebühren für die Ein- und Auswanderungsurkunden ; ;
lässt den Umfang der derogierten Gesetze erkennen und chara;
terisiert in zutreffender Weise den amtlichen Wirkungskreis d
zum Vollzuge des Staatsbürgerschaftsgesetzes berufenen Behörd

Steffenhagen, H. Handbuch der städtischen Verfassung und Verwaltung. Bd. I. Die Verfassung der Städte. VIII und 317 S., Bd. II. Die Verwaltung der Städte. IV und 320 S. Berlin, Heine. 1888. 7 M. 60 Pf.

Wie der Verf. in der Vorrede hervorhebt, beabsichtigte derselbe das städtische Verfassungs- und Verwaltungs-R. in einem leicht verständlichen und übersichtlichen Systeme mit möglichster Anlehnung an die aus den Städteordnungen sich ergebende Disposition unter eingehender Berücksichtigung der die Städteordnungen vielfach ergänzenden oder abändernden, bezw. auf dieselben sich beziehenden Verwaltungsgesetze und sonstigen Bestimmungen zur Darstellung zu bringen, um namentlich den ehrenamtlich fungierenden städtischen Beamten die erforderliche Anleitung und Aufklärung zu gewähren. Diese Zwecke wird die Schrift, welche selbstverständlich von eingehenden theoretischen Untersuchungen absieht, auch erfüllen, zumal der Verf. bemüht war, möglichst das gesamte, auf einen Punkt bezügliche Material an gesetzlichen Vorschriften, Verordnungen u. s. w. ausführlich mitzuteilen. Der 1. Bd. enthält zunächst in einem allgemeinen Teile (S. 1—52) eine kurze Propädeutik zur Einführung in die Materie des R. der städtischen Verfassung und Verwaltung, wie z. B. eine kurze geschichtliche Entwickelung des Städtewesens, Darlegung des Geltungsbereichs der wichtigsten Städteordnungen, Erörterung des Einflusses der neuesten Verwaltungsreformgesetze auf das „Stadt-R." u. s. w. Von dem speziellen Teile befinden sich noch Buch I und II im 1. Bd. Das 1. Buch behandelt die Grundlagen der städtischen Verfassung und Verwaltung (Stadtbezirk, Stadtgemeinde, Bürgerschaft und Gemeindeabgabenpflichtige); das 2. Buch hat zum Gegenstand die Gemeindevertretung (Stadtverordnetenversammlung u. s. w.), den Gemeindevorstand (Magistrat) und die städtische Verfassung in Städten ohne kollegialischen Gemeindevorstand. Bd. II umfasst das 3. Buch, „Die Verwaltung der Städte in organisatorischer Beziehung", welches die Geschäftsführung des Magistrats und des Bürgermeisters, die Thätigkeit der städtischen Unterbehörden und die Kommunalbeamten zum Gegenstand hat, das 4. Buch „Die Verwaltung der Städte in finanzieller Beziehung", welches von der Vermögensverwaltung im allgemeinen und von dem Gemeindesteuerwesen im besonderen handelt, und das 5. Buch, welches die Oberaufsicht des Staates über die Stadtverwaltung in ausführlicher Weise erörtert.   v. Stengel.

Stämmler, R. Praktische Erwägungen über die Grzüge der Alters- und Invalidenversicherung Arbeiter. Berlin, Heymann. 46 S. 60 Pf.

Verf., seit 16 Jahren im Gebiete der Rentenversiche thätig und Direktor der preuss. Rentenversicherungsanstalt, s der Kaiser Wilhelms-Spende mit zusammen 93 000 Versi ten, legt einschneidende Bedenken gegen die am 17. Nover vorigen Jahres veröffentlichten „Grundzüge" dar. Das Ha ergebnis seiner sehr beachtenswerten, weil auf genauester S kenntnis beruhenden, Erörterungen gipfelt in dem Vorsch die geplante Verschmelzung der Invaliden- und Altersi aufzugeben, den Versicherungszwang nur auf die krar versicherungspflichtigen Personen zu beschränken, anstatt Unfallberufsgenossenschaften das Reich oder die Einzelsta bezw. grösseren Kommunalverbände zu Trägern der Versicher die Krankenkassen oder die Gemeinden zu Zahlstellen zu mac Die Unhaltbarkeit des geplanten Markensystems wird S. überzeugend dargethan. Der Verf. empfiehlt, ohne für die K Wilhelms-Spende als solche Propaganda machen zu wollen, angesichts der noch allzu mangelhaften Unterlagen für wirklich zuverlässige allgemeine obligatorische Invalidenvers rung sich wie bei jener „Spende" zunächst auf eine Altersren gewährung (mit Rückzahlungsvorbehalt für den Fall des zeitigen Ablebens im Interesse der Witwen und Waisen beschränken und nur aus etwaigen Ueberschüssen der Rer versicherung, sowie Reichszuschüssen eine Invalidenzuschussr für vorzeitig invalid gewordene Arbeiter zu gewähren, ohne dem einzelnen auf solchen Zuschuss der Versicherungsan gegenüber ein Rechtsanspruch eingeräumt würde.

Leuthol

Schriften des deutschen Vereins für Armenpflege Wohlthätigkeit. 4. Heft. Leipzig, Dunker und I blot. 1887. 145 S. 3 M. 20 Pf.

Das 4. Heft der Schriften des Vereins für Armenpflege Wohlthätigkeit enthält Referate über drei Materien. Das und umfangreichste Referat (S. 1—77), dessen Verf. Bez präsident a. D. Reitzenstein ist, handelt von der Besch gung arbeitsloser Armen und dem Arbeitsnachw als Mittel vorbeugender Armenpflege, welch letzte Gegenstande bereits im 1. Hefte der „Schriften" ein ku Referat von Ostertag gewidmet war. R. bespricht sehr

führlich die verschiedenen, auf diesem Gebiete bereits vorhan-
denen Einrichtungen, hebt deren Mängel hervor und macht auf
S. 74—76 eine Reihe von Reformvorschläge. In der zweiten
Abhandlung S. 77—134 bespricht Stadtrat Ludwig Wolf in
Leipzig „Die Organisation der offenen Krankenpflege"
wie sie gegenwärtig in den verschiedenen deutschen Staaten be-
steht und weist darauf hin, dass die offene Krankenpflege das
Gebiet der Armenpflege bildet, welches die Kirche vor allen
Faktoren, welche auf dem Felde der Armenpflege thätig werden,
zu bearbeiten berufen ist, zumal die Kirche mehr als ein anderer
Faktor in der Lage ist, weibliche Hilfe in Thätigkeit zu stellen.
Ueber den dritten Gegenstand: „Der Wert allgemeiner
Waisenhäuser", liegt ein kurzes Referat von Bürgermeister
Born in Magdeburg vor (S. 135—141) und ein noch kürzeres
Korreferat von Amtsgerichtsrat Schwabe in Magdeburg (S. 142
bis 145). Referent und Korreferent sind darüber einverstanden,
dass die Erziehung der Waisen möglichst in geeigneten Familien
erfolge, gehen jedoch über den Wert allgemeiner Waisenanstalten
etwas auseinander. v. Stengel.

VII. Hilfswissenschaften.

1) **Kraus,** F. X. Lehrbuch der Kirchengeschichte. 3. Aufl.
Trier, Lintz. 1887. XIII u. 837 S. 10 M.
2) **Hagenbach,** K. R. Kirchengeschichte aus der ältesten
Zeit bis zum 19. Jahrhundert. Neue (5.) Gesamt-
ausgabe (hrsgb. von Nippold). III. Bd. Reformationsgeschichte 1517—1555. Leipzig, Hirzel. 1887. XIX u.
728 S. 12 M.
3) **Sohm,** R. Kirchengeschichte im Grundriss. (1. Aufl.
1887.) 2. Aufl. Leipzig, Böhme. 1888. VI u. 194 S. 2 M.
80 Pf., gb. 3 M. 60 Pf.

Zusehends ist in den letzten Jahren das Interesse für das
kirchliche Leben und mit ihm für die kirchengeschichtliche
Litteratur gewachsen. Begreiflich ist dies in einer Zeit, die
neben der Antiinfallibilitätsbewegung (vgl. oben S. 357) die
Thümmelprozesse (vgl. S. 399) aufweist. Die Rechtsprechung
des Reichsgerichtes zu §. 166 des R.St.G.B.'s, der wenn auch
missglückte, in der Reichshauptstadt gemachte amtliche Versuch,

die Freiheit protestantischer Anschauung im Sinne einer Zen
zu unterdrücken, wie sie schroffer nicht die Zeit Papst Alex
ders VI. oder die schlimmste jesuitische Epoche gekannt,
Proteste des röm. Bischofes gegen die Hochverratsparagrap
des italien. Strafgesetzentwurfes — alles dies ergreift weithin
Gemüter. Dazu wird die Frage der Besetzung eines kircl
geschichtl. Lehrstuhls in Berlin in mehr als gewöhnlicher W
in grossen Kreisen erörtert. Auch die oben angeführten Schri
bieten ein allgemeineres Interesse für unsere Leser, um so mehr
Nr. 3 von einem unserer bedeutendsten Juristen herrü
welcher überdies kürzlich (Zöcklers evangel. Kirchenzeitung ۱
9. Juni) sogar als die geeignete Kraft für den erwähnten tl
logischen Lehrstuhl namhaft gemacht wurde.

1. Gleichzeitig mit der 10. Aufl. des verbreiteten evan
Lehrbuches v. Kurtz erschien die dritte*) des diesem nacl
bildeten röm.-katholischen von K. Dogmatisch, am Standpur
der Kurie festhaltend (vgl. S. 275, 576, 605, 640, 683), a
versöhnlich gegenüber den protestantischen und den morgen
dischen Bekenntnissen, wie vorurteilsfrei in der Rüge kii
licher Missstände, erörtert der durch seine „Charakterbild‹
„Realencyklopädie der christlichen Altertümer“, „synchronistisc
Tabellen“, Kunstaltertümer von Elsass-Lothringen u. s. w. bekan
Professor der Kirchengeschichte zu Freiburg — trotz mancher, ۱
Verleger gewünschten Beschneidungen immer noch erschöpf
genug —, nach vorausgeschickter „Einleitung“, inbesondere ü
Judentum und Heidentum, für das Zeitalter der Apostel, fei
der Verfolgungen, des Siegs des Christentums, der German
bekehrung, des vorwiegenden Kaisertums, der Blüte des Pa
tums, des Niedergangs, der Reformation und Gegenreaktion,
Absolutismus, endlich der Revolutionen 1789—1887, zuerst
Verhältnis zum Staate, sodann die Lehre, Verfassung, Zu
Liturgie, Wissenschaft und Kunst der Kirche, und zwar in §.
113, 125—127, 161, 175 und 176 für das morgenländische,
§. 131—142, 159, 160, 172—174 für das protestantische,
§. 102 fürs jüdische, endlich in §. 67 und 98 fürs mohammed
sche Bekenntnis (in den beiden letzteren Fällen jedoch nicht
zur Neuzeit reichend).

---

*) Sind wir recht berichtet, so ist die 3. Auflage dadurch
anlasst, dass die zweite von höherer Stelle nicht mehr gebi
wurde und als „nicht korrekt“ umgearbeitet werden musste.

Auch die ausländische Litteratur findet sich bis Ende 1886 allenthalben verwertet; selbst die allerjüngste Entwickelung des Staatskirchen-R. ist für die Alte, wie für die Neue Welt unparteiisch angedeutet. Durch die sehr übersichtlichen Zeittafeln (S. 741—782) und 55 S. Sach- und Namensverzeichnis wird der Handgebrauch des Werkes auch für Rechtsverständige wesentlich erleichtert. In der Schlussbetrachtung (S. 740) wird als wirksames Mittel gegen Sozialismus und Kommunismus die ausschliesslich auf „religiös-sittlichem Gebiete wirksame allumfassende, von den Schlacken gereinigte Kirche" („der Zukunft") empfohlen; der „Abbruch der Maigesetzgebung" (S. 670) habe leider in Frankreich (S. 664), Italien (S. 675) und Russland (S. 677 und 737) noch keinen Widerhall gefunden. Trotz nunmehriger Beseitigung aller irgendwie „anstössigen" Stellen wird die übrigens auch für das gereifte Alter sehr wertvolle Schrift kaum den Beifall der weniger versöhnlichen Richtung finden, wie auch andererseits, namentlich vom evangelischen Gesichtspunkte aus, Einwendungen selbstredend nicht ausgeschlossen erscheinen.

2. Einen ganz anderen Charakter trägt das Werk von H., jenes ein Lehr-, dieses ein Lesebuch. Es sind Vorlesungen für Familienabende. In diesen 35 Vorlesungen wird die Geschichte der Reformation, die verschiedenartigsten und schwierigsten Thatsachen, welche zu neuen Kirchenbildungen in Deutschland, der Schweiz, Schottland, Frankreich, Schweden, Dänemark, Spanien, den Niederlanden, England und Ungarn führten, in ebenso gründlicher wie klarer und fesselnder Weise zur Darstellung gebracht. Die Hauptträger der geistigen Bewegung des 16. Jahrhunderts treten plastisch hervor, die Stimmung des Zeitalters und die allgemeine Weltlage werden in der 2., der Einfluss der Reformation auf Kunst und Wissenschaft, Sitte und Politik in der 34. Vorlesung besonders behandelt, die Verhältnisse der Schweiz werden von dem Verf. — einem Sohne der Alpen — genauer berücksichtigt. Die Neubearbeitung hat den Charakter des Ganzen unverändert gelassen, nur Einzelheiten, Zitate, sowie ein ziemlich breiter litterarisch-kritischer Anhang (S. 661—728) sind von dem Herausgeber hinzugefügt.

3. S.'s Kirchengeschichte ist eine Zusammenfassung der in der „konservativen Monatschrift" erschienenen Aufsätze. Obwohl in dieser, schon in mehreren 1000 Exemplaren verbreitet, erschien binnen 4 Monaten, im Februar 1888, die zweite Auflage des Buches, ein Erfolg, wie er wohl kaum schon dem Werke eines deutschen Juristen zu Teil geworden. Die zahlreichen Be-

sprechungen der theologischen Blätter aller Richtungen si
voll des Lobes und die theologische Litteraturzeitung sagt z. I
„dass diesen Grundriss nicht ein Theologe, sondern ein berühmt
Jurist geschrieben, ist nicht an den Mängeln, sondern an d
Vorzügen zu erkennen". S. gibt in 5 Kap. und 51 gleic
mässigen, kurzen und völlig anmerkungsfreien Paragraphen e
Gesamtbild der kirchlichen Entwicklung, wie es bisher no
nie dargeboten ist. Nach dem bedeutendsten theologischen Lit
raturblatt (der evangelisch-lutherischen Kirchenzeitung), a
deren Urteil wir als Juristen uns verlassen müssen, „erken
der Kenner der Kirchengeschichte durchgehends hinter dies
scharfen knappen Schilderungen und Reflexionen eine bedeuten
wissenschaftliche Vorarbeit, welche auch mit den Fragen u
Ergebnissen der neuesten Forschung in ruhigem, selbständig
Urteil rechnet". S. zeigt uns die Entstehung der ersten C
meinden, den Kampf des röm. Weltreiches gegen die verhas
Sekte der Nazarener, den Sieg der Reichskirche, die Entwickelu
zum Katholizismus, die Ausbreitung und den Verfall des Mön
tums, er entwirft dann das gewaltige Bild des Reformatio
zeitalters und kennzeichnet Gegenreformation und Jesuitism
wie alle Strömungen und Strebungen der Aufklärungsperio
und des 19. Jahrhunderts, um in §. 51 „die Situation" n
einer Verurteilung der Moral des Materialismus und einem H
weis auf die alleinherrschende Grossmacht unseres sittlich
Lebens, das Christentum und seine aufsteigende Bewegung
schliessen.

Meister des Stoffes, bringt S. die Kirchengeschichte als T
der Weltgeschichte in lebhafter, ja packender Darstellung z
Anschauung. Tiefer Kenner aller Spezialfragen, vergisst er
das Ganze über dem Einzelnen und bietet, auffassungsreich u
gedankenvoll, statt Schilderung des äusseren Verlaufes eine inn
Entwickelung. Mit der Schärfe und Klarheit des Juristen v
bindet S. die feurige Rhetorik des Theologen, die überwältigen
Redekraft des überzeugungstreuen Christen, und die — sow
möglich — allen Parteien gerecht werdende Objektivität
Historikers. 1) Geigel. 2) 3) Redaktion.

B. Zeitschriftenüberschau.

Neue Zeitschriften:

Tidskrift for Retsvidenskab. Hrsg. durch d. Stang'sche Stiftung v. J. Afzelius, J. Bergh, C. Goos, F. Hagerup, N. Lassen, E. Trygger. Ein Jahrg. von ca. 30 Bgn. 8 kr. I. 1. u. 2. Hagerup, nogle ord om den nyere retsvidenskabs karakter. Denutzer, bemaerkninger om arrest for dom i civile sager og dette retsmiddels Udvikling efter 1683. Lassen, Lofte og akzept. Hertzberg, üb. deutsche Arbeiten betr. nord. Rechtsgeschichte 1882/87. Hammerskjöld, schwed. Rechtslitteratur 1882—1887. Dän. Rechtslitteratur desgl. Heft 3 soll enthalten: Trygger, om rättegångsfullmakt genau telegram enligt svensk rätt.

Grenzboten. XLVII. 20. 21. Leonhard, d. Unpopularität d. Jurisprudenz.

Nouvelle Revue historique. XII. 3. Rivier, l'université de Bologne et la première renaissance juridique. Arbois de Jubainville, la Saisie dans la loi Salique et dans le droit Irlandais. La peine du vol en dr. irl. Esmein, le serment promissoire en droit canonique.

Archiv f. Frankf. Geschichte u. Kunst. III. F. Bd. 1. Bücher, Frankfurter Buchbinderordnungen vom 16.—19. Jahrh.

Zeitschr. f. vergl. Rechtswissenschaft. VIII. 1. Bernhöft, z. Geschichte d. europ. Familien-R. Schultzenstein, Entwurf e. Zivilprozessordnung f. Japan. Kohler, rechtsvergleich. Skizzen; ind. Gewohnheits-R.

Magazin f. d. deutsche R. d. Gegenwart. VIII. 1. Süss, Vormerkung z. Erhaltung d. R. auf Auflassung. Muskat, R. d. Miterben zu d. einzelnen zum ungeteilten Nachlasse gehörigen Sachen. Hergenhahn, Rechtsfall aus d. Erb-R. (§. 774 Z.Pr.O.). Stegemann, Rechtsfall (Dienstbotenordnungen d. Provinz Hannover).

Oesterr. Gerichtszeitung. XXXIX. 19.—22. Finger, d. „objective Thatbestand" als Strafzumessungsgrund. 20. Nowak, z. Reform d. jurist. Studien. Zur Exekutionsnovelle. 21. Meissels, zu §. 5 Ges. v. 10./VI. 1887.

Jurist. Blätter. XVII. 19. 20. 22. Ueber Ermächtigungsdelikte nach österr. R. 20. W. Zucker, d. mündl. Summarverfahren vom statistischen Standpunkt. 23. Ein Theaterprozess. 21.—24. Steinbach, d. Rechtsgrundsätze betr. d. Ersatz v. Vermögensschäden. Theresian. Rechtsdenkmäler.

Oesterr. Centralbl. f. d. jurist. Praxis. VI. 5. Horner, über Rechtsfortbildung. Damianitsch, einige Worte über Zurechnung u. Strafen. (Beiheft IV, 5. Caro, gesetzl. Behandlung d. Arbeitsbücher in Oesterreich.)

Themis. Teil IL, Stück 2. Goudsmit, de toepassing van artikel 231 der Algemeene Wet van 26 Augustus 1822. Heemskerk. presidiale bevelschriften tot beslaglegging. Alvens, nit de

nagelaen geschriften van wylen Mr. D
algemeene bepolingen der wetgeving va
sma, het domicilie naar aanleiding va
commissie van 1886. Goudsmit, het
faillissement en de Surséance van betal
tot herziening van het burgerlijke wet
Rechtsgeleerd Magazijn. VII. 3. De Leaò
aansprakelijkheid voor derden. d'A b
v. Boneval·Fawre, de gedwongen tusi
lijk geding.
The New Jersey Law Journal. XI. 1. T
in a justices court.
The Calcutta Review. 1887. Oct. Phill
law. Caspenzsz, law reform and cha
La France Judiciaire. 1888. Mars, Avril.
vue de la Jurisprudence civile en 1887
Uebersicht der neuesten Entscheidung
littéraire.
Revue des Sociétés (Vavasseur). 1888.
L'ancienne communauté des „Beziis" en
prudence financière. Proposition de l
merciales.
Revue générale etc. 1888, Lfg. I et II. J
peut-elle, même en acceptant la comn
immeuble propre vendu par le mari. L
dans la procédure criminelle du moyen·
de la Praefectura Urbis à Rome. Les (
la question de leur suppression. Sir
calcul de la réserve sur les mêmes
prètres devant la loi civile. Du conflit ·
sence. Les enquêtes parlementaires et :
Moniteur des Assurances. 1888. Janvier et
savoir, c'est faire. De la mortalité en
entière. Police française d'assurance
navire en vigueur au 1 Janvier 1888. L
en Allemagne en 1886. Assurances cor
pratiques. Police française d'ass. marit
facultés. Les accidents du travail et le
Recueil périodique des Assurances. 188:
l'Opéra Comique. Nouvelles études sur l
controle des Compagnies d'ass. sur la v
Rivista italiana per le scienze giuridic
questioni controverse nel giudizio camb
§. 3 D. XXXIV 1. Polacco, sulla m
coniugi ai domestici bisogni.
Archivio giuridico. XL. 1. u. 2. Trinch(
schiavi in Roma. Tamassia, il. dir. ne
la funzione moderatrice nelle Stato mo(
ferroviario. Cogliolo, la filosofia ju
Chiappelli, a proposito di una rec
Bianchi, sulla imperscrittibilità in m
bologneso, dei caratteri differenziali fr
e la vendita di cose future.
Zeitschr. f. deutschen Zivilprozess. XII. :
Form der Beschwerde (Z.Pr.O. §. 532).
d. Kosten d. Berufungsinstanz (Z.Pr.O. §
Beitrag z. Absonderungs·R. d. Verpächte

Gerichtssaal. XL. 7. v. B a r, zweifelhafte Betrugsfälle, insbes.
untersagte Benutzung v. Eisenbahnretourbillets. B u r i, über d.
Begriff d. Gefahr u. seine Anwendung auf d. Versuch.
Archiv f. Straf-R. XXXV. 6. Kaiser Wilhelm. M a y e r, d. Entwurf e. Strafges. f. Italien (Zanardelli). P e t e r s o n, d. Unzu-
länglichkeit d. Strafmittel u. Strafdrohungen d. R.Str.G.B. O r t-
l o f f, d. Eröffnung d. Hauptverfahrens (Str.Pr.O. §. 206).
Hartlebens Gerichtsbibliothek. I. 2. Prozess Schönerer. Prozess
Wilson.
Revue philosophique. 1887. S. 625—644. T a r d e, les travaux
récents sur la psychologie criminelle (Marro, Battaglia, de Aram-
burn y Zuloaga, Lombroso, Contague etc.)
Histor.-polit. Blätter. Cl. 7. S. 540—560. Der Thronwechsel in
Preussen u. im Reich.
Deutsches Wochenblatt. I. 7. Freie Wahlen. 9. Vormeng, Missbrauch d. Redefreiheit im österr. Abgeordnetenhaus. 10. Die
Vorgänge im preuss. Abgeordnetenhause (Frage d. Verfassungsänderung). 11. Verlängerung d. Legislaturperioden. M a y r,
italien. Nationalunfallversicherungskasse.
Revue de droit international. XX. 2. C u v e l i e r, de l'incom-
pétence des tribunaux belges vis-à-vis des gouvernements étran-
g e r s, étudiée au point de vue de la situation spéciale de l'État
du Congo en Belgique. K a m a r o w s k y, des causes politiques
de guerre dans l'Europe moderne. P r a d i e r - F o d é r é, la République Argentine et le droit international. L e h r, le corps
diplomatique et le corps consulaire en Espagne. Coup d'œil
sur l'organisation actuelle. R o l i n, le nouveau projet de code
de commerce portugais.

C. Neue Erscheinungen.

Vom 10. Mai bis 9. Juni 1888 erschienen oder bei der Redaktion
eingegangen (letztere mit * bezeichnet).

1. Deutsche Bücher und Broschüren.

B e n e d i k t, E., d. Einfluss d. Schwurgerichtes auf das materielle
Straf-R. Vortrag, geh. am 8./II. 1888 in d. jurist. Gesellschaft.
Wien, Manz. 28 S. 60 Pf.
*B o r c h e r t, Th., d. strafrechtl. Verantwortlichkeit f. Handlungen Dritter
insbes. d. Teilnahme am Verbrechen u. d. mittelbare Thäter-
schaft, nach deutsch-preuss. R. Berlin, Müller. VIII u. 135 S. 3 M.
B r o c k h a u s, Fr., üb. d. kanon. R. Rektoratsrede. Kiel, Universitäts-
buchhandlung. 22 S. 1 M.
*C o h n, G., drei rechtswissenschaftl. Vorträge in gemeinverständl.
Darstellung. Heidelberg, Winter. 148 S. 2 M. 80 Pf.
1) Deutsches R. im Munde des Volks. 2) Warum hat und braucht der
Handel ein besonderes R.? 3) Die Anfänge eines Weltverkehrs-R.
*C o s a c k, K., Lehrb. d. Handels-R. mit Einschluss d. See-R. (Jurist.
Handbibliothek.) Stuttgart, Enke. XX u. 540 S. 9 M., gb. 10 M.
D a n t s c h e r v. K o l l e s b e r g, Th., d. polit. R. d. Unterthanen. 1. Lfg.
Wien, Manz. 124 S. 3 M.
*D i c k e l, K., d. Vorbildung d. Juristen in Preussen, insbes. in der
Praxis. Vortrag in d. jurist. Gesellschaft in Berlin. Marburg,
Ehrhardt. 54 S. 1 M.

Ebbecke, J., Grundriss eines Systems d. Rechtsordnung nach prak
Zwecken dargestellt unter Berücksichtigung d. preuss. R. u. ‹
Reichs-R. Berlin, Guttentag. 45 S. 1 M.

Esmarch, K., röm. Rechtsgeschichte. 3. verb. Aufl. Kassel, Wiganc
XIII u. 457 S. 9 M.

Exner, A., Erinnerung an Brinz. Vortrag in d. Vollversammlun
d. Wiener jurist. Gesellschaft am 23./XII. 1887. Wien, Hölde
28 S. 1 M.

Fitting, H., d. Anfänge d. Rechtsschule zu Bologna. Berlin, Gutter
tag. V u. 129 S. 3 M.

Friedmann, O., objektives Pressverfahren u. Offizialverfolgung b‹
Ehrenbeleidigungen. (Aus „Allg. österr. Gerichtsztg.“) Wiei
Manz. 24 S. 80 Pf.

Hergenröther, Ph., Lehrbuch d. kathol. Kirchen-R. Freiburr
Herder. XVI u. 552 S. 6 M.

Hintanhaltung, die, d. Trunksucht u. d. Gesetzentwurf v. 1887. Bi
sprochen über Veranlassung d. österr. Vereines gegen Trunl
sucht v. e. Mitgliede desselben. Wien, Manz. 24 S. 60 Pf.

*Hübler, kirchl. Rechtsquellen. Berlin, Puttkamer & Mühlbrech
74 S. 2 M.

*Kornfeld, J., d. mündl. Summarverfahren. Bemerkungen u. Al
änderungsvorschläge zu d. Gesetzentwürfen. Wien, Manz. 188‹
75 S. 1 M. 20 Pf.

°Krüger, P., Geschichte d. Quellen u. Litteratur d. r. R. (Bindinɡ
Handbuch I, 2.) Leipzig, Duncker & Humblot. 395 S. 9 M.

*Levi, S., Vorname u. Familienname im R. Giessen, Roth. III ‹
60 S. 1 M.

Maneles, H., Verjährung u. Schadenandienung in Seeversicherung‹
sachen. Wien, Bretzner & Co. 32 S. 1 M.

*Mataja, V., d. R. d. Schadenersatzes v. Standpunkte d. Nationa
ökonomie. Leipzig, Duncker & Humblot. XI u. 204 S. 4 ᴵ
40 Pf.

Mayer, B., d. Vereinbarung schiedsrichtlicher Rechtsstreitentsche
dung nach früherem u. jetzigem gemeinen R. Eine historiscl
dogmat. vergleich. Darstellung. Erlangen, Deichert. III u. 122 ‹
2 M. 40 Pf.

*Meili, F., Grundriss zu akadem. Vorlesungen üb. d. Zivilprozess-ᴵ
d. Kantons Zürich u. d. Bundes. Zürich, Orell, Füssli & C‹
63 S. 2 M.

*Meili, F., d. R. d. modernen Verkehrs- u. Transportanstalten. Ei
Grundriss. Leipzig, Duncker & Humblot. XI u. 130 S. 3 ᴵ
20 Pf.

Meili, F., d. Rechtsstellung d. Dampfschiffunternehmungen in ‹
Schweiz. (Sammlung schweizer. Rechtsfragen. 1. Hft.) Beri
Jenni. 1 M.

Merkel, J., Abhandlungen aus d. Gebiete d. r. R. 3. Heft. Hall‹
Niemeyer. 4 M.
    Inhalt. Ueber die Entstehung des röm. Beamtengehaltes u. über röɾ
    Gerichtsgebühren. VI u. 174 S.

*Motive z. Entwurf. e. bürgerl. G.B. Berlin, Guttentag. I. 25 Bɪ
2 M. II. 56 Bg. 4 M. 50 Pf. III. 55 Bg. 4 M. 40 Pf. IV. 81 Bɪ
6 M. 50 Pf. V. 45 Bg. 3 M. 50 Pf.

Ney, C., Institutionen u. Pandekten mit specieller Berücksicht. ‹
Quellen, d. Reichsjustizgesetze u. d. preuss. Land-R., f. Studi‹
rende u. Prüfungskandidaten in Frage u. Antwort bearbeite
III. Familien-R. u. Erb-R. Berlin, Bahr. VIII u. 504 S. 6 ᴵ

Parey, K., Handbuch d. preuss. Verfassungs-R. mit Rücksicht auf d. deutsche Reichsverfassung, als Leitfaden f. Schule u. Haus z. prakt. Gebrauch bearb. Berlin, Siemenroth & Worms. 78 S. 60 Pf.

Rintelen, V., Zwangsversteigerung u. Zwangsverwaltung. (Gesetz v. 13./VII. 1883.) Systematisch dargestellt. 2., mit dem f. den Geltungsbereich d. rhein. R. bearb. Nachtrage versehene Ausg. Paderborn, Schöningh. VIII u. 173 S. 2 M. 40 Pf.

Rossmy, J. B., Handbuch f. Gefängnisaufseher. 2. unveränd. Aufl. Hrsg. v. d. rhein.-westfäl. Gefängnisgesellschaft. Düsseldorf, Voss. 63 S. 50 Pf.

Rockinger, L. v., üb. d. Abfassung d. kaiserl. Land- u. Lehen-R. 1. Hälfte. (Aus „Abhandlungen d. k. b. Akad. d. Wissensch.") München, Franz. 104 S. 3 M.

*Scharff, G., d. Lehre v. Gewährerlass (pactum de non praestanda evictione) nach r. R. Greifswald, Scharff. III u. 78 S. 1 M. 50 Pf.

*Schmidt, A., echte Not. Ein Beitrag z. deutschen Rechtsgeschichte. Leipzig, Duncker & Humblot. X u. 204 S. 4 M. 80 Pf.

*Schrutka-Rechtenstamm, E. v., Grundriss zu Vorlesungen über österr. Zivilprozess. Für d. Bedürfnis seiner Zuhörer bestimmt, Berlin, Heymann. 44 S. 1 M. 80 Pf.

*Schulze, H., d. preuss. Staats-R., auf Grundlage d. deutschen Staats-R. dargest. 1. Bd. 2. Aufl. Leipzig, Breitkopf & Härtel. XII u. 660 S. 12 M.

Seydel, M., bayer. Staats-R. 1.—3. Bd. 2. unveränd. Abdr. Freiburg, Mohr. 1887. IX u. 658 S., V u. 581 S., VI u. 660 S. 40 Pf.

*Stobbe, O., z. Geschichte d. älteren deutschen Konkursprozesses. Als Einleitung in d. heut. R. Berlin, Hertz. IV u. 116 S. 3 M.

*Ullmann, d. Handelsgebräuche üb. Lade- u. Löschzeit, Ueberliegezeit u. Liegegelder bei d. Transport v. Gütern auf Flüssen etc. Berlin, Heymann. 1 M. 50 Pf.

Verhandlungen d. 19. deutschen Juristentags. I. Bd. Gutachten. Berlin, Guttentag. IV u. 162 S. 3 M.

Wagner, üb. Gefängniswesen u. Fürsorge f. entlassene Strafgefangene Vortrag, geh. im Stuttgarter Frauenverein. Stuttgart, Buchhandlung der Evangel. Gesellschaft. 46 S. 20 Pf.

---

*Bilfinger, G., d. bürgerl. Tag. Untersuchungen über d. Beginn d. Kalendertages im klass. Altertum u. christl. Wort. Stuttgart, Kohlhammer. 286 S. 5 M.

Ellinger, G., d. antiken Quellen d. Staatslehre Machiavellis. (Aus „Zeitschr. f. d. ges. Staatswissensch."). Tübingen, Laupp. VIII 62 S. 1 M. 50 Pf.

Kaufmann, G., Geschichte d. deutschen Universitäten. 1. Bd. Stuttgart, Cotta.

Kohut, A., Buch berühmter Duelle. Berlin, Fried. VII u. 263 S. 4 M.

*Mahraun, H., d. Ordnung d. Arbeiterwohnungsfrage. Berlin, Heymann. 18 S. 40 Pf.

*Mahraun, H., d. Verteilung v. Notstandsgeldern. Ebd. 13 S. 40 Pf.

Meyer, A., über Altersversicherung d. Arbeiter. Vortrag, geh. in d. volkswirtschaftl. Gesellsch. zu Berlin am 14./I. 1888. (Volkswirtschaftl. Zeitfragen. 74 Hefte.) Berlin, Simion. 1 M.

Rimpler, H., Domänenpolitik u. Grundeigentumsverteilung vorneh
lich in Preussen. Leipzig, Duncker & Humblot. IX u. 253
5 M. 40 Pf.
Schriften d. Vereins f. d. Geschichte Berlins. 24. Heft. Berl
Mittler & Sohn. 3 M.
Inhalt. Brose, Wackenrodes Corpus Bonorum des Magistrats der
Residentsien Berlin. 1771. VI u. 160 S.
Schröder, L. v., d. Hochzeitsbräuche d. Esten u. einiger ande
finnisch-ugrischer Völkerschaften in Vergleichung mit denen
indogerman. Völker. Ein Beitrag zur Kenntnis d. ältesten
ziehungen d. finnisch-ugrischen u. d. indogerman. Völkerfami
Berlin, Asher & Co. VIII u. 265 S. 5 M.
Seidler, G., Lehrbuch d. österr. Staatsverrechnung. Wien, Hölc
XII u. 252 S. 6 M.

2. Ausgaben von Gesetzen, Entscheidungen etc.

*Atzrott, O., sozialdemokrat. Druckschriften u. Vereine, verboten
Nachtrag. Im amtl. Auftrage bearb. Berlin, Heymann. VII
46 S. 1 M. (Vgl. C.Bl. VI, 75.)
*Eger, eisenbahnrechtl. Entscheidungen deutscher u. österr. Geric
VI. Bd. 1. Heft. Berlin, Heymann. 128 S. 18 M.
*Jahresbericht, dritter, d. Gefängnisgesellschaft f. d. Prov. Sachs
u. d. Herzogt. Anhalt.
Enthält Referate etc. von Koblinski, Ehrenberg, Penschke, Fra
Förster.
Hellwig, K., Zivilprozesspraktikum. Zum Gebrauche bei zivilpro:
sualen u. konkursrechtl. Uebungen. Freiburg, Mohr. VII
102 S. 2 M.
Menzen, Materialien z. Gesetzentwurf üb. Grundbuchwesen, Zwar
vollstreckung etc. im Gebiete d. rhein. R., sowie z. Gesetz
wurf betr. Vereinigung v. Rechtsanwaltschaft u. Notariat. 2 l
Bonn, Haustein. 1. Lfg. 48 S. 1 M.
Putz, C., jurist. Prüfungsfragen mit konzisen Antworten, f. Ka
daten d. rechtshistor. Prüfungen systemat. bearb. 1. Abt. I
fungsfragen aus d. röm. Institutionen-R. 1. Bdchn., enth.:
gemeiner Teil, Sachen-R., Obligationen-R. Wien, Frank. Vl
113 S. 1 M. 50 Pf.
Schwarzkopf, A., d. Fahrwesen auf öffentl. Wegen, Strasser
Plätzen im Königr. Sachsen. Plauen, Hohmann. VIII u. 17:
3 M. 50 Pf.
Schimkowsky, J., Formularien über alle Zweige d. österr. Zivi
Ein Handbuch f. Advokaten u. Notare. 3., nach d. gegenw
Stande d. Gesetzgebung richtig gestellte u. vielfach vermel
Aufl. Mit e. Anh., enth. Tabellen z. Berechnung d. Vermög
übertragungs- u. Eintragungsgebühren u. d. Stempelskalen. W
Manz. XXXVIII u. 606 S. 8 M.
Staatshandbuch f. Sachsen f. 1888/89. Dresden, Heinrich. XV:
777 S. 7 M.
Wie führe ich meine Prozesse beim Amtsgericht? 24. Aufl. Lil
Skrzeczck. 46 S. 1 M.
Wie mache ich Steuerreklamationen? 3. Aufl. Ebd. 44 S. 1

Grotefend, d. ges. preuss.-deutsche Gesetzgebungsmaterial. 1.
Düsseldorf, Schwann. 1888. 48 S. 50 Pf.

Zusammenstellung d. Ges. üb. d. sächl. Leistungen f. d. Heerwesen. Stuttgart, Metzler. 3 M. 40 Pf. (Supplement allein enth. Pferde- aushebungsreglement S. 65—88. 20 Pf.)

Klemm, H. H., Reichsgesetz betr. d. unter Ausschluss d. Oeffentlich- keit stattfindenden Gerichtsverhandlungen v. 5./IV. 1888. Leipzig, Rossberg. III u. 54 S. 1 M. 20 Pf.

Zivilprozessordnung v. L. Senffert. 4. Aufl. In 6 Lfgn. 1. Lfg. Nördlingen, Beck. 160 S. 3 M. 20 Pf.

— v. Peters. Berlin, Müller. 3 M. 50 Pf.

Krah, C., Strafgesetzbuch f. d. Deutsche Reich mit Erläuterungen u. d. Entscheidungen d. Reichsgerichts, sowie d. Bestimmungen üb. d. Zuständigkeit d. Gerichte in Strafsachen. Berlin, Siemen- roth & Worms. VII u. 400 S. 2 M.

Gewerbeordnung (Kayser). 2. Aufl. (Für d. Reich.) XII u. 368 S. 2 M. 40 Pf. Ausg. f. Preussen. XII, 368 u. 32 S. 3 M. Ausg. f. Elsass-Lothringen. Berlin, Müller. XII, 368 u. 48 S. 3 M.

Unfallversicherungsgesetz (Woedtke). 3. Aufl. Berlin, Guttentag. XLII u. 308 S. 2 M.

— v. 11./VII. 1887 (Mugdan). Ebd. XX u. 211 S. 1 M. 25 Pf.

Unfallversicherung, d. landwirtschaftl. (f. Hannover) v. Tzschoppe. Hannover, Meyer. 52 S. 50 Pf.

— (f. Sachsen) v. Rumpelt. Dresden, Höckner. X u. 292 S. 3 M.

Unfall- u. Krankenversicherung d. Betriebs- etc. Arbeiter bei d. Staatseisenbahnen (Bock). Leipzig, Larsen. IV u. 179 S. 1 M.

Besteuerung d. Branntweins (Trojan). Harburg, Elkau. VIII u. 90 S. 2 M. 60 Pf.

Preussen. Wollenzien, J., u. Walter, H., d. Buch- u. Rechnungs- führung bei d. Gefangenenarbeitsverdienstkassen u. Gefängniss- Oekonomieverwaltungen d. preuss. Justizbehörden. Systemat. Zusammenstellung aller einschläg. Vorschriften nach ihrer heut. Geltung. Mit Erläuterungen, Formularen u. Beispielen hrsg. Berlin, Siemenroth & Worms. XV u. 227 S. 4 M. 50 Pf.

Vormundschaftsordnung (Meuzen). Bonn, Haustein. 84 S.

Zimmermann, F., Sammlung d. Bestimmungen üb. d. Umzugskosten d. Beamten d. preuss. Staatseisenbahnen. Aus amtl. Quellen entnommen u. zusammengestellt. Berlin, Siemenroth & Worms. VIII u. 72 S. 1 M. 50 Pf.

Gesetz betr. Polizeiverwaltung u. Strafrechtspflege bes. f. Westfalen. (Held). Berlin, Habel. XL u. 756 S. 7 M.

Jacobi, O., d. Partikulargesetze f. Neuvorpommern u. Rügen. Stral- sund, Bremer. 2 M. 50 Pf.

> Inhalt. Die Gesindeordnung u. ihre Ergänzungsgesetze. Mit Erläute- rungen. XIII u. 212 S.

Reglement f. d. nassauische Brandversicherungsanstalt. Wiesbaden, Bechtold. 52 S. 50 Pf.

Sachsen. Bürgerl. G.B. (Kaden u. Scheele). In ca. 10 Lfgn. 1. Lfg. Leipzig, Rossberg. 96 S. 1 M. 80 Pf.

Bayern. Subhastationsordnung. 3. Lfg. Würzburg, Stahel. 20 Pf. (1.—3. 1 M. 30 Pf.

Rheinschiffahrtspolizeiordnung (20./XI. 1887). Ebd. 40 Pf.

Steuergesetze. 1. Abt. 6. Lfg. Würzburg, Stahel. 10 Pf. (1.—6. 2 M. 15 Pf.

Baden. Gesetze etc. über Jagd u. Fischerei. Freiburg, Schmidt- Vogler. 2 M. 20 Pf.

— von deutschen Reichsgesetzen u. württemberg. Landesgesetzen. 4. u. 5. Bdchn. Stuttgart, Kohlhammer. 2 M. 50 Pf.

> Inhalt. 4. Gemeindeangehörigkeit u. Landesfeuerlöschordnung, je mit Vollziehungsverfügung. III u. 86 S. 1 M. 5. Die Vorschriften über die Unfallversicherung der gewerbl. Arbeiter. IV u. 267 S.

Oesterreich. Gesetz v. 28./XII. 1887 (Unfallversicherung) u. 30./
1888 (Krankenversicherung). Wien, Manz. 79 S. 80 Pf. De:
Prag, Mercy. 95 S. 1 M.
Krankenversicherungsgesetz (Geller). Wien, Perles. 88 S. 1
Desgl. Wien, Staatsdruckerei. 25 Pf.
Eisenbahngesetze. 3. Aufl. Wien, Manz. XI u. 526 S. 4 M. 60
Jagd- u. Forstschutzgesetze f. Böhmen. 5. Aufl. Prag, Mercy. 17(
1 M. 76 Pf.
Gesetz f. Böhmen. Nr. 209. Prag, Mercy. 1 M.
Landsturmgesetz etc. f. Tirol u. Vorarlberg. Innsbruck, Wagt
196 S. 1 M. 60 Pf.
Vorschriften, passpolizeil. (Redaktionelle Beilage d. kärtner. '
meindeblatts.) Klagenfurt, v. Kleinmayr. 7 S. 24 Pf.
Vertragszolltarif (Strigl). Wien, Manz. III, 210 u. 28 S. 2 M.
Vorschriften über d. Assekuranzwesen (Derblich). Prag, Mercy.
u. 222 S. 3 M.
Schweiz. Gesetze, Dekrete u. Verordnungen des Kantons Be
Jahrg. 1886. Der neuen Folge 25. Bd. Bern, Jenni. 1886.
u. 216 S. 2 M. 60 Pf.
Uebereinkunft betr. d. Bildung e. internationalen Verbandes z
Schutze v. Werken d. Litteratur u. Kunst. Abgeschlossen
9./IX. 1886. (Deutsch u. französisch.) Bern, Jenni. 49 S. 1
Französ. Ausg. 31 S. 1 M.

Verantwortlicher Redakteur: Dr. v. Kirchenheim in Heidelberg.

Centralblatt

für

RECHTSWISSENSCHAFT

herausgegeben von

Dr. v. Kirchenheim,

Professor in Heidelberg.

VII. Bd.	August 1888.	Nr. 11.

Monatlich ein Heft von 2½ Bogen. — Preis des Jahrgangs 12 Mark. — Zu beziehen
durch alle Buchhandlungen und Postanstalten.

A. Besprechungen.

I. Allgemeines und Rechtsgeschichte.

**Federal Decisions. Cases argued and determined in
the Supreme Circuit and District Courts of the
U. St. arranged by William G. Myer.** St. Louis,
The Gilbert Book Company. 1884—1888. 30 Vol., wovon
20 erschienen. 200 doll.

Seit 1884 erscheint obige Sammlung von Entscheidungen
amerikanischer Gerichtshöfe, welche die Aufmerksamkeit auch
der kontinentalen Juristen auf sich ziehen muss. Zwar kann
nicht angenommen werden, dass viele unter ihnen sich zur An-
schaffung einer so umfangreichen Publikation entschliessen
werden, allein auf den grösseren Bibliotheken sollte sie nicht
fehlen. Behufs der Rechtspflege wird das Gebiet der Vereinigten
Staaten von Nordamerika eingeteilt in Distrikte, welche in der
Regel mit dem Gebiete eines Staates zusammenfallen, und in
Kreise, circuits, welche mehrere Distrikte umfassen, und von
denen gegenwärtig neun bestehen. Für jeden Distrikt und jeden
Kreis besteht ein Gericht, und es stehen somit die Kreisgerichte
zwischen den Distriktsgerichten und dem Obergericht. Daneben
besteht seit 1855 noch ein ·sogen. court of claims zur Beurteilung von Ansprüchen gegen die Vereinigten Staaten. Die
Entscheidungen dieser Gerichte sind in Sammlungen enthalten,
welche viele Hunderte von Bänden füllen, andere sind in Zeitschriften oder Tagesblättern abgedruckt, wo auch der aus-
dauerndste Fleiss sie nicht immer aufzufinden vermag. Ferner

gelangen sie in den offiziellen Sammlungen in chronologischer
Reihenfolge zur Veröffentlichung und nicht nach den Materien
geordnet, so dass es eines grossen Aufwandes von Zeit und
Mühe erfordert, um im einzelnen Falle sich den gewünschten
Aufschluss zu verschaffen. Diesem Uebelstande hilft die Sammlung in sehr vollständiger Weise ab und ersetzt nicht nur eine
umfangreiche Bibliothek, sondern erspart auch dem Advokaten
und Richter einen guten Teil bisher nutzlos aufgewendeter Zeit.

Wir besitzen eine grosse Anzahl von amerikan. Werken, in
welchen die Jurisprudenz über eine bestimmte Frage mit erschöpfender Vollständigkeit verarbeitet ist; so haben einzelne Autoren die
Gebiete der Versicherung, des Markenschutzes, des Frachtver-
trages, der letztwilligen Verfügungen u. s. w. bearbeitet, allein
ihre Arbeiten verhalten sich zu der vorliegenden wie eine Monographie zu einem ausgeführten Systeme. Zum Gelingen des
Unternehmens bedurfte es des Zusammenwirkens vieler und
tüchtiger Kräfte, und es ist dem Redaktor gelungen, dieselben
zusammenzubringen (u. a. Hammond, Bennett, Jones, Lawson,
Thompson, Curtis, Bigelaw, Daniel, Schouler). Der Löwenanteil
aber fällt dem Herausgeber selber zu, welcher nicht nur den
Plan ausgearbeitet, sondern auch neben der Direktion des Ganzen
die Bearbeitung verschiedener Bände, z. B. 10 u. 12, sowie kleinerer Artikel selbständig übernommen hat. Die Entscheidungen
werden nicht in chronologischer Ordnung veröffentlicht, sondern
nach Materien geordnet. Dabei werden die Hauptentscheidungen
des obersten Gerichtshofes in erster Linie berücksichtigt und in
extenso mitgeteilt, während diejenigen, welche von den Kreis-
oder Distriktsgerichten in Uebereinstimmung damit erlassen
worden sind, oder denen nur ein abweichender Thatbestand zu
Grunde liegt, oder bei welchen nun bereits festgestellte Grundsätze zur Anwendung kommen, nur auszugsweise. Dass aber
dabei nichts Wesentliches übersehen worden ist, wird unter anderem mit Bezug auf Band 12 — Crimes — von Lawson ausdrücklich bezeugt. Ferner wird jeder einzelne Gegenstand in
seine verschiedenen Bestandteile und Unterabteilungen zerlegt
und werden zu jeder die gerichtlichen Entscheidungen übersichtlich
angeführt. So zerfällt z. B. in Bd. 14 die allgemeine Rubrik „Domestic Relations" in folgende fünf Unterabteilungen: Husband and
Wife; Parent and Child; Guardian and Ward; Infancy; Master
and Servant; und die zu jeder mitgeteilten Entscheidungen füllen
nicht weniger als 500 Seiten. An die Spitze eines jeden Haupt-
gegenstandes werden die Grundsätze gestellt, welche als von der

Jurisprudenz anerkannt betrachtet werden, und für welche die nachfolgenden vollständig oder auszugsweise mitgeteilten Urteile die urkundlichen Belege bilden. Ein ausführliches Register erleichtert die rasche Auffindung jeder Entscheidung. Um dem Publikum, für welches die Sammlung bestimmt ist, eine möglichst grosse Garantie für ihre Richtigkeit und Vollständigkeit zu bieten, wird jeder einzelne Band, bevor er in Druck gegeben wird, von anerkannten Fachmännern geprüft und mit ihrem Zeugnisse versehen, und wie sich aus den bisherigen Besprechungen ergibt, sind dieselben bisher immer von der öffentlichen Meinung bestätigt worden. Wir geben schliesslich eine kurze Uebersicht des Hauptinhaltes einer Anzahl der bereits erschienenen und uns vorliegenden Bände. Es enthalten die Entscheidungen der Gerichte: Bd. 5 über das Frachtgeschäft „Carriers", Bd. 6 u. 7 „Constitutional Law", Bd. 8 „Contracts", Bd. 10 „Corporations", Bd. 11 „Courts", Bd. 13 „Debtor and Creditor", Bd. 14 „Domestic Relations", Bd. 15 „Equity", Bd. 16 „Estates of Decedents", Bd. 19 „Insurance"; dieser Band enthält unter den Ueberschriften „General Principles", „Marine Insurance", Fire Insurance", „Life Insurance" und „Accident Insurance" eine vollständige Uebersicht der gegenwärtigen Rechtsprechung in Versicherungssachen (900 S.). Das nämliche gilt von Bd. 25, welcher auf 1230 S. die sämtlichen Entscheidungen enthält, über Patentsachen, Handels- und Fabrikmarken und Nachdruck.

König.

Statutum potestatis comunis Pistorii anni 1296 nunc primum edidit L. Zdekauer. Praecedit de statutis pistoriensibus saeculi XIII dissertatio. Mediolani, Hoepli. 1888. LXVIII u. 343 S. 20 l.

Durch ihre Veröffentlichung in Muratoris Antiquitates (1741) und in Zaccarias Anecdota (1755) sind die Statuten von Pistoja aus dem 12. Jahrhundert nach ihrer grossen Bedeutung für die Rechtsgeschichte Italiens seit geraumer Zeit vielfach gewürdigt und benutzt worden. In einer leider unvollendet gebliebenen Ausgabe hat der 1886 verstorbene Prof. Francesco Berlan einen besseren Text geboten (Statuti di Pistoia del secolo 12 reintegrati, ridotti alla vera loro lezione: ed illustrati da Fr. Berlan. Fasc. 1. Bologna 1882). Ueber das Alter dieser in drei Statute zerfallenden Sammlung hat L. Chiappelli neuerlich eine sorgfältige Untersuchung angestellt (Archivio storico italiano. Anno 1887. 4a serie, tom. 19, p. 75 squ.). Den von Chiappelli aus-

gesprochenen Wunsch, auch die beiden Statutensammlungen von
Pistoja aus dem 13. Jahrhundert, nämlich das „Statutum potestatis" von 1296 und „Breve et ordinamenta populi" von 1270 bis
1287 edirt zu sehen, hat nun L. Zdekauer hinsichtlich der ersteren Sammlung erfüllt. Die sorgfältige Ausgabe gibt die einzige
bekannte Handschrift wieder, welche aus der Sammlung von
Carlo Strozzi stammend jetzt im grossen Archiv zu Florenz auf-
bewahrt wird. Sie ist auf Baumwollenpapier von der Hand
eines einzigen Schreibers in sehr korrekter Weise geschrieben
und besteht aus 198 Blättern.

Konnte Briegleb die älteren Statuten von Pistoja dem grössten
Teile ihres Inhalts nach als eine Amtsinstruktion für den Podesta
bezeichnen, so haben wir in dem Statutum von 1296 schon ein
sehr vollständiges und umfassendes Stadtrecht vor uns, welches
nicht bloss für Verfassungsgeschichte, sondern auch für Privat-R.,
Prozess- und Straf-R. von grösster Bedeutung ist.   Dasselbe
zerfällt in 5 Bücher. Das 1. Buch handelt „de officialibus". Der
63. Absatz ist überschrieben: „Quod omnes officiales sint guelfi".
Das 2. Buch handelt in 84 Absätzen „de civilibus". Der umfangreiche 3. Absatz hat die Ueberschrift: „De precetto quaren-
tigie faciendo et de bonis dandis in solutum". Das umfangreichste ist das 3. Buch, welches über die „questiones crimi-
nales" in 169, bezüglich den angefügten „Tractatus judicis dampni
dati" eingeschlossen in 299 Absätzen Vorschriften gibt. Das
4. Buch zählt 148 Absätze „de extraordinariis", das 5. Buch
42 „de publicis operibus".

Die auf ein umfassendes, bisher nicht veröffentlichtes Ur-
kundenmaterial sich stützende Vorrede weist das für die Dogmengeschichte so wichtige allmähliche Wachstum des Statutum und
seinen überaus wichtigen Zusammenhang mit den Statuten von
Florenz nach. Den Kern des Statutum von 1296 bildet eine
unter Karl von Anjou bewirkte Rezension von 1267. Die Vorrede stellt zunächst die Bestandteile fest, die älter sind als diese
Rezension. Dann wird behandelt, was dieser eigentümlich ist
und was bis 1295 hinzugefügt wurde. Es folgt die Auseinandersetzung, wie das Statutum von 1296 unter dem direkten Einfluss von Florenz, dem Pistoja unterwürfig geworden war, zu-
standegekommen ist, und dass es zu einem grossen Teile Bestimmungen des florent. Stadt-R's. enthält. Nachgewiesen wird
dies aus den bisher ungedruckten Statuten von Florenz aus dem
Jahre 1324. Die Rezension der Florentiner Statuten von 1290,
die 1296 jedenfalls noch galt, ist verloren. Das Statutum von

Pistoja ist daher auch eine unschätzbare Quelle für das florent.
Stadt-R. Schulz.

Bertolini, C. I celeres ed il tribunus celerum. Contributo alla storia della costituzione dell antica
Roma. Rom, Loescher & Co. 1888. 2 l.

B. stellt einleitend die Nachrichten und Auffassungen der
Schriftsteller des Altertums über die Celeres zusammen, welche
teils als die ursprüngliche römische Reiterei, teils als ausschliessliche persönliche Leibgarde des Königs betrachtet wurden, während Dionysius v. Halicarnassus eine Mittelmeinung vertrat.
Auch die zahlreichen Schriftsteller der Neuzeit teilen sich hauptsächlich in zwei Gruppen, deren eine die Celeres als Leibgarde
des Königs auffasst, welche zugleich die Dienste der Reiterei im
Heere versah, während die andere in dieser Truppe nur die
ältere Reiterei sieht, ihre Eigenschaft als Leibgarde aber leug-
net. B. schliesst sich dem letzteren Urteil in ausführlicher,
grösstenteils auf dem Gebiete der Etymologie sich bewegender
Begründung an. Wahrscheinlich sei es, dass die Etrusker wesentlichen Anteil an der Begründung und Entwickelung dieser
Reiterei hatten.

Der II. Abschnitt kommt in eingehender Untersuchung bezüglich des tribunus · celerum zu folgendem Hauptergebniss:
Derselbe war Kommandant der Reiterei, nächster Machthaber
nach dem König; er hatte auch religiöse Funktionen zu versehen und konnte kraft Delegation, nicht kraft eigenen Rechtes,
Regierungsbefugnisse ausüben. Es gab nur einen tribunus c.,
sein Amt wurde ihm dauernd vom König verliehen, endete jedoch
mit dem Tode des ernennenden Königs. Das Amt ging unter
mit dem Königthum. Kleinfeller.

II. Bürgerliches Recht und Handelsrecht.

Motive zu dem Entwurfe eines bürgerlichen Gesetzbuches für das Deutsche Reich. Bd. III: Sachen-R.
Berlin u. Leipzig, Guttentag (D. Collin). 1888. 869 S.
4 M. 40 Pf.

Der 3. Band der Motive teilt mit dem 1. das Hinstreben
nach eigenartigen Hauptgesichtspunkten, welche namentlich in
den „Vorbemerkungen" teils vor, teils auch in den einzelnen

Abschnitten (z. B. S. 705 ff.) zu finden sind. Auch die Unab
hängigkeit von der juristischen Litteratur tritt hier wie dor
hervor, jedoch in minder hohem Grade; so ist z. B. Hartmann
„begrenztes R." als grundlegender technischer Ausdruck auf
genommen worden (S. 2). Ferner ist in diesen beiden Bände
das Streben, die angeregten Fragen zu lösen, stärker ausgepräg
als in dem zweiten. Freilich fehlen auch im Sachen-R. nich
Verweisungen auf die spätere Wissenschaft und Praxis (vergl
z. B. S. 254, 360, 421, 433, 473, 652, 654, 744, 781, 798
799, 852 und sonst), doch arbeiten sich andererseits die Motiv
selbst in die Konsequenzen des neuen Gesetzwerkes mit Scharf
sinn hinein (vgl. z. B. S. 402 unten, 522 und sonst). Anderer
seits folgt der 3. Band ebenso wie der 2. den üblichen systema
tischen Einteilungen und unterscheidet sich dadurch vom 1. nich
minder als durch seinen Umfang. Dieser beruht hier in noch
höherem Grade, als es bei den Schuldverhältnissen der Fall wa
auf der Notwendigkeit grosse Massen zu verarbeiten und voll
ständig zu sein. Die Unabhängigkeit von der Pandektendoktri
tritt nämlich im Sachen-R. weit schärfer hervor, in welchem di
Einfachheit der mittelalterlichen Rechtszustände (vgl. S. 430
und die Mannigfaltigkeit deutschen Genossenschaftswesens ihr
Spuren nicht minder zurückgelassen haben, wie die Bevormun
dungszwecke des aufgeklärten Absolutismus und die moderne
Begünstigungen des Verkehrs und Kreditwesens. Hier war be
sonders die Eigenart des preuss. R. zu beachten mit ihrem äl
teren bevormundenden Formalismus (vgl. S. 596 Mobiliarpfand
und ihrem neueren Hange zu abstrakten Geschäften (namentlic
im Grundbuch-R.). Das preuss. Vorbild ist jedoch nicht ohn
wichtige Abweichungen nachgebildet worden (vgl. z. B. S. 164 ff.
317, 422, 701, 702, 787 und andererseits 817, 818). Wichtig
Einflüsse des französ. R. zeigen sich namentlich S. 343 und 412
Von einem Zerlegen des heutigen Rechtslebens in seine geschicht
liche Elemente ist übrigens Abstand genommen; nur selten finde
sich geschichtliche Bemerkungen und Verweise auf Justinian
Rechtsbuch (S. 403, 407, 411, 421, 440, 820 und sonst). De
Prüfstein, an welchem der Wert des Entwurfs gemessen wird
ist nicht die Rechtsgeschichte, sondern deren Ergebnis, da
heutige Rechtsleben, auf welches hie und da Schlaglichter ge
worfen werden und dem vorwiegend vom volkswirtschaftliche
Standpunkte aus das neue Gesetzbuch angepasst wird, vgl. S. 23
(Begünstigung des Baugewerbes), 316, 372—374 (Bienenzucht)
448, 470, 599, 770 unten, 793.

Neben solchen legislativ-politischen und praktischen Erwägungen ist übrigens die logische Seite der Gesetzgebungsthätigkeit nicht vernachlässigt. Systematische Ausführungen sind freilich nur in geringem Masse zu finden (S. 23, 595), auch wird öfters die „Konstruktionsfrage" als eine rein wissenschaftliche abgelehnt, vgl. S. 80, 100 Abs. 1 (Verhältnis zwischen Besitz und R.), 539 (R. an Rechten), 545, 595, 610. Anderweitig wird jedoch gerade dieser Punkt in recht eindringlicher Weise erörtert (vgl. z. B. S. 441, 450, 466, 522, 729, 860); auch praktische Folgerungen aus theoretischen Obersätzen finden sich (z. B. S. 822 unten), desgleichen Fiktionen (vgl. S. 61 Abs. 1 a. E., 839, 843). Unter den zahlreichen Ausführungen, welche für die Dogmatik von besonderem Interesse sind, seien hervorgehoben: S. 1 (Obligationen- und Sachen-R.), S. 6 ff. (dinglicher Vertrag), S. 41 (wesentlicher Sachbestandtheil), S. 69 und 502 (Fruchtbegriff), S. 136 ff. (Hauptgrundsätze des Immobiliar-R.), S. 264 ff. (Immission von Imponderabilien), S. 321 (auflösende Bedingung), S. 338 (bedingte Tradition), S. 374 ff. (verlorene Sachen), S. 392—396 (Verhältnis zwischen dinglichen und Deliktsklagen), S. 422—429 (Vorbedingungen der negatoria), S. 433—446 (Miteigentumslehre), S. 538 ff. (Quasi-Niessbrauch), S. 619 ff. (Sicherheitshypothek), S. 682 ff. (Korrealhypothek), S. 725 ff. (Eigentümerhypothek).

Der praktische Hauptwert gerade dieses Bandes dürfte aber darin bestehen, dass er die verschiedenen Bedeutungen klarlegt, welche das Schweigen des Entwurfes über bekannte Rechtssätze haben soll. Unter Umständen wird darin eine stillschweigende Anerkennung gesehen, so hinsichtlich der brevi manu traditio (S. 94), vgl. auch S. 712 und die S. 182 behauptete Zulässigkeit des secum contrahere, von dem auch sonst mehrfach z. B. S. 94 und 826 die Rede ist, das jedoch vor dem Grundbuchamte (S. 546) unzulässig sein soll. Anderweitig bedeutet das Schweigen einen Vorbehalt teils für das Land-R. (vgl. z. B. S. 4 ff., 301, 304, 305 und sonst), teils für die in Aussicht genommenen reichsrechtlichen Ergänzungen des neuen Gesetzbuches (z. B. S. 59, 140, 176—187, 193, 304), teils für andere Rechtszweige (S. 370 Nr. 4). Am wichtigsten aber sind diejenigen Stellen, an denen das Schweigen des neuen R. über das alte als dessen Tilgung gedeutet wird. In dieser Weise sind als beseitigt hervorgehoben: das interdictum de precario (S. 118), das summariissimum (S. 121), das interd. qu. vi aut cl. und demolitorium (S. 121), die exceptio spolii (S. 125), die Besitz-

klagenverjährung (S. 132), die Vorzugseinräumung (S. 230), di
begrenzte Garantiehaft bei Noxalklagen und cautio damni ir
fecti (S. 259), das Hammerschlags-, Leiter- und Umwende-F
(S. 261), das Teilungsurteil (S. 300), die ordentliche Ersitzun
(S. 306 ff.), die ficta possessio (S. 397), das dingliche Wiedei
kaufs-R. (S. 452), der Rechtsbesitz (S. 477, 489), das Erfordei
nis der Causa perpetua und der Vicinität bei Realservitute
(S. 482), die Kautionspflicht des Niessbrauchs (S. 518), die Vei
äusserung· des R. bloss nach seiner Ausübung (S. 525), die ur
beschränkte Anwendbarkeit des constitutum possessorium (S. 34!
801, 839, 855, vgl. jedoch auch S. 335).   Leonhard.

Gianzana, S. Codice civile... colle riferenze agli attr
      codici italiani, al francese, alle leggi roman
      nonchè a tutti i precedenti legislativi, ordinate
      Torino, Unione tipogr.-edit.   7 Vol. à 2 fr. 25 ct.

      Vol. I enthält S. 1—14 die Rede, womit Minister Pisanel
dem Senate am 15./VII. 1863 das I. Buch des bürgerlichen Ge
setzbuchs überreichte, sowie die Motive (Relazione) zu Buch
bis III und die von Vigliani, de Foresta und Vacca namer
der commissione senatoria hierzu erstatteten Berichte; dagege
Vol. II die Ausschussberichte der Abgeordneten vom 12./I. 186
und des Senats vom 6./III. 1865 sowie die Verhandlungen (Discu:
sioni) des Abgeordnetenhauses und des Senats, ferner Vol. III di
70 Protokolle der zufolge Gesetz vom 2./IV. 1865 niedergesetzte
Redaktionskommission „per coordinare le modificazioni coi prii
cipii direttivi", da dem Könige die endgültige Festsetzung de
Gesetzes nach den mit dem Senatsausschusse vereinbarten Ab
änderungen überlassen war, sodann Vol. IV Gianzanas „Zivi
gesetzgebung in den Einzelstaaten Italiens vor 1860", „di
Sondergesetzbücher und die Vorarbeiten zum einheitlichen bürgei
lichen Gesetzbuch", die Verfassungsurkunde, Gesetz vom 2.'IV
1865, Vaccas Bericht an den König, auf Grund dessen das kg
Dekret vom 25./VI. 1865 — bis auf 4 — sämtliche Vorschläg
der besagten commissione di coordinamento annahm, sowie di
Einführungsbestimmungen für Venedig und Rom, endlich Vol. '
das Gesetz selbst, wobei unter jedem Artikel die einschlägig
Bestimmung des Corpus jur. civ. (wegen des für Rom und To:
cana in Geltung gewesenen gemeinen röm. R.), des österr. Ge
setzbuchs von 1811, des bis 1866 für Lucca geltenden französ
Code civ. und der Gesetzbücher für Neapel, Parma, Modena un
Sardinien, desgleichen alle irgendwie zu verwertenden Belag

stellen aus Vol. I—IV angeführt stehen. Vol. VI und VII enthalten die leggi complementari betreffs der Verkündung der Gesetze, des Personenstandes, der Fabrikmarken und des geistigen Eigentums, der Enteignung, der öffentlichen Bauten, Jagd, Fischerei und Bergbau, Bewässerung und Entsumpfung, Armenpflege und Erwerbs für Stiftungen, endlich Bodenkredit; hierzu kommen in Vol. VII Zehntablösung und Erbpacht, Pfand-R. und Ueberschreibung, Staatsschuld, Hinterlegung und Sparkassen-Grundsteuer, endlich alle aufs bürgerliche R. bezüglichen Staatsverträge Italiens. Erschöpfende und buchstabenweise geordnete Inhaltsverzeichnisse sind den Vol. I, II, III und V beigegeben, sowie auf die einzelnen Artikel verweisende Uebersichten den Vol. I, II und III. Diese sorgfältige Handausgabe empfiehlt sich wegen der vielen Verweisungen, auch wegen der Mitberücksichtigung der neuesten Gesetze. Gerade unsere deutsche Kodifizierung des bürgerlichen Gesetzbuchs lässt jetzt eine Betonung des raschen Geschäftsgangs angezeigt erscheinen, wodurch Italien den endgültigen Regierungsentwurf (allerdings schon 1860 begonnen) in zwei Jahren zum Gesetze heranreifen liess. Das Parlament beschränkte sich nämlich in seinen Abänderungen auf Bezeichnung der Hauptgesichtspunkte und überliess die schliessliche Textfestsetzung dem Könige, welcher seinerseits eine eigene Ministerialkommission hierfür bildete, der auch Mancini, de Foresta, Precerutti beitraten. Allerdings waren in Italien nur zwei Hauptrechtsgebiete, des gemeinen und des französ. R. unter sich auszugleichen, doch bot die zerstreute Einzelgesetzgebung der früheren Sonderstaaten auch dort viele Schwierigkeiten. Gianzanas Sammlung erleichtert wesentlich das sonst äusserst schwierige Aufsuchen der Gesetzgebungsmaterialien für jeden einzelnen Gesetzesartikel. Die klare und gediegene rechtsgeschichtliche Einleitung des Verfassers hält die Lage und Entwickelung der Zivilrechtsgesetzgebung für jeden früheren Einzelstaat streng auseinander und beginnt mit der piemontesischen Kodifikation von 1729.   Geigel.

Sourdat, A. Traité général de la Résponsabilité ou de l'Action en Dommages-Intérêts en dehors des Contrats. Paris, Marchal & Billard. 1887. 2 Vol., 771 u. 716 S. 18 Fr.

In dieser 4. Aufl. sind die seit 1876 gemachten Erfahrungen, erlassenen Gesetze und ausgefällten Urteile nachgetragen und gewissenhaft berücksichtigt, und sie kann mit Recht „revue et augmentée" genannt werden. Die Abhandlung zerfällt in zwei grosse Abteilungen, deren jeder ein Band gewidmet ist. Die 1. hat diejenige Verantwortlichkeit zum Gegenstande, welche aus eigenen strafbaren oder nicht strafbaren Handlungen, Delikten und Quasidelikten entsteht. Ganz abgesehen von ihrer Strafbarkeit werden die zivilen Folgen derselben erörtert, die Voraussetzungen der Schadensersatzklage, die Fälle der solidarischen Haftung mehrerer, die Anbringung und Verfolgung der Klage, die Beweisführung und Urtheilsvollziehung gegen Personen und Sachen, sowie die Klagverjährung. Die 2. Abhandlung, welcher der II. Band gewidmet ist, hat die Haftbarkeit für die Handlungen dritter und für den Schaden, welchen Tiere verursachen, zum Gegenstand, und dieser Teil ist es namentlich, welcher dem Buche seinen wohlverdienten Ruf verschafft hat. Der dritte, welcher für den von einem anderen verursachten Schaden aufzukommen hat, kann ein einzelner sein, eine physische Person, Vater, Mutter, Vormund, Ehemann, Institutsvorsteher, Lehrmeister, Prinzipal, Fabrikherr, Wirt, Frachtführer zu Land und See. Es kann aber die Verantwortlichkeit auch eine Mehrheit von Personen treffen oder eine juristische Person, Handelsgesellschaften, Eisenbahngesellschaften, den Staat selbst und die Gemeinden, welche für den Schaden einstehen müssen, den ihre Angestellten verursacht haben. Der Verfasser handelt ausführlich von der Haftbarkeit der Fabrikbesitzer für den Schaden, welcher die Arbeiter infolge des Maschinenbetriebs treffen kann, der Architekten und Unternehmer von Bauten etc. Die Haftbarkeit der verschiedenen Handelsgesellschaften ist geordnet durch die Gesetze von 1856 u. 1867, und die Jurisprudenz, welche sich infolge dieser beiden Gesetze gebildet hat, ist Gegenstand eines besonderen 9. Kapitels des II. Bd. Es betrifft dies namentlich diejenige der Verwaltungs- und Aufsichtsräte. Die Haftbarkeit kann aber auch den Staat treffen mit Rücksicht auf schädigende Handlungen seiner Beamten und Angestellten, und diese Seite der Frage hat S. zuerst in Kap. 10 des II. Bd. untersucht und besprochen. Es kommen dabei namentlich in Betracht die Schadenszufügungen des Staates als Unternehmer der Posten und anderer Verkehrsanstalten, als Unternehmer öffentlicher Werke und mit Rücksicht auf die Kriegsverwaltung, Schädigungen behufs der Verteidigung, Requisitionen, zufällige Beschädigungen durch Militärpersonen oder von solchen im Dienste, Aufbewahrung von Wertgegenständen etc. Endlich ist auch die Gemeinde haftbar und verantwortlich für Schaden ihrer

Beamten und Angestellten; früher geschah dies gestützt auf das
Gesetz vom 10. Vendemiaire an IV, jetzt aber gestützt auf Art.
106—109 desjenigen vom 5. April 1884. Da dieses Gesetz erst
seit der 3. Aufl. erschienen, so musste der ganze Abschnitt, betreffend die Haftbarkeit der Gemeinden, neu bearbeitet werden.

König.

Polacco, V. Della dazione in pagamento. Bd. I. Padova u. Verona, Drucker & Senigaglia. 1888. 5 l.

Der vorliegende I. Bd. bildet den allgemeinen Teil der Darstellung, welchem im II. Bd. nachfolgen soll die Erörterung der
rechtlichen Natur der datio in solutum, ihrer Voraussetzungen
und Wirkungen, sowie die Angabe der Gründe, warum die d.
i. s. seltener wird. Im 1. Tit. führt P. aus, der Codice civ. enthalte eine empfindliche Lücke hinsichtlich der d. i. s.; im Begriff dieses Rechtsinstituts seien drei Elemente nachzuweisen:
die Hingabe, der Zweck (an Zahlungsstatt), die Verschiedenheit
der geleisteten und geschuldeten Sache; nicht sei Begriffselement
die freiwillige Annahme seitens des Gläubigers, da es auch er-
zwingbare d. i. s. gebe. Der 2. Tit. handelt in Art. I von der
Regel, d. i. s. müsse auf gegenseitigem Einverständnis zwischen
Schuldner und Gläubiger beruhen. Der rechtsphilosophische
Grund hierfür liege nicht in der verbindlichen Kraft der Verträge, weil d. i. s. auch Anwendung finde auf nicht vertragsmässige Pflichten, sondern in dem Umstand, dass das rechtliche
Band zwischen Schuldner und Gläubiger ein durch den Lei-
stungsgegenstand spezialisiertes sei. Die Regel durchdringe in
ihren zwei Formen (aliud pro alio invito debitore peti non
potest und invito creditore solvi non potest) verschiedene Rechtsinstitute. Art. II. ist der d. i. s. necessaria auf dem Gebiete
der Zwangsvollstreckung gewidmet, wobei unterschieden wird
der Fall, in welchem die Vollstreckung zu ihrem Ziel gelangt,
durch Ueberweisung von Sachen an den Gläubiger, welche ihm
nicht geschuldet werden, und der Fall, dass die Vollstreckung
gehemmt wird durch d. i. s., welche der Schuldner dem Gläubiger aufnötigt (beneficium d. i. s. der Nov. 4 c. 3). Die letztere Rechtswohlthat wird im 1. Kap. unter Berücksichtigung der
verschiedenen Entwickelung in Deutschland (I. R. A. 1654 §. 172),
Frankreich und Italien (Statutargesetzgebung) erörtert; das
2. Kap. betr. diejenigen Bestimmungen des C. c. u. des C. di
proc. civ., in welchen der erstere Fall gesetzt wird. Im Art. III
behandelt P. weitere Fälle der d. i. s. necessaria, welche teils

der Geschichte angehören, teils geltenden Rechtes, teils bestrit
ten sind. Im Anhang zu Tit. II ist die Regel der Unerzwing
barkeit der d. i. s. zur Lösung einiger Zweifel verwertet.

Das Buch zeigt überall die Verwertung der deutschen, fran
zösischen und italienischen Litteratur, an einzelnen Stellen auch
der italienischen Statuten des M. A., sowie der deutschen, fran
zösischen und schweizerischen Gesetzgebung. Einleitungsweise
ist eine Uebersicht der speziell auf die d. i. s. bezüglichen Lit
teratur vorausgeschickt.   **Kleinfeller.**

Cord, H. W.   A Treatise on the Legal and Equitable
   Rigths of Married Women.   Philadelphia, Kay &
   Brother. 1885. 2 Vol. 12 doll.

Das umfangreiche Werk enthält weit mehr als es verspricht
und vielleicht auch etwas mehr als es sollte. Der Verf. be
schränkt sich nicht darauf, diejenigen Rechte zu schildern
welche der Ehefrau als solcher zustehen, sondern er dehnt sein
Darstellung auf Rechtsverhältnisse aus, welche mit dem ehe
lichen Verhältnisse in keinem notwendigen Zusammenhange stehen
und daher nicht hier gesucht werden. Dahin rechnen wir di
Abschnitte über letzte Willensverordnungen und Zuwendunger
aus solchen, Vermögensverwaltungen, Kompensation, Estoppe
und einige andere. Der kontinentale Jurist erhält zwar dadurch
vielfache Belehrung, welche er anderswo glaubte suchen zu
müssen, allein die sytematische Anlage und Durchführung de
Ganzen leidet darunter. Die Rechte der Ehegatten beruhen teil
auf dem Common Law, theils auf Equity, und es müssen daher
diese beiden Quellen berücksichtigt werden. Der 1. Bd. behan
delt ausser der Eheschliessung und Scheidung die Eheverträge
die vor oder nach dem Eheabschluss vereinbart werden können
ferner die Rechte der Ehefrau auf Ueberlassung eines Teile
ihres eigenen Vermögens und ihre Haftbarkeit mit Rücksich
auf ihr Sondervermögen; endlich die Rechte des überlebender
Ehegatten auf Vermögen des vorverstorbenen, dower der Frau und
curtesy des Mannes, und was damit zusammenhängt. Der Band
schliesst mit dem Anfang einer Erörterung über letzte Willens
verordnungen und die Rechte der Frauen, letztwillig zu ver
fügen, welche im Laufe der letzten Jahrzehnte gegenüber der
Beschränkungen des Common Law sehr erheblich erweitert wor
den sind. Im 2. Bande wird die angefangene Erörterung fortge
setzt, obgleich der ganze Gegenstand wohl passender in einem
Spezialwerk behandelt worden wäre. Das nämliche ist der Fal

mit Bezug auf die mit „devastavit" und „set-off" überschriebenen Artikel, denn die Bestimmungen über die Verwaltung fremden
Vermögens und über Kompensation sind nicht verschiedene gegenüber verheirateten Frauen und anderen Personen. Auch die nun
folgende Vormundschaft über Kinder steht in keiner notwendigen Beziehung zu dem legal and equitable right der Ehefrauen.
Dieselbe steht in erster Linie dem Vater und in zweiter der
Mutter zu. Daran schliessen sich ohne sichtbares Band die Erörterungen über die Ehescheidung und ihre vermögensrechtlichen
Folgen; ferner über prozessualische Fragen; Ablegung von Zeugnis des einen Ehegatten gegen den andern, die Anspruchsver-
jährung, Wiederaufnahme des Verfahrens, Rechtshängigkeit und
ihre Wirkungen, endlich die Handlungsfähigkeit der Ehefrauen
überhaupt, welche in dem letzten halben Jahrhundert eine wesentliche Besserung erfahren hat. Dieselbe beruht auf der Gesetzgebung der einzelnen Staaten und wird für dieselben im besonderen nachgewiesen. Daran schliesst sich ein Kapitel über
Conflicts of Law, über den Einfluss der neuesten Gesetze auf
früher begründete Rechtsverhältnisse. Ohne streng systematische
Ordnung und nur lose aneinander gefügt, schliessen sich daran
eingehende Erörterungen über die Haftbarkeit der Ehefrau aus
unerlaubten Handlungen, ihre Fähigkeit, Bevollmächtigter zu
sein, fremdes Vermögen zu verwalten, vor Gericht als Klägerin
oder Beklagte aufzutreten und die Rechte des Ehemannes an dem
Erwerb der Frau und die Verwaltung ihres Vermögens als Trustee.
      Das Buch enthält eine Fülle sehr wertvollen Materials; bei-
nahe alle Rechtsverhältnisse, in welchen eine Frau in oder ausserhalb der Ehe stehen kann, werden eingehend und an der Hand
von wenigstens 7000 Entscheidungen behandelt. Was den Inhalt der Gesetze anbelangt und ihre Anwendung durch die Gerichte, so erhält man darüber ausgiebige, und soweit ich es
beurtheilen kann, auch zuverlässige Auskunft. In dieser Beziehung ist das Werk als Nachschlagebuch von grossem Nutzen.
Sollte aber eine neue Auflage erforderlich werden, so würde es
sich empfehlen, die Erörterungen etwas strenger auf das zur
Sache Gehörige zu beschränken.   König.

Coulon et Houard. Code pratique des Assurances
      maritimes, du Délaissement, des Avaries, du Jet
      et de la Contribution. Paris, Rousseau. 1888. 2 Vol.
      280 u. 344 S. 16 fr.
      Dies Buch ist für den Praktiker geschrieben, den Kaufmann,

den Agenten, den Advokaten und den Richter: es enthält nich
neue Gesichtspunkte und kann nicht als eine Förderung de
Wissenschaft angesehen werden. Allein was der Praktiker be
darf und was er wissen muss, das findet er leicht und vollstär
dig in diesen beiden Bänden. Dieselben enthalten einen aus
führlichen Kommentar über die Art. 332—436, incl. des Cod
de commerce. Zu jedem Artikel werden die entsprechenden de
Code civil, Code de commerce, C. de procédure und des C. péns
textuell angeführt, sowie die Artikel der Ordonnance von 168?
so dass dem Leser das Nachschlagen dieser Gesetzbücher erspar
wird. Daran schliesst sich die Doktrin; die Resultate der Wisser
schaft werden in kurzen Sätzen, ohne weitläufige Ausführunge
mitgeteilt. Den Schluss der Erklärung jedes Artikels bilde
die „Jurisprudence"; die Entscheidungen der Gerichte und di
Ansichten der Fachschriftsteller werden in grosser Vollständig
keit mitgeteilt, weil die Verfasser mit Recht annehmen, das
gerade die Entscheidungen der Gerichte für diejenigen, welche
dieser Teil des Rechts besonders nahe tritt, von vorwiegender
Interesse seien; namentlich findet der Advokat darin ein Materia
welches er sonst nur mit Mühe sich zu sammeln vermöcht
Von den beiden Bänden behandelt der erste die Versicherun
und Abandon, der zweite dagegen die kleine Haravie, den Se
wurf und die Verteilung des Schadens unter die Beteiligter
In einem Anhange werden die verschiedenen Formulare von Se
versicherungspolizen mitgeteilt, wie sie in Frankreich, Englan
und Deutschland üblich sind, sowie Formulare zur Vornahm
von Rechtshandlungen, Mitteilungen, Protesten, Protokolle
u. s. w., welche gute Dienste zu leisten im stande sind. De
Abschluss bildet ein Verzeichnis der französischen Litteratu
welches jedoch auf Vollständigkeit keinen Anspruch erheben kan
weil die auswärtige Litteratur beinahe ganz unberücksichtig
bleibt.   König.

III. Gerichtsverfassung und Zivilprozess.

Code de Procédure civile pour l'Empire d'Allemagn
    Traduit et annoté par E. Glasson, E. Lederlin e
    F. R. Dareste. Paris, Imprimerie nationale. 188?
    XC u. 352 S.

Diese Uebersetzung gehört zu der Collection des principaux Codes étrangers, welche unter der Leitung der Société de
législation comparée in Paris erscheint. In der nämlichen Sammlung erschienen bereits vortreffliche Uebersetzungen der österr.
Str.P.O., des deutschen Handelsgesetzbuches, des deustchen Str.P.
und der deutschen Gerichtsorganisation (C.B. V. 383). Die Einleitung enthält in den drei ersten Paragraphen eine kurze Geschichte des Str.P. von der lex Salica bis zum XVIII. Jahrhundert, in §. 4 eine Uebersicht der Prozesssysteme in Deutschland
bis zu Einführung des gegenwärtigen Gesetzbuches, in §. 5 sind
die allgemeinen Grundsätze des Gesetzbuches besprochen, während der letzte Paragraph die Einführungsgesetze zum Gegenstand hat. Den Schluss bildet ein Verzeichnis von deutschen
Ausdrücken unter Beifügung der entsprechenden französischen.
Die Uebersetzung des Gesetzbuches selbst beginnt mit dem Ein-
führ.-Ges. vom 30. Januar 1877. Wir haben einen grossen Teil
desselben mit dem Original verglichen und dürfen ihr das Zeugnis einer sehr sorgfältigen und gewissenhaften geben. Für den
deutschen Ausdruck wird immer der passende deutsche gefunden,
und die Klarheit der französischen Redaktion kommt auch dem
deutschen Texte zu gute. In den Anmerkungen wird fortwährend auf die entsprechenden oder abweichenden Bestimmungen
verwiesen, namentlich derjenigen von Frankreich, Italien und
Genf, so dass der Kommentar gleichzeitig einen wertvollen Beitrag zur vergleichenden Rechtswissenschaft bildet.   König.

IV. Staats- und Verwaltungsrecht.

Cremieux, J. Les conseils de préfecture et la réforme
    administrative. Paris, Thorin. 1887. 145 S. 3 fr.

Die Schrift von C. ist dadurch veranlasst worden, dass im
Laufe der letzten Jahre die Frage der Aufhebung der Präfekturräte, teils für sich allein, teils im Zusammenhange mit einer Reform der inneren Verwaltung überhaupt in der Litteratur sowohl
wie im Parlamente wiederholt erörtert worden ist. C., welcher
ein grundsätzlicher Anhänger der besonderen Verwaltungs-Ge-
richtsbarkeit ist, wie dieselbe in Frankreich besteht, spricht sich
für Beibehaltung der Präfekturräte aus, er macht aber eine Anzahl von Verbesserungsvorschlägen, welche er an eine kurze Dar-

stellung der Entstehung der Besetzung und der Zuständigk
der Präfekturräte und des Verfahrens von denselben in „strei
gen Sachen" (contentieux) knüpft. Bei dieser Gelegenheit l
spricht der Verf. auch die verschiedenen eingangs erwähnt,
die Aufhebung der Präfekturräte, bezw. die Reform der V
waltung bezweckenden Vorschläge. In einem Anhange sind ₍
Schrift beigegeben: 1. der am 10./VI. 1870 dem Senat vorgele₍
Gesetzentwurf über das Verfahren vor den Präfekturräten; 2. ₍
aus parlamentarischer Initiative hervorgegangener am 1./VII. 18
vom Senate angenommener Gesetzesvorschlag, wonach der Vors
im Präfekturrate einem durch kaiserliches Dekret bestimmt
Mitgliede desselben übertragen werden sollte; 3. ein Gesetzesv
schlag der commission de décentralisation (1872), welcher l
seitigung der Präfekturräte und Uebertragung der kontentiös
Sachen auf die ordentlichen Gerichte bezweckte; 4. der Gesetz
vorschlag Chevillon u. Gen. (1886), welcher ähnlichen Inhalt hat
5. der Gesetzesvorschlag Colfavru (1887), welcher eine teilwe
Reform der Verwaltungsorganisation und im Zusammenha
damit ebenfalls eine Ueberweisung der „streitigen Sachen" an ₍
ordentlichen Gerichte herbeiführen will.

Diese Gesetzesvorschläge lassen recht deutlich ersehen, d₍
in Frankreich die Notwendigkeit einer besonderen Verwaltun₍
gerichtsbarkeit kein so unanfechtbares Dogma mehr ist, wie d
früher der Fall war.   v. Stengel.

Arssenjew, K. Ueber die Reform der Landschaft
    institutionen. Der Europäische Bote (Westnik Jewrop
    1888. Nr. 3.

Im Gegensatz zu der Praxis unter der Regierung Alexander
werden neuerdings die Gesetzesentwürfe in Russland geheimgeh
ten; dieselben kommen nur zufällig zur Besprechung in der Pres
Aus obigem Artikel erfährt man einiges über die projekti:
Reform der Selbstverwaltung. Der Verfasser charakterisiert k₍
die Zustände in Russland, als die Provinzialverwaltung ganz
den Händen der Kronbeamten war, und sodann die günsti₍
Resultate der 23jährigen Thätigkeit der Landschaftsinstitution₍
Er zeigt sodann durch eingehende Erörterung, dass die hau₍
sächlich hervorgetretenen Mängel der russischen Selbstverw
tung: Willkür in der Auswahl der zu befriedigenden Bedürfnis
in der Besteuerung und in der Einschätzung der Steuerobjek
nur beseitigt werden können durch gesetzliche Feststellung ₍
Pflichten der Landschaften, des Besteuerungsmaximums und ₍

Einschätzungsmodus — nicht aber dadurch, dass die Angelegenheiten der Selbstverwaltung und die Ernennung der Beamten den Kronbehörden übertragen und an Stelle der Willkür gewählter Beamten die Willkür eines von Gouverneuren ernannten Kreischefs gesetzt werde.　　　　　　　　　Engelmann.

IVa. Kolonialrecht.

Catellani, E. L. Le Colonie e la Conferenza di Berlino. Turin, Unione tipogr.-editrice. 1885. 790 S. 15 Fr.

Das bedeutende Werk erörtert zuerst (S. 7—56) die Vorbedingungen, Formen und Aufgaben der Kolonieen überhaupt, und gibt sodann die volkswirtschaftliche und rechtsgeschichtliche Entwickelung der Kolonieen Englands, Frankreichs, Skandinaviens, Hollands, Portugals, Deutschlands, Russlands Italiens, sowie des Kongostaates, die Kongo- und Niger-Akte unter steter Bezugnahme auf die selbst allerjüngste Litteratur, wobei übrigens Titel und Seiten der Werke genauer hätten angeführt werden sollen, sowie auf die diplomatischen und die Parlamentsverhandlungen. In Kap. IX (569—631) folgt der Nachweis, dass die Landeshoheit über noch nicht, wie Madagaskar (606), staatlich geordnete Gemeinwesen oder Landstriche nicht schon durch die Entdeckung (576 u. 621), auch noch nicht durch blosse symbolische Akte(583), sondern nur durch thatsächliche Besitzergreifung und Bethätigung der Staatsgewalt erworben, dagegen durch Nichtaufrechterhaltung einer geordneten Regierung wieder verloren wird, ferner (Kap. X) dass nur durch allseits anerkannte Neutralität (nach dem Vorbilde der Schweiz und Nordsavoyens, Belgiens und Luxemburgs) der freie Handel gesichert ist, endlich (Kap. XI, 742), dass nicht nur den am Flusse gelegenen Staaten (wie betreffs der Elbe, Schelde und Weichsel, sowie des Rheins), sondern überhaupt allen Völkern der Handel (708) und die Schiffahrt auch auf Binnengewässern gestattet sein muss. Vom Verbote der Sklaverei handelt S. 682 bis 693, von der Religionsfreiheit 694—701. Die Erklärung, nur die Schutzhoheit (591, 881) übernehmen zu wollen, entbinde den besitzergreifenden Staat nicht von der Pflicht der Einsetzung einer geordneten Regierung.　　　　　　　　　Geigel.

˙ V. Internationales Recht.

Dicey, A. V.   Le Statut personnel anglais ou la loi d
domicile susisagé comme branche du droit an
lais, ouvrage traduit et complété d'apres le
derniers arrêts des Cours de Justice de Londre
et par la comparaison avec le Code Napoléon e
· les diverses législations du continent par E. Sto
quart. Londres, Stevens & Sons. 1887. Vol. I 441 S. 10 f

Es ist kein unerfreuliches Zeichen, dass seit einiger Ze
Bücher, die in deutscher oder englischer Sprache erschienen sin
in zweiter Auflage in französischem Gewande veröffentlicht werde
So ist die französische Uebersetzung von Marquardt Mommsen
römischen Altertümern gleichzeitig eine vermehrte und ve
besserte Auflage des deutschen Originalwerkes und die hier z
besprechende Uebersetzung Stocquart's eine vermehrte und e
weiterte Auflage von D.'s Law of Domicil.   In beiden Fälle
hatten sich die französischen Bearbeiter nicht nur der Zustim
mung, sondern auch der Mitwirkung der englischen und deu
schen Verfasser zu erfreuen.   D.'s Law of Domicil erschien 187
und verschaffte dem Verfasser sofort eine achtungswerte Stell
unter den englischen Juristen.   Seither wandte er sich andere
Gebieten zu, und da er kaum wieder die nötige Muse würd
gefunden haben, um seinem Buche erneuerte Pflege zuzuwende
so ist die Arbeit Stocquart's um so erfreulicher.   Dieselbe en
hält nicht nur eine vollständige und, wie wir uns durch wiede
holte Vergleichung überzeugen konnten, genaue Uebersetzun
des Textes und der Noten, sondern auch die seitherigen richte
lichen Entscheidungen, die in England veröffentlicht wurde
Auch kleine Veränderungen sind zur Bequemlichkeit des Leser
angebracht; die Marginalnoten erscheinen als summarische Uebe
sichten zu Anfang jedes Titels, und der Text wird durch fortlau
fende Zahlen eingeteilt, so dass eine genaue Verweisung ermöglich
wird.   Sind Bücher, welche von D. zitiert wurden, in neuen Auf
lagen erschienen, so werden neben den ursprünglichen Seiten
zahlen auch diejenigen der neuen Auflagen hinzugefügt.   Ein
sehr wesentliche und zeitgemässe Bereicherung wurde dem Buch
D.s durch den belgischen Bearbeiter zu teil durch eingehend
Berücksichtigung der kontinentalen Gesetzgebungen.   D. schrie
als Engländer de lege lata und nicht de lege ferenda; die ve

gleichende Jurisprudenz und das internationale Privat-R. kamen
daher nicht zu ihrem vollen Rechte. Diesem Mangel wird in
der Stocquartschen Ausgabe abgeholfen. Dem älteren franz. R.
wird erhebliche Beachtung zu teil, und auf dem Gebiete des
Ehe-R.'s werden alle diejenigen Fragen erörtert, welche in den
letzten Jahren Veranlassung zu lebhaften Kontroversen gegeben
haben. Dass sich bei dieser Behandlung der äussere Umfang
des Buches erweitern musste, darf uns nicht verwundern. Während das D.sche Werk einen mässigen Band von 386 S. darstellt, erscheint die französische Bearbeitung in 2 Bänden, wovon der erste bereits 441 S. stark ist, welche den ersten 200 S. des
Originalwerkes entsprechen. Derselbe hat zum Gegenstand Wesen,
Erwerb und Verlust des Domizils, Begriff und rechtliche Wirkungen desselben, mit Rücksicht auf Zivilstand und bürgerliche
Handlungsfähigkeit, während die neun übrigen Kapitel des
D.schen Buches den Inhalt des 2. Bandes bilden werden.

König.

Darras, A. Des droits intellectuels. I. Du droit des auteurs
et des artistes dans les rapports internationaux. Paris,
Rousseau. 1887. 688 S. 12 fr.

Bisher wurde das sogen. geistige Eigentum mehr vom Standpunkte der Gesetzgebung eines bestimmten Landes dargestellt,
während es D. nun versucht, den internationalen Rechtszustand
darzustellen. Der vorliegende 1. Band bildet nur die erste Hälfte
des ganzen Werkes, dessen 2. den Erfindungen und ihrem Schutze
gewidmet sein soll. Verf. leitet sein Werk ein mit einem rein
theoretischen Abschnitt, dem es weder an originellen eigenen
Auffassungen, noch an interessanten Erörterungen fehlt. Das
R., welchem er seine Studie widmet, hat eine moralische und
eine finanzielle Seite. Gestützt auf das erstere Moment kann
der Autor oder Künstler über sein Werk frei und willkürlich
verfügen, dasselbe aus dem Verkehr zurückziehen oder verändern,
wie es ihm beliebt; gestützt auf das letztere dagegen hat er
Anspruch auf Teilnahme an dem Vorteil, welchen dasselbe ab-
wirft. Das R. ruht daher auf der doppelten Grundlage der
Achtung der Persönlichkeit und des Anspruches auf Belohnung
für das Erzeugnis des Geistes, und ist von beiden Gesichtspunkten aus ein natürliches. Die Arbeit nicht zu lohnen oder
die Persönlichkeit nicht zu schützen, würde den elementarsten
Grundsätzen des R. zuwiderlaufen. Als natürliches R. steht es
dem Fremden wie dem Einheimischen zu und soll nicht von

gesetzlicher Anerkennung oder Reciprocität abhängig gemacl
werden. Sein Gegenstand ist weder eine körperliche Sache noc
auch die Handlung oder Unterlassung eines Verpflichteten, soi
dern der Gedanke selbst: c'est donc bien sur la pensée ell
même et non pas sur la réalisation materielle de la pensée qu
porte tout droit intellectuel. Die ausschliessliche Ausbeutun
des Gedankens und das ausschliessliche R. Veränderungen a
dem Werke vorzunehmen oder zu untersagen ist das pekuniär
und das moralische R. des Autors. D. geht sodann auf d:
Analyse des R. und seiner einzelnen Bestandteile über mit Rücl
sicht auf den Schutz, welchen sie zu beanspruchen haben; dabi
gehören das R. das Werk zu verkaufen, wem er will; den Pre
nach Belieben zu bestimmen und dasselbe auf seine Erben übe
gehen zu lassen; des Verbotes des Nachdruckes, der Uebe
setzungen, musikalischer Nachbildungen und dramatischer Au
führungen. Schliesslich untersucht der Verf. in dieser erste
Abteilung die Frage, auf welche Werke der Schutz auszudehne
sei, und er beantwortet dieselbe dahin: il nous semble perm
de voir une oeuvre intellectuelle dans toutes celles qui supp
sent un travail de l'esprit et qui portent la marque d'une pe
sonnalité (S. 115). Daran knüpfen sich interessante Erört
rungen über die Autor-R. an Zeitungsartikeln, Reden, Vo
lesungen, Photographien, architektonischen Arbeiten u. s. v
Mit Bezug auf die Dauer des Schutzes anerkennt D. die No
wendigkeit einer zeitlichen Begrenzung und stimmt dem B
schlusse des Congrès artistique de Paris von 1878 bei, welche
denselben auf 100 Jahre garantieren wollte.

Die zweite Abteilung des Werkes zerfällt in drei Kapite
von denen die beiden ersten in der Weise miteinander zusammei
hängen, dass das erste die ziemlich trostlosen Verhältnisse de
Autoren und Verleger bis zum Ende des letzten Jahrhunder
in den verschiedenen Ländern schildert, und die überall her
schende Piraterie, das letztere dagegen die Geschichte des Schutz
und der Garantien, welche nach und nach dem geistigen Eige
tum zugestanden wurden. Das 3. Kapitel endlich führt uns i
die Gegenwart und schildert übersichtlich die Rechtsverhältniss
der einzelnen Länder an der Hand ihrer Gesetzgebungen, wob
namentlich die Erörterungen über das Dekret vom 28./III. 185
(S. 250—302) sich zu einem ausführlichen Kommentar zu den
selben gestalten, und mit berechtigter Genugthuung wird hervo
gehoben, dass Frankreich zuerst den Fremden bedingungsl
und ohne Vorbehalt der Reciprocität Schutz ihres geistige

Eigentumes zugesichert habe. Hieran schliessen sich eingehende
Besprechungen der hauptsächlichsten Gesetze und Konventionen
der verschiedenen Länder der Alten und der Neuen Welt mit
Rücksicht auf ihre internationale Bedeutung und Wirksamkeit.
Nachdem D. diese Gesetze hat Revue passieren lassen, gruppiert
er ihre Bestimmungen mit Rücksicht auf die Personen, welchen
der Schutz gewährt wird, auf die Gegenstände, welche denselben
geniessen, auf die Art und Dauer desselben, auf die verschiedenen Arten der Nachbildung, die Rechtsverfolgung und die
zu Erwerbung des Schutzes erforderlichen Förmlichkeiten. Die
letzte Abteilung endlich handelt von den verschiedenen internationalen Konferenzen, welche seit 1878 abgehalten worden
sind, den unausgesetzten Bemühungen der Association littéraire
internationale zu Herbeiführung einer internationalen Regelung
der brennenden Frage und dem Abschluss, welchen dieselben
vorläufig in der Union de Berne und der Einrichtung eines
„Bureau de l'Union internationale pour la protection des oeuvres
littéraires et artistiques" gefunden hat. Nachdem der Verf. das
Zustandekommen des Berner Vertrages geschildert hat, handelt
er in den folgenden Paragraphen im Anschluss an denselben
von dem genaueren Inhalte desselben, namentlich §. 1. Clause
de la nation la plus favorisée; §. 2. Personnes protégées;
§. 3. Oeuvres garanties; §. 4. Prérogatives reconnues; §. 5. De
la contrefacon et des faits qui lui ont été assimilés; §. 6. For-
malités prescrites. König.

Moynier, G. La fondation de l'État indépendant du
Congo au point de vue juridique. Paris 1887. S. 40.
(Extrait du compte rendu de sèances et travaux de l'Aca-
démie des sciences morales et politiques. Institut de
France.)

Schon 1883 hatte der Verf. eine Schrift, „La Question du
Congo devant l'Institut de droit international", Genève 1883,
veröffentlicht. Sie enthielt wesentlich ein vom Verf. ausgearbei-
tetes Memoire über diese Frage, war dem Institut de droit
international überreicht und hatte zur Folge, dass eine zur Be-
gutachtung erwählte Kommission, deren Resolution das Institut
bestimmte, den Staaten den Wunsch auszudrücken empfahl, dass
das Prinzip der freien Schiffahrt für alle Nationen auf den Congo
und seine Nebenflüsse angewandt werde und dass alle Mächte
sich über geeignete Massnahmen verständigen, den Konflikten
zwischen zivilisierten Nationen im unter dem Aequator gelegenen

Afrika zuvorzukommen. Die vorliegende Schrift schildert d
Entstehung des Congostaates, welche auf bisher nicht verbreite
Dekrete des Königs von Belgien vom 29./V. 1885 zurückgefüh
wird, sodann den Ursprung und das Wesen der internationale
Kongoassoziation, die Ausdehnung des Territoriums des Kong
staates, die Verfassungsform, die Rechtskraft des Gründung
aktes, das Wappen und Siegel, die internationale Anerkennun
und die internationalen Verpflichtungen. Es wird somit ein
Geschichte und das Wesen des Staates nach verschiedenen Ric
tungen dargelegt.   A. Bulmerincq.

B. Zeitschriftenüberschau.

Tidskrift af juridiska föreningen in Finland. 1888. V. 1. Se
  lachius, om begreppet fast egendom. Rechtsfälle etc. Frage
  f. d. finnischen Juristentag.
American Law Review. Mai-Juni. The Uncertainty of the Law
  Ancient Systeme of Land Tenure in Polynesia. Contingent ar
  exorbitant fees. Constitutional Restrictions upon Legislatic
  concerning, Villages, Towns, Cities and Counties.
Revue des Sociétés. (Vavasseur.) Juin. La revision politique
  judiciaire. Une commandite démocratique et libérale. Les ba
  ques allemandes de Schultze-Delitzsch. Juillet, de l'appel (
  fonds.
Annales de droit commercial. Juni. Faillite en droit internation
  privé. Les nouveaux articles 105 et 108 du Code de Cor
  Chronique de législation, de doctrine et de Jurisprudence (
  matière de droit commercial et industriel (Allemagne). Espagn
  Code de commerce de 1886.
Revue d'économie politique. Mai-Juni. Le droit de la nation
  le droit de l'étranger. Jean Meslier, le précurseur oublié c
  socialisme contemporain. De l'aggravation des impôts et d
  Moyens de l'enrayer. L'émission d'obligations à lots du Panam
  Nos relations commerciales avec l'Angleterre. Le rapport si
  l'administration de la justice criminelle pendant l'année 1886
  la progression de la criminalité. Le socialisme en Allemagn
Rivista italiana per le scienze giuridiche. V. 2. Mirabell
  delle garantie del dominio diretto sec. il codic. civ. ital. Zocc
  Rosa, il commento di Gaio alla legge delle XII tavole. Schupfe
  l'interditto Salviano e un rescritto di Giordano.
Il diritto commerciale. VI. 8. Errera, l'insolvenza a proposi
  di una sentenza della Cassaz. de Firenze Papa d'Amico art.
  e 57 cod. comm. Olivieri, effetti della dichiarazione di fall
  mento di una ditta commerciale nei riguardi dei minori che i
  sono comproprietari.

C. Neue Erscheinungen.

Vom 10. Mai bis 9. Juli 1888 erschienen oder bei der Redaktion
eingegangen (letztere mit * bezeichnet).

1. Wichtige ausländische Werke.

Articles of the International Copyright Union, with the Act and
Order in Council, etc. With an Introduction. Longmans. 1 sh.
6 p., geb. 2 sh. 6 p.

Browne, J. H. B., and Theobald, H. S., the Law of Railway Companies. 2nd ed. Stevens and Sons. 35 sh.

Burstal, E. K., Tabulated Abstract of Acts of Parliament Relating
to Water Undertakings, 1879—1887. Oxford, Warehouse. 4 sh. 6 p.

Cababe, M., Interpleader in the High Court of Justice and in the
County Courts, with Forms of Summonses, Orders, Affidavits,
etc. 2nd ed. W. Maxwell. 6 sh.

Clarke, E., Law of Extradition; with the Conventions between England and Foreign Countries, and Cases Decided. Stevens and
Haynes. 20 sh.

Dodd, J. T., the Allotments Acts, 1887, and the Allotments Com-
pensation Act, 1887. With Notes, etc. Cox. 3 sh. 6 p.

Glen, A., Index to the Local Government Bill. Knight. 1 sh. 6 p.

Hamilton's Law of Covenants. Stevens and Sons. 7 sh. 6 p.

Herbert, J. B., the Labourers' Allotments Act, 1887, etc. Dean and
Son. 2 sh.

Holdsworth, W. A., Bankruptcy Act of 1883. With Notes, Appendix, Rules, etc. Routledge. 1 sh.

Jones, G. E., History of the Law of Tithes in England. Clowes.
2 sh.

Law List, 1888. Stevens and Sons. 10 sh. 6 p.

Lindley, N., Treatise on the Law of Partnership. 5th ed. Maxwell. 35 sh.

Little, J. B., Law of Burial, with the Acts, Regulations, Notes and
Cases. Shaws. 10 sh.

Palmer's Shareholders' Legal Companion. 7th ed. Stevens and Sons.
2 sh. 6 p.

Ramsey, A., Will-Making Made Safe and Easy: An Aid to Testators,
Gentle and Simple, Male and Female, Married and Single, Infant
and Adult, Civil and Military, on Land and at Sea, at Home
and Abroad. With a Great Variety of Forms and Rules of Des-
cent in Real and Personal Property on Intestacy. 150 S. Hogg.
1 sh.

Robertson, A., Two Lectures on the Science and Study of Law and
the Science and Study of Politics, Delivered at Dundee in January
1887. 78 S. Winter (Dundee). Simpkin. 1 sh.

Scottish Law List, 1888. Stevens and Sons. 9 sh.

Shirley's Criminal Law Cases. Stevens and Sons. 6 sh.

Soulby, A. E. B., A Handbook on the Law Relating to the Fencing
of Agricultural and Ecclesiastical Holdings. 50 S. Russell (Mal-
ton). Hamilton. 1 sh.

Walker, W. G., and Elgood, E. J., A Compendium of the Law
Relating to Executors and Administrators. 2nd ed. Stevens
and Sons. 21 sh.

Wines, E. C., the state of prisons and of
in the civilized world. 720 S. Zu bezi
v. J. Wilson & Son, Cambridge, Massac
Porto).
Aus dem Nachlasse von W. veröffentlich
Vereinigte Staaten. Grossbritannien. Europe
Südamerika. Andere Staaten. Allgemeine Er

Beaussire, E., les Principes du droit. Al
Coste, R., et Boullay, Ch., précis de d:
notions sur le droit public, le droit civ
etc. Pedone-Lauriel. 4 fr. 50 ct.
Desmaze, Ch., les Criminels et leurs grâces
3 fr. 50 ct.
Dreyfus, F., manuel populaire du consei:
commentaire pratique de la loi du 5 a
25 ct.
Duverger, A., l'Athéisme et le Code civ
Féré, Ch., dégénérescence et criminalité. E
21 graphiques dans le texte. Alcan.
Fiaux, L., la Police des mœurs en Franc
pays de l'Europe. Dentu. 12 fr.
Garofalo, R., la Criminologie. Etude sur
théorie de la pénalité. Ouvrage tradu
ment refondu par l'auteur. Alcan. 7
Leroy-Beaulieu, P., traité de la science d
Guillaumin. 25 fr.
Michel, G., Vauban. Dime royale. Guilla
Nicolas, C., et Pelletier, manuel de
Quantin. 3 fr. 50 ct.
Raffalovich, S., Bentham. Principes de
politique. Guillaumin. 1 fr. 50 ct.
Riant, A., les Irresponsables devant la just:
Robinet de Clery, des Droits et obligatio
gouvernement. Marpon et Flammarion
Roscher, G., traité d'économie politique
dernière édition par Charles Vogel. G
Thibault, F., traité du contentieux de l'ad:
Leroux. 7 fr. 50 ct.
Voillaume, A., et Darentière, Ch., d:
respondance de sa femme. Dentu. 2 i

*Chiappelli e Zdekauer, un consulto
(Festgabe f. Bologna.) Pistoja, Bracali.
Gelcich, A., collezione di decisioni del
giustizia nonchè dei dicasteri ministeria
e tribunale amministrativo di Vienna
universale austriaco. Vol. I. (§§. 1—5:
1110 S. 8 M.

Marres, de justitia secundum doctrinam th
centionis speciatim vero Neerlandici. I
Roermond Romen. 507 S.

———

Centralblatt

für

RECHTSWISSENSCHAFT

herausgegeben von

Dr. v. Kirchenheim,

Professor in Heidelberg.

VII. Bd.	September 1888.	Nr. 12.

Monatlich ein Heft von 2½ Bogen. — Preis des Jahrgangs 12 Mark. — Zu beziehen
durch alle Buchhandlungen und Postanstalten.

A. Besprechungen.

I. Allgemeines.

Cohn, G. Drei rechtswissenschaftliche Vorträge in ge-
meinverständlicher Darstellung. Heidelberg, Winter. 1888.
148 S. 2 M. 80 Pf.

Der Verf. bietet mit diesem Schriftchen drei Vorträge, welche
er zu verschiedenen Zeiten gehalten, einem grösseren Publikum
in einer, wie er füglich selbst voranstellt, gemeinverständlichen
Form und erweist damit ebensowohl diesem Publikum als der
Wissenschaft einen Dienst: auch der Wissenschaft, denn diese
selbst muss bei der heutigen Gestaltung des politischen Lebens
wünschen, dass viele ihrer Fragen allgemeines, über die Fach-
kreise hinausragendes Verständnis finden. Dies gilt freilich am
wenigsten von dem ersten der drei Vorträge, da dieser, betitelt:
„Deutsches R. im Munde des Volkes", der Hauptsache nach
rechtsgeschichtlichen Inhalts ist und dabei auch manches enthält,
was nicht mehr im Munde des Volkes lebt oder nicht Rechtens
ist. Erfreut aber dieser erste Vortrag wesentlich durch die Leb-
haftigkeit und Anmut der Sprache den Leser, so ist es beim
zweiten und dritten hervorragend das sachliche Interesse selbst,
was der Darstellung des Verf. Sympathie gewinnen wird. C. behandelt und beantwortet in zwei Vorträgen die Frage: „Warum
hat und braucht der Handel ein besonderes Recht?" Diese Frage
dürfte, da wir uns mit dem Entwurfe des deutschen bürgerlichen
Gesetzbuches als mit einer realiter vorhandenen Sache beschäftigen,

wohl manchem sich in dem Sinne aufdrängen, die jedenfalls not
wendige Fortexistenz eines besonderen Handels-R. für unberechtig
zu halten. Das grösste Interesse erregt der dritte Vortrag: „Di
Anfänge des Weltverkehrs-Rs." (S. 76—148). Nach streng histc
rischer, abstrakte Deduktionen vermeidender Darstellung de
Bestrebungen zur Gewinnung eines einheitlichen Weltverkehrs-F
überhaupt sind es insbesondere diejenigen praktischen Arbeiter
welche das Eisenbahnfracht-R., das Wechsel-R. und das Havarie-F
unifizieren wollen, denen der Verf. seine und unsere Aufmerk
samkeit zuwendet. Auch dem Fachmanne wird dieser Vortra
wert sein, hauptsächlich der übersichtlichen Materialienzusammen
stellung wegen, welcher — wie auch in bezug auf die beide
ersterwähnten Vorträge hervorgehoben sei — zahlreiche Littera
turnachweisungen in Anmerkungen dienen.   Carl Gareis.

Ueber Proberelationen. Eine Mitteilung aus der Justi
   prüfungskommission. Berlin, Vahlen. 1888. 59 S. 1 M
   Die Schrift, von einem Mitgliede der in Preussen zu
Abnahme der zweiten juristischen Prüfung eingesetzten .Prü
fungskommission zu Berlin verfasst, enthält nicht, wie aus de
Ueberschrift gefolgert werden könnte, eine Studie und kritisch
Untersuchung über die Richtigkeit und Angemessenheit der An
ordnung im §. 32 des Regulativs für die juristischen Prüfunge
vom 1. Mai 1883, nach welcher die zweite juristische Prüfun
in ihrem schriftlichen Theile neben einer rechtswissenschaftliche
Arbeit in einer Relation aus Prozessakten bestehen soll. Frei
lich gedenkt sie auch der Frage, ob es nach Lage des zur Zei
geltenden Prozess-R. eine gerechtfertigte Forderung ist, von den
Gelingen oder Misslingen einer Proberelation den Ausfall de
Prüfung abhängig zu machen, und verhehlt sich der Verf. nicht
dass die Praxis keine Gelegenheit bietet, die Kunst des Referieren
auszuüben, und deshalb auch den Richter wenig geneigt macht
den Referendar während der Uebungszeit in dieselbe einzuführen
Indess entscheidet Verf. sich dennoch für eine Bejahung der Frage
weil gerade die Relation ein vortrefflicher Prüfstein sei für di
Fähigkeit des Kandidaten, einen Rechtsstreit in allen seine
Teilen richtig aufzufassen und in klarer Darstellung wiederzu
geben.
   Was aber will denn nun die Schrift? Sie will dem Kandi
daten ein Hilfsmittel an die Hand geben, sich der Aufgabe i
einer den zu stellenden Ansprüchen genügenden Weise zu ent
ledigen. Verf. entnimmt seine Berechtigung zu der Arbeit un

die Entscheidung der Bedürfnisfrage einesteils aus seiner Stellung, anderteils aus den Erfahrungen, welche die Prüfungskommission bis in die neueste Zeit hinein gerade bei diesem Teile der Prüfung gemacht hat. Trotz der vielfachen Anleitungen zur Erlernung der Referierkunst, welche im Laufe der Zeit und auch gerade mit Rücksicht auf die Vorschriften der Z.Pr.O. aus berufenen Händen hervorgegangen und der Oeffentlichkeit übergeben worden sind, leiden dennoch nach den Angaben des Verf. die Proberelationen vielfach an den grössten Fehlern und legen Zeugnis ab von der Unklarheit und Unsicherheit des Kandidaten. Um diesem Uebel abzuhelfen, wählt der Verf. den Weg nicht des Belehrens, sondern des Warnens. Davon ausgehend, dass man die Fehler am sichersten vermeiden lernt, wenn man sie vor Augen hat, führt er die hauptsächlichsten Mängel an, welche sich in den Proberelationen breit machen, wählt für jeden derselben eine Arbeit aus, legt den Gegenstand des bearbeiteten Rechtsstreits und die Art der Bearbeitung dar und zeigt sodann, nach welchen Richtungen hin dabei gefehlt worden ist. Dass sich dabei, insbesondere im ersten Teile der Schrift, manche positive Regel und mancher direkt belehrende Satz eingeschlichen hat, kann nicht wunder nehmen und ist übrigens auch nur denkbar zu acceptieren. In einem Anhange sind sodann noch verschiedene, schon früher erteilte, bald mehr bald weniger eingehende Anweisungen über die Anfertigung eines Referats und eines Votums mitgeteilt.

Dass gerade bei dieser Materie eine Erläuterung von so kompetenter Stelle in hohem Grade allen denjenigen erwünscht sein muss, welche sich die Kunst des Referierens aneignen sollen, sowie denen, deren Beruf es ist, jene in diese Kunst einzuführen, bedarf kaum der Erwähnung.　　　　　　　　　　　　M e v e s.

II. Rechtsgeschichte.

Krüger, P. Geschichte der Quellen und Litteratur des römischen Rechts. Leipzig, Duncker & Humblot. 1885. 395 S. 9 M.

Das vorliegende Werk befriedigt ein längst empfundenes Bedürfnis, indem es eine eingehende Darstellung der Quellen-

und Litteraturgeschichte des r. R. möglichst losgelöst aus de
sonst üblichen Verbindung mit der Geschichte des röm. Staats-F
gibt. Zwar werden an einzelnen Stellen auch staatsrechtliche Frage
berührt (z. B. die Gesetzeskraft der Senatuskonsulte in republ
kanischer Zeit, oder die Wirksamkeit der kaiserlichen Instit
tionen zur Zeit des Prinzipats), wo es der unmittelbare Gegenstan
der Darstellung unbedingt erfordert. Der Hauptnachdruck is
auf die Litteraturgeschichte gelegt, sowohl was die Gestaltun
der praktischen und wissenschaftlichen Thätigkeit der römische
Juristen im ganzen und die verschiedenen Arten juristische
Schriften, als was die einzelnen Juristen und ihre Werke betrifft
Die Litteraturgeschichte der klassischen Jurisprudenz von Labe
bis auf Modestin nimmt ohne die Besprechung der einzelne
überlieferten Werke mehr als ein Viertel des ganzen Werks i
Anspruch.

Der Verf. hat sich bemüht ein möglichst objektiv gehaltene
Bild von dem gegenwärtigen Stand der Wissenschaft zu geber
Nur selten tritt er uns mit eigenen Hypothesen oder mit pol
mischen Erörterungen entgegen. Auch Betrachtungen allg
meinerer Art, z. B. über die Bedeutung des honorarischen R
über Hadrians edictum perpetuum, über die justinianisch
Kodifikation, sind auf das denkbar geringste Mass reduzier
worden.

Dagegen ist ganz besondere Sorgfalt auf die Quellenbeleg
und Litteraturnachweise verwendet. Für weitaus die meiste
Sätze sind irgendwelche Belegstellen angeführt. Häufig ist da
ganze bisher benützte Quellenmaterial zusammengestellt.

Eingeteilt ist der Stoff in drei Perioden, von denen die erst
Königszeit und Republik, die zweite die Kaiserzeit bis Diocletia
die dritte die Zeit von Konstantin dem Grossen bis Justinia
umfasst.

Begonnen wird in jeder Periode mit der Darstellung der A
und Weise der Rechtsproduktion. Daran schliesst sich in de
ersten und zweiten Periode die Litteraturgeschichte, die Schild
rung der Rechtswissenschaft und des Rechtsunterrichts, sowie de
einzelnen Juristen und ihrer Werke, wornach eine Darstellung de
einzelnen uns erhaltenen Rechtsquellen und Juristenschriften folg
In der dritten Periode geht der Verf. von der Schilderung de
Rechtsproduktion unmittelbar auf die einzelnen erhaltenen G
setze, Gesetzessammlungen, Juristenschriften und Urkunden vo
Justinian über, um sich nach einer Uebersicht über die lege
Romanae barbarorum im Occident, soweit dieselben Quellen hie

die Erkenntnis des vorjustinianischen R. bilden, und nach einer kurzen Schilderung des Rechtszustandes vor Justinian im Orient der justinianischen Kodifikation selbst zuzuwenden. Sodann wird noch die Ueberlieferung der justinianischen Gesetze im Orient und Occident, die Handschriften und die Ausgaben derselben besprochen, wobei jedoch die Litteratur des Occidents nur insoweit besprochen wird, als sie die Ueberlieferung der römischen Quellen vermittelt.

Besonders hervorzuheben ist noch, dass in jeder Periode eine Uebersicht über die Rechtsüberlieferung in der nichtjuristischen Litteratur gegeben wird.   **M. Rümelin (Bonn).**

Pappenheim, M. Ein altnorwegisches Schutzgildestatut, nach seiner Bedeutung für die Geschichte des nordgermanischen Gildewesens erläutert. Breslau, Köbner. 1888. 167 S. 4 M.

Die Schrift erörtert die rechtsgeschichtliche Bedeutung des einzigen der Gegenwart erhaltenen Statuts einer norweg. Schutzgilde (und zwar einer Olafgilde). Das Statut (Skra) ist enthalten in dem auf der kgl. Univ.-Bibliothek zu Kopenhagen befindlichen Bartholinischen Kollektaneen (Bd. VIII, S. 273 ff.) in einer Abschrift von Avni Magnus'sons Hand herührend. Ort und Zeit der Entstehung des Statuts sind bis jetzt unbekannt. Verf. nennt dasselbe daher „das Bartholinsche Statut". Irgend ein Anhaltspunkt, das Statut der Gilde eines bestimmten Ortes in Norwegen zuzuweisen, liegt nicht vor; die bisher ausgesprochenen Vermutungen in dieser Richtung sind unbelegte Hypothesen. Die Sprache (S. 6) und einzelne Bestimmungen in Vergleichung mit denjenigen anderer Rechtsquellen lassen die Entstehung des Statuts in vorliegender Form um die Mitte des XIII. Jahrhunderts sehr wahrscheinlich erscheinen (etwa: Art. 8, 32, 46, S. 54, 62, 98, 102.) Verf. nennt die vorliegende Form eine Neuredaktion, in welcher er zwei Teile unterscheidet, einerseits Art. 1—34 (vielleicht 35 m. A.) und 46, andererseits Art. 35—45. — Das Buch bildet ein Seitenstück zu des Verf. früherem Werke: Die altdän. Schutzgilden (C.Bl. V, 277). — Im Anhang wird nebst beigefügter Uebersetzung das Statut ediert, ferner ein Gildestatut von Onarheim, welche Skra auf einer Handschrift aus dem Jahre 1394 beruht. Dieses Statut ist jedoch nicht die Skra einer Schutzgilde.   **v. Salis.**

Schmidt, A. Echte Not. Ein Beitrag zur deutschen Rechts geschichte. Leipzig, Duncker & Humblot. 1888. X un 204 S. 4 M.

Der Verf. geht von der Feststellung der Thatsache aus, das wir in den Quellen einen doppelten Kreis von Einzelfällen echte Not zu unterscheiden haben; er wählt zur Charakterisierun; derselben die Bezeichnungen echte Not im Sinne persönliche Hinderungsgründe und echte Not im Sinne materieller Not, vg] Ssp. Landr. II, 7, Schwsp. Landr. (Gengler) Kap. 22. An der Han eines weitläufigen Quellenmaterials werden die einzelnen Fäll echter Not nach den genannten zwei Gesichtspunkten rubrizier und besprochen. Es wird sodann als ein ursprüngliches, durc] Jahrhunderte bewahrtes Rechtsprinzip hingestellt die Thatsach der strengen Einhaltung eines beschränkten Kreises ausdrücklic] aufgeführter Einzelfälle (S. 2, 100) und in besonderm Abschnit die schon in der Glosse zum Ssp. und in der Glosse zum sächs Weichbld. zum Ausdruck kommende Entwickelung dargestellt welche bald in einer weitgehenden Interpretation der in Ssp. II, : namentlich aufgeführten Einzelfälle echter Not, bald in Beifügun; eines neuen bereits begrifflich weitgehenden Sonderfalles (nämlic] des Falles der Abwesenheit „buten landes"), bald in der Charak terisierung der namentlich aufgezählten Einzelfälle als blosse] Exemplifikationen für echte Not bestanden hat. Als Motiv diese: Aenderung wird das Bedürfnis eines gesteigerten Verkehres be zeichnet, sodann auf die Rezeption des r. R. hingewiesen. Könne] sich die Erörterungen dieses Abschnittes, sowie diejenigen de: folgenden über die Geltendmachung und den Beweis der echte] Not nur auf die Fälle echter Not i. S. persönlicher Hinderungs gründe beziehen (vgl. Note 177. S. 61), so trifft dies auch hin sichtlich der Wirkungen und Anwendungsgebiete der echten No zu, soweit dieselben in das öffentliche R. und in das Prozess-R fallen, während auf dem Gebiete des Privat-R. sich die Fäll echter Not i. S. materieller Not vorfinden und hier bloss sowei' ein Schutz gegen Ablauf präkludierender Fristen in Frage kommt an Fälle echter Not i. S. persönlicher Hinderungsgründe z denken ist (S. 196, 169). Beachten wir endlich, dass die Be zeichnung der echten Not mit „sunnis" nie auf Fälle echter No i. S. materieller Not geben kann (vgl. Note 178), so will un: die Zusammenfassung beider Kreise unter den Gesichtspunkt eine: einheitlichen Rechtsinstitutes nicht als zutreffend erscheinen.

Neben der grossen Fülle des aus deutschen Quellen zu ge winnenden Materials sind die Rechtsaufzeichnungen Dänemarks

Schwedens, Norwegens, Islands, Frieslands, Englands (Schottlands) und Frankreichs in rechter Weise herangezogen. Muss auch in dieser Hinsicht dem Ermessen des einzelnen Schriftstellers ein weiter Spielraum gelassen werden, inwieweit er zur Vergleichung oder selbständigen Darstellung sich dieses Materials in einer Abhandlung zur Geschichte des deutschen R. bedienen will, so mag es immerhin auffallen, dass von den französischen Rechtsaufzeichnungen nur diejenigen aus der Normandie, je kurz im Anschluss an die englischen, sind in Betracht gezogen worden.

v. Salis.

Adam, A. E. Johann Jakob Moser aus Württemberg, Landschaftskonsulent 1751—71. Stuttgart, Kohlhammer. 1887. 160 S. 3 M.

In drei Jahren die dritte Schrift über Moser (Wächter, Frensdorff, vgl. oben S. 151). Wohl nicht nur äussere Anlässe, wie die hundertjährige Geburtsfeier (30. Sept. 1885) rufen solche Schriften hervor: vielleicht sind sie „Zeichen der Zeit" da das erste schwäbische Tagesblatt (1888 Nr. 170) gelegentlich sagen konnte: „Wo sind unter unseren Gebildeten und Beamten die J. J. Moser? Es ist Zeit, dass sie sich regen." Unsere Zeit, welcher überall das „Vermeiden von Konflikten" in erster Linie steht, wendet sich staunend dem freimütigen und unentwegten Kämpfer des vorigen Jahrhunderts zu.

A.'s Schrift gibt einen auf sorgfältigster Quellenbenützung ruhenden Beitrag nicht nur zur Geschichte Mosers, sondern zur Geschichte Württembergs. Aus dem ständischen und dem Staatsarchiv erfolgen zahlreiche neue Mitteilungen, durch welche teilweise Wächters Folgerungen berichtigt werden. Abschn. I schildert die Lage in Württemberg, die Berufung Mosers zum Landschaftskonsulenten und die ersten Zwistigkeiten; Abschn. II die Periode der Gefangenschaft, das Verhalten der Landschaft, des Herzogs, des Kaisers, der III. u. IV. Abschnitt den Wiedereintritt M.'s in die Landschaft, die Streitigkeiten über den Erbvergleich und die Abdankung Mosers. Die zahlreichen Veröffentlichungen, welche A. aus den Archiven bietet, verbreiten neues Licht über diese denkwürdige und in mancher Hinsicht dunkle Periode der württembergischen Geschichte. Mit historischer Objektivität beurteilt A. seinen Helden, indem er hervorhebt, wie das Anrühmen eigener Verdienste und das rücksichtslose Bestehen auf dem Rechten ihn zu einem unangenehmen Mitarbeiter machten: was er tadelte war richtig, aber weil er die Wahrheit sagte, machte er sich selbst

unmöglich (S. 151). Seine Rechtschaffenheit bezweifelte niemand,
aber nach dem Ruhm der Weltklugheit hat er nie getrachtet.

Kirchenheim.

III. Bürgerliches Recht und Handelsrecht.

Motive zu dem Entwurfe eines bürgerlichen Gesetzbuches für das Deutsche Reich. Bd. IV: Familien-R.
1274 S. Bd. V: Erb-R. 711 S. Amtliche Ausgabe. Berlin
u. Leipzig, Guttentag (Collin). 6 M. 50 Pf. u. 3 M. 60 Pf.

Das Familien-R. findet in den 1274 Seiten des IV. Bandes
der Motive eine Bearbeitung, deren Umfang sich aus ihrer Gründlichkeit in der Behandlung aller einzelnen wichtigeren Gesetz-
gebungsfragen erklärt. Da in diesem Rechtszweige erst das ab-
sterbende byzantinische R. neue Grundlagen schuf, so tritt hier
der Einfluss des r. R. gegen deutsche Schöpfungen durchweg
zurück. Zwar wird Justinians Rechtssammlung nicht selten angeführt, am meisten auf dem Gebiete des Vormundschaftsrechts
(vgl. S. 1138—1246), in der Regel wird aber das r. R. nur
erwähnt, um verworfen zu werden (vgl. S. 508, 560, 613, 648,
679, 698, 729, 730, 732, 739, 762, 771, 772, 796, 966, 980,
1059, 1109, 1245), während es anderseits in einem Hauptpunkte,
der Aehnlichkeit zwischen der dos und dem deutschen Frauengut
richtiger beurteilt wird, als gewöhnlich geschieht (S. 144). Aber
auch der geradezu unerschöpfliche deutsche Partikularrechtsstoff
ist in knapper Form zitiert (vgl. S. 457, 467) und auch von der
deutschen Rechtsgeschichte ist wenig die Rede, desto mehr freilich von dem deutschen Rebtsbewusstsein (S. 143, 560, 870)
der heutigen Rechtsauffassung (S. 551), der deutschrechtlicher
Anschauungen (S. 852) und dem „Zuge der neueren Rechtsentwickelung", insbesondere auf reichsrechtlichem Gebiete (S. 184,
222). Statistische Erhebungen sind benützt (S. 146), Erfahrungen
der Praxis verwertet (z. B. S. 121), die Beschlüsse des deutschen
Juristentages sehr häufig beachtet (vgl. S. 117, 148, 161, 206,
306, 727, 866, 873, 890, 1017, 1020, 1032, 1043, 1205). Sogar
die Aeusserungen des deutschen Frauenvereins und seines Organs
„Neue Bahnen" haben mehrfache Erwähnung gefunden (S. 143,
582 Anm. 1, 624 Anm. 1, 1067 Anm. 1); überhaupt wird das
weibliche Geschlecht günstig beurteilt (vgl. namentlich S. 737,

und die Ausführungen S. 813, welche im Widerspruche mit bekannten röm. Anschauungen von der Ungefährlichkeit der Stief-
mütter ausgehen). Ueberhaupt bemüht sich dieser Teil des
Werkes (z. B. S. 174), namentlich bei der rechtlichen Beurteilung der unehelichen Geburten, Streiflichter auf unsere Sitten-
zustände, insbesondere auch auf die Nachtseiten des menschlichen
Lebens zu werfen (S. 855).

Der Einheits- und Einigungsgedanke ist gegenüber der bisherigen Rechtszersplitterung besonders scharf betont (S. 137, 139).
Auf Seite 139 heisst es: „Der höheren Forderung der nationalen
Rechtseinheit gegenüber kann die Anhänglichkeit an das Her-
gebrachte keine entscheidende Bedeutung für sich in Anspruch
nehmen." Mit diesem Streben nach Vereinfachung hängt wohl
auch zusammen, dass die juristische Litteratur in spärlicher, sogar
recht ungleichmässiger Weise benützt ist. Konstruktionsfragen
werden zurückgewiesen (S. 145), aber doch an wichtigen Punkten
nicht umgangen (vgl. S. 320 ff, bes. S. 330). Andererseits be-
kundet jedoch das Werk mehrfach eine Abneigung gegen Neuerungen (S. 22, 23, 109, 115, 332, vgl. jedoch auch z. B. S. 194).
So weicht das Vormundschafts-R. von dem preuss. Vorbilde
nur ausnahmsweise (z. B. S. 1269) ab (vgl. S. 1008, 1009).
Trotzdem ist in der Abschaffung gemeiner Rechtssätze mit Entschiedenheit vorgegangen. Verworfen sind namentlich: die Ehe
zur linken Hand (S. 106), die Morgengabe (S. 168), die communio bonorum prorogata (S. 431), die Einkindschaft und die Ab-
schichtung mit der Wirkung der Zuteilung (S. 420), die röm.
Emanzipation (S. 825), die emancipatio Saxonica (S. 827), die
legitimatio minus plena (S. 919), die Annahme an Enkelsstatt
(S. 952) und die quarta divi Pii (S. 987).

Die Aufgabe, auch die zu dem Familien-R. gehörigen Formvorschriften aufzustellen, ist nur teilweise erledigt (S. 8 ff); im
Ehe-R. lehnt sich das Gesetzbuch an bestehendes Reichs-R. an
(S. 39), auf dem Vormundschaftsgebiete erwartet es eine Ergänzung durch die zukünftige Reichsgesetzgebung (S. 1008).
Uebrigens ist für den Bereich der Förmlichkeiten gelegentlich
die Analogie des Grundbuch-R. (S. 64) und diejenige des Han-
delsregisters (S. 553) nicht verschmäht worden. Was dagegen
den Inhalt der Familienrechtssätze betrifft, so ist ihr sittlicher
Kern besonders oft hervorgehoben (vgl. S. 3, 47, 49, 147, 229,
561, 595, 604, 684, 686, 752, 852, 868, 895), während an andern
Stellen auch auf diesem Gebiete eine Unterscheidung zwischen
R., Sittlichkeit und Sitte angestrebt wird (S. 323, 647, 701, 717.

844). Religiöse Erörterungen sind vermieden; einmal wird b
gebotener Gelegenheit die religiöse Duldsamkeit begünstigt (
1061, ähnlich Bd. V, S. 487); das corpus juris canonici ist fa
gar nicht erwähnt (vgl. jedoch S. 844).

Durch Abwägen der verschiedenen Möglichkeiten wird übera
die Entscheidung der angeregten Fragen gesucht. Nicht blo
auf S. 591 ist „dem kühl Verständigen und praktisch Nüc
ternen" vor dem „idealen Zuge" ein Vorrecht eingeräumt. Dies
Grundstimmung entspricht auch das wiederholt (S. 242, 24(
ausgesprochene Streben „nach Durchsichtigkeit". Ziemlich selte
sind daher die Fülle, in welchen der Praxis und der Wissenscha
ungelöste Fragen überwiesen werden (vgl. S. 131, 191, 258, 28
374, 416, 455, 604, 656, 775, 1006, 1261).

Das letzterwähnte lässt sich auch von dem V. Bande de
Motive sagen (vgl. Bd. V, S. 60, 179, 217, 312, 330, 343, 348, 42·
494, 562, 634, 639, 661, 662, 679, 685, 688). Im übrigen unte
scheidet sich dieser letzte Teil von dem vorletzten in erhebliche
Weise dadurch, dass in ihm die grossen Ziele der Rechtsordnun
hinter juristisch-technischen Einzelfragen zurücktreten. In ih
vereinen sich, wie bei dem grossen Juristen Labeo, die Neigun
zu Neuerungen (vgl. namentlich S. 134 ff.) mit dem Hange zu
Bethätigung ungewöhnlichen Scharfsinns (vgl. z. B. S. 21, ferne
das über die „natürlichere" Fiktion S. 531 gesagte — ande
S. 693 — sodann die moderne Hereditatis petitio utilis auf !
597, endlich die auf S. 656 ff. durchgeführte Fiktion des Kol
kurses und dgl.) Auf S. 510 hat sich dem Verf. der Motiv
selbst die Befürchtung „zu spitz zu werden" aufgedrängt.

Dabei ist mit den Hauptsätzen des r. R. durchweg gebrocher
auch dessen Hauptziele sind abgelehnt, so z. B. S. 133 die Sorg
„für den Schutz des Lebens und die Gesundheit der Unmür
digen", S. 366 der Schutz wider das „Jagen nach Erbschaften'
S. 437 die Bestrafung durch Sätze des bürgerlichen R. Som:
beweist unser Band, welcher durchweg trotz seines unröm. I
halts an die Gelehrsamkeit und die Denkkraft des Lesers hoh
Anforderungsn stellt, dass der unserer Jurisprudenz oft vorg(
worfene Mangel an Volkstümlichkeit und Gemeinverständlichke
keinesfalls davon abhängt, dass ihr Gegenstand bisher vorwi(
gend fremdländischen Ursprungs war.

Die fortlaufenden Anführungen aus den gebräuchlichste
Lehrbüchern, zu denen noch Mommsens bekannter Entwurf hii
zutritt, teilt der V. Band der Motive mit dem zweiten.

Für das Prozess-R. sind seine Ausführungen zum Teile vo

besonderer Bedeutung (vgl. S. 381, 537, 546 ff., 560, 567, 610,
668, 669); insbesondere für das Konkursrecht (S. 622 ff., 682 ff.).
Eine beachtenswerte gelegentliche Bemerkung (S. 221) ergibt,
dass die reichsrechtliche Regelung des Notariatswesens zur Zeit
nicht in Aussicht genommen zu sein scheint.   Leonhard.

Köppen, A. Lehrbuch des heutigen röm. Erb-R. 2. Abt.
Würzburg, Stüber. 1888. 131 S. 3 M. 60 Pf.

Die bei der Anzeige der 1. Abt. (vgl. diese Zeitschrift Bd.
VI, 1886, S. 132 ff.) ausgesprochene Erwartung, dass die als
alsbald nachfolgend in Aussicht gestellte 2. Abt. die einzelnen
Arten der Erbfolge behandeln werde, hat sich nur zum Teil
erfüllt. Die vorliegende Abt. enthält von ihnen bloss die Intestaterbfolge (S. 383—418: Voraussetzungen, S. 383—85, Succesio
ordinaria, S. 385—415 — Succesio extraordinaria, von welcher
nach dem Verf. nur bei Universalsuccessionen in bona vacantia
gesprochen werden kann, S. 415—418), während dem zweiten
Abschnitt von den einzelnen Arten der Erbfolge noch als viertes
Kapitel des ersten die Lehre vom Schutz des Erbrechts (S. 287
bis 383, Hereditatis petitio und possessorische Universalklagen)
vorausgeht. Es fehlt also noch das testamentarische Erbrecht,
das Noterbrecht und die Vermächtnisse. Danach erscheint zweifel-
haft, ob das Programm, wonach der Umfang eines mässigen
Bandes nicht überschritten werden soll, eingehalten werden wird.
    Burckhard.

Affolter, A. Zur Lehre vom Rechtsgeschäfte. Solothurn,
Jenni. 1888. 54 S.

Der Verf. schliesst sich denjenigen deutschen Gelehrten an,
welche dem herrschenden Begriffe des Rechtsgeschäftes als Willenserklärung die innere Berechtigung bestreiten. Er sucht an mehreren Beispielen nachzuweisen, dass dieser Begriff auf verschiedene Rechtsvorgänge des täglichen Lebens. welche nach der
herrschenden Dogmatik zweifellos „Rechtsgeschäfte" seien, nicht
passe. Aus diesem Gesichtspunkte behandelt er die Zahlung,
die Schenkung, das Darlehen, den Realkontrakt do ut des oder
ut facias, den Auftrag u. s. w. Hier brauche die Absicht nicht
auf einen rechtlichen Erfolg gerichtet, eine Willenserklärung
nicht vorhanden zu sein; die „stillschweigende Erklärung" der
herrschenden Doktrin sei ein Unding, ein Notbehelf, um die
Schablone der Willenserklärung auch für solche Fälle zu retten,
wo thatsächlich eine Erklärung fehle. Es bestehe ein prinzipieller

Unterschied zwischen diesen Vorgängen völlig typischer Natu
mit denen die Rechtsordnung ohne weiteres eine bestimm
Rechtswirkung verbinde, und dem eigentlichen Vertrage, nämli(
der Regelung der Verhältnisse durch Privatgesetzgebung. D
Verf. schliesst: Wenn man nicht lieber den Begriff des Recht
geschäftes als unbrauchbar überhaupt fallen lassen wolle, so sol
man ihn dahin bestimmen: „Rechtsgeschäfte sind Handlunge
welche rechtliche Bedeutung haben" — ein Rat, der schwerli(
befolgt werden wird. Rechtliche Bedeutung hat auch das Ve
brechen; es begründet die Anwendung des Strafgesetzes; d
schuldhafte Beschädigung; sie verpflichtet zum Schadenersatz
nach dem Vorschlage des Verf. wären also auch diese Han
lungen „Rechtsgeschäfte".   v. Cuny.

Bartsch, H. Das österreich. allgemeine Grundbuch
    gesetz in seiner praktischen Anwendung. Wie
    Konegen. 1888. XVI u. 272 S. 2 fl. 50 kr.

Der Titel des vorliegenden Buches lässt auf eine system
tische oder auch der Gesetzesanordnung folgende Darstellung d
österreich. Grundbuchgesetzes schliessen und ist auf diese Wei
geeignet, über den Inhalt des Buches zu täuschen. In Wah
heit ist dasselbe nichts anderes, als eine Sammlung von Form
larien für Grundbuchsbescheide (nach österreich. Sprachgebrauch
also eine Sammlung von „Schimmeln"), welche, was allerding
eine Neuerung ist, mit Noten versehen ist, die zur Begründun
der einzelnen Bescheide insbesonders durch Hinweis auf Gesetze
stellen, sowie auf Entscheidungen, manchmal auch auf Litteratt
dienen. Es ist natürlich, dass einem derartigen Werke nur sel
beschränkter Wert zukömmt — nämlich nur für Richter, insb
sonders angehende Richter des Oberlandesgerichtssprengels Wie
— keineswegs aber für Praktiker überhaupt, wie der Verf. mein
Advokaten und Notare ziehen aus den Bescheiden über unb
strittene Fälle keinerlei Belehrung, aus denen, welche zweife
hafte, zum Teile sogar sehr zweifelhafte Entscheidungen enthalte
(es sind dies die Bescheide Nr. 101, 104, 105, 106, 108, 10!
156, 161, 224, 225), nur die Belehrung, dass das Landesgerich
oder Oberlandesgericht Wien, manchmal, jedoch selten, der oberst
Gerichtshof, in einzelnen Fällen in diesem oder jenem Sinne en
schieden. — Die Beschränkung des Wertes des Buches auf de
Oberlandesgerichtssprengel Wien ergibt sich daraus, dass d(
„Schimmel" erfahrungsgemäss in jedem Oberlandesgerichtssprengel
anders ist, ausserdem auch noch daraus, dass in Grundbuch

sachen durch die Ausschliessung weiterer Rechtsmittel gegen gleichförmige Entscheidungen der beiden unteren Instanzen sogar die Einheit der Rechtssprechung zum Teile aufgehoben ist.

W. Fuchs (Wien).

Schouler, J. A Treatise on the Law of Wills. Boston, Soule. 1887. 689 S. 5 doll. 50 ct.

Schouler ist dem juristischen Publikum bereits bekannt durch sein Werk on „Executors and Administrators" und durch seine Bearbeitung der „Domestic Relations" in Myer's Federal Decisions. Das Buch handelt von der Errichtung der Testamente etc., ist mit grosser Sachkenntnis und formvollendet geschrieben und gilt als das beste elementare Handbuch über letzte Willensverordnungen nach amerikan. R. Da ein gemeinsames Privat-R. der amerikan. Staaten nicht besteht, sondern jeder derselben unter seiner eigenen Gesetzgebung lebt, so musste auch Schouler auf die Staatengesetzgebungen gebührende Rücksicht nehmen und es werden daher nicht nur die Abweichungen, sondern auch die Uebereinstimmungen überall hervorgehoben. Da ferner das englische common Law die Grundlage des amerikan. R. bildet und die englische Gesetzgebung noch immer einen erheblichen Einfluss äussert auf die amerikan. Praxis, so kann auch der Darsteller des amerikan. R. nicht umhin, das engl. R. in den Kreis seiner Erörterungen zu ziehen. Infolgedessen ist das Buch Schoulers zu einem Handbuch des engl.-amerikan. R. der letzten Willensverordnungen geworden. Die Abhandlung zerfällt in IV Abt. von ziemlich ungleichem Umfang und Wert. Die erste handelt von den letzten Willensverordnungen überhaupt, ihrer Natur und ihrem Ursprung. Die zweite sehr umfangreiche Abteilung hat die Fähigkeit zum Gegenstande, eine letzte Willensverordnung zu errichten (S. 32—260). Die Fähigkeit und Unfähigkeit von Kindern, verheirateten Frauen, Geisteskranken, Blinden, Stummen, Tauben, Schwachsinnigen, Trunkenbolden und Personen, welche unter falschen Vorstellungen leiden, werden in eingehendster Weise erörtert. Das 9. Kapitel (S. 168—215) ist dem Bereiche der Geisteskrankheit gewidmet. Den Schluss der Abteilung bildet eine Erörterung des Einflusses von Zwang, Irrtum und Betrug auf die Errichtung von letzten Willensverordnungen. In diesem Abschnitt beruft sich Schouler wiederholt auf das treffliche Werk von Wharton on Mental Unsoundness, während die hier einschlagende Studie von Legraud du Saulle: „testaments contestés pour cause de folie", unberücksichtigt geblieben ist. Wenn es

sich um Fragen handelt, die ausschliesslich nach amerikan.
zu beurteilen sind, ist eine solche Nichtberücksichtigung b
greiflich, wo dagegen die zu beurteilenden Fragen allgemeiner
Natur sind, dürfte die auswärtige Litteratur ohne Schaden fi
das einheimische R. wenigstens zur Vergleichung herbeigezog(
werden. Die folgenden Abt. III, IV und V handeln von d(
Förmlichkeiten, welche bei Errichtung letzter Willensverordnung(
zu beobachten sind, ferner von deren Widerruf, der Abänderur
und der Bestätigung testamentarischer Verfügungen, und endli(
von den gegenseitigen und den gemeinschaftlichen Testamente
Die letzte Abt. endlich behandelt sehr eingehend (S. 470—64
die Auslegung letzter Willensverordnungen, die allgemeinen R
geln, die Bedeutung einzelner Ausdrücke und Bezeichnungen, u(
den Beweis der wirklichen Intentionen des Testators. Dabei wii
namentlich die Frage erörtert, ob und unter welchen Umständ(
der Zeugenbeweis zulässig sei für oder gegen den Inhalt ein(
letztwilligen Verfügung. Sir James Wigram (on Wills S. 12—1!
stellt in dem genannten Werke für die Auslegung testament
rischer Verfügungen sieben scharf gefasste Regeln auf, welcl
sowohl in England als in Amerika einen erheblichen Einflu
auf die Rechtsprechung ausgeübt haben, und diese Regeln werd(
auf S. 514 und 615 wörtlich mitgeteilt. Dem Werke ist e(
Inhaltsverzeichnis und ein Wortregister beigegeben. Wer d(
Inhalt nur aus demselben kennen lernen und das Buch nur zu(
Nachschlagen benutzen will, für den erscheint das Register nic(
genügend, wer dagegen den Ausführungen des Verf. von Anfar
bis zu Ende aufmerksam gefolgt ist, für den ist das Regist(
vollkommen ausreichend.   König.

IV. Handelsrecht.

**Entwurf eines Gesetzes, betr. die Erwerbs- und Wir
schaftsgenossenschaften nebst Begründung un
Anlage. Berlin, Vahlen. 1888. 315 S. 3 M.**

Unter Aufhebung des Gesetzes vom 4. Juli 1868 will d(
Entwurf die Verhältnisse der Genossenschaft erschöpfend regel
In der Anordnung schliesst er sich im wesentlichen dem vo
erwähnten Gesetz an; er zerfällt in zehn Abschnitte und 15
Paragraphen, von denen die letzten (§§. 130—155) Schluss- un

Uebergangsbestimmungen bilden. Die wesentlichsten Neuerungen
des Entwurfs sind folgende: Neben den Genossenschaften mit
unbeschränkter Haftung wird die Bildung von Genossenschaften
mit beschränkter Haftung zugelassen; letzterenfalls beschränkt
sich die Haftpflicht des einzelnen Genossen (so lautet der Kunst-
ausdruck des Entwurfs statt des bisherigen „Genossenschafter")
auf eine durch das Statut bestimmte Haftsumme, welche nicht
niedriger als der Geschäftsanteil sein darf. Die Art der Haftung muss in der Firma der Genossenschaft angegeben sein.
Nach dem Vorbild des neuen Aktiengesetzes ist eine Mindestzahl
der Genossen (7) vorgeschrieben, wie überhaupt dasselbe als
Muster für eine ganze Reihe von Bestimmungen, welche die Errichtung, innere Organisation, das Verhältnis der einzelnen Organe zu einander und zur Generalversammlung, die Sonderrechte
des einzelnen Genossen (Anfechtungs-R. §. 47) oder einer Minder-
heit (§. 43) betreffen, gedient hat. Die Lücken des bestehenden
Gesetzes sind im Anschluss an die Aktiennovelle in dieser Hinsicht ergänzt worden. Nach Errichtung der Genossenschaft entsteht die Mitgliedschaft durch die auf Grund der Beitrittserklärung
erfolgte Eintragung in das Genossenschaftsregister; dem letzteren
ist gegenüber dem bisherigen R. von dem Entwurf eine grössere
Bedeutung eingeräumt worden. Jeder Genosse hat sich mit einem
Geschäftsanteil bei dem Unternehmen zu beteiligen und muss auf
denselben Einzahlungen, welche mindestens $^1/_{10}$ des Geschäfts-
anteils betragen, in den statutenmässig bestimmten Beträgen und
Fristen machen. Eine periodische Revision der Einrichtungen
und Geschäftsführung der Genossenschaft ist obligatorisch. Bilden
die Genossenschaften — wie dies schon jetzt nach den bösen Erfahrungen aus den 70er Jahren thatsächlich der Fall ist — einen
Revisionsverband, so bestellt dieser für die ihm angehörigen Genossenschaften einen Revisor, sofern der Verband diese Befugnis
durch den Bundesrat erhalten hat, andernfalls wird der Revisor
durch den Registerrichter ernannt. Das Ausscheiden der Genossen erfolgt durch Kündigung nur zum Schluss des Geschäfts-
jahres und mindestens drei Monat vor demselben. Die Kündigung,
welche auch der Gläubiger im Wege der Zwangsvollstreckung
erwirken kann, ist von dem Gericht einzutragen; nach dem Ausscheiden erfolgt die Auseinandersetzung auf Grund der Bilanz.
Eine ganz neue Regelung hat das Umlageverfahren gefunden.
Mit der Niederlegung der Bilanz (K.O. §. 114) wird von dem
Verwalter eine Vorschussberechnung zur Deckung des Fehlbetrags
aufgestellt und von dem Gericht nach der Verhandlung mit den

Beteiligten für vollstreckbar erklärt, jeder Genosse hat das
die Berechnung im Wege der Klage anzufechten. Mit dem V
zugsbeginn der Schlussverteilung wird die Berechnung von d
Verwalter ergänzt oder berichtigt (Nachschussberechnung). I
Zwangsvergleich findet nicht statt. Ein Rückgriff der Gläubi;
auf den einzelnen Genossen findet erst nach Ablauf von zi
Monaten statt, seitdem die für vollstreckbar erklärte Nachschu
berechnung auf der Gerichtsschreiberei niedergelegt ist. Str
bestimmungen gegen die Mitglieder des Vorstands und Aufsich
rats sollen die Vorschriften des Entwurfs sichern; auch hierl
ist das Aktiengesetz das Vorbild gewesen.

Die Begründung zerfällt in eine allgemeine und besonde
Die allgemeine erörtert nach einer geschichtlichen Vorbemerku
in 7 Abschnitten: die Zulassung von Genossenschaften mit l
schränkter Haftpflicht, die Geltendmachung derselben, das Na
schussverfahren und den Einzelangriff, die Entstehung und I
digung der Mitgliedschaft, Organisation und Revision, Vermög
und Geschäftsbetrieb, bündliche Genossenschaften und Form (
Revision. Die besondere Begründung ist zur Rechtfertigung (
Vorschriften im einzelnen bestimmt. Die Anlage bringt die e
sprechenden Gesetze in Bayern, Oesterreich, Schweiz, Englai
Belgien, Frankreich und Italien.   Kayser.

Ullmann. Die Handelsgebräuche über Lade- und Lös(
     zeit, Ueberliegezeit und die Liegegelder bei d(
     Transport von Gütern auf Flüssen und Binn(
     gewässern im preuss. Staat. Berlin, Heymann. 18{
     VIII u. 88 S. 1 M. 50 Pf.

Aus dem amtlichen Material hat der Verfasser, vortragen(
Rat im Ministerium für Handel und Gewerbe, eine nach d
Provinzen und dann wieder nach den Handelskammerbezirl
geordnete Zusammenstellung aller in Preussen bestehenden Wai
über die obigen Gegenstände vorgenommen, welche einem dr
genden Bedürfnisse gerecht wird, da die genaue Kenntnis (
einschlägigen Gebräuche einen grossen Teil der zahlreichen Streit
keiten über Berechnung der Liegezeiten und Liegegelder besei
gen wird, während eine einheitliche Regelung noch in weiter Fer
steht. Unschwer hätte übrigens diese Uebersicht über Preuss
ausgedehnt werden können, wodurch ihre Bedeutung noch
Wert gewonnen hätte. Dass beispielsweise die so häufig in Fra
kommenden Mannheimer Usancen fehlen, ist für alle am Rhe
verkehr Beteiligten eine empfindliche Lücke. Heinsheimer.

Anson, W. Principles of the english law of contract and of Agency in its relation to contract. 5. Aufl. Oxford, Clarendon Press. 1888. 384 S. sh. 10. d. 6.

Das Werk, dessen 1. Auflage 1879 erschien, handelt in 6 Abteilungen von der Stellung des Vertrages im Rechtssystem, von dem Angebot und der Annahme, Wirksamkeit des Vertrages, Auslegung, Erfüllung und Ablösung desselben; endlich in besonderem Anhang von der „Agency". Als Leser hat Anson vorzugsweise Anfänger im Auge, für welche Pollocks Buch zu hoch gehalten und Leake's zu sehr für das Bedürfnis des Advokaten geschrieben ist, und es füllt eine Lücke aus, welche jeder empfindet, welcher sich für das Studium des englischen R. interessiert. Die Verbesserungen der Neuauflage beziehen sich, namentlich auf den Abschnitt über misrepresentation, wobei neuere Entscheidungen des Appellhofes berücksichtigt werden mussten, ferner auf die Lehre von der Consideration, welche bei jedem contract not underseal vorhanden sein muss, und endlich auf die Frage wie lange ein Offerent an sein Angebot gebunden bleibe, welche an der Hand neuer Beispiele erörtert wird. Auch die übrigen Teile des Buches lassen überall die bessernde und ergänzende Hand des Verf. erkennen, und seine „Principles" werden daher mit Recht als die beste Darlegung der allgemeinen Grundsätze des Vertrags-R. anerkannt. Kōnig.

V. Gerichtsverfassung und Zivilprozess.

Zeitschrift für deutschen Zivilprozess, herausgegeben von H. Busch und F. Vierhaus. Berlin, Heymann. Bd. XI.

Zunächst handelt (S. 1—71) Fitting in sehr eingehender Weise von den Folgen von Mängeln des Verfahrens (§. 267 der Z.Pr.O.), welche, wie er ausführt, eine „prinzipielle Erörterung" und „allseitige Beleuchtung" bisher noch nicht gefunden haben. Er unterscheidet drei Arten von Mängeln (materielle Mängel, Voraussetzungsmängel und Verfahrensmängel) und legt dar, dass sich §. 267 der Z.Pr.O. nur auf die Mängel der letzteren Art, die eigentlichen Verfahrensmängel bezieht. Sodann führt er aus, dass den wesentlichen Vorschriften, deren Einhaltung selbst dann geboten sei, wenn die

Parteien auf dieselben verzichteten oder über die Nichteinhaltun̦
hinwegsehen wollten, zwei Klassen von unwesentlichen Voı
schriften gegenüberstünden, die Ordnungsvorschriften
deren Nichtbefolgung überhaupt nicht gerügt werden könne, un̦
die verzichtbaren Vorschriften, mit denen es §. 267 de
Z.Pr.O. allein zu thun habe. Es wird untersucht, welche Voı
schriften in diesem Sinne als verzichtbar anzusehen sind un̦
dabei eingehend auf die bisherige Praxis, insbesondere di
Rechtsprechung des Reichsgerichts Bezug genommen, welche̦
Fitting den Vorwurf macht, dass nach derselben, soweit e̦
sich um die Eröffnung des Laufs oder um Wahrung einer Not
frist handle, eine ganz formalistische Beurteilung eintrete, wäh
rend im übrigen die allererheblichsten Mängel verzichtbar seien
Den Verstössen gegen die Vorschriften über die Zustellungeı
wird ein besonderer Abschnitt (S. 48—71) gewidmet. — Falk
mann (Labiau) beschäftigt sich mit der Aufhebung deı
Vollstreckungmassregeln, wenn die vor Zustellung eineœ
Arrestbefehls erfolgte Vollziehung desselben wegen Unter-
bleibens der rechtzeitigen Zustellung des Befehls ohne Wirkung
ist, insbesondere mit der Frage, in welcher Weise, durch welche
Behörde u. s. w. diese Aufhebung herbeizuführen ist, wenn sie
vom Schuldner gefordert wird. Als Ergebnis der Erörterung
wird der Satz aufgestellt, dass die formelle Aufhebung der in
Frage stehenden Vollstreckungsmassregeln nur auf Betreiben des
Schuldners erfolge und zwar, sofern derselbe den Nachweis deı
unterbliebenen Zustellung führen könne, auf Antrag an die Voll-
streckungsbehörde, audernfalls auf Klage hin. Der gleiche Gegenstand wird in Gruchots Beitr. Bd. 31, S. 37 ff. von Marcus
erörtert.

Mit der Gleichheit der Gläubigerrechte beim Zwangsvergleich beschäftigt sich Hübner, der darlegt, dass die
Beobachtung des §. 168 der K.O. in der Praxis zu grossen
Schwierigkeiten führe, und die wichtigsten einschlagenden Fragen,
insbesondere die Fälle erörtert, in welchen dem Zwangsvergleich
eine Bedingung oder Befristung beigefügt oder für Erfüllung der in demselben übernommenen Verpflichtungen Sicherheit geleistet wurde.

v. Schrutka-Rechtenstamm beschäftigt sich (S. 161 ff.)
mit dem Erwerb des Eigentums im Falle einer Zwangsvollstreckung zur Erwirkung der Herausgabe von
beweglichen Sachen gegen einen Kaufmann. Dabei
handelt es sich um das Verhältnis von §. 769 Abs. 1 der Z.Pr.O.

zu Art. 306 des H.G.B. und um die Frage, ob die zwangsweise Wegnahme einer von einem Kaufmann in seinem Handelsbetrieb veräusserten, aber dem Käufer nicht übergebenen beweglichen Sache durch den Gerichtsvollzieher als Tradition seitens des Verkäufers, bezw. ob der Gerichtsvollzieher als dessen Stellvertreter gilt. Diese Frage, welche ebenso ausserhalb des handelsrechtlichen Gebietes praktisch werden kann, wenn nach dem Landes-R. dieselben Grundsätze gelten wie nach Art. 306 H.G.B., ist nach Schrutka-Rechtenstamm unbedenklich zu bejahen, wenn der Verkäufer Eigentümer der weggenommenen Sache ist. Dagegen hält derselbe die entgegengesetzte Entscheidung in denjenigen Fällen für richtig, in welcher die Sache einem Dritten gehört, und bekämpft die Ansicht von Seuffert, welcher bei §. 769 (S. 842 Z. 2) die Frage auch unter dieser Voraussetzung bejaht.

Völckers (S. 169—181) hat die Geltendmachung des Einwands der Tilgung gegen den Kostenfestsetzungsbeschluss im Kostenfestsetzungsverfahren zum Gegenstand. Nach der herrschenden Meinung, für welche sich insbesondere das Reichsgericht (III) in einem Urteil vom 24. April 1885 (Entscheid. Bd. XIII, S. 360 ff.) entschieden hat, kann der Einwand, dass der Kostenerstattungsanspruch (z. B. durch Kompensation) getilgt sei, nicht durch Beschwerde gegen den Kostenfestsetzungsbeschluss, sondern nur auf dem in den §§. 686, 702 Z. 3, 703 der Z.Pr.O. vorgesehenen Wege der selbständigen Klage geltend gemacht werden. Diese Auffassung wird von Völckers bekämpft, der insbesondere hervorhebt, dass auf dem vom Reichsgericht vorgezeichneten Wege der Schuldner jedenfalls nicht Ersatz der Kosten des Festsetzungsverfahrens erhalten könne. Die von Völckers behandelte Frage ist inzwischen in der juristischen Wochenschrift (1886, S. 178) auch von Hertzog ausführlich erörtert worden, welcher der Entscheidung des Reichsgerichts im Ergebnis beistimmt. (Vgl. auch die Abhandlung von Schmidt, Francke und Struckmann in der Zeitschr. für Zivilpr. Bd. VI, S. 47 ff., 84 ff. und 408 ff.)

Oswalt erörtert (auf S. 182 ff.) die Zulässigkeit der Ueberweisung einer im Arrestverfahren gepfändeten Forderung. Während nach den Motiven zur Z.Pr.O., denen die Kommentatoren beigetreten sind, bei Pfändungen auf Grund eines Arrestbefehls jede Art von Ueberweisung der gepfändeten Forderung unstatthaft ist, will Oswalt die §§. 736 und 745 der Z.Pr.O. (gemäss §. 808) „entsprechend" anwenden, derart, dass die Ueberweisung hier modifiziert werde und an die

Stelle der Befriedigung die Sicherung trete. Die Ueberweisun
soll hiernach in der Art erfolgen, dass der Schuldbetrag zu hinte
legen ist, bezw. die Gegenstände in der Verwahrung des Gericht
vollziehers verbleiben.

Bolgiano beschäftigt sich in einer grösseren Abhandlur
(S. 241—285) mit der Lehre von der Gewissensvertretun
(vgl. übrigens oben S. 339). Er nimmt an, dieses Institut sei in d
Z.Pr.O., wenn auch nicht dem Namen, so doch der Sache nac
ebenso anerkannt wie im gemeinen Prozess und es seien desha
die hier bestehenden Kontroversen nicht, wie der Verf. der Mater
zur Z.Pr.O. angenommen habe, aus der Welt geschafft. Die
Kontroversen bilden den eigentlichen Gegenstand der Abhandlun
in welcher besonders die Natur der „Gewissensvertretung" erörte
und dargelegt wird, was zu geschehen habe, wenn der als G
wissensvertretung bezeichnete Gegenbeweis nicht oder doch nic
vollständig gelungen sei. Bezüglich des §. 437 Z.Pr.O. hält B
giano an der von ihm schon früher ausgesprochenen, aber nic
sehr günstig aufgenommenen Meinung fest, dass der Richter b
unvollständigem Beweis ungeachtet der Fassung des Gesetz
(„kann") auf einen richterlichen Eid erkennen müsse, und n
die Wahl habe, welcher Partei er den Eid auferlegen wolle.

v. Schrutka-Rechtenstamm legt (S. 286 ff.) dar, welc
Bestimmungen in Oesterreich bezüglich der Sicherheitsl
stung für die Prozesskosten bestehen und leitet darau
dass das österreichische R. den Deutschen in dieser Beziehu
nicht schlechter stelle, als den Oesterreicher, den Satz ab, da
der letztere in Deutschland zur Sicherheitsleistung nach §. 1
Z.Pr.O. nicht verpflichtet sei.

Von Marcus wird sodann (S. 291 ff.) die Frage erörte
ob das in §. 109 Abs. 2 Z.Pr.O. geforderte Zeugnis der obri
keitlichen Behörde bei Bewilligung des Armen-
für den Richter bindend sei. Diese Frage wird verneint u
zwar auch für den Fall, dass in dem Zeugnis das Vorhande
sein der Armut in Abrede gestellt wird.

Eine weitere Abhandlung von Korn (S. 294—308) besch
tigt sich mit der Zulässigkeit der Pfändung einer Fo
derung des Schuldners an den Vollstreckungsgläubige
welche bekanntlich sehr bestritten ist. Korn tritt sehr entsch
den für die Zulässigkeit ein und bringt in dieser Beziehung gu
Gründe vor. Auch erörtert er das Verhältnis zwischen d
Pfändung und Ueberweisung der eigenen Schuld zur Ausübu
des gesetzlichen Kompensations-R. In Gruchots Beiträgen Bd. {

S. 610 ff. ist inzwischen die Frage auch von Hergenhahn er-örtert worden.

Kohler behandelt (S. 309—313) im Anschluss an seine Arbeit über die prozessrechtlichen Verträge in Gruchots Beiträgen Bd. 31 S. 319 und an einige in der Zeitschrift für Zivilprozess mitgeteilte Rechtsfälle die Verträge, in welcher der Gläubiger verspricht, keinen Konkurs zu beantragen, und deren Gültigkeit. Er führt aus, ein prozessualer Vertrag dieser Art sei nichtig, nicht aber ein zivilistischer Vertrag, welcher „die Reaktionskraft der Forderung" zeitweise lähme, so dass der Gläubiger überhaupt nicht gegen den Schuldner vorgehen dürfe. Das Konkursgericht soll hiernach prüfen, ob der Eröffnungsantrag von einem „aktionsfähigen" Konkursgläubiger gestellt ist, und den Antrag zurückweisen, wenn diese Voraussetzung nicht vorliegt, dagegen eine Vereinbarung nicht berücksichtigen, welche dem Gläubiger mit Ausnahme des Konkurseröffnungsantrags alle übrigen Zwangsmassregeln belässt.

Ausser den genannten Abhandlungen, welche sich mit der Auslegung des bestehenden R. beschäftigen, ist noch eine ausführliche Abhandlung von Culemann über die Reform des amtsgerichtlichen Zivilprozesses zu erwähnen, in welcher (S. 353—396) unter eingehender Berücksichtigung der bisherigen Litteratur eine Reihe von Vorschlägen gemacht werden, welche auf Vereinfachung des Verfahrens und Kostenersparnis abzielen. Der wichtigste Vorschlag ist derjenige, nach welchem im amtsgerichtlichen Verfahren der Selbstbetrieb des Prozesses durch die Partei beschränkt werden und das Gericht solange für die Fortsetzung des Prozesses sorgen soll, als nicht die Partei erklärt, selbst eingreifen zu wollen.

Petersen.

Meili, F. Grundriss zu akademischen Vorlesungen über das Zivilprozessrecht des Kantons Zürich und des Bundes. Zürich, Orell Füssli & Co. 1888. 63 S. 2 Fr.
v. Schrutka-Rechtenstamm, E. Grundriss zu Vorlesungen über österr. Zivilprozess. Berlin, Heymann. 1888. 44 S. 1 M. 80 Pf.

M. hält sich streng in den Grenzen eines Grundrisses, indem er ausführliche Besprechung einzelner Fragen vollständig vermeidet und sich beschränkt auf die Angabe der Ueberschriften zu den Hauptabschnitten, zu den Paragraphen, ihren Abteilungen und Unterabteilungen. Daneben stehen bei den einzelnen Para-

graphen Verweisungen auf einschlägige Gesetzesstellen, Staats
verträge, Entscheidungen und die (vorzüglich schweizer.) Litte
ratur, teilweise auch Definitionen, rechtspolitische und sonstig
kurze Bemerkungen. Das System ist folgendes: Einleitung (§.
Litteraturverzeichniss. §. 2 Geschichtliche Bemerkungen.) 1. Teil
Allgemeine Vorchriften und Grundsätze (I. Gegenstand d. Z.P.
II. Gerichte, einzeln aufgezählt; III. Parteien; IV. Gerichts
stände; V. Allgemeine Prinzipien). 2. Teil: Das ordentliche Ver
fahren. 3. Teil: Besondere Prozessarten; Anhang über nicht
streitige Gerichtsbarkeit.   4. Teil: Summarisches Verfahren
5. Teil: Exekution. 6. Teil: Konkursverfahren. 7. Teil: Orga
nisation der Bundesrechtspflege und das gerichtliche Verfahrei
vor· dem Bundesgericht.

Sch. beschränkt sich auf die Angabe der Haupt- und Para
graphenüberschriften ohne Beifügung von Litteraturangaben ode
sonstigen Bemerkungen; in einzelnen Fällen sind die im Rahmei
des Paragraphen zu besprechenden Punkte angezeigt. Der Stof
ist, abgesehen von der Einleitung (Begriff, Quellen, Litteratur
in drei Bücher verteilt: 1. B.: Die Personen des Zivilprozesse
(Gericht, Parteien und dritte Teilnehmer); 2. B.: Gegenstan
(Hauptsache und Kosten); 3. B.: Die Handlungen; I. Abt.
Allgemeines (1. Prinzipien; 2. Art, Zeit, Form und Inhalt der
Parteihandlungen; 3. Form und Inhalt der gerichtlichen Hand
lungen). II. Abt.: Die Handlungen des Erkenntnisverfahren:
(1. Prozesseröffnung; 2. Prozessinstruktion, umfassend Partei
verhandlung und Beweisverfahren; 3. die Prozesserledigung, um
fassend die Lehren vom Endurteil, von den Rechtsmitteln, voi
der Rechtskraft und die Erledigung auf anderem Wege als durcl
Endurteil). III. Abt.: Die Handlungen des Zwangsverfahrens

Kleinfeller.

Weissler. Das preuss. Notariat im Geltungsgebiete dei
allgemeinen Gerichtsordnung. Unter Benutzung dei
gesetzgeberischen Vorarbeiten zu den beiden Gesetzen von
11./VII. 1845 dargestellt. Berlin, Vahlen. 1888. X und
588 S.   10 M.

Gegenüber den bisher vorhandenen Darstellungen des preuss
Notariats ist der vom Verf. erstrebte Zweck des vorliegendei
Buches, dem Praktiker den gesamten in Gesetzen und Verfügun
gen über das Notariat enthaltenen Stoff im Wortlaute darzu
bieten, sodann das, was Wissenschaft und Praxis für diesen Stof
geleistet haben, möglichst vollständig vorzuführen, endlich dii

bisher wenig oder gar nicht betretenen Teile des Gebiets zu erforschen. Verf. wird dieser Aufgabe nicht in der Form eines Kommentars einer nicht vorhandenen Notariatsordnung, sondern durch eine systematische Darstellung des preuss. Notariatsrechts, der er die Verordnungen und Reskripte im Texte an den einschlagenden Stellen im Wortlaute einfügt, gerecht. Am Schlusse stellt er die gesetzlichen Vorschriften über das Notariat im gesetzlichen Wortlaute, nicht in der so beliebten, aber entschieden zu verwerfenden „heute gültigen" Form zusammen. Der systematische Teil insbesondere stellt das Notar-R. in 5 Teilen mit 86 Kapiteln (S. 1—365) dar: I. Allgemeiner Teil (rechtsgeschichtliche Einleitung, allgemeine Bestimmungen über Natur des Notariats, Geschäftskreis, §§. 5 und 6 Gesetz 11./VII. 1845). II. Die notarielle Urkunde (Auslegung von Formvorschriften, diese Vorschriften selbst, Beweiskraft der notariellen Urkunden, einzelne besondere Fälle). III. Die dienstlichen Verhältnisse des Notars (Ernennung, Rechte, Pflichten, Pensions- und Hilfsverein, Dienstaufsicht, Beendigung des Amtes). IV. Das notarielle Stempelrecht (Verantwortlichkeit des Notars, Stempelrevision und Strafverfahren, Stempelverwendung, Stempelpflichtigkeit der notariellen Urkunden). V. Gebührenordnung (Wertsberechnung, Ansetzung und Einforderung der Gebühren, Tarifgebührentabelle befindet sich am Schlusse des Buches). Sehr verdienstlich und die selbständige Auslegung der Gesetze vom 11./VII. 1845 fördernd ist der nun folgende Abdruck der dem Verf. vom Geheimen Staatsarchiv zur Verfügung gestellten gesetzgeberischen Vorarbeiten zu diesen Gesetzen: der aus den Beratungen des Staatsministeriums hervorgegangene Wortlaut des Entwurfs eines Gesetzes wegen Erweiterung der Kompetenz der Notare und Abänderung des Verfahrens u. s. w., Motive dazu, Relation betreffend die bei der schriftlichen Abstimmung über den Entwurf vom Staatsministerium vorgebrachten Erinnerungen, Gutachten des Staatsrats (Justizabteilung) über den Entwurf, Beratung im Plenum des Staatsrats, Bericht desselben an den König. Ein alphabetisch geordnetes Sachregister macht den Schluss des ganzen Werkes. Roedenbeck.

Kornfeld, I. Ueber das mündliche Summarverfahren. Bemerkungen und Abänderungsvorschläge zu dem diesbezüglichen in der X. Session des österr. Abgeordnetenhauses von der Regierung vorgelegten Gesetzentwurfe. Wien, Manz. 1888. 75 S. 60 kr. = 1 M. 20 Pf.

Da die geplante Reform des gesamten österr. Zivilprozesses bisher nicht zustande gebracht werden konnte, versucht es der österr. Justizminister mit einer teilweisen Reform, indem er dem Parlamente einen Gesetzentwurf über ein mündliches Verfahren für Summarsachen (Angelegenheiten von 50—500 fl.) vorlegte. Der Verf. unterzieht nun diesen Gesetzentwurf in I—VIII einer eingehenden Kritik und macht unter ausführlicher Begründung zahlreiche Abänderungsvorschläge. Im letzten Abschnitt „Formulierungen" werden dann diese Abänderungsvorschläge zusammengefasst, indem der neue Gesetzentwurf so zum Abdrucke gebracht wird, wie er nach Ansicht des Verfassers zu lauten hätte.   W. Fuchs (Wien).

VI. Strafrechtswissenschaft.

Lombroso, C. Der Verbrecher in anthropologischer, ärztlicher und juristischer Beziehung. In deutscher Bearbeitung von M. O. Fraenkel. Mit Vorwort von v. Kirchenheim. Hamburg, Richter. 1887. XIII und 562 S. 15 M.

Wiederholt sind in dieser Zeitschrift Schriften von Anhängern der italienischen positiven Schule des Strafrechts, die namentlich durch Ferri ihre Ausbildung gefunden hat, besprochen. In diesen Zeilen soll die Aufmerksamkeit auf die kriminalanthropologischen Untersuchungen des geistigen Urhebers dieser Richtung, des Irrenarztes C. Lombroso, gelenkt werden, der in seinem „L'uomo delinquente" den Anstoss zu jener, auch in Italien nicht ohne Widerspruch gebliebenen Bewegung gegeben hat, innerhalb welcher die Ergebnisse der evolutionistischen Theorie auf dem Gebiete der Naturwissenschaften auch für das Strafrecht Verwertung finden sollen. Dieses grundlegende Werk liegt in guter deutscher Bearbeitung von Fraenkel vor und ist damit weiteren Kreisen die Möglichkeit geboten, sich mit jenen Anschauungen vertraut zu machen, die wohl als der extremste Ausdruck des evolutionistischen Standpunkts im Gebiete der Rechtslehre anzusehen sind. Der sich hier vollziehende radikale Bruch auch mit Anschauungen, die durchaus nicht als Ergebnisse aprioristischer Konstruktion gelten und einen grellen Widerspruch mit der Empirie bedeuten, machte es selbst dem ersten

Anhänger der neuen Richtung, dem Juristen Ferri in seinen ersten Schriften unmöglich, für das Straf-R. die von Lombroso angedeuteten Folgerungen in vollem Umfang zu ziehen. Werden diese Folgerungen gezogen, dann ist eine Wissenschaft des Straf-R. nicht mehr möglich. Dagegen darf nicht übersehen werden, dass die neue Richtung durch die Förderung der Kenntnis der Natur des Verbrechers schätzenswerte Resultate für die Kriminalpolitik erzielt hat, welche die Strafrechtswissenschaft und Strafgesetzgebung unmöglich ignorieren können. Jedenfalls wurde eine Erweiterung des Erkenntnisstoffes innerhalb des Straf-R. angebahnt. Die Verdienste der Schule sind in dem kurz orientierenden Vorwort v. Kirchenheims in lichtvoller Weise nach einigen Richtungen nachgewiesen.   E. Ullmann.

Borchert, Th. Die strafrechtliche Verantwortlichkeit für Handlungen Dritter, insbesondere die Teilnahme am Verbrechen und die mittelbare Thäterschaft nach deutschpreussischem R. Berlin, Müller. 1888. 135 S. 3 M.

Eine vom Standpunkte des Praktikers aus unternommene, die einschlägliche Litteratur, insbesondere die Lehrbücher und die Judikatur ausgiebig berücksichtigende, übersichtliche Darstellung der im deutschen und im preuss. Rechtsgebiete geltenden, die strafrechtliche Verantwortlichkeit für Handlungen Dritter normierender Rechtssätze.

Nachdem im §. 1 der Begriff und das Wesen dieser Verantwortlichkeit — unter Ausscheidung der nicht hierher gehörigen Fälle — z. B. des Falles der Haftbarkeit für die Strafe des Thäters, der Fälle aus §§. 120, 121, 347, Abs. 1, 285, 355 R.St.G.B., der Fälle aus §§. 203, 219, 354, 355 a. a. O. — dargelegt sind, wird in §. 2 Einteilung und allgemeine Charakteristik der in Betracht kommenden Fälle gegeben.

Der Verf. unterscheidet drei Kategorien, in deren erste er die Fälle der Teilnahme, in deren zweite er die Fälle mittelbarer Thäterschaft, in deren letzte er diejenigen Fälle hinstellt, welche, keiner der anderen beiden Kategorien angehörend, spezieller Gesetzesvorschrift ihr Dasein verdanken.

Allen Fällen gemeinschaftlich sind nach dem Verf. folgende drei Eigentümlichkeiten:

1. Dass jemand, der für dieselbe Handlung eines Dritten mehrfach strafrechtlich verantwortlich sei, doch nur einmal mit Strafe belegt werden dürfe.

2. Dass von der Stellung des Strafantrages wegen der Han
lung eines Dritten — sei er auch nur gegen den Dritten od
nur gegen eine der verantwortlichen Personen gestellt — a
für diese Handlung Verantwortlichen betroffen würden.

3. Dass der Umfang der strafrechtlichen Verantwortlichk
nach der objektiven Seite hin stets durch die Handlung d
Dritten und deren Erfolg begrenzt werde.

In dem die §§. 3—12 umfassenden 2. Hauptabschnit
wird die Teilnahme am Verbrechen behandelt und zwar in d
§§. 3—5. Die allgemeinen Rechtsgrundsätze: a) die Freiwilli
keit der Teilnahme gegenüber der sogen. „notwendigen (Dopp
ehe, Zweikampf u. s. w.) Teilnahme" (§. 3); b) die allgemein
Voraussetzungen der Teilnahme (§. 4); c) die strafrechtliche V
antwortlichkeit des Teilnehmers, insbesondere die Zurechnung p
sönlicher Eigenschaften und Verhältnisse (§. 5), in den §§. 6—
die besonderen Arten der Teilnahme: 1. Mitthäterschaft (§§. 6, 7
2. Anstiftung und Beihilfe (§§. 8—12).

Im 3. und letzten Hauptabschnitte wird die mittelbare Thäte
schaft dargelegt (§§. 13—15). Mittelbare Thäterschaft liegt na
dem Verf. da vor, wo für einen objektiv strafbaren Thatbestan
nicht der sogenannte physische Thäter haftet, sondern derjenige, a
dessen Werkzeug der physische Thäter gehandelt hat. Bünger.

Baumgarten, J. Die Lehre vom Versuche der Verbreche
Stuttgart, Enke. 1888. VI u. 471 S. 10 M.

Die vorliegende Monographie verdankt ihre Entstehung de
Mitte 1882 seitens der Ungarischen Akademie der Wissenschafte
erfolgten Aussetzung eines Preises für „Die Entwickelung de
Lehre vom Versuche und von der Teilnahme, mit Berücksichtigun
der hervorragenden europ. Gesetzgebungen und der einschlägige
Litteratur". Verf. erachtete jedoch die nur bis Ende 1883 e
streckte Frist zur erschöpfenden Behandlung des ganzen Theme
für unzureichend und machte sich deshalb seinerseits lediglic
an die Ausarbeitung der Versuchslehre. Die bezeichnete Ak
demie erteilte der zunächst 1885 zu Budapest (in ungarische
Sprache) erschienenen Schrift eine Auszeichnung, die den Ver
zur Veröffentlichung derselben in deutscher Sprache wesentlic
mit veranlasste. Von der Originalausgabe unterscheidet di
deutsche Bearbeitung sich nur darin, dass der ungar. recht
historische Teil weggelassen ist und im dogmatischen Teile stat
der Judikatur des ungar. obersten Gerichtshofes ausschliesslic
diejenige des Reichsgerichts Berücksichtigung erfahren hat.

Den überwiegenden Raum der Schrift (nämlich 344 Seiten) nimmt der rechtshistorische Teil ein,- in welchem der Verf. die Entwickelung der Versuchslehre in stetem Zusammenhange mit den allgemeinen strafrechtlichen Wandlungen und Fortschritten darstellt; er nimmt hierbei namentlich gegen diejenigen Gelehrten Stellung, die „vom abstrakten Standpunkte über den Wert einzelner Auffassungen aburteilen und ihren willkürlichen Systemen den Nimbus röm. oder germ. Alterthümlichkeit andichteten". Diese historische Entwickelung, die unter Zerlegung des Stoffes in vier Perioden (Römisches Recht; Mittelalter; Carolina und Doktrin bis zur Mitte des 18. Jahrhunderts; von da ab bis zur Gegenwart) durchgeführt wird, bildet zweifellos nicht nur den wertvollsten Teil der Monographie, sondern erscheint auch an sich als eine Arbeit von solcher Bedeutung, dass das juristische Publikum dem Verf. für die erfolgte Veröffentlichung in deutscher Sprache lebhaften Dank zollen muss (selbst wenn sich — wie dem Referenten an einzelnen Stellen — der Gedanke aufdrängen sollte, dass Verf. die ungar. Sprache wohl besser als die deutsche beherrschen möge). Was speziell den berühmten Art. 178 der C.C.C. betrifft, so mag hervorgehoben werden, dass Verf. die Beziehung jener gesetzlichen Bestimmung auf die den italienischen Praktikern fremd gebliebene Unterscheidung zwischen „tauglichem" und „untauglichem" Versuch energisch in Abrede stellt.

Am ausgedehntesten verbreitet Verf. sich über die 4. Periode; für diese legt er die stufenweise Entwickelung der Versuchstheorie und ihres gegenwärtigen Standpunktes, sowie deren Verwertung durch Gesetzgebung und Rechtsprechung bei den Franzosen, Italienern und Deutschen dar, um so für den ausschliesslich der Besprechung des R.St.G.B. gewidmeten dogmatischen Teil die nötige Klarheit über die vom Gesetzgeber benutzten Quellen und die Verwertung der Früchte des jahrhundertelangen wissenschaftlichen Entwickelungsganges zu gewinnen. Der Skizzierung sowie der scharfen kritischen Beleuchtung aller Versuchstheorien der neueren deutschen Doktrin sei hier besonders Erwähnung gethan.

Bei der Ausarbeitung des dogmatischen Teiles (S. 347—471) bekämpfte Verf. vorzüglich „die Losreissung des allgemeinen Teiles von dem besonderen," davon ausgehend, dass die Vorschriften jenes lediglich Interpretationsregeln für die Bestimmungen des besonderen Teiles enthielten, deren Tragweite nur an dem Thatbestand der einzelnen Verbrechen demonstriert werden

könne. Nach Erörterung der subjektiven und objektiven B
stimmungen des strafbaren Versuches bestimmt Verf. desse
Begriff dahin, dass „diejenigen dolosen Handlungen, in dene
der auf die Verletzung eines strafrechtlich geschützten Gute
gerichtete Vorsatz sich in einem dasselbe gefährdenden Angri
verkörpere" als Versuche zu verstehen seien. Der zweite A1
schnitt dieses Teiles endlich handelt von den Stufen des Ve
suches und der relativen Strafbarkeit bezw. von der Straflosi
keit des Versuchs.

Ein Sachregister und eine Spezialisirung des Inhaltverzeicl
nisses fehlt. Olshausen.

VII. Kirchenrecht.

Zorn, Ph. Lehrbuch des Kirchen-R. (Handbibliothek de
öffentlichen R., hrsgb. von A. v. Kirchenheim, III. Band
Stuttgart, Enke. 1888. XVII und 534 S. 9 M.

Der vorliegende dritte Band der Kirchenheimschen Samm
lung von kurzen Lehrbüchern der öffentlichrechtlichen Diszipline
unterscheidet sich von den vorausgegangenen Bänden, welch
das Staats-R. und das Verwaltungs-R. zur Darstellung brachter
wesentlich durch die sehr ausführliche Berücksichtigung des ge
schichtlichen Elements. Fast die Hälfte des Zornschen Lehr
buchs (S. 9—225) ist der Geschichte des Kirchen-R. gewidmet
Freilich hat der Verf. in diesem rechtshistorischen Teil, nebe
der allgemeinen Geschichte des Kirchen-R., auch manche bishe
gewöhnlich mit der dogmatischen Darstellung verbundene Er
örterungen über die geschichtliche Entwickelung einzelner In
stitute aufgenommen, während die Geschichte anderer wichtige
Institute (wie des Kardinalats, der Domkapitel, des Patronat-R.
in seinem Werke nur ganz kurz berührt ist. Der Standpunk
der geschichtlichen Darstellung ist ein universalhistorischer, ins
besondere hat der Verf. auch die Zusammenhänge der Kirchen
rechtsgeschichte mit der allgemeinen Weltgeschichte, vielfach in
Anschluss an Ranke, hervorgehoben; dagegen die Behandlung
des geltenden R. beschränkt sich auf Deutschland und zeigt ein
durchgehendes Streben nach strenger juristischer Fassung.

Die für das Werk massgebenden prinzipiellen Auffassunger
Z.'s sind hauptsächlich in der Einleitung (S. 1—8) und am

Schluss des historischen Teils (§. 14 „Staat und Kirche im 19. Jahrhundert: Prinzipielles") dargelegt. Einen einheitlichen juristischen Begriff der Kirche gibt es nach Z.'s Ansicht seit der Reformation nicht mehr (S. 3 ff.), weshalb die Wissenschaft des Kirchen-R. den weiteren Begriff des Religionsvereins zu Grunde zu legen hat (S. 5—6). Die grossen historischen Kirchen sind gegenwärtig in den deutschen Einzelstaaten Landeskirchen, d. h. privilegierte Korporationen (S. 219 ff.); dagegen bestreitet ihnen der Verf., in wesentlicher Uebereinstimmung mit Rosin, — der aber doch nur die Tendenz der neuesten Rechtsbildung charakterisieren wollte — die Eigenschaft öffentlicher Korporationen, indem er diesen vieldeutigen Begriff auf solche Korporationen beschränkt, bei denen ein staatlicher Zwang der Zugehörigkeit stattfindet (S. 221). Prinzip für das Verhältnis von Staat und Kirche ist die Unterordnung der Kirche unter die Souveränetät des Staates (S. 7—8); daraus wird insbes. die Richtigkeit der sogen. Legaltheorie für die juristische Beurteilung der Konkordate abgeleitet (S. 432 ff.). Das Kirchen-R. entsteht heutzutage — im Einklang mit der vom Verf. (S. 3) aufgestellten Begriffsbestimmung des R. überhaupt — teils durch Staatsgesetzgebung, teils auf dem Wege der Autonomie (S. 7); jedoch ist der Standpunkt des Verf. hinsichtlich der rechtlichen Geltung solcher kirchlicher Vorschriften, denen der staatliche Zwang zur Realisierung fehlt, kaum ein ganz klarer (vgl. insbes. die Bemerkungen über das Ehe-R. S. 213 und 533—534). Ein gemeines deutsches Kirchen-R. gibt es nicht; auch das katholische Kirchen-R. ist kein juristisch gemeines, insbes. weil die rechtserzeugenden Faktoren der katholischen Kirche in und unter den einzelnen Staaten stehen (S. 2—3).

Die speziellen Ausführungen des Verf. sowohl im historischen wie im dogmatischen Teil zeigen gleichfalls eine grosse Selbständigkeit der Auffassung, und zwar auch gegenüber denjenigen wissenschaftlichen Arbeiten, denen er in der Mitteilung des positiven Stoffs vorzugsweise folgt oder welche, wie er selbst hervorhebt, die Anregung zu seiner Theorie gegeben haben (vgl. z. B. S. 52 u. 53 und S. 75 die Polemik gegen E. Loening in betreff des merowingischen Staatskirchen-R., sowie den Versuch S. 248 ff., die verschiedenen Arten der Amtsgewalt in der katholischen Kirche abweichend von Hinschius zu bestimmen).

Zitiert sind, neben den wichtigsten Quellenstellen, fast nur die neueren kirchenrechtlichen Systeme und Monographien, diese jedoch in sehr ausgiebigem Masse.

Wenn auch das Z.'sche Lehrbuch sich in den Rahmen d
Sammlung, zu welcher es gehört, wohl nicht ganz einfügt, ur
wenn auch manche Behauptungen des Verf. geeignet sind, B
denken, resp. Widerspruch hervorzurufen, so wird dem Werl
doch vielfache Beachtung und Benutzung zu teil werden.

Brie.

Lenz, H. Das dons et legs en faveur des établiss
ments pablics. Brüssel, Larcier. 1882. Tl. I 441,
478 S.

L., Justizministerialdirektor in Brüssel, ergänzt Lauren
Stiftungs-R. (Pr. de droit civil XI) durch die belg. wie franzé
Gerichts- und Verwaltungsübung zu Art. 900, 910 und 937 d
französ. bürgerlichen Gesetzbuches, welchen die Art. 849, 9§
und 1060 des italien. bürgerlichen Gesetzbuches entspreche
Es handelt Bd. I S. 9—85 von der schon nach röm. R. e
forderlichen Staatsgenehmigung neuer Stiftungen und St
tungszuflüsse, 86—136 von der Ermässigung derselben im Ve
waltungswege zu Gunsten der Blutserben, 137—424 von d
Zweckbestimmung, welcher Zuwendungen an Wohlthätigkeit
kirchliche (S. 199), Schul- (S. 292) und klösterliche Anstalten (
333) gewidmet werden können; Bd. II S. 1—38 (und 151—17
von den als nicht beigefügt zu erachtenden Bedingunge
und Vorbehalten, S. 38—470 insbesondere hinsichtlich der ör
lichen Armenverbände (38—51 u. 172—183), der Pfleg- ur
Krankenhäuser (52—93 u. 184—207), der Gotteshäuser (94—14
u. 208—218) und endlich der staatlich nicht anerkannten Armer
Kranken-, Bildungs- und Kultusanstalten und -Vereine. Sche
kungen und letztwillige Zuwendungen an solche oder an St
tungen ausserhalb des gesetzlich zulässigen Stiftungszweck
werden dadurch aufrecht erhalten, dass dieselben kraft wol
wollender Auslegung statt an den ausdrücklich bezeichnet«
Schenk- oder Vermächtnisnehmer der Gemeinde oder staatli«
anerkannten Anstalt, in deren gesetzlichen Wirkungsbereich d
Vollzug der Freigebigkeit sonst fallen würde, zugewendet werde
(II 242, Pasicr. belge 1884, II 408 und S. 180 von Giro
droit adm. I, oben Bd. IV, S. 35). Das umfassende Werk, d
erste seiner Art, bespricht auch die Privatrechtsansprüche b
treffs der Familienstiftungen und Verleihungsrecht von Freistelle
der Grabstätten, der Kirchenbänke und insbesondere der Uebe
wachung des Stiftungsvollzugs. Nur für Frankreich, Luxembur
und Elsass-Lothringen haben die erörterten Vorschriften betrel

des Armen-, Kirchen- und Schulrechts noch praktische Bedeutung. Den Schluss bildet die Paragraphenübersicht; ein buchstabenweises Inhaltsverzeichnis fehlt. F. Geigel.

Salis, L. K. v. Die Publikation des tridentischen Rechts der Eheschliessung. Basel, Detloff. 1888. 74 S. 1 M. 80 Pf.

Die sehr lehrreiche Schrift behandelt den neuerdings mehrfach aufgenommenen Streit über das Geltungsgebiet des Tridentiner Eheschliessungs-R. in Staaten mit konfessionell gemischter Bevölkerung. Im I. Abschnitt (S. 2—15) wird der Inhalt des Dekrets Tametsi im Gegensatz zu den Normen des älteren kanonischen R. dargelegt. — Der II. Abschnitt (S. 15—48) bringt eine ausführliche Genesis des genannten Dekrets im Anhalt an die Massarellischen Konzilsakten. Von Interesse ist hier der Gang der Kontroverse über die Legitimation der Kirche, heimlich geschlossene Ehen (matrimonia clandestina) trotz ihrer Sakramentalität für nichtig zu erklären. — Ein III. Abschnitt erörtert die Wirksamkeit und Ausgestaltung des Dekrets durch die spätere kirchliche Praxis, insbesondere gegenüber den Akatholiken. Welche Erfordernisse müssen erfüllt sein, damit die tridentin. Eheschliessungsform für die Nupturienten gilt? Der Verf. kommt zu folgenden Hauptsätzen: 1. Das Tridentinum braucht nicht befolgt zu werden, wenn es am Ort der Eheschliessung nicht gilt, und auch nur Einer der Nupturienten persönlich an dasselbe nicht gebunden ist (S. 54). 2. Akatholiken müssen das Tridentinum befolgen, wenn entweder überhaupt keine ketzerische Parochie für sie besteht, oder wenn letztere erst errichtet worden, nachdem das Dekret Tametsi am Ort bereits in Kraft getreten war (S. 56). 3. Der Satz ad 2 enthält keine (!) Inkonsequenz gegenüber dem Prinzipe, dass alle getauften Einwohner der katholischen Lokalparochie angehören (S. 58). 4. Die röm. Kurialpraxis (?) stellt die Missionsstationen den eigentlichen Parochien gleich, sofern in ihnen die Gläubigen für die wichtigsten Parochialhandlungen an einen bestimmten Geistlichen gewiesen sind (S. 63). 5. Das Dekret Tametsi kann in jeder Parochie durch eine legitima desuetudo seitens der Katholiken ausser Kraft gesetzt werden (S. 71).

Hübler.

VIII. Staats- und Verwaltungsrecht.

Heimburger, K. Der Erwerb der Gebietshoheit. I. T
Karlsruhe. 1888. 155 S. (Heidelberger Habilitationsschrift
Um den Rechtstitel für den Erwerb der deutschen Schut
gebiete zu finden, beschäftigt sich das Buch zumeist mit der al
gemeinen Frage um den Erwerb der Gebietshoheit. Der Begri
der letzteren wird nach seiner geschichtlichen Entwicklung da
gestellt, wie er aus der privatrechtlichen Auffassung zu d
staatsrechtlichen Bedeutung fortgeschritten ist. Der Verf. tei
die Ansicht von Gerber und Laband und vindiziert die staat
rechtliche Definition auch für das Völkerrecht. Der 2. Abschni
führt in das eigentliche Thema, wobei auch zumeist der Erwei
historisch entwickelt wird. Als Unterfragen werden behandel
Subjekt, Objekt und Rechtsgrund des Gebietserwerbs. Bezüglic
des Subjekts wird die Frage, ob Privatpersonen Gebietshohe
erlangen können, vom völkerrechtlichen Standpunkt vernein
Bezüglich des Objekts gelangt der Verf. von dem Grundsatz, da
mit dem Erwerb des Gebiets auch die Herrschaft über die B
wohner erworben werde, zu einer Reihe von Detailäusserunge
(Plebiszit, Option, mare liberum u. s. w.). Als völkerrechtlic
Titel werden nur Okkupation, Accession und Zession anerkann
Die Verträge mit den Häuptlingen gelten nur als Grundlag
für eine künftige Okkupation.   Kayser.

La Représentation proportionnelle. Études de législatio
et de statistique comparées publiées sous les auspices de l
Société pour l'étude de la représentation proportionnell
Paris, Pichon. 1888. XXX u. 524 S. 6 kol. Tafeln.
Zum Studium des in seiner praktischen Wirksamkeit i
Frankreich jedenfalls etwas überschätzten Problems der ziffe
mässig gerechten Vertretung aller im Bevölkerungsstande vo
handenen Meinungen und Anschauungen hat daselbst zur Bildun
einer Gesellschaft geführt, welche, mit reichen materiellen un
geistigen Fonds ausgestattet, dem eingehenden Studium dies
Frage sich widmet. Als erstes grosses Ergebnis dieser Spezia
studien erschien unter Mitwirkung von bewährten Kräften w
Lebon, P. Dareste, Daguin, Vermes u. a. das vorliegende un
fangreiche Werk, welches zunächst einen Ueberblick über de
gesamten Kreis der die Frage treffenden Lehrmeinungen gewähr

woran sich dann eine sehr ausführliche Darstellung aller einschlägigen gesetzlichen Bestimmungen schliesst. Die besondere
Sorgfalt, welche die Herausgeber auf die genaue Anführung aller
parlamentarischen Debatten, in welchen die Einführung der Mi-
noritätenvertretung zur Diskussion stand, legten, geben dem
Buche informatorische Bedeutung und geschlossene Uebersichtlichkeit. **Stoerk.**

Fromm. Das positive Staatsrecht der preussischen
Monarchie und des Deutschen Reiches. I. Teil:
Das Verfassungsrecht. 81 u. 388 S. II. Teil: Das Verwal-
tungsrecht. Abteil. I: Das Verwaltungsrecht des Deutschen
Reiches. 123 S. Berlin, Müller. 1887. 4 M. u. 1 M.
50 Pf.

Das vorliegende Werk hat zum Zwecke eine „systematische
Darstellung" des in Preussen geltenden, einesteils auf der
preussischen Gesetzgebung, andernteils auf den Reichsgesetzen
beruhenden Verfassungs- und Verwaltungs-R. und zwar in der
Weise zu geben, dass die betreffenden Gesetze und Verordnungen
wörtlich abgedruckt werden. Zum besseren Verständnisse des
geltenden R. ist bei einzelnen Materien, insbesondere bei der
preussichen Verfassung und der Reichsverfassung die historische
Entwickelung in ihren Hauptmomenten dargestellt. Ausserdem
ist bei einer Anzahl streitiger Punkte auf die bezüglichen Er-
klärungen der Staatsregierung, ministeriellen Erlasse und Entscheidungen der obersten Gerichtshöfe verwiesen. Endlich hat
der Verf. selbst eine Anzahl von erläuternden Bemerkungen den
einzelnen Gesetzen beigefügt. Ein wissenschaftliches System liegt
dem Werke nicht zu Grunde, die „systematische Darstellung"
beruht vielmehr einfach darauf, dass im Anschluss an die betreffenden Artikel der preuss. Verfassungsurkunde bezw. der
Reichverfassung die auf Grund derselben erlassenen Gesetze mitgeteilt werden. Die Folge davon ist, dass in dem ersten Teil,
welcher das Verfassungs-R. enthalten soll, bereits in erheblichem
Umfange das Verwaltungs-R. berücksichtigt ist und die Abgrenzung zwischen dem ersten und zweiten Teile sich als eine durchaus willkürliche darstellt. Trotzdem ist natürlich das Buch, an
das ja ein zu scharfer Massstab nicht angelegt werden kann,
vollkommen geeignet, seinen hauptsächlichen Zweck, für den praktischen Handgebrauch der Staats- und Kommunalverwaltungs-
beamten zu dienen, zu erfüllen. **Stengel.**

Meili, F. Die Anwendung des Expropriationsrechte auf die Telephonie. Basel, Schwabe. 1888. 67 S.

Seinem bekannten grösseren Werke über das Telephon-I (C.Bl. IV, 245) lässt der Verf. in der vorliegenden Schrift eir besondere Abhandlung über die Anwendung des Expropriation R. zu Gunsten der Telephonunternehmungen folgen. Den äu seren Anlass zur Abfassung der Schrift boten einige Recht fälle, die sich anlässlich der des Jahres 1885 erfolgten Verstaa lichung des Zürichschen Telephonnetzes ergaben und bei dere Austragung die anwaltschaftliche Thätigkeit des Verf. in Anspruc genommen wurde. Während die eidgenössische Schätzungskon mission die Abfindung der durch das Ziehen der Telephondräht über den betreffenden Luftraum, durch unterirdisches Legen vo Telephondrähten, durch Aufstellung von Stützpunkten für di Drähte und durch das hiermit eventuell verbundene Betreten de Treppenhauses und Daches in ihren Rechten beeinträchtigte Grundbesitzer durch eine einmalige, dem Werte der abgetre tenen Rechte entsprechende Entschädigung für angemessen eracl tete, hat die — von den Parteien nicht weiter angefochtene – Entscheidung der bundesgerichtlichen Kommission vom 16. Februa 1888 die Berechtigung des Bundes anerkannt, die Expropriatei durch periodische Leistungen für die ihnen zeitweilig auf erlegten Eigentumsbeschränkungen zu entschädigen. Diese Ent scheidung bietet dem Verf. Veranlassung zur Ausführung, das es sich bei den fraglichen Beschränkungen keineswegs um di zwangsweise Bestellung obligatorischer Miet-R., sondern un die Bestellung von Personalservituten handelt. Die Ein wendung, dass im Falle des Umbaues des mit der Beschränkun behafteten Hauses die letztere in Wegfall kommt, wird dadurcl beseitigt, dass die in Rede stehende Personalservitut als eine in angedeuteten Sinne resolutiv bedingte erklärt wird (S. 47) Dieser Ansicht des Verf. ist um so mehr beizupflichten, als die selbe mit der heutzutage gangbaren juristischen Konstruktioi der Enteignung als eines einseitigen staatsrechtlichen Aktes be weitem besser in Einklang gebracht werden kann, als die An nahme eines erzwungenen Bestandverhältnisses. Am Schlusse (S. 49 ff.) erörtert der Verf. in anregender Weise die Entschä digungsfrage, in welcher Hinsicht er einerseits den Stand punkt des französischen Gesetzes vom 28. Juli 1885 ablehnt welches dem Eigentümer die unentgeltliche Benützung seine! Eigentums zu Telephonzwecken — lediglich gegen Ersatz de! aus Errichtung und Unterhaltung der Leitung erwachsenden

Schadens — auferlegt, andrerseits jedoch für die Benützung des Luftraumes über und des Bodens unter dem Eigentum nur insoweit die Verabfolgung einer Entschädigung befürwortet, als dieser Luftraum resp. Boden dem Eigentümer nutzbringend sein können. **Prazák.**

Dalcke, A. Das preuss. Jagd-R. Systematisch dargestellte und vollständig umgearbeitete Aufl. Breslau, Kern. 1888. VIII u. 271 S. 5 M.

Die I. Auflage dieses Buches ist im Jahre 1864 erschienen, seit dieser Zeit hat sich die preuss. Jagdgesetzgebung durch das Hinzukommen der Jagd-R. der neuen Landesteile einerseits mannigfaltiger, durch das für das ganze Staatsgebiet mit Ausnahme von Hohenzollern erlassene Schongesetz vom 26. Februar 1870 andererseits einheitlicher gestaltet; der in den letzten Jahren gemachte Versuch, für das Gebiet der preuss. Monarchie eine einheitliche Jagdordnung zu erlassen, ist leider zunächst als gescheitert zu betrachten. Der in dem Stoff wohlbewanderte Verf. veranstaltet hier eine II. Aufl. seines längst vergriffenen Werkes. Während alle anderen Bearbeiter des preuss. Jagd-R. sich auf die Behandlung einzelner Hauptgesetze, selbst die Schrift von Wagner über die preuss. Jagdgesetzgebung im wesentlichen auf das Recht der älteren Provinzen beschränken, so will D. eine vollständige Darstellung des ganzen Rechtsstoffes geben, eine schwierige Arbeit, wie schon daran zu ermessen, dass z. B. für Hessen-Nassau nicht weniger als neun verschiedene Gesetzgebungen zu berücksichtigen waren. Der Verf. gibt im I. Teil eine systematische Darstellung der Vorschriften des öffentlichen und bürgerlichen R. über Begriff, Umfang, Subjekt und Gegenstand des Jagd-R., Ausübung und Schutz desselben. Der II. Teil behandelt das Jagdstrafrecht und zwar die „eigentlichen Strafgesetze", sowie die allgemeinen und provinziellen „Polizeistrafgesetze". Ein Anhang gibt den Text des Vogelschutzgesetzes vom 22. März 1888 mit Erläuterungen und der wichtigsten preuss. Jagdgesetze. Der Verf. hat seinen Zweck, für die Bedürfnisse der Praxis einen klaren und vollständigen Ueberblick über das geltende R. zu geben, erreicht; die Litteratur und die Rechtsprechung, insbesondere des preuss. Kammergerichts, des Obertribunals und des Reichsgerichts sind umsichtig benutzt; geschichtliche und theoretische Erörterungen sind fast ganz vermieden, ebenso die Vergleichung mit anderen Jagdgesetzgebungen, die Hereinziehung nicht preuss. Litteratur

und Rechtsprechung. Die Ergebnisse der Rechtsprechung, z. E
die Urteile des Reichsgerichts hinsichtlich der Behandlung de
widerrechtlichen Aneignung von Feldwild als Jagdvergehen, wer
den da und dort einer umsichtigen Kritik unterzogen.

Schenkel.

IX. Hilfswissenschaften.

Ortloff, H. Gerichts-medizinische Fälle und Abhand
lungen. Heft II. 1. Versuch eines Mordes oder Selbst
mordes? Erwürgen und Erdrosseln. Von Arno Siefert
2. Verbrechensverübung im Traumwandeln. Vom Heraus
geber. 1 M. 60 Pf. Heft III. Strafbare Fahrlässigkei
bei Ausübung der Heilkunst. Vom Herausgeber. Berlin
Worms. 1888. 2 M. 40 Pf.

1. Die 23jährige H. war auf ihren Angstruf: ein Messer
bewusstlos und halberstickt in ihrer Stube am Boden aufge
funden worden, mit einem Stücke Band (von dem Rocke ihre
Schwester) um den Hals, an dem sich eine deutliche Strang
marke fand. Nachträglich gab sie an, von ihrem Schwängere
an den Hals gefasst und dann bewusstlos geworden zu sein
Das erste Gutachten hält Selbstmordversuch nicht für ausge
schlossen und das Fehlen der Erinnerung eines gewaltsame
Angriffs deshalb möglicherweise für eine erlogene Angabe. Da
zweite Gutachten spricht sich namentlich im Hinblick auf di
nachträglich sicherer konstatierten Fingereindrücke bestimmte
für Erwürgungsversuch aus, nach welchem zur Täuschung da
Band um den Hals gelegt wurde. In Verbindung mit andere
Beweismitteln führt dies zur Verurteilung.

2. In dem Hause des Bauers H. war nachts Feuer ausge
kommen, das Wertsachen desselben vernichtete und das Leben in
besondere auch der aus festem Schlaf geweckten Frau gefäh
dete. Die Magd gab an, sie habe ihren Herrn nachts wiederhol
Reisig aus dem Hofe an die Hausthüre tragen sehen und ih
dann die Treppe hinaufgehen hören. An der Angeschuldigte
die keine Auskunft über das Entstehen des Feuers geben konnt
war nur Nervenschwäche, Schwerhörigkeit, zeitweise Schlaflosig
keit (angeblich auch mitunter sonderbares Wesen) beobachte
worden. Gutachten: transitorische Bewusstseinsstörung. Di

Magd selbst erscheint nach Verf. Schlussbemerkungen nicht
vollständig entlastet.

3. Eine Risswunde des Knies wird von einem Kurpfuscher
behandelt. Es gesellt sich Kinnbackenkrampf dazu und Patientin
stirbt. Die Sektion weist zahlreiche, nicht eingeheilte Kiesel-
steine in der Wunde nach. Erstes Gutachten: „Tod mittelbar
durch schlechte Behandlung." Zweites Gutachten: „Der Ausgang
kann auch durch die Art der Verletzung und die Temperatur
ausreichend erklärt werden." Verf. rügt an dem freisprechenden
Urteile die ungenügende Würdigung des Begriffs kausal. Bei
der Fahrlässigkeit in der Behandlung, als deren hervorragendsten Fälle die — nicht definierbaren — Kunstfehler anzusehen
sind, sollte „die Möglichkeit, das Handeln in Ansehung der
schädlichen Folgen zu bedenken" die Strafbarkeit bedingen, wobei der Kuspfuscher als sich seiner bezw. Unfähigkeit bewusst
zu präsumieren ist. Die Kurpfuscherei, „die Wurzel allen
Uebels", müsste als Gefährdungsdelikt oder als unter den Begriff: Anmassung und betrügerische Handlungen bezw. persönlicher Verhältnisse fallend zu bestrafen sein, entsprechend aber
auch die Aerzte die Pflicht haben, jeden Kranken zu jeder Zeit
in Behandlung zu nehmen.

Die Rechtsprechung des Reichsgerichts und der gerichts-
medizinischen Litteratur ist ausgiebig benutzt.   Kornfeld.

Planck, K. Chr. Halbes und ganzes Recht. Mit einer
Einleitung von Adolf Gubitz. Tübingen 1885. XXIX
und 194 S.

Die vorliegende Schrift enthält Auszüge aus einer Reihe von
Aufsätzen des am 7. Juni 1880 verstorbenen württemberg. Philo-
sophen Karl Christian Planck. Sie zerfällt in zwei Abschnitte. In dem ersten — „Halbes Recht" betitelten — (S. 1—94)
wird auf die mannigfachen Uebelstände unserer Zeit, auf die
materielle und geistige Not hingewiesen; als die geistige Not
wird der Mangel eines wahrhaft rechtlichen Prinzips gegenüber
der Sozialdemokratie bezeichnet. Eine Besserung dieser Verhältnisse lasse sich nur dadurch erreichen, dass der Mensch als Person
in voller Unabhängigkeit anerkannt sei, was nur dann möglich
wäre, wenn jeder sich eines genügenden Einkommens erfreue.
„Ein kleines Kapital, um ein eigenes Geschäft anfangen zu können, das ist die Forderung des gewerblichen Arbeiters, ein müs-
siger Grundbesitz, von welchem eine Familie ohne Hunger und
Kummer leben kann, das ist der Wunsch des landwirtschaft-

lichen Tagelöhners. Nicht einen kommunistischen Gemeinbesi
des Staates wollen diese Klassen, was das sein soll, verstehen s
nicht; aber: Eigentum für jeden! das ist ihnen die Lösung d
sozialen Frage" (S. IX).

Auf welchem Wege man nun zu derartigen, allseitig befri
digenden, Zuständen gelangen könne, soll in dem zweiten -
„Ganzes Recht" überschriebenen — Teile (S. 97—194) gezei
werden. Die Ueberschriften der vier kleinen Aufsätze dieses Te
les — Bildung für Alle! Arbeit für Alle! Eigentum für All
Frieden auf Erden! — kennzeichnen die Wünsche des Phil
sophen. Nur um die widerstreitenden Interessen auszugleiche
und zu versöhnen, empfiehlt P. vor allem eine Organisation d
Bevölkerung nach dem Berufe. Die Berufsstände und ihre g
nossenschaftliche Gliederung und Selbstverwaltung sollen die ers
Rechtsgrundlage des Volkslebens und der Volksvertretung bilde
„Im umfassenden Rechtsgesetze organisch zweckmässiger Beruf
arbeit liegt der mächtige Hebel, der allein die Uebel in den A
beits- und Erwerbsverhältnissen der verschiedenen Stände mit d
Kraft des Rechtes zu bannen vermag" (S. 132). Da aber G
meinde und Provinz ihrerseits ein eigentümliches Organ der nati
nalen und allgemeinen Rechtsordnung ausmachen, so sollen d
Gemeinde- und Provinzialvertretungen als zweiter grosser Haup
bestandteil der allgemeinen Volksvertretung anerkannt werde

Dass nach irgend einer Richtung hin eine Lösung jen
grossen Fragen, die in der vorliegenden Schrift behandelt we
den, herbeigeführt sei, kann nicht zugestanden werden. Auc
die im einzelnen empfohlenen Reformvorschläge — Abschaffun
des Grundeigentums etc. — bieten nichts, was nicht längs
bald hier bald dort, wenn auch zumeist in anderem Zusamme
hange, vorgetragen wäre.   Elster.

B. Zeitschriftenüberschau.

Krit. Vierteljahrsschr. XXX. 3. u. 4. Bähr, Entwurf e. bürgerl. Gesetzbuches.

Jahrbuch f. Gesetzgebung etc. XV. 2. Gierke, d. Stellung d. künftigen bürgerl. Gesetzbuchs z. Erb-R. im ländl. Grundbesitz.

Oesterr. Gerichtszeitung. XXXIX. 25.—27. Zitelmann, d. Möglichkeit eines Welt-R.

Jurist. Blätter. XVII. 24.—29. Steinbach, d. Rechtsgrundsätze betr. Ersatz v. Vermögensschäden. 25. Lentner, alma mater Bononiensis. 26. Lössl, Kontumazierung in Distanzprozessen. 27. 28. Neumann, d. Gefängniswesen in Hamburg.

Oesterr. Centralbl. f. d. Praxis. VI. 6. Geller, d. Vollendung schriftl. Verträge.

Zeitschr. f. schweizer. R. XXIX. N. F. VII. Heft 3. Wächter, einige Bemerkungen z. Art. 674 O.R. (Klage d. Aktiengesellschaft u. d. Aktionäre gegen d. Verwaltungsorgane). Heusler, schweizer. Rechtsgesetzgebung v. 1887. Uebersicht d. Litteratur.

Zeitschr. f. Berg-R. XXIX. 3. Engl. Kohlenbergwerksgesetz v. 16./IX. 1887 (S. 323—395).

Law Quarterly Review. Vol. 4. Nr. 15. Cohen, a note on the factors acts. Montague, the local government bill. Public meetings and public order (the United States). Early english land tenures. Maitland, the beatitude of seisin, II. Gallup, railway mortgages and receiver's debts in the United States. Poole, on licensing of nuisances. Scrutton, english authors and american copyright.

Rechtsgeleerd Magazijn. VII. 4./5. Royen, getuigen en strafzaken. Gratama, retentierecht. Jitta, de rechtskracht van vreemde vonnissen van faillietverklaring. Tripels, onder welke voorwaarden moet de Nederlandsche wetgever uitvoerbarheid verleenen aan de vonnissen van den buitenlandschen burgerlijken rechter?

Archivio giuridico. XL. 3. u. 4. Moscatelli, i senatoconsulti Orfiziano e Tertulliano. Tamassia, Bologna e le scuole imperiali del Diritto. Simoncelli, l'indole economica del contratto d'enfiteusi del cod. civ. ital. Ascoli, sul senato consulto Veroniano. Manenti, sul projetto di codice civile germanico (S. 358—393). Castori, Riv. d. giurisprudenza penale. Tamassia, le origini dello studio bolognese e la critica del prof. Schupfer.

Gerichtssaal. XL. 8. Zadek, zu §. 211 Konkursordnung. Kessler, Objekt d. Verbrechens. Holtzendorff, Kriminalstatistik d. Deutschen Reiches. 1885.

Zeitschr. f. Strafrechtswissenschaft. Köhne, d. Arbeiten d. internationalen Kongresses für Gefängniswesen in Rom 1885. Siebenhaar, Art. 49, 3 d. preuss. Verfassung. Bünger, üb. Handeln u. Handlungseinheit. Distel, einige ältere Leipziger Schöppensprüche in Strafsachen.

Blätter f. Gefängniskunde. XXIII. 1. u. 2. Lissner, Arbeitsfähigkeit d. Arbeitshäusler. Kaldewey, Sträflingsarbeit u. freie Arbeit. Das System d. Gefangenenverpachtung in d. südlichen Staaten von Nordamerika.

Archiv f. kathol. Kirchen-R. 1888. 3. Silbernagl, d. Disziplinarverfahren gegen Geistliche in Bayern. Geläute katholischer Glocken bei Beerdigung v. Protestanten in Bayern. Handhabung d. Jesuitengesetzes in Bayern. Schlichting, Gebrauch dreiarmiger Kreuze bei den Ruthenen. Ulanowski, Trauerzeit nach poln. R. Reiner, d. Besetzung d. Bistümer in Ungarn.

Deutsches Wochenblatt. I. 12. Mayer, Folgen d. Fehlens eine Verwaltungsgerichtsbarkeit in Elsass-Lothringen. Lilienthal d. Wucher u. d. deutsche Straf-R. Scholz, d. Lutherfestspie in Berlin. 13. 14. 16. Münsterberg, Revision d. Armengesetz gebung. 16. Richter u. Verwaltungsbeamte. v. Kress, d deutschen Reichsinsignien. 17 ff. (etwa 10 Nrn.). Schäffle, d bundesrätliche Entwurf einer Alters- u. Invalidenversicherung 18. 19. Thudichum, geplante Verfassungsrevision in Württem berg. 19. Beyschlag, d. evangel. Bund.
Deutsche Revue. 1888. Juli. Erzählung v. einem preuss. Staats mann 1870/71. 1.

C. Neue Erscheinungen.

Vom 9. Juni bezw. Juli bis 10. August 1888 erschienen oder bei der Redaktion eingegangen (letztere mit * bezeichnet).

1. Deutsche Bücher und Broschüren.

*Abhandlungen d. kriminalistischen Seminars zu Marburg. Hrsg. v F. v. Liszt. 1. Bd. 1. Hft. Freiburg, Mohr. 1 M. 50 Pf.
   Inhalt. Der italien. Strafgesetzentwurf von 1887 (Entwurf Zanardelli) I. Buch. Allg. Teil. Kritisch besprochen von Fr. v. Liszt. X u. 49 S.
*Adam, R., d. zivilprozessuale Zuständigkeitsvereinbarung in ge schichtl. Entwicklung. München, Ackermann. VIII u. 152 S 2 M. 60 Pf.
*Baumgarten, Lehre v. Versuch (s. oben S. 466).
Bennecke, H., Lehrbuch d. deutschen Strafprozess-R. 1. Lfg. Frei burg, Mohr. 128 S. 2 M.
*v. Borch (Ansbach), z. Entwickelung d. sächs. Wergelder. Sep. Abdr. 10 S.
Bornhak, preuss. Staats-R. 1. Bd. (In ca. 5 Lfgn.) 1. Lfg. Frei burg, Mohr. 128 S. 1 M. 60 Pf.
Bücher, K., z. Geschichte der internationalen Fabrikgesetzgebung (Aus: „Deutsche Worte".) Wien, Pichler. 24 S. 40 Pf.
Bourwig, B., üb. d. Kompensationsfähigkeit verjährter Forderungen Inaug.-Dissert. Berlin. Göttingen, Vandenhoeck & Ruprecht 49 S. 1 M.
*Deybeck, C., v. Gerichtsstand d. Vereinbarung. Erlangen, Deichert 238 S. 6 M.
Erläuterungen zu d. Vorschriften üb. d. Verfahren, betr. d. gerichtl Verteilung d. Erlöse aus d. Veräusserung d. Liegenschaften (§§. 42 bis 69 d. Gesetzes v. 30./IV. 1880). Bearb. v. einer be d. kaiserl. Oberlandesgerichte in Colmar niedergesetzten Kom mission. Strassburg, Schultz & Co. IX u. 218 S. 3 M. 75 Pf
Finger, A., d. „objektive Thatbestand" als Strafzumessungsgrund (Aus: „Allg. österr. Gerichtszeitg.".) Wien, Manz. 41 S. 1 M 20 Pf.
Freund, S., vorzeitige Rückzahlung u. einseitige Konversion vor verzinsl. Anlehen. Inaug.-Diss. Berlin, Bahr. 59 S. 1 M. 80 Pf
Freisen, J., Geschichte d. kanon. Ehe-R. bis z. Verfall d. Glossen litteratur. Tübingen, Fues. XX u. 918 S. 20 M.
Gallati, R., Haftpflichtgesetze u. Unfallversicherung. Vortrag, geh in d. Kreisversammlung d. Grütlivereine d. Kantons Glarus am 29./IV. 1888 in Ennenda. 2. Aufl. Glarus, Baeschlin. 28 S. 50 Pf

Grünewald, E., d. Urheber-R. auf d. Gebiete der bildenden Kunst u. Photographie. (Aus: „Liesegangs photogr. Archiv".) Düsseldorf, Liesegang. IV u. 92 S. 1 M. 80 Pf.

Haab, R., Beitrag zur Geschichte u. Dogmatik d. Handelsfirma. Strassburg, Heitz. 61 S. 1 M.

*Heimburger, K., d. Erwerb d. Gebietshoheit. Eine staats- u. völkerrechtl. Studie. I. Teil (Habil.-Schrift). Karlsruhe, Braun. 155 S.

Hergenhahn, Th., Berufung u. Thätigkeit d. Generalversammlung d. Aktiengesellschaften vom 18./VII. 1884. Berlin, Vahlen. VIII u. 174 S. 3 M. 50 Pf.

*Hilse, B., Einfluss d. Kranken- u. Unfallfürsorge auf d. Ersatzanspruch d. Verletzten gegen d. Beschädiger. Berlin, Heymann. 53 S. 1 M.

*Hölder, E., z. allgem. Teil d. Entwurfes eines deutschen bürgerl. Gesetzbuches. (Aus: „Archiv f. d. zivilist. Praxis".) Freiburg, Mohr. 160 S. 3 M.

Huber, A., d. kirchl. Strafverfahren gegen Margaretha v. Tirol wegen d. Verjagung ihres ersten Gemahls u. ihrer Verheiratung mit Ludwig dem Brandenburger. (Aus: „Archiv f. österr. Geschichte".) Wien, Tempsky. 28 S. 50 Pf.

*Jacobi, L., Entstehung u. Inhalt d. Entwurfs eines bürgerl. Gesetzbuches f. d. Deutsche Reich. Einleitender Vortrag, geh. in d. jurist. Gesellschaft zu Berlin am 12./V. 1888. Berlin, Heymann. III u. 52 S. 1 M. 20 Pf.

Jacques, über d. heutige innere Lage. Unsere Justizverwaltung u. Justizreform. Zwei Reden. Wien, Manz. 36 S. 60 Pf.

Jaroczynski, S., z. Begriff d. Retentions-R. Inaug.-Diss. Berlin. Göttingen, Vandenhoeck & Ruprecht. 52 S. 1 M. 20 Pf.

Jhering, R. v., Geist d. r. R. auf den verschiedenen Stufen seiner Entwickelung. 3. Tl. 1. Abt. 4. verb. Aufl. Leipzig, Breitkopf & Härtel. XXVIII u. 397 S. 10 M.

Joseph, L., d. Eigentumserwerb durch Uebergabe seitens d. Nichteigentümers nach d. Bestimmungen d. gem. R. u. d. deutschen H.G.B. Inaug.-Diss. Frankfurt 1887. Göttingen, Vandenhoek u. Ruprecht. 54 S. 1 M. 20 Pf.

Katechismen d. österr. Privat-R. 4 Tle. in 1 Bd. Wien, Manz. 6 M.
Inhalt. I. Katechismus des österr. Ehe-R., dann Familien-, Vormundschafts- u. Kuratels-R. XXI u. 109 S. II. Katechismus des österr. Erb-R., dann Verlassenschaftsabhandlungs-R. XX u. 158 S. 1884. III. Katechismus des österr. Sachen-R. (Besitz, Eigentum, Dienstbarkeit, Pfand-R.) u. Grundbuchs-R. XXIV u. 165 S. 1885. IV. Katechismus des österr. Vertrags-R. u. Schadenersatz-R. XXXVIII u. 330 S. 1886.

*Kohler, J., d. Prozess als Rechtsverhältnis. Prolegomena zu e. System d. Zivilprozesses. Mannheim, Bensheimer. VIII u. 152 S. 3 M. 60 Pf.

*König, K. G., Abänderung einiger Bestimmungen d. Bundesges. v. 24./XII. 1874 betr. d. Ehescheidung. Gutachten. Bern, Körber. 40 S.

*Kornfeld, I., üb. d. mündl. Summarverfahren. Bemerkungen u. Abänderungsvorschläge zu dem diesbezügl. in d. X. Session d. österr. Abgeordnetenhauses v. d. Regierung vorgelegten Gesetzentwurfe. Wien, Manz. III u. 75 S. 1 M. 20 Pf.

*Krüger (s. oben S. 443).

*Landsberg, E., d. Quaestiones d. Azo. Zum erstenmale aus d. Handschriften hrsg., bevorwortet u. mit Noten versehen. Freiburg, Mohr. 111 S. 3 M.

*Liszt, F. v., Lehrbuch d. deutschen Straf-R. 3. durchgearb. Aufl. Berlin, Guttentag. XXIII u. 648 S. 10 M.

*Lehmann, Abhandlungen z. germ., insbes. nord. Rechtsgeschicl
I. Die Gastung d. german. Könige. II. Die altschwed. Festig
III. Der Ursprung d. norweg. Sysselamtes. Berlin, Guttent
IV u. 215 S. 5 M.

*Mayer, B., d. Vereinbarung schiedsrichterl. Rechtsstreitsentsch
dungen. Erlangen, Deichert. 122 S. 2 M.

*Meibom, V. v., d. Immobiliararrest i. Geltungsbereiche d. deutscl
Z.Pr.O. Freiburg, Mohr. IV u. 169 S. 4 M.

*Meili, F., d. Anwendung d. Expropriations-R. auf d. Telephor
(Eck zugeeignet.) Basel, Schwabe. 67 S.

*Menzinger, L., d. Gerichtsstand d. Vereinbarung nach r.
München, Ackermann. 58 S. 1 M. 20 Pf.

*Meyer, G., d. staatsrechtl. Stellung d. deutschen Schutzgebie
Leipzig, Duncker & Humblot. VI u. 233 S. 5 M.

Neumann, K., Unanfechtbarkeit der Lebensversicherungspoli
Berlin, Mittler & Sohn. 40 S. 1 M.

*Ofner, J., d. Urentwurf u. d. Beratungsprotokolle d. österr. al
bürgerl. Gesetzbuches. 7. u. 8. Lfg. Protokolle 2. Tl. S. 8
bis 624. Wien, Hölder. à 4 M.

Ortloff, H., d. Kurzschrift in d. Rechtspflege. Zu d. an d. Deutscl
Reichstag gerichteten Denkschrift d. Gabelsbergerschen u. Stol
schen Stenographenvereine. Ergänzungsheft zu d. Blättern
Rechtspflege in Thüringen u. Anhalt. Jena, Pohle. 62 S. 1

Reuling, W., z. Reform d. jurist. Studienordnung. 2. unver. A
Leipzig, Veit & Co. 15 S. 60 Pf.

*Risch, V. v., z. Frage d. rechtl. Konstruktion d. Kriminalverji
rung nach heutigem R. (Festschrift f. J. v. Held.) Würzbu
Stürtz. 47 S.

*Schmidt, R., d. zivilrechtl. Gründerverantwortlichkeit nach de
schem Aktien-R. München, Ackermann. 107 S. 2 M.

Forschungen, staats- u. sozialwissenschaftl., hrsg. v. G. Schmoll
8. Bd. 2. Heft. (Der ganzen Reihe 33. Heft.) Leipzig, Duncl
u. Humblot. 7 M.

  Inhalt. Schaube, das Konsulat des Meeres in Pisa. Ein Beitrag
  Geschichte des Seewesens, der Handelsgilden und des Handels-R. im M
  XIII u. 309 S.

*Schrutka-Rechtenstamm, z. Dogmengeschichte u. Dogmatik
Freigebung fremder Sachen im Zwangsvollstreckungsverfahr
Dogmengeschichtl. Teil. I. Bis zur Rezeption. Berlin, H
mann. 125 S. 2 M. 50 Pf.

°Ulbrich, J., Handbuch d. österr. polit. Verwaltung f. d. im Reicl
rate vertretenen Königreiche u. Länder. 8.—10. Lfg. Wi
Hölder. 1. Bd. XI u. S. 561—784. à 1 M. 60 Pf.

Weien, K., aus d. Berliner Verbrecherleben. Enthüllungen aus
Praxis. 4. Aufl. Berlin, Issleib. III u. 67 S. 1 M. 20 Pf.

*Zitelmann, E., d. Möglichkeit eines Welt-R. Wien, Manz. 24

Brentano, L., d. klass. Nationalökonomie. Vortrag, geh. beim A
tritt des Lehramts an der Universität Wien am 17./IV. 18
Leipzig, Duncker & Humblot. 32 S. 1 M.

Hatch, E., d. Grundlegung d. Kirchenverfassung Westeuropas
frühen M.A. Vom Verf. autorisierte Uebersetzung, besorgt
A. Harnack. Giessen, Ricker. VII u. 130 S. 2 M. 50 Pf.

°Neumann, F. J., Volk u. Nation. Eine Studie. Leipzig, Duncl
n. Humblot. XV u. 164 S. 3 M. 20 Pf.

Schmid, L., d. älteste Geschichte d. erlauchten Gesamthauses d.
königl. u. fürstl. Hohenzollern. 3. (letzter) Tl. Tübingen, Laupp.
à 7 M. 60 Pf.

> Inhalt. Die Könige von Preussen sind Hohenzollern, nicht Nachkommen
> der fränk. Grafen von Abenberg des 12. Jahrhunderts. Umfassende krit.-
> histor. Untersuchungen zur endgültigen Entscheidung der schwebenden, auch
> für die weitesten Kreise hochinteressanten Frage. Mit 6 Wappensiegelbildern.
> XIV u. 296 S. mit 3 genealog. Tab.

Veröffentlichungen aus d. k. preuss. Staatsarchiven. Veranlasst u.
unterstützt durch d. k. Archivverwaltung. 34. Bd. Leipzig,
Hirzel. 16 M.

> Inhalt. Hansen, Westfalen u. Rheinland im 15. Jahrhundert. 1. Bd.
> Die Soester Fehde. VIII, 141 u. 464 S.

Wichmann, W., Denkwürdigkeiten aus d. Paulskirche. Hannover,
Helwing. XIV u. 568 S. 9 M.

2. Ausgaben von Gesetzen, Entscheidungen etc.

Andersen, Th., d. Seeversicherung nach d. in d. hauptsächlichsten
Staaten Europas geltenden gesetzl. u. anderen Bestimmungen.
Ein prakt. Handbuch f. Versicherer, Dispacheure, Behörden,
Juristen, Experten, Reeder, Kapitäne, Kaufleute etc. Hamburg,
Friederichsen & Co. XIX u. 572 S. 12 M.

*Bolze, A., d. Praxis d. Reichsgerichts in Zivilsachen. 5. Bd.
Leipzig, Brockhaus. XIII u. 438 S. à 6 M.

Bauer, J., wie kann sich die Ehefrau ihr eingebrachtes Vermögen
erhalten? Für Kaufleute, Gewerbetreibende, Landwirte, Beamte.
Private u. s. w. auf Grund der Reichs- u. Landesgesetze gemeinverständlich dargestellt. Leipzig, Meissner. VI u. 37 S. 1 M.

Bauer, J., d. R. d. Angeklagten in Strafsachen. Ein Ratgeber f.
jedermann, insbes. f. Schöffen n. Geschworene, auf Grund d.
Reichsgesetze gemeinverständlich bearbeitet. Leipzig, Bennewitz.
IV u. 92 S. 1 M.

*Daubenspeck, Referat, Votum u. Urteil. 3. Aufl. Berlin, Vahlen.
238 S. 3 M. 50 Pf.

> Bereits mehrmals (C.Bl. III, 405; V, 141) besprochen. Vermehrung um
> ca. 3 Bgn. Durchweg verbessert, Anlage unverändert (I. Referat, II. Votum,
> III. Urteil, IV. Beispiele S. 131 ff.). Abschn. III, 4 „Urteilsgründe" umge-
> arbeitet.

Eger, G., eisenbahnrechtl. Entscheidungen deutscher u. österr. Gerichte. Zusammengestellt, bearb. u. hrsg. 5. Bd. Berlin, Heymann. XXI u. 469 S. à 10 M.

— d. deutsche Fracht-R. mit besond. Berücksichtig. d. Eisenbahnfracht-R. Ein Kommentar zu Tit. 5 Buch 4 d. deutschen H.G.B.
u. zu d. deutschen, österr.-ungar. u. Vereinseisenbahnbetriebs-
reglement. Bearb. mit Benutzung d. königl. preuss.
Ministerien f. Handel etc., der öffentl. Arbeiten u. d. kgl. preuss.
Justizministeriums sowie d. Protokolle d. Vereins deutscher Eisen-
bahnverwaltungen. 2. Halbbd. 2. verm. Aufl. Ebd. 1. Bd. XIV
u. S. 205—448. 5 M.

— Handbuch d. preuss. Eisenbahn-R. 5. Lfg. Breslau, Kern. S. 385
bis 480. à 2 M.

*Freund, R., d. Rekursentscheidungen, Bescheide u. Beschlüsse, so-
wie sonstigen Veröffentlichungen d. Reichsversicherungsamts, als
Erläuterungen zu d. Unfallversicherungsgesetz v. 6./VII. 1884 u.
d. Gesetze über d. Ausdehnung d. Unfall- und Krankenversicherung v. 28./V. 1885 bearb. (In 5 Lfgn.) 1. Lfg. Berlin, Heine.
96 S. 1 M. 20 Pf.

Frühwald, K., Handlexikon z. österr. Reichsgesetzblatt. Ein alpha
Nachschlageregister über sämtl. bisher erschienenen Jahrgän¿
d. Reichsgesetzblattes. Wien, Manz. VIII u. 500 S. 5 M.

Glaser, J., bibliograph. Verzeichnis seiner Werke, Gesetzentwürfe e¿
Wien, Manz. III u. 103 mit Heliogravüre. 2 M.

Hoffmann, J., d. Rechtsbeistand in allen Lebenslagen. Ein Ra
geber z. Führung aller Prozesse. Nebst einem Formularbu¿
zu Klagen, Rechtsgeschäften u. Verträgen aller Art. Anh
1. Ratschläge bei An- u. Verkauf v. Grundstücken u. Hypotheke
2. Verzeichnis d. Amtsgerichte, Landgerichte u. s. w. Ne¿
(Titel-) Ausg. Leipzig, Fock. 1880. IV u. 294 S. 4 M. 50 ¿

Hutter, H., Rechtsgrundsätze d. Entscheidungen d. bayer. Verwa
tungsgerichtshofes. Nach d. Systeme v. „Krais, Handbuch
inneren Verwaltung" geordnet. Nachtrag I enth. d. Rechtsgrun¿
sätze d. in Bd. V—VIII der Sammlung v. Entscheidungen d.
bayer. Verwaltungsgerichtshofes publizierten Entscheidungen. M
ausführl. Gesamtsach- u. Gesetzesregister. Würzburg, Stah¿
VII u. 103 S. 2 M.

Jhering, R. v., Zivilrechtsfälle ohne Entscheidungen. Zum akade¿
Gebrauch bearb. u. hrsg. 5. verm. Aufl. Jena, Fischer. IX
269 S. 3 M. 50 Pf.

°Johow, Jahrbuch f. Entscheidungen d. Kammergerichts. VII. B¿
5 M.

Krah, Erbschaftsregulierung u. Erb-R. etc. 2. Aufl. Berlin, Sieme¿
roth. VII u. 310 S. 3 M.

*Rehbein, Entscheidungen d. Obertribunals. 9. Lfg.

*Schmitz, J., Sammlung d. Bescheide, Beschlüsse u. Rekursentsche
dungen d. Reichsversicherungsamtes nebst d. wichtigsten Run¿
schreiben desselben. Berlin, Siemenroth. 6 M.

---

*Gesetz betr. Besteuerung d. Zuckers. Mit Ausführungsbestimmung¿
Berlin, Heymann. 131 S. 3 M.

*Ausführungsbestimmungen dazu. Mit Anlagen, Tabellen, Muster
Ebd. 131 S. 3 M. 60 Pf.

*Privatlagerregulativ u. Weinlagerregulativ. Ebd. 37 S. 50 Pf.

*Entwurf eines bürgerl. Gesetzbuches f. d. Deutsche Reich. Motiv
4. u. 5. Bd. Amtl. Ausg. Berlin, Guttentag. 1.—5. 262 Boge¿
21 M.

Aktiengesetz (Petersen, Pechmann). 2. Lfg. Leipzig, Rossber¿
1 M. 60 Pf.

Land- u. forstwirtschaftl. Unfallversicherung etc. Stuttgart, Koh¿
hammer. IV u. 216 S. 1 M.

Desgl. (Haagen). Tübingen, Laupp. 2 M. 50 Pf.

Branntweinsteuergesetz etc. (Heukeshoven). Gera, Reisewitz. VI
u. 150 S. 1 M. 60 Pf.

Str.G.B. (Olshausen). 3. Aufl. Berlin, Vahlen. VIII u. 256 S. 1 ¿
(Daude.) 3. Aufl. Berlin, Müller. 412 S. 2 M. 20 Pf.

Vogelschutzgesetz (Koch). Bielefeld, Helmich. 20 S. 40 Pf.

Desgl. nebst preuss. Jagdgesetzen. Ebd. 62 S. 1 M. 20 Pf.

Desgl. (Heintz). Nördlingen, Beck. 80 Pf.

Ger.Verf.Ges. (Sydow). 4. Aufl. Berlin, Guttentag. VI u. 133 ¿
80 Pf.

Z.Pr.O. (Sydow). 4. Aufl. Ebd. XVIII u. 607 S. 2 M. 50 Pf.

Desgl. (Förster). II. Bd. 2. Abt. (S. 285—835). Grünberg, Wei¿
6 M., vollst. 24 M.

*Desgl. (Peters). Berlin, Müller. 414 S. 3 M.

*Wilmowski, G. v., Levi, M., Z.Pr.O. u. Ger.Verf.Ges. f. d. Deutsche Reich, nebst d. Einführungsgesetzen. Mit Kommentar in Anmerkungen hrsg. 5. verb. Aufl. 1. bis 3. Lfg. Berlin, Vahlen. 320 S. 9 M.

Gebührenordnung f. Rechtsanwälte (Pfafferoth). Berlin, Möser. VI u. 201 S. 4 M.

Militärgesetze, die, d. Deutschen Reichs mit Erläuterungen, hrsg. auf Veranlassung d. königl. preuss. Kriegsministeriums. 1. Bd. oder 5 Lfgn. Neue Bearbeitung. Berlin, Mittler & Sohn. 12 M. 50 Pf.

> Inhalt. 1. Geschichtlicher Ueberblick. Reichsverfassung. 54 S. 80 Pf. 2. Militärkonventionen. Mit 2 Nachträgen. S. 55—194. 2 M. 40 Pf. 3. Wehrpflicht u. Organisation des Reichsheeres. 232 S. 4 M. 50 Pf. 4. Quartierleistungsgesetz. Naturalleistungsgesetz. 151 S. 3 M. 5. Kriegsleistungsgesetz. Festungsrayongesetz. S. 153—268. 2 M.

Bestimmungen, organisatorische, f. d. kaiserl. Marine. Berlin, Mittler u. Sohn. VIII u. 367 S. 3 M.

Grundbuchordnung v. Turnau. 4. Aufl. Bd. I. Paderborn, Schöningh. XX u. 548 S. 12 M.

Gesetz betr. Zwangsvollstreckung in d. unbewegl. Vermögen (Höinghaus). 69 S. Bielefeld, Helmich. 69 S. 1 M. 50 Pf.

Dasselbe (Krech u. Fischer). 2. Aufl. Berlin, Guttentag. VIII u. 173 S. 1 M.

Gesetz betr. desgl. u. Grundbuchwesen im Bereiche d. rhein. R. Düsseldorf, Bagel. 215 S. 1 M. 80 Pf.

Desgl. Berlin, Vahlen. 30 Pf.

Labus, L., d. Erbschaftssteuergesetz v. 30./V. 1873 u. die im Gebiet desselben bestehenden erbrechtl. Vorschriften. Erläutert durch Gesetzesmotive, Ausführungsvorschriften, Rechtsprechung, Verwaltungsentscheidungen u. d. Praxis entnommene instruktive Grundsätze. Breslau, Kern. III u. 230 S. 4 M. 50 Pf.

*Haase, L., d. Gemeindeverfassungsgesetze f. d. Provinz Schleswig-Holstein etc. (Brauchitsch, Verwaltungsgesetze. Ergänzungsbd. f. Schl.-H.) Berlin, Heymann. VIII u. 416 S. 6 M.

> Der vorliegende Band verfolgt für Schleswig-Holstein, wo die neuen Verwaltungsgesetze am 1./IV. (bezw. 1./VII.) 1889 in Kraft treten, genau denselben Zweck, wie der oben S. 113 angezeigte für die Rheinprovinz. Er bringt die schleswig-holsteinischen Gemeindeverfassungsgesetze nebst den neuen Verwaltungsgesetzen u. ist in gleicher Weise wie jener bearbeitet.

Kreis- u. Provinzialordnung f. Schleswig-Holstein. Kiel, Häseler. 112 S. 1 M. 50 Pf.

Städteordnung f. Schleswig. Berlin, Heine. 1 M.

Rheinlandgemeindeordnung etc. (Dasbach). 3. Aufl. Trier, Paulinusdruckerei. VIII u. 233 S. 2 M.

Polizeiverordnung etc. f. Arnsberg (Schaltenberg). Arnsberg, Becker. VIII u. 518 S. 4 M. 50 Pf.

Handbuch f. Gemeindebeamte in Hannover. 2. Wegegesetzgebung. 3. Aufl. Hannover, Meyer. VIII u. 268 S. 3 M. 60 Pf.

Ortspolizeil. Vorschriften f. Hildesheim (Gerland). Hildesheim, Lax. 90 S. 1 M. 20 Pf.

Lokalpolizeiordnung für Altona (Eichholtz n. Hubatsch). Altona, Handel. 1887. 2 M. 50 Pf.

Hessen. Gesetz über Bäche etc. v. 30./VII. 1887, nebst Ausführungsverordnung v. 24./VII. 1887 (Zeller). Mainz, Diemer. XIX u. 135 S. mit 1 Taf. 2 M. 40 Pf.

Bauordnung etc. f. Darmstadt. Darmstadt, Bergsträsser. IV u. 98 S. 1 M. 80 Pf.

Oesterreich. *Grundbuchgesetze (Bartsch). Wien, Konegen. XV u. 272 S. 5 M.

Gesetze, österr. Taschenausg. 12. Bd. Wien, Manz. 5 M.

Inhalt. Das Gebührengesetz, sorgfältig revidiert auf Grund der i⟨
Jahre 1886 erschienenen authentischen Gesetzesausgabe des k. k. Finan
ministeriums, das Taxgesetz, das Patent über die Depositenverwahrung
gebühr, das Gesetz über den Stempel von Spielkarten, Kalendern u. Ze
tungen, samt allen zu diesen Gesetzen erflossenen Nachtragsverordnunge
Erläuterungen u. den einschlägigen Erkenntnissen des Verwaltungsgericht
hofes, dann den wichtigsten Bestimmungen des Unterrichtes über die fo
melle Geschäftsbehandlung der unmittelbaren Gebühren. 11. Aufl. XII
697 S.

Reichsgesetze f. d. Kaisert. Oesterreich. Taschenausg. Nr. 164 b⟨
167. Prag, Mercy. 4 M. 52 Pf.

Inhalt. 164. 165. Oesterr. Reichsgesetze nebst Erlässen u. Verordnunge
Jahrg. 1887. 7. u. 8. (Schluss-) Heft. XLIV u. S. 585—688; XII u. S. 201 b
210 u. XIII u. S. 89—164. 2 M. 60 Pf. 166. 167. Dasselbe. Jahrg. 1888. 1.
2. Heft. S. 1—64 u. 1—16. 1 M. 92 Pf.

Gesetze u. Verordnungen, österr. Handausg. Hft. 56a. Wien, Ho⟨
u. Staatsdruckerei. 80 Pf.

Inhalt. Allgemeiner Zolltarif vom 25./V. 1882 für das österr.-ungar. Zol
gebiet mit den aus dem Gesetze vom 25./V. 1887 (R.G.Bl. Nr. 59) sich e
gebenden Aenderungen u. mit den vom 1./I. (bezw. 16./III.) 1888 an gültige
vertragsmässigen Zollsätzen. Samt denjenigen auf den Zolltarif bezu
habenden Gesetzen u. Verordnungen, welche seit Ausgabe des 56. Heftes d⟨
Handausgabe (2. Aufl.) bis 1./IV. 1888 in Wirksamkeit getreten sind. V
107 S.

Gemeindeordnung u. Gemeindewahlordnung f. d. Land Vorarlber
v. 22./IV. 1864, ergänzt bis 1888. Bregenz, Teutsch. 32 ⟨
50 Pf.

Unfallversicherung d. Arbeiter. (Redaktionelle Beilage d. kärntne⟨
Gemeindeblattes.) Klagenfurt, Heyn. 24 S. 48 Pf.

3. Wichtige ausländische Werke.

Allotments Act, 1887, 50 & 51 Vict. Cap. 48. With Notes, Index et
Knight. 2 sh.

Bates, Cl., the Law of Partnership. Chicago, Flood & Co. 188⟨
2 Vol.

Brown, A., the Law and Practice on Enfranchisement and Commι
tations under the Copyhold Acts, 1841—1887, etc. Butterworth
14 sh.

Clarke, E., a Treatise upon the Law of Extradition. 3rd ed. St⟨
vens and Haynes. 20 sh.

Glyn, L. E., Probyn, L., and Jackson, F. S., the Jurisdictio
and Practice of the Mayor's Court. Butterworths. 15 sh.

Hamilton, G. B., a Concise Treatise on the Law of Contract⟨
Stevens and Son. 7 sh. 6 p.

Kerr, N., Inebriety its Etiology, Pathology. Treatment and Juriι
prudence. London, Lewis. 1888.

Lupton, F., Laws Relating to Dogs. Stevens and Son. 5 sh.

Morris, W., the Land System of Ireland. Dublin, Hodges. Simpkiι
100 S. 2 sh. 6 p.

Pratt, W. T., the Law of Friendly Societies. 11th ed. Revise
and enlarged by Edward Wm. Brabrook, F.S.A. Shaw and Soι
5 sh.

Shirley, W. S., a Selection of Leading Cases in the Criminal Law
Stevens and Son. 6 sh.

Smith, T. E., a Summary of the Law and Practice in the Ecclε
siastical Courts. 3rd ed. Reevens and Turner. 7 sh. 6 p.

Stephen, H., Law relating to Actions for Malicious Prosecutionι
Stevens and Son. 6 sh.

Tunbridge, W. S., the Law and Practice of Copyhold Enfranchisement etc. Waterlow. 116 S. 6 sh.
Underbill, A., a Practical and Concise Manual of the Law Relating to Private Trusts and Trustees. 3rd ed., enlarged and revised. Butterworths. 16 sh.
Vaizey, J. S., on Settlements. Vol. 3: Precedents. Sweet. 15 sh.
Waterman, Th. W., the Law of Corporations. NewYork, Baker, Voorhis & Co. 2 Vol. 1888. 12 doll.

*Lyon-Caen, la loi anglaise de 1883 sur la faillite. (Bull. de législ. comparée.) Paris, Cotillon. 24 S.

Bacchi, A., Bologna ai tempi di Luigi Galvani. Bologna 1887.
Barsanti, commemorazione di Carrara. Castelpiano 1888.
Bertolini, F., Bologna nella storia del risorgimento italiano.
Bianchi, F., i contratti conclusi per telefonos. Siena, Torini. 1888.
Bologna, Festgaben für.
 Studi Senesi. Siena, Torini. 1888.
  Bianchi, contratti conclusi per telefono. Pampaloni, sul istituzione di erede. Graziani, le dottrine straniere sul valore del secolo XVII el principio del XIX. Lorio, la vecchia e la nuova fase nella questione della proprietà Rava, Al. Taramini Teneso, giureconsulto filosofo del secolo XVI. Rossi, Fredo Tolomei, rettore della università dei leggisti oltramontani dello studio bolognese nel 1301.
 Omaggio, del Circolo giuridico di Palermo. Palermo, Virzi. 1888.
  Salviani, iusiurandum de Calumnia. Travali, un inventario di libri giuridici del secolo XV. Sampolo, Palermo e Bologna dei secolo XII al XVII di Domenico Schiavo.
Brugi, B., la scuola padovana di dir. romano nel secolo XVI. Padova, Sacchetto. 1888.
Buonamici, C., I giuriconsulti di Pisa al tempo della scuola bolognese. Pisa 1888.
*Buzzati, G. C., l'offesa e la difesa nella guerra sec. i moderni ritrovati. Rom, Löscher. 388 S. 10 l.
Manzato, commemorazione di F. Carrara. Venezia 1888.
Pachucci, il nuovo iudirizzo nella scienza giuridica I. Salerno 1888.
Pierantoni, l'incidente consolare di firenze (con note del Contuzzi). Turin 1888.
Pessina, il procedimento penale sec. il diritto germanico. Napoli, Società reale.

Palingenesia juris civilis. Juris consultorum reliquiae, quae Justiniani digestis continentur ceteraque juris prudentiae civilis fragmenta minora secundum auctores et libros disposuit O. Lenel. Fasc. 2—4. (Sp. 161—640.) Leipzig, Tauchnitz. à 4 M.

Spanische Werke.

Arambura y Zuloaga, la nueva ciencia penal. Madrid, Fe. XII u. 377 S. 8 p.
Bacardi, diccionario de legislacion militar. 4 Bde. Barcelona, Ramirez. IV u. 608 S. 52 p.
Bravo, J., el concilio de Trento y el Concordato vigente. I. II. Madrid, Nuñez. XV u. 272, 271 S. 7 p.
Carreras y Gonzalez, elementos del derecho mercantil de España. Madrid, Hernando. XXXVII u. 386 S. 8 p.

Codigo penal vig. en la Islas Filipinas (Bravo). Madrid,
276 S. 4 p.
— en las Islas de Cuba etc. Madrid, Gongora. 539 S. 5 p
Colmeiro, M., elementos del derecho politico y administra
España. 7. Aufl. Madrid, de la Vinda. 312 S. 7 p.
Hinojosa, F., historia general del derecho español. Madrid.
fanos. 378 S. 10 p.
Jaques, nociaos e derecho civil. Madrid, calle del Rollo.
7 p. 50.
Odriozola y Grimand, diccionario de Jurisprudencia hipc
de España. Madrid, Huerfanos. 670 S. 11 p.
Jimenez de Arechaga, el poder legislativa. I. Madrid,
Prado. 327 S. 13 p. 50.
Lastres, F., estudios penitenciarios. Madrid, Nuñez. 272 S
Nogal, S., elementos de derecho internacional privado. Val
Muñoz. 149 S. 3 p. 50.
Olivart, M., manual de derecho internacional publico y p
Madrid, Fe. 400 S. 6 p.
Pantoja, repertorio de la Jurisprudencia civil y espanola.
Madrid, Garcia. 43 p.
Rodriguez de Cepede, elementos del derecho natural (mit
Genehmigung). I. Teil. Madrid, Murillo. 310 S. 4 p.
Rueda, R. A., elementos del derecho penal. Santiago, F
703 — 164 S. 16 p.
Santamaria, V., curso de derecho politico. (Mit Vorrede vo
Pujol.) 3. Aufl. Madrid, Fe. 820 S. 15 p. 50.

Verantwortlicher Redakteur: Dr. v. Kirchenheim in Heidelberg.

Alphabetisches Verzeichnis.

Systematische Uebersicht der besprochenen Schriften.

(Ein z vor dem Titel bedeutet, dass der betr. Aufsatz in einer Zeitschrift oder als Separatabdruck aus solcher erschienen.)

I. Allgemeines.

II. Rechtsvergleichung und Rechtsgeschichte.

VIII. Staats- und Verwaltungsrecht.

1. **Allgemeines.** Gesetz u. Verordnung v. Jellinek 76. Erwerb d. Gebietshoheit v. Heimburger 472. Mehrheits- oder Verhältnisvertretung v. Wertheim 112. Représentation proportionnelle 472. Die ersten Jahrzehnte d. staatsrechtlichen Studiums in Göttingen v. Frensdorff 151. (Vgl. auch I. 2.)
2. **Deutsches Staatsrecht.** Lehrbuch d. deutschen Staats-R. v. Kirchenheim 78. Positives Staats-R. Preusseus v. Fromm 473. Verfassung u. Verwaltung Württembergs v. Riecke 79. Regentschaft u. Stellvertretung v. Hancke 317, Oesfeld 401. Sekundogenitur v. Sicherer 334. Das Budget-R. d. bayr. Landtags v. Seydel 334.

   A u s l a n d : Oesterr. Behördenorganisation Ferdinands I. v. Rosenthal 35. La question de langues v. Preux 360. Kodifikation d. österreich. Staatsbürgerschafts-R. v. Karminski 402. — Les conseils de préfecture v. Cremieux 431. — Staats-R. v. Schweden-Norwegen v. Aschehoug 358. — Reform d. Landschaftsinstitutionen in Russland v. Arsenjew 432.
3. **Verwaltungsrecht.** Preussens Kreis- und Provinzialordnungen (synoptisch) v. Bornhak 112. Verwaltungsgesetze f. d. Rheinprovinz v. Bitter 113 (f. Schleswig-Holstein v. Haase 485). Handbuch d. städt. Verwaltung v. Steffenhagen 403. Verwaltungsgerichtsbarkeit v. Kaegler 153. — Enteignungsgesetz v. Eger 80. Anwendung d. Enteignungs-R. auf d. Telephonie v. Meili 474. Vorbereitung zum höheren Verwaltungsdienst (Gutachten) 33. Die Zivilversorgung d. Militäranwärter v. Liebau 153. — Vorschriften über die Klassensteuer etc. v. Meitzen 114. Der Rechtsschutz der Geisteskranken (Irrengesetzgebung) v. Reuss 155. Baupolizei v. Bachmann 361. Schriften d. Vereins f. Armenpflege etc. 404. Unfall-, Krankenversicherung etc. v. Fuld 154, Huber 318, Stämmler 404. Strombauverwaltungsgesetz v. Mahraun 114. Preuss. Jagd-R. v. Dalcke 475.

VIIIa. Kolonialrecht.

Deutsche Kolonialgesellschaften v. Ring 82, Simon 199. Le Colonie e la Conferenza de Berlino v. Catellani 433.

IX. Internationales Recht.

1. Handbuch des Völker-R. II. u. III. Bd. v. Holtzendorff. 115. Institutionen v. Gareis 361.
2. ²La fondation de l'Etat indépendant du Congo v. Moynier 437. ²Der Ausgelieferte v. Gericht v. Müller 319. Rechtsstellung d. Ausgelieferten n. französ. R. v. Zographus 156.
3. Le statut personnel anglais v. Dicey (Stocquart) 434. Der internationale Schutz d. Urheber-R. v. Orelli 363. L'Union internationale pour la protection des oeuvres littéraires et artistiques v. Soldan 320. Des droits des auteurs dans les rapports internationaux v. Darras 435. Handbuch d. Rechtshilfeverfahrens (II. Strafsachen) v. Böhm 363. De l'autorité et de l'exécution des jugements étrangers v. Daguin 157.

X. Hilfswissenschaften.

1. Philologie. Kleine Schriften v. Lange 121. (Grimm s. 1. 4.)
2. Kirchengeschichte. Lehrbuch v. Kraus, Reformationsgeschichte
   v. Hagenbach, Grundriss v. Sohm 405.
3. Nationalökonomie u. Finanzwissenschaft. Lehrbuch d.
   Finanzwissenschaft. v. Umpfenbach 37. Neumann, d. Steuer
   321. Volksvermögen etc. v. Losch 38. Halbes u. ganzes R.
   v. Planck 477.
4. Gerichtliche Medizin. Fälle u. Abhandlungen v. Ortloff 476.

Zeitschriftenüberschau und Bibliographie.

Bibliographie.

Sonstige Notizen.

Berichtigungen.

Bd. VI S. 437 Z. 17 v. o. ist nach „Einleitung" einzuschalten „ausgeschickt".

S. 69 Z. 5 v. o. ist statt „I" zu setzen „II".

S. 158 Z. 7 v. o. lies: dem statt in dem.

S. 158 Z. 5 v. u. lies: Kompetenz statt Vorgehung.

www.ingramcontent.com/pod-product-compliance
Lightning Source LLC
Chambersburg PA
CBHW031812270326
41932CB00008B/391